4., überarbeitete Auflage

Reiseziele und Routen

Traveltipps von A bis Z

Land und Leute

Süd-Bali

West-Bali

Zentral-Bali

Ost-Bali

Nord-Bali

Lombok

Anhang

Christiane Hauk, David Huthmann,
Mischa Loose, Werner Mlyneck,
Christian Wachsmuth

BALI
Lombok

STEFAN LOOSE
TRAVEL HANDBÜCHER

Bali
Die Highlights

1 Kuta

Wer schon immer einmal auf einem Surfbrett über das Wasser gleiten wollte, ist am Strand von Kuta genau richtig. S. 148

2 Seminyak

In den Clubs und Bars am Strand tanzt und tobt das Partyvolk. S. 163

3 Sangeh

Im Affenwald lassen sich vorwitzige Makaken beobachten. S. 185

Highlights

4 | Pura Tanah Lot

Der meerumtoste Tempel beeindruckt nicht nur im Farbenspiel des Sonnenuntergangs. S. 186

5 | Negara
Beim Wasserbüffelrennen donnern die sonst so schwerfälligen Tiere mit verblüffender Geschwindigkeit über die Reisfelder. S. 198

6 Ubud
Eine Tanzaufführung sollte kein Bali-Besucher versäumen. S. 210

7 Gunung Kawi

Hinduistische Monumente, Einsiedlerhöhlen und kunstvolle Reisterrassen zieren die steile Schlucht des Pakrisan-Flusses. S. 231

Highlights

8 Besakih-Tempel

Der Muttertempel der Balinesen liegt in 900 m Höhe am Fuß des heiligen Gunung Agung. S. 246

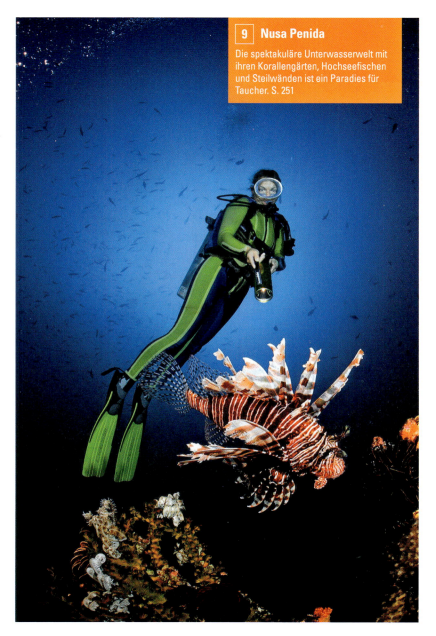

9 | Nusa Penida

Die spektakuläre Unterwasserwelt mit ihren Korallengärten, Hochseefischen und Steilwänden ist ein Paradies für Taucher. S. 251

10 Lovina Beach

Vor der Küste von Lovina tummeln sich Delphine im Wasser. S. 284

11 Gitgit-Wasserfall

Am höchsten Wasserfall Balis stürzt das Wasser aus einer beeindruckenden Höhe in die Dschungelschlucht.
S. 289

12 Die Gilis

Die kleinen Inseln vor der Küste Lomboks laden zum Tauchen und Schnorcheln ein. S. 323

13 Gunung Rinjani

Die Besteigung des zweithöchsten Vulkans Indonesiens ist ein echtes Abenteuer. S. 339

Inhalt

Highlights	2
Reiseziele und Routen	21
Reisezeit	28
Reisekosten	30

Traveltipps von A bis Z — 33

Anreise	34
Botschaften und Konsulate	36
Einkaufen	37
Elektrizität	39
Essen und Trinken	39
Feste und Feiertage	43
Fotografieren	43
Frauen unterwegs	44
Geld	44
Gepäck	46
Gesundheit	46
Informationen	52
Internet und E-Mail	53
Kinder	53
Medien	54
Post	55
Reisende mit Behinderung	56
Sicherheit	57
Sport und Aktivitäten	58
Telefon	61
Transport	62
Übernachtung	67
Unterhaltung	67
Verhaltenstipps	68
Versicherungen	69
Visa	71
Zeit und Kalender	72
Zoll	72

Land und Leute — 73

Land und Geografie	74
Flora und Fauna	75
Umwelt und Naturschutz	77
Bevölkerung	78
Geschichte Indonesiens	89
Geschichte Balis	102
Regierung und Politik	105
Wirtschaft	106
Religion	107
Kunst und Kultur	113

Süd-Bali — 141

Denpasar	142
Kuta	147
Legian	160
Seminyak	163
Sanur	168
Serangan	174
Nusa Dua	175
Tanjung Benoa	176
Uluwatu	178
Surfstrände der Bukit-Halbinsel	179
Jimbaran	180
Weitere Tempel und Höhlen der Bukit-Halbinsel	182

West-Bali 183

Mengwi	184
Die Umgebung von Mengwi	184
Tanah Lot	186
Strände an der Südwestküste	187
Gunung Batukau	192
Tabanan	194
Die Umgebung von Tabanan	195
Negara	197
Die Umgebung von Negara	198
Taman Nasional Bali Barat	200
Pulau Menjangan	200
Gilimanuk	201
Die Umgebung von Gilimanuk	202

Zentral-Bali 205

Von Denpasar nach Ubud	206
Ubud und Umgebung	209
Tour 1: Südosttour mit Goa Gajah	228
Tour 2: Nordosttour mit Gunung Kawi	231
Wanderung 1:	
Zum Affenwald von Sangeh	232
Wanderung 2:	
An Feld und Fluss vorbei	232
Wanderung 3:	
Zu den Reihern von Petulu	234
Wanderung 4:	
Durch das Petanu-Tal zum Gunung Kawi	234
Wanderung 5:	
Ins Reich der Altertümer von Pejeng	235
Gianyar	236
Die Umgebung von Gianyar	237
Bangli	239
Von Bangli weiter	240

Ost-Bali 241

Semarapura (Klungkung)	242
Die Umgebung von Klungkung	245
Besakih	246
Gunung Agung	248
Kusamba	250
Nusa Penida	252
Nusa Lembongan	254
Goa Lawah	258
Padang Bai	259
Candi Dasa	263
Tenganan	268
Amlapura	269
Die Umgebung von Amlapura	271
Rund um den Gunung Seraya	271
Tirtagangga	272
Die Umgebung von Tirtagangga	272
Amed, Jemeluk,	
Lipah und Selang	273
Tulamben	276

Nord-Bali 279

Singaraja	280
Lovina Beach	283
Die Umgebung von Lovina Beach	289
Tour 1: Von Lovina nach Bedugul	289
Tour 2: Von Lovina zum Gunung Batur	294
Tour 3: Von Singaraja nach Ost-Bali	300

Anhang 347

Sprachführer	348
Glossar	353
Reisemedizin zum Nachschlagen	354
Bücher	358
Index	359
Danksagung der Autoren	366
Bildnachweis / Impressum	367
Kartenverzeichnis	368

Lombok 303

Lembar	306
Batugendeng-Halbinsel	307
Mataram, Ampenan und Cakranegara	307
Die Umgebung von Mataram	315
Senggigi Beach	316
Bangsal und Pemenang	322
Die Gilis	323
Gunung Rinjani	338
Tetebatu	342
Pantai Kuta	343
Labuhan Lombok	346

Themen

Die wichtigsten Gewürze	39
Spas	60
Balinesische Hunde	77
Tierschutz auf Bali	78
Frauen in Bali	80
Lontar-Schriften	82
Der Hahnenkampf	86
Das indonesische Staatswappen	106
Der Kris (Keris)	130
Tänze für Touristen	134
Die Rolle des Clowns	135
Das Ramayana	139
Mads Johansen Lange	148
Pemendakan	174
Der magische Barong von Ulun Siwi	180
Naturkräfte bedrohen Tanah Lot	187
Die Versöhnung: Tabanan und Buleleng	192
Jayaprana und Layon Sari	202
Pura Pulaki	202
Ratna Banten	229
Königin Mahendradatta	230
Die Reiher von Petulu	234
Der Petanu-Fluss	235
Die Dong-Son-Kultur	236
Batik und Endek	238
Der Hof von Gelgel	244
Eka Dasa Rudra	247
Meersalzgewinnung	250
Die Algenfarmer	257
Die Unterweltschlangen	259
Korallenabbau	264
Traditionen der Bali Aga	268
Das Königreich von Karangasem	269
Die Legende vom Batur-See	296

Reiseziele und Routen

Reiseziele

Jahr für Jahr verbringen tausende von Touristen ihren Urlaub auf den Sonneninseln Bali und Lombok. Ein bisschen Luxus kann sich hier jeder leisten, denn die komfortablen Resorts und Spas sind, verglichen mit europäischen Preisen, spottbillig und laden herrlich zum Entspannen ein. Die weißen, lang gezogenen Sandstrände mit ihren atemberaubenden Sonnenuntergängen ziehen nicht nur Scharen von Sonnenanbetern, sondern auch die Surfszene an. Taucher stecken ihre Nasen in die intakten, bunten Korallenriffe, um Nemo und Co guten Tag zu sagen. Wer die einzigartige Kultur Balis entdecken will, muss nur auf die engen Straßen treten, wo unzählige kleine Opfergaben für die Götter bereitliegen. Tausende von Tempeln warten darauf, von den Touristen erkundet zu werden. Nicht nur die Baukunst, sondern auch die detailgenaue Reliefarbeit mit manchmal ungewöhnlichen Motiven bringt die Besucher der Tempel zum Staunen. An den Marktständen, die man auf Bali und Lombok überall findet, buhlen die Verkäufer um die Gunst der Kunden. Durch die gute Infrastruktur gelangen Besucher problemlos in nahezu jeden Winkel der Insel, freundliche Balinesen und Indonesier begleiten einen gerne bei Bergbesteigungen, Trekkingtouren oder bei einem Ausflug in den Nationalpark. Viele Touristen ahnen, dass Bali und Lombok in ihrer Vielfalt nicht in einem Urlaub zu entdecken sind – und kommen Jahr für Jahr wieder.

Der Natur auf der Spur

Egal, ob man sich für Wasserschildkröten oder seltene Vogelarten interessiert, gern wandert oder lieber unter einem Banyan-Baum sitzt, um wie Buddha einst erleuchtet zu werden – Bali bietet für jeden etwas: Von Palmen und Farnwäldern bis zu Gebirgswald, von kargen Vulkanlandschaften und unzähligen grünen Reisterrassen bis zu hohen Bergen.

Die trockenste Gegend ist West-Bali mit seinem ausgedehnten **Nationalpark Bali Barat**. Auf der vorgelagerten Insel Menjangan kommen Taucher auf ihre Kosten. Der Bird Park des Nationalparks bietet Vogelkundlern die Möglichkeit, besonders seltene bunte Arten zu beobachten.

Für Trekkingtouren sind der **Gunung Batur** im Norden Balis, der **Gunung Agung** im Osten und der **Gunung Rinjani** auf Lombok am besten geeignet. Die entspannendste Möglichkeit, Balis Natur zu genießen, bietet der **Botanische Garten** von Candi Kuning in Nord-Bali. Hier im Nordteil der Insel versteckt sich in einer tiefen Dschungelschlucht auch der **Gitgit-Wasserfall**, der größte Wasserfall Balis. Vor der Küste von **Lovina**, ebenfalls im Norden, lassen sich im Morgengrauen Delphine beobachten. Wer ein Faible für Affen hat, kann sich in West-Bali rund um den Tempel von **Sangeh** mit frechen Makaken auseinandersetzen. Imposante Büffel gibt es in **Negara** (West-Bali) zu sehen, wo regelmäßig Wasserbüffelrennen veranstaltet werden.

Balinesische Kunst und Kultur

Kaum jemand wird Bali und Lombok verlassen, ohne einen Eindruck von der Kultur und den Traditionen der Menschen bekommen zu haben. Für die Balinesen ist ihre Religion fester Bestandteil des Alltags. Die vielen Opfergaben, die auf der Straße liegen, geben einen deutlichen Hinweis auf die hinduistischen Traditionen der Insel. Die Bewohner Lomboks hingegen sind Moslems und pflegen alte Traditionen. Hinter den Fassaden der Religionen gibt es jedoch viel mehr zu erfahren: Warum sehen die balinesischen Masken oft so böse aus? Warum wird beim Theater immer wieder die Geschichte des Ramayana aufgeführt? Welche Bedeutung haben all die anderen Tänze? Warum liegen Opfergaben vor jedem Haus und an jeder Kreuzung?

Die besten Antworten auf diese und viele weitere Fragen bekommt man in **Ubud**. Bei den vielen Tanzaufführungen, Schattenspielen, Musikdarbietungen und Manufakturen für Kunsthandwerk entdeckt man vor allem eines: Religion und Kunst sind auf Bali fest in den Alltag eingebunden und untrennbar miteinander verwoben. Über die ganze Insel sind tausende von **Tempeln** verstreut. Einige sind sehr schlicht gestaltet, verwandeln sich aber zu ihrem Jahrestag, dem **Odalan-Fest**, in wahre Prachtstücke. Dann werden die Tempelmauern von den Frauen des Dorfes mit aufwendig gearbeiteten Blumengestecken und bunten Tüchern dekoriert. Andere Tempel wie der **Besakih-Tempel** sind alles andere als schlicht und ziehen das ganze Jahr über Scharen von Touristen an, die die detailgenauen Reliefs in den Mauern der Bauwerke bewundern. Im Westen Balis zeigt der **Pura Tanah Lot**, wie ein Tempel mit seiner natürlichen Umgebung verschmelzen kann. Auf einem Felsen thronend und von Wasser umtost, bringt er Touristen zum Staunen. Auch die Heiligtümer des **Gunung Kawi** in Zentral-Bali beeindrucken durch ein atemberaubendes Zusammenspiel mit der Natur. Eine Übersicht über die wichtigsten Heiligtümer auf Bali findet sich auf S. 125.

Wer sich für Kunst interessiert, erhält in den drei **Kunstmuseen** von Ubud einen Einblick in das Schaffen balinesischer Künstler.

Strände für Wassersportler und Sonnenanbeter

Bali und Lombok haben unter Wassersportlern einen erstklassigen Ruf als Surf- und Tauchparadies. Sowohl Surf-Anfänger als auch Profis finden Wellen in der richtigen Schwierigkeitsstufe, und die Korallenriffe rund um die Inseln sind voller bunter Meeresbewohner. Aber auch schöne Badestrände gibt es auf Bali nicht wenige, viele mit weißem, andere mit schwarzem Sand.

Allerdings sind besonders in **Kuta** viele Strände für Surfer reserviert. Das hängt nicht etwa mit Querelen zwischen Surfern und Badenden zusammen, sondern schlicht und ergreifend mit den Gegebenheiten der Natur: An vielen Stellen ist Schwimmen lebensgefährlich, da die Strömung zu stark ist und von Touristen oft unterschätzt wird. Wo die Strömung es zulässt, ist Schwimmen natürlich erlaubt – auch an so genannten Surfstränden.

Die anspruchsvollsten Surfstrände findet man auf der **Bukit-Halbinsel** in Süd-Bali. Wer kein Profi ist, sollte lieber am Strand von Kuta üben, denn die messerscharfen Korallen der Profistrände können äußerst schmerzhaft und sogar lebensgefährlich sein. Die Strände bei **Candi Dasa** und **Padang Bai** sowie in **Amed** und Tulamben in Ost-Bali eignen sich hervorragend zum Schnorcheln und Tauchen. Ein absolutes Highlight für jeden Taucher sind die Korallenriffe von **Nusa Penida** sowie die **Gilis** bei Lombok. Wer einfach nur in der Sonne liegen und ab und zu ins Wasser springen möchte, ist in **Kuta** oder **Seminyak** am besten aufgehoben. In Seminyak kann man sich nach einem entspannenden Strandtag ins quirlige Nachtleben stürzen. Für das Reiten auf Bananenbooten, Kitesurfen oder eine Fahrt mit Wasserskiern ist man am Strand von **Tanjung Benoa** nördlich von **Nusa Dua** goldrichtig.

Reiserouten

Auf Bali kann man problemlos einen ganzen Monat verbringen, ohne sich zu langweilen. Es spricht natürlich nichts dagegen, sich während der Reise vorwiegend an einem Ort aufzuhalten und voll und ganz in dessen Alltag einzutauchen. Die natürlichen Gegebenheiten und die gut entwickelte Infrastruktur erleichtern es Touristen jedoch, jeden Winkel der Insel zu erforschen und immer wieder Neues zu entdecken. Alleine die zahlreichen Strände bieten neben dem Sonnenbaden eine Vielzahl von Aktivitäten: Surfen, Schnorcheln, Tauchen, Kitesurfen und noch vie-

Auf Bali und Lombok locken Strände für Sonnenanbeter und Surfer

les mehr. Doch auch wasserscheue Besucher kommen auf Bali voll auf ihre Kosten. Die ausgesuchten Routenvorschläge ermöglichen es, von allem etwas mitzunehmen: Das quirlige Süd-Bali mit seinem ausgeprägten Nachtleben, Natur und Trekking im Westen, Norden, Osten und auf Lombok, die faszinierende balinesische Kultur, die überall auf der Insel zu finden ist, und natürlich die wunderschönen Sandstrände mit ihren atemberaubenden Sonnenuntergängen.

Die Routenvorschläge starten immer von Süd-Bali aus, da fast alle Touristen mit dem Flugzeug anreisen und der internationale Flughafen sich in Süd-Bali befindet.

Bali für Einsteiger: eine Woche

Touristen, denen nur eine Woche zur Verfügung steht, haben die Qual der Wahl: eine entspannte Woche auf Bali zu verbringen, mit dem Wissen, nur einen kleinen Teil Balis kennen gelernt zu haben, oder innerhalb einer Woche so viel zu sehen und zu erleben, wie nur irgend möglich. Hier zwei Varianten:

So viel wie möglich

Tag 1: Nach einem eintägigen **Surfkurs** kann man sich ins Nachtleben von **Kuta** stürzen und gebührend auf einen schönen Urlaub anstoßen.

Tag 2: Am nächsten Tag geht es nach **Sangeh** nördlich von Denpasar. Nach dem Touristentrubel in Kuta trifft man nun im **Affenwald** auf eine ganz andere Welt. Neben den Affen gibt es hier auch noch einen sehr alten Meditationstempel zu sehen, den **Pura Bukit Sari**. Weiter führt die Reise nach **Ubud**, zum kulturellen Herzen Balis. Hier kann man sich abends von den Tanzaufführungen der Balinesen verzaubern lassen.

Tag 3: Auch der nächste Tag ist der Kultur und Kunst gewidmet: Ein Besuch in einem der drei **Kunstmuseen** von Ubud steht auf der Tagesordnung. Weiter geht die Fahrt am Spätnachmittag nach **Lovina** in Nord-Bali.

Tag 4: Am nächsten Morgen sind in aller Frühe Delfine in ihrer natürlichen Umgebung zu sehen. Nach dem Frühstück führt die Reise mit dem Mietwagen Richtung Osten. Einen kurzen Umweg zu den Tempeln von **Jagaraga** und **Sawan** sollte man in Kauf nehmen, es gibt dort ungewöhnlich schöne Tempel mit ausgefallenen Reliefs zu entdecken. Ab **Culik** darf man sich auf eine Strandtour freuen: Sie führt nach **Amed**, **Tirtagangga** oder noch weiter nach **Candi Dasa** und **Padang Bai**.

Tag 5 und 6: Hier kann man in einer Strandbucht faulenzen oder beim Tauchen und Schnorcheln die Wasserwelt erkunden. Den **Wasserpalast von Tirtagangga** sollte man sich allerdings auf keinen Fall entgehen lassen.

Tag 7: Die Weiterfahrt führt wieder zurück Richtung Süd-Bali. Auf dem Weg nach Klungkung sollte man unbedingt an der Höhle **Goa Lawah** halten, um Tempel und Fledermäuse zu besichtigen. In **Klungkung** wartet die Parkanlage Taman Gili mit einer alten Gerichtshalle auf Besucher.

So entspannt wie möglich

Für Touristen, die direkt aus Europa anreisen und mit der Zeitumstellung zu kämpfen haben, empfiehlt sich zunächst ein dreitägiger Aufenthalt in Süd-Bali. Die Strände von **Kuta**, **Legian** und **Seminyak** eignen sich hervorragend für eine Akklimatisierung. Wer will, kann in einer Tagestour Richtung Süden den eindrucksvollen Tempel **Pura Luhur Uluwatu** besichtigen und auf dem Rückweg in **Jimbaran** in einem der Seafood-Restaurants vorbeischauen. Am 4. und 5. Tag führt der Weg ins Landesinnere nach **Ubud**, wo man sich Kunst und Kultur verschreibt. Die letzten beiden Tage sind für **Lovina** im Norden reserviert, um einige Zeit am Strand zu verbringen oder die umliegenden Berglandschaften um **Bedugul** zu erkunden.

Bali Standard: zwei Wochen

Viele Touristen entscheiden sich für einen zweiwöchigen Aufenthalt, was hinsichtlich der langen Anreise und der Zeitumstellung eine gute Idee ist. Nach der Ankunft in Süd-Bali werden zunächst die Strandorte **Kuta**, **Legian, Seminyak, Sanur** und **Nusa Dua** erkundet. Ein Ausflug auf die ruhige **Bukit-Halbinsel** stellt einen Ausgleich zum Trubel in den Touristenzentren dar. Nach drei Tagen steht der Aufbruch nach West-Bali auf der

Reiserouten

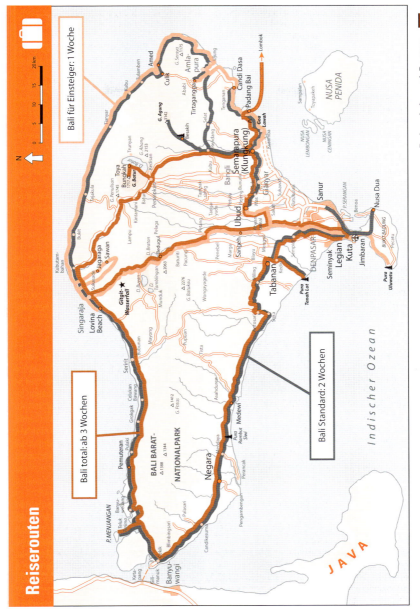

Reiseziele und Routen

Tagesordnung. Unterwegs bietet sich ein Besuch des Tempels **Pura Tanah Lot** an. Die Weiterfahrt endet im Surferspot **Medewi**, wo man gegebenenfalls seine Surfkünste unter Beweis stellen kann. Am nächsten Tag gibt es auf der Fahrt nach **Pemuteran** viel zu sehen, immerhin geht es quer durch den ganzen **Bali Barat-Nationalpark**. In der westlichsten Ecke angekommen, bleiben zwei weitere Tage, um die Natur des Nationalparks zu erkunden oder auf der **Insel Menjangan** Meeresbewohner aufzustöbern.

Von West-Bali aus geht es weiter Richtung **Lovina**. Hier kann man sich zwei Tage aufhalten, Delphine bewundern und beim **Gitgit-Wasserfall** vorbeischauen. Danach führt der Weg nach **Culik** und von dort aus nach **Tirtagangga** zum Wassertempel. Hier bietet sich auch eine Übernachtung an. Am Südhang des Gunung Agung entlang kommt man nach **Besakih**. Von hier aus lässt sich am nächsten Tag die **Besteigung des Gunung Agung** in Angriff nehmen. Wenn man genug Höhenluft geschnuppert hat, geht es wieder ins flachere Land nach **Klungkung**, um die Parkanlage **Taman Gili** zu bewundern. In **Candi Dasa** oder **Padang Bai** sind nochmals zwei Tage Strandurlaub möglich, um sich von den Strapazen der Bergbesteigung zu erholen. Die Route endet mit einem zweitägigen Besuch in **Ubud**, wo man sich von balinesischer Kunst und Kultur verzaubern lässt.

Bali total: ab drei Wochen

Wer drei Wochen oder mehr Zeit hat, kann länger an den Stränden und in den Bergen Balis verweilen und stressfrei nach Lombok und auf die Gilis reisen. Los geht es wieder in **Süd-Bali**, wo man sich die ersten vier Tage in einem der Touristenzentren entspannen und sich akklimatisieren kann. Danach geht es direkt Richtung Norden nach **Lovina**. Ein oder zwei Tage in Lovina und Umgebung ermöglichen es, die Ruhe dieser abgeschiedenen Gegend zu genießen. Die Tour führt weiter in die Berge nach **Toya Bungkah** und zum Gipfel des **Gunung Batur**. Durch die schöne Berglandschaft fährt man über **Klungkung**, um den Taman Gili zu besuchen, und weiter zur Höhle **Goa Lawah**. Wer möchte, kann hier

Organisierte Touren

Viele Reisebüros, Hotels, Restaurants und Tauchschulen bieten Touren mit englisch- oder deutschsprachigen Führern an. Bei solchen organisierten Touren stellen sich die Guides voll auf ihre Reisegruppe ein und man hat meistens die Chance, an Tempeln ein bisschen länger zu verweilen. Zu einem spontanen Stopp und einem Spaziergang in den Bergen kann man den Guide und die anderen Tourteilnehmer dagegen wohl kaum überreden.

Sehr individuelle Touren stellt das Reisebüro **Rasa Sayang** des Swiss Restaurants in Kuta für seine Kunden zusammen. Wer Bali auf eigene Faust erkunden will, kann sich hier auch bei der Organisation des Mietwagens und der Zusammenstellung der Route helfen lassen und viele wertvolle Geheimtipps und Ratschläge bekommen. Informationen gibt es im **Bali Swiss Restaurant** oder direkt im Reisebüro unterhalb des Schweizer Konsulats (s. S. 154), 0361-769235, rasa-sayang@gmx.net. Weitere Tourvorschläge unter www.bali-swiss.com/bali_auf_eigene_faust.htm.

Fledermäuse und Tempel besichtigen. Weiter geht's nach **Padang Bai**, wo man Unterkünfte vorfindet. Am nächsten Morgen wird man von der Fähre nach **Lombok** gebracht. Hier kann man sich eine Woche an blendend weißen Stränden aufhalten und die kleinen **Gili-Inseln** erkunden. Wer keine Lust auf Strand hat, kann sich auch von der Berglandschaft des **Gunung Rinjani** verzaubern lassen. Wieder in Padang Bai angekommen, begibt man sich ins Landesinnere nach **Ubud**, wo man sich der balinesischen Kunst und Kultur widmet. In der Umgebung von Ubud gibt es viel zu entdecken, sodass man hier mindestens zwei Tage verbringen sollte. Die letzte Station ist der **Nationalpark** im Westen der Insel. Zunächst geht die Fahrt nach **Pemuteran**, wo man zwei Nächte verweilt. Hier am Rande des Nationalparks hat man die Gelegenheit, um die Insel **Menjangan** zu schnorcheln und zu tauchen oder den Nationalpark mit seinem bekannten Vogelpark zu erkunden. Auf der Rückfahrt Richtung

Über ganz Bali sind tausende Tempel verstreut

Süd-Bali bietet sich ein Stopp in **Negara** an, v. a. wenn gerade ein Wasserbüffelrennen stattfindet. Der nächste Ort **Medewi** lockt nochmals mit Meer und Entspannung. Am nächsten Morgen geht es weiter nach **Tabanan** ins Subak Museum, wo man viel über das einfache Leben der Reisbauern und ihr Bewässerungssystem lernen kann. Am Spätnachmittag schießt man beim Tempel **Pura Tanah Lot** an der Küste ein letztes Erinnerungsfoto und genießt abends in Süd-Bali das vorerst letzte balinesische Gericht.

Reiserouten

Reisezeit

Bali liegt nur acht Grad südlich des Äquators, und hat daher ein tropisches **Klima**: Das ganze Jahr über ist es fast gleichmäßig heiß, dazu kommt eine hohe Luftfeuchtigkeit. Die Tagestemperaturen betragen auf Meereshöhe durchschnittlich 30 °C, nachts kühlt es sich nur wenig ab. Pro hundert Höhenmeter verringert sich die Temperatur um etwa 1 °C, in Bergdörfern kann das Thermometer nachts bis auf 10 °C sinken. Da die Insel sowohl im Einzugsbereich des feuchten Nordwest-Monsuns und des trockeneren Südost-Monsun liegt, gibt es auf Bali relativ deutlich ausgeprägte „Jahreszeiten", nämlich die Trockenzeit von Mai bis Oktober und die Regenzeit von November bis April.

Die zentrale Gebirgskette sorgt dafür, dass sich **Regen** sehr ungleichmäßig auf der Insel verteilt. Im Durchschnitt fallen in Süd-Bali, wo die meisten Menschen leben, 2000 mm Niederschlag bei 100 bis 140 Regentagen im Jahr. Im Gebirge erhöht sich die Niederschlagsmenge auf über 3000 mm bei 160 bis 210 Regentagen. Zu den regenärmsten Gebieten zählen die gesamte, im Regenschatten der Berge liegende Nordküste, der Nordosten und der Westen. Hier wird z. T. weniger als 1000 mm Niederschlag bei 50 bis 80 Regentagen gemessen, und zur Zeit des Südost-Monsuns herrscht eine ausgeprägte Trockenperiode. Der Nordosten gleicht einer von Steinen und Lavamassen übersäten Halbwüste, auf der nur noch Kakteen und die anspruchslose Lontarpalme gedeihen.

Wenig Regen erhalten ebenso die Kalklandschaften der Bukit-Halbinsel und der vorgelagerten Inseln Nusa Penida, Nusa Lembongan und Nusa Ceningan. Da die porösen Kalkböden selbst kaum Feuchtigkeit speichern können, handelt es sich hier um ausgesprochene Dürregebiete. Die wenigen hier lebenden Menschen erhalten das lebensnotwendige Wasser aus einigen spärlichen Quellen am Fuße der Steilklippen und aus Brackwasserbrunnen, oder sie sammeln jeden aufgefangenen Regentropfen in steinernen Zisternen. Auf den vereinzelt vorhandenen Feldern, die nicht bewässert werden können, wird Mais angebaut, der neben dem von Bali importierten Reis das wichtigste Grundnahrungsmittel darstellt.

Das Klima spielt seit einiger Zeit auf der ganzen Welt verrückt. Die Temperaturen und Niederschlagsmengen tanzen aus der Reihe und lassen sich oft durch kein Klimadiagramm mehr erklären. Durch die Klimaveränderungen kann es auch auf Bali vorkommen, dass der Monsun ausbleibt, unerklärbare Winde auftreten oder es plötzlich deutlich wärmer oder kühler wird als für die Region üblich. Eine Angabe der idealen Reisezeit ist aufgrund der Unberechenbarkeit des Wetters schwierig, deshalb sind die Informationen zum Klima nur als grober Anhaltspunkt zu verstehen.

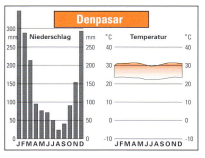

Unabhängig vom Klima gibt es auf Bali und Lombok eine **Hochsaison** im Juli, August, Dezember und Januar. Zum Jahreswechsel wird es besonders teuer. In den übrigen Monaten herrscht Nebensaison und die Hotelpreise sind häufig um die 50 % billiger.

In vielen Teilen Balis prägen Reisfelder die Landschaft

Reisekosten

Tagesbudget

Mit wie viel Geld man pro Tag rechnen muss, hängt sehr stark von der Art des Reisens und der Saison ab. Wer allgemein viel Wert auf einen hohen Standard legt, kann sehr viel Geld auf der Insel lassen. Doch auch wer mit nur wenig Geld haushalten muss, findet überall preisgünstige Alternativen. Für Budget-Traveller, die sich mit einfachen Unterkünften, öffentlichen Transportmitteln und Essen von Straßenständen zufrieden geben, ist in der Nebensaison mit Ausgaben unter 15 € pro Tag zu rechnen. Wer sich ein Hotel mit Pool, Warmwasser und AC leistet, die Insel mit Leihwagen und Guide erkunden möchte, gerne auch mal Taxi fährt und kulinarisch mehr als nur Nasi Goreng erwartet, kommt in der Nebensaison mit 50–70 € am Tag aus. Touristen, die einen luxuriösen Lebensstil bevorzugen, können jedoch auch leicht über 200 € pro Tag alleine für das Hotel ausgeben. Die Grenze nach oben ist v. a. bei Hotels offen. Gezahlt wird grundsätzlich mit indonesischen Rupien (Rp), bei größeren Beträgen werden aber auch gerne Dollarnoten oder Kreditkarten angenommen. In der Hauptsaison steigen die Preise für Unterkunft und Essen je nach Region um 20–100 %.

Eintrittspreise und Guides

Bei vielen Tempeln wird überhaupt kein Eintritt erhoben, immer mehr Dorfgemeinschaften fordern jedoch eine geringe Gebühr von 2000–5000 Rp. Hinzu kommt häufig eine Parkgebühr, die unabhängig von der Parkdauer 1000–2000 Rp beträgt. Bei sehr bedeutsamen Tempeln ist das Tragen eines Sarongs oder Tempelschals Pflicht, für den eine Leihgebühr von höchstens 10 000 Rp eingefordert wird. Falls zusätzlich noch für die Instandhaltung der Tempel eine Spende erwartet wird, sind 10 000 Rp angemessen. Es kann durchaus vorkommen, dass nette Einheimische, manchmal auch Kinder, Touristen bei ihren Besichtigungen begleiten und Interessantes über die Tempel erzählen. Am Ende verlangen sie eine Entlohnung. Auch hier sind 10 000–20 000 Rp angebracht.

Bei einer Trekkingtour muss man US$15–25 für einen Guide einkalkulieren. Die Preise beziehen sich jedoch immer auf eine Gruppe und gelten nicht pro Person. Die Besteigung des Berges Gunung Rinjani auf Lombok ist weitaus teurer und nur für eine große Reisegruppe empfehlenswert.

Übernachtung

Die einfachsten Unterkünfte kosten zwischen US$5–25, sind spartanisch eingerichtet und mit einem kleinen Badezimmer ausgestattet. Ein einfaches Frühstück, das oft nur aus Tee und Bananen besteht, ist meist inklusive. Ein Mittelklassehotel kostet je nach Ausstattung US$25–100, wobei man hier einen wesentlich höheren Standard erwarten darf als in der europäischen Mittelklasse. Luxusresorts und Villen ab US$100 bieten häufig neben dem großen Pool für alle Gäste einen privaten Pool mit Garten und eine eigene Küche.

Die vielen verschiedenen Begriffe, die es für Urlaubsbehausungen gibt, geben über das preisliche Niveau leider wenig Aufschluss. So ist ein Losmen oft identisch mit einem Homestay, Guesthouse, Hostel oder Hotel. Ein Hotel kann aber auch eine riesige Anlage sein, die sich mit vier Sternen schmücken darf. Bungalows unterscheiden sich von Villen v. a. in Design, Größe

Erholung am Pool

und niedrigerem Preisniveau. Ansonsten besteht leider kein enger Zusammenhang zwischen Preis und Qualität. Ältere, heruntergekommene Hotels sind oftmals teurer als neue oder frisch renovierte Anlagen.

Bei den Hotelbeschreibungen sind stets so genannte Walk-in-Preise für die Nebensaison angegeben. Hierunter sind Tagespreise zu verstehen, die vor allem bei den höheren Preiskategorien weit unter den veröffentlichten Preisen liegen. Häufig bekommt man bei längeren Aufenthalten einen Preisnachlass. Es lohnt sich also immer, nach Rabatten zu fragen.

Transport

Für den Nahverkehr stehen **Bemos und Taxis** zur Verfügung. Bemos sind kleine Minibusse, die ca. zehn Leute mitnehmen. Um ein Bemo anzuhalten, muss man ein Handzeichen geben. Eine Bemofahrt kostet selten über 10 000 Rp, meistens sogar nur die Hälfte. In ländlichen Gebieten tauchen Bemos jedoch sehr unregelmäßig auf. Auch bei einer Taxifahrt bis 3 km kann man mit unter 10 000 Rp rechnen.

Für längere Strecken und den Transport zwischen Touristenorten bieten verschiedene Unternehmen ihre Dienste zu verhandelbaren Preisen an. Der empfehlenswerte Shuttle-Anbieter **Perama** bedient mit Bussen und kleinen Schiffen alle Touristenorte auf Bali und Lombok zu fairen Festpreisen. Das Unternehmen hat in den meisten Orten ein eigenes Büro und organisiert auch mehrtägige Touren. Die Preise belaufen sich je nach Transportmittel, Distanz und Zielort auf 15 000–300 000 Rp und sind auch unter 🖵 www.peramatour.com einzusehen.

Für einen **Mietwagen** sollte man mit mindestens 120 000 Rp pro Tag rechnen, inklusive Versicherung. Wer sich der Verkehrssituation auf Bali nicht stellen möchte, kann einen Fahrer inklusive Auto in Anspruch nehmen. Hierfür sind Kosten in Höhe von 450 000 Rp pro Tag zu veranschlagen. Bei einer Übernachtung muss man jedoch nicht für die Unterbringung des Fahrers aufkommen.

Rabatte

Ein internationaler Studentenausweis ist auf Bali so gut wie nutzlos. Rabatte erhält man hier allein durch Verhandlungsgeschick und nicht durch den Status als Student oder Rentner.

Bei Reisen mit Kindern ist es in vielen Hotels möglich, ein Zusatzbett für meistens unter 10 € zu bekommen. Auch in Verkehrsmitteln muss für Kinder nur dann gezahlt werden, wenn sie einen eigenen Sitzplatz in Anspruch nehmen.

Was kostet wie viel?	
1,5 l Trinkwasser	2000–6000 Rp (0,14–0,44 €)
0,3 l Softdrink	3000–7000 Rp (0,20–0,50 €)
Großes Bier	12 000–20 000 Rp (0,85–1,50 €)
Frühstück	10 000–20 000 Rp (0,70–1,50 €)
Nasi Goreng	ab 10 000 Rp (0,70 €)
westliche Speisen	ab 20 000 Rp (1,50 €)
Kaffee	2000–10 000 Rp (0,14–0,70 €)
Hotelzimmer	Budget bis US$25, Mittelklasse bis US$100, Luxus ab US$200
1 l Benzin	4500–6000 Rp (0,32–0,44 €)
Taxifahrt (3 km)	9000 Rp (0,66 €)
Busfahrt	ca. 10 000 Rp pro Std. (0,70 €)
Mietwagen	Bali ab 120 000 Rp pro Tag (9,00 €), Lombok ab 250 000 Rp pro Tag (19,00 €)
mit Fahrer	ca. 450 000 pro Tag (33,00 €)
Eintrittspreise	5000–25 000 Rp (0,35–2,00 €)

Traveltipps von A bis Z

Anreise S. 34
Botschaften und Konsulate S. 36
Einkaufen S. 37
Elektrizität S. 39
Essen und Trinken S. 39
Feste und Feiertage S. 43
Fotografieren S. 43
Frauen unterwegs S. 44
Geld S. 44
Gepäck S. 46
Gesundheit S. 46
Informationen S. 52
Internet und E-Mail S. 53
Kinder S. 53

Medien S. 54
Post S. 55
Reisende mit Behinderung S. 56
Sicherheit S. 57
Sport und Aktivitäten S. 58
Telefon S. 61
Transport S. 62
Übernachtung S. 67
Unterhaltung S. 67
Verhaltenstipps S. 68
Versicherungen S. 69
Visa S. 71
Zeit und Kalender S. 72
Zoll S. 72

Anreise

Die meisten Bali-Besucher reisen auf dem Luftweg ein. Verschiedene asiatische und europäische Airlines fliegen von Europa direkt oder mit einem Zwischenstopp im Nahen Osten nach Denpasar. Man kann auch einen Flug nach Singapur, Kuala Lumpur oder Jakarta buchen und von dort mit dem Flieger, Schiff oder über Land weiterreisen. Die Durchschnittspreise für Flüge in der Economy Class von Europa nach Denpasar und zurück liegen bei 750 bis 1000 €.

Flugverbindungen aus Europa

Cathay Pacific, 🖥 www.cathaypacific.com, fliegt 1x täglich ab Frankfurt mit einem Zwischenstopp in Hongkong.
KLM, 🖥 www.klm.com, fliegt 2x wöchentlich ab Basel, Berlin, Bremen, Düsseldorf, Frankfurt, Genf, Hamburg, Hannover, Leipzig, München, Stuttgart, Wien und Zürich mit Zwischenstopps in Paris und Singapur.
Lufthansa, 🖥 www.lufthansa.com, fliegt mehrmals täglich ab Frankfurt/Main nach Singapur. Von dort besteht die Möglichkeit, mit anderen Airlines (s. u.) weiter nach Bali zu reisen.
Malaysia Airlines, 🖥 www.malaysiaairlines.com, fliegt 1x täglich ab Frankfurt/Main mit einem Zwischenstopp in Kuala Lumpur.
Qatar Airways, 🖥 www.qatarairways.com, fliegt 1x wöchentlich ab Berlin, Genf und Zürich, 3x ab München und Wien und 6x wöchentlich ab Franfurt/Main mit Zwischenstopp in Doha.
Singapore Airlines, 🖥 www.singaporeair.com, fliegt 2x täglich ab Frankfurt/Main und 1x täglich ab Zürich mit einem Zwischenstopp in Singapur.
Thai Airways International, 🖥 www.thaiair.com, fliegt mehrmals täglich ab Frankfurt/Main und Zürich mit einem Zwischenstopp in Bangkok.

Flugverbindungen aus Südostasien

Wenn man ein paar Euro sparen möchte oder noch ein anderes Land in der Region besuchen will, bietet es sich an, mit einer der oben genannten Airlines bis nach Jakarta, Kuala Lumpur oder Singapur zu fliegen und von dort mit einem asiatischen Billigflieger weiterzureisen. Dieser kann von zuhause aus übers Internet per Kreditkarte gebucht werden.

Air Asia, 🖥 www.airasia.com, fliegt 2x täglich ab Kuala Lumpur und 4x täglich ab Jakarta nach Bali.
Jet Star, 🖥 www.jetstar.com, fliegt 3x wöchentlich ab Singapur.
Lion Air, 🖥 www.lionair.co.id, fliegt ab Jakarta und Yogyakarta.

Flugtickets

Flüge können über ein Reisebüro, im Internet oder direkt bei den jeweiligen Fluggesellschaften gebucht werden. Die Angebote der asiatischen Billigflieger, wie z. B. Air Asia, sind immer am günstigsten, wenn sie im Netz gekauft werden.

Normalerweise ist die **Geltungsdauer** von günstigen Flugtickets auf ein, zwei oder drei Monate begrenzt. Zudem kann man mit ihnen nicht die Fluggesellschaft wechseln und erhält kein Geld zurückerstattet, wenn der Flug nicht angetreten wird. Bei weniger strikter Handhabung ist zumindest eine Stornierungsgebühr fällig. Für die **Umbuchung** des Rückflugs müssen etwa 50–70 € bezahlt werden.

Gebuchte Flüge müssen bei einigen wenigen Fluggesellschaften noch spätestens drei Tage vor Abflug rückbestätigt werden, was auch telefonisch geschehen kann. Nicht selten sind die Maschinen überbucht, und die Letzten kommen trotz **Rückbestätigung** nicht mehr mit. Es empfiehlt sich daher, rechtzeitig am Flughafen zu erscheinen.

Flugbuchung im Internet

Um Flüge online zu buchen, muss man kein Reiseexperte sein. Am besten beschränkt man sich bei der Suche auf einige der etablierten Reiseportale. Auch die Seiten der Fluggesellschaften lohnen einen Blick, da es hier oft besondere Online-Tarife gibt.

In den endlosen, verwirrenden Listen hunderter Anbieter sind günstige Offerten eher selten

Reisen und Klimawandel

Der Klimawandel ist eine ernste Bedrohung der Ökosysteme, von denen der Mensch abhängt, und Flugreisen sind in zunehmendem Maß für eine Verschärfung des Problems verantwortlich. Obwohl wir das Reisen insgesamt positiv sehen und der Überzeugung sind, dass es einen bedeutenden Beitrag sowohl für sich entwickelnde Ökonomien als auch für die Völkerverständigung leistet, ist jeder einzelne dazu aufgerufen, sich seiner Verantwortung bewusst zu werden und die Einflüsse auf die globale Erwärmung so gering wie möglich zu halten. Dazu gehört darüber nachzudenken, wie oft wir fliegen und was wir tun können, um die Umweltschäden auszugleichen, die wir mit unseren Reisen verursachen.

Fliegen und Klimawandel

Praktisch jede Form des motorisierten Reisens ist mit dem Ausstoß von Kohlendioxid (CO_2) verbunden, das der Hauptgrund für den vom Menschen verursachten Klimawandel ist. Die weitaus größte Belastung geht dabei von Flugzeugen aus, nicht weil sie ihre Schadstoffe über weite Strecken verteilen, sondern vor allem weil sie Treibhausgase weit oben in der Atmosphäre abgeben.

Die Statistiken lesen sich erschreckend: Zwei Personen, die von Europa in die USA und wieder zurück fliegen, tragen zum Klimawandel so viel bei wie der gesamte Jahresverbrauch an Gas und Strom eines durchschnittlichen Haushalts.

Zwar wird es irgendwann Flugzeuge mit Brennstoffzellen oder anderen weniger umweltschädigenden Antriebssystemen geben. Aber bis es soweit ist, haben verantwortungsbewusste Traveller nur zwei Möglichkeiten: entweder die Zahl der Flüge zu reduzieren (also weniger zu fliegen und länger zu bleiben) oder die unternommenen Flüge durch ein Ausgleichsprogramm für das Klima zu „neutralisieren".

Ausgleichsprogramme

Kompensationsprogramme von Organisationen wie 🖳 www.climatecare.org, **www.carbon neutral.com** und www.atmosfair.de bieten die Möglichkeit, eine sinnvolle Entschädigung zumindest für einen Teil der Treibhausgase zu leisten, die man durch das eigene Reisen verursacht. Dabei wird zunächst anhand eines CO_2-Rechners der Anteil eines bestimmten Fluges an der globalen Erwärmung ermittelt, anschließend werden Optionen aufgezeigt, wie mit einem zusätzlichen Beitrag ausgleichende umwelterhaltende Projekte unterstützt werden können.

Dazu gehören die Aufforstung des Regenwalds und anderer ursprünglicher Wälder sowie Initiativen zur Senkung des Energiebedarfs in der Zukunft. Häufig sind diese Projekte an Maßnahmen für eine nachhaltige Entwicklung gekoppelt.

und der Service lässt mitunter zu wünschen übrig, sodass sich die Seiten vor allem zum Recherchieren eignen. Wer dann weiß, welche Airline zu welchem Preis die günstigste Route fliegt und zudem noch Plätze verfügbar hat, kann immer noch den Preis als Obergrenze nehmen und in Reisebüros nach günstigeren Angeboten fahnden. Zudem hat das Reisebüro den Vorteil, dass es dort einen Ansprechpartner gibt, der bei Problemen kontaktiert werden kann.

Wer flexibel ist oder schon bald losfahren möchte, findet jedoch auch Seiten mit Last-Minute-Angeboten oder Sondertarifen für Flüge, Hotelzimmer oder Tickets, die teils nur im Netz von Veranstaltern, Hotels oder Airlines offeriert werden.

In verschiedenen Tests 2006 schnitten die folgenden Reiseportale gut ab:

- 🖳 www.expedia.de
- 🖳 www.weg.de
- 🖳 www.opodo.de
- 🖳 www.travelchannel.de
- 🖳 www.flyloco.de

Flughafentransfers auf Bali

Direkt vom Flugplatz von Denpasar aus erreicht man alle Touristenzentren der Insel mit Coupon-Taxis, ✆ 0361-751011. Der Schalter, an dem die Tickets erhältlich sind, befindet sich außerhalb der Ankunftshalle, nur wenige Meter vom Ausgang entfernt. Hier ist auch eine aktuelle Preisliste ausgelegt.

Fahrten kosten:
KUTA 40 000–45 000 Rp
LEGIAN 50 000 Rp
SEMINYAK 55 000 Rp
DENPASAR 60 000–80 000 Rp
SANUR und NUSA DUA 85 000 Rp
JIMBARAN 50 000–60 000 Rp
UBUD 175 000 Rp
PADANG BAI 280 000 Rp
CANDI DASA 300 000 Rp.

Wem diese Preise zu hoch sind, der kann auch ca. 1 km laufen und außerhalb der Absperrungen zum Flughafengelände ein Taxi zu den normalen „Meter"-Preisen nehmen. Dann kostet z. B. die Fahrt nach Kuta nur ungefähr die Hälfte. Von dort besteht die Möglichkeit, mit den Bussen von Perama kostengünstig alle Teile der Insel zu erreichen.

Anreise mit der Fähre

Von Singapur bzw. der vorgelagerten Insel Batam und zahllosen anderen Häfen Indonesiens bietet sich die Alternative, mit den staatlichen Fähren von PELNI, 🖳 www.pelni.co.id, nach Bali zu reisen. PELNI-Fähren fahren regelmäßig nach festen Fahrplänen alle zwei Wochen oder jeden Monat vorgegebene Routen ab. Diese Strecken können dann je nach Bedarf kombiniert werden. Aktuelle Fahrpläne in englischer Sprache können unter 🖳 www.worldtrippin.be/pelni abgerufen werden.

Nähere Infos zu den Fähren von Bali nach Lombok s. S. 306.

Botschaften und Konsulate

Vertretungen Indonesiens im Ausland

Botschaft in Deutschland
Botschaft der Republik Indonesien,
Lehrter Str. 16–17, 10557 Berlin, ✆ 030-478070,
✉ 4473 7142, 🖳 www.indonesian-embassy.de,
🕓 Mo–Do 9–12.30 und 14.30–15.30, Fr 9–12 Uhr.

Generalkonsulate
Generalkonsulat Frankfurt, Zeppelinallee 23, 60325 Frankfurt am Main, ✆ 069-2470980, ✉ 2470 9840, 🖳 www.indonesia-frankfurt.de.
Generalkonsulat Hamburg, Bebelallee 15, 22299 Hamburg, ✆ 040-512071, ✉ 5117531, 🖳 www. kjrihamburg.de.

Honorarkonsulate
Bremen: Herr Friedrich Lürssen, Zum Alten Speicher 11, 28759 Bremen, ✆ 0421-660400, ✉ 6604 300.
Hannover: Herr Günter Karl Willi Nerlich, Friedrichswall 10, 30159 Hannover, ✆ 0511-3612150, ✉ 3618668.
Kiel: Dr. Dieter Murmann, Brauner Berg 15, 24159 Kiel, ✆ 0431-394020, ✉ 394025.
München: Herr Wolfgang Schoeller, Widenmayerstr. 24, 80538 München, ✆ 089-292126.
Stuttgart: Herr Karlheinz Kögel, Medien Centrum, Augusta Platz 8, 76530 Baden-Baden, ✆ 07221-366511, ✉ 366519.

Botschaft in Österreich:
Botschaft der Republik Indonesien,
Gustav-Tschermak-Gasse 5-7, 1180 Wien,
✆ 0431-476230, ✉ 4790557, 🖳 www.kbriwina.at.

Botschaft in der Schweiz:
Botschaft der Republik Indonesien, Elfenauweg 51, 3006 Bern, ✆ 031-3520 98385, ✉ 3516765, 🖳 www.indonesia-bern.org.

Ausländische Vertretungen in Indonesien

Deutsche Botschaft
Jl. M. H. Thamrin 1, Jakarta 10310, ☎ 021-3985 5000, Notfalltelefon: 0811-152526, ℻ 3901757, 🖳 www.jakarta.diplo.de, ⏰ Pass- und Visastelle: Mo–Fr 8–11 Uhr, Botschaft Mo 7.15–15.30, Di–Do 7.15–15.45, Fr 7.15–13.00 Uhr.

Deutsches Konsulat
Jl. Pantai Karang 17, Sanur/Bali, ☎ 0361-288535, ℻ 288826, ✉ dtkonsbali@denpasar.wasantara.net.id, ⏰ Mo–Fr 8–12 Uhr.

Schweizer Botschaft
Jl. H.R. Rasuna Said, Blok X 3/2, Kuningan, Jakarta-Selatan 12950, ☎ 021-5256061, ℻ 5202289, 🖳 www.eda.admin.ch/jakarta, ⏰ Mo–Fr 9–12 Uhr.

Schweizer Konsulat
(auch für Österreicher zuständig!)
Kompleks Istana Kuta Galleria, Blok Valet 2 No 12, Jl. Patih Jelantik, Kuta, ☎ 0361-751735, ℻ 754 457, ✉ swisscon@telkom.net, ⏰ Mo–Fr 9–13 Uhr.

Österreichische Botschaft
Jl. Diponegoro 44, Jakarta 10310, ☎ 021-3193 8101, Notfalltelefon 0811-833790, ℻ 3904927, 🖳 www.austrian-embassy.or.id, ⏰ Mo–Fr 9–12 Uhr.

Australisches Konsulat
(auch für Kanada, Neuseeland und Papua New Guinea zuständig)
Jl. Prof. M. Yamin 4, Renon, Denpasar, ☎ 0361-235092, ℻ 231990, ✉ ausconbali@denpasar.wasantara.net.id, ⏰ Mo–Fr 8.30–12 und 13–15 Uhr, hier gibt es Visa für Australien.

Einkaufen

Orte wie Ubud und Kuta wirken auf den ersten Blick wie gigantische Einkaufszentren mit vereinzelten Restaurants und Unterkünften. Neben indonesischen Waren findet man Bekleidungsgeschäfte aller namhaften Surf-Marken sowie große, nach westlichem Vorbild konzipierte Einkaufszentren. Man sollte sich niemals am ersten Tag zu Spontankäufen verleiten lassen, sondern erst einmal das Angebot sondieren und später mehrere Dinge gleichzeitig in einem Laden erwerben, was bessere Möglichkeiten zum Handeln bietet. In einigen Shops werden aber Festpreise verlangt. Wohin man auch fährt, ein Gang über den **Markt** ist immer lohnenswert. Hier erhält man einen Überblick über Angebot und Preise und kann sich mit Waren des täglichen Bedarfs, Obst und kleinen Snacks eindecken.

Kleiner Einkaufsatlas

Man vergleiche immer die Preise in den Touristenzentren mit den Angeboten in den Dörfern. Günstig kauft man Kleidung in Kuta, Holzschnitzereien in Mas, Bilder in Ubud, Lederpuppen in Bedulu, Steinmetzarbeiten in Batubulan und den nördlichen Nachbardörfern, Silber in Celuk, Antiquitäten, Lontar-Schriften und Ikat-Stoffe in Klungkung.

Textilien

Dekorative **Batikbilder und -textilien** (Sarongs, Kleidungsstücke, Taschen usw.) sind ein beliebtes Mitbringsel. Sie brauchen wenig Platz im Gepäck, und ein Batik-Sarong kann zugleich als Kleidungsstück und Decke benutzt werden. Die Batikmalerei hat zwar ihren Ursprung in Yogyakarta auf Java, wird aber auch in Bali verkauft. Da es große qualitative Unterschiede gibt, variieren die Preise erheblich. Vorsicht, oft werden billige Drucke als echte Batik angeboten.

Mit Goldfäden durchwirkte **Songket-Stoffe** für festliche Kleidungsstücke werden vor allem in Blayu (West-Bali) gewebt und teuer verkauft. **Ikat-Decken** von den östlichen Inseln (Nusa Tenggara), handgesponnen und mit Naturfarben gefärbt, erzielen in den Touristenzentren Höchstpreise. Preiswertere Stoffe werden zu Taschen oder Kleidungsstücken verarbeitet.

Kleidung für Touristen, von Hosen und T-Shirts in allen Farben, ausgefallenen Jacken, Badekleidung und schicken Klamotten bis zu grellbunten Shorts und passendem Ohrschmuck, gibt es vor allem in Kuta. Hier bringen kreative Designer Jahr für Jahr neue Erfolgsmodelle in den Handel, die dann mit etwas Verspätung auf deutschen Flohmärkten zum vielfachen Preis angeboten werden. Wer nach dem Bali-Aufenthalt noch andere Teile Indonesiens, wie z. B. Java, bereist, sollte sich beim Einkaufen zurückhalten, denn dort sind die Preise deutlich niedriger.

Finger weg!

Verzichten sollte man auf den Kauf von **Antiquitäten** (für Gegenstände, die älter als 50 Jahre sind, benötigt man ohnehin eine Exportgenehmigung) und auf Gegenstände, die von geschützten Tierarten stammen, z. B. Schildpatt, Elfenbeinschnitzereien, Krokodilleder oder Korallen. Der Zoll beschlagnahmt diese Gegenstände ersatzlos, und es ist mit hohen Strafen zu rechnen.

Kunst, Kunsthandwerk und weitere Souvenirs

Wer in Bali **Silberschmuck** kaufen oder anfertigen lassen möchte, sollte auf dem Weg nach Mas einen Zwischenstopp in Celuk einlegen. Auch in Kamasan bei Klungkung wird Silber zu Schmuck und dekorativen Gegenständen verarbeitet.

Mas, das balinesische Dorf der Brahmanen, ist Zentrum der **Holzschnitzer**. Kunstvolle Masken und Statuen aus Edelhölzern, aber auch Möbel werden hier zu beachtlichen Preisen angeboten. Preiswertere, bunt bemalte Stücke schnitzt man in Sukawati, Möbel in Batuan und Pengosekan sowie an der Jl. Bypass Ngurah Rai in Sanur, echt wirkende Tiere und Pflanzen in Teges, Tegallalang und Pujung, von wo auch die großen Garuda-Figuren stammen.

Walter Spies und Rudolf Bonnet begründeten in Ubud die moderne **Malerei**, die heute noch hier beheimatet ist. In den Dörfern der Umgebung kann man vielen Künstlern bei der Arbeit über die Schulter schauen und die Gemälde zu einem günstigeren Preis als in den Kunstgalerien von Ubud bekommen. Im Dorf Penestanan sind die Young Artists zu Hause und in Kamasan die traditionellen Maler. Die dazu passenden Holzrahmen werden u. a. in Petulu gefertigt.

Die **Schattenspielfiguren** aus Büffelleder, *Wayang Kulit,* stammen überwiegend aus Yogya. Seltener werden balinesische Figuren aus Sukawati oder Klungkung angeboten.

Wer eine **Steinstatue** in Batubulan oder direkt bei den Steinmetzen in den nördlichen Nachbarorten Singapadu oder Kutri kauft, sollte eine der zahlreichen Speditionen in Anspruch nehmen. Da mindestens ein Kubikmeter unabhängig vom Gewicht bezahlt werden muss, lohnt es sich oft, noch zuzuladen.

Weitere beliebte Mitbringel sind Muschelschmuck, Knochenschnitzereien, Messingwaren, bunte Mobiles, Windspiele, Korbwaren und Lontar-Bücher, aber auch CDs, DVDs, Stempel und Kretek(Nelken)-Zigaretten. Weitere Tipps sind in den regionalen Kapiteln zu finden.

Handeln

Außer in Läden der gehobenen Klasse gehört das Handeln zum Einkaufen dazu, selbst wenn von festen Preisen *(fixed price)* die Rede ist. Die Preise werden je nach Käufer und Laune des Verkäufers gemacht. Keiner sollte sich dabei betrogen fühlen, sondern sich der Aufforderung, ins Gespräch zu kommen und die Kunst des Handelns zu erlernen, stellen. Fast alle Verkäufer lassen mit sich reden. Falls nicht, sollte man lieber woanders einkaufen. Die Preise in den Touristenzentren sind meistens überhöht, weil vor allem japanische Kurzzeittouristen jeden Preis bezahlen.

Man sollte sich beim Einkaufen nicht von einem Guide begleiten lassen, der am Ende eine hohe Provision kassiert. Die besten Preise können morgens erzielt werden. Abends haben die Händler ihr Soll häufig schon erreicht und sind wenig motiviert, den günstigsten Preis zu bieten.

Elektrizität

Die **Stromversorgung** auf Bali ist gut und hat mittlerweile fast alle Dörfer erreicht. Mit Stromausfällen muss man trotzdem jederzeit rechnen. Sie können nur wenige Minuten, manchmal aber auch Stunden oder Tage dauern und werden in der Regel mit Dieselgeneratoren überbrückt.

Wer eigene elektronische Geräte mitbringt, muss mit standardmäßig 220 Volt und 50 Hz rechnen. Die Spannung kann allerdings sehr instabil sein und zwischen 110 und 310 Volt schwanken. Auch die Frequenz kann 50 Hz deutlich über- und unterschreiten. Für empfindliche elektronische Geräte (wie z. B. Laptops) kann das zum Problem werden. Steckdosen verfügen oft über keine Erdung, Stromschläge stehen so auf der Tagesordnung.

In größeren Hotelanlagen muss man sich darüber jedoch keine Gedanken machen. Hier gibt es meist einen Gleichrichter, der Schwankungen ausgleicht, sowie geerdete Steckdosen.

Die meisten **Steckdosen** sind SchuKo-Steckdosen, die auch als Stecker Typ F oder einfacher als „deutsche Steckdosen" bekannt sind. Dieser Umstand ist den Holländern zu verdanken und macht in den meisten Fällen einen Adapter überflüssig. Selten findet man den Stecker Typ G (englische Steckdosen), der für drei flache Stifte konzipiert ist.

Essen und Trinken

Wie überall in Südostasien ist **Reis** das Grundnahrungsmittel Nummer eins. Berühmt ist die indonesische Küche für den Gebrauch zahlreicher, verschiedenartiger **Gewürze**. Der Kampf europäischer Großmächte um das lukrative Gewürzmonopol (Molukken = „Gewürzinseln") zeugt von der Bedeutung des Gewürzanbaus für den Archipel.

Balinesische Spezialitäten

Eine Spezialität Balis sind Gerichte mit Enten- und Schweinefleisch sowie Süßspeisen aus Reis.

Die wichtigsten Gewürze

Asam	Tamarinde
Bawang putih	Knoblauch
Cengkeh	Nelken
Garam	Salz
Jahe	Ingwer
Kayu manis	Zimt
Kepulaga	Kardamom
Ketumbar	Koriander
Lombok	Chili
Merica	Pfeffer
Pala	Muskatnuss
Sereh	Zitronengras

Außerdem runden folgende Bestandteile ein Essen geschmacklich ab:

Air Kelapa	Kokosmilch
Krupuk	in Öl gebackene Krabbenmehlkräcker
Kecap	Sojasauce
Sambal	Chilisauce

Unbedingt probieren sollte man Bali-Ente, **Bebek Betutu**, eine ganze Ente, die mit Haut und Knochen in einer scharfen Gewürzmischung gegart wird. Sie ist zumeist erst einen Tag später auf Vorbestellung zu bekommen, da sie traditionell im Freien stundenlang auf einer Glut aus Reisstroh unter einem Tontopf garen muss.

Spanferkel, **Babi Guling**, wird während zahlreicher Feste serviert. Es ist aber auch mittags an balinesischen Essenständen frisch gegrillt mit scharfen Beilagen zu bekommen. In Restaurants wird es hingegen eher selten angeboten.

Etwas ungewohnt schmecken einheimische Süßspeisen, die zumeist aus Klebreis, Palmzucker und Kokosmilch zubereitet werden, wie z. B. der beliebte Kuchen **Wajik**.

Typische indonesische Gerichte

Nasi Campur

Dieses „Nationalgericht" bekommt man an fast allen Essenständen und in den einfacheren Restaurants. Zum Reis gibt es unterschiedliche kal-

> ### Vegetarier
>
> Für alle Vegetarier und Veganer gibt es eine gute Nachricht: Auch ohne den Verzehr von Fleisch kann man auf Bali überleben und findet sogar eine reichliche Auswahl an Gerichten vor. Gerichte wie Nasi Campur, Nasi Padang, Nasi Goreng, Mie Goreng oder Gado-Gado sind meistens vegetarisch, können aber auch hier und da tierische Bestandteile beinhalten. Von daher sollte man schon bei der Bestellung der gewünschten Mahlzeit darauf hinweisen, dass man Vegetarier ist.
>
> Da Balinesen unter einem Vegetarier jemanden verstehen, der kein Rindfleisch und Schweinefleisch, aber Fisch und Geflügel isst, sollte man genau erklären, was man essen möchte. Anstelle von Fleisch kann man z. B. Tempe (fermentierte Sojabohnen) oder Tofu bekommen.
>
> Krupuk (Kräcker), oft und gern als Beilage gereicht, können neben Weizen, Cassava und Tapioka auch Bestandteile von Fisch oder Krabben enthalten. Eine Riechprobe reicht meist schon aus, um auf Nummer sicher zu gehen.

te Beilagen, meist verschiedene Gemüse, geröstete Erdnüsse, Kokosraspeln, Schweinefleisch oder Huhn, Fisch und Ei.

Nasi Goreng

Das bekannteste Gericht Indonesiens besteht aus gebratenem Reis, bei dem weißer Reis mit Gemüse und Fleisch oder Krabben gemischt wird. Manchmal wird das Ganze noch von einem Spiegelei gekrönt, dann heißt das Gericht Nasi Goreng Istimewa. **Mie Goreng** ist das Gleiche mit Nudeln (Mie = „Nudeln").

Nasi Padang/Makan Padang

Die Gerichte, die aus verschiedensten Zutaten mit viel Chili zubereitet werden, liegen rot leuchtend in den Auslagen der Essensstände. Die hochkonzentrierte Schärfe der Speisen macht den Kühlschrank überflüssig und das Essen zu einer Mutprobe. Fisch- und Hühnchencurry, Gemüse, getrocknetes Fleisch, extrascharf gewürztes Rindfleisch, Eier oder Aal werden kalt in verschiedenen Schälchen mit viel Reis serviert.

Soto

Diese dicke Suppe im Eintopf-Stil wird aus Kokosmilch, Gemüse, Fleisch und Reis gekocht. Klare Suppen werden unter dem Begriff **Sop** zusammengefasst.

Cap Cai

Ähnlich dem chinesischen Chop-Suey ist Cap Cai ein Gericht aus gekochten, klein geschnittenen Gemüsestückchen, unter Umständen auch mit gebratenem Ei, Fleisch oder Krabben. Als Suppe heißt das Gericht Cap Cai Kuah, wird es in einer hellen Sauce serviert, nennt man es Cap Cai Goreng. Einfaches gebratenes Gemüse ist **Sayur Goreng**.

Sate

Vor allem auf den Märkten findet man Stände, die diese kleinen Fleischspieße verkaufen. Sie werden in Zucker und Gewürzen eingelegt und anschließend über Holzkohle gegrillt. Dazu gibt es eine würzig-süße Erdnuss-Sauce. Man verwendet vor allem das Fleisch der Ziege, oft auch Huhn oder (zumindest auf Bali) Schweinefleisch.

Gado-Gado

Ein kalter Salat aus gekochtem Mischgemüse, der mit Erdnuss-Sauce angemacht wird. Dazu werden Krupuk (Krabbenmehlkräcker) gereicht.

Roti

Der allgemeine Ausdruck für Brot, zumeist Weißbrot. Vor allem in Denpasar und Ampenan (Lombok) gibt es Bäckereien, die leckere **Kuchen** im Angebot haben – ein Relikt aus holländischer Kolonialzeit.

Lontong

In Bananenblätter eingewickelter Klebreis, häufig als Beilage zu Sate oder Gado-Gado.

Pisang Goreng

Gebratene Bananen, als erstes Frühstück oder als Zwischenmahlzeit, sind auf jedem Markt erhältlich.

Getränke

Neben den üblichen Softdrinks Coca Cola, Sprite und der asiatischen Fanta kann man viele Fruchtsäfte, balinesischen Wein und Tee probieren.

Alkoholische Getränke

Tuak (Palmwein) und **Brem** (Reiswein) gehen schnell in den Kopf und variieren sowohl geschmacklich als auch in ihrem Alkoholgehalt lokal stark voneinander.

Arak ist destillierter Reisschnaps.

Anggur Hitam ist eine Art süßlicher Rotwein, der als kräftigendes, gesundheitsförderndes Tonikum verkauft wird.

Bir (Bier) bekommt man ab 12 000 Rp je Flasche. Am weitesten verbreitet ist die einheimische

Bali-Wein

Im Norden der Insel Bali werden seit über hundert Jahren Trauben geerntet, die bis Anfang der 90er-Jahre ausschließlich in kleinen Mengen als Obst verkauft oder zu süßem *Anggur Hitam* vergoren wurden. Ebenso wie im gesamten südostasiatischen Raum hat das Keltern von Wein hier keinerlei Tradition. Andererseits entsprach weder der klebrig-süße Rotwein noch der Reiswein dem Geschmack der Touristen, die auf sehr teure, importierte Weine angewiesen waren. Doch die erfolgreiche Zusammenarbeit von I. B. Rai Budarsa, dem Besitzer einer Reiswein-Brauerei, und Vincent Desplat, einem französischen Winzer, der über Australien nach Bali gelangte, machte es möglich: **Hatten Wein**, ein westlichem Geschmack entsprechender Wein, wird seit 1994 im Nordwesten der Insel kommerziell angebaut und gekeltert. Das erste, gut eingeführte Produkt ist der fruchtige, frische Rosé, der auch zu den würzigen indonesischen Speisen passt. Daneben werden sechs weitere Weine und sogar ein Sekt hergestellt. Die Produkte der ersten balinesischen Winzer sind u. a. im The Cellardor, Jl. Bypass Ngurah Rai, ✆ 0361-767422, 🖥 www.hattenwines.com, erhältlich.

Keine Angst vor Eis

Vor Eiswürfeln braucht man auf Bali keine Angst mehr zu haben, da selbst das Eis in einem kleinen Essensstand staatlich kontrolliert wird und stets aus abgekochtem Wasser industriell hergestellt worden ist.

Marke Bintang. Ebenfalls zu finden sind die lokalen Biere Bali Hai und Anker sowie die importierten Marken Heineken, Carlsberg und Asahi.

Nichtalkoholische Getränke
Teh Tee
… pahit/… manis ohne alles/ mit Zucker
… panas heiß
Teh manis panas heißer, süßer Tee
Es teh limau selbst gemachter Zitroneneistee
Susu Milch, oft süße Dosenmilch
Coklat Schokolade
Es Eiswürfel
Kopi Kaffee
Kopi Susu Es Eiskaffee mit Milch
Air/ Air minuman Wasser/ Trinkwasser
Air (…) Fruchtsaft
Air Jeruk Orangen-/Zitronensaft
Air Mangga Mangosaft
Air Kelapa Muda junge Kokosmilch (manche Menschen bekommen davon Bauchschmerzen)
Buah geraspeltes Eis mit Fruchtgelee

Früchte

Alpukat Avocado
Blimbing Karambola bzw. Sternfrucht. Bis zu 12 cm große, gelbe oder grüne Frucht, sehr sauer.
Delima Granatapfel
Duku Samtige, taubeneigroße Frucht, süß, mit weißem, durchscheinendem Fruchtfleisch.
Durian Stachelfrucht, Stinkfrucht. Grüne, stachelige Frucht bis zur Größe einer Wassermelone. Wegen des eigenartigen, strengen Geruchs, der von der „Königin der Früchte" ausgeht, meiden viele Europäer sie. Hingegen schwelgen Indonesier während der Erntezeit im Durian-

Rausch. Es ist gesundheitlich riskant, sie zusammen mit Alkohol zu genießen, da der Körper stark erhitzt wird.

Jambu Monyet Cashew-Apfel. Dessen Kern ist die Cashewnuss.

Jambu Bol Malacca-Apfel. Große rötliche Frucht.

Jambu Air Rosenapfel. Kleine, rote, glatte, glänzende Frucht, festes Fruchtfleisch.

Jambu Biji Guave. Grünlich gelbe Frucht, rosa oder gelbes Fruchtfleisch mit winzigen Samen.

Jeruk Zitrusfrüchte. Jeruk Bali = Pomelo, Jeruk Besar = Grapefruit, Jeruk Manis = Orange, Jeruk Kepruk = Mandarine, Jeruk Asam = Limone/Limette.

Kecapi Santolfrucht. Orangengroß, mit flaumiger, gelber Schale und weißem Fruchtfleisch.

Kedongdong Goldapfel oder Apfelmango. Kleine, grün-gelbliche Frucht mit großem Kern.

Kelapa Kokosnuss

Longan Longanfrucht. Klein, braun, rauschalig, wird in Bündeln verkauft, süßsaurer Geschmack.

Mangga Mango

Manggis Mangosteen. Apfelgroße, lilaschwarze Frucht, süßsaure Fruchtsegmente. Saft der Schale stark färbend. Nie mit Zucker süßen.

Markisa Passionsfrucht. Grün bis rötlich-violette Frucht.

Nanas Ananas

Nangka Jackfrucht. Die ovalen, grünen Früchte können bis zu 20 kg schwer werden. Süßes, gelbes Fruchtfleisch.

Papaya Papaya. Melonenähnliche, grünlichgelbe Frucht, mit Limettensaft probieren!

Pisang Banane

Rambutan Rambutan. Haarige, pflaumengroße, rötlich-gelbe Frucht. Unter der weichen Schale verbirgt sich ein süßes, weißes Fruchtfleisch.

Salak Schlangenfrucht. Kleine, braune Frucht, deren feste Schale an eine Schlangenhaut erinnert, apfelartiger Geschmack.

Sawo Sapotillapfel. Braun, in Form einer Kartoffel, Geschmack ähnlich einer reifen Birne.

Semangka Wassermelone

Sirsak Sauersack, Stachelanone. Lange, herzförmige, grüne Frucht. Das weiße, saftige Fruchtfleisch mit schwarzen Samen eignet sich gut für Fruchtsäfte, die es in Indonesien abgefüllt zu kaufen gibt.

Fleisch und Fisch

Die meisten Speisekarten sind zwar englisch untertitelt, die Kenntnis einiger indonesischer Wörter kann trotzdem von Vorteil sein.

Weitere Begriffe sind im Sprachführer ab S. 348 zu finden.

Daging Fleisch
Ayam Huhn
Babi Schwein
Bakso Fleischbällchen
Bebek Ente
Kambing Ziege
Sapi Rind
Tanpa daging fleischlos, ohne Fleisch

Ikan Fisch
Cumi-cumi Tintenfisch
Siput Muscheln, Schnecken
Tongkol Thunfisch
Udang Krabbe, Shrimp
Udang galah Hummer

Wo essen?

Warung

Viele kleine Essenstände, so genannte Warung, bieten warme Mahlzeiten zu erstaunlichen Preisen. Es ist kein Problem, zu jeder Tageszeit irgendwo etwas Essbares zu bekommen, außer während einiger inselweiter Feiertage (Nyepi, Galungan), an denen ohnehin alles geschlossen ist.

Auf dem Land sind die Essensmöglichkeiten zumeist auf einfache Warung begrenzt. Höchstens die **Essensmärkte** auf Straßen oder großen Plätzen halten eine größere Auswahl bereit. Fast jeder Stand bietet andere, frisch zubereitete Spezialitäten an: Sate, Krupuk, Klebreis, gebackene Bananen, aber auch ganze Gerichte.

Hingegen gibt es in den Touristenzentren auf Bali ein vielfältiges Überangebot. Neben den unzähligen Restaurants, die fast alle auch westliche Speisen anbieten, findet man auf Märkten und abseits der Ballungsräume viele Warung. Wer im Warung essen will, braucht bloß Fahrer oder Guides zu fragen, wo sie essen.

Rumah Makan

In billigen einheimischen Restaurants, Rumah Makan, muss es nicht unbedingt schlecht schmecken. In der Mittagshitze sitzt man hier angenehmer und vor allem kühler als in den Warung. Das Essensangebot ist zumeist in Schüsseln und auf Platten am Eingang unter Glas aufgestellt. Man sucht sich die Gerichte heraus, die man haben will. Das Essen ist meist kalt, doch durch die Mengen an Chilis verdirbt es trotz tropischer Hitze nicht so schnell. Für ein Gericht zahlt man selten über 10 000 Rp.

Restaurants

Ebenfalls günstig sind die Gerichte in Touristen-Restaurants, die **Traveller-Food** servieren und oft einfachen Unterkünften angeschlossen sind. Das Angebot ist vielfältig und man muss weder auf Sandwichs, Pizza und Pasta noch auf mexikanische Speisen verzichten. Die Preise pro Gericht liegen im Bereich zwischen 10 000 und 30 000 Rp.

Die qualitativ besten, aber leider auch teuersten **Restaurants der Spitzenhotels** servieren hochwertige westliche wie asiatische Gerichte sowie leckeres Seafood.

Einige Köche, die überwiegend aus westlichen Ländern stammen, haben in Bali erfolgreich die kreative **Fusion Cuisine** etabliert. Sie nutzen traditionelle westliche wie östliche Zutaten und Methoden, um völlig neue geschmackliche wie ästhetische Kreationen zu schaffen.

Wer in Restaurants Wein trinken möchte, sollte sich davon überzeugen, dass er fachkundig gelagert wurde.

Feste und Feiertage

Einen Grund, ein Fest zu feiern, finden Balinesen fast täglich. Die meisten Feierlichkeiten sind religiöser Natur und wiederholen sich nach dem Pawukon-Kalender alle 210 Tage. Andere Feste richten sich nach dem islamischen oder georgianischen Kalender, viele auch nach dem Mondkalender. Die wichtigsten Zeremonien und Feste sind ab S. 107ff. beschrieben.

Auf Bali gibt es staatliche, moslemische, chinesische, buddhistische, christliche und örtliche

Staatliche Feiertage

1. Januar	Neujahr
März/April	Karfreitag, Ostersonntag
21. April	Kartini-Tag (indonesischer Muttertag)
17. August	Indonesischer Unabhängigkeitstag
1. Oktober	Pancasila-Tag (Nationaltag)
5. Oktober	Tag der Streitkräfte
25. Dezember	Weihnachten

Feiertage. Verschiedene Feiertage folgen verschiedenen Kalendersystemen und fallen jedes Jahr auf einen anderen Tag. Die Daten der religiösen Feiertage und Feste findet man unter 🖥 www.asien-feste.de.

Zudem wird jedes Jahr in Kuta ein einwöchiger, großer, bunter **Karneval** mit viel Musik und Tanz veranstaltet. Die Termine und das Programm gibt es unter 🖥 www.kutakarnival.com.

Fotografieren

Dass man die Kamera wie eine Waffe handhaben kann und sie auch wie eine solche empfunden wird, wissen wir nicht erst, seitdem der Tourismus die Dritte Welt entdeckt hat. Gerade das Fotografieren von Menschen erfordert Respekt und Sensibilität. Oft genügt es schon, sich vorzustellen, wie es ist, eine Kamera auf sich gerichtet zu fühlen, noch dazu bei so privaten Tätigkeiten wie essen, schlafen, beten oder Feste feiern. Vor allem ältere Menschen haben Angst davor, auf Fotos festgehalten zu werden, da sie glauben, dass ihre Seele nach dem Tod auf dem Foto gefangen gehalten wird. Auch Kinder haben oft Angst, nicht um ihre Seele, sondern vor den sonderbaren weißen Menschen mit ihren seltsamen Geräten.

Die besten Fotos entstehen, indem man sich viel Zeit nimmt, sich mit den Menschen unterhält, Witze macht und immer wieder lächelt. Das entspannt die Atmosphäre und im Ergebnis hat man nicht nur schönere Fotos, sondern auch eine spannende Erfahrung gemacht. Unbedingt sollte man sein Gegenüber um Erlaubnis fragen. Bei Digitalkameras haben Kinder großen Spaß daran, die frisch geschossenen Bilder auf dem Display zu betrachten. Sich selbst auf einem Foto zu sehen, finden die meisten Kinder überaus lustig.

Die elementarsten Regeln der Höflichkeit sollten auch beim Fotografieren eingehalten werden, sich bei Zeremonien und religiösen Handlungen diskret im Hintergrund zu halten ist nur eine davon. Mit Geld oder Geschenken Bilder zu erkaufen, ist eine entwürdigende Instrumentalisierung und wird auch so empfunden.

Bilddateien kann man in vielen Internet-Cafés auf eine DVD brennen, auf einen eigenen USB-Stick kopieren oder auf die eigene Homepage hochladen. Hin und wieder muss man zu Hause feststellen, dass auf den DVDs nicht nur Fotodateien, sondern auch Computerviren sind. Wer sich nicht mit Digitalkameras anfreunden kann, sollte sich ausreichend mit Fotofilmen eindecken. Diese sind auf Bali zwar fast überall erhältlich, liegen aber oft schon Monate oder Jahre in den Auslagen und sind hoher Feuchtigkeit und Hitze ausgesetzt.

Frauen unterwegs

Das Risiko, ernsthaft belästigt zu werden, ist auf Bali relativ gering und meist mit einer guten Portion Humor und selbstsicherem Auftreten zu ertragen. Dennoch sollten einige grundsätzliche Verhaltensregeln beachtet werden.

Lockere Umgangsformen und allzu luftige Kleidung können zu unangenehmen Missverständnissen führen. Außerhalb der Touristenzentren gilt es als unsittlich, Männern direkt ins Gesicht zu sehen, keinen BH zu tragen oder zu viel von Schulter oder Beinen zu zeigen. Ein realer oder fiktiver Ehemann, im Idealfall mit Foto, kann hilfreich sein. Schwanger oder gar mit Kindern wird eine Frau in den heiligen Status der Mutter erhoben und nahezu unantastbar.

Andere Situationen sind generell gefährlich – vom kostenlosen Übernachten in Wohnungen selbst ernannter Guides bis zu nächtlichen Spaziergängen an einsamen Stränden oder durch unbelebte Stadtviertel. Es empfiehlt sich auch, um Gruppen betrunkener Männer einen großen Bogen zu machen.

Anfassen ist nicht immer als Anmache zu verstehen. Indonesier berühren die Haut, auch die von Männern, und bewundern die helle Farbe – ein Kennzeichen für Menschen, die es nicht nötig haben, auf den Feldern zu arbeiten. Trotzdem ist es wichtig zu wissen, dass sich einheimische Frauen eine solche Berührung von fremden Männern nie gefallen lassen würden.

Ein Phänomen, das in vielen Urlaubsorten zu beobachten ist, sind die Strandboys *(Buaya)*. Gutaussehend, außerordentlich charmant und chronisch pleite haben es sich viele dieser jungen Männer zum Hauptberuf gemacht, Touristinnen zu betören und sich als Ferienflirt zur Verfügung zu stellen. Neben Spaß spielt hier vor allem Geld eine große Rolle.

In Bali ist die Anmache allerdings längst nicht so groß wie in einigen Ländern Nordafrikas oder des Vorderen Orients, und Frauen können die Insel nahezu bedenkenlos allein erkunden.

Geld

Währung

Währungseinheit in Indonesien ist die indonesische **Rupiah** (Rp). In Umlauf sind Banknoten zu 100 000, 50 000, 20 000, 10 000, 5000, 1000 und 500 Rp. Die Blechmünzen, die an die Währung der ehemaligen DDR erinnern, gibt es im Wert von 50, 100 und 500 Rp. Anstelle der Münzen, die oft knapp sind, werden häufig kleine Naschereien als Wechselgeld gegeben.

Größere Beträge werden in Dollar angegeben und können meistens mit Dollarscheinen oder Rupiah gezahlt werden.

Geldwechsel

Die **Öffnungszeiten** der Banken sind für gewöhnlich Mo–Fr (außer feiertags) von 8–14 Uhr. In den meisten Wechselstuben kann man täglich von 8 bis ca. 20 Uhr Geld wechseln.

Wechselkurs

1 US$	= 9 450 Rp	10 000 Rp =	1,06 US$
1 €	= 13 798 Rp	10 000 Rp =	0,72 €
1 sFr	= 8 589 Rp	10 000 Rp =	1,17 sFr

Aktuelle Wechselkurse sind auch im Internet einzusehen unter 🖳 www.oanda.com oder 🖳 de.finance.yahoo.com/waehrungsrechner.

Neben Banken tauschen **Moneychanger** sowohl Bargeld als auch Reiseschecks. Reiseschecks europäischer Währungen (vor allem €, £ und sFr) erzielen zumeist neben dem US$ in Denpasar und den Touristenzentren die besten Wechselkurse.

Bei allzu verlockenden Wechselkursen ist allerdings Vorsicht geboten: Sollte ein Moneychanger einen verdächtig guten Kurs anbieten, bekommt man oft Falschgeld, alte Scheine, die nicht mehr im Umlauf sind, zu wenig Geld oder es wird im Nachhinein eine zusätzliche Kommission erhoben, die es eigentlich auf ganz Bali nicht geben sollte.

Bargeld

Bargeld birgt das größte Risiko, da bei Diebstahl alles weg ist. Doch mit ein paar US$-Noten kann man schnell mal ein Taxi oder die Airport Tax bezahlen. Dollarscheine sind überall bekannt, aber auch Euro-Scheine werden in zunehmendem Maße akzeptiert.

Travellerschecks

Sicherheit bieten Travellerschecks, die gegen 1 % Provision bei jeder Bank erhältlich sind. US$-, €-, £- oder sFr-Reiseschecks von AMEXCO (American Express), Visa oder Thomas Cook werden in allen Touristenzentren eingelöst. Da die Gebühr beim Einlösen pro Scheck berechnet wird, sollte man lieber weniger Schecks mit einem höheren Wert mitnehmen. Bei Verlust oder Diebstahl werden sie im nächsten Vertragsbüro ersetzt. Wichtig ist, dass für den Nachweis die Kaufabrechnung an einer anderen Stelle aufbewahrt wird als die eigentlichen Schecks. Außerdem hilft eine Aufstellung aller bereits eingelösten Schecks, denn diese werden natürlich nicht ersetzt.

Geld- und Kreditkarten

Bei vielen großen Banken kann man auch mit einer Master (Euro)- oder Visacard sowie mit der Bankkarte mit Maestro- oder Cirrus-Symbol Geld mit der entsprechenden Geheimzahl aus dem **Geldautomaten** ziehen. Die Gebühr beträgt pro Transaktion knapp 4,50 €. Mit einer Visa-Karte der Deutschen Kreditbank (DKB) und der Comdirect Bank kann man weltweit sogar gebührenfrei abheben. Der Maximalbetrag kann bei der Hausbank erfragt werden und beträgt meist 500 € pro Tag.

Geldautomaten (ATM) gibt es auf ganz Bali, in Süd-Bali sogar wie Sand am Meer. Der Höchstbetrag pro Abhebung liegt meist bei 1,3 Mill. Rp, manchmal auch höher. Am Flughafen und in Denpasar können Inhaber einer Citibank-Karte 5 Mill. Rp vom Automaten bekommen.

Mit Kreditkarten kann man v. a. höhere Summen begleichen, allerdings wird bei der Zahlung häufig ein Aufschlag von 3 % verlangt. Verlust oder Diebstahl sind sofort zu melden, damit man gegen den Missbrauch der Karte abgesichert ist (maximale Haftung ca. 50 €).

Im Verlustfall

Bei Verlust von Travellerschecks ist Pacto Ltd., Jl. By Pass Ngurah Rai, Sanur, ✆ 0361-288247, 📠 288240, ✉ pactodps@indosat.net.id, der Ansprechpartner. Theoretisch 🕐 tgl. 7.30–21 Uhr, aber nur Mo–Sa 8–16 Uhr ist das Büro komplett besetzt.
Geldüberweisungen (MoneyGram) über dieses Büro funktionieren zuverlässig.
Außerdem gibt es eine Filiale im Grand Bali Beach Hotel, Sanur, ✆ 0361-288449, 🕐 Mo–Sa 8–17 Uhr.

> **Warnung**
>
> Die Kreditkarte darf beim Bezahlen nicht aus den Augen gelassen werden, damit kein zweiter Kaufbeleg erstellt werden kann, auf dem später die Unterschrift gefälscht wird! Sie darf auch niemals in einem Safe, der auch anderen zugänglich ist, verwahrt werden. Schon viele Reisende mussten zu Hause den Kontoauszügen entnehmen, dass während ihrer Abwesenheit hemmungslos „geshoppt" wurde.

Bei Verlust der Visa-Kreditkarte
Alle Visa-Kreditkarten werden von Visa International unter der kostenlosen Nummer: ✆ +1-410-581-3836 gesperrt. Visa International in Frankfurt ist unter ✆ +49- 08 00-8149100 erreichbar.
Bei Verlust der EuroCard/MasterCard
ist weltweit der internationale Notfalldienst zuständig: ✆ +1-314-2756690.
Bei Verlust der American Express-Karte
findet man unter ✆ +49-69-97971000 Hilfe.

Gepäck

Kleiderordnung

Das meistgetragene Kleidungsstück auf dem Land ist, neben Gummisandalen, der Wickelrock (indonesisch: *sarong*). Auch Touristen können ihn außer zum Baden als Rock im Haus oder am Strand tragen. Als Kleidung außerhalb der Strände ist er ungeeignet. Es ist empfehlenswert, ein ordentliches Kleidungsstück im Gepäck zu haben, falls man von Einheimischen eingeladen wird.

Bei der Auswahl der Kleidung empfiehlt sich eine Kombination aus lässig-bequemer und gut aussehender Kleidung. Auf Bali beurteilt man die Menschen weit mehr als in Europa nach ihrem Äußeren. Ein schmuddeliges oder sehr gewagtes Outfit stößt auf Ablehnung. Wäsche wird fast überall innerhalb von 24 Std. für wenig Geld gewaschen und gebügelt. Damenunterwäsche sollte von Hand gewaschen werden, da sie in Wäschereien oft auf mysteriöse Weise verschwindet.

Rucksäcke, Koffer und Taschen

Wer überwiegend mit öffentlichen Verkehrsmitteln unterwegs ist, reist am besten mit einem **Backpacker-Rucksack**. Beim Kauf probiert man ihn mit etwa 15 Kilo Inhalt an. Ein Kompromiss zwischen Koffer und Rucksack stellen die Koffer-Rucksäcke dar, die von der Vorderseite bepackt werden. Wer sein Gepäck nicht weit tragen muss, kann auch mit **Koffer** reisen.

Zusätzlich ist ein **Tages-Rucksack** von Vorteil, da er diebstahlsicherer und geräumiger ist als eine Handtasche. Beim Kauf eines Tages-Rucksacks sollte man auf den Tragekomfort achten (evtl. mit Rückenbelüftung). Wer im Urlaub zu viel eingekauft haben sollte, bekommt überall billige Koffer und Reisetaschen. Für Kameras benötigt man Fototaschen, die möglichst nicht von außen auf den wertvollen Inhalt schließen lassen.

Wertsachen, wie Geld, Pässe, Schecks und Tickets, lassen sich am besten nah am Körper in einem breiten **Hüftgurt** aus Baumwollstoff aufbewahren. Unter Hosen und locker fallenden Kleidern kann man ihn um die Hüfte gebunden unauffällig tragen. Alle Papiere – auch das Geld – sollten zusätzlich durch eine Plastikhülle geschützt werden, denn Schweiß ist zerstörerisch, und unleserliche Bankbescheinigungen, Passstempel oder Flugtickets machen Ärger.

Gesundheit

Auf Bali sind die gesundheitlichen Risiken relativ gering. Sorge bereitet in letzter Zeit nur die starke Zunahme von Dengue-Fieber-Erkrankungen (Näheres s. S. 354). Wer ungeschältes Obst und rohe bzw. nicht ausreichend gekochte oder gebratene Speisen meidet und sich so weit möglich vor Mückenstichen schützt, braucht aber keine Angst vor schweren Krankheiten zu haben.

Eine alphabetische Aufstellung der wichtigsten Gesundheitsrisiken findet sich im Anhang, S. 354, unter Reisemedizin zum Nachschlagen.

Die **Krankenhausbehandlung** ist bis auf eine geringe Aufnahmegebühr frei. Man muss jedoch die Medikamente selbst bezahlen. Häufig lohnt es, auf frei praktizierende Ärzte zurückzugreifen. In größeren Städten findet man medizinische Labors *(Laboratorium),* die auch ohne Überweisung verschiedene Tests (Stuhl, Urin, Malaria usw.) durchführen. Für kleinere Verletzungen und Schnittwunden steht in allen größeren Hotels ein medizinischer Dienst zur Verfügung.

Staatliche **Krankenhäuser** genießen nicht den besten Ruf. Deshalb sind hier nur die Krankenhäuser und Privatpraxen aufgeführt, die auch von Konsulaten empfohlen werden:

Bali International Medical Center, Jl. By Pass Ngurah Rai 100 X, ✆ 0361-761263, ✉ 763345, 🖥 www.bimcbali.com. Direkt am großen Kreisverkehr in Kuta gelegen; scheint diese Einrichtung am besten zu sein. Hier arbeiten auch ausländische Ärzte.

Klinik SOS Medika, Jl. By Pass Ngurah Rai 505 X, Kuta, ✆ 0361-710544, Notruf 710505 (24 Std.), ✉ 710515, 🖥 www.internationalsos.com. Die Klinik entspricht internationalem Standard.

Reisemedizin im Internet

Wer sich vor dem Besuch beim Tropenarzt schon einmal über die Gesundheitsrisiken in Bali kundig machen möchte, findet auf den folgenden Websites zahlreiche Informationen:
Arbeitskreis Hamburger Tropenmediziner
🖥 www.tropenmedizin.net
Centrum für Reisemedizin
🖥 www.crm.de
Dt. Gesellschaft für Reise- und Touristik-Medizin
🖥 www.drtm.de
Deutsche Gesellschaft für Tropenmedizin
🖥 www.dtg.mwn.de
Die Reisemedizin
🖥 www.die-reisemedizin.de
Tropeninstitut Freiburg
🖥 www.tropenmedizin.de
Tropeninstitut München
🖥 www.fitfortravel.de

R.S.U. Sanglah, Jl. Kesehatan Selatan 1, am nördlichen Ende zwischen Jl. Teuku Umar und Jl. Diponegoro, Denpasar, ✆ 0361-227911. Wichtig für Taucher: Hier gibt es eine Dekompressionskammer.

R.S.U. Prima Medika, Jl. Pulau Serangan 9 X, Denpasar, ✆ 0361-236225, ✉ 236203. Ein kleines, neues Krankenhaus mit internationalem Standard.

Rumah Sakit Kasih Ibu, Jl. Teuku Umar 120, Denpasar, ✆ 0361-223036, ✉ 238690.

Nusa Dua Medical Service, im Grand Hyatt Hotel, Nusa Dua, ✆ 0361-771118.

Dr. I.K. Rina, Jl. Hayam Wuruk 71, Denpasar, ✆ 0361-234185. Internist mit guter Privatklinik.

Dr. Indra Guizot, Jl. Pattimura 19, Denpasar, ✆ 0361-222445. Die Ärztin hilft bei Zahnschmerzen. Sprechstunde Mo–Fr 17–21 Uhr, telefonische Anmeldung ab 10 Uhr.

Nusa Dua Dental Clinic, Jl. Pratama 81 A, Nusa Dua, ✆ 0361-771324.

Dr. Alex Hostiadi, Jl. Veteran 29, Denpasar. Der Frauenarzt praktiziert Mo–Fr 16.30–18.30 Uhr.

Insektenstiche und -bisse

Insekten sind allgegenwärtig und zu Beginn der Trockenzeit eine wahre Plage. Auch in der heißen Jahreszeit lassen sie sich in Scharen von Lichtquellen und Wärme anlocken. Vorsicht ist vor **Moskitos** geboten, die das **Dengue-Fieber** übertragen können. Es ist in jedem Fall ratsam, sich schon morgens mit einem Mückenmittel gegen Insektenstiche zu schützen, da die Mücke ganztägig sticht. Dadurch entgeht man der Gefahr des Dengue-Fiebers und ist gleichzeitig vor anderen Fieslingen wie den **Sandfliegen** geschützt, deren gemeine Bisse sich erst einige Stunden nach dem Strandbesuch durch juckende, extreme Hautrötungen bemerkbar machen. Kratzen erhöht die Gefahr einer Entzündung, die mitunter erst nach einem Monat abklingt und hässliche Narben hinterlässt. Da sich die kleinen Plagegeister nur in begrenzten Bereichen aufhalten, sollte man sich von diesen Stränden fern halten. Zudem hilft *Skin-So-Soft* von Avon.

Flöhe und **Wanzen**, deren Bisse fürchterlich jucken können, verstecken sich bevorzugt in al-

Schutz vor Mücken

Am Abend schützt helle **Kleidung** (einige Reisende schwören auch auf dunkle Kleidung), wichtig sind lange Hosen, langärmlige Hemden, engmaschige lange Socken und ein **Mücken abweisendes Mittel** auf der Basis von *DEET*, das auf die Haut aufgetragen wird und die Geschmacksnerven stechender Insekten lähmt.

Einige Apotheken bieten sanftere Mittel an, die auf Zitronella- und Nelkenöl basieren. In den USA hat sich der Wirkstoff *Permethrin* bewährt, mit dem die Kleidung und das Moskitonetz eingesprüht werden. Er geht eine Verbindung mit dem Gewebe ein (ohne zu ölen) und bleibt wochenlang wirksam. Ähnliche Produkte sind auch in deutschen Apotheken erhältlich. Als bestes Mückenmittel auf dem deutschen Markt gilt Autan Family, das sowohl hautverträglich als auch wirksam ist.

Einige Tropenerfahrene schwören auf die Einnahme von Vitamin B in hohen Dosen, bei anderen ist es wirkungslos.

Wer ganz sicher gehen will, sollte ein eigenes **Moskitonetz** mitbringen. Löcher verschließt man am besten mit Klebeband. Bei niedrigen Temperaturen in klimatisierten Räumen sind die Mücken zwar weniger aktiv, aber keineswegs ungefährlich.

Notfalls verringern das Risiko auch *Coils*, grüne **Räucherspiralen**, die wie Räucherstäbchen abbrennen und für ca. 8 Stunden die Luft verpesten. Oft werden sie abends in offenen Restaurants unter die Tische gestellt, um die herumschwirrenden Moskitos zu vertreiben.

---

ten Matratzen und den Ritzen und Spalten alter Sessel und hölzerner Bettgestelle. Bisse von Wanzen hinterlassen meist unregelmäßig geformte Quaddeln, die deutlich größer als Moskitostiche sind, aber wie diese auch schnell wieder abklingen.

Flohbisse dagegen sind normalerweise kleiner als Moskitostiche, treten oft gleich reihenweise auf und können sich bis zu zwei Wochen halten.

Vorsicht ist auch vor den honiggelben **Ameisen** geboten, die von den Indonesiern als *Semut Merah* (rote Ameisen) bezeichnet werden. Die Ameisen leben auf Büschen, Palmen und Bäumen und sind auf Bali in nahezu jedem Garten zu finden. Sie sind kampflustig und ihr Biss ist äußerst schmerzhaft, klingt aber schnell wieder ab.

Auf dem Land sind viele Tiere mit **Zecken** infiziert, die sich in gesättigtem Zustand von ihrem Wirt fallen lassen und auf das nächste Opfer warten, dem sie ihre mit Haken besetzten Köpfe ins Fleisch bohren können, um Blut zu saugen. Es ist wichtig, sie vorsichtig zu entfernen, damit keine Haken stecken bleiben.

Blutegel sind vor allem zur Regenzeit im Dschungel eine Plage, besonders beim Durchqueren feuchter Stellen und von Wasser. Sobald sie sich mit Blut voll gesogen haben, fallen sie ab, doch schon vorher kann man sie mit brennenden Zigaretten oder Salz vertreiben. Langärmelige Hemden und in die Socken gesteckte lange Hosen können vor den kleinen Blutsaugern schützen

Sonnenbrand, Sonnenstich und Hitzschlag

Selbst bei bedecktem Himmel ist die Sonneneinstrahlung unglaublich intensiv. Viele Reisende treffen nur am Strand Vorkehrungen gegen Sonnenbrand und Hitzschlag, doch dies ist auch bei Touren durchs Hinterland unbedingt notwendig. Als wichtigste Schutzmaßnahmen empfiehlt es sich, regelmäßig Mittel mit hohem Sonnenschutzfaktor auf die Haut aufzutragen und Hut und Sonnenbrille zu tragen. Man sollte auch daran denken, dass man in tropischen Gebieten mehr schwitzt und deshalb wesentlich mehr Flüssigkeit zu sich nehmen muss.

Erschöpfungszustände bei Hitze äußern sich durch Kopfschmerzen, Übelkeit, Benommenheit und erhöhte Temperatur. Um die Symptome zu lindern, sollte man unbedingt schattige Bereiche aufsuchen. Erbrechen und Orientierungslosigkeit können auf einen Hitzschlag hinweisen, der potenziell lebensbedrohlich ist – deshalb sollte man sich dann sofort in medizinische Behandlung begeben.

Medikamente

Von allen regelmäßig benötigten Medikamenten sollte man einen ausreichenden Vorrat mitnehmen. Nicht zu empfehlen sind Zäpfchen oder andere hitzeempfindliche Medikamente. In den Apotheken in Indonesien gibt es viele Präparate billiger und ohne Rezept. Wer in einem Krankenhaus oder einer Privatklinik behandelt wird, erhält die Medikamente dort passend abgezählt.

Vorschlag für eine Reiseapotheke

Basisausstattung
- Verbandzeug (Heftpflaster, Leukoplast, Blasenpflaster, Mullbinden, elastische Binde, sterile Kompressen, Verbandpäckchen, Dreiecktuch, Pinzette)
- sterile Einmalspritzen und -kanülen in verschiedenen Größen (mit ärztlicher Bestätigung, dass sie medizinisch notwendig sind, damit man nicht für einen Fixer gehalten wird)
- Fieberthermometer
- Kondome
- Mückenschutz
- Sonnenschutz

Schmerzen und Fieber
- Dolormin, Paracetamol (keine acetylsalicylsäurehaltigen Medikamente, wie z. B. Aspirin)
- Buscopan (gegen krampfartige Schmerzen)
- Antibiotika* gegen bakterielle Infektionen (in Absprache mit dem Arzt)

Magen- und Darmkrankungen
- Imodium akut (gegen Durchfall, v. a. vor längeren Fahrten)
- Elotrans (zur Rückführung von Mineralien, Kinder: Oralpädon Pulver)
- Dulcolax Dragees, Laxoberal Tropfen (gegen Verstopfung)
- Talcid, Riopan (gegen Sodbrennen)

Erkrankungen der Haut
- Desinfektionsmittel (Betaisodona Lösung, Hansamed Spray, Kodan Tinktur)
- Tyrosur Gel, Nebacetin Salbe RP (bei infizierten oder infektionsgefährdeten Wunden)
- Soventol Gel, Azaron Stift, Fenistil Salbe (bei Juckreiz nach Insektenstichen, Sonnenbrand oder allergischen Reaktionen)
- Soventol Hydrocortison Creme, Ebenol Creme (bei starkem Juckreiz oder stärkerer Entzündung)
- Cortison- und antibiotikahaltige Salbe gegen Bläschenbildung nach Quallenkontakt
- Wund- & Heilsalbe (Bepanthen, Betaisodona)
- Fungizid ratio, Canesten (bei Pilzinfektionen)
- Berberil, Yxin (Augentropfen bei Bindehautentzündungen)

Erkältungskrankheiten
- Olynth Nasenspray, Nasivin
- Dorithricin, Dolo Dobendan (bei Halsschmerzen)
- Silomat (Hustenstiller)
- ACC akut, Mucosolvan, Gelomyrtol (zum Schleim lösen)

Kreislauf
- Korodin, Effortil (Kreislauf anregend)

Reisekrankheit
- Superpep Kaugummis, Vomex

Sonnenschutz mit UVA- und UVB-Filter
- Ladival Milch bzw. Gel, Ilrido ultra Milch
- Sonnenschutzstift für die Lippen.

Bitte bei den Medikamenten Gegenanzeigen und Wechselwirkungen beachten und sich vom Arzt oder Apotheker beraten lassen.
(* rezeptpflichtig in Deutschland).

Informationen

Viele Informationen in diesem Buch sind unvorhersehbaren Veränderungen unterworfen. Auch Einreisebestimmungen können sich ändern. Um auf dem aktuellen Stand zu sein, kann man sich zusätzlich vor der Reise die Updates im Netz unter ⌨ www.stefan-loose.de herunterladen oder bei den Fremdenverkehrsämtern informieren.

Im deutschsprachigen Raum gibt es derzeit kein indonesisches Fremdenverkehrsamt. Das Hauptbüro des *Directorate General of Tourism* befindet sich in Jakarta. Es besitzt Zweigstellen in allen Provinzhauptstädten. Daneben hat jede der 32 Provinzen Indonesiens ein eigenes Fremdenverkehrsamt, dessen Büros unter dem Namen **Dinas Pariwisata** bekannt sind. Auf Bali bekommt man Informationen beim staatlichen Touristeninformationszentrum Government Tourism Office, Jl. S. Parman, Denpasar (s. S. 146).

Internet

Mittlerweile findet man im Internet unendlich viele Seiten, die sich als Touristeninformation ausgeben. Neben ein paar sehr oberflächlichen Informationen über das Land und die Insel werden Hotels und Villen sowie Touren angeboten, die man gleich online buchen kann. Andersherum verfügen alle größeren Hotels in Bali über eine eigene Homepage, auf der man ebenfalls online reservieren kann. Einige andere Seiten geben hingegen sehr fundiertes Wissen und aktuelle Informationen weiter und eignen sich auch, um sich einzulesen und die Reise zu planen.

Allgemeine Informationen zu Bali
⌨ **http://de.wikipedia.org/wiki/Bali**
Informationen aus der größten Online-Enzyklopädie.
⌨ **www.bali-paradise.com**
Umfangreiche Informationen mit Traveller-Forum auf Englisch.
⌨ **www.hatetepe.de/index.html**
Viele nützliche Informationen und schöne Bilder.
⌨ **www.warungnet.de**
Alles über Land, Leute, Kunst, Kultur und Religion auf Bali.

Politik und Gesellschaft
⌨ **www.rahima.or.id/English/index.htm**
Hat spannende Texte zur Stellung von Frauen im Islam und eine erstaunliche Auslegung der Religion.
⌨ **www.eng.walhi.or.id/**
Die größte Umweltorganisation in Indonesien, mit regionalen Organisationen auf Bali und Lombok.
⌨ **http://home.snafu.de/watchin/**
Kritisch-knackige Informationen über Demokratisierung, Menschenrechte und Umweltschutz auf Deutsch.

Sicherheit und Gesundheit
⌨ **www.fit-for-travel.de**
Reisemedizinischer Informationsservice.
⌨ **www.auswaertiges-amt.de**
Länderinfos und Reisewarnungen.
⌨ **www.inm-asiaguides.com/Bali/dbhea.htm**
Informationen zu Gesundheit und Sicherheit.

Travellerseiten und Reiseberichte
⌨ **www.dzg.com**
Deutsche Zentrale für Globetrotter.
⌨ **www.stefan-loose.de/forum.htm**
Reisende berichten und tauschen sich aus.
⌨ **www.travelforum.org/bali/**
Beliebtes Forum auf Englisch.
⌨ **www.bali.de**
Bilder und Tipps zu Bali.
⌨ **www.ingrids-welt.de/reise/bali/ausw.htm**
Ingrid teilt ihre Erfahrungen aus drei Bali-Reisen. Gut recherchiert und ansprechend zusammengetragen.

Von einem Bali-Liebhaber

⌨ **www.tomschroeter.de/Bali/Bali.html**
Sehr schöne Reiseberichte eines Bali-Liebhabers mit vielen nützlichen Informationen und einer Beschreibung der kompletten Insel.

Nachrichten im Netz
⌨ **www.tempointeractive.com**
Die englische Homepage des bekanntesten indonesischen Nachrichtenmagazins.

📧 **www.thejakartapost.com**
Die wichtigste englischsprachige indonesische Tageszeitung.
📧 **www.insideindonesia.org**
Umfangreiche Informationen sowie kurze Artikel und Analysen zu allem, was in Indonesien passiert. In Englisch.
📧 **http://de.news.yahoo.com/nachrichten/indonesien.html**
Nachrichten aus Indonesien in deutscher Sprache.

Landkarten und Stadtpläne

Die besten Übersichts- und Detailkarten bietet der Bali Atlas von **Periplus**, der auch Lombok einschließt. Reisenden, die sich mit einem Mietauto auf den Weg machen wollen, wird der Atlas dringend empfohlen, da hier auch Einbahnstraßen, Hotels und Restaurants verzeichnet sind. Der Atlas ist in Deutschland über den Buchhandel oder in der Bali Galleria Mall in Kuta erhältlich. Wenn man nach Lombok aufbricht, sollte man sich unbedingt vorher mit Kartenmaterial eindecken, da der Erwerb von guten Karten auf Lombok nicht möglich ist.

Internet und E-Mail

Internet-Cafés findet man in allen größeren Touristenorten, in Süd-Bali sogar an jeder Ecke. Die Preise liegen bei 150–300 Rp pro Minute, je nach Wettbewerbslage und Verbindungsgeschwindigkeit. Das Internet ist für indonesische Verhältnisse schnell wie der Blitz, im Vergleich zu Europa jedoch schneckenlangsam. Längere E-Mails sollte man zwischendurch immer wieder in einem Word-Dokument sichern, da Stromausfälle die lange Schreibarbeit innerhalb von Sekunden zunichte machen können.

Wer auf die andere Seite der Erde reist, sollte unbedingt eine E-Mail-Adresse haben, die weltweit abgerufen werden kann. Ob man sich nun für 📧 mail.yahoo.de, 📧 www.web.de, 📧 www.hotmail.de oder 📧 www.gmx.de entscheidet, ist Geschmackssache. **E-Mails** bieten die schnellste Möglichkeit, schriftliche Nachrichten zu versenden. Darüber hinaus können auch wichtige Reisedokumente wie Flugtickets, Reisepass und Krankenversicherung vor der Reise eingescannt und an die eigene E-Mail-Adresse geschickt werden. So sind die Papiere gesichert und man hat von (fast) jedem Ort der Welt aus Zugriff darauf.

Kinder

Kinder werden sich auf Bali und Lombok recht wohl fühlen. Vor allem Stadtkinder genießen die freie Natur, die Strände und Märkte, sind fasziniert von den Tempeln und Tänzen. Spaß macht es auch, zusammen mit den Kindern in den Werkstätten die Handwerker und Künstler bei der Arbeit zu beobachten.

Auf dem Land finden Kinder zu ihrer Freude Hühner, Enten und Katzen – auch wenn der hautnahe Kontakt mit Haustieren nicht immer bedenkenlos ist. Das größte Plus: Die Menschen sind sehr kinderfreundlich, und es gibt viele einheimische Kinder, die selbstverständlich fast immer und überall dabei sind.

Die Anreise per Flugzeug und die damit verbundene **Zeitverschiebung** ist immer beschwerlich, muss jedoch nicht zum Stress werden. Am lästigsten sind die Wartezeiten auf den Flughäfen. Man kann sie allerdings sehr gut nutzen, um sich und die Kinder in den überall vorhandenen Wasch- bzw. Mutter und Kind-Räumen in Ruhe zu waschen, die Zähne zu putzen und die Kleidung zu wechseln, was in den beengten Flugzeugtoiletten nur mit Mühe zu bewerkstelligen ist.

Der Komfort im **Flugzeug** selbst variiert je nach Fluggesellschaft. Die renommierten bieten „schwebende" Kinderbettchen für Säuglinge, Kinder-Menüs, die vor denen für Erwachsene ausgegeben werden, damit man den Kindern beim Essen behilflich sein kann. Meist gibt es Spiele, Bastelmaterial oder Ähnliches. Es kann aber passieren, dass es weder Milch noch eine Möglichkeit, sie zu erwärmen, gibt, von Babynahrung ganz zu schweigen. Besonders mit einem Kind unter zwei Jahren, das noch keinen

✖ Nicht vergessen

- [ ] Reisepass (Kinder brauchen einen eigenen Pass)
- [ ] Impfpass
- [ ] SOS-Anhänger mit allen wichtigen Daten
- [ ] Kleidung – möglichst strapazierfähige, leichte Sachen
- [ ] Wegwerfwindeln
- [ ] Babynahrung
- [ ] Fläschchen für Säuglinge
- [ ] MP3-Player mit Hörspielen und der Lieblingsmusik
- [ ] Spiele und Bücher, Gameboy für lange Busfahrten
- [ ] Fotos von wichtigen Daheimgebliebenen gegen Heimweh
- [ ] Kuscheltier (muss gehütet werden wie ein Augapfel, denn ein verloren gegangener Liebling kann allen den Rest der Reise verderben – reiseerprobte Kinder beugen vor, indem sie nur das zweitliebste Kuscheltier mitnehmen)
- [ ] Sonnencreme mit hohem Lichtschutzfaktor
- [ ] Kopfbedeckung

Anspruch auf einen Sitzplatz hat, sollte nur eine der großen, kinderfreundlichen Fluggesellschaften in Betracht gezogen werden.

Eine **Rückentrage** für die Kleinsten hat sich bestens bewährt, man kann sie notfalls auch im Flugzeug aufstellen und dem Kind somit ein Minimum an Bewegungsfreiheit geben. Ein Krabbelkind 10–12 Stunden auf dem Schoß zu halten, geht über die Kräfte eines einzelnen Menschen. Gerade als allein reisendes Elternteil sollte man sich nicht scheuen, Mitreisende und Flugpersonal um Hilfe zu bitten. In jedem Fall empfiehlt sich eine Ausrüstung mit Windeln, Babynahrung und Wechselwäsche wie für eine Dreitagereise, denn für einen unvorhergesehenen Aufenthalt sollte man immer gewappnet sein.

Für die ersten Nächte nach der Ankunft braucht man ein gutes, möglichst ruhiges **Hotel**, in dem sich niemand übermäßig durch ein weinendes oder aufgeregtes Kind gestört fühlt. Ältere und reisegewohnte Kinder kommen mit der Umstellung besser zurecht, dennoch sollte man auf großartige Unternehmungen gleich nach der Ankunft verzichten.

Keine übertriebene Angst vor Schmutz, Krankheiten und fremder Sprache! Kinder haben normalerweise gute Abwehrkräfte, finden leicht Anschluss und regeln viele Sachen nonverbal. Sie verstehen sehr schnell die Notwendigkeit, sich öfter als gewohnt die Hände zu waschen, kein Wasser aus der Wasserleitung zu trinken usw. Man sollte das Kind vor der Reise gründlich untersuchen lassen und darauf achten, dass es alle erforderlichen Impfungen – einschließlich gegen Kinderkrankheiten – besitzt.

Zum Thema **Essen**: Bananen, Saté und Krupuk schmecken den meisten Kindern, und in den Touristenzentren braucht niemand auf die gewohnte Pizza oder Spaghetti zu verzichten. Nahrungsmittel sollte man in Plastikdosen aufbewahren oder mit Klebeband luftdicht verschließen, sonst kann man sich vor Ameisen und anderem Kleinvieh bald nicht mehr retten.

Babynahrung und Wegwerfwindeln sind in den Touristenzentren erhältlich.

Sehr wichtig ist die **Einbeziehung der Kinder** in die Vorbereitung der Reise. Kinder möchten am Planen oder Kofferpacken teilnehmen und ihre Wünsche sollten im Rahmen des Möglichen berücksichtigt werden. Es ist auch hilfreich, darüber zu sprechen, was es auf Bali zu sehen und zu erleben gibt. Welches Kind wird nicht von der Vorstellung vom Buddeln und Muscheln suchen am Strand und von den geheimnisvollen Tempeln und Tänzen begeistert sein?

Medien

Bücher, Zeitungen und Magazine

In den Touristenzentren findet man Buchhandlungen, die einige schöne **Bildbände**, **Reiseführer** und **Karten** verkaufen. Das größte Angebot hat der Periplus Bookshop in der Bali Galleria Mall, östlich von Kuta an der Jl. Bypass Ngurah Rai. Ein recht gutes Angebot an Taschenbüchern, zu-

Einheimische Kinder sind selbstverständlich fast immer und überall dabei

meist in englischer Sprache, aber auch auf Deutsch, halten auch die Second Hand Bookshops in Kuta, Legian, Ubud und Padang Bai bereit. Sie sind nicht billig, nehmen aber ausgelesene Bücher zum halben Preis zurück. Aktuelle **Tageszeitungen** aus vielen verschiedenen Ländern kann man in jedem MiniMart in Süd-Bali bekommen. Die Zeitungen werden am Vortag bestellt und liegen dann gegen 12 Uhr mittags zur Abholung bereit. Sie sind kopiert und ab 50 000 Rp zu haben. So kann man auch auf Bali den *Tagesspiegel*, die *Süddeutsche Zeitung* oder den *Kicker* lesen. Auch österreichische und Schweizer Zeitungen sind erhältlich. **Magazine**, meist in englischer Sprache, sind ebenfalls in der Bali Galleria Mall zu finden. Die Preise liegen jedoch deutlich höher als in Deutschland.

Radio und Fernsehen

Mit einem guten Weltempfänger ist die **Deutsche Welle** über Kurzwelle auf verschiedenen Frequenzen zu empfangen. Die aktuellen Frequenzen sind erhältlich von der Deutschen Welle, 0228-4294000, dw-world.de.

Die Deutsche Welle strahlt ihr 24-stündiges Fernsehprogramm **DW TV** über den Satelliten AsiaSat 3S digital aus. Einige Hotels speisen das Programm in das hoteleigene Netz ein, um ihren Gästen deutsche, französische, englische und spanische Nachrichten bieten zu können.

Immer beliebter wird das so genannte **Podcasting**, bei dem man sich Mediendateien (Radio- oder Fernsehsendungen) meist kostenlos runterladen und per iPod mitnehmen kann. Weit weniger kompliziert ist es, die aktuellen Nachrichten im Internet z. B. unter www.tagesschau.de anzusehen.

Post

Das indonesische Post- und Telefonsystem ist nicht immer verlässlich. Eine Postkarte oder ein Brief aus Bali kommt nach 1–4 Wochen in Europa an. Pakete lassen meist 2–3 Monate auf sich

Porto für den Versand nach Deutschland	
Paket bis 10 kg	US$35
Paket bis 20 kg	US$55
Brief	15 000 Rp
Expressbrief	200 000 Rp
Postkarte	9000 Rp

warten. Per Luftpost ist ein Brief in der Regel etwa eine Woche, auf dem Seeweg drei Wochen unterwegs. Pakete hingegen sollten immer auf dem Seeweg verschickt werden, da sich der Preis bei Luftfracht mehr als verdoppelt. Manche Briefe und Pakete kommen auch gar nicht an und fallen Briefmarkensammlern in die Hände. Wer einem Brief kleine Muscheln oder Münzen beifügt, vermindert die Chancen, ihn wiederzusehen. Briefe und Postkarten können in allen kleinen und großen Postämtern aufgegeben werden. Pakete bringt man lieber zur Hauptpost, wo nette junge Männer gerne beim Einpacken, Einnähen und Beschriften mit Rat, Tat und Material zur Seite stehen. Für ihre Dienste ist eine Bezahlung von 10 000–20 000 Rp angebracht. Postbeamte werfen gerne einen zoll-geschulten Blick in die noch unverpackten Päckchen. Vor dem Versand muss eine **Zollerklärung** ausgefüllt werden, auf der der Inhalt detailliert beschrieben wird. In Deutschland kann der Zoll wesentlich strenger und nerviger sein als in Indonesien.

Die größten Postämter sind das **Central Post Office**, Jl. Raya Puputan, Denpasar, ✆ 0361-223566, ⏰ Mo–Do 8–14 Uhr, Fr 8–11 Uhr und Sa 8–12.30 Uhr, und das **Kuta Post Office**, Jl. Raya Kuta, Gang Selamat, ✆ 0361-754012, ⏰ Mo–Do 8–14 Uhr, Fr 8–11 Uhr und Sa 8–12.30 Uhr.

Es lohnt sich nicht, einen dringenden Brief per Express zu schicken, weil er erst im Ankunftsland bevorzugt behandelt wird. Schneller ist ein **Fax**: eine DIN-A-4-Seite nach Deutschland kostet ca. 20 000 Rp. Faxe können in vielen Hotels und Internet-Cafés aufgegeben werden. In einigen Hotels steht der Faxanschluss Gästen auch zum Empfangen von Nachrichten zur Verfügung.

Bei größeren Einkäufen muss man sich in den entsprechenden Städten um eine **Spedition** bemühen, falls sich nicht der Händler darum kümmert (in diesem Fall immer auf eine exakte Quittung bestehen). Speditionskosten schlüsseln sich nach Seefracht (bis zum jeweiligen Hafen) und Landfracht (Hafen–Heimatort) auf. Letztere kann übrigens ein Vielfaches der Seefracht betragen. Von Bali nach Deutschland kostet eine Fracht inkl. Landfracht je nach Größe, Zielort und Spedition US$200–250.

DHL, Jl. Legian 451, Legian, ✆ 0361-762138, ✉ 768277. DHL findet definitiv für Versandprobleme aller Art eine Lösung.

Reisende mit Behinderung

Für Menschen mit einer Behinderung ist eine Reise durch Bali möglich, aber oft schwierig und nur jenen anzuraten, die bereit sind, sich Herausforderungen zu stellen. Reiseerfahrung und eine gute Kondition sind hier sicher von Vorteil. Auch auf Bali findet man Hotels, die behindertengerechte Zimmer anbieten, z. B. das Hard Rock Hotel in Kuta oder das Legian Beach Hotel. Die Balinesen sind hilfsbereite Menschen, und man wird immer jemanden finden, der bei Treppen oder anderen Hindernissen mit Rat und Tat zur Seite steht. Die balinesischen Tempel sind zwar nicht mit Aufzügen ausgestattet, bieten jedoch schon von außen einen imposanten Anblick.

Der Transport mit öffentlichen Verkehrsmitteln ist für Rollifahrer sehr umständlich. Zum Glück sind die Mietpreise für Autos aber recht günstig und die großen Jeeps haben in jedem Fall genug Platz für einen Rollstuhl. Das Internet hilft auf vielen verschiedenen Seiten mit zahlreichen Tipps und Tricks. Auf 🖥 http://rolloverbali.tripod.com/introgerman.htm kann man Touren buchen, die speziell auf Rollstuhlfahrer zugeschnitten und trotzdem individuell gestaltet sind. Wer denkt, er könne mit einem Rollstuhl nicht die ganze Welt bereisen, wird auf 🖥 www.mitschontour.de eines Besseren belehrt. Auch die **Nationale Koordinationsstelle Tourismus für Alle (NatKo)**, Kirchfeldstr. 149. 40215 Düsseldorf, ✆ 0211-3368001, 🖥 www.natko.de, hält hilfreiche Infos für das Reisen mit Behinderung bereit.

Sicherheit

Wertgegenstände

Nichts kann die Lust am Reisen mehr verderben als der Verlust der Wertsachen. Es passiert immer wieder, dass jemandem die Tasche aus der Hand gerissen wird, Zimmer aufgebrochen und durchwühlt sind oder ein netter „Freund" mit der Kamera das Weite gesucht hat. Auch in einem Minibus verschwindet schnell mal etwas aus einer Tasche. Da Reisende ihre Besitztümer fast immer mit sich herumtragen, sind sie einem erhöhten Diebstahlrisiko ausgesetzt. Selbst mit nur US$500 in der Tasche trägt man mehr Geld mit sich herum, als viele Indonesier in einem Jahr verdienen. Die einfachste Lösung besteht darin, möglichst wenige Wertsachen mit sich herumzutragen. Teurer Schmuck gehört nicht ins Reisegepäck. Im Hotel kann man Wertvolles im Hotelsafe verschließen oder es gegen Quittung abgeben (Schecks mit Nummern separat auflisten, niemals Kreditkarten abgeben!) – empfehlenswert vor allem bei einem Strandurlaub. Im Perama-Büro in Kuta kann man zudem schweres Gepäck und unhandliche Souvenirs bunkern. Eine Woche kostet 10 000 Rp. Der Handtasche ist ein Tagesrucksack vorzuziehen, da dieser nicht ohne Weiteres vom Körper gerissen werden kann. Wer Geld und Papiere nicht sicher einschließen kann, sollte stets einen Geldgürtel umhaben. Kleingeld und ein paar Scheine haben in tiefen, vorderen Hosentaschen Platz.

Sicheres Reisegepäck

Eigentlich sollte Gepäck keinen Moment unbeaufsichtigt bleiben. In der Praxis ist dies, insbesondere für Alleinreisende, schlicht unmöglich. Ist man mit guten Bekannten unterwegs, kann z. B. nach der Ankunft in einem neuen Ort einer die Besitztümer hüten, während der andere auf Zimmersuche geht. Die Gepäckaufbewahrung am Flughafen ist relativ sicher und billig. Eine natürliche Skepsis gegenüber Reisebekanntschaften ist angebracht, besonders bei den „I want to practise my English"-Freunden.

Viele Zimmer in billigen Unterkünften sind nur mit einem Vorhängeschloss zu verschließen. Man erhält zwar ein Schloss und einen Schlüssel, doch ein eigenes Hängeschloss für die Tür verspricht mehr Sicherheit.

Verhalten bei Diebstählen

Verluste und Diebstähle muss man bei der Polizei melden, die zumeist Englisch spricht und ein Protokoll verfasst (und manchmal dafür eine Gebühr von 100 000 Rp verlangt).

Nach einem Einbruch ins Hotelzimmer muss man auf jeden Fall die Polizei verständigen. Eine Reisegepäckversicherung zahlt nur, wenn ein Polizeiprotokoll vorliegt. Ist es nicht in Englisch abgefasst, lässt man es am besten noch in Asien übersetzen und beglaubigen. In Singapur sind Übersetzerbüros zuverlässig und billig.

Die Schecks wurden gestohlen: Die Kaufbelege und die Schecks selbst sollten immer getrennt aufbewahrt werden. Gestohlene oder verloren gegangene Schecks werden nur ersetzt, wenn man die Abrechnung vorweisen kann. Soforthilfe gibt es bei AMEXCO (American Express), s. S. 45f.

Der Pass ist weg: Man sollte den Personalausweis und Kopien aller wichtigen Papiere an einer anderen Stelle aufbewahren oder sie vor der Reise kopieren und als Datei an die eigene E-Mail-Adresse schicken. Es ist dann leichter, auf der nächsten Botschaft oder einem Konsulat die Identität zu belegen. Der Verlust der Papiere kostet immer viel Zeit und Rennerei (Polizei – Botschaft – Immigration). Da man Reiseschecks nur mit Pass einlösen kann, wird in diesem Fall Bargeld schnell knapp. Adressen der Botschaften und Konsulate s. S. 36.

Polizei

Für allgemeine Verkehrsprobleme ist die Polizei-Zentrale in Denpasar in der Jl. Gajah Mada zuständig. Bei anderen Problemen (Diebstahl usw.) sollte man sich direkt an die nächste Polizeidienststelle wenden. Zumeist sind diese rund um die Uhr besetzt.

In **Denpasar**: Jl. W. R. Supratman 7, ☏ 0361-227711, oder Jl. Jen. A. Yani, ☏ 0361-422323.
In **Kuta**: Tourist Police, Jl. Pantai Kuta, Hot Line ☏ 0361-224111.

Strafbare Handlungen

Von **Drogen** sollte man die Finger lassen, auch von Marihuana und Magic Mushrooms, damit man nicht länger in Indonesien bleibt als geplant – und zwar im Gefängnis. Die Strafen sind drastisch genug: Gebrauch (!) kann 2–3 Jahre Gefängnis kosten. Besitz (auch geringe Mengen) von Cannabis oder Kokain bringt max. 6 Jahre, andere Drogen 10 Jahre, dazu Geldstrafen von 10–15 Mill. Rp. Bei Drogenhandel drohen gar 20 Jahre bis lebenslänglich oder die Todesstrafe. Mitwisser, die nicht die Polizei verständigen (betrifft häufig Ehefrauen), werden mit maximal einem Jahr bestraft. Informanten bleiben anonym und erhalten in vielen Fällen sogar eine Belohnung. Kuta ist nicht mehr das Hippie-Paradies, das es vor 20–30 Jahren war! Einige Ausländer sitzen zurzeit wegen Drogen im Gefängnis von Kerobokan Haftstrafen von 5 Monaten bis 17 Jahren ab.

Ein Gesetz verbietet **Nacktbaden**. Wer dabei erwischt wird oder in Badekleidung außerhalb der Strände herumläuft, kann mit bis zu 2 oder 3 Jahren Gefängnis bestraft werden. Zumindest in Süd-Bali ist die Polizei aus Angst, Touristen zu vertreiben, nachsichtig. Dennoch ist es strafbar und der einheimischen Bevölkerung gegenüber mehr als respektlos, wenn man in Bikini/Badehose in Restaurants sitzt oder durch die Straßen geht.

Gefährliche Pilzmischung

Gewarnt sei vor Pilz-Omeletts mit so genannten *Magic Mushrooms,* die offiziell verboten sind. Sie haben zudem ihre Tücken. Die Wirkung ähnelt der von LSD und ist nicht zu unterschätzen. Man sollte unter Drogeneinfluss (auch Alkohol!) keinesfalls schwimmen, da es wegen der starken Strömungen schon nüchtern nicht ungefährlich ist.

Sport und Aktivitäten

Rafting, Mountainbiken und Trekking

Ein Tagesausflug mit dem Mountainbike, eine Rafting- oder Trekkingtour ermöglichen es, das wahre Bali mit seinen traditionellen Dörfern kennen zu lernen und in die Geheimnisse der hiesigen Natur einzutauchen. Die Preise der Veranstalter unterscheiden sich kaum voneinander, alle hier angegebenen sind offizielle „Published Rates". Sämtliche Aktivitäten gibt es vor Ort deutlich preiswerter. Der Transport vom Hotel zum Ausgangspunkt und zurück ist meist im Preis inbegriffen.

Sobek, Jl. Tirta Ening 9, Sanur, ☏ 0361-287 059, ✉ 289448, 🖥 www.balisobek.com. Bietet tgl. abenteuerliche Schlauchbootfahrten durch die Schluchten und über die Stromschnellen des Yeh Ayung für US$68 p. P, außerdem Mountainbike-Touren für US$68 und Dschungel-Trekking für US$55 p. P. Die erfahrenen und gut ausgebildeten Guides legen viel Wert darauf, dass alle Teilnehmer die Tour unbeschadet überstehen.

Bali Adventure Tours, Jl. By Pass Ngurah Rai, Pesanggaran, ☏ 0361-721480, ✉ 721481, 🖥 www. baliadventuretours.com. Ebenso gut organisiert wie Sobek. Auf dem Programm stehen Rafting für US$66 p. P., River Kayaking für US$66 p. P., Mountainbiken für US$54 p. P., Trekking für US$47–49 p. P., Elefantensafari in Taro für US$68 p. P., Tandem Paragliding für US$71 p. P. u. a. Die angegebenen Preise gelten für Erwachsene, Kinder zahlen 30 % weniger. Nicht ganz so gut organisiert, aber etwas billiger, sind folgende Veranstalter:

Ayung River Rafting, Denpasar, Jl. Diponegoro 150 B, ☏ 0361-239440, ✉ 265688, ✉ @ayungriverrafting.com. Schlauchbootfahrt (6 Pers. pro Boot) US$65 p. P., Kintamani Volcano Cycling US$58 p. P., Jungle Trekking US$55 p. P.

Bali Rafting, Jl. By Pass Ngurah Rai 297, Sanur, ☏ 0361-270744, ✉ 285039, 🖥 www.baliactionadv.com. Schlauchbootfahrten auf dem Telaga Waja für US$65 p. P., Mountainbiken für

US$45 p. P. und die Besteigung des Gunung Agung für US$95 p. P. bei mind. 2 Pers.
SeeBali Adventures, Jl. Jayagiri XIX 2, Denpasar, ✆ 0361-7949 69394, ℡ 249590, 🖳 www. seebaliadventures.com. Bietet als Tagestouren mit Guide Fahrten mit ATV-Bikes (Quads, kleine, offene Geländewagen) für US$69 p. P. oder mit Mountainbikes für US$68 p. P. an. Neben der Erkundung der Natur wird auch eine Sightseeingtour geboten.
Waka Land Cruises, Jl. Padang Kartika 5X, Padang Sambian / Kelod, ✆ 0361-426971, ✉ wakalandcruises@hotmail.com. Veranstaltet Touren mit einem Landrover über Nebenstraßen zum Gunung Batukau für US$83 p. P.

Bootstouren

Bootstouren sind nicht nur eine ansprechende Alternative, den Transport zu bewältigen, sondern auch eine wunderschöne Gelegenheit für Liebesschwüre und Heiratsanträge.
Bali Hai Cruises, Pelabuhan Benoa, ✆ 0361-720331, ℡ 720334, 🖳 www.balihaicruises.com. Die beste Adresse für Touren mit Motor- oder Segelbooten (ab US$49 p. P.) zur Nusa Lembongan, außerdem Sunset Dinner Cruise für US$40 p. P.
Island Explorer Cruises, Jl. By Pass Ngurah Rai 622, Suwung, ✆ 0361-728088, ℡ 728089, 🖳 www.bali-activities.com. Touren mit Motor- oder Segelbooten zur Nusa Lembongan ab US$49 p. P., inkl. Übernachtung auf der Insel in Bungalows ab US$69 p. P.
Sail Sensations, Pelabuhan Benoa, ✆ 0361-725864, ℡ 725866, 🖳 www.bali-sailsensations. com. Fährt tgl. mit einem luxuriösen, 27 m langen Katamaran zur Nusa Lembongan, der Trip dauert von 9 bis 17 Uhr und kostet US$89 p. P. alles inkl. Außerdem gibt es eine Twilight Dinner Tour von 18.30 bis 21.30 Uhr für US$49 p. P.

Tauchen

Für Tauchgänge und -kurse, die vor allem im Norden und Osten der Insel durchgeführt werden, wende man sich an eine der folgenden Adressen. Die Preise beginnen in der Regel bei ca. US$35–40 p. P. für einen Tauchgang bzw. US$45– 50 für zwei Tauchgänge, können aber auch abhängig vom Tauchgebiet bei längeren Anfahrten über US$100 für zwei Tauchgänge betragen.

Tauchen vor Bali und Lombok

Vor Bali gibt es folgende Tauchplätze:
Sanur und Nusa Dua – Nicht das beste Riff Balis, aber fischreich, in Strandnähe und in wenigen Min. mit dem Boot zu erreichen. Die Sicht variiert zwischen 8 und 15 m.
Nusa Penida – Sehr fischreiche Riffe mit Steilabfällen, zu erreichen über Padang Bai (1 Std.) oder Sanur / Nusa Dua (1 1/2 Std.). Sicht ca. 15 m, aber starke und z. T. unberechenbare Strömungen, die mitunter unangenehm kalt sein können.
Padang Bai – Relativ flache Riffe, 15 Min. mit dem Auslegerboot vom Strand entfernt. Die Sicht variiert zwischen 6 und 15 m, keine starken Strömungen, aber relativ niedrige Wassertemperaturen.
Pulau Tepekong – Äußerst fischreiche, steil abfallende Riffe und ein Unterwasser-Canyon vor Pulau Tepekong (Pulau Kambing). 1/2 Std. mit dem Boot ab Nusa Dua oder Padang Bai, Sicht 6–20 m, wegen starker Strömungen nur für erfahrene Taucher geeignet.
Amed / Tulamben – 5 Min. vor der Küste, Riffe in 6–40 m Tiefe und ein Schiffswrack, ein amerikanisches Versorgungsschiff, das 1942 von Japanern versenkt wurde. In 6–30 m sehr fischreich, kaum Strömungen, Sicht 10–20 m; das beliebteste und meistbesuchte Tauchziel Balis.
Pulau Menjangan – Steil abfallende, zerklüftete Riffe, 30 Min. mit dem Boot von Labuan Lalang. Gute Sicht von 25–50 m. Die Insel Menjangan ist Teil des Bali Barat-Nationalparks.
Gilis – Mehr als 15 Tauchspots in sensationellen Riffen, sowohl für Anfänger als auch für fortgeschrittene Taucher geeignet. Am Shark Point gibt es ab 18 m sogar Weißspitzen-Riffhaie zu sehen.

Sport und Aktivitäten

Spas

Bali weist in Südostasien die höchste Konzentration an Spas auf. Jedes 5-Sterne-Hotel wirbt mit seinem exklusiven Wellness-Bereich, aber auch weniger Betuchte finden in Ubud oder Richtung Nusa Dua an der Jalan By Pass Ngurah Rai, auch Spa Alley genannt, ein vielfältiges Angebot.

Von warmen und kalten Pools eröffnet sich ein unverstellter Blick über Reisterrassen. Im orientalischen Stil gestaltete romantische Behandlungsräume gehen nahtlos in üppig-grüne Tropengärten über. In dieser Umgebung ist es ein Genuss, sich von geschickten Händen die Muskulatur lockern zu lassen und durch ein Körperpeeling mit feinem Korallensand die alte Haut abzustreifen, in einem Bad bedeckt von Hibiskus und Jasminblüten im warmen Wasser zu schweben, in Joghurt oder Papayamus gepackt vor sich hin zu träumen, bei meditativer Musik auf der Entspannungsterrasse bei einer Tasse aromatischen Tees auszuruhen und die betörenden Düfte ätherischer Öle aus Sandelholz, Zitronengras oder Ylang-Ylang einzuatmen, die unsere Sinne umschmeicheln und Verspannungen lösen. Es ist eine rituelle Reinigung, bei der unser Körper seine Balance wiederfindet und der Geist zur Ruhe kommt.

Im **Angebot** findet sich eine internationale Mixtur: Ayurveda aus Sri Lanka, Massagen im thailändischen oder schwedischen Stil, Akupressur und Kinesiologie aus China, Shiatsu aus Japan und selbst Lomi Lomi aus Hawaii sowie Behandlungsmethoden aus der westlichen Badekultur, wie Fangopackungen, Wassergymnastik und Kneippkuren, die mit traditionellen asiatischen Methoden eine Symbiose eingehen. In erster Linie begeistern jedoch die ureigenen balinesischen Therapieformen, die kräftige traditionelle Massage mit einheimischen Ölen und Kräutern sowie die zartfühlende, zuvorkommende Art der Balinesen und ihre große Bereitschaft, offen auf Fremde zuzugehen.

Massagen und Heilkräuter sind ein wesentlicher Bestandteil des balinesischen Alltags und damit auch des traditionellen Gesundheitssystems. Viele Zutaten der balinesischen Küche wie Kokosöl, Kardamom, Gelbwurz, Pfeffer, Muskatnuss und Ingwer sind gleichermaßen Bestandteile einer traditionellen Packung und entfalten auch bei äußerlicher Anwendung ihre wohltuende Wirkung. Selbst Kaffee, Reis, Joghurt, Papaya und Karotten finden Verwendung.

In jedem Dorf finden sich *Tukang Pijit*, weibliche wie männliche **Masseure**, manche können sogar gebrochene Knochen richten und Krankheiten heilen. Ihr Wissen wird innerhalb des Dorfverbandes von Generation zu Generation weitergegeben. Ziel ist es, die Körperenergien ins Gleichgewicht zu bringen, die Balance wieder herzustellen zwischen Yin, dem weiblichen Element, und Yang, dem männlichen Element, entsprechend der ewigen Gegensätze des kosmischen Kreislaufs. Dabei wird die Muskulatur nicht geknetet, sondern gestreckt, gedehnt und an den Energiepunkten fest gedrückt, wobei diese mit sanften, ausstreichenden Bewegungen miteinander verbunden werden. Eine echte Massage dauert zwei Stunden, längere Behandlungen mit Packungen, Bädern, kosmetischen Behandlungen und anderen Therapien können einen ganzen Tag in Anspruch nehmen.

Von erfahrenen deutschen Tauchern werden folgende Anbieter empfohlen:
Bali International Diving Professionals (BIDP), Jl. Danau Poso 26, Sanur, ✆ 0361-285065, ✉ 270760, 🖥 www.bidp-balidiving.com. Umfangreiches Programm mit vielen Touren und Paketen.

Yos Marine Adventures, Jl. Pratama 106 X, Nusa Dua, ✆ 0361-773774, ✉ 775439, 🖥 www.yosdive.com. Neben normalen Tauchgängen werden Nachttauchgänge und Tauchkurse für Kinder angeboten. Die Tauchlehrer sprechen auch Deutsch.

AquaMarine Diving, Jl. Raya Seminyak 2 A, Kuta, ✆ 0361-730107, 📠 735368, 💻 www.aquamarinediving.com. Unter britischer Leitung.
Ena Dive Center, Jl. Tirta Ening 1, Sanur, ✆ 0361-288829, 📠 287945, 💻 www.enadive.co.id. Beliebt bei Japanern, 2 Tauchgänge kosten je nach Tauchgebiet US$43–126.

Unzählige weitere Tauchschulen befinden sich in Nord- und Ost-Bali. Bevor man sich für einen Anbieter entscheidet, sollte man die Ausrüstung genau unter die Lupe nehmen.

Wellness

Massagen

Am Strand und in den Losmen bieten Massagefrauen ihre Dienste an. Für ca. 50 000 Rp ölen sie den Körper ein und kneten ihn von oben bis unten kräftig durch. Die meisten Frauen haben keinerlei Ausbildung, allerdings entspricht es der balinesischen Tradition, wenn gegen den venösen Blutstrom ausgestrichen wird.

Spas

Wer Erholung für Körper und Geist sucht und Stress abbauen will, kann sich in einem Spa mit Thermal- und Blütenbädern, Massagen aller Art, Packungen und anderen wohltuenden Körperbehandlungen in luxuriöser Atmosphäre entspannen (s. Kasten).

Luxushotels sind oft mit eigenen Spas ausgestattet, die auch von Nicht-Hotelgästen besucht werden können. In der Regel zahlt man US$10–20 p. P. und Tag, wenn man nur diverse Bäder, Sauna usw. benutzt; Spezialbehandlungen sind teurer und reichen vom 30-minütigen Kräuterbad für US$30 bis zur 2-stündigen Vollbehandlung für US$50 oder US$100.

Schon legendär sind die Spas in den Luxushotels, wie ihm Four Seasons, Bali Hyatt oder Le Meridien. Außerdem:
Amoaras Spa, Jl. Kadsmana 57, Seminyak, ✆ 0361-734260. In fünf Villen kann man sich verwöhnen lassen. Auch chinesische Massagetechniken im Angebot. ⏰ 10–22 Uhr.
Cozy, Jl. Sunset 3, Kuta, ✆ 0361-7472762. Komplettes Verwöhnprogramm in ruhiger Atmosphäre, ab 36 000 Rp. ⏰ tgl. 11–23 Uhr.
Henna Spa, Jl. Uluwatu, Jimbaran, ✆ 0361-701695, 💻 www.balquisse.com/henna. Hier kann man sich sogar von vier Händen massieren lassen! ⏰ tgl. 9–18 Uhr.
Jamahal Spa, Jl. Uluwatu 1, Jimbaran, ✆ 0361-704394. Umfangreiches Angebot mit Ayurveda-Behandlungen, Massagen mit heißen Steinen, Shiatsu- und Jamahal-Massagen. ⏰ tgl. 11–23 Uhr.
The Lembah Spa, Jl. Lanyahan (im Hotel The Viceroy Bali), Ubud, ✆ 0361-971777. Hier wurde westliches Wissen mit balinesischen Behandlungen gepaart. Entspannung pur! ⏰ tgl. 9–17 Uhr.

Telefon

Mehr als 238 Mill. Indonesiern stehen etwa 8,5 Mill. **Telefonanschlüsse** und ca. 11,7 Mill. Handys zur Verfügung. Wer längere Zeit auf Bali bleibt oder öfter telefonieren will und sich die saftigen Roaming-Gebühren der heimischen Mobilfunkgesellschaften sparen möchte, sollte sich für sein Handy eine indonesische Prepaid-SIM-Karte zulegen. Eine Vielzahl verschiedener Unternehmen hat solche Karten im Angebot. Wenn man sich nur in den Touristenzentren und großen Orten aufhält, kann man problemlos jede dieser Karten nutzen. Sollte es jedoch auch in entlegene Regionen der Insel gehen, stehen eigentlich nur die zwei großen Mobilfunkanbieter Telkomsel (Simpati) und Indosat (Mentari) zur Auswahl. Die SIM-Karten gibt es ab 25 000 Rp inklusive eines Gesprächsguthabens von 10 000 Rp in vielen kleinen Geschäften und Supermärkten zu kaufen, wo auch bereits erstandene Karten wieder aufgeladen werden können.

Neben der Netzabdeckung sprechen auch die Preise bei **Auslandsgesprächen** und SMS für die Mentari-Karte von Indosat. Um ein günstiges Gespräch nach Deutschland, Österreich oder in die Schweiz zu führen, wählt man einfach die 01016 vor der eigentlichen Nummer (also z. B. 01016-+49-30-1234567) und schon zahlt man zzt. nur 2500 Rp (ca. 0,20 €) pro Minute. SMS in die Heimat kosten nur einen Bruchteil davon. Es ist auch möglich, von den Daheimgebliebenen für zzt. 0,085 € pro Minute über den Call-by-Call-Anbieter 01054 erreicht zu werden. Man kann also auch ohne böse Überraschungen auf der Handyrechnung mit der Heimat in Verbindung bleiben. Gespräche innerhalb Balis sind mit den SIM-Karten natürlich erheblich günstiger als mit der heimischen Karte.

Eine weitere interessante Option von Mentari ist die außerordentlich preiswerte Nutzung von mobilen Internet- bzw. **WAP-Diensten**. Um für zzt. 5 Rp pro Kilobyte ins mobile Netz zu gehen, muss nur eine SMS an die Nummer 3000 geschickt werden, in der das Wort GPRS gefolgt vom Handyhersteller und der Typenbezeichnung steht, z. B. GPRS(Leerzeichen)Nokia(Leerzeichen) 6230. Wenige Augenblicke später erhält man die korrekten Verbindungseinstellungen zugeschickt und kann für ein paar Rupiah das eigene E-Mail-Postfach abfragen oder sich über die neuesten Nachrichten und Sportergebnisse auf dem Laufenden halten. Yahoo! Mail (wap.yahoo.de) und web.de (wap.web.de) bieten die Möglichkeit der Abfrage von E-Mails für das WAP-fähige Handy an. Besonders an Orten ohne preiswerte Internetverbindung empfiehlt sich diese Option als unkomplizierte Alternative.

Wer sein Handy lieber zu Hause lassen möchte, kann in einem der vielen *Wartel (Warung Telefon)* oder im Hotel für etwas mehr Geld telefonieren.

Wichtige Telefonnummern		
Polizei		110
Feuerwehr		113
Ambulanz		118 oder 119
Ambulanz Rotes Kreuz		226465
Immigration		227828
Flughafen		751011
Vorwahl	Indonesien	0062
	Deutschland	0049
	Österreich	0043
	Schweiz	0041
	Singapur	0065
	Malaysia	0067
	Australien	0061

Transport

„Transport" – ist wohl das häufigste Wort, das auf den Straßen von Kuta oder Ubud zu hören ist, denn an jeder Straßenecke bieten Fahrer ihre Dienste an. Zudem gibt es ein breites Angebot öffentlicher Verkehrsmittel, sodass es wohl kaum einen Ort auf Bali gibt, der nicht innerhalb eines Tages zu erreichen wäre. Wer auf ein eigenes Transportmittel Wert legt, hat die Wahl zwischen Minibussen und Luxuslimousinen mit Chauffeur, Mietwagen in Form von Jeeps oder Motorrädern und Fahrrädern. Gängige Verkehrsmittel sind Bemos, Taxis und Busse.

Nahverkehr

Bemo

Unter einem Bemo muss man sich einen Minibus in der Größe eines Transporters vorstellen. Sie fahren feste Strecken (z. B. von Kuta nach Denpasar) und können auf der Straße angehalten werden. Es gibt keine festen Abfahrtszeiten, sondern oft geht es erst dann los, wenn nach Meinung des Fahrers keine weitere Person Platz hat – besonders an Markttagen eine hautnahe Erfahrung! Start- und Endpunkt einer Route liegen oft in der Nähe des Marktes oder Busbahnhofs. Vor einer Bemo-Fahrt sollte man sich bei Einheimischen über den Preis informieren und das Geld passend bereithalten. Auf eine höhere Preisforderung sollte man gar nicht erst eingehen. Die kleinen Minibusse verkehren auf nahezu jeder asphaltierten Straße der Insel, werden aber v. a. in den abgelegeneren Teilen der Insel immer seltener. Macht der Minibus auf Wunsch einen Umweg, so muss man vorher mit dem Fahrer die Frage nach eventuellen Extrakosten klären: Ist z. B. die reguläre Fahrt nach 25 km an einem Marktplatz zu Ende und man wird noch 2 km weiter zum Strand gebracht, so kann es geschehen, dass sich der Fahrpreis verzehnfacht. Der Fahrer nimmt stillschweigend an, man hätte sein Auto gechartert.

Taxi

In den Touristenzentren in Süd-Bali schalten die Taxis anstandslos ihr Taxameter an. Außerhalb

Wohin man auch fährt, ein Gang über den Markt lohnt immer

der Touristenzentren ist häufig kein Taxameter vorhanden und der Preis muss vor Antritt der Fahrt ausgehandelt werden. Die Einschaltgebühr inkl. des ersten Kilometers beträgt auf Bali 5000 Rp, jeder weitere Kilometer kostet 2000 Rp.

Vom Flughafen aus sind die Preise festgelegt. Für das gewünschte Ziel erwirbt man am Taxistand des Flughafens einen entsprechenden Coupon und bekommt dann ein Taxi zugewiesen. Empfehlenswert sind die blauen Bluebird-Taxis. Die Autos sind immer recht neu und mit einer Klimaanlage ausgestattet, die Fahrer sind freundlich, und sollte man ein Gepäckstück im Taxi vergessen, hat man gute Chancen, es wiederzubekommen. Taxis erreicht man rund um die Uhr bei:

Praja Taxi, Jl. By Pass Ngurah Rai, Blanjong, Sanur, ✆ 0361-289090 oder 289191.
Blue Bird Bali, Jl. By Pass Nusa Dua 4, Jimbaran, ✆ 0361-701111, 🖥 www.bluebirdgroup.com.
Ngurah Rai Taxi, Jl. By Pass Ngurah Rai, Pesanggaran, ✆ 0361-724724.
Pan Wirthi Taxi, Jl. By Pass Ngurah Rai, Suwung Kauh, ✆ 0361-723366.

Fahrrad

Fahrräder kosten etwa 20 000 Rp pro Tag (Mountainbike 25 000 Rp). Im Stadtgebiet von Denpasar, auf allen Hauptstraßen sowie im verkehrsreichen Süden ist Radfahren nicht zu empfehlen. Schwierige Bergstrecken können samt Drahtesel auch in einem Minibus bewältigt werden.

Transport über die Insel

Überlandbusse

Die einfachste, entspannteste und meist auch günstigste Variante für den Überland-Transport auf Bali bietet **Perama**. Mit ihren Reisebussen fahren sie jeden Tag alle Touristenorte auf der Insel an und stellen sich dabei auf die Bedürfnisse von Reisenden ein. Für den Transport nach Lombok und zu anderen Inseln sorgt Perama mit Fähren zu fairen Preisen. Ein Perama-Büro ist im Zentrum eines jeden größeren Ortes zu finden. In manchen Fällen ist eine Übernachtung in einem Guesthouse inbegriffen. Bei Vorzeigen des Hinfahrt-Tickets bekommt man Rabatt für das Rückfahrt-Ticket. Die Zielorte sowie die aktuellen Preise sind unter 🖥 www.peramatour.com zu finden.

Mietwagen und Motorräder

Wer sich in Süd-Bali mit einem Mietfahrzeug bewegen will, sei gewarnt: Der Verkehr auf Bali ist oft lebensgefährlich und manchmal sogar tödlich. Große wie kleine **Motorräder** sind neben öffentlichen Verkehrsmitteln das am häufigsten benutzte Fortbewegungsmittel: Im dicht besiedelten Süden verstopfen sie neben Autos, LKWs und Bussen die Straßen, bevölkern die Fußwege und sind häufig in Unfälle verwickelt. Ausländische Rollerfahrer, die, mit Surfbrett beladen, nur mit Bikini oder Badehose bekleidet durch die vielen Einbahnstraßen brettern, überschätzen ihre Fahrkünste maßlos und landen oft (bestenfalls) im Krankenhaus. Beifahrer verbrennen sich zudem regelmäßig die Unterschenkel am ungeschützten Auspuff. Nur äußerst erfahrene Rollerfahrer sollten sich das Roller- und Motorradfahren in Süd-Bali zutrauen. Vorsicht ist v. a. dann geboten, wenn Militärfahrzeuge im Konvoi im Anmarsch sind. Dann heißt es, runter von der Straße, da diese nur äußerst selten die Bremse gebrauchen.

Auf den Highways in weniger besiedelten Regionen Balis sollte man den vor allem in Küstengegenden auftretenden Wind sowie plötzlich erscheinende zentimeterdicke Spurrillen nicht unterschätzen. Motorräder lassen sich in allen touristischen Zentren für ca. 50 000 Rp pro Tag ausleihen. Bei längerer Leihdauer ist ein kräftiger Rabatt verhandelbar. Auf Bali herrscht **Helmpflicht**.

Dem Roller ist auf jeden Fall ein **Mietwagen** vorzuziehen, der bei einem Unfall mit einer Knautschzone vor Verletzungen schützen kann. Es ist mit folgenden Mindestpreisen pro Tag zu rechnen (günstigere Preise lassen sich bei einer Mietdauer von mindestens einer Woche aushandeln): Suzuki Jeep 100 000 Rp, Toyota Kijang 120 000 Rp, Daihatsu Feroza 180 000 Rp. Will man sich dem Verkehrschaos nicht aussetzen, kann man ab 400 000 Rp pro Tag einen Wagen mit Fahrer chartern.

Wenn es zu einem **Unfall** kommt, sollte man den Versicherungsnachweis, die Fahrzeugpapiere und den internationalen Führerschein bereithalten.

Wer keinen **Internationalen Führerschein** vorweisen kann, muss mit hohen Strafen rechnen. Die Polizei auf Bali hat diese Einnahmequelle entdeckt und kontrolliert fleißig und regelmäßig. **Benzin** (Premium) kostet an Pertamina-Tankstellen ca. 4500 Rp pro Liter, Diesel (Solar) ähnlich viel. Bei privaten Händlern ist das Benzin wesentlich teurer (5000 Rp, in den Bergen mitunter 6000 Rp).

Egal wo die Autovermieter in Süd-Bali ihren Sitz haben, die meisten bringen das Auto gegen einen Aufpreis fast überallhin und und holen es auch wieder ab.

Verkehr auf Bali

Theoretisch gelten auf Bali die gleichen Verkehrsregeln wie auch in Deutschland. Praktisch sieht es etwas anders aus. Die wichtigsten Regeln für Selbstfahrer:
1. Es herrscht Linksverkehr.
2. Immer nach vorn schauen, niemals zurück. Der Verkehr ist so komplex, dass ein Beobachten des rückwärtigen Verkehrs von keinem Menschen, auch nicht von Balinesen, bewältigt werden kann.
3. Defensiv fahren, immer nachgeben.
4. In Einbahnstraßen kommen einem regelmäßig Zweiräder entgegen. Auch aus Seitenstraßen schießen Roller und Motorräder heraus.
5. Vorfahrt hat der Stärkere, Größere, Schnellere oder Geschicktere. In jedem Fall Vorfahrt gewähren!
6. Steht die Ampel auf Orange, unbedingt weiterfahren, um Auffahrunfälle zu vermeiden.
7. Man darf sich nie auf Verkehrszeichen verlassen. Sie werden oft nicht beachtet. 8. Vor Einbruch der Dunkelheit (17.30 Uhr) sollte man unbedingt wieder zuhause sein.
9. Bei einem Unfall ersetzen in die Erde gesteckte Zweige das Warndreieck.
10. Das Hupen ist nicht wie in Deutschland eine Form der Beschimpfung, sondern ein Mittel, um auf sich aufmerksam zu machen. Wer nicht hupt, lebt gefährlich!
11. Das Benutzen der Lichthupe bedeutet nicht, dass man ein entgegenkommendes Fahrzeug passieren lässt, sondern dass man sich die Vorfahrt erzwingt!

Fahrzeug-Checkliste

Bevor man ein Fahrzeug mietet, sollte man es sich genau ansehen, deshalb ein paar Vokabeln:

Deutsch	Englisch	Indonesisch
Blinker	blinker	reting
Bremsen	brakes	rem
Ersatzrad	spare wheel	roda cadangan
Zündkerze	spark plug	busi
(Ersatz-) Reifen	(spare) tyre	ban (serap)
Scheinwerfer	headlights	lampu sorot
Tank	tank	tanki
Werkzeug	tools	alat-alat
Wagenheber	jack	dongkrak
Werkstatt	garage	bengkel mobil
Tankstelle	gas station	setasiun bensin
Führerschein	driving license	surat izin mengemudi (SIM)

Andre Sewatama Rent a Car, Jl. By Pass Ngurah Rai 330, Sanur, 0361-288126, 288359, 288778, www.andre-sewatama-bali.com, andrereich@telkom.net. Der Anbieter vermietet Jeeps und PKW für Selbstfahrer in tadellosem Zustand (Suzuki Katana US$25, Toyota Landcruiser US$35, Mitsubishi Minibus US$32, Toyota Kijang US$37, Daihatsu Feroza US$32 pro Tag), bei mehrtägigem Mieten werden Rabatte bis zu 15 % gewährt. Andre Sewatama scheint der einzige Autovermieter Balis zu sein, der neben einer Vollkaskoversicherung auch eine voll deckende Haftpflichtversicherung bietet.
Avis, Jl. Raya Uluwatu 8 A, 0361-701770, bali.avis@denpasar.wasantara.net.id, www.avis.com.
Bali Car Rentals, 0361-420784, www.balicarrentals.com. Der Anbieter vermietet Autos mit und ohne Fahrer.
CV Cahaya Rent Car, Jl. Raya Taman Basangkasa 10, Kuta, 0361-731786, 732288. Hier bekommt man Jeeps und Kijangs in sehr gutem Zustand.
Toyota Rent a Car, Jl. By Pass Nusa Dua, Jimbaran, 0361-703333, 701741, bali@trac.astra.co.id, www.trac.astra.co.id; am Flughafen in der Ankunftshalle der internationalen Flüge, 0361-753744, in der Ankunftshalle der nationalen Flüge, 0361-755003.

Golden Bird Bali, Jl. Raya By Pass Nusa Dua 4, Jimbaran, 0361-701111, 701628, www.bluebirdgroup.com. Hier bekommt man Luxuslimousinen wie Mercedes u. a. mit Chauffeur.

Weiterreise von Bali

Reisebusse

Von Denpasar fahren tgl. die Busse mehrerer Unternehmen nach **Java**, oft nonstop bis Jakarta. Weniger strapaziös ist es, den Bus nur bis Surabaya zu nehmen und von da mit dem Zug weiterzufahren. Tickets bekommt man bei **Perama Tours** in Kuta, in anderen Reisebüros, bei den Büros der Busunternehmen in Denpasar oder direkt am Terminal Ubung. Es werden auch günstige, kombinierte Bus- und Bahn-Tickets angeboten, bei denen der Bus nach Gilimanuk, die Fähre nach Ketapang und der Zug in verschiedene Städte Javas im Preis eingeschlossen ist.

Preisbeispiele für bei Perama gebuchte AC-Busse ab Süd-Bali:
Surabaya und Malang in 12 Std. für 120 000 Rp,
Yogyakarta in 17 Std. für 180 000 Rp,
Semerang in 22 Std. für 185 000 Rp,
Jakarta in 24 Std. für 250 000 Rp,
Bogor in 24 Std. für 265 000 Rp,
Bandung in 24 Std. für 240 000 Rp.

Weitere Busunternehmen befinden sich in Denpasar in der Jl. Diponegoro und der Jl. Sultan Hasanuddin. Abfahrt der Fernbusse von den Büros der Gesellschaften und von der Ubung Station.

Flüge

Der Flughafen von Bali, ausgeschildert Bandara Ngurah Rai, ☎ 0361-751011, 3 km westlich von Kuta, ist von Denpasar (Tegal Busstation), Sanur und Kuta aus mit dem Minibus für 5000 Rp zu erreichen. Er fährt nur die Hauptstraße entlang und hält an der Abzweigung zum Flughafen, von wo man noch einen mindestens 15-minütigen Fußmarsch vor sich hat. Der Minibus fährt allerdings sehr unregelmäßig und kann schon mal eine Stunde auf sich warten lassen.

Die **Airport-Tax** beträgt 100 000 Rp für Auslandsflüge, 30 000 Rp für Inlandflüge.

Büros der Fluggesellschaften

Garuda, Jl. Sugianyar 5 (gegenüber dem Bali Museum), Denpasar, ☎ 0361-227824, 0807-1807807 (24 h Reservation Service Call Centre), 🖥 www.garuda-indonesia.com, 🕐 Mo–Do 7.30–16.30, Fr 7.30–17, Sa, So und Feiertage 9–13 Uhr; Filialen im Ngurah Rai International Airport, ☎ 0361-751011, Sanur Beach Hotel, ☎ 0361-287915, Kuta Paradiso Hotel, South Kuta, ☎ 0361-751361. Rückbestätigung und Reservierung (24 Std. tgl.) unter ☎ 0361-222788, besser ist es jedoch, sich etwa eine Woche vor Abflug die Buchungsbestätigung schriftlich geben zu lassen.
Merpati, Jl. Melati 51, Denpasar, ☎ 0361-235358, ✆ 263918, 🖥 www.merpati.co.id, 🕐 tgl. 8–19 Uhr; Reservierung und Rückbestätigung telefonisch unter ☎ 0361-242868, 🕐 tgl. 7–21 Uhr.
Air Asia, Jl. Teuku Umar 1, Blok C12, Denpasar, ☎ 0361-257662, 🖥 www.airasia.com. Der Billigflieger fliegt tgl. für 470 000 Rp nach Kuala Lumpur. Buchungen im Internet sind am günstigsten.
Sriwijaya Air, Jl. Teuku Umar 97B, ☎ 0361-228461, 🖥 www.sriwijayaair-online.com.
Batavia Air, Jl. Teuku Umar, ☎ 0361-254947, 🖥 www.batavia-air.co.id.
Lion Air, Jl. Teuku Umar, ☎ 0361-265726, 🖥 www.lionair.co.id.
Adam Air, Jl. Teuku Umar, ☎ 0361-254925, 🖥 www.flyadamair.com.

Die folgenden Airlines haben Büros im Grand Bali Beach Hotel, Sanur, und sind tgl. außer So und feiertags von 8–16.30 Uhr mit unterschiedlichen Mittagspausen geöffnet:
Qantas, ☎ 0361-288311,
Thai International, ☎ 0361-288141.

Die folgenden Airlines haben Büros im Wisti Sabha Building am Ngurah Rai Airport:
Air France, ☎ 0361-768310,
Cathay Pacific, ☎ 0361-766931,
China Airlines, ☎ 0361-754856,
Eva Airlines, ☎ 0361-756488,
MAS, ☎ 0361-764995,
Royal Brunei, ☎ 0361-757292,
Singapore Airlines, ☎ 0361-768388.

Während der Hochsaison (Juli, August und um Weihnachten) sind viele Flüge bereits frühzeitig ausgebucht.
Preisbeispiele Inlandflüge (ohne MwSt): Jakarta 727 000 Rp, Makassar 605 000 Rp, Mataram 210 000 Rp, Surabaya 294 000 Rp, Yogyakarta 385 000 Rp.

Schiffe

Fähren nach **Java** (Banyuwangi) fahren etwa halbstündlich ab Gilimanuk für 5000 Rp p. P., Kind 3500 Rp, Motorrad 8000–12 000 Rp, Auto 80 000 Rp, Minibus 160 000 Rp. Busse fahren ab Denpasar ab 25 000 Rp.

Regelmäßige Fähren nach Lembar, dem Hafen von **Lombok**, ab Padang Bai. Zunächst mit dem Minibus / Bus ab Denpasar für 8000 / 6000 Rp. 16 Schiffe tgl., Abfahrt alle 90 Min., für 15 000 Rp p. P. in 4–5 Std., Kind 9350 Rp, PKW 258 700 Rp, Motorrad 36 400 Rp. Normalerweise fährt auch tgl. um 10.30 Uhr ein schnelles Motorboot, die *Eka Jaya II*, ☎ 0361-766278, in 2 Std. für 75 000 Rp p. P. von Padang Bai nach Lembar.

Der eigentliche Hafen von Bali ist Benoa, südlich von Denpasar. Von hier gibt es u. a. Schiffsverbindungen nach Gili Trawangan vor Lombok. Aber auch von Buleleng (Singaraja) fahren in unregelmäßigen Abständen Schiffe, z. B. nach Nusa Tenggara.

Die Fähren der staatlichen Schifffahrtsgesellschaft PELNI (s. Anreise S. 36) bedienen zahlreiche Strecken im Archipel und laufen auch auf Bali ein.

Übernachtung

Unterkünfte jeder Art gibt es auf Bali und Lombok wie Sand am Meer. Wer in Budgetunterkünften oder Mittelklassehotels absteigen will, kann sich in der Nebensaison auch erst vor Ort auf die Suche machen. Hochpreisige Hotels hingegen sind häufig von Japanern besucht und schnell ausgebucht; sie verfügen – je nach Preisklasse – oft standardmäßig über einen LCD-TV oder einen Golfplatz. Nahezu alle Mittelklassehotels warten mit einem Swimmingpool auf. Die Budgetunterkünfte sind manchmal mit nicht mehr als einem Bett ausgestattet. Gerade bei neueren Unterkünften darf man sich aber häufig auch in der unteren Preisklasse über einen Stuhl, einen Kleiderschrank und einen Beistelltisch freuen.

Einen Ventilator findet man mittlerweile selbst in den einfachsten Unterkünften. Wenige Hotels im Landesinneren verfügen nicht über eine Dusche und eine westliche Toilette. In den wenigen Fällen findet man eine Hocktoilette und ein **Mandi** (großer Wasserbehälter und kleinere Kelle, mit der man sich mit Wasser überschüttet). Auch wenn diese einheimischen Bäder anfangs befremdend wirken, müssen sie nicht weniger hygienisch sein. Bei den **Toiletten** sollte man vorsichtig mit übermäßigem Klopapierverbrauch sein, da die Abwasserleitungen dafür meist nicht vorgesehen sind.

Immer häufiger findet man in allen Preiskategorien auch so genannte **Open-Air-Badezimmer**. Hinter dem Begriff verbirgt sich nichts Obszönes oder Halböffentliches, sondern ein vor fremden Blicken geschützter, dachloser Raum, in dem man unter freiem Himmel duschen oder baden kann. Keine Sorge also, es schauen höchstens ein paar Affen oder Vögel zu! Diese Bäder sind oft mit Steingärten oder kleinen Palmenpflanzen wundervoll dekoriert.

Näheres zu den Übernachtungskosten s. Reisekosten, S. 30.

Preiskategorien

Die verschiedenen Unterkünfte sind in diesem Buch in sechs Preiskategorien eingeteilt. In größeren Orten wurde zudem eine Unterteilung in Budget, Mittelklasse und Luxus vorgenommen. Die Preise beziehen sich stets auf Doppelzimmer in der Nebensaison (Februar bis Juli und September bis November).

- ❶ bis US$10 (Budget)
- ❷ bis US$25 (Budget)
- ❸ bis US$50 (Mittelklasse)
- ❹ bis US$100 (Mittelklasse)
- ❺ bis US$200 (Luxus)
- ❻ über US$200 (Luxus)

Unterhaltung

Wer Partys feiern will, bei denen laute Musik von internationalen DJs den Raum beschallt, die Frauen leicht bekleidet und tanzwütig, die Männer in Flirt-Laune sind und der Alkohol in Strömen fließt, ist in Kuta, Legian und Seminyak goldrichtig. Hier reihen sich **Clubs und Bars** aneinander. Was angesagt ist, wird vom Partyvolk bestimmt und ändert sich ständig. Vorwiegend wird elektronische Musik in allen denkbaren Ausrichtungen und Härtegraden gespielt, aber auch Hiphop und was die Welt sonst noch hört ist zu finden.

Wer vom feierwütigen Partyvolk lieber etwas Abstand nehmen möchte, muss nicht nach dem Abendessen ins Bett gehen. Stattdessen kann man auf balinesische Art bei einem der vielen **Tempelfeste** mitfeiern oder einer der berühmten **Tanzvorstellungen** beiwohnen und dabei den ungewohnten Klängen des Gamelan-Orchesters lauschen. Beim Besuch einer *Wayang-Kulit*-Aufführung wird man von den Schattenfiguren auf der Leinwand verzaubert, denen der Puppenspieler wie durch Magie Leben einhaucht.

Verhaltenstipps

Wer aus Deutschland, Österreich oder der Schweiz anreist, kommt aus einer Region, die sich dem Perfektionismus und reibungslosen Ablauf von Prozessen verschrieben hat. Doch in anderen Ländern herrschen andere Sitten, und deutsche, österreichische oder schweizerische Denkmuster können im Umgang mit Balinesen eher hinderlich sein. Wenn also einmal der Strom ausfällt, die Klimaanlage nicht läuft, der Busfahrer erst geweckt werden muss und das Hotelpersonal kaum Englisch spricht, sollte man ein Auge zudrücken, lächeln und höflich versuchen, die Situation zu klären. Sich aufzuregen und eine Szene zu machen ist sinnlos, da ein Balinese die Verärgerung nicht verstehen wird. Darüber hinaus verlieren Touristen, die mit hochrotem Kopf an der Hotelrezeption stehen und sich empört die Seele aus dem Leib schreien, weil es zum Frühstück keinen Orangensaft gab, ihr Gesicht und werden kaum noch ernst genommen. Neben der Gelassenheit, die jeder Reisende im Gepäck haben sollte, gibt es ein paar Regeln, die beachtet werden sollten.

Allgemeine Regeln

Der **Kopf** ist bei den Balinesen heilig, da er den Göttern am nächsten ist. Einem anderen Menschen an den Kopf zu fassen, selbst wenn es der Freund oder Ehemann ist, gilt als respektlos und sollte in der Öffentlichkeit vermieden werden.

Die **Füße** sind unrein, da sie mit dem von Dämonen bewohnten Erdboden in ständigem Kontakt stehen. Es ist daher äußerst unhöflich, jemandem seine blanken Fußsohlen entgegenzustrecken oder gar mit dem Fuß auf jemanden zu zeigen.

Ähnliches gilt für den **Zeigefinger**. Möchte man auf etwas zeigen, benutzt man lieber den Daumen. Die **linke Hand** gilt übrigens als unrein. Wer höflich sein möchte, isst, gibt und nimmt nur mit der rechten Hand. Geschenke überreicht man ebenfalls nur mit der rechten Hand. Sie werden erst geöffnet, nachdem man bereits gegangen ist. Wird etwas zu essen und zu trinken angeboten, sollte man warten, bis man aufgefordert wird, mit dem **Essen** zu beginnen. Füllt man sich selbst den Teller, darf man nicht zu viel nehmen, denn man muss mindestens eine zweite Portion essen.

Lombok ist vorwiegend moslemisch. Schultern und Knie sollten bei **Frauen** bedeckt sein, wenn sie nicht unentwegt angestarrt werden möchten. Das gilt übrigens auch in Tempeln auf Bali.

Beim Betreten eines Hauses sind stets die **Schuhe** auszuziehen – eigentlich eine Selbstverständlichkeit!

Körperkontakt ist normal und selbstverständlich, und selbst fremden Besuchern gegenüber scheut man davor nicht zurück. Es ist ein Zeichen enger Freundschaft, wenn Männer mit Männern oder Frauen mit Frauen Hand in Hand durch die Straßen bummeln. Körperkontakte zwischen Männern und Frauen allerdings sind in der Öffentlichkeit tabu.

Verhalten in Tempeln

Will man einen Tempel besichtigen, sind einige zusätzliche Regeln zu beachten, um das Heiligtum nicht spirituell zu verunreinigen bzw. zu entweihen. Ist ein Tempel erst einmal verunreinigt, müssen spezielle Priester aufwändige Reinigungszeremonien abhalten. Wer bei der Entweihung eines Tempels erwischt wird, muss die nicht unerheblichen Kosten für eine solche Reinigungszeremonie selbstverständlich selbst tragen.

- Man sollte sittsam gekleidet sein und dazu eine Schärpe (Tempelschal) um die Hüfte binden, nackte Beine müssen bedeckt werden.
- Menschliches Blut gilt als unrein, deshalb dürfen weder menstruierende Frauen noch Besucher mit einer offenen Wunde einen Tempel betreten.
- Man darf nicht über Tempelmauern oder auf Schreine klettern.
- Man darf nicht in heiligen Quellen baden.
- Bei Tempelfesten sollte niemand höher stehen oder sitzen als die Götter und die Priester. Ebenso ist es ein Sakrileg, zwischen Betenden bzw. Opfernden und den Schreinen der Götter, denen die Gebete und Opfer gelten, herumzulaufen.

Auf Bali gehört das Handeln zum Einkaufen dazu.

- Fotografieren wird zwar geduldet, doch ist auch hierbei Zurückhaltung angebracht.

Auch wenn diese Regeln einem Europäer übertrieben oder unnütz erscheinen mögen, sollte man trotzdem genug Toleranz und Respekt mitbringen und sich an die vorgeschriebenen Sitten halten.

Sonstiges

In großen Hotels und Restaurants der gehobenen Preisklasse werden zum Rechnungsbetrag automatisch 10 % **Trinkgeld** addiert, sodass ein weiteres Trinkgeld nur bei besonders gutem Service sowie für spezielle Dienstleistungen (z. B. Koffertragen) angebracht ist. Der Betrag sollte 4000–5000 Rp betragen, in internationalen Hotels kann es auch mehr sein.

Das Wort „Nein" zu vermeiden ist eine Höflichkeitsgeste, die Europäer oft falsch deuten. Wird ein Balinese nach dem Weg gefragt und weiß die Antwort nicht, wird er lange zögern und sich um eine ablehnende Antwort drücken. Statt „nein" sagt man aus **Höflichkeit** lieber „vielleicht" und zeigt durch zögerndes Verhalten seine Ablehnung.

Betteln ist verpönt und sollte, vor allem bei Kindern, nicht gefördert werden. Wenn aber an den Tempeltoren um eine Spende (*donation*) gebeten wird, sollte man das nicht mit Betteln gleichsetzen, denn damit werden Baumaßnahmen durchgeführt und die Angestellten bezahlt.

Versicherungen

Bei Pauschalreisen sind einzelne Versicherungen oder Versicherungspakete oft inklusive, auf jeden Fall muss hier aber nachgefragt werden. Wer seine Reise individuell plant, sollte unter allen Umständen eine Reisekrankenversicherung abschließen.

Ob eine Reiserücktrittsversicherung und eine Reisegepäckversicherung sinnvoll sind, muss jeder für sich entscheiden. Wer eine teure Kameraausrüstung mitnehmen möchte, sollte diese separat versichern lassen.

Reisekrankenversicherung

Es ist ratsam, auf alle Fälle eine Reisekrankenversicherung abzuschließen. Nur wenige private Krankenkassen schließen den weltweiten Schutz im Krankheitsfall ein. Die meisten Reisebüros und einige Kreditkartenorganisationen bieten aber derartige Versicherungen an.

Bei Krankheit – speziell Krankenhausaufenthalten – kann sehr schnell eine erhebliche Summe zusammenkommen, die aus eigener Tasche bezahlt werden müsste. Ist man versichert, kann man die Kosten gegen Vorlage der Rechnungen zu Hause geltend machen. Einschränkungen gibt es natürlich auch hier, besonders bezüglich Zahnbehandlungen (nur Notfallbehandlung) und chronischen Krankheiten (Bedingungen durchlesen).

Die später bei der Versicherung einzureichende **Rechnung** sollte unbedingt folgende Angaben enthalten:

- Name, Vorname, Geburtsdatum, Behandlungsort und -datum
- Diagnose
- Erbrachte Leistungen in detaillierter Aufstellung (Beratung, Untersuchungen, Behandlungen, Medikamente, Injektionen, Laborkosten, Krankenhausaufenthalt)
- Unterschrift des behandelnden Arztes
- Stempel

Wenn bei einer Erkrankung vor Ort keine ausreichende Versorgung gewährleistet ist, wird der Versicherte zu Lasten der Versicherung heimgeholt. Die meisten Versicherungen haben inzwischen den Passus „wenn medizinisch notwendig" in das Kleingedruckte aufgenommen. Aber gerade die medizinische Notwendigkeit ist nicht immer leicht zu beweisen. Ist der Passus „wenn medizinisch sinnvoll und vertretbar" formuliert, kann man wesentlich besser für eine Rückholung argumentieren.

Welche Reisekrankenversicherung am günstigsten ist, hängt vom Alter der Zielperson und von der Dauer der Reise ab. Einen übersichtlichen Preis- und Leistungsvergleich verschiedener Anbieter findet man unter 🖳 www.comfortplan.de/reisekrankenversicherung.php.

Reiserücktrittskostenversicherung

Bei einer pauschal gebuchten Reise ist eine Rücktrittskostenversicherung meist im Preis inbegriffen (zur Sicherheit sollte man nachfragen). Wer individuell plant, muss sich um die Absicherung dieses Risikos selbst kümmern.

Viele Reiserücktrittskostenversicherungen müssen kurz nach der Buchung abgeschlossen werden (in der Regel bis 14 Tage danach). Bei Krankheit oder Tod eines Familienmitglieds oder Reisepartners ersetzt die Versicherung die Stornokosten der Reise. Eine Reiseunfähigkeit wegen Krankheit muss ärztlich nachgewiesen werden.

Die Kosten der Versicherung richten sich nach dem Preis der Reise und der Höhe der Stornogebühren. Zum Teil gibt es eine Selbstbeteiligung. Vergleichen kann man die verschiedenen Anbieter unter 🖳 www.auslandstreff.de/seiten/reiseruecktrittsversicherung-vergleich.html.

Reisegepäckversicherung

Viele Versicherungen bieten die Absicherung des Verlustes von Gepäck an, einige haben sich sogar darauf spezialisiert. Allen Versicherungen ist gemein, dass die Bedingungen, unter denen das Gepäck abhanden kommen „darf", sehr eng gefasst sind. Deshalb ist es wichtig, die Versicherungsbedingungen genau zu studieren und sich entsprechend zu verhalten. Bei vielen Versicherungen ist z. B. das Gepäck in unbewacht abgestellten Kraftfahrzeugen zu keinem Zeitpunkt versichert. Kameras oder Fotoapparate dürfen wegen möglicher Mopedräuber nicht über die Schulter gehängt werden, sondern müssen am Körper befestigt sein, sonst zahlt die Versicherung nicht (so Gerichtsurteile). Ohnehin sind Foto- und videotechnische Geräte meist nur bis zu einer bestimmten Höhe oder bis zu einem bestimmten Prozentsatz des Neuwertes versichert, auch Schmuck unterliegt Einschränkungen, ebenso wie Bargeld.

Entscheidet man sich für eine Reisegepäckversicherung, ist darauf zu achten, dass sie Weltgeltung hat, die gesamte Dauer der Reise umfasst und in ausreichender Höhe abgeschlossen ist. Tritt ein Schadensfall ein, muss der Verlust sofort bei der Polizei gemeldet werden. Eine **Checkliste**, auf der alle Gegenstände und ihr Wert eingetragen sind, ist dabei hilfreich. Auch für die Reisegepäckversicherung gibt es im Netz eine Vergleichsseite: 🖥 www.versicherungentip.de/reiseversicherung/reisegepaeckversicherung.html.

Fotoversicherung

Um hochwertige Fotoausrüstungen voll abzusichern, kann es sinnvoll sein, eine zusätzliche Fotoapparat-Versicherung abzuschließen. Diese ist zwar relativ teuer, aber die Geräte sind so gegen alle möglichen Risiken versichert. Die Kosten richten sich nach dem Wert der Ausrüstung bzw. der Versicherungssumme. Die Versicherung kann man beispielsweise unter 🖥 www.kameraversicherung.de abschließen.

Visa

Die Einreisebestimmungen für Indonesien sind in den letzten Jahren erheblich vereinfacht worden. Nach den neuen Regelungen können Bürger aus 63 Ländern einreisen, ohne zuvor ein Visum zu beantragen. Das Visum wird direkt bei der Ankunft am Flughafen oder Hafen ausgestellt und daher **Visa on Arrival** genannt. Glücklicherweise zählen sowohl Deutschland, als auch Österreich und die Schweiz zu diesen 63 Nationen. Bei dem Visa on Arrival werden zwei Varianten angeboten: Die Erlaubnis für einen siebentägigen Aufenthalt ist für US$10 zu bekommen. Wer länger bleiben möchte, kann für US$25 30 Tage lang in Indonesien bleiben. Als weitere Voraussetzung für ein Visa on Arrival muss der **Reisepass** bei Einreise mindestens noch sechs Monate lang gültig sein. Der Antragsteller muss außerdem über ein **Ausreiseticket** verfügen. Die Ausreise kann auch mit dem Schiff erfolgen. Bei Flugtickets werden Open-date-Tickets akzeptiert. Ein Visa on Arrival ist nicht verlängerbar und kann nicht in eine andere Art von Visa umgetauscht werden. Auf Bali kann man ein solches Visa sowohl am Flughafen Ngurah Rai als auch an den Häfen in Padang Bai und Benoa erhalten. Um bei der Einreise Zeit zu sparen, ist es ratsam, die Gebühr für das Visum gleich passend und bar in US$ zur Verfügung zu haben. Euro können getauscht werden, die Ausgabe des Rückgelds erfolgt allerdings in indonesischen Rupiah. Die Zahlung mit Visa- und MasterCard ist meist auch möglich. Die Liste der Nationen, die per Visa on Arrival einreisen dürfen, sowie die Liste der Zugangshäfen soll in Zukunft noch erweitert werden. Den aktuellen Stand kann man auf 🖥 www.indonesian-embassy.de abrufen.

Ist ein längerer Aufenthalt geplant oder gehört man nicht einer der 63 Nationen an, deren Staatsbürger mit dem Visa on Arrival einreisen dürfen, muss man bei einer diplomatischen Vertretung Indonesiens vor der Einreise ein Visum beantragen. In diesem Fall erkundigt man sich, welche Art von Visum im jeweiligen Fall benötigt wird und wie die aktuellen Bestimmungen lauten. Zurzeit werden folgende Arten von Visa ausgestellt, was sich aber auch schnell wieder ändern kann:

- ein **Touristen-Visum**, das für 30 Tage gültig ist und einmal um zwei (vielleicht auch um vier) Wochen verlängert werden kann.
- ein **Sozial- und Geschäftsreisevisum** (auch für Forschungstätigkeit, Studienaufenthalt, Seminarteilnahme, journalistische Tätigkeit und den Besuch bei Verwandten indonesischer Nationalität), das für 60 Tage gültig ist, aber in Indonesien verlängert werden kann. Man braucht dazu entweder ein Schreiben von einem indonesischen Verwandten oder einer indonesischen Institution, deren Gast man sein wird, oder ein Schreiben seiner Firma, in dem bestätigt wird, dass diese sowohl für die Flugkosten (Hin- und Rückreise) als auch für die Aufenthaltskosten aufkommt. Zudem muss der Grund der Reise im Firmenschreiben erwähnt werden.
- ein **Limited Stay Visa**, das in Deutschland nur nach Genehmigung des Ministeriums in Jakarta nach einer Bearbeitungszeit von drei bis sechs Monaten ausgestellt wird. Es gilt für eine Aufenthaltsdauer von sechs Monaten bis zu zwei Jahren und wird in erster Linie zur Arbeitsaufnahme bei einer deutschen, ausländischen oder indonesischen Firma ausgestellt.

Adressen der indonesischen Botschaften und Konsulate in Deutschland, Österreich und der Schweiz s. S. 36.

Alle Arten von Visa, außer dem Visa on Arrival, können in Indonesien bei der **Einwanderungsbehörde** *(Kantor Imigrasi)* gegen eine entsprechende Gebühr verlängert werden. Die Bearbeitung dauert zwei Tage bis zu einer Woche. Teurer wird ein Aufenthalt über sechs Monate. Dann wird bei allen Ausländern die auch für Indonesier obligatorische Ausreisesteuer fällig, die 1 000 000 Rp pro Person beträgt (gilt auch für Kinder).

Man sollte die Aufenthaltsdauer seines Visums keinesfalls überziehen. Bei Vergehen gegen die indonesischen Einreisebestimmungen drohen hohe Geldstrafen und Haft bis zu fünf Jahren.

Zeit und Kalender

Die balinesische Uhr ist Deutschland, Österreich und der Schweiz um 7 Stunden voraus. Wenn es also in Europa Mitternacht ist, kräht auf Bali schon der erste Hahn. In der mitteleuropäischen Sommerzeit sind es nur 6 Stunden. Im Leben der Balinesen spielt die Zeit jedoch nur eine untergeordnete Rolle. Ob ein Bus nun planmäßig in fünf Minuten kommt oder sich um fünf Stunden verspätet, ist für einen Balinesen eher unwichtig. Trotzdem bemüht man sich sehr, die Abfahrtspläne dem touristischen Zeitverständnis anzupassen und Verspätungen zu vermeiden.

Das Kalendersystem auf Bali ist sehr kompliziert, da sowohl der Mondkalender als auch der gregorianische Kalender, der *Pawukon*-Kalender und der *Saka*-Kalender (s. S. 112) verwendet werden. Elemente des hinduistischen und islamischen Kalenders sind darüber hinaus maßgeblich für bestimmte religiöse Feiertage.

Zoll

Üblicherweise sind 200 Zigaretten (oder 50 Zigarren oder 100 g Tabak), 1 l alkoholische Getränke und eine kleine Menge Parfüm zollfrei. Fotoausrüstungen und Aufnahmegeräte müssen (theoretisch) verzollt werden. Verboten ist die Einfuhr von Waffen, Munition, Pornografie, Drogen und Radiogeräten. Im Ausland gekaufte Neuwaren (z. B. Geschenke) müssen bei der Ein- und Ausreise deklariert werden, falls ihr Wert US$250 überschreitet. Persönliche Artikel sind hiervon ausgenommen. Geld in ausländischer Währung kann in unbegrenzter Höhe ein- und ausgeführt werden, doch die Ein- und Ausfuhr von indonesischer Währung ist auf 100 Mill. Rp beschränkt (höhere Beträge müssen deklariert werden). Tiere, frische Früchte und Pflanzen bleiben besser zu Hause, denn sie müssen in Quarantäne.

Land und Leute

Land und Geografie S. 74
Flora und Fauna S. 75
Umwelt und Naturschutz S. 77
Bevölkerung S. 78
Geschichte Indonesiens S. 89
Geschichte Balis S. 102
Regierung und Politik S. 105
Wirtschaft S. 106
Religion S. 107
Kunst und Kultur S. 113

Land und Geografie

Mit nur etwa 5600 km² Fläche, einschließlich der im Südosten vorgelagerten Inseln Nusa Penida, Nusa Lembongan und Nusa Ceningan, ist Bali eine der kleineren Inseln des indonesischen Archipels. Die Nord-Süd-Entfernung beträgt in Luftlinie 95 km, von seiner Westspitze bis zur Ostspitze sind es auf gerader Linie nur 145 km. Die kürzesten Straßenentfernungen von Ost nach West belaufen sich auf ungefähr 200 km entlang der Nordküste und 210 km auf der günstigsten Südroute. Das mit Abstand am dichtesten besiedelte Gebiet Balis liegt im Süden und erstreckt sich von der Ebene um die Hauptstadt Denpasar über die allmählich ansteigenden Südhänge der Berge. Diese alte Kulturlandschaft ist inzwischen vollständig erschlossen.

Das Meer

Von der großen Nachbarinsel Java im Westen wird Bali durch die Bali-Straße getrennt, die an ihrer engsten Stelle nur 2,5 km breit und 50 m tief ist. Vor etwa 10 000 Jahren waren die beiden Inseln durch eine Landbrücke verbunden. Im Osten trennt die 30 km breite und 3000 m tiefe **Lombok-Straße** Bali von seiner kleineren Nachbarinsel Lombok.

Dass die Balinesen ihre Kultur bis heute erhalten konnten, liegt nicht zuletzt daran, dass sich einem potenziellen Eroberer rings um die Insel äußerst unzugängliche **Küsten** entgegenstellen. Wo keine Steilküsten eine Landung von vornherein unmöglich machen, bilden Korallenriffe eine natürliche Barriere. Der vom Strand schnell in große Tiefen abfallende Meeresboden bietet keinen Ankergrund. Dazu kommen die starken, gefährlichen Strömungen, die Bali auf fast allen Seiten umgeben.

Die sehr heftige **Strömung** in der Badung-Straße zwischen Bali und Nusa Penida ist dafür verantwortlich, dass Nusa Penida nicht ebenso mit Bali verwachsen konnte wie die Bukit-Halbinsel, der südlichste Zipfel von Bali. Die Kalkmasse, welche die Insel Nusa Penida bildet, gehört nämlich zu dem gleichen auseinander gebrochenen Kalkgürtel, dem auch die Bukit-Halbinsel aufsitzt.

Die Berge

Eine sich über die gesamte West-Ost-Achse Balis erstreckende Gebirgskette vulkanischen Ursprungs bedeckt etwa ein Viertel der gesamten Inselfläche. Der Rest besteht aus schmalen Küstenstreifen und einer einzigen größeren Ebene in Süd-Bali. Der Gebirgswall, der in früheren Zeiten noch wesentlich dichter bewaldet war, stellte vor dem Ausbau einiger weniger Straßen ein fast unüberwindliches Hindernis für den kulturellen und materiellen Austausch zwischen Nord und Süd dar. Während das Gebirge nach Süden sanft und allmählich ausläuft, fällt es an der Nordseite wesentlich steiler ab.

Im östlichen Teil besteht der Gebirgszug aus vier mächtigen **Vulkanmassiven**. Ganz im Osten liegt der **Gunung Seraya**, eine knapp 1200 m hohe Vulkanruine, die schon lange nicht mehr tätig war. Daneben ragt der majestätische **Gunung Agung** auf, mit über 3000 m höchster Berg der Insel. Für die Balinesen ist er Sitz der Götter und das Zentrum der Welt. Der fast perfekte Vulkankegel spuckte das letzte Mal 1963 Feuer. Westlich vom Gunung Agung schließt sich der riesige, 10 km breite, kesselförmige Krater des Batur-Massivs an, mit dem Randkegel des **Gunung Abang** (2153 m) als höchster Erhebung. Das Innere des Kraters wird von dem jungen Kegel des im 20. Jh. schon viermal tätigen **Gunung Batur** (1717 m) und vom Batur-See ausgefüllt. Fast im Zentrum Balis liegt das **Bratan-Massiv**, das nur noch Reste eines ehemaligen Riesenkraters erkennen lässt und von mehreren Randvulkanen umgeben ist, mit Gunung Catur (2096 m) und Gunung Batukau (2276 m) als höchsten Erhebungen. In diese noch heute dicht bewaldete Bergwelt schmiegen sich drei Seen, **Danau Bratan**, **Danau Buyan** und **Danau Tamblingan**.

Westlich der Bratan-Gruppe läuft das Gebirge in einer zerklüfteten Bergkette aus, die nur Höhen von kaum mehr als 1000 m erreicht, eine wilde, noch von undurchdringlichem Wald überwucherte Gebirgslandschaft, die sehr schmale und steile Grate ausgebildet hat. Diese west-

Am Pantai Medewi im Südwesten Balis

lichen Ketten bedecken fast ein Viertel der Insel, nur in den küstennahen Randzonen sind sie spärlich besiedelt. Hier ist Balis einziger **Nationalpark** eingerichtet, der 77 500 ha große Taman Nasional Bali Barat.

Flora und Fauna

Pflanzenwelt

Die **Vegetation** auf Bali war einst überaus vielfältig. Die ursprüngliche Begrünung der Insel ist jedoch nur noch im Nationalpark im Westen Balis und auf den Berghängen erhalten, da der einstige Monsunwald (Regenwald) und die Baumfarne Reisfeldern und Siedlungen weichen mussten. An den Küsten im Westen Balis sowie im Südosten findet man noch die salzliebenden **Mangrovenbäume**, die halb im Wasser oder Schlamm stehend den Gezeiten und dem Salzwasser trotzen. Im Südwesten sind dort, wo die Landwirtschaft noch nicht überhand genommen hat, **Palmenwälder** zu finden. Auf dem Weg von der Küste in Richtung der Berggebiete im Norden Balis weichen die Palmen schon sehr bald Nadelbäumen und man befindet sich mitten im tropischen **Nebelwald**. In den kühleren Berggegenden werden sogar Erdbeeren und Mais angebaut. Andere Teile der Insel wie die Bukit-Halbinsel im Süden Balis sind staubtrocken und haben abgesehen von einigen verdörrten Hölzern nur sehr wenig Vegetation zu bieten. Eine üppige Blumenpracht findet man hingegen in jedem Winkel der Insel, da die Blüten auch eine Beigabe zu den vielen Opfergaben sind. Auch Restaurant- oder Hoteleingänge sind auffällig mit bunten, kunstvollen Verzierungen aus frischen Blüten geschmückt. Typisch für Bali sind der Hibiskus, die Wachsblume und die lila Drillingsblume. Eine Besonderheit der balinesischen Dörfer sind die so genannten heiligen **Banyan-Bäume** mit ihren in der Luft hängenden Wurzeln. Der Sage nach kam Buddha unter einem solchen Baum die Erleuchtung.

Vulkanausbrüche haben der Insel einen sehr ertragreichen Boden geschenkt, der v. a. Reisan-

Reisfelder beim Gitgit-Wasserfall

bau, aber auch den Anbau von Tee, Tabak, Vanille, Nelken, Obst, Gemüse und Weintrauben zur Herstellung des balinesischen Weins ermöglicht. Die schönsten **Reisterrassen** sind im Osten Balis zu finden. Auch im Landesinneren des südlichen Bali wird das Landschaftsbild fast ausnahmslos durch die **Sawah**, die bewässerten Reisfelder, bestimmt. Die sich wie überdimensionale Treppenstufen in Terrassen die Berghänge hinaufziehenden Felder sind nicht nur Nahrungsgrundlage der Bevölkerung, sondern auch Motiv für schöne Urlaubsfotos und zahllose Malereien.

Auf den Reisfeldern sieht man oft große Herden von **Enten** im Schlamm herumwühlen, die manchmal von einem kleinen Jungen oder einem alten Mann gehütet werden, die aber häufig auch sich selbst überlassen werden. Die Enten sind nämlich darauf abgerichtet, immer in der Nähe eines Stocks zu bleiben, an dessen oberen Ende ein Tuch befestigt ist. Der Stock wird einfach irgendwo in die Erde gesteckt, und die Enten halten sich den ganzen Tag in Sichtweite des Tuchs auf. Abends versammeln sie sich dann wieder um den Stock und warten darauf, dass sie abgeholt werden.

Unterbrochen werden die Sawah nur von den meist in Nord-Süd-Richtung verlaufenden Straßen und Wegen, von den unter Obstbäumen, Kokospalmen und Bambushainen versteckten Dörfern und von den tief eingeschnittenen Schluchten der Flüsse.

Tierwelt

Die Lombok-Straße, die Meerenge, die Lombok von Bali trennt, bildet einen Teil der so genannten Wallace-Linie, einer tiergeografischen Grenzlinie: Asiatische Großsäugetiere kommen noch auf Bali vor, fehlen aber auf Lombok. Dagegen konnte sich die australische Tier- und Pflanzenwelt teilweise bis nach Lombok ausbreiten, ist aber nicht mehr auf Bali anzutreffen. Auf Lombok trifft man zwar nicht auf Kängurus oder Koalabären, dafür aber auf australische Paradiesvögel und Eukalyptusbäume. Auf balinesischer Seite muss man sich vor allem mit **Makaken** (Affen) rumschlagen, die sich bei Tempeln sehen lassen und die Besucher gern beklauen. Anfang des 20. Jhs. streiften im Nationalpark noch Bali-Tiger umher, die aber inzwischen längst ausgerottet sind. Gern gesehene Gäste in balinesischen Gehöften sind die großäugigen **Geckos**, die ein Haus weitgehend von Insekten und anderem Ungeziefer freihalten. Dank ihrer Haftzehen können sie an den Wänden oder gar an der Decke hängen. Sie sind die einzigen Reptilien, die über eine Stimmbegabung verfügen. Am häufigsten ist der kleine cik cak, eine blässlich graue, flinke Echse, die schrille Schnalztöne von sich gibt.

Besonders bemerkenswert ist der **Tokee-Gecko**, ein graues, orangerot getüpfeltes Tier. Er macht seltsame Geräusche, die sich zuerst wie ein anspringendes Auto anhören. Danach kommt mehrmals hintereinander ein Laut, der wie „Tokeh" klingt. Ist die Zahl der Tokee-Laute ungerade, darf der Zuhörer sich über Glück freuen. Sind es genau sieben To-keh-Laute, winkt dem Zuhörer besonders viel Glück. Mitzählen lohnt sich also!

Auf Nusa Penida und Nusa Lembongan werden vermehrt Seealgen angebaut (s. S. 257). Die Korallenriffe sind hier aufgrund der starken, kalten Strömung besonders gut erhalten und überraschen mit dem harmlosen **Mantarochen** und dem **Mondfisch**, dem größten Knochenfisch der Welt.

Eine besonders üppige Artenvielfalt bietet die Vogelwelt auf Lombok. Bemerkenswerterweise setzt sich Lomboks Fauna mit dem weißen Kakadu auch auf Nusa Penida fort, dieser Vogel kommt aber nicht mehr auf Bali selbst vor. Die oben erwähnte Wallace-Linie läuft also westlich um Nusa Penida herum. In einem kleinen Teil des Nationalparks im Westen Balis trifft man noch auf den weißen **Bali-Star**, einen Vogel, der nur auf Bali heimisch ist.

Die übrigen Tiere, denen man auf Bali begegnet, sind Nutztiere wie das **Bali-Rind**, das beim Anlegen der Reisterrassen gebraucht wird, sowie Schweine und Hühner. Die **Hähne** nehmen eine gesonderte Stellung ein, da sie die heldenhaften Gladiatoren der Hahnenkämpfe sind (s. S. 86/87).

Balinesische Hunde

Unter den Hunden auf Bali finden sich die lustigsten und seltsamsten Gestalten, wie z. B. ein Dackel mit dem Kopf eines deutschen Schäferhundes. Die Hunde sind bei Weitem nicht so viele Streicheleinheiten gewohnt wie deutsche Haustiere und auch längst nicht so zutraulich, denn der Kontakt zwischen Hund und Mensch ist auf Bali nicht besonders eng. Bei einer ersten Annäherung an einen Hund ist daher immer Vorsicht geboten. Taucht ein Fremder im Dorf auf, stimmen die Hunde ein geradezu höllisches Jaul- und Kläffkonzert an, das schon so manchen Touristen in die Flucht geschlagen hat. Wahrscheinlich hat Covarrubias recht, wenn er in *Island of Bali* schreibt: „…diese Hunde sind zweifellos von den Göttern geschaffen, um zu verhindern, dass Bali perfekt ist". Für Balinesen ist die Unfreundlichkeit der Hunde jedoch ganz einfach zu erklären: Stirbt eine Großmutter nach einem langen und erfüllten Leben, so darf sie nicht sofort ins erlösende Nirwana übergehen. Zuvor wird sie in einem Zwischenleben als Straßenköter wiedergeboren, um ihre Sünden wiedergutzumachen. Kein Wunder also, dass die Hunde oft so schlecht gelaunt sind: Eigentlich sind es nämlich mürrische alte Omas, die auf den Eingang ins Nirwana warten.

Umwelt und Naturschutz

Es ist nach wie vor sinnlos, einem Balinesen an der Supermarktkasse zu erklären, dass man keine Plastiktüte wünscht, da dies besser für die Umwelt sei. Mit einem solchen Verhalten erntet man nur verständnislose Blicke und verwirrtes Kopfschütteln. Auf Bali gibt es weder eine nennenswerte Industrie, die die Luft verpestet oder giftige Abfälle produziert, noch fahren große Schiffe oder Tanker an Bali vorbei, die das Meerwasser verschmutzen oder Korallenriffe dem

Tierschutz auf Bali

Bali ist heute noch immer eine artenreiche Insel. Viele wilde Tiere, wie die beliebten Meeresschildkröten oder der weiße Kakadu, sind dennoch in Gefahr. Der Handel mit wilden Tieren scheint sehr lukrativ zu sein und die Sanktionen sind verschwindend gering. Die kleinste Art der Tiger, der **Bali-Tiger** (Panthera tigris balica), ist nicht zufällig von der Bildfläche verschwunden. Nachdem zunächst sein Lebensraum immer kleiner und kleiner wurde, ist er auch noch ein beliebtes Ziel von Jägern geworden. 1937 wurde der letzte Bali-Tiger geschossen und musste sich somit in die Liste der ausgestorbenen Tierarten einreihen.

Die Organisation **ProFauna Indonesia** kämpft erbittert um die Erhaltung des Artenreichtums in Indonesien und ist auch auf Bali vertreten. Betroffen sind v. a. Wasserschildkröten, Papageien und andere Vogelarten. Auch der Handel mit abgebrochenen Korallen ist Raubbau am Lebensraum der Tiere. Die **Korallenriffe** leiden teilweise massiv unter den vielen Tauchern, Schnorchlern und Surfern, die jedes Jahr den nassen Mikrokosmos bestaunen wollen, sich für ein Urlaubsfoto auf die Korallenriffe stellen oder diese sogar abbrechen. In Candi Dasa, im Osten Balis, ist der Strand aufgrund des Korallenabbaus komplett verschwunden.

Zu erreichen ist die Vertretung von ProFauna Indonesia auf Bali unter ProFauna Bali Office, ☎ 0361-424731, ✉ profaunabali@indo.net.id, 🖥 www.profauna.org.

Die **Ausfuhr** vieler Souvenirs aus wildlebenden Tier- und Pflanzenarten ist verboten oder unterliegt internationalen Handelsbeschränkungen. Wer unbedingt einen Schildkrötenpanzer oder eine Eidechsenlederbörse mit nach Hause nehmen möchte, muss sich um eine Sondergenehmigung bemühen, was nicht ganz einfach werden dürfte. Die eingeschränkte Ausfuhrerlaubnis gilt auch für viele Orchideenarten.

Meeresboden gleichmachen könnten. Trotzdem mussten sowohl Pflanzen- als auch Tierarten der Spezies Mensch weichen. Nicht nur der Bali-Tiger ist ausgestorben, auch die sehr alten Baumfarne sind in den Nationalpark zurückgedrängt worden. Grund hierfür ist nicht zuletzt der Tourismus. Der Bali-Boom, der in den 80er-Jahren einsetzte, brachte den Balinesen zwar einerseits Wohlstand, auf der anderen Seite litten viele Strände und andere Naturräume extrem unter dem großen Andrang an neugierigen Besuchern. Inzwischen haben die Balinesen das Problem erkannt und dafür gesorgt, dass nirgends Müll herumliegt, der zuvor Ratten anzog wie das Licht die Motten. Was sich bis heute noch nicht geändert hat, sind die stinkenden Autos und Motorräder, die oft eine dunkelschwarze Rauch- und Rußwolke hinter sich herziehen und dabei einen ziemlichen Lärm verursachen. Nicht umsonst heißt „Auspuff" auf Indonesisch „knalpot".

Bevölkerung

Einwohner: ca. 3,4 Mill.
Bevölkerungswachstum: 1,5 %
Lebenserwartung: 70 Jahre
Kindersterblichkeit: 48 pro 1000 (Deutschland: 4,12 pro 1000)
Alphabetisierungsrate: ca. 98 % bei den 14–25-Jährigen
Stadtbevölkerung: 38 %
Einwohner je Arzt: ca. 7000
Einwohner pro km^2: 540

Ethnische Zusammensetzung

Balis heutige Bevölkerung (3,4 Mill. Einwohner) ist das Ergebnis einer Vermischung verschiedener Völker, die sich im Laufe vergangener Jahrtausende in mehreren aufeinander folgenden Wellen von Zentralasien und Süd-China über die indonesischen Inseln ausbreiteten.

Die Zusammensetzung der religiösen Gruppen auf Bali ist ungewöhnlich, da 92 % der Einwohner Hindus sind. Damit ist Bali die Region mit den meisten Hindus außerhalb von Indien und Nepal. Die Balinesen können ihre Religion ungehindert ausüben, obwohl sie von Inseln umgeben sind, die vorwiegend von Muslimen be-

Die Mehrheit der Balinesen sind Bauern

wohnt werden und obwohl Bali Teil des größten muslimischen Landes der Erde ist. Die restlichen 8 % der Bevölkerung setzen sich aus Muslimen, Christen und Buddhisten zusammen. Die Hindus auf Bali waren jedoch nicht die ersten Bewohner der Insel. Die eigentlichen Ureinwohner Balis, genannt **Bali Aga**, leben in den Dörfern Tengangan (nahe Candi Dasa in Ost-Bali) und Trunyan (Nord-Bali, nahe Batur-See). Sie haben sich von der Hinduisierung im 16. Jh. nicht beeindrucken lassen und leben noch heute den Animismus, eine Naturreligion, bei der an die Beseeltheit aller Dinge geglaubt wird. Balis Ureinwohner betätigen sich vorwiegend in der Landwirtschaft und in der Herstellung von Textilien und Kunsthandwerk. Ihre religiösen Kulte und Rituale unterscheiden sich grundlegend von denen des Hinduismus. Die Wahl des Ehepartners ist beispielsweise auf die Dorfgemeinschaft beschränkt, Zuzüge von Fremden sind streng untersagt.

Die Bevölkerung auf der Insel Lombok setzt sich zu 85 % aus Sasaks und zu 15 % aus Balinesen, Chinesen und Arabern zusammen. Die Kultur der **Sasak** ist der balinesischen sehr ähnlich. Ihre Religion ist die *Wetu Telu*-Religion, eine Mischreligion aus Hinduismus, Islam, Animismus und Ahnenverehrung.

Überbevölkerung

Die Balinesen haben heute wie früher stark mit dem Problem der Überbevölkerung zu kämpfen. Die Einwanderungsrate auf Bali ist sehr hoch, da viele Bewohner Javas und anderer indonesischer Inseln ihr Glück im wohlhabenden Bali versuchen wollen. Die Einwanderer sind oft illegal auf Bali, und Menschenhandel sowie Schleuserkriminalität bereiten den balinesischen Behörden Kopfzerbrechen. Seit den Bombenanschlägen 2002 sind die Asyl-Gesetze, die Kontrollen bei der

Frauen in Bali

Auf Bali haben Männer und Frauen sehr unterschiedliche Aufgaben. Die Frauen machen den Haushalt und sorgen für die Kinder und das leibliche und seelische Wohl der gesamten Familie. Das ist ihre unumstrittene Hauptaufgabe und sogar im indonesischen Ehegesetz festgeschrieben. Der Mann hat für die ökonomische Sicherheit der Familie zu sorgen, die Frau hingegen für deren moralische Stabilität. Gleichzeitig bemüht sich die Regierung besonders seit Reformasi, der Zeit nach dem Sturz Suhartos, Gesetze zu schaffen, die Diskriminierungen gegenüber Frauen aufheben. Die praktische Umsetzung der Gesetze scheitert aber immer wieder an den tiefsitzenden, traditionellen Vorstellungen von Mann und Frau. Es ist noch immer üblich, spätestens mit Anfang 20 verheiratet zu sein und Kinder zu haben. Noch heute werden bereits minderjährige Mädchen mit einem Mann verheiratet, den die Familie ausgesucht hat.

Balis *adat* (Gewohnheitsrecht) und seine hinduistische Tradition haben ein sehr klares Bild von der Rolle der Frau in der Gesellschaft. Den balinesischen Männern zufolge gibt es keine Unterdrückung oder Herabsetzung von Frauen. Hierzu werden zahlreiche Beispiele angebracht wie weibliche Gottheiten, Rituale, die nur von Frauen vorbereitet werden dürfen, oder die Frau als Erwerbstätige.

Doch stellt sich die balinesische Form der Gleichberechtigung schon etwas anders dar als in Europa. Schwere körperliche Arbeit z. B. gilt als *kasar* (schlecht) und wird deshalb von Frauen oder der niedrigsten balinesischen Kaste verrichtet. Durch das Kastensystem hat die balinesische Frau praktisch keinen Anspruch auf ihren Besitz, der nach der Heirat automatisch zum Besitz ihres Mannes wird.

Obwohl diese Zustände für Europäer schwer zu begreifen sind, ist es sinnlos, traditionell aufgewachsene Asiatinnen von der Emanzipation der Frau überzeugen zu wollen und von ihnen Verständnis für ein uneheliches Kind oder gar für hüllenloses Sonnenbaden zu erwarten. Hinter den modernen Fassaden regiert noch immer die Tradition.

Einreise und der Kampf gegen illegale Einwanderung verschärft worden. Zudem ist Bali eine Insel mit extrem kinderfreundlichen Bewohnern. Balinesische Familien sind traditionsgemäß groß und kinderreich, und Kinder werden von der balinesischen Gesellschaft nicht als Belastung angesehen, sondern als Bereicherung. Die Kindersterblichkeit ist auf Bali jedoch relativ hoch. Deshalb erhält ein balinesisches Kind seinen Namen auch erst 210 Tage nach der Geburt, wenn es also ein Alter erreicht hat, ab dem die Überlebenschancen gut stehen. Wegen der hohen Sterblichkeit werden besonders viele Kinder in die Welt gesetzt.

Das **Transmigrasi**-Umsiedlungsprogramm, bei dem in den 70er-Jahren viele balinesische Familien nach Sumatra und auf andere Außeninseln umgesiedelt wurden, sollte der Überbevölkerung auf Bali entgegensteuern. Heute verzichtet man auf solche Methoden, da man erkannt hat, dass sie viele kulturelle und ethnische Konflikte nach sich ziehen.

Bildung

Für Kinder zwischen 6 und 14 Jahren besteht theoretisch in ganz Indonesien Schulpflicht. Für die Einhaltung der Schulpflicht gibt es aber keine Kontrollinstanz und viele Kinder brechen die Schule schon frühzeitig ab, um bei der Haus- oder Landwirtschaft helfen zu können. Vor allem Mädchen und Kinder in ländlichen Regionen machen die Schule oft nicht zu Ende. Hinzu kommt, dass die Kosten der Schulausbildung für die Familien oft untragbar sind. Die Schulgebühren werden bei ärmeren Familien zwar vom Staat oder von religiösen Einrichtungen übernommen, die Zusatzkosten für Schuluniform, Transport und Aufnahmegebühren sind aber oft schlichtweg zu hoch. Die Alphabetisierungsrate unter den jungen Leuten liegt dennoch bei erfreulichen 98 %.

Das **Schulsystem** in Indonesien ist dreistufig: zunächst besuchen die Kinder sechs Jahre lang die Primarstufe (1. bis 6. Klasse), danach drei Jahre lang die Junior-Sekundarstufe (7. bis 9. Klasse) und weitere drei Jahre die Senior-Sekundarstufe (10. bis 12. Klasse). Nach der Sekundarstufe und einem Eignungstest steht der Weg zu einer Hochschule offen, sofern man die Studiengebühren zahlen kann. Die Auswahl an Schulen und Hochschulen ist in Indonesien recht groß. Schon beim Kindergarten kann man auf private Institutionen zurückgreifen, die aber oft an eine Religion gebunden sind. Die Qualität der Schulen lässt jedoch zu wünschen übrig. Die Ausstattung mit Büchern und Technik erinnert mehr an die 60er-Jahre als an das 21. Jh. Den staatlichen Schulen wird immer wieder vorgeworfen, dass die Lehrer und auch die Lehrinhalte miserabel wären. Die indonesische Regierung hat jedoch erkannt, dass ein solches Bildungssystem dem Druck der Globalisierung nicht standhalten kann und den gewünschten Übergang von einem Agrar- zu einem Industriestaat nicht gerade fördert. Die staatlichen Ausgaben für Bildung wurden daher in den letzten Jahren drastisch erhöht und das Bildungssystem wird kontinuierlich verbessert.

Die balinesische Gesellschaft

Balinesen leben in einer Welt des Teilhabens und Teilnehmens. Die Bindung an eine oder mehrere Gruppen und die damit einhergehenden Pflichten haben Vorrang gegenüber den Bedürfnissen des Individuums, wobei häufig die individuellen Bedürfnisse nur durch die Gruppe befriedigt werden können. Das ausgeprägte **Gemeinschaftsgefühl** hat sich schon vor zwei- bis dreitausend Jahren entwickelt und ist eine direkte Folge der Nassreiskultur. Diese Form der Landwirtschaft erfordert nämlich weit verzweigte, komplexe Bewässerungssysteme, die durch die gebirgige Beschaffenheit der Insel und den Wechsel von regenarmen und regenreichen Jahreszeiten noch zusätzlich kompliziert werden. Es ist einleuchtend, dass nicht jeder Bauer für sich alleine sein eigenes Bewässerungssystem konstruieren kann.

Schon die ältesten schriftlichen Dokumente Balis erwähnen die **Subak**, die Reisbauern-Kooperativen, in denen jeweils alle Bauern zusammengeschlossen sind, deren Reisfelder von ein und demselben Bewässerungssystem gespeist werden. Auf ganz Bali gibt es rund 1200 Subak, jede mit durchschnittlich 200 Mitgliedern und einer Feldfläche von durchschnittlich 50–100 ha. Jeder Bauer, der Felder im Bereich eines Subak besitzt, ist zur Mitgliedschaft verpflichtet. Ebenso ist es obligatorisch, an den Subak-Versammlungen teilzunehmen, die regelmäßig alle 35 Tage und außerdem zu besonderen Anlässen abgehalten werden – ein Nichterscheinen ohne triftigen Grund kann bestraft werden.

Alle **Entscheidungen**, die bei den Versammlungen getroffen werden, bedürfen der Zustimmung ausnahmslos aller Mitglieder. Periodisch wird ein Subak-Vorstand gewählt, dessen Dienste nicht extra belohnt werden. Aufgabe des Vorstandes ist es, den Vorsitz bei Versammlungen zu führen, darauf zu achten, dass alle Arbeiten gemäß der traditionellen Regeln ausgeführt werden, wie sie in den alten **Lontar-Schriften** niedergelegt sind, und die Teilnahme der Mitglieder an den Subak-Treffen zu kontrollieren und gegebenenfalls Strafen zu verhängen. Bei den Subak-Treffen wird entschieden, wann mit dem Setzen der Pflanzen oder der Ernte begonnen wird, welche Düngemittel und Insektizide wann und in welchem Maße eingesetzt werden, zu welchem Zeitpunkt die nötigen religiösen Zeremonien durchgeführt werden und inwieweit Arbeiten an den Dämmen und Kanälen der Bewässerungsanlagen notwendig sind. Jedes Subak hat einen eigenen Subak-Tempel, welcher der Reisgöttin **Dewi Sri** geweiht ist. Hier halten die Subak-Mitglieder ihre Versammlungen ab und hier finden die wichtigsten Zeremonien zu Ehren der Reisgöttin statt. Das bedeutendste Fest zu ihren Ehren ist das Erntedankfest *(Ngusaba Nini)*.

Eine mindestens ebenso wichtige Rolle wie die Subak spielen in der balinesischen Gesellschaft die **Banjar**, deren Mitglieder nicht nur Reisbauern, sondern Angehörige aller Berufsgruppen sind. Der Begriff Banjar ist schwer zu übersetzen, die Holländer haben dafür den Ausdruck „Dorf-Republik" geprägt. Das Banjar ist eine Organisation, der alle erwachsenen Bewohner eines Dorfes angehören, normalerweise erst nach der Heirat oder nach der Geburt des ersten Kindes. Da die Aufgaben eines Banjar auch Frauenarbeit mit einschließen, gehört nach der Aufnahme eines männlichen Mitglieds in die Gemeinschaft automatisch auch seine Ehefrau dazu.

Mitgliedschaft im Banjar ist Pflicht für jede Familie, ebenso die Teilnahme an den regelmäßigen Versammlungen im *Bale Banjar* (Versammlungshalle). Selten sind mehr als 60 oder 70 Familien in einem Banjar zusammengeschlossen, größere Dörfer sind entsprechend in mehrere voneinander unabhängige Banjar unterteilt. Sogar die Hauptstadt Denpasar besteht aus Dutzenden von Banjar. Alle Entscheidungen innerhalb der Gemeinschaft bedürfen wie bei den Subak der Zustimmung sämtlicher Mitglieder. Lange Beratungen sind notwendig, bevor neue Ideen in die Tat umgesetzt werden können. Vielfältig sind die Aufgaben des Banjar, jedes Mitglied ist verpflichtet, einen Teil an Arbeit beizutragen. Die Organisation kümmert sich um den Bau und die Instandhaltung von öffentlichen Gebäuden, Märkten, Straßen und Badeplätzen und, falls notwendig, auch um die Aufrechterhaltung von Recht und Ordnung. Darüber hinaus ist das Banjar verantwortlich für die Vorbereitung und die Durchführung sämtlicher Tempelfeste und Zeremonien. Sogar wichtige Familienfeiern wie der erste Geburtstag eines Kindes, Zahnfeilungszeremonien, Hochzeiten und Verbrennungen werden oft von sämtlichen Mitgliedern eines Banjar gemeinsam veranstaltet. Projekte, die von den Mitgliedern eines Banjar umgesetzt werden sollen, werden durch eine Komplementärwährung, nämlich die **Zeitwährung** bezahlt. Der Zeitwert, den jedes Mitglied für ein Projekt aufbringen muss, kann in Rupiah umgerechnet und bezahlt werden oder durch Dienstleistungen und

---

Lontar-Schriften

Lontar-Schriften sind alte balinesische Bücher. Sie werden nur noch in Tenganan in Nord-Bali hergestellt. Dabei wird mit einem Metallgriffel in die Blätter der Lontar-Palme geritzt. Mit Hilfe von Rußöl wird das Geschriebene sichtbar gemacht.

In den Lontar-Schriften sind Texte und Abbildungen zur Mythologie, Religion und Geschichte Balis zu finden. Viele Balinesen verstehen die alten Schriften als eine Art Bibel, Regelwerk und Wegweiser.

Hinduistisches Ritual am Pantai Canggu

den entsprechenden Zeitaufwand abgearbeitet werden. Das Bezahlen der Zeit in Rupiah ist nicht besonders hoch angesehen und wird schnell geächtet.

Außer dem Bale Banjar, zu dem immer eine Küche und der Turm mit der Kul Kul-Trommel gehören, mit der die Mitglieder zu den Versammlungen gerufen werden, besitzt jedes Banjar meist ein komplettes Set von Gamelan-Instrumenten und diversen Tanzrequisiten, Kostüme, Schmuckstücke und Masken, darunter vor allem eine Rangda (eine Maske, die das Böse darstellt) und einen Barong (Maske des Guten). Auch wenn keine Versammlungen stattfinden oder Vorbereitungen zu einem Fest getroffen werden müssen, sind fast immer einige Männer im Bale Banjar anzutreffen – um sich zu unterhalten, um ihre Kampfhähne zu vergleichen oder einfach nur um herumzusitzen. Manche Männer ziehen sogar das Bale Banjar dem häuslichen Bett vor und verbringen dort die Nacht.

Neben den Subak und Banjar gibt es noch andere Gemeinschaften, deren Mitgliedschaft aber meist freiwillig ist. Da sind z. B. die so genannten **Pemaksan**, Vereinigungen oder Gemeinden, die es sich zur Aufgabe gemacht haben, einen bestimmten Tempel, für den sonst niemand zuständig ist, in Stand zu halten und dafür zu sorgen, dass regelmäßig die **Odalan**, die Jahresfeiern dieses Tempels, zelebriert werden.

Kastenwesen

Im Gegensatz zum egalitären und demokratischen Charakter der dörflichen Gemeinschaften steht das Kastenwesen, das die Angehörigen des ostjavanischen Majapahit-Hofes bei ihrer Übersiedlung nach Bali und ihrer Machtergreifung den Balinesen aufbürdeten.

In Anlehnung an das indische Kastensystem, mit dem sich vor einigen tausend Jahren die nach Indien eingefallenen Arier über die unterjochten Urvölker Indiens stellten, haben auch die ostjavanischen Eindringlinge sich selbst den drei hohen Kasten (Triwangsa) zugeteilt, während die Balinesen, obwohl deutlich in der Überzahl, zu den Sudra oder Jaba, der unteren Kaste, erklärt wurden. Die Zugehörigkeit zu einer der drei hohen Kasten richtete sich nach Beruf, Ausbildung

Tempelrelief am Pura Dalem bei Jagaraga: Dämonen, als Kolonialherren verkleidet, quälen die Einheimischen

und sozialer Stellung. Schriftgelehrte und Priester bildeten die **Brahmana**-Kaste, deren Namen mit Ida Bagus (männlich) oder Ida Ayu (weiblich) beginnen. Politisch Mächtige, Fürsten und Prinzen gehörten zur **Ksatriya**-Kaste, mit Titeln wie Anak Agung, Cokorda oder Dewa. In der **Wesya**-Kaste schließlich fasste man hochrangige Krieger und reiche Händler zusammen, deren Namen mit Gusti oder Ngurah beginnen. Das Haus eines Brahmanen wird Griya genannt, eine Wesya-Familie wohnt in einem Jero. Angehörige der Ksatriya-Kaste leben für gewöhnlich in einem Puri, einem Palastkomplex, in der Nähe eines Dorfes, dessen Bauern in vergangenen Feudalzeiten die Bewohner des Palastes mit Lebensmitteln und Arbeitskräften zu versorgen hatten.

In der heutigen Zeit sind die Unterschiede zwischen den Kasten längst nicht mehr so stark ausgeprägt wie früher. Eine Heirat zwischen Angehörigen verschiedener Kasten ist durchaus möglich, wenn auch immer noch eine Ausnahme. In den Banjar-Versammlungen ist von einem Kastensystem nicht viel zu spüren, denn alle Beteiligten haben den gleichen Status. Heutzutage trifft man Brahmana-Taxifahrer und Ksatriya-Barkeeper ebenso häufig wie Sudra-Universitätsprofessoren und Sudra-Regierungsbeamte.

Allerdings findet das Kastenwesen noch heute seinen Ausdruck im Gebrauch der balinesischen Sprache oder besser: der balinesischen Sprachen. Grundsätzlich gibt es nämlich zwei verschiedene **balinesische Sprachen**: Die gewöhnliche oder niedere Sprache gehört zur malayo-polynesischen (austronesischen) Sprachfamilie. Das Hochbalinesische, die Sprache der Triwangsa, hingegen ist eine altjavanische Hofsprache, die sich aus dem Sanskrit ableitet.

Kurioserweise wird von einem Angehörigen der niederen Kaste erwartet, dass er einen Angehörigen der höheren Kaste höflich und respektvoll in der Hochsprache anredet, hingegen bedient sich dieser gegenüber Mitgliedern der unteren Kaste der niederen Sprache. Theoretisch muss ein Balinese immer die Sprache seines Gegenübers gebrauchen. Redet also ein Mitglied der niederen Kaste einen Herrn aus der oberen Kaste an, muss er die höhere Sprache benutzen. Da viele Leute der unteren Kaste aber nie Gelegenheit hatten, die Hochsprache zu erlernen, setzt sich mehr und mehr eine „mittlere" Sprache durch, ein Gemisch aus der hohen und der niederen Sprache, die ebenfalls als höflich gilt und die häufig zwischen Fremden gebraucht wird, bevor sie die Kastenzugehörigkeit ihres Gesprächspartners festgestellt haben. Um Peinlichkeiten zu vermeiden, können die Balinesen auch immer auf die Amtssprache **Bahasa Indonesia** zurückgreifen. In den Schulen wird sowieso nur noch Indonesisch gesprochen. Alle Schüler, egal welcher Kaste, sitzen, lernen und spielen zusammen.

Abgesehen von der Sprache wird ein Sudra seinen Respekt vor einem Angehörigen der höheren Kasten auch in der **Sitzordnung** zum Ausdruck bringen, indem er sich immer etwas niedriger platziert als ein Brahmana, Ksatriya oder Wesya. Dies gilt vor allem bei einem Besuch im Hause eines Pedanda, eines hohen Priesters der Brahmana-Kaste. Sitzt der Pedanda auf einem Stuhl, muss sich ein Sudra immer auf dem Fußboden niederlassen. Sollte es sich der Pedanda auf einer Matte auf seiner Veranda bequem machen, werden sich alle anderen auf die Stufen vor der Veranda setzen.

Namen

Die Sudra machen heute etwa 90 % der balinesischen Bevölkerung aus. Wie die Triwangsa sind auch sie an ihren Namen zu erkennen. Das erste Kind eines Ehepaares wird Wayan (oder Gede oder Putu) genannt, das zweite heißt Made (oder Kadek oder Nengah), das dritte Nyoman (oder Komang) und das vierte Ketut (oder Ktut). Hat das Ehepaar noch mehr Kinder, beginnt man wieder von vorn, oft unter Auslassung des Wayan, ein Name, der für das Erstgeborene reserviert ist, oder alle auf das vierte folgenden Kinder heißen gleichfalls Ketut. Diese Namen sind unabhängig vom Geschlecht der Kinder, deshalb wird häufig ein I (männlich) oder ein Ni (weiblich) vorangestellt. Sollte sich die von der Regierung propagierte Familienplanung durchsetzen – *dua anak cukup* = Zwei Kinder sind genug! –, wird es wohl bald keine Nyoman und Ketut mehr geben.

Neben dem Namen, der sich nach der Geburtsfolge richtet, haben Balinesen meist noch einen zweiten Namen, der sich im Laufe eines Lebens sogar mehrmals ändern kann. Zwölf Tage nach der Geburt erhält das Baby erstmal nur einen vorläufigen Namen. An seinem ersten „Geburtstag" *(Oton),* 210 Tage nach der Geburt, verleiht ihm der Priester einen persönlichen Namen, der oft nur dem engsten Familien- und Freundeskreis bekannt ist.

Im Dorf kennt man das Kind meist nur unter einem Spitznamen oder dem Namen, der die Geburtsfolge angibt. Sollte der Heranwachsende von einer schweren Krankheit heimgesucht werden, kann der Name erneut geändert werden, um die Krankheitsdämonen zu verwirren. Mit der Geburt ihres ersten Kindes wechselt eine Person nochmals ihren Namen, jetzt heißt sie Vater oder Mutter von Soundso. Sobald dieses Kind selbst Nachkommen hat, wird der Name wieder geändert in Großvater oder Großmutter von Soundso.

Wenn ein älterer Balinese stirbt, gibt es folglich kaum noch jemanden, der sich an seinen / ihren ursprünglichen Namen erinnern kann. Und wenn dann nach der Leichenverbrennung, oft erst Jahre später, für die Seele des Vorfahren ein Schrein im Familientempel errichtet wird, ist der Name des Ahnen vergessen.

Das Dorf

Die überwiegende Mehrheit der Bevölkerung Balis lebt in Dörfern. Von offizieller Seite sind 1456 Dorfgemeinden (Desa) gezählt worden, die sich in 3708 Banjar unterteilen. Diese konzentrieren sich an den Südhängen der Berge und in der fruchtbaren Ebene im zentralen Süden der Insel um die Hauptstadt Denpasar.

Aus der Ferne sind die von Reisfeldern umgebenen Dörfer kaum als Siedlungen zu erkennen, da sich alle Gebäude unter einem dichten Wald von Obstbäumen, Palmen und Bambusgehölzen verbergen.

Jedes dieser Dörfer ist ökonomisch völlig unabhängig. In der Verwaltung eines Ortes haben die Dorfbewohner weitgehend selbst zu bestimmen, da alle Familien in einem oder mehreren Banjar zusammengeschlossen sind.

Der Hahnenkampf

Noch vor Sonnenaufgang erwacht das balinesische Dorf mit dem rauen, durchdringenden Krähen der allgegenwärtigen Kampfhähne. Während die Frauen die Innenhöfe vor ihren Häusern fegen oder mit Krügen und Eimern zum Wasserholen gehen, kümmern sich die Männer um ihre Lieblinge. Die Hähne werden gestreichelt, herumgetragen und nach dem sorgfältigen Füttern unter umgestülpten, glockenförmigen Körben in Reihen an den Rand der Dorfstraße gesetzt, damit sie sich am geschäftigen Treiben im Dorf ergötzen können und sich nicht langweilen.

Rituelle Bedeutung Wie fast alles auf Bali ist auch der Hahnenkampf ein Bestandteil der allumfassenden Religion. In ihm leben vorgeschichtliche Glaubensvorstellungen fort, namentlich die Tieropfer der Megalithkultur – bei vielen Völkern gilt vergossenes Hahnenblut als ein Mittel, die Dämonen zu besänftigen. Balinesische Priester legen mit Hilfe des Kalenders die rituell günstigen Tage für derartige Veranstaltungen fest. Außerdem sind Hahnenkämpfe bei besonders wichtigen Tempelfesten unerlässlich: Sie begleiten z. B. die Landreinigungszeremonien, bevor die Reisfelder bewässert werden und gehen dem großen Erntefest im Subak-Tempel voraus.

Das Turnier Hahnenkampfveranstaltungen dauern für gewöhnlich einige Stunden. Sie können sich aber auch über mehrere Tage hinziehen und haben dann den Charakter richtiger Volksfeste. Auf dem Dorfplatz rund um die Arena (Wantilan) haben Frauen kleine Verkaufsstände eingerichtet. Zu den Kämpfen selbst sind sie traditionsgemäß nicht zugelassen. Die Männer tragen ihre Hähne in seltsamen Taschen aus verflochtenen Kokospalmwedeln, aus denen nur die Schwanzfedern herausschauen, damit diese nicht beschädigt werden.

Vor Beginn der Kämpfe geht es schon recht tumultartig im Wantilan zu. Hier lassen die sonst so sanften und beherrschten Balinesen ihrem Temperament freien Lauf. Unter Schreien und Gestikulieren werden die Hähne begutachtet, um daraufhin die Wetten abzuschließen, eine Leidenschaft dieses Volkes, die schon so manchem Mann den wirtschaftlichen Ruin gebracht hat. Ganz vorn in der Arena hocken die Besitzer der Hähne, daneben sitzen die Schiedsrichter, die die Reihenfolge der Kämpfe festlegen, dahinter stehen dicht gedrängt die Zuschauer. In einer Schüssel schwimmt eine halbe Kokosnussschale mit einem Loch in der Mitte. Ist die Schale voll Wasser gelaufen und sinkt, ertönt ein Gong, und eine Runde ist beendet.

Viele Kämpfe sind schon nach wenigen Sekunden entschieden. Ist aber nach vier Runden noch kein Sieger ermittelt, werden die zwei Kontrahenten zusammen unter einen großen Korb gesetzt, wo kein Ausweichen mehr möglich ist. Denn Blut muss unbedingt fließen, um die Dämonen zu erfreuen. Andernfalls geraten nach Meinung der Balinesen die Menschen in Kampflust und werden von einem Blutrausch befallen, der sie gegeneinander kämpfen lässt. Ein Hahn

Die Dorfstruktur

Das balinesische Dorf ist nicht etwa eine zufällige Ansammlung von Gehöften und Gebäuden, sondern Anlage und Struktur der Siedlung unterliegen einem wohl durchdachten Plan, der wiederum – wie so ziemlich alles auf Bali – aufs Engste mit religiösen Vorstellungen verknüpft ist.

Der breite Hauptweg eines Dorfes verläuft immer in **Kelod–Kaja**-Richtung, also aus Richtung des Meeres oder von „unten" in Richtung auf die Berge oder nach „oben". Am unteren Ende, etwas außerhalb des Dorfes, liegt der dem Gott Shiva bzw. seiner Frau, Göttin Durga, geweihte Unterwelttempel **Pura Dalem** mit Begräbnis- und Verbrennungsplatz. Am oberen Ende des Dorfes steht der **Pura Puseh**, eine Art Fruchtbarkeitstempel, Gott Wishnu, dem Erhalter geweiht, der das von den Bergen herabkommende, lebensnotwendige Wasser spendet.

Im Dorfzentrum steht der Dorftempel **Pura Desa**, der ursprüngliche Tempel der Dorfgründer, dem Schöpfergott Brahma geweiht, der gleich-

wird disqualifiziert, falls er gleich zu Beginn des Kampfes wegläuft.

Kurz vor dem Kampf, wenn sich die Besitzer mit ihren Tieren in zwei entgegengesetzten Ecken der Arena gegenüber hocken, streicheln und massieren sie nochmals ihre Lieblinge, flüstern ihnen aufmunternde, anspornende Worte ins Ohr, blasen ihnen mit ihrem Atem Kraft in den Schnabel und kneifen sie in den Kamm, um ihre Aggression anzustacheln. Sind die Gegner dann endlich allein auf der Kampfbahn, nähern sie sich einander erst in Zickzackwegen und umkreisen sich lauernd. Zum Kampf selbst gehören verschiedene Sprünge. Die verletzlichste Stelle ist die ungeschützte Brustfläche unter den Flügeln. Der getötete Verlierer geht meist an den Eigentümer des Siegers und wandert in dessen Kochtopf. Häufig werden auch die zerstampften Knochen, Muskeln und das Herz an den siegreichen Hahn selbst verfüttert, wodurch dieser die Kraft seines ehemaligen Gegners in sich aufnimmt.

Die Hähne Höchste Wetten erzielen erfahrene Kampfhähne, die schon häufig, manchmal trotz schwerer Verletzungen, siegreich geblieben sind. Andere Favoriten sind die so genannten „Srawah", Abkömmlinge eines göttlichen Hahns, die als besonders streitsüchtig gelten und an bestimmten äußeren Merkmalen zu erkennen sind: z. B. an der Zahl der Hautringe an den Zehen und der ihnen eigenen Art zu krähen. Solch wertvolle Tiere darf nur der Besitzer täglich trainieren und auch füttern – seine Frau und seine Kinder könnten den Hahn vielleicht durch Extra-Leckerbissen verwöhnen und somit verweichlichen. Ebenso sollte ein Kampfhahn niemals mit Hennen zusammenkommen, um nicht seine Kraft zu verlieren. Manchmal sieht man in den Dörfern alte, ziemlich lädierte und deshalb „pensionierte" Kampfhähne die Straßen entlanghumpeln. Sie werden bis an ihr Lebensende bevorzugt behandelt und genießen ein hohes Ansehen – haben sie doch ihrem Eigentümer und denen, die auf sie gewettet haben, viel Geld eingebracht.

Nur mit Genehmigung Unverständlich ist für Balinesen die Abneigung vieler Europäer gegenüber dem Hahnenkampf. Sie sehen darin keine Grausamkeit, denn ein im Wantilan getöteter Hahn ist schließlich genauso tot wie ein in der Küche geschlachteter Artgenosse, und sein Ende ist das Gleiche – der Kochtopf. Und wichtiger: Das in der Arena verspritzte Blut hat die Dämonen besänftigt, sodass die Menschen wieder eine Zeit lang von ihnen in Ruhe und Frieden gelassen werden.

Hahnenkampf ist seit Anfang der 80er-Jahre verboten, um das Wetten zu unterbinden. Für Kämpfe im Rahmen religiöser Zeremonien müssen vorher amtliche Genehmigungen eingeholt werden. Natürlich gibt es reichlich nicht genehmigte Turniere, bei denen weiterhin hoch gewettet wird, denn der Arm der Justiz reicht noch längst nicht bis in jedes Dorf.

zeitig als Bewahrer des Feuers (in der Küche) gilt. Die Hauptstraße wird rechtwinklig von Seitenstraßen gekreuzt, die von West nach Ost verlaufen und fast immer in eine Schlucht hinabführen, an eine Quelle, einen Bach oder einen Fluss, wo sich die Wasch- und Badeplätze der Dorfbewohner befinden.

Das Zentrum des Dorfes nimmt der **Dorfplatz** an der Hauptstraßenkreuzung ein, wo neben dem Pura Desa immer eine Versammlungshalle und eine Hahnenkampfarena *(Wantilan)* errichtet sind. Auch nicht fehlen darf der Turm für die Kul Kul-Trommel, die zu Versammlungen ruft, vor Gefahren warnt und den Tod eines Dorfbewohners verkündet. Der Dorfplatz wird meist von einem gigantischen Banyan-Baum überschattet, dem heiligen Baum der Hindus. Hier findet man für gewöhnlich ein paar einfache Essensstände (Warung) und hier wird auch regelmäßig der Markt abgehalten, meist in einem Drei-Tage-Rhythmus.

Der **Markt** ist fast ausschließlich eine Domäne der Frauen, wie auch die Hausarbeit und das

Eingangstor des Puri Anyar, West-Bali

Herstellen der Opfergaben für die Götter und Dämonen meist den Frauen überlassen werden. Dagegen sind das Bestellen der Reisfelder, der Haus- und Tempelbau ebenso wie das Ausschmücken der Heiligtümer mit Steinskulpturen und Reliefs, mit Schnitzereien und Malereien reine Männersache. Viele Arbeiten werden auch von Männern und Frauen gemeinsam bewältigt, z. B. die Reisernte und der Bau von Straßen. Für Balinesen ist es selbstverständlich, dass sogar kleinere Kinder schon einfache Aufgaben und Arbeiten übernehmen.

Das Gehöft

Entlang der Dorfstraße reihen sich die Gehöfte aneinander, die durchweg von hohen Mauern umgeben sind, nur unterbrochen von den schmalen Toreingängen, zu denen Stufen empor führen. Nicht immer lassen sich die Eingänge mit Türen verschließen, oft steht gleich dahinter nur eine kurze Dämonenabwehrmauer, denn böse Geister haben große Schwierigkeiten, um Ecken herumzugehen. Im Inneren eines Gehöftes, in dem oft eine Großfamilie lebt, stehen verschiedene mehr oder weniger offene Pavillons und andere kleine Gebäude, deren Anordnung wieder auf dem Kelod-Kaja-Prinzip beruht.

Auf der den Bergen und damit den Göttern zugewandten Seite befindet sich der Familientempel. Im Mittelteil des Gehöftes liegen die einzelnen Schlaf- und Wohnräume der Familie. Küche, Reisscheune, Schweinestall und Abfallgrube sind immer auf der dem Meer zugewandten Seite zu finden. Außer einigen wenigen Schatten spendenden Obstbäumen sowie Bananenstauden und ein paar Blumen hält man das Gehöft frei von jeglicher Vegetation, um Schlangen und giftigen Insekten keine Gelegenheit zu geben, sich hier einzunisten. Aus dem gleichen Grund wird täglich der aus festgestampftem Lehm bestehende Innenhof gefegt und das herabgefallene Laub und die Abfälle entfernt.

Die Dimensionen eines traditionellen Gehöftes und der sich darin befindenden Gebäude richten sich nach strengen Regeln, die in den alten Lontar-Schriften niedergelegt sind. Grundlage für alle architektonischen Abmessungen sind die Körpermaße des Familienoberhaupts, der gleichzeitig auch der Bauherr ist. Ein in den alten Schriften bewanderter Architekt wird also zuerst einmal bestimmte Abmessungen am Körper des Bauherrn vornehmen und diese auf schmalen Bambusstreifen markieren.

Der Abstand zwischen den Spitzen beider Mittelfinger bei seitlich ausgestreckten Armen ist ein *Depa*, der Abstand vom Ellenbogen zur Spitze des ausgestreckten Mittelfingers ist ein *Asta*, und die Weite einer Faust bis zur Spitze des seitlich ausgestreckten Daumens ist ein *Musti*. Die Gesamtlänge einer das Grundstück umgebenden Mauer beträgt immer ein Vielfaches einer kombinierten Depa-Asta-Musti-Länge, wobei sich der Multiplikationsfaktor nach der Kaste des Bauherrn, seinen persönlichen Wünschen und finanziellen Mitteln, den örtlichen Gegebenheiten und nach der jeweils benutzten Lontar-Schrift richtet.

Die Größe der einzelnen Bebauungen (Plattformen oder Gebäude) hängt davon ab, wie viele hölzerne Stützbalken *(Sasaka)* verwendet werden. Die kleinsten Gebäude werden von vier Balken getragen, die größten haben für gewöhnlich nicht mehr als zwölf Balken. Die Maße eines Stützbalkens und die Abstände dazwischen errechnet der Architekt anhand von komplizierten Formeln, die wieder auf bestimmten Körpermaßen des Bauherrn beruhen: Länge des Zeigefingers, Breite des kleinen Fingers usw. Ein Balken, der ja aus einem Baumstamm (meist Teakholz) herausgesägt wurde, darf niemals „auf dem Kopf" stehen, d. h. das Balkenende, das der Baumwurzel am nächsten war, muss immer im Boden bzw. im Fundament verankert sein, und das Balkenende, das ursprünglich der Baumkrone nahe war, muss jetzt die Dachkonstruktion tragen. Die Abstände zwischen den Bebauungen und von den Bebauungen zur Grundstücksmauer beruhen auf einem Längenmaß, das sich wiederum aus einem Vielfachen der Fußlänge des Bauherrn ergibt. Das traditionelle Wohnanwesen ist also bis ins kleinste Detail buchstäblich auf den Bauherrn, das Familienoberhaupt, zugeschnitten. Hierin zeigt sich das Bestreben der Balinesen nach Harmonie und Einklang mit allem, was ihn umgibt.

Geschichte Indonesiens

Frühgeschichte

Zu den wichtigsten Ausgrabungsstätten, in denen Relikte des Urmenschen gefunden wurden, gehören Sangiran, Mojokerto, Trinil und Ngandong auf Java. Etwa 40 000 Jahre alt sind die Funde aus den Niah-Höhlen in Sarawak (Borneo). Sie können also bereits dem Homo sapiens zugerechnet werden. Die Menschen dieser Zeit waren Jäger und Sammler, aber der Übergang zum Anbau von Pflanzen und zur Tierhaltung erfolgte in Südostasien schon sehr frühzeitig. Bei Ausgrabungen in Thailand konnte die Kultivierung verschiedener Pflanzenarten bereits 9000–7000 v. Chr. nachgewiesen werden.

Seither erreichten verschiedene Einwanderungswellen die Inseln – Negritos vor 30 000 Jahren, deren kraushaarige, dunkelhäutige Nachfahren heute nur noch auf den Andamanen, den Philippinen und der malaiischen Halbinsel leben. Verdrängt wurden sie vor etwa 10 000 Jahren von den nachfolgenden Einwanderern, deren Spuren man in Wajak, Ost-Java, entdeckte. Mit den später eintreffenden Proto- und Deuteromalaien kam auch das Wissen um die Gewinnung und Bearbeitung der Metalle Bronze und Eisen auf die Inseln. Schon 3000 bis 2500 v. Chr. wurde Nassreis angebaut und die Felder wurden mit Wasserbüffeln umgepflügt.

See- und Küstenfahrt war allen malaiischen Völkern bekannt, trotzdem beschränkte sich die Herrschaft einzelner Fürsten und Sippenoberhäupter nur auf einen überschaubaren Bereich, der ihnen genügend Nahrung versprach.

Indisierung

In den ersten Jahrhunderten unserer Zeitrechnung beginnt die so genannte Indisierung Indonesiens. Der griechische Geograf Ptolomäus berichtet schon im 2. Jh. über *Labadiou* (wahrscheinlich Java) und über *Malaiou* (wahrscheinlich Malayu in Südost-Sumatra). Seine Informationsquellen waren indische Händler, die bis an die Küsten Sumatras und Javas gelangt waren. Aber erst zwischen dem 4. und 6. Jh. verzeichnet der südostasiatische Handel einen enormen Aufschwung. Produkte Süd- und Südostasiens waren auf den chinesischen Märkten gefragt, und es entwickelte sich ein regulärer Schiffsverkehr zwischen Indien, den Siedlungen an den Flussmündungen Sumatras und China. Aus chinesischen Aufzeichnungen geht hervor, dass aus verschiedenen, nicht immer zu lokalisierenden Gebieten Indonesiens Missionen zum Kaiserhof entsandt wurden.

Durch den Handel mit Indien gelangten auch kulturelle Einflüsse in das Land und prägten Sprache, Schrift und Literatur. Brahmanen brachten die heiligen Schriften des **Hinduismus** nach Indonesien, und die sich formierende aristokratische Klasse übernahm zahlreiche Elemente der neuen Religion. Die indische Konzeption des Königtums mit verschiedenen Varianten der göttlichen Identität des Herrschers war von nun an bestimmend.

Die bisherigen religiösen Vorstellungen der Bevölkerung, meist animistischer Natur, erleichterten das Eindringen des Hinduismus. Die Indonesier hatten bereits terrassierte Tempel erbaut, die heilige Berge darstellten und Begräbnisritualen dienten. In dieses Weltbild passte der auf einem heiligen Berg lebende Shiva. Das komplexe Gesamtsystem des Hinduismus wurde jedoch nicht übernommen. Die Lehre von den Kasten (Varna) und die heiligen Schriften waren zwar bekannt, fanden aber nur teilweise Eingang in die indonesische Gesellschaft.

Sri Vijaya

In den folgenden Jahrhunderten entstanden buddhistische und hinduistische Königreiche, hauptsächlich auf Java und Sumatra. Die Einflusssphären dieser Großreiche umfassten den ganzen südostasiatischen Raum. Im Brennpunkt der wichtigen Handelsroute zwischen China und Indien gelegen, erlangte Sri Vijaya (ein indonesisches Handelsreich) seit dem 7. Jh. eine Vormachtstellung. Über viele Jahrhunderte war Sri Vijaya nicht nur ein erstrangiges politisches Machtzentrum, sondern wurde auch für Chinesen, Inder, Araber und die südostasiatische Region zum Inbegriff des Reichtums und der kulturellen Blüte. Der Handel mit Landesprodukten, vor allem der Zwischenhandel, war die Basis. Alle Schiffe mussten die Häfen Sri Vijayas anlaufen und Zölle entrichten. Sri Vijaya war kein zentralisiertes Reich, sondern ein Stadtstaat, der andere Fürstentümer militärisch unterwarf und tributpflichtig machte. Man nimmt an, dass die Hauptstadt in der Nähe des heutigen Palembang in Sumatra gelegen haben muss.

Der chinesische Gelehrte I-Ching besuchte 671 nach einer nur 20-tägigen Schiffsreise von Kanton aus Sri Vijaya. Er erwähnt Tausende von buddhistischen Priestern und spricht von einem Zentrum der buddhistischen Lehre. Dass es im Gegensatz zu mittel- und ostjavanischen Staaten keine Überreste von Tempelanlagen in Südost-Sumatra aus der Sri Vijaya-Periode gibt, liegt nicht zuletzt in der Natur des Schwemmlandes begründet, in dem selbst steinerne Sakralbauten den Fluten der großen Flüsse während des Monsun nicht über Jahrhunderte standhalten oder im Schwemmsand verschwinden. Der Niedergang des Sri Vijaya-Reiches kam im 11. Jh., als chinesische Händler begannen, direkt in die Produktionszentren zu segeln. Damit verlor der Zwischenhandel, die Lebensgrundlage Sri Vijayas, an Bedeutung.

Konnten die frühen Stadtstaaten und Reiche Sumatras ihre wirtschaftliche und politische Macht nur auf dem erfolgreichen Zwischenhandel aufbauen, so war die Situation auf Java anders. Grundlage der frühen Staaten waren die vulkanischen Böden und eine äußerst ertragreiche Landwirtschaft.

Das wichtigste Herrschergeschlecht Javas war die **Sailendra-Dynastie**. Selbst Sri Vijaya wurde Mitte des 9. Jhs. von einem Sailendra regiert. Der Borobudur-Tempel und die Tempel von Prambanan wurden von Herrschern dieser Dynastie in Auftrag gegeben. Buddhismus und Shivaismus existierten in Java nebeneinander. Auf einer buddhistischen Inschrift aus dieser Zeit wird ein Sailendra als *Bodhisattva,* „ein zu Buddha gewordener", bezeichnet, eine hinduistische Inschrift beschreibt einen Herrscher als Teil Shivas. Diese göttlichen Qualitäten machten die Könige nicht zu Gott-Königen, sondern zu Gott selbst.

Majapahit

Seit dem 10. Jh. war Ost-Java das politische und kulturelle Zentrum. Das **Kertanegara-Reich** (1268–92) gilt als Vorläufer von Majapahit, dem letzten großen Hindu-Imperium. Der gleichnamige Herrscher wird zum Shiva-Buddha. Wichtigster Staatsmann dieser Periode war **Gajah Mada** (1329–50), der während der Regentschaft einer Tochter Kertanegaras oberster Minister wurde. Gajah Mada betrieb eine aktive Außenpolitik und dehnte Macht und Einfluss Majapahits systematisch aus.

Zentrum des Reiches war die Hauptstadt (heute Trowulan in Ostjava) mit dem Kraton (Hof) des Königs und den Palästen anderer Würdenträger. Die Provinzen wurden von Gouverneuren oder Fürsten verwaltet, die vom König ernannt wurden. Von diesen direkt beherrschten Gebieten muss man die tributpflichtigen, vasallenartigen Fürstentümer des Archipels unterscheiden. Mit den Staaten des südostasiatischen Festlands unterhielt Majapahit Handelsbeziehungen, ebenso mit China und Indien.

Hayam Wuruk wurde 1350 zum König und seine Herrschaft wird heute als die glorreichste Periode javanischer Geschichte betrachtet. Es scheint, dass Hayam Wuruk sein Reich selbst inspizierte. Er besuchte unruhige Grenzgebiete, sprach mit den Ältesten vieler Dörfer, klärte Landstreitigkeiten, trieb Tribut ein, betete an Buddha-Schreinen, Shiva-Statuen und altjavanischen Heiligtümern und besuchte heilige Männer, um zur Erleuchtung zu gelangen. Viele seiner Untertanen hatten dadurch die Gelegenheit, den göttlichen Herrscher selbst zu Gesicht zu bekommen. Durch die Verschmelzung indischer Einflüsse mit javanischer Tradition bildeten sich zu dieser Zeit die ersten Elemente einer eigenständigen indonesischen Kultur.

Islamisierung

Entlang der Handelswege zwischen China, Indien und Arabien breitete sich seit dem 13./14. Jh. der Islam aus. Anhänger der neuen Religion waren zuerst Händler und Kaufleute, deren ausländische Partner häufig Moslems waren. Die Islamisierung ging dann über den Kreis der Händler hinaus und erfasste alle Klassen und sozialen Schichten. Am Ende des 13. Jhs. gab es bereits zwei islamische Sultanate in Nord-Sumatra (Samudra-Pasai und Perlak). In einem königlichen Grab in **Samudra** auf Java entdeckte man Inschriften aus dem Jahre 1297, die in Arabisch geschrieben waren. Im 15. Jh. hatte sich der Islam bereits über die Nordküste Javas bis nach Ternate und Tidore auf den Nord-Molukken ausgebreitet. Tom Pires, portugiesischer Reisender, beschreibt in *Suma Oriental* (1511) die islamischen Königreiche Cirebon, Demak, Jepara und Gresik auf Java. Das eigentliche Machtzentrum des malaiischen Raums war **Malacca** auf der malaiischen Halbinsel, dessen Herrscher ihre Dynastie auf Sri Vijaya zurückführten. Aus handelspolitischen Gründen waren sie schon früh zum Islam übergetreten.

Die alten aristokratischen Herrscherhäuser im Inneren Javas standen im Gegensatz zu den islamischen Fürsten der Küstenstädte. Der Einfluss Majapahits war mit dem Anwachsen dieser Städte zurückgegangen. In den Küstenstädten weiteten die Fürsten von **Demak** in der ersten Hälfte des 16. Jhs. ihren Einfluss aus. Der Islam hatte sich konsolidiert, gleichzeitig hatten die Fürsten viele der alten hinduistisch-buddhistischen Traditionen angenommen.

Ende des 16. Jhs. wurde das **Mataram-Reich** zum wichtigsten Machtfaktor auf Java. Unter dem Sultan Panembahan Senapati, der in der Nähe des heutigen Yogyakarta seine Residenz hatte, wurden die islamischen Küstenstädte unterworfen. Seitdem war die Praktizierung des Islam von den königlichen Bedingungen des alten Java abhängig. Der Islam wurde als eine unter anderen Religionen toleriert. Am Hof von Mataram konnten muslimische Berater zu höchsten Ehren gelangen und wurden pflichtbewusste Diener des hindu-javanischen Herrschers. Auf den Dörfern blieb der Islam, besonders in Zeiten sozialer Unruhen, einflussreich, da er den bäuerlichen Massen ein Paradies nach dem Tod versprach.

Der Islam und die javanische Form des Shivaismus-Buddhismus verschmolzen zwar nicht miteinander, nahmen aber beide Einflüsse der jeweils anderen Religion auf.

Ankunft der Portugiesen

Portugiesen beeinflussten ab 1515 für beinahe hundert Jahre die Geschichte der östlichen Inseln und brachten aufgrund überlegener Waffentechnik und nautischer Fähigkeiten bald den gesamten Handel im Osten Indonesiens unter ihre Kontrolle. 1511 wurde Malacca erobert.

Unter dem Zeichen des Kreuzes wurden Feldzüge gegen schwache Fürsten unternommen – Mord, Plünderungen und Sklavenhandel standen auf der Tagesordnung. Die Einheimischen wurden nicht als vollwertige Menschen angesehen, sondern waren eben nur „Heiden". Konkurrenten im lukrativen Gewürzhandel kamen schon bald aus Europa, zuerst die Spanier auf den Philippinen, dann auch Engländer und Holländer. Deren Methoden unterschieden sich aber kaum von denen der Portugiesen. Die Portugiesen hielten sich vorwiegend auf den Gewürzinseln der Molukken auf. Die Herrscherhäuser auf Java und Sumatra handelten von den Portugiesen unbeeindruckt bis zur Ankunft der Holländer weiter.

Ankunft der Holländer und Herrschaft der VOC

Gegen Ende des 16. Jhs. erschienen die Holländer als Konkurrenten im Archipel und Portugals Handelsmonopol brach zusammen. 1595 landeten holländische Schiffe in Banten (West-Java) und kehrten bald darauf überreichlich mit Gewürzen beladen in die Niederlande zurück. Es sollten 350 Jahre **holländischer Herrschaft** folgen. Aufgabe der schon 1602 gegründeten **Vereenigde Oostindische Compagnie** (*VOC*) war es, europäische Konkurrenten vom Handel im Archipel auszuschließen sowie den von asiatischen Kaufleuten abgewickelten Handel zu kontrollieren. Sie besaß zwar Handelsstützpunkte auf den Molukken und in Batavia (dem heutigen Jakarta), trotzdem war eine territoriale Erweiterung ihrer Macht nicht Leitlinie der Politik in dieser ersten Periode der VOC. Sie repräsentierte das holländische Handelskapital (6,5 Mill. Gulden Einlage der holländischen Städte, wobei Amsterdam allein 3,6 Mill. aufgebracht hatte) und ordnete alles dem Streben nach Profit unter.

In **Batavia** amtierte der Generalgouverneur als Exekutivorgan der VOC. Neben den von der niederländischen Regierung verbrieften Handelsrechten besaß die VOC weitergehende Rechte wie eigene Gerichtsbarkeit, eigene Streitkräfte, das Recht, über Krieg und Frieden zu entscheiden, Verträge mit anderen Staaten abzuschließen, Handelsstützpunkte und Festungen zu errichten sowie die Einführung einer eigenen VOC-Währung. Die wichtigste Aufgabe in dieser ersten Entwicklungsphase der VOC war der Gewürzhandel und dessen Kontrolle. **Ambon** und **Bandaneira** (Städte auf den Molukken) waren fest in holländischer Hand. Rigoros schränkte die VOC den Anbau von Muskatnuss und Gewürznelken ein, um den Weltmarktpreis zu erhöhen. Ganze Ernten wurden vernichtet, Bevölkerungsgruppen umgesiedelt oder wie auf Bandaneira ausgerottet, wenn sie sich widersetzten.

1620 wurde die VOC erstmals in politische Auseinandersetzungen verwickelt, als Sultan Agung von Mataram versuchte, seine Macht auch über das Sultanat Banten in Westjava auszudehnen. Zweimal wurde das heutige Jakarta belagert, konnte aber nicht eingenommen werden. **Mataram** verkörperte den traditionellen Typ einer hinduistisch-javanischen Monarchie, während das islamische **Banten** eine weltoffene Handelsmacht war. Dänen, Holländer und Engländer besaßen eigene Handelsstützpunkte in der Nähe von Batavia, eine starke chinesische Minderheit durfte sogar innerhalb der Befestigungsanlagen wohnen. Interne Schwierigkeiten und Erbfolgekriege leiteten den endgültigen Niedergang Matarams im folgenden Jahrhundert ein. Indem die VOC Amangkurat, den Nachfolger Sultan Agungs, unterstützte, konnte sie die ersten größeren territorialen Gewinne einstreichen. Mitte des 18. Jhs. war Mataram in zwei zentraljavanische Sultanate zerfallen, Surakarta und Yogyakarta, und politisch zur Bedeutungslosigkeit abgesunken. Jakarta geriet 1683 endgültig in holländischen Besitz.

Typisch scheinen uns die herrschenden Zustände in Batavia in einer Reisebeschreibung von 1771 dargestellt, die von einem Mitreisenden auf Captain Cooks Weltreise angefertigt wurde:

„Besonders wirft man den hiesigen Richtern eine ungerechte Partheiligkeit vor. Sie sollen gegen die Eingebohrnen mit übertriebener Strenge, gegen ihre hollän-

Traditionelles Stelzenhaus auf dem Gelände des Prana Dewi Mountain Resort bei Wongaya Gede

dischen Landsleute hingegen in einem unerlaubten Grade gelinde und nachsichtig verfahren. Einem Christen, der sich eines groben Verbrechens schuldig gemacht hat, benimmt man nie die Gelegenheit, vor dem ersten Verhöre zu entwischen … Die armen Indianer hingegen werden in solchen Fällen ohne Gnade gehangen, lebendig gerädert oder gar gespießt."

Niedergang der VOC

Verschiedene Gründe führten 1799 zur Auflösung der VOC. Schon 1784 musste England im Vertrag von Paris das Recht eingeräumt werden, in Indonesien Handel zu treiben. Das Monopol der VOC war damit gebrochen, ihre Verschuldung wuchs. Obwohl 1781 eine Anleihe in Höhe von 14 Mill. Gulden aufgenommen werden musste, gelang es der VOC durch Manipulationen und eine bewusste Verschleierungstaktik, ihre Kolonialherrschaft als Quelle sagenhaften Reichtums zu verkaufen. So wurde im gleichen Jahr jede VOC-Aktie immer noch mit einem Kurswert von 200 % gehandelt.

Die Administration der riesigen Territorien verschlang Summen, die die finanziellen Möglichkeiten der VOC immer wieder überstiegen. Standen z. B. im ersten Jahrhundert der VOC-Herrschaft in Indonesien etwa 1500 Personen im Sold der Compagnie, so waren es Mitte des 18. Jhs. bereits etwa 18 000 Menschen. Die Organisation der VOC, hauptsächlich auf den Monopolhandel ausgerichtet, blieb aber bis zuletzt die gleiche und war den neuen Anforderungen nicht mehr gewachsen. Keinesfalls kann man den Grund für den Niedergang der VOC allein in der Korruption unter den Angestellten oder in ihrem Schmuggel der monopolisierten Waren sehen. Von Beginn an war dies die übliche Praxis, hervorgerufen auch durch die niedrigen offiziellen Gehälter.

Britische Kolonialherrschaft

1806 wurde Holland zum Königreich von Napoleons Gnaden, und der nach Batavia entsandte **Herman Willem Daendels** war vor allem mit der Verteidigung Ost-Indiens gegen eine mögliche britische Invasion beschäftigt. Er konzipierte auch das später in die Realität umgesetzte **Zwangsanbausystem**. 1811 landeten britische Soldaten der East India Company unter Leitung von Lord Minto, Generalgouverneur von Indien, auf Java. Nach der Kapitulation der holländischen Kolonialtruppen setzte Minto **Stamford Raffles** als Gouverneur ein.

Raffles war in erster Linie ein glühender Nationalist, der die strategische und handelspolitische Rolle Ost-Indiens schon sehr früh erkannt hatte. Für ihn galt es, das holländische Kolonialreich dem britischen einzugliedern. Die fünf Jahre britischer Herrschaft brachten besonders Java weitreichende Veränderungen administrativer, wirtschaftlicher und politischer Natur. Raffles gliederte Java in 16 Residentschaften und entmachtete die Fürsten und Regenten. Er interpretierte ihre Rolle als „feudale Herrscher" und meinte, durch ihre Entmachtung die Bauern zu befreien und sie dadurch zu motivieren, ihre Produktion für den freien Markt zu erhöhen. Er übersah dabei, dass die traditionellen Herrscher Javas keinerlei Rechte am Land ihrer Untertanen besaßen, sie also keine feudalen Landbesitzer waren.

Typisch für diese Politik war die Erstürmung des Kratons von **Yogyakarta** unter Raffles' persönlichem Kommando im Jahr 1812. Der Kronschatz wurde geplündert und unter den Angehörigen der Streitkräfte verteilt. Der Bruder des **Sultans Hamengku Buwono** wurde sogar zum Tode verurteilt, was allerdings nicht vollstreckt wurde. Dem Sultanat Yogyakarta wurde ein neuer Vertrag aufgezwungen, in dem es weitere Gebiete abtreten musste und keine eigenen Streitkräfte mehr unterhalten durfte. Nur die heute noch bestehende Leibgarde des Sultans war davon ausgenommen.

Rückkehr der Holländer

1816 erfolgte die Rückgabe des ehemaligen niederländischen Kolonialbesitzes an die alte Kolonialmacht. Die neuen Generalgouverneure waren als Erstes gezwungen, ihre Autorität zu festigen und zahlreiche Unruhen auf den Molukken und Sulawesi, in West-Kalimantan und Palembang niederzuschlagen. Viele Gebiete wurden dadurch der Kolonialverwaltung direkt unterstellt.

Während sich die britische Verwaltung aus den seit 1803 andauernden Auseinandersetzungen in Sumatra zwischen der orthodoxen islamischen Gruppe der Padri und der sogenannten **Adat-Partei**, die aus Minangkabau-Fürsten bestand, herausgehalten hatte, intervenierte Holland für die Adat-Partei. Im Prinzip war der Grund für diese Auseinandersetzung in der wenig strengen Auslegung des Islam durch die Minangkabau zu sehen. Die orthodoxen Padri in Sumatra lehnten das matrilineare Erb- und Familienrecht ab und wollten Alkoholgenuss, Glücksspiel, Hahnenkampf und Opiumrauchen als nichtislamisch verbieten. Nach der holländischen Intervention wurde aus der Auseinandersetzung zwischen den Padri und der Adat-Partei ein Krieg zwischen den Padri und der Kolonialmacht, der sich noch bis 1897 hinziehen sollte. Es zeichnete sich die Niederlage der Padri ab. Später wurde ihr Führer **Tuanku Imam Bonjol** gefangen genommen und deportiert.

Der Aufstand Diponegoros

Der **Java-Krieg** (1825–30) war der erste eindeutig antikolonialistische Massenaufstand gegen die holländische Verwaltung. Die wirtschaftliche Situation der Bauern und Handwerker sowie der einheimischen Kleinhändler hatte sich zusehends verschlechtert. Gleichzeitig wurden die traditionellen Rechte der javanischen Aristokratie immer mehr beschnitten. **Prinz Diponegoro** aus dem Herrscherhaus von Yogyakarta erlebte die politischen Intrigen der Kolonialverwaltung am eigenen Leib. Seine legitimen Rechte auf die Thronfolge wurden übergangen. Eigentliche Auslöser des Aufstands waren zwei Tatsachen: Zum einen wurden durch den Generalgouverneur alle Pachtverträge, die von Landbesitzern mit Europäern abgeschlossen waren, für nichtig erklärt. Das verbitterte die zumeist aristokratischen Landbesitzer, die nun bereits erhaltene Vorschüsse zurückzahlen mussten. Zum anderen baute die Verwaltung eine Straße in der Nähe eines heiligen Grabes, was die religiösen Gefühle der Massen verletzte.

Diponegoro stellte sich an die Spitze des Aufstands. In den ersten Jahren hatte er auch militärische Erfolge. Yogyakarta wurde erobert, die Kampfhandlungen griffen sogar auf die Nordküste über. Die Aufständischen vermieden offene Feldschlachten und führten einen Guerillakrieg.

Doch den längeren Atem hatte die Kolonialverwaltung. Sie konnte frische Hilfstruppen von den Außeninseln heranführen und Java mit einem Netz von befestigten Militärposten überziehen, die wiederum durch Straßen verbunden waren. Verrat im eigenen Lager schwächte Diponegoros Position außerdem. Unter diesen Voraussetzungen wollte er mit der Kolonialregierung verhandeln. Doch trotz des zugesicherten freien Geleits wurde er festgenommen und nach Makassar auf Sulawesi deportiert.

Das Zwangsanbausystem

Schätzungen gehen davon aus, dass fast 200 000 Javaner während des Kriegs umkamen. Batavia verlor 15 000 Mann, darunter mehr als die Hälfte Europäer. Viel Land war verödet, die Bevölkerung verarmt. Die Kosten für die niederländische Regierung waren enorm. Nicht zuletzt war das einer der Gründe, dass das schon von Daendels geplante Zwangsanbausystem (Cultuurstelsel) eingeführt wurde. Jedes Dorf wurde dazu verpflichtet, ein Fünftel seiner Anbaufläche mit landwirtschaftlichen Exportprodukten zu bepflanzen. Diese mussten dem Staat abgeliefert werden. War der Summe dieser Produkte höher als die veranlagte Grundsteuer, konnte das Dorf eine entsprechende Rückvergütung verlangen. Umgekehrt, wenn das Dorf weniger als die veranlagte Grundsteuer produzierte, musste es zusätzliche Leistungen erbringen. **Exportprodukte** waren zuerst der blaue Farbstoff Indigo und Zuckerrohr, bald gefolgt von Kaffee, Tee, Tabak und Pfeffer. Der Wert der Exporte stieg von 13 Mill. Gulden im Jahr 1830 auf 74 Mill. Gulden 10 Jahre später. Zwischen 1840 und 1880 konnten dem holländischen Staatshaushalt so jährlich 18 Mill. Gulden zugeführt werden.

Um das neue Wirtschaftssystem möglichst effektiv zu gestalten, musste die gesamte Administration umgeformt werden. Der meist einheimische, aus der Aristokratie stammende **Regent** wurde einem Staatsangestellten ähnlich und dadurch in das Kolonialsystem integriert. Ihm zur Seite stand der holländische **Resident**. Der Regent war für die Ablieferung der Ernten aus seinem Bezirk verantwortlich.

Vom Regenten abwärts bis zum **Kepala Desa** (Dorfoberhaupt) waren holländische Kolonial-

Der Garuda, Schildhalter des indonesischen Staatswappens

beamte (Controleurs) damit beschäftigt, die Produktion zu überprüfen. Korruption war in diesen Kreisen alltäglich, was nicht zuletzt an der schlechten Bezahlung der Beamten lag. Zum einen konnte man überhöhte Forderungen an die einzelnen Dörfer stellen, wobei die Differenz als zusätzlicher Gewinn in die eigene Tasche gesteckt wurde. Zum anderen konnten Bauern arbeitsverpflichtet werden, um private Arbeiten durchzuführen. In vielen Fällen hatten die Bauern deshalb Probleme, sich selbst zu versorgen. Auch für staatliche Arbeiten beim Straßenbau, der Errichtung von militärischen Anlagen usw. konnten die Bauern zu Zwangsarbeit verpflichtet werden.

Die liberale Politik

In den 60er-Jahren des 19. Jhs. wurde das Zwangsanbausystem in den Niederlanden mehr und mehr kritisiert. Dabei standen nicht so sehr humanitäre Aspekte im Vordergrund, sondern holländisches Kapital sollte in große **Plantagen** investiert werden, was unter dem alten System nicht möglich war. Diese so genannte **Liberale Politik** wurde 1870 eingeführt. Europäische Investoren konnten langfristige Pachtverträge mit indonesischen Landbesitzern oder, im Fall von unbebautem Land, mit der Kolonialregierung abschließen. Große Plantagen entstanden auf Java und vor allem in Nord-Sumatra.

Diese neue Politik leitete eine Phase der wirtschaftlichen Expansion ein. Exporte verzehnfachten sich zwischen 1870 und 1930 (von 107 Mill. Gulden auf 1,16 Mrd.). Parallel dazu verlief eine **territoriale Expansion**. Bis 1910 war das heutige Indonesien im Besitz Batavias.

Die ethische Politik

Am Ende des 19. Jhs. wuchs in Holland eine einflussreiche Bewegung, die sich dafür einsetzte, dass den Indonesiern größere Bildungschancen eingeräumt und ihre Lebensbedingungen insgesamt verbessert würden. Mentor dieser Bewegung war der Anwalt **Conrad T. van Deventer**, der von einer „Ehrenschuld" der Niederlande gegenüber Indonesien sprach. Was er damit meinte, war die moralische Verpflichtung, für die zurückliegenden Leistungen der indonesischen Bevölkerung aufzukommen. Auch hier spielte Selbstinteresse eine wichtige Rolle. Gebildete Indonesier waren für die neuen Posten in Wirtschaft und Verwaltung notwendig.

Insgesamt war diese neue Ethische Politik idealistisch, und von den grandiosen Visionen van Deventers ist kaum etwas in die Realität umgesetzt worden. Trotzdem wurden gewaltige **soziale Veränderungen** eingeleitet, die allerdings nicht so sehr auf die Politik selbst, sondern auf die wirtschaftlichen, kapitalistischen Zwänge zurückgeführt werden können.

Die javanische Bevölkerung, die im Laufe des 19. Jhs. von 6 Mill. auf 30 Mill. gewachsen war, erreichte 1920 mehr als 40 Millionen. Das **Bevölkerungswachstum** und die zunehmende Verstädterung, das Eindringen der Geldwirtschaft in die Dörfer und der Bedarf der kapitalistisch-westlichen Unternehmen an Arbeitskräften zerstörten traditionelle Strukturen.

Das nationale Erwachen

Am erfolgreichsten war die Ethische Politik in der Heranbildung einer kleinen, europäisch gebildeten Elite, die die Enttäuschung der breiten Massen auch politisch ausdrücken konnte. Auch im Islam wuchsen modernistische Ideen, die versuchten, die Anforderungen des 20. Jhs. mit der Religion in Einklang zu bringen. Die ursprüngliche Absicht der Kolonialmacht, sich durch eine Öffnung der Bildungseinrichtungen eine folgsame, einheimische Elite zu schaffen, verkehrte sich ins Gegenteil.

Eine Gruppe namens **Budi Utomo** („hohes Bestreben") entstand 1908. Es war eine elitäre Gemeinschaft, deren Ziele mehr kulturell als politisch waren. Andere nationalistische Gruppen, Parteien und Gewerkschaften folgten – so auch 1908 eine freie Eisenbahnergewerkschaft auf Java. Zahlenmäßig wichtiger war die **Sarekat Dagang Islam,** die erste nationale Massenorganisation, die eine islamischen Zielen verpflichtete Politik betrieb. Geführt wurde sie vom charismatischen **Omar Said Cokroaminoto**. Gegründet wurde sie als islamische Händlerorganisation, die ein Gegengewicht in dem von Chinesen dominierten Batikhandel darstellen wollte. Mit der Zeit verallgemeinerte die Organisation aber ihre Ziele, änderte ihren Namen in Sarekat Islam (Islamische Vereinigung) und konnte damit mehr

Leute erreichen. 1920 folgte die erste kommunistische Partei Asiens, die **Perserikatan Komunis Di Hindia** (später **Partai Komunis Indonesia**, *PKI*).

Am Ende des 1. Weltkriegs war die Kolonialregierung gezwungen, breiteren Bevölkerungsteilen mehr Mitsprache einzuräumen. Dazu kreierte sie den **Volksraad**, der aus zum Teil gewählten, zum Teil ernannten Mitgliedern der drei Bevölkerungsgruppen (Holländer, Indonesier, andere Asiaten) bestand. Insgesamt hatte der *Volksraad* keinerlei legislative oder exekutive Rechte, sondern stellte nur ein Forum für Kritik und Debatte dar. Verschiedene nationalistische Führer akzeptierten die Sitze im Volksraad, andere sprachen sich für einen Kampf ohne Kompromisse aus. 1921 waren die Spannungen in der Organisation Sarekat Dagang Islam so groß, dass der gesamte linke Flügel, größtenteils Anhänger der PKI, ausgeschlossen wurde. 1926/27 unternahm die Partei einen Aufstandsversuch auf Java und in West-Sumatra, der aber von der Kolonialregierung schnell niedergeschlagen wurde, wovon sich die PKI bis zum Ende des 2. Weltkriegs nicht wieder erholte.

Nach dem Niedergang der PKI und des Sarekat Dagang Islam, beides ideologisch geprägte Bewegungen, begann in nationalistischen Kreisen eine erneute Diskussion über den Weg zur Unabhängigkeit. Die allgemeine Losung war **„Indonesia Merdeka!"**, ein unabhängiges Indonesien. Es ging nicht vorrangig darum, sich den kommenden indonesischen Staat in einer bestimmten sozialen oder politischen Ordnung auszumalen, sondern zuerst das Ziel der **Unabhängigkeit** zu erreichen. Für dieses Ziel konnten auch Anhänger der PKI oder der islamischen Strömungen gewonnen werden. Im Juli 1927 fanden diese Vorstellungen Ausdruck in einer neuen Partei, der **Partai Nasional Indonesia**. Der wichtigste Programmpunkt der PNI war die Verweigerung der Zusammenarbeit mit der Kolonialregierung.

Ihr Vorsitzender war der Ingenieur **Sukarno**, der die Gedanken und Zielvorstellungen der gemäßigten islamischen Führer, der Kommunisten und der radikalen Nationalisten sehr gut kannte, sich aber keiner Richtung endgültig anschloss. Sein Traum war die Vereinigung dieser drei Hauptströmungen der Unabhängigkeitsbewegung, ein Ziel, dem er sich bis zu seinem Tod 1970 verschrieb. Nur wenige Monate nach Gründung der PNI gelang es ihm, wichtige politische Gruppen in einer Vereinigung zusammenzuschließen, der PPPKI.

1930 wurde Sukarno mit vier weiteren Führern der PNI angeklagt und zu vier Jahren Gefängnis verurteilt, 1931 entlassen, 1933 bis zum Beginn der japanischen Besatzung zuerst auf die Sunda-Insel Flores, dann nach Bengkulu auf Sumatra verbannt. Die PNI löste sich 1931 auf, ein Teil der Mitglieder gründete die **Partai Indonesia** (Partindo). Andere Gruppen schlossen sich zur neuen PNI zusammen, wobei die Abkürzung diesmal für **Pendidikan Nasional Indonesia** (Nationale Erziehung Indonesiens) stand. Die Führer waren **Mohammad Hatta** und **Sutan Sjahrir**.

Japanische Besatzung

Der *2. Weltkrieg* in Europa und im Pazifik veränderte die Situation grundlegend. Als 1942 die japanischen Streitkräfte in Indonesien einmarschierten, wurden sie von vielen Indonesiern als asiatische Befreier von europäischer Kolonialherrschaft begrüßt. Die Nationalisten unter Sukarno arbeiteten anfangs eng mit ihnen zusammen. Die Grundeinstellung zu Japan änderte sich allerdings rasch, als man feststellte, dass man nur die alten Unterdrücker gegen neue eingetauscht hatte. Sukarno versuchte während der Besatzung, die Interessen Indonesiens zu vertreten, und man sollte sich hüten, ihn einseitig als Kollaborateur darzustellen, wie es später von holländischer Seite geschah.

Es gelang Sukarno, die Besatzungsmacht davon zu überzeugen, dass nur eine indonesischen Zielen verpflichtete Organisation auch die Massen aktivieren könne. 1943 wurde unter seiner Führung **Putera** *(Pusat Tenaga Rakyat* = Zentrum der Volkskraft) gegründet, kurz darauf die *Peta*, in der Indonesier von japanischen Offizieren militärisch ausgebildet wurden und die in den späteren Auseinandersetzungen den Kern der jungen republikanischen Armee bildete. Im September 1944 gab der japanische Premier eine Absichtserklärung über die indonesische Unabhängigkeit ab, im März 1945 wurde eine **Verfassung** entworfen. Sukarno und Hatta wurden im

August 1945 von Marschall Terauchi nach Saigon beordert, und ihnen wurde die Unabhängigkeit zugesichert. Am 17. August 1945, zwei Tage nach der japanischen Kapitulation, erklärte Sukarno die **Unabhängigkeit** Indonesiens.

Unabhängigkeitskrieg

Nach der Kapitulation Japans waren britische Truppen damit beauftragt, die japanischen Streitkräfte zu entwaffnen und Indonesien wieder an die Holländer zurückzugeben. Die neue republikanische Regierung Indonesiens unter Hatta und Sukarno wollte mit den alliierten Streitkräften zusammenarbeiten, trotzdem gab es im Herrschaftsbereich der Republik (praktisch nur Java und Teile Sumatras) Zusammenstöße, da holländische Soldaten und Mitglieder der alten Kolonialverwaltung den Briten auf dem Fuße folgten und die Holländer die frisch geschlüpfte Republik Indonesien nicht anerkannten. Schon 1946 war Holland gezwungen, mit Sutan Sjahrir, dem Premierminister der Republik, zu verhandeln. Doch das **Abkommen von Linggarjati**, in dem Holland der jungen Republik die Unabhängigkeit zugestand, wurde nicht lange eingehalten. 1947 besetzten holländische Truppen unter dem Vorwand, durch eine Polizeiaktion Gesetzlichkeit und Ordnung wieder herstellen zu wollen, große Gebiete der Republik. Durch dieses massive Vorgehen gegen die Republik Indonesien machte Holland seinen Standpunkt klar, die Republik nicht als adäquaten Staat ansehen zu wollen. Unter Vermittlung der Vereinten Nationen wurde im Januar 1948 das **Renville-Abkommen** geschlossen, das die Republik zwar etwas verkleinerte, aber freie Wahlen garantierte.

Innerhalb des republikanischen Lagers fanden danach schwere Auseinandersetzungen statt. Bürgerliche Kräfte aus der PNI wollten die linke Regierung unter Premier **Amir Sjarifuddin** stürzen. Hatta übernahm die Regierungsgewalt, und bald brach der von der PKI initiierte Umsturzversuch von Madiun aus. Der Republik Indonesien gelang es aber schnell, die Kontrolle zurückzugewinnen und die kommunistischen Umstürzler niederzuschlagen. Die Ereignisse von Madiun veränderten das Ansehen der Republik Indonesien in der Welt schlagartig. Vor dem Hintergrund der Blockbildung zwischen Ost und West begrüßten die westlichen Länder Indonesiens rigoroses Vorgehen gegen die Kommunisten. Holland nutzte die Auseinandersetzungen innerhalb der Republik Indonesien zu einer weiteren militärischen Aktion. Die Streitkräfte Indonesiens begannen einen aufopferungsvollen Guerillakrieg gegen die Invasoren. Im Frühjahr 1949 waren außer den Außeninseln und den großen Städten auf Java und Sumatra alle anderen Gebiete in republikanischer Hand. Im August 1949 wurde Holland von der UN gezwungen, ein Abkommen zu unterzeichnen, das Indonesien die endgültige Unabhängigkeit gewährte und die Rückgabe der besetzten Gebiete (außer West-Papua) an die Republik Indonesien sicherstellte.

Unabhängigkeit

Die Verfassung von 1950 machte Indonesien zu einem Einheitsstaat, der dem Präsidenten (Sukarno) nur eine repräsentative Rolle zuwies. Innerhalb der folgenden sieben Jahre lösten sich sieben verschiedene Regierungen ab, die jeweils von den verschiedenen Parteien gebildet wurden oder Koalitionsregierungen waren. In der Nation wuchs die Desillusionierung mit den Ergebnissen der Revolution.

Staatspräsident Sukarno erklärte 1957 seine **Gelenkte Demokratie**, die den Parteienzwist der 50er-Jahre beenden sollte. Er kritisierte das westliche Demokratiekonzept als ungeeignet für Indonesien. Dagegen stellte er das traditionelle System von *Musjawarah* und *Mufakat* (etwa Diskussion und Konsens). Sukarnos Annäherung an die kommunistischen asiatischen Länder und der enge Kontakt zu China wurden vom Westen mit Sorge beobachtet. Zur gleichen Zeit brachen **Sezessionsbestrebungen** in Sumatra und auf anderen Außeninseln aus. In Padang (Sumatra) wurde die Revolutionäre Regierung der Republik Indonesien ausgerufen, der sich mehrere andere Provinzen anschlossen.

Die Zentralregierung reagierte schnell, und Ende 1958 waren die Aufstände niedergeschlagen. Sukarno, die Armee und die nicht kompromittierte PKI waren jetzt die Machtfaktoren in der Republik. 1959 wurde die alte Präsidial-Verfassung von 1945 durch ein Dekret des Präsidenten wieder in Kraft gesetzt. Das Konzept **Nasakom** (Nationalismus, Religion, Kommunismus) wurde eingeführt. Sukarnos Macht in der Periode bis 1965 lag in der Balance zwischen Armee und PKI.

Suhartos „Neue Ordnung"

In der Nacht des 30. September 1965 wurden fünf Armeegeneräle unter bisher ungeklärten Umständen erschossen. Die Armee-Führung stellte die Ermordung der Generäle als kommunistischen Aufstandsversuch dar, damit begann der Aufstieg **General Suhartos**. In den folgenden Monaten wurde die PKI zerschlagen, mehrere hunderttausend Menschen wurden ermordet. Wer für die Attentate verantwortlich war, ist bis heute ungeklärt. Offiziell war die PKI Drahtzieher, was aber nie wirklich untersucht worden ist. Die Rolle der westlichen Staaten an diesem Putsch liegt ebenfalls im Dunkeln, denn Archive sind teilweise unzugänglich und Akten verschwunden.

Am 11. März 1966 fanden in Jakarta und anderen Städten große Demonstrationen gegen Sukarno statt. Die militärische Führung zwang Sukarno damit, zahlreiche Machtbefugnisse an Suharto abzutreten. Die PKI wurde verboten, 15 Minister Sukarnos wurden verhaftet.

Am 12. März 1967 trat General Suharto sein Amt als Präsident der Republik Indonesien an. Suhartos Laufbahn begann in der Kolonialarmee. Während des Unabhängigkeitskriegs war er republikanischer Truppenführer in Zentral-Java, 1960 bereits stellvertretender Stabschef der Armee, 1962 Befehlshaber der Truppen zur Befreiung West-Irians. Im Herbst 1965 war er führend an der Zerschlagung der PKI beteiligt, im folgenden Jahr entmachtete er systematisch den bisherigen Präsidenten Sukarno. Mit Unterstützung des Militärs führte er das Regime der „Neuen Ordnung" ein.

Die Neue Ordnung brachte dem Land zweifellos viele Verbesserungen. Während es einerseits gelang, die Inflation wieder unter Kontrolle zu bringen, konnten andererseits mit Hilfe großzügiger Unterstützung aus dem Westen zahlreiche Entwicklungsprogramme erfolgreich umgesetzt werden. Die Infrastruktur wurde spürbar ausgebaut und die Exportwirtschaft angekurbelt, gleichzeitig verbesserten sich insgesamt die Lebensbedingungen der jährlich um ca. 3 Mill. Menschen anwachsenden Bevölkerung. Man sprach sogar schon von einem indonesischen Wirtschaftswunder. Die Lebensmittelproduktion wurde um 50 % gesteigert. War Indonesien in den 60er-Jahren noch der größte Reisimporteur der Welt, konnte es sich ab 1985 selbst versorgen (seit 1991 müssen aber wieder Jahr für Jahr größere Mengen eingeführt werden). Das Pro-Kopf-Einkommen stieg ebenso wie die durchschnittliche Lebenserwartung. Großangelegte Familienplanungskampagnen zeigten deutliche Erfolge (2,4 % Zuwachsrate in den 70er-Jahren; 1,8 % in den 80ern). Über 100 000 neue Schulen wurden gebaut. Spekulationen über ausländische „Investoren", die Indonesien wirtschaftlich unterstützten, um es als Bollwerk gegen den Kommunismus einzusetzen, lassen sich allerdings nicht ganz von der Hand weisen.

Die Neue Ordnung hatte aber auch ihre Schattenseiten. Suharto und seine Golkar (die Regierungspartei Golongan Karya) regierten mit Hilfe von Armee und Polizei als ein diktatorisches Regime. Kritiker und Oppositionelle wurden in Gefängnisse gesteckt oder unter Hausarrest gestellt; Presse, Rundfunk und Fernsehen unterlagen staatlicher Kontrolle. Die alle 5 Jahre stattfindenden „Wahlen" waren eine Farce, da sie immer manipuliert waren und ihr Ausgang jedes Mal schon im Voraus feststand. Neben der Golkar waren nur noch zwei andere Parteien zugelassen, die PPP, die islamisch orientierte Vereinigte Entwicklungspartei (Partai Persatuan Pembangunan), und die PDI, die Demokratische Partei (Partai Demokrasi Indonesia), die aber nie eine Chance hatten.

Viele der wirtschaftlichen Verbesserungen tendierten dazu, nur einer privilegierten Minderheit zugute zu kommen, sodass die an sich schon Reichen immer reicher wurden, während am Rand der Städte die Slums wuchsen und auch in einigen ländlichen Gegenden, vor allem auf Java, die Armut zunahm. Korruption im gesamten Verwaltungsapparat des Staates, vom kleinen Beamten aufwärts bis hin zum Präsidenten, war weit verbreitet. Darüber hinaus nahm Suhartos Vetternwirtschaft immer größere Ausmaße an, indem er enge Freunde und vor allem seine eigene Familie, besonders seine Söhne und Töchter, zunehmend mit Privilegien, Macht und vor allem mit lukrativen Monopolen versorgte.

Mehr als drei Jahrzehnte hielt Suharto, der sich als Bapak Pembangunan, Vater der Entwicklung, feiern ließ, fast alle Macht in seinen Händen. Sechs Mal ließ er sich jeweils für eine Amtsperiode von 5 Jahren wiederwählen, zuletzt am 10. März 1998.

Krise, Neuwahlen und Demokratisierung

Trotz der in den 90er-Jahren zunehmenden Kritik an Suhartos Regime hätte er sicherlich noch etliche Jahre sein Amt behalten können, wenn nicht im August 1997 die von Thailand ausgehende **Finanz- und Wirtschaftskrise** auch Indonesien erreicht hätte. In wenigen Monaten verlor die indonesische Rupiah drastisch an Wert. Bekam man im Juli 1997 noch 2400 Rp für 1 US$, so betrug der Kurs im Frühjahr 1998 bereits 9000 Rp und war zwischenzeitlich sogar auf über 15 000 Rp geklettert.

Die Preise für alle Importwaren stiegen natürlich entsprechend, kurz darauf zogen auch die Preise für einheimische Produkte nach und stiegen um 100–200 %, wobei die Löhne erstmal auf ihrem alten Niveau blieben. In kurzer Zeit war das Pro-Kopf-Einkommen um drei Viertel gefallen. Viele Privatbanken meldeten Konkurs an, etliche Fabriken und andere Unternehmen, darunter die Fluggesellschaft Sempati, mussten schließen. Nun begannen auch die internationalen Medien sich für Indonesien zu interessieren, was zur Folge hatte, dass die Anzahl der ausländischen Besucher – verunsichert durch all die negativen (und zum Teil übertriebenen) Schlagzeilen – drastisch zurückging und der Tourismus, bis dahin zweitgrößter Wirtschaftszweig Indonesiens, Einbußen in Höhe von mehreren Milliarden US-Dollar hinnehmen musste. Erhöhte Arbeitslosigkeit war die Konsequenz.

In weiten Teilen des Landes brachen blutige **Unruhen** aus. Studenten demonstrierten im April und Mai 1998 in Jakarta, Medan, Yogyakarta und Solo für eine Absetzung des Präsidenten. Aufgebrachte und von den Preissteigerungen in Panik versetzte Massen plünderten Supermärkte, Einkaufszentren und andere Geschäfte, die zumeist Chinesen gehörten. Das Motiv war aber nicht vordergründig die wirtschaftliche Lage der Plünderer, vielmehr handelte es sich hier um gezielte rassistische Übergriffe, die in Massenvergewaltigungen und Morden in vielen Städten gipfelten. Dazu flammten in anderen Teilen des Archipels ethnisch-religiös bedingte Streitigkeiten auf.

Versuche, die Finanzkrise durch Zuschüsse seitens der IMF in den Griff zu bekommen, scheiterten, da die IMF als Bedingung für die Zuschüsse tief greifende ökonomische Reformen forderte, eine Bedingung, die Suharto nicht erfüllen konnte bzw. wollte. Als die Unruhen im Mai 1998 ihren Höhepunkt erreichten – allein in Jakarta waren über 6000 Gebäude beschädigt oder zerstört worden, es gab schätzungsweise 1200 Tote –, hatte Suharto schließlich ein Einsehen. Am 21. Mai 1998 legte er sein Amt nieder, und Vize-Präsident **Bacharuddin Jusuf Habibie** wurde als neuer Präsident vereidigt.

Habibie, der als linientreuer Suharto-Anhänger und Technokrat bekannt ist, genoss im Volk fast genauso wenig Vertrauen wie sein Vorgänger, und es war offensichtlich, dass er nur als Übergangslösung angesehen wurde. Zwar entließ er gleich einige politische Gefangene, versprach Reformen und baldige Neuwahlen, doch bekam auch er die Krise nicht in den Griff. Die Reformen blieben aus, und das Datum für die Neuwahlen wurde immer wieder aufgeschoben. Wie schon im Mai wurde erneut im November 1998 der Ruf nach „Reformasi" und „Demokrasi" laut, und es kam abermals zu blutigen Zusammenstößen zwischen demonstrierenden Studenten und dem Militär.

Relative Ruhe kehrte erst Anfang 1999 ein, als das endgültige Datum für die Neuwahlen feststand, nämlich der 7. Juni 1999. Diesmal standen 48 Parteien zur Wahl. Als Sieger mit 35 % der Stimmen ging wie erwartet die PDI aus den Wahlen hervor, gefolgt von Golkar mit ca. 20 %. Gleichzeitig verstärkten sich aber die separatistischen Bestrebungen in Aceh, Irian Jaya und anderen Landesteilen.

Präsident Habibie hatte der Bevölkerung Ost-Timors bereits ein Referendum über die Unabhängigkeit zugestanden, das gegen den Willen der führenden Militärs am 30. August stattfand. 78,5 % der Ost-Timoresen entschieden sich für die Unabhängigkeit. Proindonesische Milizen richteten daraufhin ein Blutbad unter der Bevölkerung an. Am 18. September landeten multinationale Friedenstruppen unter australischer Führung. Vier Wochen später wählte der Volkskongress (MPR) **Abdurrahman Wahid**, von seinen Anhängern Gus Dur („älterer Bruder Dur") genannt, von der größten islamischen Organisation des Landes, der Nahdlatul Ulama, zum neuen Präsidenten. Zur gleichen Zeit erkannte das Parlament die Ergebnisse der Volksabstimmung in Ost-Timor an, damit war die ehemalige 27. indonesische Provinz de facto unabhängig. In einem klugen Schachzug ernannte Wahid Megawati Sukarnoputri, die Vorsitzende der stärksten Partei des Landes, der PDI, zur Vizepräsidentin.

Auch der vierte Präsident Indonesiens geriet nach einigen anfänglichen politischen Achtungserfolgen immer mehr in die Kritik, sodass der Volkskongress gezwungen war, Gus Dur am 25. Juli 2001 abzusetzen. Gleichzeitig wurde **Megawati Sukarnoputri**, eine Tochter Sukarnos, als Präsidentin eingesetzt, die als ihren Vize Hamzah Haz von der Golkar ernannte.

Megawati gelang es bis 2004, dem nächsten Wahljahr, weder, die ökonomischen Probleme des Landes in den Griff zu bekommen noch die politische Stabilität wieder herzustellen. Viele ihrer Anhänger wurden enttäuscht. „Mega" galt als schwache Präsidentin, und es war von vornherein zweifelhaft, ob sie die Neuwahlen, die zweiten Wahlen nach dem Sturz Suhartos, gewinnen können würde.

Am 5. Juli 2004 wählte das indonesische Volk (fast 150 Mill. Wahlberechtigte) zum ersten Mal in seiner Geschichte seinen Präsidenten und Vizepräsidenten direkt und machte damit einen weiteren Schritt auf dem schwierigen Weg der Demokratisierung. Wie erwartet schaffte es keiner der fünf Kandidaten in der ersten Wahlrunde, die erforderlichen Stimmanteile von mehr als 50 % auf sich zu vereinen. Die beiden stärksten Kandidaten, Susilo Bambang Yudhoyono und die bis dahin noch amtierende Präsidentin Megawati Sukarnoputri, stellten sich also am 20. September 2004 zu einer Stichwahl, aus der Yudhoyono mit über 60 % der Stimmen als deutlicher Sieger hervorging.

Susilo Bambang Yudhoyono, der unter Suharto noch als Vier-Sterne-General diente, bekleidete später unter Abdurrahman Wahid und Megawati Sukarnoputri den einflussreichen Posten des Koordinierungsministers für Sicherheit und Politik. Anfang 2003 trat er allerdings zurück und gründete eine eigene Partei, die PD (Partai Demokrat). Yudhoyono, der am 20. Oktober 2004 offiziell das Amt des Präsidenten angetreten hat, gilt als relativ reformfreudig und symbolisiert einen Neuanfang. Seine dezentralistische Politik der letzten Jahre brachte allerdings auch viele Schwierigkeiten mit sich. Die Zerstörung von Wäldern hat sich verschlimmert, da die Provinzregierungen entscheiden, wo Einschlagslizenzen vergeben werden. Eine zentrale Kontrollinstanz hierfür fehlt. Auch gibt es widersprüchliche Gesetze zum Tragen von islamischen Kopftüchern, was in Aceh (Sumatra) verordnet, in West-Papua hingegen verboten wurde.

Geschichte Balis

Auch wenn archäologische Beweise fehlen, ist anzunehmen, dass auf Bali wie auf seiner Nachbarinsel Java schon vor mehr als 10 000 Jahren altsteinzeitliche Menschen lebten.

Megalithische und bronzezeitliche Funde, die im Archäologischen Museum von Pejeng (östlich von Ubud) ausgestellt sind, gehen auf das letzte vorchristliche Jahrtausend zurück. Die Balinesen dieser Zeit kannten schon die Nassreiskultur und waren in Dorfgemeinschaften organisiert. Ihre religiösen Vorstellungen basierten auf Animismus und Ahnenverehrung.

Zu Beginn unserer Zeitrechnung tauchten die ersten **südindischen Händler** an Balis Küsten auf, wodurch sich nach und nach buddhistische und hinduistische Anschauungen auf der Insel verbreiteten. Auf Sumatra und Java entstanden im ersten nachchristlichen Jahrtausend große buddhistische und hinduistische Reiche, Sri Vijaya, Sailendra und Mataram, deren Einflusssphäre bis nach Bali reichte. Die ältesten Inschriften der Insel stammen aus dem 9. Jh. n. Chr. Sie sind in altbalinesischer Sprache verfasst und belegen, dass auf Bali gleichzeitig shivaitische und buddhistische Einsiedler und Mönche lebten.

Es ist nicht bekannt, wann die ersten **Königreiche** auf Bali entstanden. Der früheste schriftliche Beleg stammt aus dem Jahre 917 n. Chr.

Die Eingangspforte des Bali Museums in Denpasar

und erwähnt einen König Warmadewa, dessen Hauptstadt in Zentral-Bali in der Nähe von Pejeng lag. Der berühmteste Herrscher der Warmadewa-Dynastie war Udayana, der 989 die ostjavanische Prinzessin Mahendradatta heiratete. Seit jener Zeit sind die Geschicke Balis eng mit denen Ost-Javas verknüpft – auf Java hatte sich inzwischen das Zentrum der Macht in den Osten verlagert. Balinesische Dokumente aus dieser Epoche sind in Altjavanisch abgefasst.

Nach Udayanas Tod gelangten seine beiden Söhne an die Macht: Airlangga herrschte über Ost-Java, sein jüngerer Bruder Anak Wungsu regierte Bali, vermutlich in Abhängigkeit von Airlangga. Mitte des 11. Jhs. starb Airlangga, und in Ost-Java setzten interne Machtkämpfe ein, die Bali für die nächsten drei Jahrhunderte wieder eine relative Unabhängigkeit bescherten.

Im Jahre 1343 wurde Bali von **Gajah Mada** erobert, einem Minister des Majapahit-Reiches, der neuen großen Macht in Ost-Java, die ihren Einfluss über den gesamten indonesischen Archipel ausdehnte. Gajah Madas Invasionsarmee vernichtete die bis dahin über Bali herrschende **Pejeng-Dynastie**, deren letzter König Dalem Bedaulu war. Der ostjavanische Minister etablierte einen Vasallen-Fürsten auf der Insel, der seinen Hof *(Kraton)* in Gelgel, in der Nähe von Klungkung (Ost-Bali) ansiedelte.

Majapahit war das letzte der großen hinduistischen Reiche Indonesiens. Seit dem 12. Jh. machte sich zunehmend islamischer Einfluss geltend, zuerst nur auf Sumatra. Anfang des 15. Jhs. griff der Islam auch auf Java über, und nur knapp 100 Jahre später war Majapahits Macht gebrochen. Eine in der indonesischen Geschichte beispiellose Massenflucht begann: Zu Tausenden verließen die letzten hinduistischen Angehörigen des Hofes mitsamt ihrer Leibwache, ihren Priestern und Künstlern Ost-Java und suchten Zuflucht auf Bali, wo sie in Gelgel die Herrschaft über die Insel antraten. Mit sich brachten sie das aus Indien entlehnte Kastenwesen. Die Majapahit-Abkömmlinge bildeten die drei oberen Kasten: die Brahmanen, die Fürsten (Ksatriya, Satria) und die Krieger (Wesya). Alle übrigen Balinesen, meist Reisbauern, wurden zur unteren Kaste (Sudra) erklärt.

Der in **Gelgel** lebende König (Raja) von Bali nannte sich fortan Dewa Agung. Erfolgreichster Träger dieses Titels war Batu Renggong, der um 1550 regierte und Lombok sowie Blambangan im äußersten Südosten Javas eroberte. Unter seiner Herrschaft erlebte die Kunst ihre erste große Blütezeit, höfische Kunst und Kultur begannen sich auch unter dem einfachen Volk zu verbreiten. Seine Nachfolger standen unter einem weniger guten Stern. Nach und nach teilten sie Bali unter sich auf, und es entstanden die **Raja-Reiche** von Klungkung (Nachfolger von Gelgel), Karangasem (Ost-Bali), Buleleng (Nord-Bali), Jembrana (West-Bali), Badung (Süd-Bali), Tabanan (West-Bali), Mengwi (West-Bali), Bangli (Zentral-Bali) und Gianyar (Zentral-Bali).

Bis weit ins 19. Jh. hinein ist die Geschichte Balis von wechselnden Bündnissen und Kriegen zwischen den einzelnen Königen geprägt. Davon profitierten allein die **Holländer**, denen es 1849 nur mit militärischen Mitteln gelang, in Nord-Bali Fuß zu fassen. Singaraja (Nord-Bali) wurde 1882 holländische Verwaltungshauptstadt der Insel. 1894 annektierten die Holländer Balis Nachbarinsel Lombok, sechs Jahre später stellte sich der Raja von Gianyar freiwillig unter holländische Oberherrschaft. Ein 1904 in Sanur im Süden Balis gestrandetes und nach altem Brauch von Balinesen geplündertes chinesisches Handelsschiff lieferte den Vorwand, den bislang noch unnachgiebigen Raja von Badung unter Druck zu setzen. Als er sich weigerte, die geforderte Entschädigung zu zahlen, rückten 1906 holländische Truppen gegen seinen Palast vor. Der Raja von Badung und sein mehrere hundert Menschen umfassendes Gefolge erkannten die militärische Übermacht, dachten aber nicht an Kapitulation. Nur mit Dolchen bewaffnete Männer, Frauen und Kinder, allen voran der Raja, stellten sich den feindlichen Gewehren und Kanonen. Wer nicht von den Kugeln getroffen wurde, tötete sich selbst mit dem Kris. Dieser als **Puputan** bekannt gewordene rituelle Massenselbstmord hatte zumindest den einen Erfolg, dass die Holländer begannen, ihre Kolonialpolitik in Frage zu stellen.

Zwei Jahre später ereignete sich ein zweites Puputan am Hofe von Klungkung, und kurz darauf war ganz Bali fest in den Händen der Kolonialherren. Da es auf der Insel nicht viel gab, was eine wirtschaftliche Ausbeutung lohnte, beschränkten sich die holländischen Aktivitäten weitgehend auf politische Verwaltung. In den 20er- und 30er-Jahren tauchten die ersten **Touristen** auf Bali auf, darunter auch viele Anthropologen und Künstler, die schnell dem Zauber der Insel verfielen und oft jahrelang blieben. Gleichzeitig erlebten Kunst und Kultur eine neue Blütezeit, die bis in die Gegenwart hineinreicht.

1942 wurden die Holländer von den **Japanern** abgelöst, die sich bis 1945 halten konnten. Obwohl Sukarno am 17. August 1945 die Unabhängigkeit Indonesiens erklärte, kehrten die Holländer zurück. Vielerorts kam es zu blutigen Auseinandersetzungen, so auch auf Bali. Im November 1946 wurde eine hundert Mann starke Guerilla-Truppe, angeführt von dem jungen Oberst **I Gusti Ngurah Rai**, in der Nähe von Tabanan im Westen der Insel vollständig vernichtet. Ngurah Rai avancierte damit zum Nationalhelden, der internationale Flughafen Balis trägt heute seinen Namen. Die Kampfhandlungen dauerten noch bis 1948. Die Holländer erklärten Bali zu einem der dreizehn Verwaltungsdistrikte der „Republik Ost Indonesien", Java und Sumatra bildeten die „Revolutionäre Republik Indonesien", die von Sukarno und Hatta geführt wurde.

Erst 1949 erlangte Indonesien internationale Anerkennung als unabhängiger Staat, mit Sukarno als erstem Präsidenten. Am 29. Dezember wurde Bali Teil der Republik der Vereinigten Staaten von Indonesien. 1956 erhielt die Insel den Status einer **Provinz der Republik Indonesien** und drei Jahre später wurde Denpasar, das ehemalige Badung, Provinzhauptstadt.

Durch die Kolonialzeit und die nachfolgenden blutigen Unruhen war Bali spirituell in höchstem Maße verunreinigt worden. Um die Harmonie wieder herzustellen, beschloss man 1963, im Muttertempel Besakih, dem wichtigsten Heiligtum der Insel am Fuße des Gunung Agung in Ost-Bali, die nur alle hundert Jahre stattfindende **Eka Dasa Rudra-Zeremonie** (s. S. 247, Kasten) abzuhalten. Viele Priester und andere Autoritäten der balinesischen Religion rieten davon ab: Die Zeit sei noch nicht reif für diese Feier, man müsse noch einige Jahre warten. Doch die Warnungen blieben unbeachtet, und im März des gleichen Jahres nahm die Zeremonie ihren Lauf. Dies erregte offenbar den Zorn der Götter. Auf dem Höhepunkt der Feierlichkeiten brach der bis dahin erloschen geglaubte Gunung Agung plötzlich aus und forderte zahlreiche Opfer. Das Eka Dasa Rudra-Fest konnte nicht mehr zu Ende gebracht werden.

Doch noch Schlimmeres stand Bali bevor. Ende September 1965 versuchte die bis dahin immer stärker gewordene und von Sukarno geförderte Kommunistische Partei in Jakarta einen Putsch, bei dem fünf Generäle getötet wurden. Dies löste eine landesweite **Kommunistenverfolgung** aus, deren Ergebnis ein Massaker war. Auch auf Bali mussten Tausende von Kommunisten und solche, die man dafür hielt, ihr Leben lassen. Für die Balinesen kam dies einer Dämonenaustreibung gleich, da doch die Kommunisten als Feinde der Religion galten. Sukarno musste dem gemäßigteren General Suharto weichen, der von 1967 bis 1998 Präsident der Republik war. Die Kommunistische Partei wurde verboten. Im März 1979 wurde ein neuer Versuch gestartet, die Eka Dasa Rudra-Zeremonie abzuhalten, diesmal jedoch im Einklang mit dem balinesischen Kalender. Das sechs Wochen dauernde Fest konnte ohne Zwischenfälle erfolgreich abgeschlossen werden.

Seit Ende der 70er-Jahre wird als **Gouverneur von Bali** nicht wie früher ein islamischer Javaner, sondern ein Balinese eingesetzt. Das ist sicher von Vorteil für die Entwicklung der Insel, denn nur ein Balinese kann beurteilen, was für seine Insel und ihre einzigartige Kultur gut ist und was nicht. Abgesehen davon haben die Balinesen im Laufe ihrer langen, turbulenten Geschichte oft genug bewiesen, dass sie dank ihrer Anpassungsfähigkeit durchaus in der Lage sind, fremde Einflüsse zu verarbeiten und in ihre Kultur aufzunehmen oder – was ihnen nicht gefällt – als unbrauchbar von sich zu weisen. Bisher hat die balinesische Kultur alle Veränderungen unbeschadet überstanden, und es bestehen berechtigte Hoffnungen, dass sie es auch in Zukunft tun wird.

Regierung und Politik

Bali gehört seit 1949 zur Republik Indonesien und stellt eine eigene Provinz dar. Indonesien ist eine Präsidialrepublik und wird seit 2004 von Präsident **Susilo Bambang Yudhoyono** regiert, der durch eine absolute Mehrheit gewählt wurde und Mitglied der Demokratischen Partei ist. Seit 2004 wird der Präsident für fünf Jahre direkt vom Volk gewählt, was Indonesien weltweite Anerkennung als demokratischer Staat einbrachte. Die Minister werden vom Präsidenten ernannt, bei dem alle Exekutivgewalt liegt. Im Notstand kann der Präsident per Dekret auch allein regieren. Die Legislative besteht aus einem Parlament, das über Gesetzesvorlagen abstimmt. Der Präsident behält sich jedoch bei den Abstimmungen ein Vetorecht vor. Die Rechtssprechung unterliegt dem Obersten Gerichtshof, Obergerichten und Distriktgerichten. Das Strafrecht wird in ganz Indonesien gleich ausgelegt. Durch die jüngere dezentrale Politik kamen aber erhebliche Unterschiede im Zivilrecht zustande.

Verwaltung

Alle Provinzen Indonesiens werden von einem Gouverneur verwaltet, der vom Präsidenten ernannt wird. Auf Bali ist dies stets ein Balinese, der seinen Amtssitz in der Hauptstadt Denpasar hat. Die Provinz Bali besteht zudem aus den acht Landkreisen Badung, Bangli, Buleleng, Gianyar, Jembrana, Karangasem, Klungklung und Tabanan. Der Vorstehende eines Landkreises, *bupati* genannt, untersteht dem Gouverneur, der wiederum direkt dem Präsidenten Indonesiens untergeordnet ist. Jedes Dorf in einem Landkreis hat einen Dorfvorsteher, *kepala desa*, der unter der Dorfgemeinschaft viel Autorität genießt und für Recht und Ordnung sorgt. Die Aufgaben eines Dorfvorstehers sind in etwa mit denen eines Bürgermeisters zu vergleichen. Er wird vom *klian*, dem Oberhaupt der Banjar (s. S. 82) unterstützt. Diese politische Gliederung ermöglicht einen hohen Grad an Mitspracherecht für die Balinesen. Manchmal ist es jedoch sehr mühselig, Entscheidungen in den Dorfversammlungen zu treffen, da alle Dorfmitglieder einem Vorschlag zustimmen müssen. Oft gehen nächtelange Diskussionen einer Entscheidungsfindung voraus.

Das indonesische Staatswappen

Schildhalter des Staatswappens ist der **Garuda** mit 17 Flug- und 8 Schwanzfedern. Damit wird der 17.8.1945, der Tag der Unabhängigkeit, symbolisiert.

Die **Fünf Grundprinzipien Indonesiens** (Panca Sila) sind im eigentlichen Wappen dargestellt:
- Stern bedeutet Glaube an den einen Gott, ganz gleich ob christlicher oder islamischer Gott, ob Buddha oder Shiva.
- Büffelkopf symbolisiert den Nationalismus Indonesiens, alle Nationalitäten müssen sich vereinen.
- Banyan-Baum steht für indonesische Demokratie, die auf der Tradition des Dorfes aufgebaut ist.
- Reis- und Baumwollpflanze symbolisieren die Gerechtigkeit der Gesellschaft, die ihren Mitgliedern genügend Nahrung und Kleidung gibt.
- Kette steht für die Humanität der Gesellschaft, die ein Mitglied im Kreis der Nationen ist.

BHINNEKA TUNGGAL IKA =

EINHEIT IN VIELFALT

Wirtschaft

Wachstum: über 6 %*
Inflation: 6,2 %
BSP pro Kopf: US$590
Arbeitslosenquote: 3,6 %
Agrarsektor: 59 %
Industriesektor: 19 %
Dienstleistungen: 22 %
Export: 102,3 Mrd. US$*
Import: 77,73 Mrd. US$*

* Zahlen für Indonesien

Die meisten Bewohner Balis sind noch immer in der Landwirtschaft beschäftigt. Der **Nassreisanbau** auf Terrassen im Süden Balis spielt dabei die größte Rolle. Da die meisten balinesischen Speisen zum Großteil aus Reis bestehen, wird die gesamte Ernte als Eigenbedarf verbraucht. An den Berghängen werden auch Gewürznelken, Obst, Gemüse und Tee angebaut, die teils selbst verzehrt, teils exportiert werden.

Der einzige erwähnenswerte Industriezweig auf Bali ist die **Textilindustrie**. Meist noch in Handarbeit fertigen Frauen Strandkleidung für Touristen, aber auch den begehrten *Ikat*-Stoff, der für seine besondere Webart und Färbung bekannt ist und in aller Herren Länder exportiert wird.

Das **Kunsthandwerk**, das oft noch von den alten Männern im Dorf in liebevoller Handarbeit hergestellt wird, ist ein weiterer Exportschlager. Hier finden sich v.a. balinesische Masken, Schattenfiguren aus dem traditionellen Schattenspiel *(Wayang Kulit)* und hölzerne Schnitzereien sowie zahllose Malereien.

Der am schnellsten wachsende, aber auch instabilste Wirtschaftszweig ist der **Tourismus**. Zum einen hat der Tourismus einen gewaltigen Einfluss auf den industriellen Zweig, da Stoffe und Kunsthandwerk fast ausschließlich von Touristen gekauft werden. Zum anderen reagieren Touristen aber sehr sensibel auf politische oder natürliche Gefahren. Die vielen Menschen, die die zauberhafte Insel besuchen wollen, haben den Balinesen zunächst – im Vergleich zu anderen indonesischen Inseln – Wohlstand gebracht. Hotels und Restaurants sind aus dem Boden geschossen, um den ankommenden Touristen jeglichen Komfort bieten zu können.

Nach den Bombenanschlägen 2002 hat sich die Situation jedoch verändert: Die Touristen blieben vorerst aus, Hotels und Restaurants mussten schließen, und viele junge Männer waren gezwungen, von den Städten wieder aufs Land ziehen, um sich dort durch Hilfe bei der Reisernte ihren Lebensunterhalt zu verdienen. Nach diesem Einbruch haben sich die Touristenzahlen auf Bali allmählich wieder den Werten von 2001 angenähert. In manchen kleineren Orten kann man allerdings noch deutlich spüren, dass es wesentlich mehr Unterkünfte als Touristen gibt und die Einheimischen um jeden Neuankömmling buhlen.

Religion

Religion ist Leben und Leben ist Religion. Dieser Satz beschreibt die Einstellung der Balinesen zu ihrer Religion. Sie ist fest in den balinesischen Alltag integriert. Auf Bali herrscht Religionsfreiheit; neben wenigen Christen und einigen Moslems (v. a. auf Lombok) überwiegen auf Bali die Hindus mit einem Bevölkerungsanteil von über 92 %.

Die Religion Balis heißt offiziell *Agama Hindu* oder *Hindu Dharma*, meist spricht man einfach vom balinesischen Hinduismus. Hinter dieser Bezeichnung verbirgt sich eine außerordentlich komplexe Religion, die aus den unterschiedlichsten Elementen zusammengesetzt ist. Die ältesten Komponenten sind zweifellos ein altmalaiischer Animismus, ein Glaube an die Beseeltheit der Natur, und die Verehrung der vergöttlichten Ahnen.

Der später hinzugekommene Hinduismus wie auch der Buddhismus haben diese alten Glaubensvorstellungen weder verdrängt noch überlagert, sondern ergänzt und bereichert, und alle diese Elemente sind zu einer einzigartigen Religion verschmolzen, die so nur auf Bali zu finden ist.

Religionsgeschichte

Hinduismus und **Buddhismus** erreichten die Insel bereits im ersten nachchristlichen Jahrtausend vermutlich auf Handelswegen direkt aus Südindien. Der Hinduismus war schon zu dieser Zeit eine sehr alte Religion, in der sich die Kulte der Ackerbauern des Indus-Tals vereint hatten. Das Pantheon aus Naturgottheiten (z. B. Indra, Gott des Donners und der Kriege) brachten die arischen Stämme, ein Volk von Viehzüchtern, bei ihrer Invasion nach Nordindien etwa 1500 v. Chr. mit.

Wenige Jahrhunderte später, nachdem sich die Arier in Indien etabliert und sie die alteingesessenen Völker unterworfen hatten, entstanden die **Veden**, die ältesten religiösen Texte der Welt, eine ganze Reihe von Schriften, die Tausende von Hymnen, Versen und magischen Formeln (Mantra) umfassen. Die Veden und die späteren **Upanishaden**, die philosophischen Kommentare zu den Veden, gelten auch heute noch als die heiligsten Bücher der Hindus. Allerdings waren sie ausnahmslos für den Gebrauch durch die Priester (Brahmanen) bestimmt, und ihr esoterischer Inhalt und die stark symbolhafte Sprache waren nur einem kleinen Kreis von Gebildeten verständlich.

Noch vor Beginn unserer Zeitrechnung wurden die großen Epen **Mahabharata** und **Ramayana** geschrieben, womit zum ersten Mal die philosophischen und esoterischen Inhalte des Hinduismus in leicht verständlicher Versform, eingepackt in spannende Abenteuer um Krieger, Helden, Götter und Dämonen, der breiten Masse der Hindus zugänglich gemacht wurden. Diese Epen haben bis heute nichts an ihrer Popularität und Bedeutung eingebüßt, wie man vor allem auf Bali (aber auch auf Java) feststellen kann.

Parallel zu den direkten Einflüssen aus Indien erreichten Hinduismus und Buddhismus die Insel Bali auch auf dem Umweg über Java, wo die Religionen eine Anpassung an altjavanische Glaubensvorstellungen erfahren hatten. Bis heute haben sich die Geschichten, Sagen und Legenden erhalten, die sich um die Taten und Wunder einiger heiliger Männer aus Java ranken, meist shivaitische Priester oder Wandermönche, die als Lehrer, Prediger oder Einsiedler nach Bali kamen und die in beachtlichem Maße die Religion Balis geprägt und beeinflusst haben.

Der erste dieser geistigen Pioniere war der ostjavanische Priester **Danghyang Markandeya**

(8. Jh. n. Chr.), der sich an einer uralten Kultstätte am Fuße des Gunung Agung niederließ, um ein Kloster und eine Lehranstalt einzurichten – die Keimzelle des heutigen Tempelkomplexes von Besakih. Danghyang Markandeya machte die Balinesen mit dem monotheistischen Aspekt des Hinduismus vertraut, dass nämlich all die vielen Götter, Geister und Dämonen nur verschiedene Erscheinungsformen eines allmächtigen Gottes sind, den er Ida Sanghyang Widhi Wasa nannte, identisch mit dem vedischen Begriff *Brahman* (das universelle Selbst, das Absolute).

Markandeyas Sohn, **Empu Sang Kulputih**, setzte die Tradition seines Vaters fort. Er veranlasste die ersten Übersetzungen hinduistischer Schriften ins Balinesische, die in Lontar-Palmblätter eingeritzt wurden. Weiterhin lehrte er die Balinesen die verfeinerte Kunst des Opferns und der damit verbundenen Zeremonien. Zu seiner Zeit wurden erstmals die bunten, symbolträchtigen, turmartigen Opfergaben *(Banten Tegeh)* aus Früchten, Kuchen und Blumen hergestellt. Gleichzeitig entwickelte Kulputih spezielle Riten, die alljährlich in regelmäßiger Folge wiederholt werden müssen: das Odalan, das jährliche Tempelfest, sowie die inselweiten Zeremonien *Galungan* und *Kuningan* (beides Feiern zum Jahrestag der Schöpfung der Welt) und *Pagerwesi*, ein Feiertag, an dem Gott um mentale Stärke gebeten wird.

Empu Kuturan, der im 11. Jh. von Java nach Bali kam und sich eine Einsiedelei in den Hügeln oberhalb von Padang Bai erbaute, gestaltete die Symbolik des balinesischen Weltbilds: die neunblättrige Lotosblüte als Abbild des Kosmos mit den vier Himmelsrichtungen *(Kaja, Kelod, Kauh* und *Kangin),* den vier Zwischenrichtungen und dem Zentrum, dem Menschen. Vom Heiligen Kuturan stammen auch die komplizierten architektonischen Richtlinien, nach denen Anlage und Ausmaße von Tempeln und Wohngehöften bis ins Detail mit Makrokosmos und Mikrokosmos harmonisieren müssen. Einige Jahrhunderte nach Empu Kuturan, etwa gleichzeitig mit der Ankunft der vor dem Islam geflohenen Angehörigen des ostjavanischen Majapahit-Hofes, wirkte auf Bali der Wanderpriester **Danghyang Nirartha**, auch bekannt als Pedanda Shakti Wawu Rauh. Nirartha war ein Shiva-Priester, dessen Lehren stark von buddhistischen Anschauungen durchsetzt waren. Auch im Majapahit-Reich existierten der Mahayana-Buddhismus und der Hinduismus einträchtig nebeneinander, und beide galten lediglich als unterschiedliche Wege zum gleichen Ziel. Während seiner Wanderungen auf der Insel soll Nirartha eine Reihe von Wundern vollbracht haben. Er inspirierte dadurch den Bau vieler Tempel, vor allem einiger berühmter Küstentempel wie Pura Tanah Lot und Pura Pulaki im Westen der Insel. Er gilt als Gründer der Brahmanen-Kaste und Stammvater aller Brahmanen aus dem Dorf Mas bei Ubud, wo er jahrelang gewohnt und die Tochter des Dorfoberhaupts geheiratet hat. Nirartha hat auch veranlasst, dass in allen Tempeln neben den Schreinen für die diversen Gottheiten ein besonderer Thron *(Padmasana)* für den höchsten Gott Sanghyang Widhi selbst errichtet wird.

Einige Grundbegriffe

Aufgrund der im Laufe der Jahrtausende angesammelten **Vielschichtigkeit** des Hinduismus haben sich die unterschiedlichsten und scheinbar gegensätzlichsten Sekten und Kultrichtungen gebildet – vom Tantrismus mit seinen orgiastischen Riten bis hin zum Asketentum. Alle nennen sie sich Hindus, ob sie nun die furchterregende Göttin Kali als oberste Gottheit verehren, Anhänger des Krishna-Kultes sind oder sich in philosophischen Betrachtungen über das Brahman ergehen. Hindus kennen keine Dogmen, und so wird verständlich, wie der Hinduismus auf Bali so nahtlos mit den altmalaiischen Ahnenkulten und animistischen Anschauungen verschmelzen konnte.

Wie der indische so stellt sich auch der balinesische Hinduismus alles andere als einheitlich dar. Selbst Experten sind sich nicht einig, da sie zu verschiedenen Zeiten an verschiedenen Orten und unter verschiedenen Umständen ihre Feldforschungen angestellt haben. Denn auf Bali gleicht keine Zeremonie einer anderen, keine zwei Tempel sehen sich völlig ähnlich. Selbst Antworten auf religiöse Fragen und Erklärungen für rituelle Handlungen variieren von Person zu Person. Die Balinesen haben dafür den Ausdruck **Desa**, **Kala**, **Patra** geprägt: Ort, Zeitpunkt und Situation. Das bedeutet, was man über Bali in Erfahrung bringt, hängt davon ab, wann und wo und unter welchen Umständen man seine Beobachtungen macht und seine Fragen stellt. Immerhin gibt es doch einige grundsätzliche religiöse Konzepte, die für alle Hindu-Balinesen verbindlich sind, auch wenn der Grad des Verstehens von Person zu Person stark schwankt.

Sehr wichtig sind die Vorstellungen von einem geordneten **Kosmos**, der sich in einem ständigen evolutionären Prozess befindet. Das Universum ist nicht etwa eine chaotische Ansammlung von Energie und Materie, vielmehr hat jedes Teilchen in diesem Universum einen festen Platz. Jeder Mensch, jedes Tier, jede Pflanze und jedes andere Objekt sind integrale Teile des Kosmos.

Das **Dharma** ist die Kraft, die die Ordnung im Universum und in den einzelnen Teilen des Universums aufrecht erhält und die Beziehungen zwischen den Teilen des Universums bestimmt. Ohne dieses Ordnungsprinzip würde das Universum ins Chaos zurücksinken, denn so, wie es eine ordnende Kraft gibt, so existieren auch überall im Kosmos entgegengesetzte Kräfte, deren Bestreben es ist, die Ordnung aufzulösen und zu zerstören. Der Idealzustand ist nur dann gegeben, wenn beide Kräfte im völligen Gleichgewicht stehen.

Die auflösenden Kräfte, genannt **Adharma**, können nie eliminiert werden, denn sie sind ebenso ein Teil des Universums wie das Dharma.

Gottheiten

Die ordnenden und die zerstörerischen Kräfte sind vereint im höchsten Gott **Ida Sanghyang Widhi Wasa**. Er steht jenseits von Dharma und Adharma. Er ist das Absolute, das Unfassbare und Unbegreifliche. Die Scharen der Götter und Göttinnen *(Dewa und Dewi)* sind die Manifestation seiner ordnenden Kräfte, so wie sich in den Dämonen *(Bhuta und Kala)* die zerstörerischen Kräfte personifizieren.

Sanghyang Widhis wichtigste und meistverehrte Manifestation ist die Dreigestalt der **Trimurti**, der Götter Brahma, Wishnu und Shiva.

Arjuna

Brahma gilt als Schöpfergott, Wishnu als Erhalter und Shiva als der Zerstörer.

Von diesen dreien nimmt **Shiva** die zentrale Stellung ein. Obwohl er als Zerstörer bezeichnet wird, vereinigt er auch schöpferische Kräfte in sich – Schöpfung und Zerstörung sind in einem endlosen Kreislauf miteinander verbunden. Shiva wird häufig mit dem höchsten Gott selbst identifiziert. Er ist der „Gott mit den 1008 Namen" und repräsentiert die vielen Aspekte, in denen sich eine Gottheit zeigen kann. So ist Shiva z. B. der kosmische Tänzer Nataraja (= König des Tanzes) wie auch der Asket aus dem Himalaya oder ein wandernder Bettler. Shiva ist ebenso bekannt als der große Lehrer Bhatara Guru und als Vernichter von Dämonen oder als Gott des Sturms *(Rudra)*. Auf Bali wird Shiva mit dem Sonnengott Surya und mit Mahadeva, dem Gott des höchsten Berges, Gunung Agung, gleichgesetzt.

Wishnu, der Erhalter, ist die Manifestation von Güte und Gnade. Von seinen Inkarnationen erfreuen sich besonders diejenigen großer Beliebtheit, in denen er sich als menschgewordener Volksheld zeigt, nämlich als Rama, Held des Ramayana, und als Krishna, Flöte spielender Hirte, unbezwinglicher Frauenheld und weiser Freund und Berater von Arjuna. Arjuna ist eine Figur aus dem Mahabharata: Im Laufe der Handlung dieses Epos führt Arjuna ein langes Gespräch mit Krishna. Diese Unterredung, bekannt als die Bhagavadgita, enthält die Quintessenz der hinduistischen Philosophie.

Jedem Gott ist meist eine Göttin als Gemahlin zugeordnet, die das weibliche, das dynamische Prinzip des Gottes verkörpert, seine **Shakti**, seine schöpferische Energie. Brahmas Gemahlin ist Saraswati, die Göttin der Literatur und der schönen Künste. Wishnu hat die Göttin Lakshmi an seiner Seite, die Göttin des Reichtums und des Glücks. Unter dem Namen Dewi Sri verehrt sie der Reisbauer, als Sita, Gattin von Rama, spielt sie die weibliche Hauptrolle im Ramayana. Die Namen und Erscheinungsformen von Shivas Shakti sind fast ebenso zahlreich wie die des Gottes selbst. Sie ist Uma, die Muttergottheit aus vorvedischer Zeit, Parvati, die asketische Göttin aus dem Himalaya, Durga, die Göttin des Todes, oder Kali, „die Schwarze", die Zerstörerin der Zeit.

Die Aufzählung von Göttern und Göttinnen ließe sich noch seitenlang fortsetzen. Ebenso umfangreich wäre eine Liste aller Dämonen und Bewohner der Unterwelt, die jede gewünschte Gestalt annehmen können, Tier, Zwerg, Riese oder Ungeheuer, und die als Feinde der Götter und Menschen und als Zerstörer der kosmischen Ordnung gelten.

Die Rolle des Menschen

Zwischen den ordnenden und den zerstörerischen Kräften des Kosmos, zwischen den Göttern und den Dämonen steht der Mensch. Als Teil des Universums, als Mikrokosmos, besitzt jeder Mensch sein eigenes Dharma und sein eigenes Adharma. Aufgabe des Menschen ist es, die Balance zwischen beiden Kräften aufrechtzuerhalten. Die Taten eines Menschen – sein **Karma** – müssen im Einklang stehen mit seinem Dharma, damit sich dieses wiederum harmonisch in das Dharma des Kosmos einfügt.

In dem Maße, in dem es einem Menschen gelingt, mit seinem Karma sein eigenes Dharma zu erfüllen, entscheidet sich auch die Zukunft seiner unsterblichen Seele, **Atman**. Denn sein Atman unterliegt bis zur endgültigen Befreiung *(Moksa)* einem Kreislauf von Reinkarnationen *(Samsara)* – und je positiver das Karma, desto größer die Chance, in der nächsten Inkarnation dem letzten Ziel, Moksa zu erlangen, wieder ein Stück näher zu kommen.

Es gibt drei Möglichkeiten, **Moksa**, die Vereinigung von Atman mit dem höchsten Gott, zu erreichen. Der schnellste, direkte Weg führt über die Meditation und die völlige Entsagung – er ist nur einigen wenigen Auserwählten vorbehalten.

Die zweite Möglichkeit, „der Weg des Wissens", ist die Suche nach Erkenntnis durch Studium der heiligen Schriften oder Unterweisung durch einen Lehrer. Dazu gehört die strenge Befolgung sittlicher Gebote wie: nicht stehlen, nicht lügen, nicht morden, maßvoll leben usw.

Die dritte Möglichkeit, der einzige Weg für die meisten Balinesen, ist der Weg der Gottesverehrung durch Rituale und Zeremonien, deren wichtigste und unablässige Bestandteile das Gebet und das Opfer sind – wobei es keinen Unterschied macht, ob Sanghyang Widhi selbst oder eine oder mehrere seiner Manifestationen (Götter, Dämonen, vergöttlichte Ahnen, Menschen, Tiere, beseelte Objekte) im Mittelpunkt des Rituals stehen.

Das Ziel von Gebet, Opfer und Ritual ist es, das Gleichgewicht der gegensätzlichen Kräfte aufrechtzuerhalten. Deshalb sind **Opferzeremonien** sowohl für die Götter als auch für die Dämonen notwendig, für die einen als Danksagung, für die anderen zur Besänftigung oder als Ablenkung. Nach balinesischer Anschauung gehört die Erde den Göttern, und wenn man ihnen Opfer darbringt, gibt man eigentlich nur etwas von dem zurück, was man von den Göttern erhalten hat.

Die Rituale reichen von den einfachen Opfern, die täglich den Göttern, Ahnen und Dämonen innerhalb jedes einzelnen Gehöftes dargebracht werden, über alljährliche Tempelfeste bis hin zu inselweiten Feierlichkeiten. Durch die nie abreißende Kette von Zeremonien ist ein Balinese mindestens ebenso häufig und intensiv mit seinen Göttern und den Dämonen verbunden wie mit den Menschen seiner Umwelt. Diese Vertrautheit versetzt ihn in die Lage, die meisten der alltäglichen Rituale ohne Anleitung eines Priesters auszuführen. Nur bei größeren Tempelfesten oder wenn der Ritus zu kompliziert ist und ein spezielles Wissen erfordert, wird ein Priester, ein *Pemangku,* hinzugerufen.

Brahmanen-Priester, *Pedanda,* nehmen nur selten an Ritualen in den Dorftempeln teil. Ihre Mithilfe ist nur bei den wichtigsten, inselweiten Zeremonien unumgänglich. Darüber hinaus ist es die wesentliche Aufgabe und gleichzeitig das Privileg der Pedanda, das für die meisten Opferzeremonien benötigte heilige Wasser *(Tirtha)* herzustellen.

Makrokosmos – Mikrokosmos

Für die Balinesen ist die Insel als Makrokosmos in drei übereinander geschichtete Sphären aufgeteilt: die Gipfel der Berge und die Region darüber als Welt der Götter, der Untergrund und der Erdboden als Welt der dunklen Mächte und Dämonen, dazwischen die Welt des Menschen.

Der menschliche Körper als ein Mikrokosmos weist die gleiche Dreiteilung auf: Kopf, Körper und Füße. Der Kopf ist der heiligste Teil, da er den Göttern am nächsten ist. Die Füße gelten als unrein, da sie mit dem Boden, der Region der Dämonen, in Berührung kommen. Diese Dreiteilung übertragen die Balinesen auch auf die Anlage ihrer Dörfer und weiterhin auf jeden Tempel, mit seinem Vorhof, dem mittleren Hof und dem Innenhof als Allerheiligstem, und ebenso auf das Gehöft mit Familientempel (oben), Schlaf- und Wohnräume (Mitte) und Küche und Abfallgrube (unten).

Wie bei der Anlage des Wohnanwesens legen die Balinesen auch beim Schlafen ein ausgeprägtes Richtungsbewusstsein an den Tag: Der Kopf sollte nämlich immer nach *Kaja*, also bergwärts weisen, auf die Welt der Götter gerichtet, oder zumindest nach *Kangin* (Osten), der zweitheiligsten Richtung, dahin, wo die Sonne aufgeht, in der sich der mächtige Sonnengott Surya manifestiert.

Der balinesische Kalender

Feiertage und Feste richten sich in Indonesien einmal nach dem islamischen, zum anderen nach dem international gebräuchlichen gregorianischen Kalender. Auf Bali verfügt man zusätzlich noch über zwei weitere Kalendersysteme, welche die endlose Folge von Festen und Zeremonien bestimmen und die Aufschluss darüber geben, ob ein Tag günstig oder ungünstig für irgendeine Art von Unternehmen ist, z. B. den Beginn einer Reise, den Bau eines Hauses, das Fällen eines Baumes usw. Diese beiden Kalender sind der aus Südindien stammende, ältere Saka-Kalender und der jüngere, ostjavanische Pawukon- (oder Wuku-) Kalender.

Pawukon-Kalender

Dem Pawukon-Kalender folgen die meisten (aber nicht alle) religiösen Zeremonien, die Markttage, die günstigen und ungünstigen Tage sowie die persönlichen Jahresfeiern. Im eigentlichen Sinn ist der Pawukon gar kein Kalender – es gibt nämlich keine Jahre –, sondern eine Folge von Zyklen mit je 210 Tagen, wobei die einzelnen Zyklen nicht benannt oder gezählt werden. Niemand gibt sich die Mühe, über vergangene Zyklen Buch zu führen. Ist ein Zyklus abgelaufen, beginnt eben eine neue, völlig identische 210-Tage-Periode.

Im Gegensatz zu unserem Kalender, der nur die 7-Tage-Woche kennt, hat der Pawukon-Kalender zehn verschiedene Wochensysteme, die gleichzeitig nebeneinander ablaufen: die 1-Tag-Woche, die 2-Tage-Woche, die 3-Tage-Woche und so weiter bis zur 10-Tage-Woche. Es laufen also innerhalb des 210-Tage-Zyklus z. B. 70 3-Tage-Wochen, 30 7-Tage-Wochen, 23 9-Tage-Wochen (+3 Schalttage) und 21 10-Tage-Wochen parallel zueinander. Die zehn verschieden langen Wochen tragen Sanskrit-Namen, die sich auf die Anzahl der jeweiligen Tage beziehen. Auch die einzelnen Tage der verschiedenen Wochen haben ihre eigenen Namen, sodass sich ein Balinese 55 Tagesnamen merken muss, wobei ein Kalendertag zehn Namen trägt.

Nicht nur auf den ersten Blick erscheint der Pawukon-Kalender fürchterlich kompliziert. Allerdings sind auch die wenigsten Balinesen in der Lage, ihren Kalender voll zu verstehen. Im Zweifelsfall wird sowieso immer ein Experte gefragt, meist ein Priester oder jemand, der fähig ist, die alten Lontar-Schriften zu lesen.

Glücklicherweise vereinfacht sich das System dadurch, dass von den 10 unterschiedlichen Wochen nur drei von allgemeiner Bedeutung sind, die 3-Tage-Woche, die 5-Tage-Woche und die 7-Tage-Woche. Von diesen ist die 7-Tage-Woche die wichtigste, und hier bietet sich auch ein Anknüpfungspunkt zum gregorianischen Kalender, denn der 1. Tag der 7-Tage-Woche *(Redite)* fällt immer auf einen Sonntag, der 2. Tag *(Coma)* ist ein Montag usw.

Einen kompletten Pawukon-Zyklus, bezogen auf die 7-Tage-Woche *(Saptawara)*, stellen die Balinesen als **Tika** dar, eine Übersichtstafel, meist in Holz geschnitzt oder auf Stoffbahnen gemalt. Der Tika hat sieben waagerechte Kästchenreihen, die den Tagen der 7-Tage-Woche entsprechen, und 30 senkrechte Reihen, die die 30 7-Tage-Wochen eines vollständigen Pawukon darstellen, insgesamt also 210 Kästchen.

Man liest einen Tika von oben nach unten und von links nach rechts. Das erste Kästchen links oben steht folglich für den 1. Tag *(Redite)* der 1. 7-Tage-Woche *(Sinta)*, der Beginn eines Pawukon-Zyklus.

Man wird auf einem Tika nichts Geschriebenes finden, dafür stehen in den einzelnen Kästchen diverse, regelmäßig verteilte geometrische Figuren, welche die herausragenden Tage eines Pawukon symbolisieren.

Die besonders wichtigen Tage eines Pawukon ergeben sich, wenn bestimmte Tage der 3-Tage-, 5-Tage- und 7-Tage-Woche zusammentreffen. Solch ein bedeutender Tag ist z. B. **Kajeng Kliwon**, der der letzte Tag der 3-Tage-Woche und gleichzeitig der letzte Tag der 5-Tage-Woche ist und regelmäßig alle (3 x 5 =) 15 Tage auftritt. Von großer Bedeutung sind auch die Tumpek-Tage, wenn der letzte Tag der 5-Tage-Woche mit dem letzten Tag der 7-Tage-Woche zusammenfällt, was alle (5 x 7 =) 35 Tage vorkommt. Diese 35-Tage-Periode wird gern als Monat bezeichnet.

Saka-Kalender

Das zweite in Bali gebräuchliche Kalendersystem ist der Saka-Kalender, ein Mondkalender, der auf das Jahr 78 n. Chr. zurückgeht. Er ist nach einer südindischen Herrscher-Dynastie benannt. Der Saka-Kalender hat 12 Monate *(Sasih)* von 30 bzw. 29 Tagen, die mit dem Neumond *(Tilem)* enden. Mitte des Monats ist also Vollmond *(Purnama)*, ein wichtiges Datum für viele Odalan. In den Pura Dalem, den Unterweltstempeln, feiert man das Odalan dagegen oft an Tilem, in der dunkelsten Nacht des Monats.

Kurioserweise endet das Saka-Jahr mit dem letzten Tag des 9. Monats und beginnt wieder mit dem 1. Tag des 10. Monats. Begründet wird das damit, dass die Zahl 9 die höchstmögliche Ziffer ist, während sich z. B. die 10 wieder aus einer 1 und einer 0 zusammensetzt. Nyepi, der erste Tag eines Saka-Jahres (Neujahr), ist immer kurz vor oder nach der Frühlings-Tagundnachtgleiche der nördlichen Erdhalbkugel, also meistens im März. Der Bezug auf den Frühlingsbeginn der Nordhemisphäre erklärt sich daraus, dass der Saka-Kalender aus Indien stammt, das eben nördlich des Äquators liegt. Durch regelmäßiges Hinzufügen eines zusätzlichen Schaltmonats jedes 3. oder 4. Jahr wird das etwas kürzere Saka-

Jahr immer wieder dem gregorianischen Kalender angeglichen.

Die schwarzweiß gedruckten balinesischen Papierkalender, auf die kein Haushalt Balis verzichten kann, stellen eine Kombination der verschiedenen Systeme dar. Jeweils bezogen auf einen gregorianischen Monat sind hier alle Tage mit ihren entsprechenden Pawukon-Namen versehen. Weiterhin aufgeführt sind die jeweiligen Tagesnamen in Englisch, Indonesisch und Japanisch und es wird Bezug genommen auf den chinesischen, den islamischen, den buddhistischen und natürlich den Saka-Kalender. Sämtliche balinesischen, christlichen, islamischen und staatlichen Feiertage sowie die wichtigsten balinesischen Tempelfeste sind in gesonderten Rubriken aufgelistet.

Kunst und Kultur

Rituale und Feste

Die Balinesen unterscheiden fünf verschiedene Kategorien von festlich begangenen Riten:

- **Dewa Yadnya** – Riten für die Götter bzw. für Gott Sanghyang Widhi in seinen unzähligen Erscheinungsformen
- **Pitra Yadnya** – Riten für die Ahnen
- **Rsi Yadnya** – Riten für die Hindu-Heiligen (selten zu sehen)
- **Manusia Yadnya** – persönliche Übergangsriten
- **Bhuta Yadnya** – exorzistische Riten zur Besänftigung bzw. Vertreibung der Dämonen

Dewa Yadnya-Riten

Zu den wichtigsten Zeremonien dieser Gruppe zählen sicherlich die **Odalan**, die Jahresfeiern jedes einzelnen Tempels auf Bali. Da es nach vorsichtigen Schätzungen 10 000 oder mehr Tempel auf der Insel gibt, die kleinen Haus- oder Familientempel nicht mitgezählt, hat man sehr gute Chancen, auch bei einem nur einwöchigen Aufenthalt so ein Fest mitzuerleben.

Die Odalan der meisten Tempel (vor allem die, die ab dem 16. Jh. erbaut wurden) folgen dem Pawukon-Kalender, sie wiederholen sich also alle 210 Tage. Bei vielen anderen Tempeln (älter als 16. Jh.) werden die Odalan-Daten dagegen nach dem Saka-Kalender bestimmt, was bedeutet, dass die Feste alle 354 (oder 355) Tage stattfinden bzw. alle 383 (oder 384) Tage, falls das Saka-Jahr einen Schaltmonat enthält. Im Falle des Saka-Kalenders begeht man die Tempelfeste fast immer an Vollmond *(Purnama)* bzw. an Neumond *(Tilem),* der dunkelsten Nacht eines Monats, wenn es sich um Unterweltstempel *(Pura Dalem)* handelt. Beim Tourist Office bekommt man den *Calendar of Events,* eine Broschüre, in der die wichtigsten Feste Balis für den Lauf eines ganzen Jahres aufgelistet sind. Auch im Internet sind Feste aufgelistet, z. B. 🖳 www.asien-feste.de.

Die meiste Zeit steht ein balinesischer Tempel ziemlich verlassen da, erst an seinem Odalan erwacht er zum Leben. Für gewöhnlich dauert dieses Fest, abgesehen von der Vorbereitung, drei Tage, bei kleinen Tempeln vielleicht auch nur einen Tag, bei großen bis zu zehn Tage. Da während dieser Zeit die Götter im Tempel anwesend sind, muss ihnen zu Ehren das Heiligtum geschmückt werden. Für die gesamte Dauer eines Odalan reißen die Aktivitäten in und um den Tempel nicht ab. Prozessionen festlich gekleideter Frauen tragen Opfergaben herbei, oft bis zu 2 m hohe Türme aus Früchten, Kuchen oder anderen Speisen, die kunstvoll arrangiert sind. Vor den Schreinen setzen sie die Opfer ab, beten zu den Göttern und werden vom Priester mit heiligem Wasser besprengt. Haben die Götter die Essenz der Speiseopfer angenommen, bringen die Frauen die Gaben nach Hause, wo sie von der Familie verzehrt werden.

Nachts unterhält man die Götter und die Festteilnehmer mit Musik und Tänzen, besonders heilige Tänze werden nur im Inneren des Tempels aufgeführt, weniger heilige im Tempelvorhof. Auch Hahnenkämpfe dürfen nicht fehlen, um die allgegenwärtigen Dämonen mit dem vergossenen Blut bei guter Laune zu halten. Balinesische Volksopern *(Arja)* sowie Wayang Kulit-Aufführungen sind ebenfalls häufig während eines Odalan zu sehen. Bei großen Tempelfesten verwandelt sich die Umgebung des Heiligtums in einen Jahrmarkt mit Dutzenden von Essens- und Verkaufsständen.

Im Gegensatz zu den Odalan, die immer nur für einzelne Tempel zelebriert werden, gibt es auch Dewa Yadnya-Riten, die von inselweiter Bedeutung sind. Sie richten sich ausschließlich nach dem Pawukon-Kalender und finden folglich alle 210 Tage statt.

Am auffälligsten sind die **Galungan / Kuningan**-Tage, wenn sämtliche Dorfstraßen mit **Penjor** geschmückt werden: Lange, verzierte Bambusstangen, deren Spitzen sich in einem anmutigen Bogen zur Straßenmitte hin neigen, weil kunstvoll aus Palmblättern und Früchten gearbeitete Opfergaben *(Capah)* daran hängen.

Vor dem Eingang eines jeden Gehöftes ist ein kleiner Bambusaltar aufgestellt. Daran ist ein **Lamak** befestigt, ein langer, schmaler, mattenähnlicher Behang. Er wird aus dunkelgrünen Blättern der Zuckerpalme und hellgrünen Blättern junger Kokospalmen geflochten, meist in einem komplizierten Muster geometrischer Figuren. Oft ist das **Cili-Motiv** dargestellt, eine stark stilisierte, menschenähnliche Gestalt, welche die Reisgöttin Dewi Sri symbolisiert.

Die Galungan-Periode beginnt mit dem Galungan-Tag am Mittwoch der 11. Pawukon-Woche und endet elf Tage später mit dem Kuningan-Tag am Samstag der 12. Woche. Das Fest symbolisiert einen mythologischen Kampf der Götter gegen die Mächte des Bösen. Auch wenn die Götter immer wieder siegen, sind die Dämonen doch nie völlig unterlegen. Nur wenn beide Kräfte im Gleichgewicht sind, herrschen Harmonie und Frieden. Während der Galungan-Tage sind die vergöttlichten Ahnen aller balinesischen Familien in den Haustempeln zu Besuch, wo sie mit Gebeten und Opferzeremonien willkommen geheißen und unterhalten werden. Die Balinesen nutzen die Feiertage meist zu Familientreffen und Ausflügen. Am Kuningan-Tag kehren die göttlichen Ahnen wieder in ihre himmlischen Gefilde zurück. Der Name Kuningan bezieht sich auf die Tatsache, dass an diesem Tag gelb *(Kuning)* gefärbter Reis geopfert wird.

Eine zweite wichtige Periode heiliger Tage ereignet sich am Ende des Pawukon-Zyklus und zu Beginn eines neuen Zyklus. Der letzte Tag des Pawukon, Samstag der 30. Woche, ist der Göttin **Saraswati** geweiht, der Gattin Brahmas. Sie ist die Gottheit der schönen Künste, der Literatur

Galungan / Kuningan-Termine 2008–2012

Galungan (Mi)	Kuningan (Sa)
23.01.2008	02.02.2008
20.08.2008	30.08.2008
18.03.2009	28.03.2009
14.10.2009	24.10.2009
12.05.2010	22.05.2010
08.12.2010	18.12.2010
06.07.2011	16.07.2011
01.02.2012	11.02.2012
29.08.2012	08.09.2012

und der Gelehrsamkeit. An ihrem Festtag ehren die Balinesen alle Bücher mit Opfern und Gebeten, vor allem die alten, heiligen Lontar-Schriften, in denen sich die Göttin manifestiert. Schüler und Schülerinnen erscheinen festlich gekleidet mit Opfergaben in ihren Schulen und bedanken sich bei Dewi Saraswati dafür, dass sie ihr Wissen erweitern dürfen. Studenten treffen sich zu einer Zeremonie im großen Tempel Pura Jagatnata in Denpasar. Allerdings darf am Saraswati-Tag weder gelesen noch geschrieben werden.

Die ersten vier Tage der ersten Pawukon-Woche sind ebenfalls speziellen Riten gewidmet, die besonders in Nord-Bali mit großem Aufwand zelebriert werden. Der erste Tag, **Banyu Pinaruh**, ein Sonntag, dient der körperlichen und spirituellen Reinigung. Wer nicht zu weit von der Küste entfernt wohnt, begibt sich an den Strand, Gebirgsbewohner pilgern zu einer nahen heiligen Quelle, um ein rituelles Vollbad zu nehmen. Dies geschieht meist schon vor Sonnenaufgang, damit man früh wieder zu Hause ist, um den restlichen Tag bei Gebeten und Waschungen mit heiligem Wasser zu verbringen.

Der nächste Tag wird **Comaribek** genannt und ist der Reisgöttin Dewi Sri geweiht. Es darf kein Reis verkauft werden, und auch die Arbeit in den Reismühlen muss an diesem Tage ruhen. Am dritten Tag, **Sabuh Emas**, stehen Opferzeremonien für Schmuck und Gold auf dem Programm. Der vierte Tag, **Pagerwesi**, ist zugleich Höhepunkt und Abschluss der Feiertage, die mit dem

Opfergaben für die Götter

Saraswati-Tag begonnen haben. Pagerwesi bedeutet „eiserner Zaun", mit dem man sich symbolisch umgeben soll, um die Mächte des Bösen von sich fern zu halten. Wie zu Galungan gedenken die Balinesen in diversen Zeremonien des ewigen Kampfes zwischen den Göttern und den Dämonen.

Alle 35 Tage, immer an einem Samstag, gibt es ein Ritual, das **Tumpek** genannt wird, und zwar an den Samstagen der 2., 7., 12., 17., 22. und 27. Woche des Pawukon. Jeder Tumpek-Tag erfordert bestimmte Opferrituale für jeweils spezielle Gruppen von alltäglichen Objekten, die nach Meinung der Balinesen beseelt und Manifestationen der Götter sind, bzw. den Gott Sanghyang Widhi darstellen.

Tumpek Landep, Samstag der 2. Woche: An diesem Tag ehrt man die Waffen, also Speere, Messer und natürlich den Kris, aber auch Sägen, Beile und andere eiserne Werkzeuge. Sogar Maschinen und Fahrzeuge, Busse, Bemo, Motorräder usw., die ja auch tödliche Waffen sein können, zählen heute zu den beseelten Objekten, denen man an Tumpek Landep Opfer darbringen muss – ein weiteres Beispiel für die Fähigkeit der Balinesen, etwas Fremdem und Neuem einen Platz in ihrer Religion einzuräumen. Besonders wichtig ist der Tag für Angehörige des Pande-Clans, die Eisenschmiede.

Tumpek Uduh, Samstag der 7. Woche, ist ein Tag zur Verehrung der Bäume, vor allem solcher Bäume, die für die Balinesen nützlich sind, z. B. Obstbäume, allen voran die Kokospalme. Besitzer von Kokosplantagen „bekleiden" die Stämme einzelner, ausgesuchter Palmen mit traditionellen Sarong, Schärpen und Kopftüchern.

Tumpek Kuningan, Samstag der 12. Woche, wird einfach als Kuningan-Tag bezeichnet und unterscheidet sich von den anderen fünf Tumpek dadurch, dass nicht einer speziellen Objektgruppe geopfert wird. Trotzdem ist Kuningan ein sehr wichtiges Tumpek, denn es bildet den Abschluss der Galungan-Tage (s. S. 114) und ist gleichzeitig ein Kajeng Kliwon-Tag (s. S. 112).

Der berühmte Uluwatu-Tempel direkt an den Steilklippen der Bukit-Halbinsel

Tumpek Krulut, Samstag der 17. Woche: An diesem Tag beten und opfern vor allem die Musik- und Tanzgruppen. Objekte der Verehrung sind alle Musikinstrumente und Tanzkostüme sowie die Tanzmasken *(Topeng)*.

Tumpek Kandang, Samstag der 22. Woche, ist den Haustieren der Balinesen gewidmet, den Hühnern, Enten, Schweinen, den Kühen und Wasserbüffeln. Zuerst werden die Stallungen gereinigt und mit Palmblattgeflechten dekoriert, dann badet man die Tiere und schmückt sie mit traditionellen Tüchern und Schärpen. Die Tiere werden an diesem Tag besonders gut gefüttert und dürfen auch die Opfergaben verzehren.

Tumpek Wayang, Samstag der 27. Woche, wird ausschließlich von Leuten zelebriert, die Wayang Kulit-(Schattenspiel-)Figuren besitzen, ein bedeutender Tag also für alle Puppenspieler der Insel. Die flachen Lederpuppen werden aus ihren Behältern genommen und wie für eine Vorstellung aufgebaut, d. h. auf einen Bananenstamm gesteckt: Götter und Helden zur Rechten des Spielers, Dämonen und andere Bösewichte zu seiner Linken und der Kayonan, der Baum des Lebens, in der Mitte. Dann bringt der Spieler seine Opfer dar, betet und besprengt die Figuren mit dem heiligen Wasser.

Zu den Dewa Yadnya-Riten gehören auch die zahlreichen Zeremonien und Feiern zu Ehren der Reisgöttin Dewi Sri, welche die Arbeit auf den Reisfeldern und das Wachstum der Reispflanzen begleiten.

Das größte Ereignis für die Reisbauern ist das Erntedankfest **Ngusaba Nini**, das im Subak-Tempel abgehalten wird. Unablässiger Bestandteil der Opfergaben sind dabei die *jaja*, Reiskuchen, die es auf Bali in einer unüberschaubaren Fülle von Sorten und Farben gibt.

Pitra Yadnya-Riten

In dieser Kategorie fassen die Balinesen alle Riten zusammen, die der Verehrung der Ahnen dienen. Das spektakulärste Ritual dieser Art ist mit Abstand die Leichenverbrennung, **Pengabenan** oder **Ngaben**.

Nach hinduistischer Vorstellung ist der Körper nur eine vergängliche und unreine Hülle für die zwar unsterbliche, aber ebenfalls unreine Seele. Nach dem Tod eines Menschen hält sich seine Seele noch so lange beim Körper auf, bis sich dieser in seine fünf Grundelemente aufgelöst hat: Erde, Luft, Feuer, Wasser und Atmosphäre. Je nach ihrem Karma, der Anhäufung guter und schlechter Taten auf Erden, wird die Seele im Himmel belohnt oder in der Hölle bestraft und anschließend zur Wiedergeburt entlassen. Bei überwiegend gutem Karma geschieht dies in einer besseren oder höheren Form, nach balinesischem Glauben meist sogar in derselben Familie wie im vergangenen Leben, bei schlechtem Karma in einer niedrigeren Form, im ungünstigsten Fall sogar als Tier. Der Kreislauf von Tod und Wiedergeburt wiederholt sich so lange, bis die Seele rein genug ist, Moksa zu erlangen, die Vereinigung mit Gott, um von nun an im ewigen Frieden des Nirwana zu leben.

Aufgabe der Angehörigen eines Toten ist es, der Seele die Gelegenheit zu verschaffen, sich so schnell wie möglich vom Körper zu befreien, d. h. den Körper den fünf Elementen zu übergeben. Dies erreicht man am besten durch die Verbrennung der Leiche, die für die meisten Balinesen allerdings ein großes Problem darstellt: Die begleitenden Rituale und Festlichkeiten sind für gewöhnlich so aufwendig und kostspielig, dass sich nur sehr reiche Leute eine Verbrennungsfeier kurz nach dem Ableben eines Familienangehörigen leisten können. Auch hohe Priester werden gleich nach ihrem Tode verbrannt.

Aber die Mehrzahl der Familien ist gezwungen, ihre Toten erstmal zu begraben und mit der Kremation so lange zu warten – oft jahrelang –, bis sie entweder genug Geld gespart haben oder sich einige Familien zu einer gemeinschaftlichen Verbrennungsfeier für mehrere Leichen zusammengetan haben, oder bis sich die Gelegenheit bietet, an der Zeremonie einer reichen Person teilzunehmen. Die eigentliche Verbrennung ist nur der Höhepunkt einer ganzen Serie komplexer Zeremonien, die schon Monate vorher beginnen und erst Wochen nach der Kremation beendet sind. Oft sind Hunderte von Menschen wochen- und monatelang mit den Vorbereitungen für den großen Tag beschäftigt, den ein Priester anhand des balinesischen Kalenders festlegt.

Der Leichnam eines Verstorbenen – oder, wenn dieser lange beerdigt war, nur noch ein paar Knochen oder eine Ersatzfigur – wird in einem Turm zum Verbrennungsplatz getragen. Der Turm **(Wadah)** ist eine aufwendig geschmückte, mit Stoffen und buntem Papier verkleidete Bambuskonstruktion, die wie ein Tempelschrein von einem mehrstufigen Dach gekrönt ist. Die Höhe des Turms richtet sich nach dem Stand bzw. der Kaste des Verstorbenen, nach den finanziellen Mitteln der Angehörigen und nach der Höhe der Strom- und Telefonleitungen, die den Weg zum Verbrennungsplatz überspannen – oft baut man die Kabel auch einfach für diesen Tag ab.

Der Wadah wird mit Hilfe eines Bambusgerüsts von einer Gruppe junger Männer unter lautem Geschrei, ausgelassenem Gelächter und mit viel Hin- und Herzerren, begleitet von einer fröhlichen Menge, im Zickzack durchs Dorf getragen, einmal um die Seele des Verstorbenen zu verwirren, sodass sie nicht mehr den Weg zurück nach Hause findet, zum anderen, um auch die bösen Geister davon abzuhalten, störend in das Geschehen einzugreifen. Die fröhliche Stimmung der Menge und der Angehörigen des Toten entspricht dem erfreulichen Ereignis, eine Seele endlich auf den Weg zu den Göttern zu schicken.

Mit dem Wadah wird auch der leere Kremations-Sarkophag *(Patulangan)* auf einem Bambusgerüst durchs Dorf getragen. Der **Patulangan** ist meist ein ausgehöhltes Stück Baumstamm, welches mit Stoffen und buntem Papier so verkleidet wird, dass es einen überdimensionalen Tierkörper darstellt. Je nach Kaste des Verstorbenen repräsentiert der Sarkophag eine weiße Kuh oder einen schwarzen Bullen für Angehörige höherer Kasten – oder einen geflügelten Löwen, einen Hirsch oder den Elefantenfisch für die niedere Kaste.

Auf dem Verbrennungsplatz *(Pamuhunan)*, der meist in der Nähe des Pura Dalem (Unterweltstempel) liegt, also in der Kelod-Richtung (meerwärts), wird die Leiche bzw. die Ersatzfigur aus dem Wadah herausgeholt, mit heiligem Wasser übergossen und im Tiersarkophag untergebracht. Dann zündet man den Turm und den Patulangan an, und in wenigen Minuten werden diese Produkte monatelanger Arbeit ein Opfer der Flammen. Wenn alles heruntergebrannt ist, sammelt man sorgfältig die weiße Knochenasche auf, um sie anschließend in einer festlichen Prozession dem Meer oder einem Fluss zu übergeben. Nun erst ist die Seele endgültig vom Körper befreit.

Um ihr den Aufstieg zur Götterwelt zu ermöglichen, ist allerdings noch eine ganze Reihe von abschließenden Riten erforderlich, die in der **Nyekah**-Zeremonie einige Wochen nach dem Pengabenan gipfeln. Dazu bastelt die Familie Figuren, die Körper und Seele des Verstorbenen symbolisieren. Die Figuren werden verbrannt – diesmal herrscht eine ruhigere, entspanntere Atmosphäre als bei der ersten und eigentlichen Kremation –, und es folgt eine Prozession mit einem Miniatur-Wadah zum Meer bzw. zu einem Fluss. Die Asche wird ins Wasser gestreut, und nun endlich ist die Seele auf dem Weg zu Gott.

Für die nächsten Angehörigen des Toten sind die Aktivitäten aber noch nicht beendet: Begleitet von weiteren Zeremonien muss im Familientempel ein neuer Schrein für den jetzt vergöttlichten Ahnen errichtet werden. Wie kann aber die Seele gleichzeitig wiedergeboren werden und ein göttlicher Ahne sein? Die Idee der Reinkarnation ist hinduistisch, also indischen Ursprungs, der vergöttlichte Ahne entspricht dagegen altmalaiischer, animistischer Anschauung. Doch für den Balinesen gibt es solche Widersprüche nicht: Die Seele kann eben beides.

Manusia Yadnya-Riten

In die vierte Kategorie ordnet man jene Rituale ein, welche die einzelnen Lebensabschnitte eines heranwachsenden Balinesen von seiner Geburt bis zu seiner Heirat markieren (so genannte Übergangsriten). Es sind meist kleinere Familienfeiern, die nach dem Pawukon-Kalender festgelegt werden. Fast immer sind Gäste willkommen, auch ausländische, vorausgesetzt, dass diese dem Anlass entsprechend gekleidet sind. Kleinere Geschenke werden gerne angenommen. Wer ein paar Fotos machen will, sollte vorher höflicherweise um Erlaubnis fragen und zurückhaltend vorgehen.

Wird ein Kind geboren, kommen gleichzeitig auch seine vier mythischen Geschwister zur Welt, die *kanda empat:* persönliche Schutzgeister, die sich in Fruchtwasser, Blut, Plazenta und Nabelschnur verkörpern und einen Balinesen bis an sein Lebensende begleiten. Allerdings erfüllen sie ihre Schutzfunktion nur, wenn ihnen die nötigen Opfer gebracht werden, andernfalls können sie sich auch in Dämonen verwandeln und Schaden anrichten. Die Nachgeburt wird gleich nach der Entbindung neben dem Eingang zum Gehöft begraben. Zwölf Tage nach seiner Geburt erhält das Baby einen vorläufigen Namen. Am 42. Tag nach der Geburt unterziehen sich Mutter und Kind einer **Reinigungszeremonie** – beide gelten bis dahin als unrein –, die von einer Familien-Prozession zum Badeplatz gekrönt wird. Das erste größere Fest findet am 105. Tag statt (ein halber Pawukon-Zyklus), wenn das Baby das erste Mal den Boden berühren darf. Allerdings muss es weiterhin ständig von jemandem getragen werden, denn ein Kind darf niemals auf dem (unreinen) Boden herumkrabbeln „wie ein Tier".

Die nächste große Feier wird nach 210 Tagen abgehalten, was einem kompletten Pawukon-Zyklus entspricht und so etwas wie ein **Geburtstag** ist. Das Kind und die Kanda Empat erhalten einen neuen Namen und ein Priester nimmt den ersten Haarschnitt vor. Eine festlich geschmückte, puppenähnliche Figur, quasi ein Abbild des Kindes, nimmt mit dem Kind an den Zeremonien teil, wird aber später als Ablenkungsmanöver für übel wollende Dämonen auf die Straße geworfen.

Nach dem Eintritt in die Pubertät und möglichst noch vor der Hochzeit soll sowohl bei Mädchen als auch bei Jungen die **Zahnfeilungs-Zeremonie**, *Masangih* bzw. bei höheren Kasten *Mapandes,* vorgenommen werden. Dabei werden die sechs Vorderzähne des Oberkiefers gerade gefeilt – häufig begnügt man sich auch mit ein paar symbolischen Strichen mit der Feile –, um den Jugendlichen von den folgenden sechs Übeln zu befreien: Wolllust, Habgier, Zorn, Trunksucht, Dummheit und Eifersucht. Um die immensen Kosten für die Zahnfeilungs-Zeremonie zu reduzieren, wird diese oft mit anderen Feiern kombiniert oder mehrere Familien tun sich zusammen.

Die **Hochzeit** ist das letzte Ritual, das Eltern für ihre Kinder arrangieren müssen. In Bali kommt eine Heirat auf zwei verschiedene Arten zustande: Wenn die Heirat schon vorher zwischen Brauteltern und Eltern des Bräutigams verabredet worden ist, findet eine relativ aufwendige Feier statt, deren Kosten sich die beiden Elternpaare teilen. Ansonsten wird ein „Brautraub" simuliert – natürlich mit beiderseitigem Einverständnis. Dann hält man die Hochzeitsfeier in kleinem Rahmen ab und die in diesem Fall wesentlich geringeren Kosten trägt allein der Vater des Bräutigams.

Das zentrale Ereignis der Hochzeitsfeier neben den Opferzeremonien im Familientempel ist ein von einem Priester durchgeführtes Ritual, mit dem das junge, festlich gekleidete Paar rituell gereinigt wird. Die Braut zieht immer zu ihrem Ehemann, ist also von nun an ein Mitglied seiner Familie und verehrt in Zukunft seine Familiengötter und seine Ahnen.

Das nächste große Fest für das Ehepaar ist dann wieder die **Geburt** seines ersten Kindes. Es ist Pflicht eines jeden Balinesen, Kinder zu haben, vor allem Söhne, damit die Verehrung der Ahnen auch in späteren Generationen nicht abreißt. Außerdem hofft man, dass die Ahnen in den eigenen Kindern wiedergeboren werden. Weiterhin kann ein Mann oft nur dann Mitglied des Banjar, des Dorfrates, werden, wenn er Vater geworden ist.

Bhuta Yadnya-Riten

So wie die Balinesen in ständigem Kontakt mit ihren Göttern stehen, sind sie auch unablässig von böswilligen Dämonen umgeben. Das ist ganz in Ordnung, denn das Gute kann nur zusammen mit dem Bösen existieren, aber beide Kräfte müssen im Gleichgewicht stehen. Um zu verhindern, dass die Dämonen die Oberhand gewinnen, sind besondere **Opferzeremonien** notwendig. Dies können einfache Speiseopfer sein, die man täglich in jedem Haushalt in Körbchen aus Bananenblättern auf den Boden legt, wo sich Dämonen mit Vorliebe aufhalten. Gleichzeitig gibt es ebenso einfache Opfer für die Götter, die man auf Altären platziert, welche sich meist in Kopfhöhe oder darüber befinden. Größere Opferzeremonien findet man in Form von spektakulären exorzistischen Ritualen, die inselweit zelebriert werden. Auch das bei Hahnenkämpfen vergossene Blut vermag die Dämonen zu besänftigen.

Die zwei in Bali gebräuchlichen Kalender weisen in regelmäßiger Folge bestimmte Tage auf, an denen die dunklen Mächte besonders aktiv sind, Tage, die folglich besondere Rituale zur

Besänftigung der Dämonen erfordern. Ein solcher Tag ist vor allem **Kajeng Kliwon**, der nach dem Pawukon-Kalender bestimmt wird und sich alle 15 Tage wiederholt. Alle Familien stellen Opfergaben draußen vor die Eingangspforte ihres Anwesens, um dieses zu schützen. Die magisch geladenen Barong- und Rangda-Masken, die man im Tempel aufbewahrt, werden meist an diesem Tag hervorgeholt und durchs Dorf getragen. Besonders Straßenkreuzungen und Friedhöfe sind von Dämonen bevölkert.

Barong ist ein Sammelbegriff für verschiedene Arten mythischer Wesen, die meist in Tierform auftreten, aber auch als menschenähnliche Riesen *(Barong Landung)*. Es gibt z. B. den *Barong Macan* (Tiger-Barong), den *Barong Bangkal* (Eber-Barong) und den am häufigsten anzutreffenden *Barong Ket*, ein löwenähnliches Fabelwesen. Unter dem Kostüm des Barong verbergen sich zwei Männer, der eine stellt die Hinterbeine, der andere die Vorderbeine dar. Der Vordere trägt die riesige Maske und lässt deren Unterkiefer klappern. Ein Barong verfügt über gewaltige magische Kräfte, die er für gewöhnlich zu Gunsten der Menschen einsetzt. Aber es ist äußerste Sorgfalt geboten: Wird eine Barong-Maske falsch behandelt, kann sie ihre Kraft gegen den Menschen richten.

Von ähnlich großer Macht sind die Rangda-Masken. **Rangda** ist die Königin der Hexen, ihre schwarze Magie wird gefürchtet. Ihr Aussehen ist schrecklich: Eine lange Zunge schaut zwischen spitzen Fangzähnen hervor; sie hat lange Fingernägel, monströse, hin- und herpendelnde Brüste und eine dichte, verfilzte Mähne, die den ganzen Körper einhüllt. Obwohl Rangda die Personifikation äußerst übler Kräfte ist, kann auch sie wie der Barong in den Dienst der Menschen gestellt werden und das Dorf vor dämonischen Übergriffen schützen.

Häufig treten Barong und Rangda gemeinsam auf, namentlich im exorzistischen **Calonarang**-Ritual, der Aufführung eines Dramas um eine Witwe *(Rangda)* aus Ost-Java, deren Tochter niemand heiraten will. Von der Todesgöttin Durga mit magischer Kraft ausgestattet, richtet Rangda in ihrer Wut eine Menge Unheil im Lande an. Das Drama gipfelt in einem Kampf zwischen Rangda und Barong, bei dem keiner von beiden den anderen endgültig besiegen kann. Durch den Kampf wird aber das Gleichgewicht der gegensätzlichen Kräfte wieder hergestellt. Die magiegeladene Atmosphäre dieses Rituals führt oft dazu, dass die Darsteller wie auch einige Zuschauer in Trance fallen. Der Barong wird von einer Gruppe junger Männer begleitet, seinen Helfern, die in Trance ihre Dolche (Kris) gegen ihre eigene Brust richten, sich aber selten dabei verletzen, selbst wenn sie sehr heftig zustoßen.

Einmal im Jahr kurz vor und an Neumond, wenn das Saka-Jahr zu Ende geht – meist im März – veranstaltet ganz Bali eine Reihe von sehenswerten Bhuta Yadnya-Riten. Die Festivitäten beginnen mit den farbenfrohen **Melasti**-Prozessionen, wenn die **Pratima** sämtlicher Tempel zur rituellen Reinigung ans Meer oder zu einer Quelle getragen werden. Pratima sind kleine, hölzerne Statuen, in denen die Götter Platz nehmen, wenn sie zu einem Tempelfest eingeladen werden. Auf ihrem Weg zum Meer schützt man die Pratima mit bunten Zeremonialschirmen. Normalerweise nehmen auch die Barong an den Prozessionen teil.

Am letzten Tag des Saka-Jahres, meist gegen Mittag, werden in jedem Dorf in einer großen Zeremonie spezielle Opfergaben für die Dämonen an der Hauptstraßenkreuzung niedergelegt. Abends erreicht das Fest seinen Höhepunkt in der **Ngerupuk**-Zeremonie, wenn die Kinder und Jugendlichen des Dorfes mit Lärm erzeugenden Gegenständen und Fackeln unter viel Geschrei und Abbrennen von Knallkörpern durch die Dorfstraßen ziehen. Wichtigste Teilnehmer dieser Umzüge sind riesige **Ogoh Ogoh**-Monster, fantasievolle Gestalten aus Bambus, Holz und Pappmaché, die von jungen Männern eines jeden Banjar hergestellt worden sind und mit Hilfe von Bambusgerüsten getragen werden. An allen Kreuzungen und Abzweigungen werden die Ogoh Ogoh hin- und hergezerrt und mehrmals um die eigene Achse gedreht. Das alles dient dazu, die bösen Geister und Dämonen aus dem Dorf zu vertreiben.

Der nächste Tag, das balinesische Neujahr (**Nyepi**), ist ein Tag der Stille: Jegliche Aktivität ist verboten, niemand darf auf die Straße (das gilt auch für Touristen). Es darf weder gekocht noch Licht gemacht werden, selbst die Elektri-

Der Meduwe Karang-Tempel bei Kubutambahan

zität bleibt abgeschaltet. Man hofft, dass eventuell zurückkehrende Dämonen glauben, die Insel sei verlassen, und deshalb wieder abziehen. Für die Balinesen ist der Tag eine Gelegenheit zu innerer Einkehr und Meditation.

Der balinesische Tempel (Pura)

Der balinesische Tempel ist kein geschlossenes, überdachtes Gebäude, sondern in meist rechteckiger, offener Platz, der von einer Mauer umgeben ist. Das kommt auch in der Bezeichnung **Pura** zum Ausdruck, ein Sanskrit-Wort, das „befestigte Stadt" bedeutet und in vielen Ortsnamen vorkommt (z. B. Jaipur, Singapore). Nebenbei: einen Palast bezeichnen die Balinesen als Puri, was die gleiche Bedeutung hat.

Weiterhin gibt es im Tempel keine Götterstatuen, die im Mittelpunkt der Verehrung stehen. Balinesische Gottheiten sind unsichtbar und leben in himmlischen Sphären oberhalb der Berggipfel. Nur bei Tempelzeremonien lassen sie sich herab, um für ein paar Tage in den ihnen zugedachten Schreinen eines Tempels zu Gast zu sein.

Mauern und Tore

Der Tempelbezirk ist ein heiliger, spirituell reiner Ort, eine Stätte der Begegnung zwischen Menschen und Göttern. Die Mauer hat die Funktion, diesen Bezirk von der unreinen Außenwelt abzugrenzen, die von üblen Dämonen bevölkert wird. Die architektonisch aufwendigsten und beeindruckendsten Teile eines Tempels sind die Tore, durch die man einen Tempel betritt und welche die einzelnen Höfe des Heiligtums miteinander verbinden.

Es gibt zwei Typen von Tempeltoren. **Candi Bentar**, das gespaltene Tor. Es sieht aus wie eine in der Mitte glatt durchgeschnittene, schlanke Stufenpyramide, deren identische Hälften auseinandergerückt sind. Das zweite Tor wird **Kori Agung** oder Padu Raksa genannt. Es ähnelt dem Candi Bentar, ist aber oben geschlossen und lässt nur einen schmalen Durchgang frei, der von einer hölzernen Tür versperrt wird. Meist führen Treppenstufen zu den Toren hinauf, die von steinernen Dämonen oder, bei Unterweltstempeln, von Hexen flankiert werden. Diese Statuen, ebenso wie die in die Tore eingemeißelten Fratzen haben die Aufgabe, draußen auf der Lauer liegenden, bösen Geistern und übel wollenden Dämonen den Eintritt zu verwehren. Zusätzlich kann gleich hinter dem Durchgang noch eine kurze Mauer errichtet sein, um die man herumgehen muss, um in den heiligen Bezirk zu gelangen. Dämone rennen sich hier die Köpfe ein, denn sie sind nicht in der Lage, links oder rechts abzubiegen.

Das Tempelinnere

Die meisten Tempel bestehen aus drei Höfen, dem Vorhof *Jaba,* meerwärts *(Kelod)* ausgerichtet, dem mittleren Hof *Jaba Tengah* und dem Allerheiligsten oder Tempelinneren *Jeroan,* das immer bergwärts *(Kaja)* gelegen ist. Oft sind auch nur zwei ummauerte Höfe vorhanden, dann übernimmt der Tempelvorplatz die Funktion des *Jaba*.

In vielen Tempeln ist der Vorplatz von einem riesigen Banyan-Baum aus der Familie der Feigen überschattet.

Die Gebäude im Tempelvorhof

- ein Turm für die **Kul Kul**, die hölzerne Schlitztrommel, die geschlagen wird, um die Leute zu den Vorbereitungen für ein Tempelfest zu versammeln,
- ein oder mehrere offene Pavillons, die als **Paon** (Küche) fungieren, wo die Speiseopfer zubereitet werden. Frauen kochen den Reis und backen die Reiskuchen, Männer kümmern sich um die Fleischgerichte,
- die Hahnenkampfarena **Wantilan**, eine auf allen Seiten offene, quadratische Halle, die von einem zwei- oder dreistufigen, pagodenartigen Dach bedeckt ist. Hahnenkämpfe gelten als Blutopfer für solche Dämonen, die sich überwiegend in Bodennähe aufhalten.

Die Gebäude im Jaba Tengah

- das **Bale Agung**, die offene Versammlungshalle des Dorfrates, die man aber nur im Dorftempel *(Pura Desa)* findet, der deshalb auch oft Pura Bale Agung genannt wird,
- das **Bale Gong**, in dem bei Tempelfesten die Mitglieder des Gamelan-Orchesters mit ihrer Instrumenten untergebracht werden,

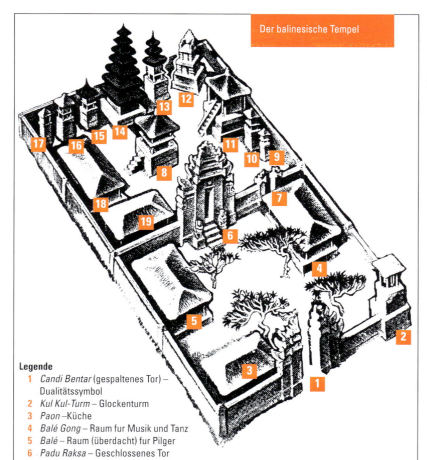

Der balinesische Tempel

Legende
1. *Candi Bentar* (gespaltenes Tor) – Dualitätssymbol
2. *Kul Kul-Turm* – Glockenturm
3. *Paon* – Küche
4. *Balé Gong* – Raum fur Musik und Tanz
5. *Balé* – Raum (überdacht) für Pilger
6. *Padu Raksa* – Geschlossenes Tor (Eingang zum Gottergelände)
7. Seiteneingang
8. *Paruman oder Pepelik* – Rastraum für die Götter und Ahnenseelen mit Opferplattform
9. *Ngrurah gedé* – Schrein für Götterdiener
10. *Ngrurah alit* – Schrein für Götterdiener
11. *Gedong pesimpangan* – Besuchsplatz für die Seelen der Dorfgründer
12. *Padmasana* – Thron des Sonnengottes Surya (Rücken immer zum Gunung Agung gerichtet)
13. Schrein für den vergöttlichten Gunung Agung
14. *Meru* – Schrein des Sang Hyang Widhi
15. Schrein für den vergöttlichten Gunung Batur
16. *Maospait* – Schrein für die Siedler aus Majapahit (Ostjava)
17. *Taksu* – Schrein für den Vermittler zwischen Menschen und Göttern (Übersetzer)
18. Raum fur Opfergaben
19. Raum fur Opfergaben

- mehrere offene Bale, in denen die Teilnehmer eines Tempelfestes Platz nehmen können.

Die Gebäude im Jeroan

- **Palinggih** nennt man die in Reihen angeordneten Schreine, in denen die speziell in diesem Tempel verehrten Gottheiten während eines Festes residieren. Sie haben oft einen mehrstufigen, pagodenartigen Überbau *(Meru)*, der den Götterberg Mahameru symbolisiert. Die Anzahl der übereinander geschichteten, sich nach oben verjüngenden Dächer *(Tumpang)* – immer eine ungerade Zahl von eins bis elf – richtet sich nach der Rangordnung der Götter,
- **Pasimpangan** sind Schreine für die Gottheiten aus anderen Tempeln, die hier keinen eigenen Palinggih haben, aber gelegentlich zu Besuch kommen,
- **Panimpanan** sind geschlossene Schreine *(Gedong)*, in denen magiegeladene Gegenstände aufbewahrt werden, z. B. Steine, Masken und *Pratimas*, kleine Figuren, die von Göttern beseelt sein können,
- **Bale Paruman** sind offene Pavillons, in denen die dekorativen Opfergaben aufgestellt werden, damit die Gottheiten deren Essenz in Empfang nehmen können,
- **Bale Pewedaan** ist der erhöhte Sitz für den Brahmanen-Priester, Pedanda, der die Rituale leitet und die Gemeinde mit heiligem Wasser besprengt,
- **Padmasana** (oder *Sanggar Agung*), der Lotosthron, ist ein steinerner Sessel auf einer Säule, dessen Rückenlehne immer auf den Gunung Agung ausgerichtet ist. Hier nimmt bei Festen der eine Gott Sanghyang Widhi Platz, oft in einer Inkarnation als Shiva oder als Sonnengott Surya. Der Padmasana symbolisiert den balinesischen Kosmos: Den Sockel bildet die Weltenschildkröte Bedawang, umschlungen von den zwei Urschlangen Basuki und Antaboga, der Steinsitz ist das Götterreich, und dazwischen liegt die Welt der Menschen.

Insel der 10 000 Tempel

Noch niemandem ist es gelungen, die Anzahl aller balinesischen Tempel präzise anzugeben. Rechnet man sämtliche Haus- und Familientempel hinzu, müssen es Zigtausende sein. Tempel findet man überall: auf Bergen und Hügeln, in Höhlen, an der Küste, an Seen, Flüssen und Quellen, in Bäumen und Wäldern, in Dörfern und Städten, zwischen den Reisfeldern und auf Marktplätzen.

Der Standort eines Tempels ist nicht etwa willkürlich gewählt, sondern bezieht sich entweder auf die an diesem Platz verehrten Gottheiten oder hängt vom jeweiligen Kreis der Personen ab, die den Tempel für ihre speziellen kultischen Zwecke errichtet haben. Entsprechend lassen sich die Tempel Balis in verschiedene Kategorien einteilen.

Obligatorisch für jedes Dorf *(Desa)* sind die **Kahyangan Tiga**, die drei Dorftempel: **Pura Puseh**, Gott Wishnu dem Erhalter und Spender des lebensnotwendigen Wassers geweiht, liegt fast immer am oberen Ende des Dorfes in Richtung auf die Berge *(Kaja)*, von wo das Wasser kommt. **Pura Desa**, auch Pura Bale Agung genannt, ist der ursprüngliche Tempel der Dorfgründer. Er liegt im Zentrum des Dorfes und ist dem Schöpfergott Brahma, dem Hüter des (Küchen-)Feuers, geweiht. Der Pura Desa enthält immer eine Versammlungshalle *(Bale Agung)* für die regelmäßigen Sitzungen der Dorfgemeinschaft. **Pura Dalem**, der Unterweltstempel, liegt immer außerhalb des Dorfes an seinem unteren Ende in Richtung Meer *(Kelod)* und ist Gott Shiva, dem Auflöser, bzw. seiner Gemahlin *(Shakti)* in ihrer Manifestation als Durga, der Göttin des Todes, geweiht. In seiner Nähe liegen der Beerdigungsplatz und der Verbrennungsplatz.

Die meisten Heiligtümer gehören zur Gruppe der **Familientempel**, die unablässiger Bestandteil des typischen balinesischen Gehöfts oder Wohnanwesens sind: Pura Sanggah nennt man die Tempel für die Ahnen einfacher Familien, die Adelsfamilien verehren ihre Ahnen in den Pura Pamerajan. Größere Familiengruppen errichten Clan-Tempel, die Pura Dadya, Pura Kawitan, Pura Perwiti, Pura Ibu, Pura Paibon oder Pura Panti genannt werden, je nach Größe des Clans.

Die Reisbauern sind in Subak organisiert, Gemeinschaften, die von ein und demselben Bewässerungssystem abhängen. Die Subak verehren die Reisgöttin Dewi Sri in speziellen Tempeln, die als Pura Subak, Pura Bedugul oder Pura Ulun Siwi bekannt sind. Ebenso haben die Fischer ihre eigenen Tempel, die dem Meeresgott geweiht sind, die Pura Segara, während die Händler und Marktfrauen die Göttin des Reichtums und des Handels in den Pura Melanting verehren. Aus der Zeit, als Bali noch in verschiedene Königreiche unterteilt war, stammen die sogenannten Reichstempel, die Pura Prasada, die Pura Candi und die Pura Penataran, wo die Könige ihre Vorfahren, die Dynastiegründer, als vergöttlichte Ahnen verehrten.

Die wichtigsten Heiligtümer

Die wichtigsten und heiligsten Tempel der Insel, die von allen Balinesen in gleichem Maße verehrt werden, sind die **Sad Kahyangan** *(Sad = sechs, Kahyangan = Tempel).* Es gibt mehrere Listen, die auch alle nur sechs Tempel aufführen, aber nicht in allen Punkten identisch sind. Am häufigsten aufgelistet sind:

- **Pura Besakih**, am Fuße des Gunung Agung,
- **Pura Luhur Lempuyang**, auf dem Gunung Seraya, ganz im Osten der Insel,
- **Pura Luhur Batukau**, am Fuße des Gunung Batukau in West-Bali,
- **Pura Goa Lawah**, die Fledermaushöhle zwischen Kusamba und Padang Bai, an der Südküste Ost-Balis,
- **Puru Luhur Uluwatu**, ganz im Süden Balis auf der Bukit-Halbinsel,
- **Pura Pusering Jagat**, in Pejeng im Distrikt Gianyar in der Umgebung von Ubud.

Kunsthandwerk

Besucher sind immer wieder vom Reichtum an künstlerischen Formen und Ausdrucksmitteln in Bali überrascht. Miguel Covarrubias und Theo Meier, selbst zwei angesehene Künstler, waren sicher nicht die einzigen, die – der eine 1937, der andere 1975 – zu dem Schluss kamen, „jeder Balinese ist ein Künstler". Wie man selbst feststellen kann, gibt es kaum einen Balinesen oder eine Balinesin, der oder die nicht irgendwie künstlerisch tätig ist. Schon in frühester Kindheit nehmen Balinesen an allen Aktivitäten ihrer Eltern teil, und kreative sowie religiöse Betätigung sind ebenso alltäglich wie die Arbeit im Haus oder auf den Reisfeldern. Alltag, Arbeit, Kunst und Religion bilden eine untrennbare Einheit, wobei der Antrieb zur Kunst die Religion ist, der Dienst an der Gottheit. Tempel werden mit Skulpturen und Reliefs verziert und zum alljährlichen Odalan mit aufwendig gearbeiteten Opfergaben geschmückt, um die Götter, die bei allen Zeremonien unsichtbar anwesend sind, zu verehren und zu unterhalten. Denn was den Menschen gefällt, das erfreut auch die Götter, und die Balinesen schätzen am meisten an ihrer Kunst die technische Präzision und das bis ins feinste ausgearbeitete Detail.

Balinesische Künstler sind in erster Linie Handwerker, die gelegentlich individuell, meist aber doch in Gruppen arbeiten. Sie dienen der Gesellschaft und ihrem Kult und drücken in ihrer Kunst nicht ihre Persönlichkeit, sondern ein gemeinschaftliches Weltverständnis aus. Die balinesische Sprache hat nicht einmal Worte für Kunst und Künstler, dagegen wird sehr genau unterschieden zwischen Maler, Holzschnitzer, Bildhauer, Maskenbildner, Waffenschmied, Kunstschmied, Musiker, Topeng-Tänzer, Jauk-Tänzer usw. Auch wenn ein besonders begabter Künstler ein angesehenes Mitglied seiner Dorfgemeinschaft wird und vielleicht sogar darüber hinaus inselweite Berühmtheit erlangt, bleibt er ein Mensch wie jeder andere und geht weiterhin seinem Hauptberuf nach, meist dem des Reisbauern. Erst wenn seine Kunstfertigkeit benötigt wird, ruft ihn die Gemeinschaft, damit er seinen Beitrag zum gemeinsamen Kunstschaffen leisten kann, wie es von ihm erwartet wird.

Balis Kunst ist entweder von vornherein für den sofortigen Nutzen bestimmt, oder äußere Einflüsse beschränken die Lebensdauer eines Kunstwerks auf kurze Zeit. Geflochtene Opfergaben verwelken in einem Tag, fantasievolle Kremationstürme sind in wenigen Minuten zu Asche verbrannt, Malereien und Holzskulpturen werden schnell ein Opfer des feuchten Klimas, des Schimmelpilzes und der Termiten. Selbst die Skulpturen und Reliefs aus den weichen, vulkanischen Tuff- und Sandgesteinen der Insel verwittern in wenigen Jahren, werden vom Regen zerfressen und von Moos und Flechten überwachsen. Es besteht also ein ständiger Bedarf an neuen Kunstwerken, der die Produktion nie abreißen lässt.

Balinesische Masken

Über die Jahrtausende haben sich die verschiedensten Einflüsse und Stile aus Indien, China und Java mit altbalinesischen Kultelementen vermengt und eine einzigartige Volkskunst hervorgebracht, die noch heute so lebendig ist wie vor Hunderten von Jahren. Neue Kunstformen werden schnell assimiliert, vorausgesetzt, dass sie dem Geschmack der Balinesen entsprechen und in ihr eigenes Weltbild passen. Hat ein einzelner Künstler eine neue Idee publik gemacht, die allgemein Gefallen und Anerkennung findet, wird diese Idee im Handumdrehen von vielen anderen kopiert. Modernes und Altüberliefertes stehen so im heutigen Kunstschaffen der Insel gleichrangig nebeneinander.

Kunstgeschichte

Vor- und Frühzeit

Die frühesten Zeugnisse balinesischer Kunst, zu bestaunen im Archäologischen Museum von Pejeng bei Ubud, stammen noch aus dem letzten vorchristlichen Jahrtausend: megalithische Kultobjekte (z. B. Stein-Sarkophage) und Schmuck, Waffen und Zeremonialgegenstände aus Bronze.

Das berühmteste Beispiel bronzezeitlicher Kunst ist ohne Zweifel der „Mond von Pejeng", eine fast 2 m hohe Kesseltrommel bzw. ein Kesselgong, der reich verziert ist mit in Tiefrelief gearbeiteten Ornamenten. Auf der Schlagplatte erkennt man einen achtstrahligen, zentralen Stern umgeben von einem Muster ineinander verschlungener Doppelspiralen. Die Seiten zeigen rundum laufende Reihen von kleinen, spitzen Dreiecken, ein Muster, das als Tumpal- (Speerspitzen-) Motiv noch heute in vielen balinesischen Flechtarbeiten und in der javanischen Batik immer wieder vorkommt. Zwischen den Griffen des Kesselgongs schauen Paare menschlicher Gesichter mit großen, magisch ausdrucksvollen Augen herab, die Ohrläppchen lang gezogen von schweren Ohrringen, wie es bei einigen Völkern auf Borneo der Brauch ist.

Man nimmt an, dass die bronzezeitlichen Balinesen schon zwar die Kunst des Webens und Töpferns beherrschten. Wahrscheinlich hat auch das **Wayang Kulit**, das Schattenspiel, seinen Ursprung in jener Zeit. Die Schatten flacher Lederpuppen, die sich auf der von hinten erleuchteten Leinwand bewegen, verkörperten die Ahnen, mit denen man auf diese Weise Kontakt aufnehmen konnte. Mit der Verbreitung des Hinduismus änderten sich zwar die Inhalte des Wayang Kulit – nun führt man Episoden aus den großen indischen Epen Ramayana und Mahabharata auf –, doch erfreut sich diese Kunstform ungetrübter Beliebtheit.

Es ist nicht zu übersehen, dass das Wayang Kulit die traditionelle Malerei mit ihrer zweidimensionalen Darstellungsweise beeinflusst hat. Deshalb bezeichnet man diese Malerei als Wayang-Stil oder, nach dem Ort, wo die traditionelle Malerei noch immer ausgeübt wird, als Kamasan-Stil.

Mindestens ebenso alt wie das Schattenspiel ist das **Cili-Motiv**, eine stark stilisierte weibliche Figur, Symbol für Nini Pantun, die vorhinduistische Reismutter, bzw. für Dewi Sri, die Reisgöttin des hinduistischen Pantheons. Cili haben oft die Form einer Sanduhr: zwei mit den Spitzen aufeinandergestellte, gleichschenklige Dreiecke. Das untere Dreieck bildet den Körper, das obere den Kopf mit einem großen, fächerförmigen Kopfschmuck. Auf den Reisfeldern, kurz vor der Ernte, werden Cili-Figuren einfach dargestellt, indem man ein Bündel noch stehender Reishalme in der Mitte zusammenbindet – die eng geschnürte Mitte ist die schmale Hüfte der Figur, die unteren Teile streben konisch auseinander und bilden das Gewand, die oberen Enden der Halme sind zu einer Dreiecksform geflochten und mit Stücken von Palmblättern versehen, wodurch der Figur eine Art Gesicht gegeben wird.

Das Cili-Motiv zählt zu den gebräuchlichsten Symbolen in Balis dekorativer Kunst. Es findet sich gemalt, geschnitzt, getöpfert, gewoben, geflochten oder in Metall gehämmert, es wiederholt sich in unzähligen Arten von Opfergaben und ziert fast jedes *Lamak*, die aus Palmblättern geflochtenen, schmalen, rechteckigen Altarbehänge.

Die Ausbreitung von Hinduismus und Buddhismus

Hinduistisches und buddhistisches Gedankengut verbreitete sich im ersten nachchristlichen Jahrtausend in ganz Südostasien und erreichte auch die Insel Bali, zum großen Teil auf dem Umweg über Java. Zwischen dem 8. und 14. Jh. entstand eine ganze Reihe von Kunstwerken aus Stein, die teils deutlich an indischen Vorbildern orientiert sind, teils schon ostjavanische Züge tragen, teils aber auch einheimische Vorstellungen zum Ausdruck bringen. Die meisten dieser Werke, vollplastische Götterstatuen und Felsenreliefs, sind in der Gegend um Pejeng und Bedulu (beides Zentral-Bali) und beiderseits des nahen Pakrisan-Flusses entdeckt worden, dem Zentrum des frühesten balinesischen Königreichs (Warmadewa-Dynastie).

Eine sehenswerte Sammlung von Steinstatuen dieser Epoche steht in einem Tempel am Gunung Penulisan (nahe Kintamani, Gunung Batur), andere Werke findet man in den Tempeln um Pejeng und Bedulu, und natürlich gehören auch die Goa Gajah (die Elefantenhöhle), das Felsenrelief von Yeh Pulu und die Felsen-Candi von Gunung Kawi zu den Kunstwerken jener Zeit.

Die Majapahit-Epoche

Im Jahre 1343 fiel Bali unter die direkte Herrschaft des ostjavanischen Majapahit-Reiches, das einen Vasallen als Verwalter der Insel einsetzte, der seinen Hof in **Gelgel**, in der Nähe des heutigen Klungklung, etablierte. Den zahlreichen Dokumenten aus jener Zeit ist zu entnehmen, dass die ostjavanischen Herrscher großen Wert darauf legten, nicht nur politische Kontrolle auszuüben, sondern auch ihre Kultur, einen javanischen Hinduismus, zu verbreiten.

Der königliche Hof von Gelgel wurde zu einem Zentrum der Kunst, ganze Künstlerkolonien (z. B. Kamasan) ließ der Herrscher in seiner Nähe ansiedeln, Sanskrit- und altjavanische Kawi-Texte wurden ins Balinesische übersetzt und kopiert, und es gab öffentliche Theater (Wayang)-Aufführungen und Tanzdarbietungen, die von großen Orchestern begleitet wurden.

In der ornamentalen Kunst, die vor allem im überreichen, barocken Ausschmücken der Tempel und Paläste zum Ausdruck kam (und heute noch kommt), zeigte sich die Tendenz, neben religiösen Themen – Szenen aus dem Mahabharata und dem Ramayana – auch Erscheinungen aus dem Alltag, erotische Begebenheiten sowie Fabelwesen, Tier- und Dämonengestalten abzubilden, eingebettet in üppig wucherndes Pflanzen- und Rankendekor, das jede noch so kleine, verfügbare Fläche bedeckt.

Der javanische Kultureinfluss bekam neuen Antrieb, als zwischen Ende des 15. und Anfang des 16. Jhs. der gesamte Majapahit-Hofstaat auf der Flucht vor der Islamisierung von Java nach Gelgel übersiedelte. Doch nach nur kurzer Blütezeit zerfiel die Gelgel-Dynastie in zahlreiche kleine und voneinander unabhängige Fürstentümer.

Die neu gegründeten, überall auf der Insel verstreuten Höfe formten ihrerseits wieder neue Zentren künstlerischer Aktivität. Nach und nach gewann so die Majapahit-Kunst, inzwischen bereits stark balinesisch modifiziert, in den Dörfern an Einfluss. Damit setzte ein Prozess ein, in dessen Verlauf eine anfangs rein höfische Kunst zu einer echten Volkskunst entwickelt wurde. Endgültig abgeschlossen war diese Entwicklung erst, als nach der Machtergreifung der Holländer die Fürstenhöfe zur Bedeutungslosigkeit degradiert wurden und die Kunst nur mehr in den Dörfern weiter florierte.

Das frühe
20. Jahrhundert

In diesen Jahren wurden Balis Künstler mit einer Reihe weit reichender Veränderungen und Neuerungen konfrontiert. Aufträge durch die machtlosen Fürsten blieben nun aus, wurden aber durch Aufträge der holländischen Verwaltung ersetzt, die sich bemühte, die balinesische Kultur zu erhalten. Die großen Gamelan-Orchester der Höfe (Gong Gede) wurden von den Musikgruppen der Banjar und Dörfer übernommen, die sich bislang meist mit einem Bambus-Gamelan begnügt hatten. Diese reduzierten die Anzahl der Instrumente und formten sie nach eigenem Geschmack um, wodurch eine völlig neue Art des Gamelan-Orchesters entstand, das Gong Kebyar. So veränderte sich auch Balis Musik, sie wurde lebhafter und dynamischer, ganz im Gegensatz zu dem getragenen, verfeinerten Stil der Höfe, der noch heute für das javanische Gamelan typisch ist. Gleichzeitig wurden viele neue Tänze kreiert.

Die ersten Touristen kamen nach Bali und begannen, Holzschnitzereien zu kaufen, und schon Ende der 30er-Jahre gab es eine Massenproduktion von Holzstatuen. Zum ersten Mal arbeiteten Balis Künstler nicht im Dienste des gemeinschaftlichen Kultes, sondern um Geld zu verdienen. Der Beruf des Künstlers war geboren.

Der größte Wandel in der Orientierung der Kunst erfolgte auf dem Gebiet der **Malerei**. Bis dahin hatte sich die traditionelle Malerei (Wayang-Stil) darauf beschränkt, nach strengen Regeln Themen aus der Hindu-Mythologie (Mahabharata und Ramayana) darzustellen, oft mehrere Szenen auf einem Gemälde. Diese Werke dienten ausschließlich der Dekoration von Palästen und Tempeln. In den frühen Jahrzehnten des 20. Jhs. lernten Balis Maler erstmals, mit europäischen Malutensilien umzugehen. Zudem war die Insel von westlichen Malern entdeckt worden, die oft jahrelang unter den Balinesen lebten und die lokalen Künstler mit westlichen Maltechniken vertraut machten.

Plötzlich wurde eine Reihe neuer Stile ins Leben gerufen. Zentren der „modernen" Malerei waren vor allem die Dörfer Ubud, Batuan (Zentral-Bali) und Sanur (Süd-Bali). Zu den traditionellen Motiven, die jetzt auch mit modernen Techniken ausgeführt wurden, gesellten sich zum ersten Mal Themen aus Alltag und Natur. Die Szenen – dörfliches Leben, religiöse Feste, Episoden aus Volksmärchen – sind umgeben von Balis üppiger Natur, mit seinem Dschungel, den Vulkanen und Reisterrassen. Jedes Blatt, jedes Insekt ist bis ins Detail minuziös ausgearbeitet. Und: Erstmalig signierten Balis Maler ihre Bilder.

Welche Impulse für diesen revolutionären Umschwung von den Balinesen selbst ausgingen und wie groß dabei der Einfluss der europäischen Maler war, konnte nie ganz geklärt werden. Fest steht, dass keines der balinesischen Gemälde des neuen Stils irgendwelche westlichen Vorbilder einfach nur kopiert. Auch wer sich Maltechnik und Thematik weiterentwickelt haben, ist doch jedes Werk sofort als balinesische Kunst zu erkennen.

Von den vielen westlichen Künstlern, die Bali besuchten und teilweise jahrelang dort lebten, haben sich vor allem der holländische Maler **Rudolf Bonnet** (1895–1978) und der deutsche Maler und Musiker **Walter Spies** (1895–1942) sehr um Erhaltung und Förderung balinesischer Kunst bemüht. Spies ließ sich 1927 in Ubud nieder, zwei Jahre später wurde Bonnet sein Nachbar. Neben ihrer eigenen Arbeit beschafften sie ihren balinesischen Kollegen die westlichen Malutensilien und erklärten und demonstrierten deren Gebrauch. Sie sammelten balinesische Kunstwerke aller Art und arrangierten internationale Ausstellungen, um der Kunst Balis einen größeren Markt zu erschließen.

1936 gründeten die beiden Europäer zusammen mit **Cokorda Gede Agung Sukawati**, dem Prinzen von Ubud, und **I Gusti Nyoman Lempad**, einem vielseitig talentierten Künstler, die Künstlervereinigung Pita Maha. Diese Organisation, die bald mehr als hundert Mitglieder aus ganz Zentral-Bali zählte, erwies sich als außerordentlich fruchtbar. Regelmäßige Treffen dienten dem Ideenaustausch, der gegenseitigen Inspiration sowie einer Qualitätskontrolle. Ausstellungen in Europa und Amerika förderten den Verkauf der Arbeiten.

Lempad, einer der Initiatoren von Pita Maha, war schon in den 20er-Jahren bekannt und berühmt als meisterlicher Schnitzer, Bildhauer, Architekt und Schöpfer von Barong-Masken und Verbrennungstürmen. Er war bereits über 60 Jahre alt, als er Walter Spies kennen lernte und dieser ihn mit Tusche und Papier bekannt machte. In den nächsten Jahrzehnten produzierte Lempad unzählige Tuschezeichnungen in einem unverkennbaren, in der Tradition wurzelnden Stil, von denen viele nun in Museen auf der ganzen Welt zu bewundern sind. Als er 1978 im gleichen Jahr wie seine Freunde Rudolf Bonnet und Agung Sukawati starb, muss er weit über 100 Jahre alt gewesen sein.

Der 2. Weltkrieg, die 50er- und 60er-Jahre

Der 2. Weltkrieg und der Tod von Walter Spies (1942) führten zur Auflösung der Pita Maha. Jegliche künstlerische Aktivität erlahmte während der japanischen Besetzung. Zusätzlich verzögerten die nachfolgenden Wirren des indonesischen Unabhängigkeitskampfes ein Wiederaufleben der Künste bis in die 50er-Jahre hinein. Zu dieser Zeit kehrte Rudolf Bonnet nach Bali zurück und machte einige Maler mit Leinwand und Temperafarben vertraut, wodurch er neue Anregungen schuf und an sein vor dem Weltkrieg begonnenes Werk anknüpfte. Sein größter Erfolg war die lange geplante Gründung des Puri Lukisan-Museums von Ubud im Jahre 1957.

Anfang der 60er-Jahre – wer von den Pita Maha-Künstlern noch aktiv war, zählte inzwischen zur älteren Generation – blühte in Penestanan, westlich von Ubud, ein neuer Malstil auf, der Young Artists-Stil. Er wurde ins Leben gerufen, als **Arie Smit**, ein holländischer Maler, Leinwand und Acrylfarben an Kinder und Jugendliche des Dorfes verteilte. Die jungen Künstler stammten überwiegend aus Bauernfamilien und stellten in ihren Bildern ausschließlich ländliche Motive dar, meist in recht kräftigen Farben. Gemälde der *Young Artists* und ihrer Nachfolger werden oft in gemeinschaftlicher Arbeit hergestellt. Jeder malt nur das, was er am besten beherrscht, der eine die Bäume, ein anderer die Personen, ein Dritter die Häuser und Tempel usw.

Im Zeitalter des Tourismus

Abgesehen von den künstlerischen Experimenten individualistischer Einzelgänger haben sich in den 70er- und 80er-Jahren keine nennenswerten neuen Malstile entwickelt. Seitdem jährlich weit über eine Million Touristen auf die Insel kommen, schießen überall Kunstgalerien wie Pilze aus dem Boden, doch das meiste, was angeboten wird, ob „neuer" Stil oder traditionelle Wayang-Malerei, entspringt einer kundenorientierten Produktion, die wenig Wert auf Qualität legt.

Trotz der Vermarktung von Malerei und Holzschnitzerei ist die balinesische Kunst in ihrer Gesamtheit aber so lebendig wie eh und je. Kunst als Dienst an der Gottheit hat immer noch einen weit höheren Stellenwert als das für die Touristen bestimmte Kunsthandwerk. Obwohl die meisten Künstler heute für Geld arbeiten, sind sie jederzeit bereit, ihre Arbeit beiseite zu legen und beim Ausschmücken eines Tempels, der Herstellung von Verbrennungstürmen oder der Vorbereitung eines Tempelfestes zu helfen.

Der Kris (Keris)

Die Schmiedekunst des Archipels feiert ihre höchsten Triumphe bei der Herstellung des Kris, des Dolches mit der geflammten oder geraden, zweischneidigen Klinge, deren Oberfläche eine besondere, nur im indonesischen Raum bekannte Art von Damaszierung (Pamor) aufweist.
Es ist unbekannt, wann diese Kunst entstanden ist. Auf den Reliefs des Borobudur- Tempels auf Java kommt der Kris noch nicht vor. Erst am später errichteten Candi Penataran (Ost-Java) ist er abgebildet. Chinesische Quellen aus jener Zeit (Majapahit) berichten von der auf Java üblichen Sitte, einen Kris zu tragen. Das älteste erhaltene Exemplar stammt aus dem Jahre 1342 und ähnelt sehr dem heutigen Typ. Es ist bereits so kunstvoll gearbeitet, dass dieses Handwerk schon zu jener Zeit lange bekannt und hochentwickelt gewesen sein muss.

Das Schmieden des Kris, der mehr als nur eine Waffe darstellt, ist eine weihevolle Handlung, die ein aufwendiges Zeremoniell begleitet. In hohem Ansehen stehen daher die Waffenschmiede (Pande Wesi), deren Stellung fast der eines Priesters gleichkommt. Vom Vater auf den Sohn werden für gewöhnlich die Herstellungsgeheimnisse vererbt, die eine Reihe komplizierter Schmiedevorgänge umfassen.

Viele Lagen von Nickeleisen, ursprünglich aus Meteoriten gewonnen, und gewöhnlichem Eisen werden auf verschiedenste Art zusammengeschmiedet, um so die Verzierungen in die Klinge einzuarbeiten, die aber erst nach abschließender Ätzung des Nickelstahls sichtbar werden – also eine Arbeit, die viel Erfahrung voraussetzt. Weiterhin muss der Schmied ein überdurchschnittliches Wissen von mythologischen und religiösen Zusammenhängen haben, denn die Zeichnungen und Figuren sind bedingt durch ihre magisch-zeremonielle und soziale Bedeutung. Die Klingen – gerade (Ruhezustand) oder gewellt (Bewegung) – symbolisieren das Urbild der mythischen Schlange Naga. Ebenso zeigen die Verzierungen am häufigsten Schlangen, aber auch Kala-Figuren, Garuda- oder Blattmotive. Als Griff (aus Gold, Silber, Elfenbein, Horn, Stein oder Holz) finden sich, manchmal bis zur Unkenntlichkeit stilisiert, Götter- und Vogelgestalten oder Dämonenfiguren, um böse Kräfte abzuwehren. Zur Waffe gehört unbedingt die Scheide, die in der Regel einfach gehalten ist, etwa aus poliertem Edelholz, die aber auch mit prunkvollem Goldschmuck verziert sein kann.

Ein besonders magisch „geladener" Kris führt ein regelrechtes „Eigenleben" und trägt sogar meistens einen eigenen Namen. Durch seine magische Kraft sichert er die Macht eines Fürsten und übernimmt zudem die Rolle seines „Stellvertreters": Begibt sich der Fürst auf Reisen oder Pilgerfahrt, kann er den Kris als Symbol seiner Herrschaft über sein Land zurücklassen, und niemand würde an der stellvertretenden Macht des Kris zu zweifeln wagen.

Vicki Baum berichtet in ihrem Bali-Roman *Liebe und Tod auf Bali* von einem Fürsten, der aufgrund seiner Leidenschaft für Kampfhähne nicht zu seiner eigenen Hochzeit kommen wollte und stattdessen stellvertretend seinen Kris hinbringen ließ. Solch mächtige Waffen werden als sakrale Erbstücke betrachtet, denen man besondere Verehrung und Opfergaben darbringt. Mancher Dolch ist mit einem bösen Fluch beladen und stürzt seinen Träger ins Unglück. Legt ein Mann seinen Kris nachts unter sein Kopfkissen, dann ist die Waffe in der Lage, je nach Art ihrer Magie, ihm gute oder böse Träume zu bescheren.

Heutzutage gibt es nur noch wenige Kris-Schmiede. Schon seit Ende des vorigen Jahrhunderts haben immer mehr berühmte Schmiedefamilien, die alle ihr spezielles Pamor-Design als eine Art Markenzeichen hatten, ihr traditionelles Handwerk aufgegeben.

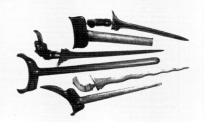

Noch immer verzieren die Bildhauer Tempelwände und -tore mit Reliefs und Skulpturen, flechten die Frauen kunstvolle Gebilde aus Palmblättern und formen nicht minder kunstvolle Opfergaben. Noch immer werden die Götter bei Tempelfesten mit Tanz und Musik unterhalten, beschwört der Puppenspieler (Dalang) mit seinen Schattenspielfiguren mythische Welten herauf, und noch immer werden Masken geschnitzt, die so „magisch geladen" sind, dass kein Unbefugter es wagen würde, sie auch nur zu berühren. Und solange sich die Balinesen nicht von ihren Göttern trennen, werden sie auch fortfahren, diese durch ihre Kunst zu erfreuen und zu ehren.

Musik, Tanz und Drama

Tänze, Tanztheater und Musik sind unumgänglicher Bestandteil eines jeden Tempelfestes und jeder größeren religiösen Zeremonie auf Bali. Sie dienen in erster Linie zur **Unterhaltung der Gottheiten**, die man eingeladen hat, der Zeremonie beizuwohnen.

Darüber hinaus führen besonders sakrale Tänze nicht selten zu Trance-Zuständen, wodurch sogar ein direkter Kontakt zu den Göttern hergestellt wird. Andere Aufführungen haben einen rein exorzistischen Charakter und sollen helfen, die durch dunkle Mächte und Dämonen gestörte Ordnung wiederherzustellen, z. B. nach Missernten oder Epidemien. Was auch immer der Anlass sein mag, Tanzvorstellungen erfreuen sich auf Bali größter Beliebtheit und locken jedes Mal die Zuschauer, ob jung oder alt, in Scharen herbei, egal wie oft diese die Tänze und Dramen schon gesehen haben.

Von frühester Kindheit an mit ihren Tänzen vertraut, sind die Balinesen ein sehr kritisches Publikum. Um wie viel anspruchsvoller müssen da erst die Götter sein, die sich schließlich schon seit Urzeiten durch den Tanz der wunderschönen Himmelsnymphen *(Dedari, Widadari)* unterhalten lassen. Balinesische Tänze haben im Laufe von Jahrhunderten einen so hohen Standard an technischer Perfektion entwickelt, dass eine Ausbildung zum Tänzer oder zur Tänzerin jahrelanges, tägliches Training erfordert.

Mit der **Ausbildung** sollte schon im zarten Kindesalter begonnen werden, solange der Körper noch biegsam und geschmeidig ist. Ein Balinese lernt nicht „das Tanzen" schlechthin, sondern immer nur einen ganz bestimmten Tanz: Legong oder Baris oder Kebyar Duduk usw. Der Tanzlehrer (oder die Tanzlehrerin) leitet jede Bewegung des Schülers, indem er (oder sie) hinter ihn tritt, ihn bei den Handgelenken fasst und jede Geste und jeden Schritt mit ihm gemeinsam ausführt. Der Schüler lernt nicht etwa nach und nach die einzelnen Elemente des Tanzes, die dann später zusammengesetzt werden, sondern von Anfang an wird der Tanz als Ganzes in seiner endgültigen Form unterrichtet. Durch endloses und unzähliges Wiederholen bekommt der Schüler allmählich ein Gefühl für den Tanz, bis er endlich in der Lage ist, jede Bewegung alleine auszuführen.

Die meisten Tänze unterliegen einer strengen **Choreographie**, sowohl in ihrem Ablauf – oft wird eine Geschichte dargestellt – als auch in den einzelnen stilisierten Bewegungen, die einem traditionellen Muster folgen und wenig oder gar keinen Raum für Improvisationen oder individuelle Stile lassen. Man unterscheidet nicht weniger als 30 verschiedene Fuß- und Beinstellungen und Schritte, 16 Armhaltungen, 19 Hand- und Fingerhaltungen, 15 Rumpfhaltungen, 20 Hals- und Schulterhaltungen und 16 Arten von Gesichtsausdrücken, die hauptsächlich auf Bewegungen der Augen beruhen. Jede Pose, jede Bewegung, jede Geste hat ihren eigenen Namen, und jeder Zuschauer kennt ihre Bedeutung. Balinesen erwarten von einem guten Tänzer, dass er einerseits alle vorgeschriebenen Bewegungen präzise und in Harmonie mit der ihn begleitenden Musik ausführt, andererseits trotzdem noch seine Persönlichkeit und seine Gefühlskraft zum Ausdruck bringt. Welche Geschichte oder Episode einer Geschichte in dem Tanz erzählt wird, spielt dabei oft nur eine untergeordnete Rolle.

Gamelan-Musik

Auf Bali haben sich eine ganze Anzahl verschiedener Gamelan-Orchester entwickelt, die sich nicht nur im Klang, sondern auch nach Art der Instrumentierung, Anzahl der Musiker (von zwei bis vierzig) und sogar nach verwendeter Tonleiter unterscheiden. Dabei ist genau festgelegt, welches Orchester welchen Tanz und welches Tanzdrama begleitet.

Am häufigsten zu hören und auch bei den Balinesen am beliebtesten ist das Gamelan Gong Kebyar, das sich aus etwa 20–25 Instrumenten zusammensetzt, hauptsächlich aus Metallophonen, verschiedenen Gongs und Zimbeln sowie zwei Trommeln und vielleicht noch einer Flöte.

Ohne die beiden **Trommler** könnte kein Gamelan-Orchester spielen und kein Tänzer tanzen. Die Trommeln leiten das Orchester, kontrollieren das Tempo, markieren den Rhythmus und bestimmen die Struktur der Musik und des Tanzes. Die kleinere, etwas höher klingende, „männliche" Trommel *(Wadong)* übernimmt immer die führende Rolle gegenüber der etwas tiefer tönenden, größeren, „weiblichen" Trommel *(Lanang)*. Mit komplizierten, genau festgelegten rhythmischen Mustern und mit Gesten der Hände und des Kopfes halten die Trommler ständigen Kontakt zu Musikern und Tänzern und koordinieren die Tanzbewegungen mit den musikalischen Akzenten.

Welch tragende Rolle die Trommeln im Orchester spielen, zeigt auch die Tatsache, dass Tanzschüler bei ihrem täglichen Training sowie voll ausgebildete Tänzer bei späteren Proben meist nur von einem Trommler begleitet werden und problemlos auf die restlichen Instrumente verzichten können.

Der führende Trommler ist nicht nur der wichtigste Musiker des Orchesters, sondern auch der versierteste. Bevor er die Trommel übernehmen darf, muss er erstmal sämtliche anderen Instrumente perfekt beherrschen und überdies mit den zu begleitenden Tänzen aufs Genaueste vertraut sein. Ebenso ist es unumgänglich, dass die jungen, angehenden Tänzer von Anfang an mit allen Feinheiten der Musik vertraut gemacht werden.

Die Balinesen haben ein außergewöhnliches musikalisches Gedächtnis. Hören sie nur ein paar Mal eine ihnen ganz neue Gamelan-Komposition, und sei sie auch noch so lang und kompliziert, sind sie sofort in der Lage, sie mit ihren Instrumenten oder durch Singen lautmalender Silben fast fehlerfrei wiederzugeben, obwohl sie keine Notenschrift kennen und ihre Musik in keiner Weise aufzeichnen.

Tanz- und Tanztheater-Aufführungen

Sie werden in **drei Kategorien** eingeteilt, die sich nach dem Grad ihrer „Verweltlichung" richten:

- In der ersten Kategorie *(Wali)* werden all jene Tänze zusammengefasst, die ausschließlich **im Rahmen einer religiösen Zeremonie** aufgeführt werden, und zwar entweder im Tempelinneren *(Jeroan),* bei Leichenverbrennungen oder im Falle exorzistischer Tanzriten sogar auf dem Friedhof. Die Wali-Tänze sind Kulthandlungen, die als obligatorischer Bestandteil bestimmter Opferrituale bzw. sogar selbst als ein getanztes Opfer betrachtet werden. Zu ihnen gehören der Rejang, der Pendet (oder Mendet), der Baris Gede und einige Trance-Tänze wie Sanghyang und Calonarang. Die Mehrzahl der Wali-Tänze stammt noch aus prähinduistischer Zeit. Mit Ausnahme des Baris Gede unterscheiden sie sich von späteren Tänzen durch einen relativ einfachen Bewegungsablauf, der keine besondere Ausbildung erfordert.

- Die zweite Gruppe *(Bebali)* umschließt **weniger heilige Tanzaufführungen** und Tanzdramen, die entweder im mittleren Hof des Tempels *(Jaba Tengah)* oder an den Fürstenhöfen dargeboten werden. Bebali-Aufführungen folgen hindu-balinesischer / hindu-javanischer Hoftradition und sind vorzugsweise in Zusammenhang mit Manusia Yadnya-Riten (Übergangs- oder Durchgangsriten) zu sehen. Zur Gruppe der Bebali zählen das Gambuh-Tanztheater, der Topeng Pajegan-Tanz und das Wayang Wong.

- Die dritte Kategorie *(Balih-Balihan)* umfasst alle mehr oder weniger **weltlichen Tänze**. Sie mögen noch eine religiöse Bedeutung haben und werden deshalb oft bei einem Tempelfest aufgeführt, und zwar im Tempelvorhof *(Jaba)*, können aber ebenso gut auch an jedem anderen Ort gezeigt werden, z. B. im Bale Banjar oder auf einer Bühne vor zahlenden Zuschauern. Ständig werden neue Tänze kreiert. Die Tänze sind meist jüngeren Datums, lassen aber z. T. deutlich erkennen, dass sie aus alten Ritualtänzen abgeleitet wurden. Dazu gehören z. B. der Legong Kraton und der Kecak, das Ramayana-Ballett und die Arja-Volksoper, der Solo Baris, der Topeng Panca und der Jauk, der Joged, der Kebyar Duduk, der Oleg Tambulilingan usw.

Gamelan-Orchester

Auch das Schattenspiel Wayang Kulit fällt in die Gruppe der Balih-Balihan. Schließlich ist das Schattenspiel, das gewöhnlich von vier Musikern begleitet wird, der Vorläufer sämtlicher balinesischer (und javanischer) Theaterformen.

Die wichtigsten Tänze und Tanzdramen
Wayang Kulit

Die Wayang (= Theater)-Aufführungen sind ein typischer Aspekt der javanischen Kultur. Wayang Kulit, das Schattenspiel mit flachen, bemalten Lederpuppen, gilt als die älteste Form. Bereits aus vorhinduistischer, animistischer Zeit sind Vorgänger der heutigen Puppen überliefert. Nach dem Tod bedeutsamer Führer blieb man mit ihnen über ein Medium, dem Puppenspieler *(Dalang)*, in Verbindung. Über die Puppen konnte er die Botschaften der Geister den Lebenden mitteilen.

Selbst heute noch führt man in Krisensituationen das Wayang Kulit auf, um sich von der Magie der Schatten inspirieren zu lassen.

Als der Hinduismus Java erreichte, verlor das Schattenspiel zwar etwas von seiner magischen Funktion, stellte aber die großen hinduistischen Epen *Ramayana* und *Mahabharata* dar und wurde zum allgemeinen Vergnügen der Bevölkerung aufgeführt. Die hinduistischen Inhalte haben den Islam überlebt. Daneben wurde die Islamisierung des Landes selbst zum Thema des Wayang, ebenso wie Volksmärchen, biblische Themen und – in jüngerer Zeit – der Unabhängigkeitskampf des indonesischen Staates. Von Zentral-Java aus verbreitete sich das Wayang Kulit in abgewandelter Form über die anderen Inseln. Vor allem in Ost-Java und Bali ist es noch weit verbreitet.

Der Dalang, der gleichzeitig Erzähler, Darsteller und Leiter des Begleitorchesters ist, wird immer noch hoch geachtet. Er sitzt bei einer Vorführung hinter einer weißen Leinwand, über ihm eine Lampe, die von hinten die Schattenspielfiguren erleuchtet. Die Puppen sind auf einem Bananenstrunk aufgesteckt – auf einer Seite die guten, auf der anderen Seite die bösen Figuren.

Zu Beginn der Vorführung wird in die Mitte der Bühne ein Gunungan, eine bergähnliche, spitz zulaufende Figur, gesetzt, die den Lebensbaum symbolisiert.

Während der Vorstellung bilden zwei dieser Figuren den Bühnenabschluss. Der Dalang sitzt mit gekreuzten Beinen hinter der Leinwand. Über Stunden erzählt er mit verschiedenen Stimmen die Geschichte von Helden und schönen Frauen, hält das Publikum in Spannung, lässt die Puppen auf der Bühne agieren und bedient gleichzeitig mit den Füßen eine Rassel, womit besonders aktionsgeladene Szenen unterstrichen werden. Dialoge verschiedener Akteure werden durch einen dumpfen Schlag mit einem Holzhammer getrennt.

Die Handlung wird von einem Gamelan-Orchester begleitet, das hinter dem Dalang sitzt.

Auf Java nimmt das Publikum bei traditionellen Vorführungen je nach Geschlecht verschiedene Plätze ein. Nur die Frauen sitzen vor der Leinwand und können die Schatten sehen. Männer beobachten das Geschehen von der anderen Seite, wo sie neben den bunten Puppen den Dalang und das Orchester beobachten können. Auf Bali sitzen alle Zuschauer vor der Leinwand. Normalerweise dauert eine Aufführung etwa 2–4 Stunden.

Tänze für Touristen

In den letzten Jahrzehnten hat sich gewissermaßen eine vierte Kategorie von Tanzveranstaltungen entwickelt, für die die Balinesen noch keine eigene Bezeichnung gefunden haben – die Tanzshows für Touristen.

Das sind selbstverständlich keine traditionellen und religiösen Zeremonien mehr, auch wenn die dargebotenen Tänze, ihre Bewegungen und ihre Motive in der Tradition und Religion wurzeln. Die Tanzshows sind keine Aufführungen, die ein Balinese für seine eigenen Zwecke veranstalten würde, und nur selten sind Balinesen unter den Zuschauern zu finden. Es handelt sich dabei ausnahmslos um Darbietungen, die eigens für den Touristengeschmack entworfen wurden, meist eine Zusammenfassung von Ausschnitten und Teilen moderner, traditioneller und sakraler Tänze, stark gekürzt und vereinfacht, sodass die Shows leicht verständlich, aber doch abwechslungsreich bleiben.

Trotzdem können die Aufführungen durchaus von hoher Qualität sein, und wenn man Glück hat, wird die Show an Virtuosität, Dramatik und Ausdruckskraft nichts zu wünschen übrig lassen. Allerdings muss die Echtheit von Trance-Zuständen bei Touristenshows bezweifelt werden – schließlich sind solch heilige Angelegenheiten für die Götter und nicht für zahlende Touristen bestimmt –, aber die Balinesen sind verblüffend gute Schauspieler.

Die Tanzshows für Touristen bieten einige Vorteile: Sie finden in der Nähe von Touristenzentren statt, beginnen pünktlich zu einer festgelegten Uhrzeit, dauern selten länger als eine Stunde und können von Touristen problemlos ins Tagesprogramm eingebaut werden. Es gibt genügend Sitzplätze, und man hat immer eine gute Sicht. Dazu verschafft einem das gebotene Repertoire einen recht guten Überblick über die Vielfalt balinesischer Musik- und Tanzformen.

Die Balinesen beginnen eine traditionelle Veranstaltung selten zu einer festgelegten Stunde, sondern erst dann, wenn alle das Gefühl haben, dass der richtige Augenblick gekommen ist. Es kann passieren, dass man auf eine für 18 Uhr angesagte Aufführung bis 21 Uhr warten muss, oder dass, wenn man pünktlich um 18 Uhr erscheint, die Aufführung schon längst begonnen hat. Die meisten Veranstaltungen fangen erst gegen Abend an und können, mit Unterbrechungen, bis in die frühen Morgenstunden dauern. Dazu ist man die ganze Zeit von den dicht gedrängten Zuschauern umgeben, die, wenn sie nicht stundenlang stehen wollen, nur die Möglichkeit haben, sich auf den Boden zu setzen. Wem es also an Zeit, Geduld und überdurchschnittlichem Unternehmungsgeist mangelt, der sollte sich besser an die Tanzshows für Touristen halten.

Wayang Kulit-
Schattenspielfigur

Kecak („Affentanz")

Einer der faszinierendsten Tänze Balis und (neben den Sanghyang-Tänzen) der einzige, der ohne Orchesterbegleitung auskommt. Um seinen magischen Charakter voll zum Ausdruck zu bringen, wird er erst nach Einbruch der Dunkelheit aufgeführt. 80–120 Männer, nur mit kurzen, schwarz-weiß karierten Lendentüchern bekleidet, sitzen in mehreren konzentrischen Kreisen um einen freien Platz, in dessen Mitte ein Armleuchter mit Öllämpchen steht.

Auf dem freien Platz führen kostümierte Tänzer und Tänzerinnen in kurzen Szenen die Haupthandlung des Ramayana auf, die Geschichte von Rama und seiner schönen Frau Sita, die von dem Dämonenfürsten Rawana entführt und mit Hilfe des Affengenerals Hanuman gerettet wird (s. S. 139).

Die begleitende Musik liefert der Chor der sitzenden Männer, die Hanumans Affenheer darstellen. Während des gesamten Tanzes, der etwa eine Stunde dauert, stoßen die Männer rhythmische *cak-cak-cak*-Laute aus, unterbrochen von wildem Kriegsgeschrei, Zischen und Summen und einigen melodischen Sequenzen, das Ganze so abwechslungsreich strukturiert wie eine Gamelan-Komposition.

Die Rolle des Clowns

Im Wayang Kulit sind die Figuren sowie die Bemalungen und der Text der Puppen durch das Ramayana vorgeschrieben und dürfen nicht geändert werden. Die Figur des Clowns jedoch ist frei von allen Regeln. Ihm darf man eine riesige rote Nase und abstehende Ohren verpassen. Auch der Text des Clowns kann frei erfunden werden und muss nicht vom Ramayana handeln. Der Clown tritt im Allgemeinen als Vermittler zwischen Puppen und Publikum auf. Wird der Text in Altjavanisch vorgetragen, fungiert der Clown als Übersetzer. Oft lockert er die Stimmung auf und macht sich über die eine oder andere Figur des Ramayana lustig. In spitzfindigen Bemerkungen äußert er sich aber auch über Politik, Berühmtheiten und aktuelle Themen oder kritisiert sie in einer Weise, durch die ihm niemand etwas vorwerfen kann, jeder Zuschauer aber versteht, was gemeint ist. Die Einlagen des Clowns sind wohl auch der Grund dafür, warum so viele Indonesier (und auch Balinesen) mit so viel Begeisterung immer wieder die gleiche Geschichte von Rama und Sita sehen möchten. In unsere europäische Kultur übertragen kann man sich analog eine Aufführung von *Romeo und Julia* vorstellen, die immer wieder durch Kommentare von Harald Schmidt unterbrochen wird.

Die Dramatik wird noch verstärkt durch die ekstatischen Bewegungen des Chors, das gleichzeitige Hin- und Her- und Auf- und Abwogen der Körper, das Schwenken der Arme und das Vibrieren der ausgestreckten Hände.

Der Kecak entwickelte sich aus einem sakralen Trance-Tanz (Sanghyang). In seiner heutigen Form, mit den eingebauten Ramayana-Szenen, wurde der Tanz erstmals 1931 aufgeführt, und zwar für einen Film deutscher Produktion, der, obwohl einer der ältesten, immer noch einer der besten Filme über Bali ist, die je gedreht wurden: „Die Insel der Dämonen" (Produzent, Regie: Victor Baron von Plessen; Kamera: Dr. Dahlsheim; Drehbuch, Choreografie: Walter Spies).

Legong

Der Anfang des 19. Jhs. entstandene Tanz wurde ursprünglich nur an den Fürstenhöfen aufgeführt und diente zur Unterhaltung der Herrscherfamilien. Angeblich waren dem Schöpfer des Legong im Traum einige Himmelsnymphen erschienen, die ihm den Tanz offenbarten. Der Legong verkörpert das balinesische Ideal weiblicher Schönheit und ist der Inbegriff von Anmut und Grazie. Nur sehr junge, hübsche und zart gebaute Mädchen, die unbedingt jungfräulich sein müssen, dürfen ihn tanzen. Bereits im Alter von fünf oder sechs Jahren beginnen sie mit dem anstrengenden, täglichen Training, aber schon mit dem Einsetzen der Menstruation ist ihre Laufbahn beendet, da die Tänzerinnen nun die erforderliche „Reinheit" verloren haben.

Der Tanz wird von drei Mädchen aufgeführt, die in kostbare, golden schimmernde Brokatkostüme gekleidet sind und auf dem Kopf eine kunstvolle, mit Blüten geschmückte Krone tragen. Sie „erzählen" mit stilisierten, auf das feinste und sorgfältigste abgestimmten Gesten und Bewegungen, vor allem der Hände und der Augen, die aus dem 12. Jh. stammende Geschichte des König Lasem, die von der Entführung der Prinzessin Rangkesari und dem daraus resultierenden Krieg berichtet. Im Laufe der Handlung schlüpfen die drei Tänzerinnen fast unmerklich in die unterschiedlichsten Rollen, ohne dabei ihre Kostüme zu wechseln.

Zwei der Mädchen, die eigentlichen Legong, sind völlig identisch gekleidet, sollen sich möglichst ähnlich sehen und führen sogar viele Tanzbewegungen synchron aus. Sie verkörpern die verschiedenen Mitglieder der königlichen Familien. Die dritte Tänzerin, die Condong, stellt eine Dienerin dar.

Der im Legong entwickelte Tanzstil bildet die Grundlage für die Mehrzahl der anderen Mädchen- und Frauentänze Balis. Abhängig von den jeweils dargestellten Episoden sind bis zu 14 verschiedene Versionen des Tanzes bekannt. In den unter dem Titel „Legong-Tanz" aufgeführten Tanzshows für Touristen wird nur eine stark gekürzte Fassung einer dieser Versionen geboten, immer in Kombination mit anderen Tänzen, die in keinem inhaltlichen Zusammenhang mit dem Legong und untereinander stehen. Die Shows beginnen regelmäßig mit dem Willkommenstanz Panyembrama, der sich vom sakralen Opfertanz Pendet ableitet. Dann folgen Fragmente des Legong, des Solo Baris und des Kebyar Duduk, des Topeng oder des Jauk und abschließend noch des Oleg Tambulilingan.

Barong („Kris Tanz") / Calonarang

Kernstück des Tanzdramas, in dem bis zu 20 Akteure auftreten können, ist der ewige Kampf zwischen den entgegengesetzten Kräften des Kosmos, die sich im Barong Ket, einem löwenähnlichen, gutmütigen und menschenfreundlichen Fabeltier und in der furchterregenden Hexe **Rangda** (auch Calonarang genannt) manifestieren. Die Handlung des Dramas ist nicht festgelegt und kann verschiedenen Geschichten folgen. In den Tanzshows für Touristen verwendet man normalerweise eine Episode aus dem Mahabharata, verwoben mit Elementen des klassischen Legong und des Topeng.

Die Aufführungen im Dorf, die ein nächtliches, rein exorzistisches Ritual darstellen und oft auf dem Friedhof stattfinden, sind der Calonarang-Legende entnommen: Mahendradatta, die javanische Prinzessin, die im 10. Jh. den balinesischen König Udayana heiratet, wendet sich in späteren Jahren als Witwe (balinesisch: Rangda) der schwarzen Magie zu und wird zur Hexe Calonarang, die eine Verehrerin der Todesgöttin Durga ist. Da niemand ihre Tochter Ratna Menggali heiraten will, überzieht sie in ihrer Wut das Land mit Seuchen und Katastrophen. Erst dem von ihrem Sohn Airlangga ausgesandten Heiligen und Asketen Empu Barada gelingt es nach langwierigem Kampf mit Hilfe weißmagischer Kräfte, die Witwenhexe in ihre Schranken zu weisen.

Egal, welche Geschichte dem Barong-Rangda-Drama zugrunde liegt, Höhepunkt der Aufführung ist immer die direkte Konfrontation der beiden Mächte: auf der einen Seite die weiße Magie, auf der anderen Seite die schwarze. Keinem gelingt es, den anderen zu besiegen. Das Gute wie das Böse sind untrennbare Aspekte des Kosmos und können im günstigsten Fall nur im Gleichgewicht gehalten werden. Das zeigt sich sehr deutlich in der packenden Schlussszene des Dramas: Der Barong ruft seine Helfer herbei, die Kris-Tänzer, die in Trance mit ihren Waffen die Hexe angreifen. Aber Rangda schlägt einen Bannkreis um sich und verhext die Tänzer, sodass diese ihre Dolche gegen die eigene Brust richten. Doch der gute Zauber des Barong verhindert, dass sie sich verletzen, auch wenn sie mit dem scharfen Kris noch so heftig zustoßen.

Jauk

Im Rahmen des Calonarang-Rituals treten oft einige Dämonen auf, dargestellt von maskierten Tänzern in bizarren Kostümen – die **Jauk**. Man erkennt sie gleich an ihrem hohen, konischen, goldbemalten Kopfschmuck, unter dem langes, zotteliges Haar hervorquillt, an den Handschuhen mit den aufgenähten, extrem langen, künstlichen Fingernägeln und an den hervorstehenden Glotzaugen ihrer Masken. Die Jauk mit der weißen Maske werden auch Sandaran genannt. Sie verkörpern gutmütige Dämonen, während die mit der braunen Maske auf der Seite der Hexe Rangda stehen. Vor dem eigentlichen Kampf zwischen Barong und Rangda kommt es schon zu einer gewaltsamen Konfrontation zwischen den beiden Jauk-Gruppen.

Daraus hat sich ein eindrucksvoller Solotanz entwickelt, der in seinen Bewegungen fast mit dem Solo Baris identisch ist. Der Tänzer ist an keine Spielhandlung gebunden und hat viel Raum für Improvisation, um das Dämonische seiner Erscheinung, die unheilvolle, drohende Kraft herauszustellen. Zögernde, lauernde Schritte wechseln mit wilden Sprüngen und Drehungen, unterstrichen vom hypnotischen Blick seiner starren Augen und dem ständigen Vibrieren seiner langen Fingernägel. Da er das Geschehen alleine bestimmt, hat sich die Musik nach dem Tänzer zu richten.

Baris

In seiner ursprünglichen Form ist **Baris Gede** ein sakraler Tempeltanz, der auch bei Kremationen aufgeführt wird. Er stammt noch aus der Zeit, als Balis Könige im ständigen Krieg miteinander lagen und spezielle Opferriten vonnöten waren, um die Götter zu besänftigen.

Der „Tanz der Krieger" wird von einer größeren Gruppe unmaskierter Männer mittleren Alters getanzt, die in weiße oder schwarz-weiß karierte Kostüme gekleidet sind und eine charakteristische, dreieckige Kopfbedeckung aus weißem Tuch tragen. Die bewaffneten Tänzer stehen sich in zwei langen Reihen gegenüber und demonstrieren in heroischen Posen und mit wechselnder Mimik ihren Kampfeswillen, ihren Stolz, ihren Mut und ihre Todesverachtung. Begleitet von einem Gamelan-Orchester, das den Bewegungen der Tänzer folgt, führen die Männer einige militärische Manöver aus, die schließlich in einem Scheinkampf gipfeln.

Der Baris-Tanz erfordert viel Kraft, Konzentration und Körperbeherrschung und ist nur durch langes Training zu erlernen. Je nach Art der getragenen Waffen unterscheidet man bis zu 20 Versionen. Der im Baris entwickelte Tanzstil bildet die Grundlage der meisten Männertänze Balis.

Aus dem Baris Gede ist ein Solotanz hervorgegangen, der im Gegensatz zum sakralen Gruppentanz von meist jungen Tänzern dargeboten wird. Der **Solo Baris** ist eine verfeinerte Form des Baris Gede. Hier wird noch mehr Wert auf den wechselnden Ausdruck des Gesichts gelegt, in dem sich die gemischten Gefühle eines jungen Kriegers widerspiegeln, der sich auf seine erste Schlacht vorbereitet.

Topeng

Man unterscheidet zwei Arten von Topeng-Tänzen: Topeng Pajegan und Topeng Panca – Topeng ist das indonesische Wort für Maske. Der **Topeng Pajegan** ist ein rituelles Tanzdrama, das nur im Zusammenhang mit religiösen Zeremonien aufgeführt wird. Die verschiedenen Themen des Topeng entstammen balinesischen Geschichtschroniken, die von den Taten und Untaten der Fürstenfamilien berichten.

Ein einzelner Tänzer / Schauspieler verwandelt sich in die unterschiedlichsten Charaktere, indem er vor den Augen des Publikums die Masken wechselt. Mal ist er ein Prinz, mal ein Clown, dann wieder eine Prinzessin, ein Diener oder ein alter Mann – ein Topeng-Tänzer hat bis zu 30 Masken zu seiner Verfügung, muss also ein wahrer Virtuose sein. Einige der Masken sind Vollmasken, andere dagegen Halbmasken, die es dem Tänzer erlauben, seine Charaktere sprechen zu lassen. Die dargestellte Geschichte ist im Topeng Pajegan zweitrangig. Wichtig ist nur, dass auch die letzte Maske, genannt Sida Karya, zum Einsatz kommt. Denn diese letzte Maske gilt als besonders heilig und magisch geladen, ihr Erscheinen garantiert, dass die Zeremonie den gewünschten Erfolg hat.

Demgegenüber dient der **Topeng Panca** mehr der Unterhaltung. *Panca* bedeutet „fünf", was darauf hindeutet, dass bei dieser Form des Topeng-Tanzes mehrere Akteure auftreten, wenn auch nicht unbedingt fünf. Der Topeng Panca schöpft seine Themen aus den gleichen Quellen wie der Topeng Pajegan, verzichtet aber auf die heilige Sida Karya-Maske. Zudem wechseln die Darsteller ihre Masken nicht vor den Zuschauern, sondern hinter einem Vorhang, durch den sie dann immer wieder in neuer Gestalt erscheinen und dabei ihren Auftritt dramatisch verzögern, indem sie den Vorhang erst nur leicht bewegen, dann eine Hand, dann das Gesicht und endlich ihre ganze Gestalt sichtbar werden lassen.

Eine wichtige Rolle im Topeng Panca spielen die Clowns, die gewöhnlich Halbmasken tragen und das Geschehen mit witzigen Bemerkungen kommentieren. Bei den Legong-Tanzshows für Touristen ist häufig ein kleiner Ausschnitt aus dem Topeng zu sehen, meist nur eine einzige Maske, nämlich die Topeng Tua, die einen alten Mann darstellt.

Sanghyang

Das Wort bedeutet „von einem Geist besessen". Unter diesem Sammelbegriff fasst man einige Trance-Tänze zusammen, die nur bei Bedarf, nämlich zur Abwehr von Gefahr und Unheil aufgeführt werden. Durch den monotonen Gesang eines Frauenchors bzw. durch rhythmische *cak-cak-cak*-Laute eines Männerchors werden die Tänzer oder Tänzerinnen in Trance versetzt und die gewünschten Geister herbeigelockt. Zwei der Trance-Tänze werden in verkürzter Version regelmäßig vor Touristen aufgeführt, wobei von einer echten Trance aber nicht mehr die Rede sein kann:

Sanghyang Dedari: Himmelsnymphen (Dedari) lassen sich in den Körpern von zwei jungen Mädchen nieder, die in Legong-Kostüme gekleidet sind. Mit geschlossenen Augen tanzen die Kinder auf den Schultern von Männern oder auf dem Boden in meist völlig synchronen Bewegungen Motive des Legong, obwohl sie nie darin ausgebildet wurden. Sobald der begleitende Männer- oder Frauenchor den Gesang abbricht, stürzen die Mädchen bewusstlos zu Boden. Ein Priester holt sie mit Gebeten und durch Besprengen mit heiligem Wasser wieder aus der Trance zurück.

Sanghyang Jaran *(fire dance):* Drei oder vier Männer werden von einem Geist besessen, der sich wie ein wild gewordenes Pferd benimmt. Die Männer reiten auf Steckenpferden ekstatisch kreuz und quer über den Platz und laufen dabei mit nackten Füßen immer wieder über einen Haufen glühender Kokosschalen, dass die Funken nach allen Seiten auseinanderstieben.

Kebyar Duduk

Der Solotanz eines jungen Mannes, der in überwiegend sitzender oder hockender Haltung dargestellt wird *(duduk* = sitzen), begleitet von den dynamischen Klängen des Gamelan Gong Kebyar. Dem Tänzer bleiben also nur die Bewegungen des Oberkörpers, der Arme, der Schultern, der Hände und des Kopfes und vor allem sein sich ständig veränderndes Mienenspiel, um die wechselnden Stimmungen eines Jünglings in der Pubertät auszudrücken.

Bis heute unübertroffener Meister des Kebyar Duduk, der ein hohes Maß an schauspielerischem Talent und Virtuosität voraussetzt, war der inzwischen verstorbene Tänzer Mario aus Tabanan, der den Tanz selbst Mitte der 20er-Jahre kreiert hat – jeder Balinese kennt noch heute seinen Namen.

Oleg Tambulilingan

Der „Hummeltanz" ist ebenfalls eine Kreation des talentierten Mario und entstand 1953, um das Programm einer balinesischen Tanzgruppe anlässlich einer Europa- und Amerika-Tournee zu vervollständigen. Obwohl vorrangig für ein westliches Publikum gedacht, erfreut sich der Tanz auch bei den Balinesen großer Beliebtheit. Ein Tänzer und eine Tänzerin (oder zwei Tänzerinnen, eine davon übernimmt dann die männliche Rolle) stellen das Liebeswerben eines Hum-

Das Ramayana

Dasarata, der König des Reiches Kosala, hat vier Söhne von unterschiedlichen Frauen seines Harems. Als er altert, bestimmt er seinen ältesten Sohn **Rama** zu seinem Nachfolger. Doch die Mutter von Barata, einem jüngeren Sohn, will nur ihren Sohn auf dem Thron von Kosala sehen und erinnert den König an ein lange zurückliegendes, doch bindendes Versprechen. Dadurch wird Barata gegen seinen Willen zum König, und sein Bruder Rama wird für 14 Jahre in die Verbannung geschickt.

Zusammen mit seiner schönen Frau **Sita** und seinem Bruder Laksmana lebt er in den Wäldern von Dandaka – bis **Rawana**, der Dämonenkönig, ihr Versteck entdeckt und von der Schönheit Sitas geblendet ist. Er beschließt, sie zu rauben.

Beide Brüder lockt er durch eine List von der Hütte weg, indem er sich in ein wunderschönes, goldenes Reh verwandelt. Die zurückgebliebene Sita ist schutzlos dem Dämonen ausgeliefert, der sich nun in einen Riesenvogel verwandelt und sie in seinen Krallen über Berge und Meere in sein Reich Alengka davonträgt. Vom König der Vögel erfahren die beiden Brüder vom Schicksal Sitas und beschließen, sie zu retten.

Unterwegs begegnen sie dem weißen Affengeneral **Hanuman**, dem sie helfen, sein Reich zurückzuerobern. Als Dank dafür will er Rama helfen, seine Frau aus der Gewalt des Dämons zu befreien. Er geht als Kundschafter nach Alengka und muss viele Gefahren überstehen, bis er Sita im Palast von Rawana entdeckt.

Durch die Ankunft des weißen Affengenerals verbreitet sich Furcht unter der Bevölkerung des Dämonenreiches. Hanuman wird gefangen genommen, kann sich jedoch wieder befreien und hinterlässt bei seiner Flucht eine niedergebrannte Stadt. Rama ist glücklich, dass Sita noch am Leben ist.

Die gegnerischen Truppen rüsten sich zum Angriff. Die ersten Kämpfe werden von Ramas Truppen gewonnen.

Rawana selbst ist allerdings durch einen Zauber unsterblich geworden. Bei der entscheidenden, letzten Schlacht kann Hanuman diesen Zauber brechen, und Rawana fällt, getroffen von Ramas Pfeil, tödlich verwundet zu Boden.

Rama und Sita kehren zurück in ihr Reich, wo sie als Regenten nach 14-jährigem Exil freudig aufgenommen werden.

Doch es dauert lange Zeit und braucht viele Beweise, bis Rama endlich von der Treue seiner Frau während ihrer Zeit im Dämonenreich überzeugt ist.

---

mel-Jünglings um eine weibliche Hummel dar.

Nach einem koketten Solo der weiblichen Hummel kommt der Hummel-Jüngling hinzu, das Flirten und Umwerben beginnt, langsam kommen sie sich näher, der Flirt wird immer leidenschaftlicher und gipfelt im Happy-End: Das Paar verlässt gemeinsam die Bühne.

Joged Bumbung

Nur eine von vielen Versionen des Joged-Tanzes, die alle reine Unterhaltungstänze sind und eines gemeinsam haben: die Teilnahme von Zuschauern. Fünf oder sechs relativ einfach kostümierte Tänzerinnen einer halbprofessionellen Tanzgruppe tanzen einzeln und der Reihe nach einige Motive des Legong und fordern durch Berühren mit einem Fächer männliche Zuschauer auf mitzutanzen. Da die meisten Balinesen die grundsätzlichen Tanzbewegungen beherrschen, entwickelt sich daraus oft ein bemerkenswert künstlerisches Tanzduett, das nicht selten erotische Züge annimmt. Wenn der ausgewählte Partner aber ein ungeübter und ungelenker Ausländer ist, steigert sich der Tanz zu einer grotesken Komödie, sehr zum Vergnügen der Zuschauer. Der Joged Bumbung wird von einem Bambus-Gamelan begleitet.

Arja und Drama Gong

Zwei Formen der balinesischen Volksoper, die sich aus dem Gambuh entwickelt haben. Die Tanzbewegungen und die Instrumentalmusik treten etwas in den Hintergrund, dafür wird mehr Gewicht auf die gesungenen oder gesprochenen

Texte gelegt. Die Sprache ist Hochbalinesisch, das von den Clowns ins Niederbalinesische übersetzt wird.

Die Themen bei Arja / Drama Gong stammen wie beim Gambuh oft aus dem Malat, aber auch aus dem Mahabharata oder aus der Jayaprana-Legende. Arja-, Drama Gong- wie auch Gambuh-Aufführungen können mitunter eine ganze Nacht dauern.

Gambuh

Ein traditionelles Tanzdrama im klassischen Stil, das schon über 400 Jahre alt ist und von dem alle anderen Tänze, Tanzformen und -traditionen abgeleitet sind.

Dargestellt wird für gewöhnlich eine Episode aus dem **Malat**, einem romantischen Legenden-Zyklus um den Prinzen Panji und seine Braut Candra. Die Tänzer sind nicht maskiert. Gesungen und gesprochen wird in Kawi (Altjavanisch), das natürlich kaum einer der Zuschauer versteht, aber wie immer in solchen Fällen sind da noch die Clowns und Komödianten, die alle Texte auf ihre humorvolle Art ins Balinesische übersetzen. Das Gamelan Gambuh wird von langen, tief tönenden Flöten und der geigenähnlichen Rebab begleitet.

Ramayana-Ballett

Stimuliert von den erfolgreichen javanischen Aufführungen beim Prambanan-Tempel nahe Yogyakarta, schuf Kokar, das balinesische Konservatorium für darstellende Kunst, 1965 eine moderne Adaption des populären Hindu-Epos (s. Kasten).

Es werden natürlich nur kurze Ausschnitte der extrem langen Geschichte gezeigt, die vom Gamelan Gong Kebyar begleitet werden.

Höhepunkt ist immer der dramatische Auftritt des weißen Affengenerals Hanuman. Das Ramayana-Ballett ist bei Touristen und Balinesen gleichermaßen beliebt, es wird auf Bühnen, in Hotels und bei Tempelfesten aufgeführt.

Wayang Wong

Eine ältere Form von Tanzdrama, das seine Themen ausschließlich aus dem **Ramayana** schöpft und an das Wayang Kulit anknüpft: Die Tänzer personifizieren quasi die Lederpuppen des Schattenspiels. Die „Bösen" betreten den Tanzplatz von links, die „Guten" von rechts. Bis auf die edleren Charaktere wie Rama, Sita und Laksmana tragen alle Akteure (50–100 Personen) Masken. Gesungen und gesprochen wird in Kawi, das wiederum von Komödianten übersetzt wird.

Das Wayang Wong wird ausnahmslos im Zusammenhang mit Tempelfesten oder religiösen Zeremonien aufgeführt und übernimmt dabei die Rolle eines exorzistischen Rituals. Schließlich gipfelt ja das Ramayana in einer Dämonenaustreibung: Rama, eine Inkarnation des Gottes Wishnu, besiegt mit Hilfe von Hanuman und dessen Affenheer den Dämonen Rawana.

Süd-Bali

Stefan Loose Traveltipps

Denpasar Die Kunst- und Kulturschätze im Bali Museum und im Taman Werdi Budaya Art Center bestaunen. S. 142

1 Kuta Einen Surfkurs belegen und zum ersten Mal auf dem Brett über das Wasser gleiten. S. 148

2 Seminyak Das ausschweifende Nachtleben genießen. S. 163

Pura Luhur Uluwatu Den kleinen, aber bedeutenden Tempel in spektakulärer Lage besichtigen. S. 178

Angelockt von den tropischen Stränden und der hochentwickelten Infrastruktur, wohnen die meisten Touristen in der Gegend um Denpasar. Hier, wo sich Bali am stärksten verändert hat, liegen die Badeorte Sanur, Nusa Dua, Seminyak, Legian und Kuta sowie der Internationale Flughafen.

Besonders in Kuta, aber auch in den anderen Orten, ausgenommen das luxuriöse Nusa Dua, gibt es alles, was das Touristenherz begehrt: Hotels in jeder Preiskategorie, Souvenirgeschäfte, Boutiquen, Restaurants, Nachtclubs und Bars. Nur einsame Sandstrände wird man in den touristischen Zentren Süd-Balis kaum mehr entdecken.

Im Westen der Region überwiegen steile Klippen, die von der starken Brandung umspült werden. Im Osten dehnen sich unzugängliche Mangrovensümpfe aus. Bis auf die trockene und staubige Bukit-Halbinsel mit dem Touristenresort Nusa Dua ist die fruchtbare Ebene im Süden sehr dicht besiedelt. Entsprechend chaotisch ist der Verkehr hier.

Denpasar

Denpasar, bei Balinesen auch unter dem alten Namen „Badung" bekannt, ist mit fast einer halben Million Einwohnern die größte Stadt der Insel und gleichzeitig die Hauptstadt der Provinz Bali. Sie vereint all das, was man sich unter Bali nicht vorstellt: Lärmende Motorroller, Bemos und Minibusse, die kreuz und quer durch das Einbahnstraßenlabyrinth der Stadt kurven, Hektik und über allem liegender Abgasgestank. Neuerdings umgeht der Jl. By Pass Ngurah Rai die Stadt in einem weiten Bogen, und zahlreiche Geschäfte haben sich daran angesiedelt.

Besucher, die eher an Kunst, Kultur und Museen als an Strandurlaub interessiert sind, sollten einen kurzen Aufenthalt in Denpasar einplanen. Allein für das **Bali Museum** lohnt eine Fahrt nach Denpasar. Es wurde 1932 von Holländern im traditionellen balinesischen Stil der Tempel und Paläste erbaut. Die Ausstellungsstücke vermitteln einen guten Überblick über die Entwicklung der Kunst von prähistorischer Zeit bis heute. Besonders schön ist die Sammlung von Tanzmasken. Das Museum liegt am östlichen Puputan-Platz, ✆ 0361-222680, ⏱ So, Di–Do 8–15, Fr 8–12.30 und Sa 8–15 Uhr, Mo und feiertags geschlossen.

Direkt neben dem großen Bali Museum steht der Tempel **Pura Jagatnata**. Er ist der obersten hinduistischen Gottheit Ida Batara Sang Hyang Widhi Wasa gewidmet, dessen goldene Statue im Tempel zu sehen ist. Pura Jagatnata, ein Staatstempel, feiert sein Odalan nicht wie sonst üblich nach dem Pawukon-Kalender (210 Tage), sondern nach dem Saka-Kalender, einmal im Jahr während des Vollmondes *(Purnama)* im Oktober / November.

Einen längeren Besuch lohnt das **Taman Werdi Budaya Art Center** an der Jl. Bayusuta (Jl. Sanur, Ecke Jl. Nusa Indah), ca. 2 km östlich vom Bali Museum. Eine schöne Anlage mit viel Grün, kleinen Teichen, Ausstellungsräumen und einer großen Bühne, auf der Tänze aufgeführt werden. Gelegentlich wird hier auch der *Kecak*-Tanz gezeigt. In Vollmondnächten werden auf der Freilichtbühne Ardha Candra aufwendige Aufführungen dargeboten, ⏱ Mo–Fr 8–14, Sa und So 8–12 Uhr, Eintritt 2000 Rp.

Seit 1979 findet im **Art Center** jedes Jahr im Juni und Juli ein mehrwöchiges Kunstfestival statt. Auf dem Programm stehen u. a. Tanz-, Musik- und Theaterdarbietungen, umfangreiche Ramayana- und Mahabharata-Ballettaufführungen und Ausstellungen sämtlicher Handwerkskünste, die für Bali typisch sind. Das Festival ist nicht nur eine Touristenattraktion, sondern spielt auch eine wichtige Rolle für die Erhaltung und Weiterentwicklung der balinesischen Kunst und Kultur. Das aktuelle Programm findet man unter 🖥 www.baliartsfestival.com.

Eine ähnliche Funktion erfüllt die nationale Tanzakademie **Asti (Akademi Seni Tari Indonesia)** hinter dem Art Center. Hier werden auf Universitätsebene Studenten (auch Ausländer) in Tanz, Musik und Schattenspiel unterrichtet. Ein Abschluss an der Akademie wird mit statusträchtigen Titeln wie Bachelor of Arts *(Sarjana Muda)* und Master of Arts *(Seniman Seni Tari)* belohnt.

Auf nicht ganz so hoher Ebene unterrichtet man Tanz und Musik am **Kokar**, dem Konservatorium für darstellende Künste in Batubulan, 8 km

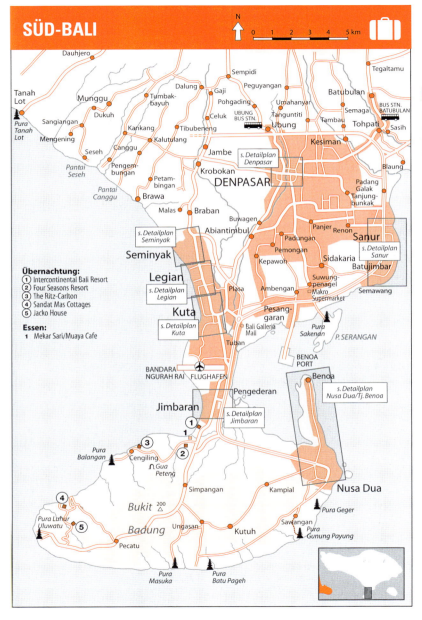

nordöstlich von Denpasar an der Straße nach Ubud. In beiden Schulen, Asti und Kokar, kann man angehenden Künstlern bei den Proben zusehen.

Das **IHD (Institute Hindu Dharma)** bemüht sich um die Balinesische Religion, sowohl wissenschaftlich als auch spirituell. Den Studenten und angehenden Tempelpriestern steht eine ausgezeichnete Bibliothek zur Verfügung. Das 1963 gegründete Religionsinstitut befindet sich in Tembau, Penatih, einem nordöstlichen Vorort von Denpasar.

Einen Abstecher wert ist auch der **Pasar Burung Satria (Vogelmarkt)**. Hat man die zahlreichen offenen Läden passiert, so erreicht man ein mit Pavillons und blühenden Bäumen gesäumtes Tempelgelände, das wie eine Oase der Stille inmitten des lebendigen Kampung wirkt, Jl. Veteran, nördlich von Jl. Kedondong.

Übernachtung

Die Hotels in Denpasar sind nicht so gut besucht wie in anderen Orten Balis. Trotzdem gibt es hier für jeden Geldbeutel das passende Zimmer. Bei den meisten Hotels ist das Frühstück nicht inklusive.

Nahe dem Vogelmarkt

Nakula Familiar Inn, Jl. Nakula 4, ✆ 0361-226446, ✉ nakula_familiar_inn@yahoo.com. Gepflegtes, ruhiges Hotel mit Garten in der zentralen Altstadt. Große Zimmer mit Du/WC, Ventilator oder AC, Balkon oder Privatterrasse, ohne Frühstück. Der kontaktfreudige Besitzer hat Stadtpläne und zahlreiche Informationen. ❶–❷

Hotel Adi Yasa, Jl. Nakula 23, ✆ 0361-222679. Einfache Zimmer mit Mandi/WC, Terrasse, ohne Frühstück. Bewährt bei Travellern, die einen Ort zum Wäschewaschen suchen. ❶

Nördlich des Bali Museums

Hotel Wito, Jl. Kepundung 62, ✆ 0361-222976, ✆ 256374, ✉ witomi@indosat.net.id. 2-stöckiges Hotel um einen kleinen, begrünten Innenhof. Alle Zimmer sind sauber, mit Du/WC, Warmwasser, AC, TV, Telefon und Frühstück. Freundliche Besitzer. ❷

Über den Dächern der Stadt

Hotel Santhi, Jl. Patih Jelantik 1, ✆ 0361-224183, ✆ 264324, 🖥 www.hotelsanthi.com. Hotel mit einem älteren auf der einen und einem modernen, hohen Gebäude auf der anderen Straßenseite. Die Zimmer haben Du oder Bad/WC, Warmwasser, AC, TV, Telefon und Frühstück. Manche haben eine Pantry-Küche und einen super Ausblick über die Dächer von Denpasar. Pool, Businesscenter, WLAN und organisierte Touren. ❸–❹

Im Süden der Stadt (Stadtteil Sanglah)

Hotel Ratu, Jl. Yos Sudarso 4, ✆ 0361-226922, ✆ 247419, ✉ qh_bali@yahoo.com. Das majestätische ehemalige Queen Hotel bietet 36 Zimmer mit Du oder Bad/WC. Einige haben Warmwasser, AC, TV, Terrasse und Frühstück. Große Lobbybereiche im Freien. ❶–❷

Essen

Im Stadtgebiet gibt es überall kleine Warung und Restaurants mit preiswertem Essen.
Im großen Marktgebäude *(Pasar Badung)* in der Jl. Gajah Mada, Ecke Jl. Sulawesi gibt es einige billige Restaurants. Hier findet auch ein Nachtmarkt statt.
Ein weiterer Nachtmarkt befindet sich im Norden, am Sportstadion, Jl. W. R. Supratman, Ecke Jl. Melati.
Wer gut essen gehen will, kann sich auf der Jl. Gajah Mada oder der Jl. Teuku Umar umsehen.
Warung Satria, Jl. Kedondong 11, in der Nähe vom Vogelmarkt. Hier gibt es balinesische Gerichte für den großen Hunger zu kleinen Preisen.
McDonalds, Jl. Sudirman 20, im NDA Pasaraya Shopping Center.

Einkaufen

Die Geschäfte in der **Jl. Gajah Mada** und der **Jl. M. H. Thamrin** verkaufen Textilien, Holzschnitzereien und andere (un)brauchbare Souvenirs. In der **Jl. Sulawesi** findet man balinesischen

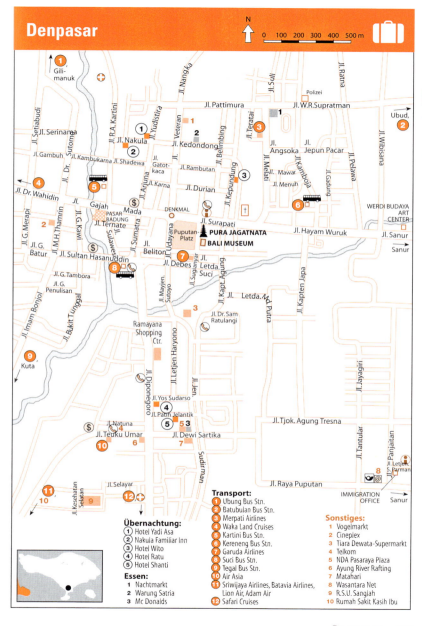

Denpasar, Taman Werdi Budaya Art Center

Schmuck, Lederarbeiten und Schneider. Waren des täglichen Bedarfs bekommt man günstig im **Tiara Dewata Supermarket**, Jl. Mayjen, Sutoyo.
Ein großes **Einkaufszentrum** mit Einzelläden liegt an der Jl. Diponegoro.
Matahari und **NDA Pasaraya**, zwei weitere Shopping Center befinden sich nicht weit von hier in der Jl. Dewi Sartika.

Sonstiges

Geld
Alle Banken haben Geldautomaten. Wer Bargeld oder Reiseschecks tauscht, sollte die variierenden Wechselkurse beachten.
Bank Negara Indonesia (BNI), Jl. Gajah Mada 30, ☏ 0361-227321.
Bank BCA, Jl. Sultan Hasanuddin 58, ☏ 0361-431012.
Citibank, Jl. Teuku Umar, ☏ 0361-269999.
Die meisten Banken öffnen Mo–Fr 8–17 Uhr, wobei die Kassenschalter bereits gegen 15 Uhr schließen.

Informationen
Bali Government Tourism Office, Jl. Letjen. S. Parman, Niti Mandala, ☏ 0361-222387, 🖥 www.balitourismauthority.net. Hier gibt es eine Karte der Insel, aktuelle Informationen und den Calendar of Events, in dem alle Feste aufgelistet sind. ⏲ Mo–Do 7–14, Fr 7–13 Uhr.
Denpasar Government Tourism Office, Jl. Surapati 7, ☏/📠 0361-223602, 🖥 pariwisata.denpasarkota.go.id, ⏲ Mo–Do 7.30–15.30, Fr 7.30–13 Uhr.

Internet
In der gesamten Stadt gibt es Internet-Cafés, die pro Stunde 3500–5000 Rp verlangen.

Kino
Cineplex, Jl. M.H.Thamrin. Auch englischsprachige Filme.

Post
Hauptpostamt, in Niti Mandala, Renon, an der Jl. Raya Puputan, ☏ 0361-223565, ⏲ Mo–Do 8–20, Fr 8–11, 14–20, Sa bis 15 Uhr. Zu erreichen

mit einem Minibus ab Busstation Kereneng für 5000 Rp.

Nahverkehr

Innerhalb von Denpasar fahren **Bemos**. Sie verkehren bis ca. 21 Uhr auf festen Routen mit Endhaltestellen am Krankenhaus, am Markt, an den Busstationen und an der Jl. R. A. Kartini nahe Jl. Gajah Mada. Jede Fahrt kostet 5000 Rp.

Transport

Busse

Busse fahren nur auf den Hauptstrecken: Gilimanuk – Denpasar – Padang Bai und Denpasar – Singaraja – Gilimanuk, oft zum gleichen Preis wie Minibusse.

Minibusse

Minibusse fahren von 6–16 Uhr fast jeden Ort der Insel an. Zu späterer Stunde, oft aber schon ab mittags, muss man auf den meisten Strecken ein Fahrzeug chartern. Die Preise sollten vor jeder Fahrt bei Unbeteiligten erfragt werden. In Denpasar fahren die Busse und Minibusse von verschiedenen Stationen ab.
Hier einige Richtpreise:
Batubulan (Terminal Batubulan, südlich von Batubulan, nach Norden und Osten): AMLAPURA 15 000 Rp, BANGLI 10 000 Rp, CANDI DASA 30 000 Rp (Umsteigen in Padang Bai), GIANYAR 8000 Rp, KERENENG 5000 Rp, KINTAMANI 7000 Rp, PADANG BAI 15 000 Rp, SEMARAPURA (Klungkung) 10 000 Rp, SINGARAJA 25 000 Rp, UBUD 10 000 Rp, UBUNG 5000 Rp.
Kereneng (nur Nahverkehr): BATUBULAN 5000 Rp, SANUR 5000 Rp, TEGAL 5000 Rp, UBUNG 5000 Rp.
Ubung (nördlich von Denpasar, nach Norden und Westen sowie Java, Lombok, Sumbawa und Flores): GILIMANUK 25 000–30 000 Rp, MENGWI 16 000 Rp, NEGARA 20 000 Rp, TABANAN 5000 Rp.
Suci (nach Süden): BENOA 5000 Rp.
Kartini: SANGEH 20 000 Rp.
Tegal: Abzweigung zum Flughafen 5000 Rp, KUTA 5000 Rp, LEGIAN 5000 Rp, UBUNG 5000 Rp, ULUWATU 6000 Rp.

Kuta

In Kuta sind sie alle vertreten: Globetrotter, Pauschalreisende, australische Sonnenanbeterinnen und Javaner, die auf Bali den halbnackten weißen Touristinnen nachschauen möchten. Neben den vielen Surfern und denen, die es noch werden wollen, kommen Rentnerpärchen, Familien und ein bunt gemischtes Partyvolk hierher. Die zahllosen Hotels, Bars, Restaurants, Souvenirstände, Nachtclubs und Surferläden lassen es an nichts fehlen.

Schon 650 Jahre vor dem Zeitalter des Massentourismus erlebte Kuta seine erste große Fremdeninvasion. Wo sich heute sonnenhungrige Urlauber tummeln, betrat Gajah Mada mit seinem Heer die Insel, um sie nach erfolgreicher Eroberung dem Majapahit-Reich einzuverleiben. 1597 landete eine aus drei Schiffen bestehende holländische Handelsexpedition unter dem Kommando von Cornelius de Houtman vor Kuta. Sie hatten eine ziemlich erfolglose, von Mord und Meuterei geprägte Reise hinter sich, zur damaligen Zeit nicht ungewöhnlich. Bemerkenswert ist aber, dass dies der erste Kontakt Balis mit seinen späteren Kolonialherren gewesen sein muss.

Holländischen Chroniken zufolge entwickelte sich Kuta im 17. und 18. Jh. zum wichtigsten Hafen für Balis Sklavenhandel. Ein- bis zweitausend Balinesen wurden jährlich nach Java und zu anderen Inseln exportiert, ein Handel, an dem nicht zuletzt Balis Herrscher gut verdienten. Erst im 19. Jh. als die Rajas merkten, dass mit dem Verkauf von Naturprodukten an die Holländer noch mehr zu verdienen war, schlief der Sklavenhandel langsam ein.

Erste ausländische Handelsniederlassungen entstanden zu dieser Zeit an Kutas Küste. Sie wurden von den Balinesen geduldet, da diese Gegend für sie schon immer eine Art Niemandsland war: Ausgestoßene und Aussätzige zogen sich hierher zurück. Kutas Bevölkerung bestand in jenen Tagen aus einigen tausend Bauern und Fischern, Kaufleuten und Sklavenhändlern, Gesetzesbrechern, Verbannten und Aussteigern.

Obwohl in den 30er-Jahren des 20. Jhs. schon etwa 100 Touristen pro Monat nach Bali kamen, schlief Kuta zu dieser Zeit wieder einen Dorn-

Mads Johansen Lange

Der berühmteste und erfolgreichste unter den ausländischen Händlern Kutas war der Däne Mads Johansen Lange, der von 1839 bis 1856 hier lebte. Lange bezahlte seine Einkäufe auf Bali mit chinesischen Kepeng-Münzen (mit einem Loch in der Mitte zum Auffädeln), der damals üblichen Währung. Der Däne scheint riesige Mengen dieser Münzen eingeführt zu haben, zweifellos zu einem für ihn äußerst profitablen Kurs.
Der Reichtum ermöglichte Lange ein luxuriöses Leben. Sein palastähnliches Anwesen beherbergte ständig angesehene Gäste, auch balinesische Adlige, die mit Dinner-Partys unterhalten wurden. Mads Lange wurde während eines Besuchs bei einem einheimischen Prinzen vergiftet. Sein Palast stand ungefähr da, wo heutzutage der Nachtmarkt abgehalten wird. In der Nähe, auf einem Chinesen-Friedhof, findet man sein Grab und eine Gasse mit dem Namen Gang Tuan Lange.

röschenschlaf. Robert Koke, der 1936 das erste Hotel am Strand, das Kuta Beach Hotel, erbaute, sah „einen meilenlangen Sandstrand, gesäumt von Palmen, und keine Spur menschlicher Besiedlung, so weit das Auge reicht."

Anfang der 40er-Jahre waren die Touristenziffern schon auf 250 pro Monat geklettert, aber mit der japanischen Invasion fand der Tourismus zunächst ein jähes Ende. Das erste Kuta Beach Hotel, schon damals im balinesischen Bungalow-Stil gehalten, wurde restlos zerstört. Das neue, 1955 errichtete Hotel gleichen Namens liegt einige 100 m vom alten Standort entfernt.

Das ehemalige romantische Fischerdorf Kuta am kilometerlangen, menschenleeren Sandstrand hat sich in eine quirlige Touristenstadt verwandelt. Zuerst kamen einige Hippies, billige Unterkünfte entstanden, diese zogen dann mehr und mehr Traveller an. Reiseveranstalter und große Hotels witterten das Geschäft, und mit ihnen kamen die Kurzurlauber. Immer mehr Bungalows und Swimming Pools, klimatisierte Restaurants und schicke Boutiquen sprossen Jahr für Jahr aus dem Boden. Geschäftstüchtige Händler bevölkerten die Straßen und sonnenhungrige Touristen eroberten den Strand für sich.

Mittlerweile hat sich das Touristenzentrum am kilometerlangen Sandstrand so weit nach Norden ausgedehnt, dass die Orte Tuban, Legian und Seminyak förmlich mit Kuta verschmolzen sind. Auch in Canggu, Krobokan und Pantai Seseh sind an den Stränden inzwischen einige Resorts errichtet worden.

Die Jalan Legian ist die Hauptverkehrsader zwischen Kuta, Legian und Seminyak und über viele Kilometer mit kleinen Geschäften und Restaurants gesäumt. Nach dem Bombenanschlag im Oktober 2002 hielten sich Touristen monatelang von Kuta fern. Der einst so quirlige und hektische Ferienort glich mitunter einer Geisterstadt. Sechs Jahre später hat sich die Situation aber vollständig normalisiert: Mittlerweile strömen wieder genauso viele Besucher hierher wie vor den Bombenanschlägen. Und neben den Australiern, Europäern und Japanern reisen immer mehr Besucher aus Taiwan und Südkorea nach Süd-Bali. Als Folge des Bombenanschlags gibt es heute in vielen Hotels, Restaurants und Nachtclubs Sicherheitskontrollen, die aber immer sehr freundlich ablaufen.

Das oft ziemlich hektische Touristenleben auf den Straßen mag etwas anderes vermitteln, aber die Balinesen pflegen ihre Kultur, ihre Religion und ihre Traditionen. Die kleinen Opferkörbe vor Tempeln, Geschäften und Haustüren gehören ebenso zum Straßenbild wie die häufigen Prozessionen festlich gekleideter Menschen, die Opfergaben an den Strand bringen. An *Nyepi*, dem balinesischen Neujahr, ist es in Kuta (fast) ebenso still wie überall auf der Insel.

1 HIGHLIGHT

Surfen lernen

Das erste Mal auf einer Welle dahinzugleiten ist ein wunderbares Gefühl, und es gibt wenige Orte auf Bali, an denen man das Surfen so gut erlernen kann wie am Strand von Kuta. Die Wellen sind verhältnismäßig klein und die Strömung einigermaßen vorhersehbar. So wundert es kaum, dass sich gerade hier jede Menge Surfschulen (s. S. 156) angesiedelt haben, die es sich zur Aufgabe gemacht haben, blutige Anfänger zu professionellen Surfern auszubilden.

Die Schulen unterscheiden sich, abgesehen von den günstigsten, nur geringfügig voneinander: Einige sind von Firmen wie Billabong, andere von Rip Curl oder Oakley gesponsert. Alle verfügen über relativ neue und zuverlässige Ausrüstungen und bieten zwei Mal täglich morgens und am frühen Nachmittag ihre Anfängerkurse an. Die genauen Zeiten sind von Ebbe und Flut abhängig. Der Spaß am Surfen wird in den Kursen groß geschrieben, aber natürlich werden auch Verhaltensregeln und Sicherheitsfragen behandelt. Einzelne Gruppen bestehen im Normalfall aus drei Personen und einem Surflehrer. Die Kursgebühr sollte auf jeden Fall auch eine Versicherung enthalten. Fast alle Schulen bieten einen kostenlosen Pick-Up-Service vom Hotel an, sogar von Nusa Dua, Jimbaran oder Sanur aus.

Die körperliche Anstrengung sollte beim Surfen nicht unterschätzt werden: 2 Stunden im Wasser können schon so ermüden, dass das Paddeln und Aufrichten schwer fällt und erste Koordinationsprobleme auftreten. Spätestens dann ist eine Pause angebracht. Auch auf die Sonne sollte man achten: Um einem Sonnenbrand oder sogar -stich vorzubeugen, sollte immer Sonnencreme aufgetragen und alle 1–2 Stunden erneuert werden. Dabei ein Körperteil zu vergessen, kann böse Folgen haben.

Übernachtung

Neben den teuren Luxushotels in Strandnähe gibt es viele kleine Budget- und Mittelklasse-Unterkünfte, oftmals mit ruhigen Innenhöfen im balinesischen Stil. Daneben findet man schöne Bungalowanlagen mit Pool in der mittleren Preisklasse, häufig mit eigenem Restaurant und üppigem Garten. In der Hochsaison (August und Weihnachtszeit) können die Unterkünfte teurer werden oder ausgebucht sein. Es empfiehlt sich in dieser Zeit rechtzeitig zu reservieren. Die Taxifahrer am Flughafen sind oftmals Schlepper, die Reisende in überteuerte Hotels locken und dafür eine Provision kassieren. Man sollte daher unbedingt darauf bestehen, zum Hotel seiner Wahl gebracht zu werden. Eine Auswahl der Unterkünfte von Nord nach Süd:

Budget

Hotel Lusa, Jl. Benesari, ✆ 0361-753714, 765691, 🖳 www.hotellusakuta.com. Dieses pastellfarbene Hotel bietet große saubere Zimmer mit Balkon oder Bungalows mit Terrasse und Telefon, teilweise mit AC. Es gibt einen kleinen Pool. Einsilbiges aber freundliches Personal. ❷–❸

Sari Indah Cottages, Jl. Legian, ✆ 0361-754047. Kleines Hotel, das vorwiegend von jungem Publikum besucht wird. Es hat dunkle, aber kühle Zimmer mit Du/WC und einfacher Ausstattung und einen Garten. ❶

Taman Mekar Beach Inn II, Poppies Lane 2, Gang Gora, ✆ 0361-761912. Backpacker-Unterkunft mit neuen, sauberen Zimmern. Die oberen Stockwerke sind für Nachtschwärmer geeignet, die lieber tagsüber schlafen. Denn in den Abendstunden schallt die Musik vom Sky Garden herüber. Im Garten sitzt ein sprechender Vogel, der jeden Gast mit einem „Morning" begrüßt. ❶

Palm Gardens Taman Nyiur, Poppies Lane 2, ✆ 0361-752198. Nettes, preiswertes und zentral gelegenes Hotel mit einfachen, aber sauberen Zimmern. ❶

Losmen Arthawan, Poppies Lane 2, ✆ 0361-752913. Eine gute Alternative für Leute, die den ganzen Tag außer Haus sind. Einen Garten gibt es nicht, und auch sonst ist wenig Platz. Die Zimmer mit Frühstück sind einfach, sauber, haben alle Du/WC, gute Matratzen und einen hervorragenden Preis. ❶

Das allabendliche Happening

Ein ganz besonderer Genuss ist der Sonnenuntergang in Kuta. Am späten Nachmittag füllt sich der Strand allmählich mit Touristen und Einheimischen. In kleinen Gruppen unterhält man sich, trinkt kühles Bier oder springt noch einmal kurz ins Meer, bevor dann alle gemeinsam über das wunderschöne Naturschauspiel staunen.

Surya Beach Inn, Jl. Legian, ✆/📠 0361-751054. Diese ältere Anlage mit Pool und wortkargem Personal bietet Zimmer mit AC, TV, Telefon, Kühlschrank und Warmwasser-Bad/WC zu einem guten Preis. ❷

Segara Sadhu Inn, Poppies Lane 2, ✆ 0361-759909, ✉ segarasadhu@yahoo.com. Saubere Budget-Unterkunft in der Nähe der Souvenirstände mit ziemlich neuen Zimmern mit Du/WC in einer spartanischen Anlage. ❶–❷

Ronta Bungalows, Gang Ronta, ✆ 0361-754246. In der kleinen, aber feinen Gartenanlage liegen ältere, große Zimmer mit Ventilator und Du/WC, inkl. Frühstück zum günstigen Preis. ❶

New Arena Hotel, Poppies Lane 1, ✆/📠 0361-752974, 💻 www.newarenahotel.com. Die Anlage unter der Leitung eines schrulligen älteren Herrn hat dunkle Zimmer mit Balkon, AC und Warmwasser-Bad/WC. Mit Pool, inkl. Frühstück. ❷

Paradiso Beach Inn, Jl. Legian 61, ✆/📠 0361-752270, ✉ paradisobeachinn@yahoo.com. Die Anlage an der Jl. Legian mit einem Garten, Spa und einem kleinen Pool bietet relativ ruhige Zimmer mit AC, TV, Telefon und Warmwasser-Bad/WC. Hilfsbereites Personal. ❷

Puri Agung Homestay, Gang Ronta, ✆ 0361-750054. Diese Backpacker-Unterkunft in einer etwas engen Anlage hat kleine, aber akzeptable Zimmer mit Ventilator und Du/WC. ❶

Kedin's Inn, Poppies Lane 1, ✆ 0361-756771. Das Hotel bietet in einem Garten mit Pool gelegene saubere, gefliese Zimmer mit Veranda und kleinen Bädern mit Du/WC. Die teureren Zimmer haben AC. Frühstück inkl. ❷

Komala Indah I, Poppies Lane 1, ✆ 0361-751422. Budget-Unterkunft mit 8 einfachen, aber sauberen Zimmern mit Ventilator und Du/WC. Bananen und Tee gibt es den ganzen Tag umsonst. ❶

Kendi Mas Hotel, Jl. Bakung Sari 49, ✆ 0361-750020, 📠 750021. Schöne, verwilderte Hotelanlage mit alten, gut erhaltenen Zimmern im 70er-Jahre-Stil, die etwas muffig, aber mit Ventilator und Bad/WC ausgestattet sind. Mit kleinem Pool und eigenem Opfertempel. Inkl. Frühstück. ❷

Bunut Garden, Jl. Kartika Plaza, Gang Puspa Ayu, ✆/📠 0361-752971, ✉ bunutgarden@yahoo.com. Sehr ruhig wohnt man in diesem Hotel mit lustigem Personal. Die Zimmer sind sauber und mit Ventilator und Bad/WC ausgestattet. Inkl. Frühstück. ❷

Mustika Inn, Jl. Kartika Plaza, Gang Puspa Ayu, ✆/📠 0361-753298. Kleines Hotel, das gute Budget-Zimmer in der Nähe der Sterne-Hotels bietet. Die Zimmer sind zweckmäßig eingerichtet und komfortabel. Die teureren haben AC, TV und Warmwasser-Du/WC. ❷

Dayu Beach Hotel, Jl. Kartika Plaza, Gang Puspa Ayu, ✆ 0361-752263. Ruhiges, kleines Hotel mit Pool abseits der Straße. Geräumige Zimmer mit AC, TV und Warmwasser-Bad/WC. Etwas renovierungsbedürftig. ❷

Mittelklasse

Un's Hotel, Jl. Benesari 16, ✆ 0361-757409, 📠 758414, 💻 www.unshotel.com. Nette kühle Zimmer mit Du/WC, Moskitonetz, TV, Telefon und kostenlosem Internet-Zugang. Teilweise mit AC und Open-Air-Bad. Die Zimmer sind mit Solarheizung für das Warmwasser ausgestattet. Garten mit kleinem Pool. Frühstück inkl. ❸

Kuta Bungalows, Jl. Legian, Gang Benesari, ✆ 0361-7543945, 📠 753748. Bungalowanlage mit Garten und Pool, kleinem Restaurant und Bar. Die 30 Zimmer sind sauber und haben AC, Bad/WC, TV, Minibar, Telefon und eine Veranda. ❸

Hotel Bendesa, Jl. Legian, ✆ 0361-754366, 📠 751358, 💻 www.bendesaaccomodation.com. Weitläufige Anlage mit Pool. Die AC-Zimmer sind neu und hell mit großem Bad/WC und TV. Die Zimmer ohne AC sind älter und lohnen nicht. ❸

Grand Istana Rama Hotel, Jl. Pantai Kuta, ✆ 0361-752208, 📠 753178, 💻 www.grandistanarama.com. Direkt am nördlichen Kuta-Strand befindet sich diese schöne Anlage. Die Zimmer sind sauber und geräumig mit Bädern im Balistil. Pool mit wenig Schatten. ❹

Samsara Hotel & Spa, Jl. Legian 190, ✆ 0361-7477272, 📠 751789, 💻 www.samsarahotel.com. Ein kleines, neues Hotel mit Pool und frischer Atmosphäre. Hier kann man, trotz der Lage direkt an der Jl. Legian, optimal entspannen. Schöne, große Zimmer, modern, mit AC, TV, Minibar und Du/WC. Empfehlenswert. ❸

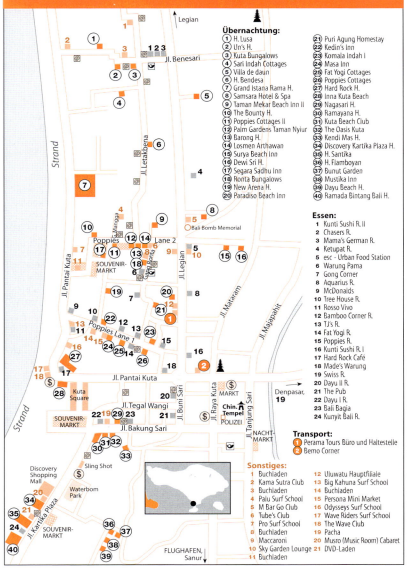

Kuta

Übernachtung:
1. H. Lusa
2. Un's H.
3. Kuta Bungalows
4. Sari Indah Cottages
5. Villa de daun
6. H. Bendesa
7. Grand Istana Rama H.
8. Samsara Hotel & Spa
9. Taman Mekar Beach Inn II
10. The Bounty H.
11. Poppies Cottages II
12. Palm Gardens Taman Nyiur
13. Barong H.
14. Losmen Arthawan
15. Surya Beach Inn
16. Dewi Sri H.
17. Segara Sadhu Inn
18. Ronta Bungalows
19. New Arena H.
20. Paradiso Beach Inn
21. Puri Agung Homestay
22. Kedin's Inn
23. Komala Indah I
24. Masa Inn
25. Fat Yogi Cottages
26. Poppies Cottages
27. Hard Rock H.
28. Inna Kuta Beach
29. Nagasari H.
30. Ramayana H.
31. Kuta Beach Club
32. The Oasis Kuta
33. Kendi Mas H.
34. Discovery Kartika Plaza H.
35. H. Santika
36. H. Flamboyan
37. Bunut Garden
38. Mustika Inn
39. Dayu Beach H.
40. Ramada Bintang Bali H.

Essen:
1. Kunti Sushi R. II
2. Chasers R.
3. Mama's German R.
4. Ketupat R.
5. esc - Urban Food Station
6. Warung Pama
7. Gong Corner
8. Aquarius R.
9. McDonalds
10. Tree House R.
11. Rosso Vivo
12. Bamboo Corner R.
13. TJ's R.
14. Fat Yogi R.
15. Poppies R.
16. Kunti Sushi R. I
17. Hard Rock Café
18. Made's Warung
19. Swiss R.
20. Dayu II R.
21. The Pub
22. Dayu I R.
23. Bali Bagia
24. Kunyit Bali R.

Transport:
1. Perama Tours Büro und Haltestelle
2. Bemo Corner

Sonstiges:
1. Buchladen
2. Kama Sutra Club
3. Buchladen
4. Paiu Surf School
5. M Bar Go Club
6. Tube's Club
7. Pro Surf School
8. Buchladen
9. Maccaroni
10. Sky Garden Lounge
11. Buchladen
12. Uluwatu Hauptfiliale
13. Big Kahuna Surf School
14. Buchladen
15. Persona Mini Market
16. Odysseys Surf School
17. Wave Riders Surf School
18. The Wave Club
19. Pacha
20. Musro (Music Room) Cabaret
21. DVD-Laden

The Bounty Hotel, Poppies Lane 2, ✆ 0361-753030, ℻ 752121, 🖥 www.bountyhotel.com. In diesem 3-Sterne Hotel mit 2 Pools wohnt vor allem das Partyvolk. Das Personal organisiert alles, was man zum Feiern braucht (Partyschiffe, usw.) und nach einer durchzechten Nacht benötigt. Zimmer mit AC, TV, Minibar und Telefon. ❹

Poppies Cottages II, Poppies Lane 2, ✆ 0361-751059, ℻ 752364, 🖥 www.poppiesbali.com. In dieser schattigen Anlage verstecken sich die älteren, aber großen Bungalows mit AC und Du/WC. Der Pool in der nahen Anlage von Poppies Cottages I kann kostenlos genutzt werden. ❸

Barong Hotel, Poppies Lane 2, ✆ 0361-751804, ℻ 761520, 🖥 www.baronghotel.com. Anlage mit Pool und relativ neuen, sauberen und gut ausgestatteten Zimmern mit AC, TV, Minibar und Du/WC. Das Personal lässt sich viel Zeit. ❸–❹

Dewi Sri Hotel, Jl. Legian, ✆ 0361-752555, ℻ 753019, 🖥 www.dewisrihotel.com. In der gepflegten Anlage mit Pool wohnt v. a. junges Publikum. Geräumige und saubere Zimmer mit AC, TV, Minibar, Telefon und Du/WC. ❸

Masa Inn, Poppies Lane 1 27, ✆ 0361-758507, ℻ 752606, 🖥 www.masainn.com. Die große, gepflegte Anlage mit 2 großen Pools und einem Garten ist ideal für Familien mit Kindern. Die 90 etwas älteren Zimmer mit AC, Minibar und Telefon sind allerdings nichts Besonderes. ❸

Moderne Zimmer zu günstigen Preisen

Fat Yogi Cottages, Poppies Lane 1, ✆ 0361-751665, ℻ 757231, 🖥 www.indo.com/hotels/fat_yogi. Das Fat Yogi hat einen schönen Garten mit kleinem Pool. Die Zimmer im neuen Anbau auf der linken Seite der Anlage sind sehr zu empfehlen: geräumig, ruhig und mit AC, Telefon, guten Matratzen und schönen Glas-Du/WC oder Bad/WC mit Warmwasser. Jedes ist mit einer Schrankwand und beleuchteten Bildern modern und gemütlich eingerichtet. Die Zimmer im hinteren und rechten Teil der Anlage sind etwas älter und nur teilweise mit Ventilator und Kaltwasser ausgestattet. Inkl. Frühstück. ❷–❸

Poppies Cottages, Poppies Lane 1, ✆ 0361-751059, ℻ 752364, 🖥 www.poppiesbali.com. 20 komfortable und klimatisierte Bungalows im balinesischen Stil in einem tropischen Garten mit Pool. Alle sind sehr sauber und besitzen Open-Air-Bad/WC. Der Pool kann für 18 000 Rp Eintritt von Nichtgästen mitbenutzt werden. Guter Service. ❹

Nagasari Hotel, Jl. Bakung Sari 60, ✆ 0361-751889, ℻ 765058, ✉ nsc@denpasar.wasantara.net.id. Anlage mit freundlicher Atmosphäre, ruhigem Innenhof und Pool. Es gibt geräumige Zimmer mit AC, Warmwasser, TV, Minibar und Telefon. Inkl. Frühstück ❸

Kuta Beach Club, Jl. Bakung Sari 81, ✆ 0361-751261, ℻ 766002, 🖥 www.kutabeachclub.com. Edles 3-Sterne-Wellness-Hotel mit schönem Garten und großem Pool in einer sehr gepflegten Anlage. Ältere, aber nette Zimmer mit AC, TV, Minibar und Balkon. Viele Familien. ❹–❺

The Oasis Kuta, Jl. Bakung Sari, ✆ 0361-753051, ℻ 753052, 🖥 www.theoasis.info. Dieses schicke Hotel besticht durch seinen kühlen, aber interessanten Einrichtungsstil mit viel Stein und einem 50-m-Pool. 70 geschmackvolle Zimmer mit riesigen Betten, die breiter als lang sind, AC, TV, Minibar und getrennte Du und WC. Inkl. Frühstücksbuffet. ❸

Hotel Flamboyan, Jl. Kartika Plaza, Gang Puspa Ayu, ✆ 0361-752610, ℻ 759527, ✉ flambinn@indo.net.id. In einem kleinen Garten gelegenes Hotel mit netten Zimmern mit AC, TV, guten Matratzen und Bad/WC. Inkl. Frühstück. ❸

Luxus

Hard Rock Hotel, Jl. Pantai Kuta, ✆ 0361-761869, ℻ 761868, 🖥 www.hardrockhotels.net. Der riesige Hotelkomplex mit 418 thematisch gestylten Zimmern bietet neben einer gigantischen Poolanlage mit Beach-Volleyball-Platz und 2 Restaurants auch einen Club in der Lobby, in dem jeden Abend Bands auftreten. Die modernen Zimmer sind komfortabel und im Stil von 4 Musikrichtungen dekoriert. So gibt es z. B. Rock- oder Reggae-Zimmer. ❺–❻

Inna Kuta Beach, Jl. Pantai Kuta 1, ✆ 0361-751361, ℻ 751362, 🖥 www.innakutabeach.com. Etwas älteres 4-Sterne-Hotel mit sehr schöner

Hochklassige Villen in perfektem Design

Villa de daun, Jl. Legian, ✆ 0361-756276, 📠 750643, 🖥 www.villadedaun.com. Ideal zum Entspannen und verwöhnen lasssen ist dieses wunderschöne Boutique-Hotel im Herzen Kutas. Die luxuriösen Villen sind elegant eingerichtet. Ein privater Pool, eine komplett ausgestattete Küche, ein Wohnzimmer und riesige Bäder gehören zu jedem Bungalow. Für einen Preisaufschlag bekommt man sogar einen Butler gestellt! ❻

Poolanlage und 129 ansprechenden Zimmern, auch wenn die Hygiene im Bad/WC nicht den Sternen gerecht wird. Die Zimmer wirken einladend und sind mit AC, TV, Telefon und Minibar gut ausgestattet. ❺
Ramayana Hotel, Jl. Bakung Sari, ✆ 0361-751864, 📠 751866, 🖥 www.ramayanahotel.com. Empfehlenswertes 3-Sterne-Hotel, das durch seine verspielte Anlage und das aufmerksame Personal besticht. Die 200 gepflegten Zimmer bieten jeden Komfort. Es gibt 2 Pools und 3 Restaurants. ❹–❺
Discovery Kartika Plaza Hotel, Jl. Kartika Plaza, ✆ 0361-751067, 📠 752475, 🖥 www.discovery kartikaplaza.com. Eine riesige 5-Sterne-Anlage mit eigenem Helikopterlandeplatz und 312 vornehmen Zimmern mit allem erdenklichen Komfort. Direkt am Strand befindet sich der große Pool. ❻
Hotel Santika, Jl. Kartika Plaza, ✆ 0361-751267, 📠 751260, 🖥 www.santikabali.com. Überschaubare 4-Sterne-Anlage mit 2 Pools und geräumigen Zimmern mit AC, TV, Telefon und Minibar. Hoteleigenes Spa und Wellnessbereich. ❺–❻
Ramada Bintang Bali Hotel, Jl. Kartika Plaza, ✆ 0361-753292, 📠 753288, 🖥 www.bintang-bali-hotel.com. In einer schönen 6 ha großen Anlage mit Pool und Garten gelegenes 5-Sterne-Luxushotel. Die 402 Zimmer sind mit allem Komfort ausgestattet. Die komplette Anlage ist mit WLAN ausgerüstet. Angeschlossen ist das hoteleigene Sunset Beach Spa am Strand mit Blick aufs Meer, ⌚ 9–22 Uhr. ❺

Essen

In Kuta gibt es jede Menge Restaurants, die alle kulinarischen Wünsche befriedigen können. Zahlreiche Cafés bieten auch Frühstück nach westlichen Vorstellungen an.
Eine Auswahl von Norden nach Süden:
Chasers, Jl. Benesari, ✆ 0361-765839, ✉ www.chasersbali@yahoo.com. Modernes Restaurant mit Lounge-Atmosphäre und Billardtischen. Kulinarisch werden hier Steinofenpizzas und Pasta geboten, außerdem sind immer leckere Cocktails im Angebot. Hauptgerichte ab 20 000 Rp. ⌚ 11–2 Uhr.
Mama's German Restaurant, Jl. Legian, ✆ 0361-761151, 🖥 www.bali-mamas.com. Hier gibt es alles, was das deutsche Herz begehrt: Brezeln, Schweinshaxen, Weißbier und Nürnberger Bratwürste. In der bayerischen Atmosphäre fühlen sich zumindest Süddeutsche heimisch. Hauptspeisen ab 40 000 Rp. Deutsche Tageszeitungen und den *Kicker* gibt es auch. ⌚ 24 Std. Hauptgerichte ab 30 000 Rp. ⌚ 9–23.30 Uhr.
esc – Urban Food Station, Jl. Legian 61, ✆ 0361-755423, ⌚ 24 Std. Unterhalb der gut besuchten Sky Garden Lounge werden allerlei US-amerikanische Gerichte angeboten. Auf 2 Stockwerken kann man in modernem Dinerambiente Chicken Wings, Bagels oder frischen Kuchen essen.
Warung Pama, Gang Ronta, ✆ 0361-752021. Die freundliche Besitzerin serviert frische Obstsäfte, leckere Sandwiches und Salate zu günstigen Preisen. Der ideale Ort für einen guten Start in den Tag oder den Snack zwischendurch. ⌚ 8–22 Uhr.
Aquarius Restaurant, Jl. Legian 116, ✆ 0361-756573. Auf der Terrasse im ersten Stock direkt an der Jl. Legian kann man ein preiswertes indonesisches, westliches oder mexikanisches Gericht zu sich nehmen. ⌚ 9–22 Uhr.
Tree House Restaurant, Poppies Lane 1, ✆ 0361-762755. Für alle, die von Nasi Goreng die Nase voll haben, gibt es hier Hot Dogs, Sandwiches, Burger, Steaks, Pizza und Pasta zu relativ günstigen Preisen. ⌚ 8–23 Uhr.
Bamboo Corner Restaurant, Poppies Lane 1. Das an der Poppies Lane gelegene Restaurant ist gut besucht und bietet günstige Gerichte und

Süd-Bali

Kuta 153

Erstklassiges Essen am Pool

Ketupat Restaurant, Jl. Legian 109, ✆ 0361-754209, 📠 751584, ✉ legian109@hotmail.com. Hinter der Galerie mit indonesischem Kunsthandwerk findet man einen schönen Garten um einen azurblauen Pool, in dem exzellentes indonesisches Essen serviert wird. Schon die ausführliche Speisekarte, die Gerichte aus dem ganzen Inselarchipel versammelt, lässt einem das Wasser im Mund zusammenlaufen. Die großen, schmackhaft angerichteten Portionen übertreffen dabei noch die Erwartungen. Sehr freundlicher Service.

frische Säfte. Dieselbe Speisekarte wie Gong Corner. Hauptspeisen ab 15 000 Rp. ⏱ 9–24 Uhr.
TJ's Restaurant, Poppies Lane 1, ✆ 0361-751093. Mexikanisches Restaurant, das zwar keine echten mittelamerikanischen, aber dennoch schmackhafte Gerichte anbietet. Das Publikum ist etwas älter. Hauptgerichte kosten 40 000–60 000 Rp. ⏱ 12–23 Uhr.
Fat Yogi Restaurant, Poppies Lane 1, ✆ 0361-762448. Hier gibt es italienische Steinofenpizzas mit dünnem, knusprigem Boden oder Schweizer Käsefondue. Pizzas kosten 25 000–40 000 Rp. Auf dem großen Fernseher werden Sportübertragungen gezeigt. ⏱ 8–24 Uhr.
Poppie's Restaurant, Jl. Poppies Lane 1, ✆ 0361-751059. Das 1973 eröffnete Restaurant in einem sehr schönen, ruhigen Garten serviert gute Seafood-Gerichte und indonesische und westliche Speisen ab 40 000 Rp. ⏱ 8–23 Uhr.
Rosso Vivo, Jl. Pantai Kuta, ✆ 0361-751961, 📠 751962, ✉ rossovivo@kutaseaviewhotel.com. Diese exklusive Kombination aus Cocktailbar und Restaurant im modernen Loungestil liegt direkt an der Strandpromenade und serviert vorwiegend westliche Gerichte und Fusionsküche. Für ein romantisches Dinner sind die Tische auf dem Dach ideal. Hauptgerichte 60 000–200 000 Rp.
Hard Rock Café, Jl. Pantai Kuta, ✆ 0361-755661, ✉ gm@hardrock.co.id. Eine weltweite Institution, die wohl nicht kommentiert werden muss. Herzhaftes amerikanisches Essen zu saftigen Preisen in rockigem Ambiente. Die Küche ist von 11 bis 23.30 Uhr in Betrieb. ⏱ So–Do 11–2, Fr und Sa 11–3 Uhr.
Made's Warung, Jl. Pantai Kuta, ✆ 0361-755297, 🖥 www.madeswarung.com. Kein Imbiss, sondern eines der ältesten und bekanntesten Restaurants Kutas. Hier ist es immer voll, denn das Essen ist nach wie vor gut. Hauptgerichte ab 30 000 Rp. ⏱ 9–23 Uhr.
Dayu II Restaurant, Jl. Buni Sari. Ein nettes und günstiges Lokal in dem Seafood und Sandwiches serviert werden. ⏱ 10–22 Uhr.
The Pub, Jl. Buni Sari 1. Der Klassiker aus dem Jahre 1972 hat ein neues Management und nur wenig von seinem Charme eingebüßt. Hinten ist ein schöner Garten – ideal für ein kühles Bier. ⏱ 11–23 Uhr.
Dayu I Restaurant, Jl. Bakung Sari. Ähnlich wie im Dayu II ist man hier auf Seafood spezialisiert. Netter Garten, gutes Preis-Leistungs-Verhältnis. ⏱ 10–22 Uhr.
Bali Bagia, Jl. Bakung Sari. Diese Mischung aus Bar und Restaurant hat eine günstige Happy Hour und Burger und Steaks im Angebot. ⏱ 8–22.30 Uhr.
Kunyit Bali Restaurant, Jl. Kartika Plaza, ✆ 0361-759991. Dieses elegante Restaurant gehört zum Santika Hotel und serviert authentische balinesische Küche in einem Garten. Auch die bekannten balinesischen Reistafeln werden zubereitet. Hauptgerichte ab 60 000 Rp. ⏱ 10–23 Uhr.
Swiss Restaurant, Jl. Raya Patih Jelantik, Istana Kuta Galleria, Riverside 10, ✆ 0361-769433, 🖥 www.bali-swiss.com. Bei einem Plausch mit dem schweizer Chef Jon kann man

Lecker und sehr günstig

Gong Corner, Gang Ronta. Die ruhiger gelegene Filiale des beliebten Bamboo Corner in der Poppies Lane 1 ist ein günstiges Restaurant mit einer großen Auswahl an Seafood und westlichen, chinesischen und indonesischen Speisen. Empfehlenswert sind die Fleisch-Hotplates mit Steak, Cordon Bleu u. Ä. Guter Service. Hauptspeisen gibt es schon ab 15 000 Rp. ⏱ 9–24 Uhr.

Viel Fisch, wenig Reis

Kunti Sushi Restaurant, Jl. Pantai Kuta, ✆ 0361-761454. Für alle Sushi-Süchtigen gibt es hier die kleinen Rollen mit viel frischem Fisch und wenig Reis. Besonders die Set-Menüs ab 50 000 Rp lohnen sich. Die Speisekarte bietet auch viele japanische Gerichte. Eine weitere Filiale befindet sich in der Jl. Benesari. ⌚ 11–23 Uhr.

u. a. Käsefondue, Raclette, Bratwürste oder Rösti schlemmen. Mo gibt es Schweizer Menüs für 35 000 Rp p. P. Do abends werden nach aufschlussreicher Einleitung durch den Gastgeber balinesische Tänze aufgeführt.
Nachtmarkt, Jl. Tanjung Sari, nahe des Hauptpostamts. Der kleine Platz mit seinen Restaurants bietet die Möglichkeit, abseits des Touristentrubels extrem günstiges indonesisches und chinesisches Essen zu probieren. Die Einheimischen hier sind freundlich, hilfsbereit und interessiert. ⌚ ab 18 Uhr.

Unterhaltung

Wenn die Sonne sich verabschiedet hat, erwacht das Nachtleben in Kuta. In den neuen Clubs wird größtenteils elektronische Musik aufgelegt. Doch die Auswahl ist groß. Von Oldies bis Reggae ist für jeden Musikgeschmack und jede Altersstufe etwas dabei. Die Clubs sind modern gestaltet, geschmackvoll eingerichtet und mit sehr guter Technik ausgestattet. Auch an stylischen Lounges und Cocktailbars herrscht kein Mangel.
Einige größere Etablissements verlangen ein symbolisches Eintrittsgeld, das ein Gratisgetränk beinhaltet. Oft ist der Eintritt aber komplett frei. Generell herrscht in Kuta keine strenge Türpolitik, allerdings haben es Indoneser oft wesentlich schwerer in einen Club zu gelangen als westliche Touristen. Normalerweise erreicht die Stimmung in den Läden zwischen 1 und 3 Uhr Nachts ihren Höhepunkt. Am frühen Morgen verlagert sich das Geschehen eher in die Clubs und Lounges in Seminyak (s. S. 167) nahe des Doublesix Clubs.

Eine Auswahl von Nord nach Süd:
Kama Sutra Club, Jl. Pantai Kuta, ✆ 0361-761999. Dieser Nachtclub der gehobenen Klasse befindet sich in einem 2-stöckigen Gebäude, das einem indischen Herrenhaus nachempfunden ist. Oft spielen Livebands und ab und zu sogar bekannte indonesische Popstars. Relativ strenger Dresscode, Eintritt frei, 1 Getränk Mindestverzehr, Getränkepreise ab 25 000 Rp. ⌚ ab 22 Uhr.
M Bar Go, Jl. Legian, 🖳 www.myspace.com/mbargo. Gut besuchter Club, der sich besonders nach 1 Uhr mit einem jungen Publikum füllt, das zu Hip-Hop- und R'n'B-Klängen die Hüften schwingt. Die Tanzfläche ist durch eine große Bar vom Loungebereich getrennt, der in rotem Leder eingerichtet ist. Es kann vorkommen, dass die Barkeeper die Flaschen in Kung-Fu-Manier köpfen. Im 2. Stock gibt es eine weitere Lounge, in der am Wochenende Elektro aufgelegt wird. Eintritt frei, kein Dresscode.
Tube's Club, Jl. Poppies Lane 2, ✆ 0361-753510, ✉ balicrochet05@yahoo.co.id. Eine große blaue Beton-Welle inkl. Surfer weist den Weg ins Innere dieses recht neuen Clubs. Der Einrichtungsstil folgt dem Motto: Moderne Disko trifft Surfer. Auf der Tanzfläche wird man mit Hip-Hop, R'n'B, Reggeton und Elektro beschallt. ⌚ ab 20 Uhr.
Maccaroni, Jl. Legian, ✆ 0361-754662. Gegenüber der Sky Garden Lounge befindet sich diese exklusive Lounge. Auf 2 Stockwerken kann man italienisch essen, Cocktails genießen oder der Musik lauschen. Beliebt, aber hochpreisig.
Sky Garden Lounge, Jl. Legian 61, ✆ 0361-755423. Diese Lounge zählt definitiv zu den populärsten in Kuta. Ab 21 Uhr füllt sie sich jeden Abend mit jungen Urlaubern, die zu lauten House-Klängen Cocktails und kleine Snacks zu sich nehmen. Eine tolle Aussicht über Kuta, wechselnde Angebote und eine gute Auswahl an Getränken sind einige der Gründe, warum diese Location so beliebt ist.
The Wave Club, Jl. Pantai Kuta 1, ✆ 0361-760068, 🖳 www.wave-kuta.com. In diesem neuen Nachtclub mit großer, rechteckiger Bar wechselt sich ein DJ, der meist elektronische Klänge auflegt, mit Coverbands ab, die Chartbreaker spielen. Viele einheimische Gäste,

offenherzige Tänzerinnen ab 22 Uhr und eine Lasershow. Eintritt frei, Bier ab 25 000 Rp. ◷ ab 20 Uhr.
Pacha, Jl. Singosari 60, ✆ 081-3383 33393, 🖥 www.pachabali.com. In diesem schicken Club wird hauptsächlich House und Elektro gespielt. Eintritt frei, kein Dresscode. ◷ ab 22 Uhr.
Musro (Music Room) Cabaret, Jl. Kartika Plaza, ✆ 0361-764582, 🖥 www.musro.com. In dem großen Gebäude werden Di–So um 22.30 Uhr Kabarettvorführungen präsentiert. An den übrigen Tagen finden auch Konzerte und andere Veranstaltungen statt. ◷ ab 21 Uhr.

Aktivitäten

Surfschulen

In verschiedenen Surfläden, in einigen Losmen und am Strand werden Surfbretter vermietet. Sie kosten pro Std. ab 20 000 Rp. Mietet man pro Woche, bekommt man schon ein nagelneues Surfbrett für 600 000 Rp. 2 1/2 Std. Surfunterricht inkl. Ausrüstung gibt es ab US$20.
Eine Auswahl der größten Surfschulen:
Palu Surf School, im Hotel Kuta Inn, Gang Mangga, ✆ 081-7977 1453, 🖥 www.palusurf.com. Die preisgünstigste Schule für einen Anfängerkurs. Hier kann man schon für US$20 2 Std. auf dem Brett stehen. Allerdings können die Gruppen hier auch etwas größer sein und die Surfbretter etwas älter sein. Es werden auch Frauenkurse angeboten.
Pro Surf School, Jl. Pantai Kuta, ✆ 0361-744 1466, 🖥 www.prosurfschool.com. Die professionelle Schule arbeitet nur mit zertifizierten

Mit Spaß surfen lernen

Odysseys Surf School, Jl. Pantai Kuta, ✆ 0361-8528124, 🖥 www.odysseysurfschool.com. Diese von Oakley gesponserte Schule im Mercure Hotel bietet 2 1/2-Std.-Kurse für US$30 an. Die Ausrüstung wird gestellt, und es wird mit weichen Longboards trainiert. Auch hier werden Fotos von den ersten Surfversuchen geschossen und verkauft. Kostenloser Pick-up-Service.

Surflehrern. Dafür beginnen die Kurspreise hier erst bei US$40. Es werden auch längere Kurse angeboten. Kostenloser Pick-up-Service.
Big Kahuna Hawaiian Style Surf School, Jl. Pantai Kuta, ✆ 0361-765081, 🖥 www.bigkahunasurfschool.com. Hier kann man für US$39 den Anfängerkurs belegen und wird nach hawaiianischen Prinzipien unterrichtet. Die Schüler werden beim Surfen fotografiert und können die Bilder kaufen.
Wave Riders Surf School, Jl. Pantai Kuta 1, ✆ 0361-760098, 🖥 www.waveridersbali.com. Der Hauptunterschied zu den anderen Schulen besteht darin, dass man nach eintägigem Surfkurs ein T-Shirt bekommt. Allerdings kostet das 5-Std.-Programm auch US$80. Ein 2 1/2-Std.-Kurs schlägt mit US$44 zu Buche. Auch hier können Bilder der Surfversuche gekauft werden. Kostenloser Shuttleservice. Näheres s. S. 148.

Vergnügungspark

Waterbom Park, Jl. Kartika Plaza, ✆ 0361-755676, 🖥 www.waterbom.com. Im Süden von Kuta, bietet der 3,5 ha große Park mit Jacuzzi, Spa und 15 Wasserrutschen, von denen 5 nur für Kinder sind, Nervenkitzel und Entspannung. Eintritt: Erwachsene US$21, Kinder 2–12 Jahre US$11, unter 2 Jahren gratis. ◷ 9–18 Uhr.
Bali Sling Shot, Jl. Kartika Plaza, ✆ 0361-757935, 🖥 www.balislingshot.com. Für 200 000 Rp p. P. kann man sich von einem Katapult in einer Kapsel an Gummiseilen in den Himmel schießen lassen. Ein Vergnügen für Leute mit starken Nerven und Mägen.

Einkaufen

Das Angebot an Souvenirs, Kunsthandwerk und Textilien ist überwältigend, nicht immer jedoch die Preise und die Qualität. Man sollte sich von penetranten Verkäufern nicht zu Spontankäufen verleiten lassen, sondern sich Zeit nehmen zum Vergleichen und Handeln. Weitere Tipps zum Feilschen s. S. 38.

Bücher

Periplus Bookshop, in der Bali Galleria Mall, an der großen Straße zum Airport, ✆ 0361-752670.

Der Strand von Kuta – ideal zum Surfen lernen

Die größte englischsprachige Buchhandlung mit einem breiten Angebot an aktuellen Reiseführern, Zeitschriften und neuen Büchern. Weitere Filialen im Carrefour Supermarkt, in der Discovery Shopping Mall, im Matahari im Kuta Square und am Flughafen.

Einige Buchläden in der Jl. Benesari, Poppies Lane 1 und 2 und im Gang Ronta verkaufen überwiegend englischsprachige, gebrauchte Bücher fast zum Neupreis. Oft gibt es auch ein kleines deutschsprachiges Angebot. Häufig kaufen die Buchhändler auch gelesene Bücher zum halben Preis an.

DVDs

Im ganzen Ort bieten DVD-Geschäfte illegale Kopien der neuesten Kino-Blockbuster und Fernsehserien an.

In Kuta gibt es jede Menge **DVD-Geschäfte**, die (wohl selbstgebrannte) DVDs verkaufen. Die Läden sind meist sehr professionell geführt und bieten eine riesige Auswahl an neuen Hollywood-Filmen und TV-Serien. Gewöhnlich werden 10 000 Rp pro DVD verlangt und ab dem fünften oder zehnten gekauften Silberling noch ein paar weitere umsonst dazugegeben. Eines der größten und günstigsten DVD-Geschäfte befindet sich auf der Jalan Kartika Plaza zwischen dem Discovery Kartika Plaza Hotel und dem Hotel Santika. Hier bekommt man beim Kauf von 10 DVDs 6 weitere gratis dazu. Um sicherzugehen, dass die DVDs eine zufriedenstellende Qualität haben, sollte jede DVD kurz angespielt und getestet werden. Insbesondere bei den neusten Filmen handelt es sich oft um im Kino mitgeschnittene Versionen, die von schlechter Ton- und Bild-Qualität sind. Teilweise ist auch die Tonspur gegenüber der Bildspur verschoben oder der Film nicht komplett auf dem Silberling, sodass grundsätzlich jede DVD kurz auf ihre Qualität und Vollständigkeit geprüft werden sollte. Am besten das letzte Kapitel wird einfach kurz angespielt. Die Einfuhr dieser DVDs nach Europa – soweit schwarz kopiert – ist allerdings illegal. Insbesondere bei Mitnahme mehrerer DVDs muss damit gerechnet werden, dass der Zoll die Kopien einzieht, ferner kann ab einer bestimmten Menge von Raubkopien eine strafrechtliche Verfolgung drohen.

Einkaufszentren

Die **Bali Galleria Mall** an der Umgehungsstraße zum Airport ist das größte Einkaufszentrum der Insel mit zahlreichen Boutiquen und größeren Läden.

Im **Kuta Square** am südlichen Ende der Jl. Pantai Kuta befinden sich viele Mode- und Sportgeschäfte und der große **Matahari Department Store** mit einem breiten Angebot. Auch einen Periplus Bookshop gibt es hier. Die neue **Discovery Shopping Mall** an der Jl. Kartika Plaza in der Nähe des Waterbom Parks vereint zahlreiche westliche Geschäfte unter einem Dach. So gibt es hier z. B. einen Marks & Spencer's und einen weiteren Periplus Bookshop.

Souvenirs

Näheres im Abschnitt Seminyak, „Einkaufen" (S. 167).

Textilien

Die bekanntesten Surf-Lifestyle-Marken wie Billabong, Roxy und Rip Curl betreiben in Kuta große Geschäfte. Günstiger sind aber die Läden, die alle Marken unter einem Dach verkaufen. Markenartikel sind hier deutlich billiger als in Europa. Wer von Java hierher reist, wird von dem vergleichsweise höheren Preisniveau kaum begeistert sein. Vor dem Kauf sollte die Ware genau begutachtet werden, denn es werden viele Fälschungen angeboten. **Uluwatu**, Hauptfiliale in der Jl. Legian 118 und weitere Filialen in der Jl. Legian 43, Jl. Pantai Kuta und Jl. Bakung Sari, ✆ 0361-287054, 🖥 www.uluwatu.com. Die eleganten Baumwollkleider dieser balinesischen Marke gibt es nur in 3 Farben: schwarz, weiß und beige. Ein Stück kostet ca. 400 000 Rp. Vor allem japanische Touristen lieben die hochwertigen Textilien mit Lochstickereien.

Sonstiges

Autovermietungen
Näheres s. S. 64.

Bungy-Jumping
Näheres s. S. 167.

DVDs

In vielen Restaurants werden abends DVDs gezeigt. Einen großen Bildschirm besitzt die bei Australiern beliebte **Tubes Bar**, Poppies Lane 2, die v. a. Surf-Filme zeigt.

Geld

Zahlreiche Geldautomaten an den Hauptstraßen und den vielen kleinen Circle K und MiniMarket Supermärkten von Kuta sorgen für Nachschub. Einige Geldautomaten spucken bis zu 3 000 000 Rp aus, während andere maximal 1 250 000 Rp auszahlen.

Bei Geldwechselstuben ist Vorsicht angebracht: Liegt der Wechselkurs deutlich über dem gültigen Bankkurs, bekommt man oft Falschgeld oder zu wenig Geld ausbezahlt. Manchmal wird auch eine zusätzliche Kommission verlangt, die es eigentlich auf ganz Bali nicht geben sollte.

Informationen

Badung Government Tourist Office, Jl. Raya Kuta 2, neben der Polizei, ✆ 0361-756175. **Perama Tours**, Büro in der Jl. Legian, ✆ 0361-751875, 🖥 www.peramatour.com. Eine empfehlenswerte Anlaufstelle für alle Fragen.

Internet

Es gibt zahllose Internet-Cafés in Kuta. Der gängige Tarif beträgt 150–300 Rp pro Min. Die Übertragungsraten sind im Vergleich zu anderen Teilen der Insel sehr schnell und die Verbindungen zuverlässig. Da es trotzdem manchmal zu Stromausfällen kommt, sollten lange Emails immer wieder abgespeichert werden, um einen nervtötenden Verlust der Daten zu vermeiden.

Post

Kuta Post Office, Gang Selamat, Jl. Raya Kuta, ✆ 0361-754012. In der Hauptfiliale der Post in Kuta kann man Pakete sicher einnähen lassen und verschicken. ⏲ Mo–Do 8–14, Fr 8–12, Sa 8–13 Uhr, So geschlossen.

Briefe und Pakete können auch an kleinen Postannahmestellen abgegeben werden, die über das Stadtgebiet verteilt sind. Einer dieser Postal Agents liegt in der Jl. Legian, ⏲ Mo–Sa 8–16, feiertags 8–13 Uhr, So geschlossen.

Die Erinnerungsstätte für die Opfer des Terroranschlags von 2002

Reisebüros

Perama Tours, Jl. Legian, ✆ 0361-751875, 🖥 www.peramatour.com. Der Veranstalter bietet gute Touren zu fairen Preisen, sachkundige Beratung und praktische Infos. Perama ist auch die erste Wahl, wenn es um Busfahrten in andere Regionen Balis geht. Nennt man den Mitarbeitern einen Zielort, erarbeiten sie eine zuverlässige und im Vergleich zu anderen Anbietern Süd-Balis günstige Route. Zudem können mit den hier gekauften Tickets beliebig viele Zwischenstopps eingelegt werden. So kann man z. B. während der Tour von Kuta nach Lovina ein paar Tage in Ubud rasten, ohne dafür mehr zu bezahlen. Perama bietet auch Gepäckaufbewahrung und Geldwechsel an.

Transport

Bemos

Diese traditionellen Verkehrsmittel sind hier etwas in Vergessenheit geraten und verkehren nicht mehr innerhalb der Orte Kuta, Legian und Seminyak. Sie fahren aber vom **Bemo Corner** am östlichen Ende der Jl. Legian für 5000 Rp p. P. zum Hauptbusterminal in Denpasar. Von dort ist eine Weiterfahrt für 5000 Rp p. P. in die Innenstadt möglich.

Busse

Busse fahren am **Perama-Büro** in der Jl. Legian und von den verschiedenen Busstationen rund um Denpasar ab.

Shuttle-Busse kann man bei zahlreichen Agenten buchen, allerdings sind die von Perama organisierten die günstigsten und zuverlässigsten. Die Minibusse verkehren v. a. zwischen Balis Touristenzentren. Für einen geringen Aufschlag wird man vom Hotel abgeholt und am Zielort zur gewünschten Adresse gebracht.

Preisbeispiele der Perama-Busse:
SANUR um 6, 10, 13.30 und 16.30 Uhr für 15 000 Rp,

UBUD um 6, 10, 13.30 und 16.30 Uhr für 30 000 Rp,
LOVINA um 10 Uhr für 85 000–100 000 Rp,
PADANG BAI und CANDI DASA um 6, 10 und
13.30 Uhr für 40 000 Rp.
Bei mind. 2 Pers. werden auch folgende
Strecken befahren:
BEDUGUL um 10 Uhr für 40 000 Rp,
KINTAMANI um 10 Uhr für 100 000 Rp,
AMED, TULAMBEN und TIRTA GANGGA um 6
und 10 Uhr für 115 000 Rp.
Für den Transport nach Nusa Lembongan,
Lombok oder auf die Gilis sind die Angebote
inkl. Bootstransfer zu empfehlen:
NUSA LEMBONGAN um 10 Uhr für 85 000 Rp,
MATARAM, und SENGGIGI um 6 Uhr für
100 000 Rp und um 10 Uhr für 240 000 Rp,
TETEBATU um 6 Uhr für 190 000 Rp,
KUTA (Lombok) um 6 Uhr für 190 000 Rp,
GILIS um 10 Uhr für 240 000 Rp.
Nähere Informationen über Busse s. S. 63ff.

Taxis

Die Grundgebühr beträgt inkl. des ersten
Kilometers 5000 Rp, jeder weitere Kilometer
kostet 2000 Rp. Coupon-Taxis vom Flughafen
verlangen nach Kuta 40 000 Rp.

Legian

Schlendert man entlang der Jalan Legian in
Richtung Norden, ändert sich das Stadtbild
merklich. Die Zahl der Party-Touristen nimmt ab,
und es tauchen häufiger Galerien und Geschäfte
für Kunsthandwerk auf. Legian befindet sich im
Umbruch: Manche Gebäude stehen leer und warten auf neue Besitzer, andere werden gerade renoviert oder neu gebaut. Viele neue Unterkünfte
sind neben den alten entstanden und bestechen
durch ihr schickes Design. Die Backpackergegend zwischen den großen Hotelanlagen im Norden und Süden Legians ist tagsüber wie leergefegt. Hier wohnen größtenteils Surfer, die den
ganzen Tag auf den Brettern stehen.

Übernachtung

Die Preise sind generell etwas höher als in
Kuta. Die günstigen Unterkünfte sind meist älter.
Ein paar große, luxuriöse Hotelkomplexe
dominieren die Strandgegend.
Eine Auswahl von Nord nach Süd:

Budget

Bhuwana Beach Cottages, Jl. Padma Utara,
Gang ABDI 2, ✆ 0361-752234. Backpacker-Unterkunft mit 2-stöckigen Zimmern mit Du/WC
und Balkon, die zwar älter, aber in Ordnung
sind. Günstig für kleine Gruppen. ❶
Sri Beach Inn, Br. Legian Tengah, ✆ 0361-755897. Dieses kleine Hotel ist im Gewirr der
Gassen schwer zu finden. Die Zimmer sind für
eine Budget-Unterkunft sauber, mit Ventilator,
Du/WC und weichen Matratzen ausgestattet,
aber etwas abgewohnt. ❶
Je-Je Resort, Jl. Padma Utara 98x, ✆ 0361-750264, 📠 420770. Nette Anlage mit Pool und
alten Zimmern mit AC und Du/WC. Derzeit
werden neue Unterkünfte gebaut, die luxuriöser
werden sollen. Inkl. Frühstück. ❷
Wisata Beach Inn, Jl. Padma Utara, ✆ 0361-755987. Überaus günstige, große, aber
abgewohnte 2-stöckige Zimmer mit 2 Doppelbetten, Du/WC und Ventilator. Ideal für
Vierergruppen, die extrem billig wohnen wollen.
Der Besitzer betreibt auch ein kleines Spa im
Nachbargebäude. ❶
Ayodia Beach Inn, Gang Three Brothers,
✆ 0361-752169. Preisgünstige Budget-Unterkunft mit einfachen, aber sauberen Zimmern mit
Bad/WC und teilweise mit AC. ❶–❷
Sri Rato Cottages, Jl. Three Brothers, ✆ 0361-751722, 📠 754468. In einer recht engen Anlage
mit Pool, aber ohne Garten liegen die sauberen
Zimmer mit AC, Telefon und Warmwasser-Du/WC. ❷–❸
Oka Hotel, Jl. Padma. Abseits der Straße
gelegen mit sauberen, aber älteren,
spartanischen Zimmern mit weichen Matratzen,
Ventilator und Du/WC. Herzensgute Besitzerin
und nettes Personal. ❶
Janji Inn, Jl. Bunut Sari, ✆ 0361-753328.
Ziemlich weit weg vom Strand liegt diese
ruhige, gepflegte Anlage. Zimmer mit Du/WC
und teilweise AC und TV. Einfaches Frühstück
inkl. Freundliche Besitzerin. ❶–❷
Senen Beach Inn, Jl. Melasti, Camplung Mas
Lane 25, ✆ 0361-755470. Eine der günstigsten

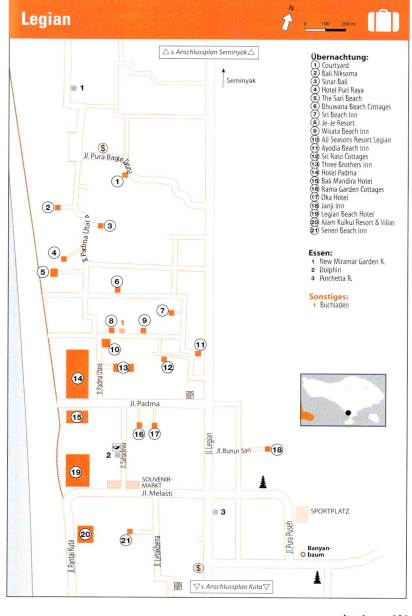

Unterkünfte in Legian mit ebenso preiswertem Restaurant. Die Zimmer sind sauber. Mit den Preisen steigt auch die Matratzenqualität. Die teuersten Zimmer haben Open-Air-Bäder. Viele Tourangebote und Fahrrad- und Rollerverleih. ❶

Mittelklasse

Courtyard, Jl. Pura Bagus Taruna 14, ✆/℡ 0361-750242, 🖳 www.courtyard-bali.com. Ganz in weiß gehaltene Anlage mit einem mediterranen Touch. Saubere Zimmer mit viel Stein und Marmor und AC, TV, Telefon, Minibar und Du/WC mit riesigem Duschkopf. Es werden auch 2 Apartments mit Küche vermietet. ❹–❺
Sinar Bali, Jl. Padma Utara, ✆ 0361-751404, ℡ 757043, 🖳 www.hotelsinarbali.com. 25 durchschnittliche Zimmer mit AC, TV, Minibar und Du/WC in einer Anlage mit Pool. Inkl. Frühstück. ❸
Hotel Puri Raja, Jl. Padma Utara, ✆ 0361-755902, ℡ 754202, 🖳 www.puriraja.com. Ruhiges Hotel mit Pool in gepflegter, tropischer Anlage. Saubere, aber etwas dunkle Zimmer mit AC, TV, Telefon, Safe, Balkon und Du/WC. ❹
The Sari Beach, Jl. Padma Utara, ✆ 0361-756557, ℡ 751635, ✉ sbi@indo.net.id. Direkt am Strand gelegene, gepflegte Anlage mit Pool und 21 Zimmern mit AC, TV und Bad/WC. Restaurant mit österreichischer Küche. Hilfreiches Personal. ❸
All Seasons Resort Legian, Jl. Padma Utara, ✆ 0361-767688, ℡ 756197, 🖳 www.allseasons-asia.com. Sehr modernes und farbenfrohes 3-Sterne-Hotel aus der Accor-Gruppe, mit Pool. Zimmer mit AC, TV und Minibar. Die teureren haben Open-Air-Du. ❹
Three Brothers Inn, Jl. Three Brothers, ✆ 0361-751566, ℡ 756082, 🖳 www.threebrothersbungalows.com. Der Klassiker mit prächtigem Garten und Pool in einer ruhigen Gasse. Es werden große und saubere ältere Zimmer mit Warmwasser-Du/WC und teilweise AC geboten. Die Ventilator-Zimmer sind überteuert. ❷–❹
Rama Garden Cottages, Jl. Padma, ✆ 0361-751971, ℡ 755909, 🖳 www.ramagardenhotelbali.com. Gründlich renoviertes Hotel der 80er-Jahre mit äußerst stilvollen Zimmern mit AC, TV, Bad/WC, Balkon und einem DVD-Player für Regentage. Azurblauer Pool. Inkl. Frühstück. ❹

Luxus

Bali Niksoma, Jl. Padma Utara, ✆ 0361-751946, ℡ 753587, 🖳 www.baliniksoma.com. Schönes Boutique-Hotel im balinesischen Lounge-Stil. Recht große, elegante Zimmer mit AC, TV, DVD-Player, Minibar, Safe und Du/WC. 2 Pools mit Meerblick und einem Restaurant. ❺
Hotel Padma, Jl. Padma 1, ✆ 0361-752111, ℡ 752140, 🖳 www.hotelpadma.com. Riesiges 5-Sterne-Hotel mit 405 Zimmern, 2 großen Pools und 3 Restaurants. Die Zimmer mit Balkon sind luxuriös eingerichtet. Viele japanische Gäste. ❺–❻
Bali Mandira Hotel, Jl. Padma, ✆ 0361-751381, ℡ 766251, 🖳 www.balimandira.com. Luxuriöses, 1982 gegründetes 4-Sterne-Hotel am Strand mit 191 großen Zimmern mit schönem Bad/WC und 16 Familienzimmern. 2 Pools, Jacuzzi und Tennisplatz. ❺
Legian Beach Hotel, Jl. Melasti, ✆ 0361-751711, ℡ 752651, 🖳 www.legianbeachbali.com. Die riesige 4-Sterne-Anlage liegt direkt am Strand und bietet 218 luxuriöse Zimmer, 2 Pools und 4 Restaurants in einem riesigen Garten. Das Hotel gehört seit Jahren zu den 99 beliebtesten Hotels der Welt. ❺
Alam KulKul Resort & Villas, Jl. Pantai, ✆ 0361-752520, ℡ 752519, 🖳 www.alamkulkul.com. Ein geschmackvoll gestaltetes, älteres Boutique-Hotel in zentraler, aber ruhiger Lage in Strandnähe. 80 komfortable Zimmer, auch einige große für Familien und exklusive Villen. 2 Pools sowie ein tolles Jamu Traditional Spa, in dem alte javanische Rezepturen zur Anwendung kommen. ❺–❻

Essen

Die Restaurantauswahl ist in Legian deutlich kleiner und weniger interessant als in Seminyak und Kuta. Daher lohnt es, weiter Richtung Norden oder Süden auszuweichen. Hier ein paar Vorschläge:

New Miramar Garden Restaurant, Jl. Werkudara Utara, ✆ 0361-8603850. Westliches und indonesisches Essen in entspannter Atmo-

Indonesische Küche – das Auge isst mit

sphäre. Hauptgerichte kosten 15 000–45 000 Rp. ⓒ 8–22 Uhr.
Dolphin, Jl. Sahadewa, ✆ 0361-755285. Ein preisgünstiges Restaurant mit älterer Einrichtung umgeben von Souvenirständen. Die Speisekarte bietet neben Seafood und Sandwiches nach westlichem Geschmack auch Cocktails. ⓒ 8–22 Uhr.
Porchetta Restaurant, Jl. Legian 362, ✆ 0361-750750. In angenehmer Umgebung bekommt man hier italienische Fischspezialitäten, Pizza, Pasta und sogar Tiramisu. ⓒ ab 9 Uhr.

Sonstiges

Die Informationen im Kuta-Teil (s. S. 158) gelten auch für Legian, da sich der größte Teil der touristischen Infrastruktur im Süden befindet und die drei Orte Kuta, Legian und Seminyak mehr und mehr zusammenwachsen.

2 HIGHLIGHT

Seminyak

In nördlicher Richtung geht Legian in Seminyak über, dem krönenden Abschluss der drei ineinander verschmolzenen Badeorte, die heute das touristische Herz von Bali bilden. Hier geht es bedeutend schicker und kultivierter zu als in Kuta. Ausgefallene Restaurants, hochklassige Hotels und Villenanlagen, blankpolierte Clubs und elegante Boutiquen reihen sich aneinander und laden zum Entspannen und Genießen ein. Die absoluten Highlights von Seminyak warten am herrlichen Strand: Ein Sonnenuntergangs-Dinner direkt am Meer im exquisiten GadoGado, danach ein Cocktail im eleganten Ku De Ta und zu guter Letzt im Doublesix Club die Nacht zum Tage machen.

Übernachtung

Die Zimmerpreise sind hier grundsätzlich höher als weiter südlich. Die Auswahl an günstigen Unterkünften ist begrenzt, und die vorhandenen Budget-Hotels sind meist älter und etwas heruntergekommen. Die teureren Übernachtungsmöglichkeiten überzeugen dagegen durch liebevoll gestaltete Anlagen und bieten z. T. Luxus pur.
Eine Auswahl von Nord nach Süd:

Budget
Inada Losmen, Jl. Seminyak, Gang Bima 9, ✆ 0361-732269, ✉ putuinada@hotmail.com. Dieses kleine Losmen mit angenehmer Atmosphäre, liegt sehr ruhig in einer winzigen Seitengasse. Die Bäder sind groß und die Matratzen hart, Zimmer mit Du/WC. Inkl. Frühstück. ❶

Mittelklasse
Puri Cendana Resort, Jl. Dhyana Pura, ✆ 0361-730869, ✇ 730868, ✉ puricendana@yahoo.com. Resort mit sehr gepflegtem Garten. Die Zimmer sind dezent balinesisch eingerichtet mit AC, TV, Minibar und Himmelbetten. Die Bäder mit Steinbadewannen sind komplett verglast. ❸–❹

Party-Hotel

Contiki Resort, Jl. Dhyana Pura, ✆ 0361-730573, ✉ e.reservations@contikibali.net. Das Management weist zu Recht darauf hin, dass dieses Resort nur für Gäste zwischen 18 und 35 Jahren geeignet ist. Die gesamte Anlage ist im modernen Loungestil gehalten. Ein DJ beschallt den langen Pool ganztägig mit den neusten Elektroklängen. Wem das noch nicht reicht, der kann sich abends im resorteigenen Blue-Nachtclub bis in die Morgenstunden vergnügen. Die Zimmer sind nicht groß, aber mit allem Komfort, z. B. AC, Du/WC, TV, Balkon oder Terrasse. Nach einem Besuch des Beach-Volleyball-Platzes kann man in einem der 2 Restaurants schlemmen. Inkl. Frühstück und Abendessen. ❸–❹

Pondok Sarah Bungalows, Jl. Doublesix, Gang Raja, ✆ 0361-732142, ✇ 732143, 🖳 www.pondoksara.com. Die bunten Bungalows wirken genauso freundlich wie ihr Besitzer! Man kann zwischen 1 und 3 Schlafzimmern mit AC, Open-Air-Bad/WC, Küche, Telefon und TV wählen. Zusätzlich muss man sich noch für einen der beiden Pools entscheiden. ❸–❹

Puspa Bungalow, Jl. Doublesix, ✆ 0361-733559, ✉ puspabungalow_kuta@yahoo.com. Hier vermisst man zwar einen Pool, wird aber mit riesigen Bungalows inkl. Küche und Wohnzimmer entschädigt. Außerdem gibt es AC, Du/WC, TV und DVD-Player. ❸

Sing Ken Ken Hotel, Jl. Doublesix 1, ✆ 0361-730980, ✇ 730535, 🖳 www.singkenken-hotel.com. Schöne Anlage in Strandnähe, aber auch direkt an der nicht ganz geräuschlosen Straße zum Strand. Saubere Zimmer mit AC, Du/WC, Minibar, TV, teilweise mit Balkon. ❸

Luxus
The Oberoi, Jl. Saridewi, 🖳 www.oberoibali.com, ✆ 0361-730361, ✇ 730 791. Das berühmte luxuriöse Boutique-Hotel bietet auf 15 ha exklusive, balinesische Zimmer und Villen mit allem erdenklichen Komfort und z. T. auch mit Privatpool. Hochklassige Wellness-Programme im hoteleigenen Spa. Großer Pool mit Meerblick. ❻

The Elysian, Jl. Saridewi 18, ✆ 0361-730999, ✇ 737509, 🖳 www.theelysian.com. Dieses Boutique-Hotel bietet Villen mit eigenem Pool und Garten sowie Esszimmer, alles in erstklassig designtem Balistil. Wem die Abgeschiedenheit zu viel wird, kann sich auch im Hauptpool des Resorts vergnügen. ❻

Sofitel Seminyak Bali, Jl. Abimanyu, ✆ 0361-730730, ✇ 730545, 🖳 www.sofitelbali.com. 5-Sterne-Hotel unter europäischer Leitung mit gigantischer Anlage. Hier wird französisches Design mit moderner balinesischer Kunst vereint. Einer der beiden Pools hat Meerblick. Die Zimmer sind mit allem Komfort ausgestattet und geräumig. ❺

Aston Sun Island Villa, Jl. Seminyak 188, ✆ 0361-733779, ✇ 733883, 🖳 www.astonsunisland.com. Diese neue Villenanlage ist ein paradiesisches Refugium, denn hier hat jede

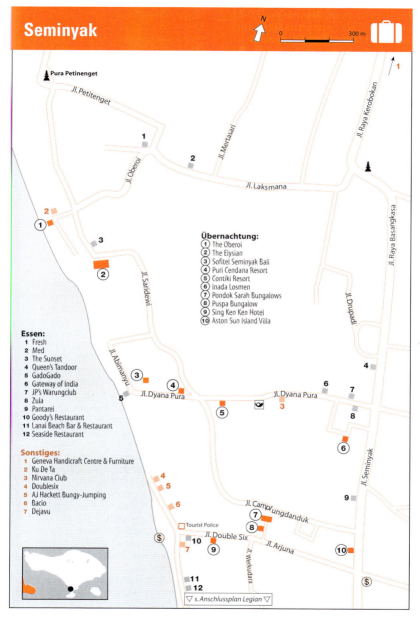

Villa einen Privatpool, einen riesigen LCD-TV und eine komplett eingerichtete Küche. Eine Dusche im Luxusbad fühlt sich an wie ein tropischer Regenguss – ein Genuss! ❺–❻

Essen

Die Auswahl an kulinarischen Köstlichkeiten ist überwältigend. In Seminyak kommt Essen aus der ganzen Welt auf den Teller. Das Angebot reicht von stylischen Sushi-Bars und authentischen indischen Gerichten über hochklassiges Seafood und moderne vegetarische Kost bis hin zu traditioneller europäischer Küche. Die Preise sind allerdings höher als in Legian und Kuta. Eine Auswahl von Nord nach Süd:

Med, Jl. Laksmana 72, ✆ 0361-7473632, 🖷 731060, 💻 www.friendster.com/medbali. Mitten in Seminyak zwischen all den Villen und Resorts befindet sich dieses freundliche Restaurant mit mediterraner Küche. Das Personal ist nicht nur fähig, sondern hat auch einen angenehmen Humor.

The Sunset, Jl. Saridewi, ✆ 0361-736750, 🖷 732847. Ruhig gelegenes, etwas älteres Restaurant mit italienischer Küche. Wer möchte, kann im (!) Wasserrosenteich sitzen. Mi und Fr ist Salsanacht, am Do gibt es Tango. ⏱ 7–23 Uhr.

Queen's Tandoor, Jl. Legian 73, ✆ 0361-732770, 🖷 732771, 💻 www.queenstandor.com. Das indische Restaurant an der lauten Jl. Legian serviert authentische Gerichte. Dieses Lokal existiert bereits seit 1986 und hat seine Tradition bis heute bewahrt. Die weißen Tischdecken wirken nicht sehr indisch, laden aber sofort zum Wohlfühlen ein. ⏱ 11–23 Uhr.

JP's Warungclub, Jl. Dyana Pura 6, ✆ 0361-731622, 💻 www.geocities.com/jpswarung. Die Gerichte sind hier nicht nur lecker, sondern auch gesund. Die Speisekarte ist vorwiegend westlich geprägt, bei der Zubereitung wird aber das Beste aus aller Welt hinzugegeben. Ganz nach britischem Vorbild kann man hier auch seinen Nachmittagstee schlürfen. ⏱ 8–24 Uhr.

Gateway of India, Jl. Dyana Pura 10, ✆ 0361-732940. Recht einfach möbliertes indisches Restaurant, das neben vielen anderen Gerichten Tandoori-Hühnchen aus dem Lehmofen anbietet. Am So wird für 50 000 Rp indisches Buffet angeboten. Hauptgerichte ab 30 000 Rp. ⏱ 10–22 Uhr.

Zula, Jl. Dyana Pura 5, ✆ 0361-731080, 🖂 downtoearth@dps.centrin.net.id. Ein Paradies für jeden Vegetarier und die richtige Adresse für alle Bio-Fans. Die Speisekarte ist äußerst kreativ. Alles Fleischlose wird hier auf sehr schmackhafte Weise zubereitet. Außerdem Verkauf von Bioprodukten. ⏱ 8–24 Uhr.

GadoGado, Jl. Dyana Pura 99, ✆ 0361-736966, 🖷 736955, 💻 www.gadogadorestaurant.com. Erstklassiges Seafood-Restaurant mit wunderschönem Blick auf Meer und Sonnenuntergang. Vorwiegend Fusionsküche, absolut empfehlenswert. Hauptgerichte ab 50 000 Rp. ⏱ 8–24 Uhr.

Pantarei, Jl. Legian 17a, ✆ 0361-732567, 🖷 732571, 💻 www.pantarei-restaurant-bali.net. Obwohl in Seminyak die europäische Küche sehr gut vertreten ist, sind griechische Speisen eine echte Rarität. Die Griechen, dieses edle Lokal gerne besuchen, bestätigen: Das Essen ist authentisch. Hauptgerichte ab 40 000 Rp. ⏱ 8–24 Uhr.

Goody's Restaurant, Jl. Double Six, Blue Ocean Boulevard, ✆ 081-8055 77447. Pizza und Pasta direkt am Strand mit Meerblick.

Daneben gibt es gleich eine Lounge namens **La Vida Loca**, wo man danach noch einen Cocktail schlürfen kann. ⏱ 24 Std.

Lanai Beach Bar & Restaurant, Jl. Double Six, Blue Ocean Boulevard 10, ✆ 0361-731305. Hier gibt es alles, was das ausgehungerte Touristenherz begehrt: asiatische, italienische und westliche Küche und neuerdings sogar Sushi. Verwöhnt wird man vom freundlichen Personal auf der Dachterasse mit Meerblick. Wie die

Sushi in Reisfeldern

Fresh, Jl. Oberoi 18, ✆ 0361-736834, 🖂 fresh bali@gmail.com. Dieses Sushi-Restaurant verdient die Beschreibung „klein, aber oho". Sowohl Sashimi als auch Sushi sind sehr frisch. Selbst Japaner lassen es sich hier schmecken. Die saftig grünen Reisfelder rund um das kleine Restaurant sorgen für ein Gefühl der Abgeschiedenheit und Ruhe. Sushi-Sets ab 85 000 Rp.

meisten Restaurants am Strand ist auch das Lanai nicht ganz billig. ⊙ 8–24 Uhr.
Seaside Restaurant, Jl. Double Six, Blue Ocean Boulevard 14, ✆ 0361-737140, 🖥 www.seaside bali.com. Neben Seafood und westlichen Gerichten gibt es hier auch mexikanisches Essen. Abends verwandelt sich das Restaurant in eine Lounge mit Meeresblick. Wer in der Urlaubszeit ein paar Pfunde zugelegt hat, kann im Fitness-Studio nebenan die Pfunde wieder wegstrampeln (75 000 Rp). ⊙ 11–24 Uhr.

Unterhaltung

Die Clubs und Bars in Seminyak sind schicker und dementsprechend auch teurer als in Kuta. Die Umgebung des Doublesix Clubs ist besonders angesagt, aber auch weiter nördlich warten noch einige Leckerbissen für Nachtschwärmer. Ähnlich wie in Kuta wird manchmal Eintritt verlangt, die meisten Clubs sind jedoch kostenlos. Da die Klientel hier finanzkräftiger zu sein scheint, ist auch die Türpolitik etwas strikter. Eine Auswahl von Nord nach Süd:
Nirvana Club, Jl. Dhyana Pura 100, ✆ 08283-687084, ✉ nirvana_club_bali@yahoo.com. Moderne Lounge in warmen Rottönen. Im dahintergelegenen gemütlichen Garten befindet sich ein Restaurant mit kreativer, europäischer Speisekarte. Hauptgerichte ab 30 000 Rp. ⊙ 11–24 oder 11–3 Uhr.
Bacio, Jl. Double Six, Blue Ocean Boulevard, ✆ 0361-7424466, 🖥 www.bacioclub.com. Dass es sich hier um eine echte Luxus-Lounge handelt, merkt man schon daran, dass man mit Flip-Flops nicht hineinkommt. Hauptsächlich elektronische Musik. Bier gibt es ab 30 000 Rp.
Dejavu, Jl. Arjuna, Blue Ocean Beach Boulevard, ✆ 0361-732777, ✆ 733666, ✉ dejavu_beach@yahoo.com. Angesagter Club am Strand mit futuristischer Innen-einrichtung. Hier wird v. a. Techno gespielt. Die DJs sind international, der Eintritt frei, und einen Dresscode gibt es nur für Einheimische. Große Whisky-Auswahl, Bier ab 25 000, Cocktails bekommt man ab 60 000 Rp.

Café Del Mar auf Bali

Ku De Ta, Jl. Laksmana 9, 🖥 www.kudeta.net, ✆ 0361-736969, ✆ 736767. Restaurant und Lounge direkt am Meer. Hier treffen sich die Reichen und manchmal auch die Schönen. Mit Blick auf das tosende Meer räkelt man sich auf überdimensionalen Couchen bei Champagner und Kaviar. Natürlich nicht preiswert. ⊙ 8–1 Uhr.

Einkaufen

Geneva Handicraft Centre & Furniture, Jl. Raya Kerobokan 100, ✆ 0361-733542, ✆ 733582, 🖥 www.genevahandicraft.com. Etwas außerhalb gelegen bietet Geneva auf 4 Stockwerken so ziemlich jedes Souvenir, das auf Bali hergestellt wird, zu sehr günstigen Preisen. Der ideale Ort, um Mitbringsel zu erstehen.

Sonstiges

Die Infos im Kuta-Teil (s. S. 158) gelten auch für Seminyak, da sich der größte Teil der touristischen Infrastruktur im Süden befindet und die drei Orte Kuta, Legian und Seminyak mehr und mehr zusammenwachsen.

Bungy-Jumping
AJ Hackett Bungy Jumping, ✆ 0361-731144, 🖥 ajhackett.com/bali. Spektakuläre Anlage am Strand direkt neben dem Doublesix Club. Hier kann man am Wochenende bis spät in die Nacht springen. 2 Sprünge kosten US$59 inkl. T-Shirt. ⊙ Mo–So 12–20 Uhr, Fr und Sa auch 2–6 Uhr.

Der angesagteste Club Balis

Doublesix, Jl. Double Six, Blue Ocean Boulevard 66, ✆ 0361-733067, 🖥 www.doublesixclub.com. Hierbei handelt es sich um den ältesten und unumstritten angesagtesten Club Balis! Nicht ohne Grund ist die ganze Straße nach dieser Disco benannt. Zu elektronischen Klängen wird hier die ganze Nacht durchgetanzt. Das Outfit sollte nicht zu knapp sein – nicht wegen der Türsteher, sondern der Klimaanlage! ⊙ 23 Uhr bis Sonnenaufgang.

Sanur

Sanur, 6 km südöstlich von Denpasar, wird weithin sichtbar von der zehnstöckigen Anlage des Inna Grand Bali Beach Hotels überragt. Entgegen aller balinesischen Tradition ist das höchste Haus der Insel höher als eine Palme. Mehrere Luxushotels, aber auch viele preiswerte Unterkünfte konzentrieren sich in Sanur.

Dem Strand ist ein großes Korallenriff vorgelagert, das die Unterwasserströmungen abschwächt und daher das Schwimmen sicherer macht als in Kuta. Die Atmosphäre ist hier ruhiger als in Kuta, sodass Sanur sich auch als Ort für ältere Besucher eignet, die Ruhe suchen und etwas mehr Geld ausgeben wollen. Einige Hotels kooperieren mit großen, internationalen Reiseveranstaltern und beherbergen zahlreiche Pauschaltouristen. Viele der Unterkünfte sind in die Jahre gekommen. Einige wurden jedoch gepflegt und haben Zimmer im traditionell balinesischen Stil. Da die ausgedehnten Anlagen der Strandhotels fast überall den Zugang zum Meer blockieren, lässt sich der Strand, sofern man nicht in einem dieser Hotels wohnt, nur über einige schmale Nebenstraßen erreichen. Am Strand selbst kann man sich allerdings überall hinlegen.

Wer sich für Kunst interessiert, sollte sich das **Le Mayeur Museum** anschauen. A. J. Le Mayeur, ein belgischer Maler, der 1958 in Brüssel starb, lebte fast dreißig Jahre lang am Strand von Sanur. Er war mit Ni Polok verheiratet, einer der berühmtesten *Legong*-Tänzerinnen ihrer Zeit, die er auf vielen Gemälden verewigte. Sein Haus und sein Atelier bilden heute das Museum, das jedoch schon bessere Zeiten gesehen hat. Das Museum liegt an der Jl. Setapak, nicht weit vom Inna Grand Bali Beach Hotel, ☎ 0361-286201, ⏰ So–Do 8–15.15, Fr 8–12.45, Sa und Feiertags 8–14 Uhr, Eintritt 2000 Rp.

Übernachtung

In Sanur werden auf die „published rates" der Hotels große Rabatte gewährt. Die angegebenen Preise beziehen sich auf diese günstigeren Tarife.
Eine Auswahl von Nord nach Süd:

Budget

Agung & Sue Watering Hole Homestay, Jl. Hang Tuah 35-37, ☎/📠 0361-288289, 💻 www.wateringholesanurbali.com. Ein freundliches, nicht weit vom Strand gelegenes, Guesthouse mit umfangreichem Service und einem gemütlichen Restaurant. Saubere Zimmer mit AC, TV und Warmwasser-Du/WC. Empfehlenswert.
Ananda Beach Hotel, Jl. Hang Tuah 43, ☎/📠 0361-288327. Kleiner Homestay, in dem die Gäste sofort in die Familie aufgenommen werden. Einfache Zimmer mit Du/WC und teilweise mit AC und antiker Möblierung. Ein nettes, hoteleigenes Restaurant befindet sich am Strand. Inkl. Frühstück. ❷
Jambu Inn, Jl. Hang Tuah 54, ☎ 0361-286173, 📠 281151, ✉ jbadwkbl@denpasar.wasantara.net.id. Nettes Guesthouse mit familiärer Atmosphäre und einem kleinen Pool in einer Gartenanlage. Neue Zimmer mit sehr sauberen Du/WC, teilweise mit AC und Warmwasser. ❷
Bali Hoki Hotel, Jl. Danau Batur 8A, ☎ 0361-282873, 📠 286728, ✉ balihokihotel@yahoo.com. Eine kleine, ruhige Anlage mit Pool, die sich dennoch fast direkt an der großen Jl. By Pass befindet. Saubere Zimmer mit Warmwasser-Du/WC, AC und teilweise mit TV. Inkl. Früh-stück. ❷
Hotel Sanur Indah, Jl. Danau Buyan 29, ☎ 0361-288568, 📠 283232, 💻 www.hotelsanurindah.com. Das ältere, aber nette Hotel bietet Zimmer mit schöner Einrichtung, Du/WC und Veranda, teilweise auch mit AC, TV, Warmwasser und Open-Air-Bad. Inkl. Frühstück. ❷
Hotel Rani, Jl. Danau Buyan 33, ☎ 0361-288578, 📠 288674, ✉ hotelrani@dps.centrin.net.id. In einem Garten mit Pool, aber recht weit vom Strand entfernt gelegene Unterkunft mit kleinen, sauberen Zimmern mit Du/WC und teilweise auch AC und TV. Die Ventilator-Zimmer lohnen nicht. Inkl. Frühstück. ❷
Hotel Puri Sanur, Jl. Danau Buyan 32, ☎ 0361-289612, 📠 281457. Etwas abgewohnte, aber preisgünstige Zimmer mit weichen Federkernmatratzen und TV in einem Garten mit Pool. Die teureren Zimmer haben AC und Open-Air-Bäder mit Warmwasser-Du/WC. ❷
Yulia 1 Homestay, Jl. Danau Tamblingan 38, ☎ 0361-288089. Mitten in einem schönen Garten

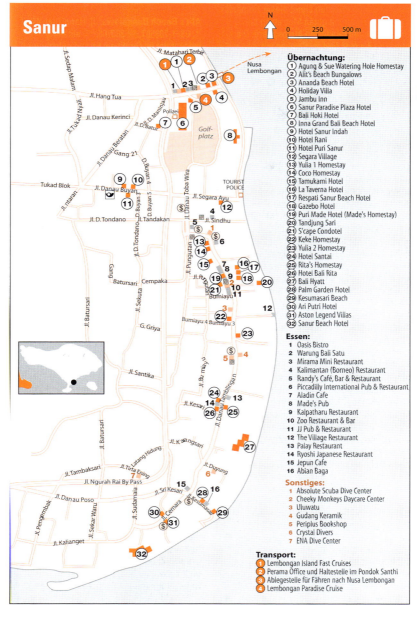

mit blühenden Pflanzen bietet dieser Homestay saubere Zimmer mit guten Matratzen und Du/WC in einer familiären Atmosphäre. Die teureren Zimmer sind größer und mit Warmwasser, die teuersten mit eigenem Wohnzimmer. Für den kleineren Geldbeutel empfehlenswert. Inkl. Frühstück. ❶ – ❷
Coco Homestay, Jl. Danau Tamblingan 42, ☎ 0361-287391, ✉ ketutcoco@hotmail.com. Einfache, saubere Zimmer mit Ventilator in einer kargen Anlage. Inkl. Frühstück. ❶
Puri Made Hotel (Made's Homestay), Jl. Danau Tamblingan 72, ☎ 0361-284219, ✆ 288152. Unterkunft in einem minimalistischen Garten mit einem kleinen Pool. Alle sauberen, aber dunklen und kleinen Zimmer sind mit Warmwasser-Du/WC ausgestattet, die teureren auch mit AC. Für das Gebotene ziemlich teuer. ❷ – ❸
Keke Homestay, Jl. Danau Tamblingan 96, ☎ 0361-287282, 🖥 www.geocities.com/ keke_homestay. Dieses freundliche, ruhig gelegene Guesthouse mit 7 einfachen Zimmern mit Du/WC, teilweise AC und Warmwasser wird von einem liebenswerten alten Mann geführt. ❶ – ❷
Yulia 2 Homestay, Jl. Danau Tamblingan 57, ☎ 0361-287495, ✉ kf-billy@indo.net.id. Netter Homestay mit etwas älteren, dunklen Zimmern, die teilweise auch AC, Warmwasser und Open-Air-Bad haben und mit alten Möbeln eingerichtet sind. Inkl. Frühstück. ❶ – ❷
Rita's Homestay, Jl. Danau Tamblingan 81, ☎ 0361-288694, ✆ 286362, ✉ ritagiftshop_bali@ yahoo.com. Die angenehme Atmosphäre der kleinen Anlage spiegelt sich in den sauberen und kühlen Zimmern mit AC, Bad/WC und guten, harten Matratzen wider. ❷
Hotel Bali Rita, Jl. Danau Tamblingan 174, ☎ 0361-282630, ✉ balirita@hotmail.com. Ein begrünter Weg führt in den idyllischen Garten, in dem tempelähnliche Häuschen die Gäste beherbergen. Die sauberen Zimmer sind mit AC, Warmwasser-Bad/WC und Open-Air-Du ausgestattet. Ein Ruhepol zum Entspannen. ❷
Kesumasari Beach, Jl. Kesumasari 6, ☎ 0361-287824. Die schönen balinesischen Eingangstüren eröffnen den Blick auf schlichte, saubere Zimmer mit AC, TV, Kühlschrank und Du/WC. Eine günstige Alternative direkt am Strand. ❷

Mittelklasse
Alit's Beach Bungalows, Jl. Hang Tuah 41, ☎ 0361-288567, ✆ 288766, ✉ alitblw@ indosat.net.id. Direkt am Strand gelegene, weitläufige Anlage mit Pool mit Meerblick. Die Zimmer mit AC, Telefon, Minibar und Warmwasser-Bad/WC sind älter, aber gut in Schuss gehalten und balinesisch eingerichtet. Inkl. Frühstück. ❸
Holiday Villa, Jl. Hang Tuah 54, ☎ 0361-288577, ✆ 288894, 🖥 www.holidayvillahotelbali.com. Die 3-Sterne-Anlage befindet sich inmitten eines tropischen Gartens mit Pavillons. Alle Zimmer haben AC, TV und balinesische Möbel. Die Deluxe-Zimmer mit Himmelbett und Sofa sind empfehlenswerter als die Superior-Zimmer. Es gibt auch elegante Villen mit eigenem Pool. ❹ – ❺
Sanur Paradise Plaza Hotel, Jl. Hang Tuah 46, ☎ 0361-281781, ✆ 281782, 🖥 www.sanur paradise.com. Diese direkt neben dem riesigen Golfplatz des Inna Grand Bali Beach Hotels gelegene 4-Sterne-Anlage hat einen großen Pool und 329 etwas karge Zimmer mit Marmorböden, AC, TV, Telefon, Minibar und Bad/WC. Inkl. Buffet-Frühstück. ❹
Tamukami Hotel, Jl. Danau Tamblingan 64x, ☎ 0361-282510, ✆ 282520, 🖥 www.tamukami bali.com. In einem tropischen Garten gelegene Zimmer mit AC, TV, Telefon und Minibar, die

Luxus zum Budgetpreis

S'cape Condotel, Jl. Danau Tamblingan 80, ☎ 0361-281490, ✆ 283170, 🖥 www.scapebali com. Der Slogan „Five Star Facilities at a Budget price" ist durchaus ernst zu nehmen: Für wenig Geld bekommt man hier geräumige, modern eingerichtete und saubere 2-stöckige Bungalowhälften mit allem Komfort. Im unteren Stockwerk befinden sich eine komplett ausgestattete Küche und ein Wohnzimmer mit WLAN, Stereoanlage, TV und DVD-Player. Im Obergeschoss gibt es ein Schlafzimmer mit großem Bett, ein weiteres TV, Safe, Bad/WC und Balkon mit Blick auf den langgezogenen Pool. Hervorragendes Preis-Leistungs-Verhältnis! ❸

etwas älter, aber gepflegt sind und schöne Badezimmer mit separater Du und Badewanne bieten. Inkl. Frühstück. ❹

La Taverna Hotel, Jl. Danau Tamblingan 29, ✆ 0361-288497, 📠 287126, 💻 www.lataverna hotel.com. Dieses Hotel mit Pool und einem italienischen Restaurant ist etwas in die Jahre gekommen, wurde aber gut gepflegt. Die Zimmer mit AC, Telefon und Du oder Bad/WC sind schön und traditionell balinesisch eingerichtet. Inkl. Frühstück. ❹–❺

Respati Sanur Beach Hotel, Jl. Danau Tamblingan 33, ✆ 0361-288427, 📠 288046, 💻 www.respatihotel.com. Diese relativ neue, unspektakuläre Anlage mit Pool, die Zimmer mit AC, TV, Telefon und Du/WC bietet. ❹

Gazebo Hotel, Jl. Danau Tamblingan 35, ✆ 0361-289060, 📠 288300, 💻 www.baligazebo.com. Schöne Anlage am Strand mit Pool und Zimmern mit AC, TV, Kühlschrank und Warmwasser-Du/WC. Alle sind mit balinesischen Möbeln eingerichtet. Inkl. Frühstück. ❸–❹

Hotel Santai, Jl. Danau Tamblingan 148, ✆/📠 0361-287314. An einem ruhigen und stilvollen Hof mit kleinem Pool liegen die neuen Zimmer mit AC, TV und Warmwasser. Klein und sehr schön. ❸

Palm Garden Hotel, Jl. Kesumasari 3, ✆ 0361-287041, 📠 289571, 💻 www.palmgarden-bali.com. Dieses entspannte Hotel liegt in einem kleinen Garten mit Pool. Zimmer mit AC, Du und Bad/WC. Sehr schöne Bäder! Inkl. Frühstück. ❸

Ari Putri Hotel, Jl. Cemara, ✆ 0361-289188, 📠 289190, 💻 www.ariputrihotel.com. In einer Anlage mit Pool liegen etwas muffige, aber komfortable Zimmer mit AC, TV, Kühlschrank und Bad/WC. ❸

Luxus

Inna Grand Bali Beach Hotel, ✆ 0361-288511, 📠 287917, 💻 www.innagrandbalibeach.com. Im höchsten Gebäude der Insel befindet sich dieses ältere 5-Sterne-Hotel mit allem Komfort. Es werden 4 hoteleigene Pools, 2 Tennisplätze und ein 9-Loch-Golfplatz geboten. ❹–❺

Segara Village, Jl. Segara Ayu, ✆ 0361-288407, 📠 287242, 💻 www.segaravillage.com. In einem schönen, weitläufigen Garten mit großem Banyan-Baum gelegene Anlage mit 2 kleineren Pools. Sehr schöne, minimalistische Zimmer und Bungalows mit verglastem Bad/WC und allem Komfort. ❺

Tandjung Sari, Jl. Danau Tamblingan 41, ✆ 0361-288441, 📠 287930, 💻 www.tandjung sarihotel.com. Eine wunderschöne Anlage mit großem Pool direkt am Strand und 26 gepflegten Bungalows mit AC, Minibar, riesigem Bad/WC, Open-Air-Du und antiker balinesischer Einrichtung. ❺

Bali Hyatt, Jl. Danau Tamblingan, ✆ 0361-281234, 📠 287693, 💻 www.bali.resort.hyatt.com. Diese schöne Hotelanlage, die schon in so manchem Bildband abgebildet war, liegt in einem weitläufigen Garten. Die Zimmer genügen den höchsten internationalen Standards. Eine sehr schön designte Pool-Landschaft liegt direkt am Strand. Gutes aber teures Spa im Stil eines balinesischen Dorfes. ❺–❻

Aston Legend Villas, Jl. Cemara 33, ✆ 0361-270567, 📠 270562, 💻 www.astonlegendsanur.com. Diese recht neuen, im modernen balinesischen Stil eingerichteten Luxusvillen mit Privatpool bieten neben Komfort und Open-Air-Wohnzimmer bzw. -Küche auch einen Butler-Service. ❻

Sanur Beach Hotel, Jl. Cemara, ✆ 0361-7464821, 📠 763435, 💻 www.sanur-beach-hotel.com. Dieser riesige, etwas ältere 5-Sterne-Hotelkomplex mit über 500 Zimmern bietet den in dieser Preisklasse üblichen Komfort: 2 Pools, eine Vielzahl an Restaurants und Bars, Spa und 2 Tennisplätze. ❺–❻

Essen

Es gibt jede Menge Restaurants, die v. a. europäische Küche, aber auch indonesische Gerichte und andere asiatische Köstlichkeiten zubereiten. Die meisten befinden sich an der Jl. Danau Tamblingan und bieten auf Anfrage kostenlose Transfers von der Unterkunft an. Eine Auswahl von Nord nach Süd:

Oasis Bistro, Jl. Hang Tuah 31A, ✆ 081-5577 1678. Ein Restaurant in einem netten Garten, der aber leider an der lauten Straße liegt. Balinesische Gerichte ab 25 000 Rp. ⏱ 8–23 Uhr.

Warung Bali Satu, Jl. Hang Tuah 39, ✆ 081-0054 12984. Ein kleines Restaurant, das Seafood und indonesische Kost serviert. Hauptgerichte schon ab 10 000 Rp. ☉ 14–22 Uhr.

Mirama Mini Restaurant, Jl. Hang Tuah, ☎ 0361-288476. Die günstigste Alternative für ein Frühstück in der Jl. Hang Tuah bietet eine kleine Auswahl an einfachen Gerichten und ziemlich kleine Portionen. Der chinesische Besitzer ist aber sehr liebenswert und freundlich. ☉ 8–13 und 18–21 Uhr.

Kalimantan (Borneo) Restaurant, Jl. Sindhu 11, ☎ 0361-289291, ✉ borneo@indosat.net.id. In einem schönen Garten gelegenes, älteres Restaurant mit u. a. amerikanischer und mexikanischer Küche. Außerdem wird hier eine große Auswahl an gebrauchten Büchern zum Kauf und Tausch angeboten. Hauptgerichte gibt es ab 20 000 Rp. ☉ 7.30–23 Uhr.

Randy's Café, Bar & Restaurant, Jl. Danau Tamblingan 17, ☎ 0361-288962, ✉ penny@dps.centrin.net.id. Ein kleines, freundliches Restaurant direkt an der Straße mit günstigen kanadischen und einheimischen Gerichten ab 10 000 Rp. U. a. gibt es *Babi Guling* (Spanferkel balinesischer Art) für 60 000 Rp. ☉ 8–23 Uhr.

Piccadilly International Pub & Restaurant, Jl. Danau Tamblingan 27, ☎ 0361-289138, 🖥 www.ptsendok.com. Trotz des englischen Namens hat dieses Restaurant eine schwäbische Leitung. Hier bekommt man daher Currywurst, Käsespätzle und andere deutsche Gerichte, aber auch balinesisches Essen serviert. ☉ 11–24 Uhr.

Aladin Cafe, Jl. Danau Tamblingan 72, ☎ 0361-286191. Das hilfsbereite Personal dieses kleinen Lokals bereitet schon für nur 70 000 Rp eine Reistafel für 2 Pers. zu. Andere Gerichte gibt es ab 25 000 Rp. ☉ 15–23 Uhr.

Made's Pub, Jl. Danau Tamblingan 72, direkt vor Made's Homestay (Puri Made Hotel), ☎ 0361-288152. Relativ günstige europäische und asiatische Küche in schlichtem Ambiente. Der große Fernseher der Besitzer steht im Mittelpunkt dieses kleinen Restaurants. Gerichte ab 20 000 Rp. ☉ 10–24 Uhr.

Kalpatharu Restaurant, Jl. Danau Tamblingan 80, ☎ 0361-288457. In einem luftigen Innenhof direkt an der Straße gelegenes Lokal der Mittelklasse, das für 60 000 Rp eine Portion balinesischen Spanferkels anbietet. Jeden Mi und So werden ab 20 Uhr traditionelle Tanzaufführungen präsentiert. ☉ 12–23 Uhr.

Zoo Restaurant & Bar, Jl. Danau Tamblingan 86, ☎ 0361-288743, ✉ lazercoffeeshop@hotmail.com. Das AC-gekühlte und mit WLAN ausgerüstete Restaurant bietet frisches Brot, ist aber recht dunkel und der Service ist wenig zuvorkommend. Hauptgerichte kosten ab 25 000 Rp. ☉ 12–22 Uhr.

JJ Pub & Restaurant, Jl. Danau Tamblingan 92, ☎ 0361-289333. Das bereits 1990 eröffnete große und einladende 2-stöckige Restaurant mit einer kleinen quadratischen Bar ist bekannt für seine Pasta, Pizzas und Steaks. Hauptgerichte gibt es ab 30 000 Rp. ☉ 10–24 Uhr.

The Village Restaurant, Jl. Danau Tamblingan 47, ☎ 0361-285025, 📠 286318, ✉ thevillage@santrian.com. Ein elegantes, minimalistischmodernes italienisches Restaurant mit großem Weinkeller, das neben Pasta und Pizza sogar Gnocchi und Risotto serviert. Hauptgerichte ab 40 000 Rp. ☉ 11–24 Uhr.

Palay Restaurant, Jl. Danau Tamblingan 81, ☎ 0361-288335, 📠 464622. Neben einer Bar mit einer großen Auswahl an günstigen Cocktails bietet dieses schöne Restaurant westliches und indonesisches Essen, das auch unter dem großen Pavillion serviert wird. Gerichte ab 25 000 Rp. ☉ 12–23 Uhr.

Ryoshi Japanese Restaurant, Jl. Danau Tamblingan 150, ☎ 0361-288473. Die Sanur-Filiale des bekannten japanischen Restaurants mit insgesamt 4 Niederlassungen auf Bali bietet frisches Sushi, Sashimi und andere Spezialitäten aus dem Land der aufgehenden Sonne. Ein Teil des Lokals ist AC-gekühlt. Der Service ist freundlich. Ab 30 000 Rp. ☉ 12–24 Uhr.

Jepun Cafe, Jl. Danau Tamblingan 212, ☎ 0361-287049. Das Restaurant bietet indonesische und europäische Gerichte ab 30 000 Rp an und hat zusätzlich eine große Auswahl an Cocktails auf der Speisekarte. ☉ 17–23 Uhr.

Abian Baga, Jl. Kesumasari 5, ☎ 0361-287174, ✉ abian@indo.net.id. Ein extrem preiswertes Seafood-Restaurant: 1 kg Fisch kostet 50 000 Rp, 500 g Tintenfisch gibt es für 35 000 Rp. Tgl. um 20.15 Uhr werden balinesische Tänze aufgeführt, Sa der Maskentanz. ☉ 19–23 Uhr.

Unterhaltung

Live-Musik
Im **Gratang**, einer Bar im Bali Hyatt, gibt es jeden Abend von 22–1 Uhr Live-Musik.

Tänze
Alle vier *Banjar* von Sanur unterhalten ihre eigenen Gamelan-Orchester und Tanzgruppen, die regelmäßig in den großen Hotels und Restaurants, aber auch im *Bale Banjar*, dem Gemeindehaus, und bei Tempelfesten auftreten.

Einkaufen

An der Jl. Danau Tamblingan liegen viele Galerien und Souvenir-Shops, die Kunsthandwerk aus Bali und z. T. kunstvolle Gemälde verkaufen.

Bücher
Periplus Bookshop, Jl. Danau Tamblingan. Hier gibt es eine große Auswahl an englischsprachigen Büchern und Zeitschriften. Auch viele Bücher über Bali befinden sich im Sortiment.

Keramik
Bali Ceramics Institute, B.P.P. Teknologi, Jl. By Pass Ngurah Rai zwischen Sanur und Kuta. Wer sich für Keramik und Töpferei, ein seltenes Handwerk auf Bali, interessiert, sollte hier vorbeischauen. Das Forschungs- und Entwicklungszentrum für Keramik und Porzellan zeigt u. a. eine Ausstellung mit Stücken der Schüler und Töpferware aus Kapal und Lombok. Einige Ausstellungsstücke sind käuflich.
Gudang Keramik, Jl. Danau Tamblingan, ☎ 0361-298363. Ein Geschäft mit reichlich balinesischer Keramik. ◎ 9–17 Uhr.

Möbel
Viele Möbelgeschäfte, Antiquitätenhändler und andere Läden haben sich entlang der vierspurigen Jl. By Pass zwischen Sanur und Kuta angesiedelt.

Textilien
Uluwatu, Jl. Danau Tamblingan. Eine Filiale der beliebten balinesischen Marke. Näheres im Kapitel „Einkaufen Kuta" s. S. 158.

Sonstiges

Autovermietungen
Näheres s. S. 64.

Post
Postamt im Banjar Taman, südlich der Jl. Danau Buyan.

Tauchen
Eine Vielzahl von professionellen Tauchschulen hat sich in Sanur angesiedelt. Sie sind gut ausgerüstet und bieten verschiedene Touren in Tauchgebiete rund um ganz Bali an. Teilweise werden sie sogar von Europäern geleitet.
Absolute Scuba, Jl. Danau Tamblingan 27C, ☎ 0361-282664, 🖥 www.absolutescubabali.com. Höchst professionell geführtes Tauchzentrum mit neuer Ausrüstung und Touren zu allen bekannten Tauchgründen Balis. Ab US$275 kann man einen Open-Water-Kurs belegen. 2 Normale Tauchgänge kosten ab US$65.
Crystal Diver, Jl. Duyung 3, 🖥 www.crystal-divers.com. Eine gute, freundliche 5-Sterne-PADI-Tauchschule unter dänischer Leitung mit neuem Equipment. Open-Water-Kurse kosten US$425, 2 Tauchgänge direkt vor Sanur US$60. Auch deutschsprachige Tauchlehrer.
ENA Dive Center, Jl. Tirta Ening 1, ☎ 0361-288829, 📠 287945, 🖥 www.enadive.co.id. Die seit über 20 Jahren bestehende 5-Sterne-PADI-Tauchschule ist auf japanische Kundschaft spezialisiert, bietet aber auch englischsprachige Tauchkurse an. Der Open-Water-Kurs kostet US$330, 2 Tauchgänge vor Sanur US$43 ohne Ausrüstung, die aber für ca. US$20 mehr geliehen werden kann.

Nahverkehr

Die Fahrt mit den omnipräsenten **Bemos** innerhalb Sanurs sollte 2000–3000 Rp p. P. kosten. Teilweise verlangen die Fahrer von Touristen deutlich mehr. Am besten man drückt ihnen das Geld beim Aussteigen passend in die Hand.

Transport

Boote

Für den Transfer auf die vorgelagerte Insel NUSA LEMBONGAN gibt es 4 verschiedene Alternativen:

Lembongan Fast Cruises, Jl. Hang Tuah 27, ☎ 0361-285522, 📠 286913, 💻 www.scootcruise.com. Mit dem Schnellboot kommen bis zu 15 Pers. in 30 Min. auf die Insel. Abfahrten tgl. um 9.30 und 16 Uhr, zur Hochsaison auch um 13.30 Uhr. Zurück tgl. um 8.30 und 15 Uhr, zur Hochsaison auch um 11.30 Uhr. Der Preis liegt bei US$30 p. P. für Hin- und Rückfahrt, einfach US$18.

Lembongan Paradise Cruise, Jl. Hang Tuah 78, ☎ 0361-281974, 💻 www.mushroom-lembongan.com. Diese Schnellboote für 15 Pers. brauchen ebenfalls 30 Min., fahren auf Lembongan aber nur den Mushroom Beach und Jungut Batu an. Abfahrten tgl. um 11.30 und 15.30 Uhr. Zurück auf das Festland tgl. um 8.30 und 14.30 Uhr. Der Preis liegt bei US$24 p. P. für Hin- und Rückfahrt, einfach US$15.

Perama Tours bietet eine langsamere Überfahrt mit der Fähre für bis zu 50 Pers. an. Tgl. um 10.15 Uhr für 70 000 Rp p. P. für die einfache Fahrt. Eine lokale Fähre legt tgl. um 7.30 Uhr ab. Das Fischerboot, das mit bis zu 70 Pers. beladen wird, benötigt 1 1/2 Std. für die Überfahrt und verlangt 45 000 Rp p. P. für die einfache Strecke.

Busse

Perama Tours, Jl. Hang Tuah, im Pondok Santhi. Im Büro des Reiseveranstalters können auch Bustickets und Touren gebucht werden. Die Busse halten direkt vor dem kleinen Laden. Strecken:
KUTA und FLUGHAFEN um 9, 11, 12.30, 15.30 und 18.30 Uhr für 15 000 Rp,
UBUD um 6.15, 10.15, 13.45 und 16.45 Uhr für 20 000 Rp,
LOVINA um 10.15 Uhr für 85 000–100 000 Rp,
PADANG BAI und CANDI DASA um 6.15, 10.15 und 13.45 Uhr für 40 000 Rp.
Bei mind. 2 Pers. werden auch folgende Strecken befahren:
BEDUGUL um 10.15 Uhr für 40 000 Rp,
KINTAMANI um 10.15 Uhr für 100 000 Rp,
AMED, TULAMBEN und TIRTA GANGGA um 6.15 und 10.15 Uhr für 115 000 Rp,
TETEBATU um 6.15 Uhr für 190 000 Rp.
Für den Transport nach Lombok oder auf die Gilis sind die Pakete inkl. Bootstransfer zu empfehlen:
MATARAM, KUTA (Lombok) und SENGGIGI 100 000–240 000 Rp,
GILIS um 10.15 Uhr für 240 000 Rp,
Nähere Informationen über Busse s. S. 63ff.

Serangan

Auf der kleinen Insel, zu der eine Brücke hinüber führt, befindet sich der **Pura Sakenan**, einer der wichtigsten Tempel Balis, der manchmal sogar zu den *Sad Kahyangan*, den sechs heiligsten Tempeln gezählt wird. Seine Gründung geht, wie bei vielen anderen Meerestempeln, auf einen Besuch des Shiva-Priesters und Heiligen Danghyang Nirartha zurück, der 1489 aus Daha, dem heutigen Kediri in Ost-Java, nach Bali gekommen war. Das Bemerkenswerteste an dem Tempel ist ein steinerner, fünfstöckiger *Candi*, der für

Pemendakan

Zur Feier des *Manis Kuningan*-Festes, dem Tag nach *Kuningan*, pilgern Tausende von Balinesen mit Opfergaben zum **Pura Sakenan**. Die spektakulärsten Teilnehmer dieser Prozession sind zwei *Barong Landung* aus Benoa, magiegeladene, mehr oder weniger menschliche Riesenfiguren (*landung* = hoch, groß). Ein Mann trägt jeweils eine Figur auf seinen Schultern, einen mind. 3 m hohen, bekleideten Holzrahmen, gekrönt von einer Maske.

Die beiden *Barong Landung* stellen ein altes Ehepaar dar: Die männliche Gestalt, Jero Gede, zeigt gefletschte Zähne in einem schwarzen Gesicht, seine Frau Jero Luh hat eine weiße Gesichtsfarbe. Diese Prozession, die *Pemendakan* genannt wird, findet alle 210 Tage statt und fällt immer auf einen Sonntag. Dann herrscht Jahrmarktstimmung bei dem sonst verlassen dastehenden Tempel.

die königlichen Ahnen aus dem Majapahit-Geschlecht errichtet wurde.

Serangans Bewohner, die heute hauptsächlich vom Fischfang leben sind meist Bugis, die aus Süd-Sulawesi stammen. Früher haben sie außerdem auf der Insel Meeresschildkröten aus Sulawesi, Borneo, Irian Jaya und anderen Außeninseln in trüben Becken „zwischengelagert". Die Tiere endeten dann häufig als Steaks auf den Tellern der Touristen, aber auch Balinesen haben zu bestimmten zeremoniellen Anlässen Schildkrötenfleisch gegessen.

Da Seeschildkröten zu den stark gefährdeten Tierarten gehören hat diese Unsitte glücklicherweise ein Ende gefunden: Seit Januar 1999 ist jeglicher Verzehr, Verkauf oder Besitz von Schildkrötenfleisch und Schildplatt streng verboten. Einige Händler und Fischer von Serangan sind bereits schwer bestraft worden.

Nusa Dua

Die Bukit-Halbinsel im Süden Balis ist eine heiße, trockene Savannenlandschaft mit Kakteen und wenigen kleinen Dörfern. In einer durch Korallenriffe geschützten Bucht im Osten der Halbinsel wurde, weitab von jedem Dorf, das 300 ha große Touristenzentrum Nusa Dua aus dem Boden gestampft. Von der Weltbank gefördert und in Kooperation mit den Vereinten Nationen versuchte man hier ein neues Konzept zu verwirklichen. Nusa Dua verdankt seine Existenz der Befürchtung, dass die unvermeidlichen Touristenströme mehr und mehr die Kultur des Landes zerstören könnten. Eine vierspurige Schnellstraße verbindet die Touristenstadt mit dem Flughafen (15 Min. Fahrzeit). Geschäfte, Reisebüros und Parks vervollständigen das exklusive Angebot. Besonders bei japanischen Urlaubern erfreuen sich der Ort und seine Luxusanlagen höchster Beliebtheit.

Wer hier wohnt, muss sich mit einem Bali zufrieden geben, wie es Pauschaltouristen angeboten wird. Man lebt völlig isoliert von den Balinesen und die Anreise zu den interessantesten Sehenswürdigkeiten ist verhältnismäßig weit. Abendliche Veranstaltungen außerhalb des Touristenzentrums kann man höchstens mit dem eigenen Fahrzeug oder im Rahmen einer organisierten Tour besuchen.

Ein paar schöne Spazierwege führen über die Hügel, darunter erstreckt sich die Bucht mit der Insel Serangan, im Hintergrund der Berg Gunung Agung.

Übernachtung

Ayoda Resort Bali, Jl. Pantai Mengiat, ✆ 0361-771102, 📠 771616, 💻 www.ayodaresortbali.com. Das ehemalige Hilton-Hotel legt nach dem Managementwechsel sehr viel Wert darauf, seinen Gästen balinesische Legenden und Traditionen näher zu bringen. Sehr schöne, modern eingerichtete Zimmer mit allem erdenklichen Komfort, 5 Restaurants zum Schlemmen, Pool und Tennisplatz zum Fettabbauen. ❺–❻

Club Med, Nusa Dua Komplex, ✆ 0361-772550, ✉ balccmaf01@clubmed.com. Auch hier ist der Club Med groß und schön und bietet wie alle Filialen weltweit ein umfangreiches Freizeitangebot für den Gast von 8 bis 88 Jahren. ❺

Essen

Lucky Duck, Jl. Pratama 88, ✆ 0361-773738, 📠 773970. Preisgünstiges Restaurant mit balinesischer Inneneinrichtung, das organisch zubereitete balinesische Kost ohne jede Chemie serviert. Besonders zu empfehlen ist die Ente spezial. 🕓 11–23 Uhr.

Nyoman's Beergarden, Jl. Pantai Mengiat, ✆ 0361-775746, 💻 www.ptsendok.com, 🕓 11–24 Uhr. Hier fühlt sich der Schwabe wohl: Es gibt Käsespätzle, Currywurst, Fädlisuppe und Pfeffersteak. Der Betreiber ist ein Schwarzwälder, der auf Bali sein Herz verlor. Hauptspeisen ab 35 000 Rp.

Tropical, Jl. Pantai Mengiat, ✆ 0361-777600. Seafood-Restaurant der gehobeneren Klasse mit asiatischer und europäischer Küche. Das Abendessen wird häufig von traditionellem Tanz begleitet. Wer keine Lust auf Taxifahren hat: Für den Transport zurück zum Hotel wird gesorgt. 🕓 10–23 Uhr.

Tanjung Benoa

Nördlich von Nusa Dua erstreckt sich auf einer langen, schmalen, nach Norden gerichteten Landzunge ein kleineres Touristenzentrum, wo man neben Luxushotels auch preiswerte Unterkünfte findet, die allerdings alle im nördlichen Abschnitt der Landzunge und nicht am Strand liegen. Der Strand ist hier nicht besonders schön zum Baden. Dafür bietet der Ort jede Menge Möglichkeiten zum Wassersport, wie z. B. Wasserski, Windsurfing, Parasailing, Hochseefischen, Segeln, Tauchen, oder Schnorcheln.

Übernachtung

Im Gegensatz zu Nusa Dua gibt es in Tanjung Benoa auch einfache Homestays, in denen man preiswert übernachten kann.
Eine Auswahl von Nord nach Süd:
Taman Damai, Jl. Pratama, ✆ 081-9164 80630. Bungalowanlage mit Pool mitten im balinesischen Dorf. Hier wohnt man unter den Einheimischen. Die Bungalows sind gut in Schuss gehalten und teilweise mit Küche ausgestattet. Alle Badezimmer (Bad/WC) sind sehr groß. Vermietet wird tage- oder wochenweise. ❷
Pondok Agung, Jl. Pratama, ✆ 0361-771143, ✆ 771145, ✉ roland@eksadata.com. Der hübsche Garten ist sehr einladend. Die Zimmer mit AC, TV und Bad/WC sind im balinesischen Stil gehalten. Kleines Frühstück inkl. Das Personal ist sehr freundlich! ❷
Ramada Resort Bali, Jl. Pratama 97A, ✆ 0361-773730, ✆ 773840, ✉ www.ramadaresortbenoa.com. Große Hotelanlage mit schönem Garten, 2 Pools und 3 Restaurants. Die Zimmer mit AC, TV, Minibar, Telefon und Du/WC sind liebevoll eingerichtet und bieten einen Blick auf Garten oder Pool. ❹–❺
Bali Reef Resort, Jl. Pratama, ✆ 0361-776291, ✆ 776294, ✉ www.balireef-resort.com. Zimmer mit AC, TV, Telefon, Minibar und Du/WC in einem gepflegten Garten. Hier treffen moderne Einrichtung und balinesische Architektur aufeinander. Der Pool ist recht klein, aber das Meer liegt gleich dahinter. ❹
Novotel, Jl. Pratama, ✆ 0361-772239, ✆ 772237, ✉ info@novotelbali.com.
Das 4-Sterne-Hotel liegt auf einer großen Anlage mit einem üppigen Garten. Zur Auswahl stehen 3 Restaurants und 3 Pools. Das Interieur der komfortablen Zimmer ist komplett aus Kokospalmenholz gezimmert. Überwiegend westliche Gäste. ❺–❻
Rasa Sayang Beach Inn, Jl. Pratama 88, ✆ 0361-771643, ✆ 777268, ✉ rsbind@yahoo.com. Eine der wenigen preisgünstigeren Unterkünfte die nur Zimmer ohne AC hat. Die Zimmer mit Du/WC sind etwas älter, aber völlig in Ordnung. Die teureren Zimmer lohnen nicht! ❶–❷
Club Bali Mirage, Jl. Pratama 72, ✆ 0361-772147, ✆ 772156, ✉ www.clubbalimirage.com. Von außen sieht es aus wie ein traditionell-balinesisches Hotel, hinter der Fassade wartet aber moderne Architektur. Viele Deutsche und Briten genießen am Pool den Blick aufs Meer oder speisen in einem der 3 Restaurants. Die 98 Zimmer mit AC, TV und Du/WC sind älter, aber gepflegt und liebevoll eingerichtet. ❹
Kind Villa Bintang Resort, Jl. Pratama, ✆ 0361-772010, ✆ 772009, ✉ www.kindvillabintang.com. Ein Hochzeitshotel mit einer Brautmodenboutique in der Lobby. Die kleine Anlage direkt am Strand hat einen Pool und ein Podest für Hochzeitszeremonien. Die Zimmer mit AC, TV, Minibar und Telefon überraschen mit schönen Bädern und verglasten Duschen. ❹
The Oasis, Jl. Pratma 68a, ✆ 0361-770126, ✆ 778426, ✉ www.theoasisbenoa.com. Preislich ein Stück von den teuren Luxushotels entfernt ist diese geschmackvoll gestaltete Unterkunft. Im 70 m langen Pool hat man teilweise Meerblick. Die Zimmer mit AC, TV, Minibar und Du/WC sind geräumig und kreativ eingerichtet. ❹
Suites Hotel Bali Royal Resort, Jl. Pratama, ✆ 0361-771039, ✆ 771885. Diese kleinere Bungalowanlage unter österreichischer Leitung bietet eine familiäre Atmosphäre. Auf der großzügigen Anlage mit Pool stehen 12 Bungalows mit Himmelbetten, großem Bad/WC und dem üblichen 4-Sterne-Komfort. ❺

Essen

The Tao Bali, Jl. Pratama 96, ✆ 0361-772902, ✆ 773840, ✉ www.taobali.com. Gegenüber der

Nusa Dua und Tanjung Benoa

Übernachtung:
1. Taman Damai
2. Pondok Agung
3. Ramada Resort Bali
4. Bali Reef Resort
5. Novotel
6. Rasa Sayang Beach Inn
7. Club Bali Mirage
8. Kind Villa Bintang Resort
9. The Oasis
10. Suites Hotel Bali Royal Resort
11. Club Med
12. Ayoda Resort Bali

Essen:
1. Pondok Agung Restaurant
2. The Tao Bali
3. La Scala
4. Lucky Duck
5. Nyoman's Beergarden
6. Tropical

Sonstiges:
1. BMR Dive & Water Sports
2. Bali Jet Set Dive and Marine Sports
3. PT. Pacific Bahari Bali & Diving Centre

Hotel Ramada gelegenes, stilvoll eingerichtetes Restaurant mit Meerblick. Die Speisen werden asiatisch, vor allem thailändisch zubereitet. Hauptspeisen ab 40 000 Rp, nach dem Essen kann man am Pool entspannen. ☉ 11–23 Uhr.
Pondok Agung Restaurant, Jl. Pratama, ✆ 0361-771143, ℻ 771145, ✉ roland@eksadata.com. Luftig gelegenes, kleines Restaurant. Die Gerichte sind preisgünstig und nach japanischem Geschmack zubereitet. ☉ 8–20 Uhr.
La Scala, Jl. Pratama 93, ✆ 0361-775605. Freundliches Restaurant mit Dachterrasse, das europäische und asiatische Gerichte bietet. Viele Spezialangebote, große Cocktail-Auswahl, Hauptgerichte ab 40 000 Rp. ☉ 9–23 Uhr.

Aktivitäten

Besonders Japaner betreiben hier alle Arten von **Wassersport**. Das finanzkräftige Publikum sorgt für relativ hohe Preise im Vergleich zu anderen Orten wie Sanur oder Padang Bai. Dafür ist die Auswahl an Aktivitäten hier wesentlich höher.
Eine Auswahl an Anbietern:
BMR Dive & Water Sports, Jl. Pratama 99, ✆ 0361-771757, ℻ 775252. Der größte Anbieter für Wassersport vor Ort ist besonders bei Japanern beliebt. Parasailing (US$20), Wasserski (US$25 für 15 Min.), Banana-Boot (US$20 für 15 Min.), Jet-Skiing (US$25 für 15 Min.), Wakeboarding (US$25 für 15 Min.) sowie Schnorcheln (US$25 für 1 Std.) und Tauchen (ab US$77) sind im Angebot. Teuerster Anbieter vor Ort.
Bali Jet Set Dive and Marine Sports, Jl. Pratama 68a, ✆ 0361-772518, 🖳 www.jetsetmarine.com. Bietet alle Arten von Wassersport: Parasailing (US$15), Jet-Boot-Fahren, Banana-Boote, Wakeboarding (ab US$25), Jet-Skiing (US$25), Schnorcheln und Tauchen (ab US$50). Preise sind verhandelbar.
PT. Pacific Bahari Bali & Diving Centre, Jl. Pratama, ✆ 0361-776056, ℻ 771254. Dieser Anbieter befindet sich direkt am Strand und wartet mit Folgendem auf: Parasailing (US$12), Wasserski (US$22 für 15 Min.), Banana-Boot (US$10 für 15 Min.), Jet-Skiing (US$25), Schnorcheln (US$15 für 1 Std.) und Tauchen (ab US$45). Der Service ist leider nicht sehr hilfreich!

Uluwatu

An der südwestlichen Spitze der trockenen Bukit-Halbinsel erhebt sich einsam auf einer steilen Klippe 100 m über dem tosenden, türkisen Ozean der kleine, aber höchst bedeutsame Tempel **Pura Luhur Uluwatu**. Er fehlt in keiner Liste der *Sad Kahyangan*, der sechs heiligsten Tempel Balis, obwohl diese Verzeichnisse sich oft nicht einig sind. Viele Tempel überall auf der Insel haben einen Schrein namens *Palinggih Uluwatu*, in dem bei einer Opferzeremonie Uluwatus Gottheiten zu Gast sind. Pura Uluwatu ist zweifellos ein sehr altes Heiligtum.

Ein Shiva-Priester aus Java, bekannt als Empu Kuturan (*Empu* = Weiser), ein legendärer Lehrer und Religionserneuerer, der im 11. Jh. auf Bali wirkte, soll diesen Tempel erbaut bzw. eine hier schon vorhandene ältere heilige Stätte ausgebaut haben. Fünf Jahrhunderte später kam Danghyang Nirartha, ein anderer großer Hindu-Lehrer nach Bali, um der Religion neue Impulse zu geben. Nach jahrzehntelangem Wirken und dem Bau vieler Tempel wählte Nirartha Pura Uluwatu als den Ort, wo er in Versenkung *Moksa* erlangte und in das Nirwana einging. Seitdem fügt man dem Tempelnamen das Luhur hinzu (*ngeluhur* = Moksa erlangen).

Der Tempel ist Shiva Mahakala geweiht, dem Gott der großen Vernichtung und Auflösung der Welt. Ihm schreibt man z. B. schwere Stürme und Seuchen zu. Die Felsenklippe, auf der sich der Tempel erhebt, soll einer Sage nach das versteinerte Schiff der Göttin der Gewässer Dewi Danu sein, die übers Meer nach Bali kam. Die Göttin wird meist an Bergseen verehrt, z. B. in Pura Ulun Danau Bratan (s. S. 290).

Man kann von hier oben den Sonnenuntergang genießen, sollte sich aber von den obligatorischen Tempelaffen nicht nervös machen lassen. Wie in anderen Tempeln ist sittsame Kleidung und eine Schärpe erforderlich, die für ein kleines Entgelt am Eingang geliehen werden können. Der Eintritt beträgt 3000 Rp. Es gibt etliche einfache Essensstände am Parkplatz.

Uluwatus *Odalan* (Jahresfeier) findet zehn Tage nach *Kuningan* statt, dem Ende der 10-tägigen Feier der Schöpfung der Welt. Jeden Tag bei Sonnenuntergang ab 18 Uhr werden vor dem

Die Felsenklippe von Uluwatu – das versteinerte Schiff einer Göttin

Tempel für 1 Std. der **Kecak**- und der **Feuertanz** aufgeführt. Der Eintritt dafür beträgt 15 000 Rp.

Transport

Nur an Feiertagen fahren viele Minibusse und Lastwagen nach Uluwatu. Da die Halbinsel sehr heiß und hügelig ist, sollte man bei Touren auf eigene Faust das Auto dem Fahrrad vorziehen.

Surfstrände der Bukit-Halbinsel

In der Umgebung des Pura Luhur Uluwatu liegen die wohl abenteuerlichsten Surfstrände von Bali. Nichts für Anfänger! Die Wellen sind bedeutend höher als in Kuta, und oft geht es über gefährliche Riffe hinweg und bedrohlich nahe an Klippen vorbei. Hauptsächlich trifft man hier Australier und Japaner. Auf der Küstenstraße gibt es mehrere Unterkünfte verschiedener Preisklassen.

Seit 1980 wurden am **Suluban Beach** schon mehrmals internationale Surfwettbewerbe ausgetragen. Weitere Surfstrände auf der Halbinsel sind **Bingin Beach**, **Labuansait Beach**, **Nyangnyang Beach** und **Padang Padang Beach**. Alle Strände haben eines gemeinsam: Sie sind nur über schmale, unbefestigte Wege zu erreichen, häufig eine steile Kletterpartie. Mit einem eigenen Transportmittel gelangt man höchstens bis auf 2 oder 3 km an den Strand heran.

Übernachtung

Sandat Mas Cottages, Jl. Pantai Suluban, ☎ 0361-769965, 🖥 www.kanoaaquatics.com. Nur 15 Min. vom Strand entfernt findet sich dieser kleine Surfer-Traum. Nach dem Surfen kann man sich auf den Sonnenliegen im Garten oder in den Zimmern, die teilweise mit AC, Du/WC und Open-Air-Bad ausgestattet sind, entspannen. Inkl. Frühstück. Einen Surfbrettverleih gibt es natürlich auch. ❷–❸

Jacko House, Jl. Pantai Suluban, ☎ 0361-769973, ✉ jackohaoseuluwatu@yahoo.com. Ideal für Surfer liegt diese Unterkunft nicht weit vom Suluban-Strand entfernt. Das saubere, gepflegte, kleine Hotel bietet kühle Zimmer mit großem Badezimmer mit Du/WC. ❶

Jimbaran

Das Fischerdorf Jimbaran, wenige Kilometer südlich des Flughafens, liegt in einer weiten Bucht, die von einem sehr schönen, hellen Sandstrand gesäumt wird. Hier haben sich einige Luxushotels angesiedelt, aber auch ein paar günstigere Unterkünfte sind zu finden. Allerdings kann man außer baden und faulenzen wenig unternehmen. Die Hotelanlagen erstrecken sich über einen mehr als 2 km langen Küstenabschnitt und liegen meist weit voneinander entfernt.

Abgesehen von den Hotels hat Jimbaran keine nennenswerten touristischen Einrichtungen aufzuweisen. Der Ort ist aber ein guter Ausgangspunkt, um die südliche Halbinsel zu erforschen. Außerdem gibt es in Jimbaran zwei Foodcourts, die Seafood zu Preisen anbieten, bei denen selbst die günstigen Restaurants in Kuta nicht mithalten können. Am nördlichen Ende des Strandes liegen viele bunte Fischerboote. Hier findet täglich ein **Fischmarkt** statt, der auf jeden Fall einen Besuch wert ist.

Drei Tempel auf der Bukit-Halbinsel stehen in enger zeremonieller Verbindung miteinander: Pura Luhur Uluwatu, Pura Pererepan in Pecatu und Pura Ulun Siwi in Jimbaran.

Pura Ulun Siwi ist ein extrem wichtiger Tempel, denn er ist das Haupt aller *Subak*-Tempel und wird von den Reisbauern Balis bei Missernten und anderen Problemen aufgesucht. Meist schauen die Bauern bei dieser Gelegenheit auch in Uluwatu vorbei. Im Pura Ulun Siwi werden mehrere *Barong* und andere Masken wie Rangda und Jauk aufbewahrt, die über große magische Kräfte verfügen sollen. In der Regel werden die Masken alle 15 Tage an Kajeng Kliwon für eine Zeremonie vor dem Tempel hervorgeholt, um das alte Drama vom ewigen Kampf zwischen Gut und Böse neu aufleben zu lassen. Viele Beteiligte und Zuschauer, fallen bei diesen *Barong*-Aufführungen in Trance. Die aktivste Periode der Masken ist um *Galungan* und in den drei Wochen danach, denn dann haben alle sechs Tempel vor Jimbaran ihr *Odalan*.

Der magische Barong von Ulun Siwi

Einen Tag vor *Galungan* wird der *Barong* zum Leben erweckt; vorher befindet er sich mindestens 11 Tage im Ruhezustand, d. h. zerlegt in seine Einzelteile, die in einem unscheinbaren Tempel gegenüber vom Pura Ulun Siwi aufbewahrt werden. Kurz vor dem *Odalan* des Tempels, etwa zwei Wochen nach *Galungan*, muss der *Barong* einen Ausflug zum Pura Luhur Uluwatu machen, um sich dort wieder magisch aufzuladen. Tausende begleiten den *Barong* auf dieser Prozession, genannt *Mapinton*, die beim Pura Ulun Siwi ihren Anfang nimmt. Schwere Musikinstrumente, Opfergaben und die älteren *Pemangku* (Laien-Priester) werden mit dem Lastwagen bis Pecatu gebracht. Die meisten Leute laufen allerdings die 16 km bis Uluwatu. Auf dem Hinweg legt man in Pecatu nur eine kurze Ruhepause ein.

Auf dem Rückweg verbringt man eine ganze Nacht im **Pura Pererepan** von Pecatu, wo der *Barong* auf dem nahen Friedhof noch mal den Kampf gegen Rangda aufnimmt, eine wahrlich gespenstische, mitunter haarsträubende Szene, die von Mitternacht bis zum Morgengrauen dauert. Ständig fällt jemand in Trance, sogar noch am Morgen auf dem Heimweg nach Jimbaran.

Jimbaran

Übernachtung:
1. Sari Segara Resort
2. Villa Batu
3. Keraton Jimbaran Resort

Essen:
1. Blue Marlin Cafe
2. Warung Ramayana/ Jimbaran Foodcourt

Übernachtung

Von Norden nach Süden

Villa Batu, Jl. Pemelisan Agung 21A, ☏ 0361-703186. Hier wohnt man in großen geschmackvollen Hütten mit schönen Bädern (teilweise auch Open-Air). Saubere Zimmer teilweise mit AC, Bad/WC und Wohnzimmer. Restaurant mit Meerblick. ❷

Sari Segara Resort, Jl. Pantai Kedonganan, ☏ 0361-703647, ✆ 703330, 🖥 www.sarisegara.com. Schöne Anlage mit verspieltem Garten und Springbrunnen sowie 2 Pools, Restaurant und Zimmern mit AC, TV, Minibar und Bad/WC. Inkl. Frühstück. Hier spricht das Personal auch Deutsch. ❹

Keraton Jimbaran Resort, Jl. Mrajapati, ☏ 0361-701961, ✆ 701991, 🖥 www.keratonjimbaranresort.com. Strandnahes Hotel mit Pool und 2 Restaurants. Die Zimmer sind mit eleganten Möbeln ausgestattet sowie mit AC, TV, Minibar, Telefon und Du/WC. ❺

Etwas weiter südlich

Intercontinental Bali Resort, Jl. Uluwatu 45, ☏ 0361-701888, ✆ 701777, 🖥 www.bali.intercontinental.com. Diese 35 ha große Anlage verfügt über einen tropischen Garten, 6 Pools

> **Frisches Seafood zu besten Preisen**
>
> **Mekar Sari/Muaya Cafe**, Jl. Bukit Permal, ℡ 0361-708692. Im etwas weiter südlich gelegenen Muaya Cafe, das mehr einem Foodcourt als einem Cafe gleicht, ist das Mekar Sari besonders zu empfehlen. Hier gibt es fangfrisches Seafood zu günstigen Preisen, gegrillt, frittiert oder asiatisch zubereitet. Der nette Service lässt keinen Wunsch offen. Mit den Füßen im Sand wartet man auf das Essen und genießt den Blick aufs Meer. ⏱ 8–23 Uhr.

Essen

Blue Marlin Cafe, Jl. Pantai Kedonganan, ℡ 0361-702242, 🖳 www.blue-marlincafe.com. Eines der vielen Seafood Restaurants an der Strandstraße, etwas teurer als die Konkurrenz aus dem Foodcourt, aber freundliches Personal. ⏱ 11–24 Uhr.

Warung Ramayana/Jimbaran Foodcourt, südlich der Pantai Kedonganan, ℡ 0361-702859. Hier ist der Fisch zwar nicht mehr lebendig, bevor er auf den Teller kommt, dafür aber eisgekühlt und lecker. Hauptgerichte ab 30 000 Rp. ⏱ 10–23 Uhr.

und einen Tennisplatz. Neben den üblichen Urlaubsaktivitäten kann man hier Yoga-Stunden oder einen Kochkurs besuchen. 418 Zimmer mit allem erdenklichen Komfort. Die Inneneinrichtung paart moderne Architektur mit balinesischer Tradition. ❻

Four Seasons Resort, Jl. Bukit Permal, ℡ 0361-701010, 📠 701023, ✉ reservations.fsrb@fourseasons.com. Himmlische geräumige Villen mit privatem Pool und Open-Air-Du lassen keinen Wunsch offen. 4 Restaurants verwöhnen kulinarisch, und Tennis oder Golf halten fit. Wem dann noch immer langweilig ist, kann einen Kochkurs belegen und sich in den hoteleigenen Kräutergarten einweisen lassen. ❻

The Ritz-Carlton, Jl. Karang Mas Sejahtera, ℡ 0361-702222, 📠 701555, 🖳 www.ritzcarlton.com. Der lange, trostlose Weg, der 2,5 km südwestlich von Jimbaran zum Ritz-Carlton führt, scheint letztlich im Paradies zu enden. Die 70 ha große Anlage hat 380 Zimmer, Bungalows und Villen. Alle Zimmer sind mit riesigen LCD-TVs ausgestattet. In den 6 Restaurants, 4 Pools, auf der Golfanlage und am Tennisplatz vertreiben sich reiche Japaner und einige Europäer die Zeit. ❻

Weitere Tempel und Höhlen auf der Bukit-Halbinsel

Lohnend sind noch einige Küstentempel, z. B. **Pura Balangan** an Bukits Nordwestküste nahe dem Dorf Cengiling, ein Höhlentempel an einem hübschen, kleinen Sandstrand. **Pura Masuka** und **Pura Batu Pageh** liegen an der Südküste, der erste ist ein kleiner Tempel in herrlicher Lage auf hohen Klippen über dem Ozean, der zweite ein Höhlentempel an einer Steilküste. **Pura Gunung Payung** und **Pura Geger** an der Ostküste stehen beide auf Klippen über dem Meer, zu erreichen über Bualu und Sawangan. Zu allen Küstentempeln führen Wege, die z. T. mit Jeep, z. T. aber auch nur mit Motorrad zu befahren sind.

Wer trotz der Hitze noch mehr von der Halbinsel sehen will, kann einige Höhlen erkunden, z. B. **Gua Batu Metandal**, **Gua Tengah**, **Gua Dalem Selonding** und **Gua Peteng**. In einigen dieser Höhlen findet man kleine Tempel. Im Zentrum der Halbinsel östlich von Simpangan steht die große Universität **Udayana**. Nur wenige 100 m östlich davon entdeckt man in den Hügeln die zwei Höhlentempel **Pura Gua Gong** und **Pura Kayu Sujih**.

West-Bali

Stefan Loose Traveltipps

3 **Sangeh** Im Affenwald freche Makaken beobachten. S. 185

4 **Pura Tanah Lot** Den meerumtosten Tempel im Farbenspiel des Sonnenuntergangs bestaunen. S. 186

Pura Luhur Batukau Das Bergheiligtum am Fuße des erloschenen Vulkans Batukau besichtigen. S. 192

5 **Negara** Beim Wasserbüffelrennen mitfiebern. S. 198

Pulau Menjangan Einen Schnorchelausflug am Rande des Bali Barat-Nationalparks unternehmen. S. 200

Während der Fahrt von Süd-Bali über die Küstenstraße nach Gilimanuk, zum Fährhafen nach Java, verändert sich die Landschaft. Westlich von Badegede führt keine Straße mehr nach Norden über die Insel.

Hier präsentiert sich ein völlig anderes Bali: Die bewaldeten Berge rücken näher an die Küste, und die Dörfer werden spärlicher. Selbst die Tempel, sonst reich verziert, sind schlichter.

Die Küstenstraße rings um die Insel nach Singaraja umrahmt einen 77 000 ha großen Nationalpark, in dem einige seltene Tierarten eine Heimat gefunden haben. Hier ist die Vegetation eher karg und es ist deutlich heißer. Das Ganze gleicht eher einer trockenen Steppe als dem Bali, wie man es von Postkarten kennt.

Mengwi

16 km nördlich von Denpasar befand sich bis 1891 der Sitz eines bedeutenden Königs. **Pura Taman Ayun** im Osten des Ortes, ist der zweitgrößte Tempelkomplex Balis und offizieller Staatstempel der Mengwi-Dynastie. Auf vier Ebenen ließ ihn I Gusti Agung Anom, der König von Mengwi, 1634 erbauen. Eine Brücke führt über den Wassergraben zur ersten Ebene, wo an Feiertagen die Veranstaltungen stattfinden. Durch ein geteiltes Tor erreicht man über eine Treppe die zweite Ebene mit Schreinen und einem Brunnen. Auf der dritten Ebene steht der reich verzierte Bale Pengubengan. Das Haupttor zur letzten Ebene wird nur an hohen Feiertagen geöffnet. In diesem heiligsten Tempelbezirk stehen 29 Schreine verschiedenster Größe mit bis zu elf übereinander liegenden Dächern. Das steinerne Eingangstor und die geschnitzten Türen der Schreine sind gute Beispiele für balinesische Handwerkskunst. Pura Taman Ayun feiert sein Odalan 10 Tage nach *Kuningan*, ⊙ Mo–So 8–18 Uhr, Eintritt 3000 Rp, Kind 1500 Rp. Vor dem Tempel gibt es den üblichen Trubel mit Essen- und Souvenirständen.

An der Straße nach Bedugul, etwa 7 km nördlich vom Pura Taman Ayun im Banjar Binong befindet sich der **Taman Buaya**, ein Krokodilpark mit über 300 dieser Reptilien, Schlangen und einem Komodo-Waran, ✆ 0361-829353. Eintritt: 75 000 Rp, ⊙ tgl. 9–18 Uhr. Fütterung tgl. 16 Uhr.

Um 10.30 und 15 Uhr, Ringkampf mit Krokodilen und mehr.

Transport

Minibusse fahren ab Ubung (DENPASAR) nach MENGWI (16 km, 16 000 Rp).
Mit dem eigenen Fahrzeug nimmt man die Hauptstraße Richtung Tabanan bis zur Abzweigung nach Mengwi. Der Tempel steht östlich der Hauptstraße, Abzweigung am Markt. Die Straße führt weiter nach Aseman. Von dort geht es Richtung Norden nach Sangeh.
Über Bongkasa gelangt man Richtung Osten über schmale Straßen (keine öffentlichen Verkehrsmittel) nach Ubud.

Die Umgebung von Mengwi

Blayu

Von Mengwi Richtung Norden kommt man in den Weberort Blayu, wo golddurchwirkte *Songket* für Festtage und Tempeltänze hergestellt werden. Die Frauen arbeiten mehrere Wochen an einem Stück, entsprechend hoch ist der Preis.

Keramiken und Töpferwaren

Kapal ist bekannt für seine Töpfereien und Keramikwerkstätten. Die Kleinindustrie von Kapal ist relativ jung, da man in Bali jahrhundertelang nur chinesische Importware nutzte. Anfangs produzierten die vielen kleinen Heimwerkstätten des Dorfes nur schlichte Haushaltsgegenstände. Als sie nicht mehr mit der Plastikindustrie konkurrieren konnten, bot der Tourismus einen neuen Markt. Jetzt stellt man auch Dekorationsgegenstände her (Wandteller, Blumenvasen, Tonfiguren u. a.), mit fein gearbeiteten Mustern, Verzierungen und traditionellen Motiven, wie man sie von Holzschnitzereien und Steinmetzarbeiten kennt.
Wer sich intensiver mit diesem in Bali seltenen Handwerk beschäftigen will, sollte beim *Bali Ceramics Institute* (s. S. 173) an der Jl. By Pass Ngurah Rai vorbeischauen.

Marga

10 km von Mengwi, in Marga, erinnert ein **Denkmal** *(Margarana)* an den Untergang einer Kompanie der jungen indonesischen Republik im Kampf gegen die Holländer. 1946 wollten sich diese Soldaten unter Kommandeur Ngurah Rai den Holländern nicht ergeben. Hunderte Steinstupas erinnern an die Gefallenen.

Perean

Nördlich von Marga, westlich der Straße von Mengwi nach Bedugul, liegt der Schlucht an einer Brücke ein Wasserheiligtum: der **Pura Yeh Gangga**, mit Quellen, Badeplätzen und Höhlen. Eine hier gefundene Inschrift trägt die Jahreszahl *Saka 1256–1334* nach unserem Kalender.

Kapal

Das Dorf, ein paar Kilometer südlich von Mengwi, ist ein Zentrum der **Zementbeton-Gießerei**. Von Tempeltoren über Toilettenbecken bis zu Göttern und Dämonen reicht die Palette der Erzeugnisse.

Einen Besuch lohnt der **Pura Sadha** von Kapal, südlich der Hauptstraße, der Tempel für die Ahnen der Dynastiegründer von Mengwi. Am Rande des Tempelvorhofs steht ein gewaltiger *Banyan*-Baum. Im Tempelinneren *(Jeroan)* sind neben den üblichen Schreinen und *Bale* drei ungewöhnliche Bauwerke zu finden. Da gibt es einen elfstöckigen Ziegelstein-Candi *(Prasada)*, der auf die javanische Majapahit-Dynastie zurückgeht und auf Verbindungen zum Pura Sakenan auf der Insel Serangan hinweist. Ein Wasserbecken *(Taman)*, meist trocken, symbolisiert einen Bergsee und dient als Bad für die Himmelsnymphen *(Widadari)*. Auf einer Plattform reihen sich 60 Sitze aus Ziegelsteinen aneinander, die Throne der vergöttlichten Ahnen. Das Odalan von Pura Sadha fällt mit dem *Kuningan*-Fest zusammen.

3 | HIGHLIGHT

Sangeh

Mitten in einem dichten Wald schlanker Muskatnussbäume liegt nördlich des Dorfes Sangeh und westlich der Hauptstraße ein moosbewachsener Tempel aus dem 17. Jh., **Pura Bukit Sari** („Elixier des Berges"), ✆ 0361-7422740, Eintritt 10 000 Rp. Er diente der Meditation in Vollmondnächten.

Ringsherum in den Bäumen und auf dem Tempel, der nur von außen anzuschauen ist, tummeln sich halbzahme Affen, die nur darauf warten, dass jemand ein Päckchen Erdnüsse kauft. Seit ein paar Jahren hat die Anlage ein neues Management, das für jeden Besucher und jede Gruppe einen kostenlosen Führer bereitstellt, der durch den Tempelwald führt und den richtigen Umgang mit den Affen zeigt. Wichtigste Regel: Die Affen nicht mit den Händen berühren! Es kommt zwar nur selten vor, aber ab und zu wird einer der 600 Makaken dreist. Wer möchte, kann sich von einem Fotografen mit einem Affen ablichten lassen, auch mit der eigenen Kamera. Sonnenbrillen oder andere lose Gegenstände sollte man zuvor gut in der Handtasche verstauen. Die Makaken werden 3x tgl. morgens, mittags und abends gefüttert. Den Weg zum Tempel säumen Souvenirstände und Händler.

An einem Mittwoch, 14 Tage vor *Galungan*, feiert man hier das Odalan.

Essen

Wer hungrig wird, der sollte im **Warung Bali Sangeh** einkehren, etwa 1 km vor dem Affenwald auf der rechten Seite. Von hier aus kann man angelnden Kindern und Bauern auf den Reisfeldern zuschauen. Indonesische Gerichte ab 7000 Rp. Ein optimaler Rastplatz.

Taman Lembah

Folgt man vom Affenwald der Hauptstraße ca. 1 km nach Norden und biegt links in einen Feldweg ein, steht man nach 400 m im Taman Lembah, auch als Tanah Wuk bekannt: eine Parkanlage am Rande einer Schlucht mit schöner Aussicht. Steile Treppen führen in die Schlucht hinab, wo man im Bach baden kann. Mit Taschenlampe lohnt es sich, durch die Höhle zu laufen. Am anderen Ende befindet sich eine Wasserpumpenstation, bevor es über eine Treppe wieder hinaufgeht. Auf der Aussichtsplattform wird im **Warung Puri Sari** leckeres *Babi Guling* (Spanferkel) serviert. Das Personal stellt gegen eine Spende auch Guides mit Taschenlampen zur Verfügung.

Zu Besuch im Affenwald von Sangeh

Gleich nebenan unter *Singkeh*-Bäumen (Nelkenbäumen) befinden sich die abgeschiedenen **Taman Arum Cottages**, ✆ 0361-7473753. Hier gibt es einfache Zimmer, z. T. mit Bad/WC. Frühstück nicht inkl. Restaurantbetrieb nur auf Anfrage. ❶

Taman Mumbul

Eine schmale, asphaltierte Straße führt etwa 1,5 km südöstlich vom Affenwald zum Taman Mumbul, einem lauschigen Platz mit einem Badesee, einem Tempel, weiteren Teichen, Blumen und Essensständen. Besonders imposant ist hier der verzierte Waringinbaum. Die Straße verläuft weiter bis Bongkasa. Ab hier geht es auf einem herrlichen Fußweg durch die Schlucht des Yeh Ayung nach Kedewatan, wo man einen Minibus nach Ubud anhalten kann (Sangeh–Ubud ca. 2 Std.).

Transport

Nach Sangeh verkehren Minibusse von der Kartini Busstation in DENPASAR (20 km) für 20 000 Rp. Sie biegen in Mengwi von der Hauptstraße ab und fahren über eine Seitenstraße weiter nach Norden.
Hinter Sangeh steigt die Straße stetig an und die Reisterrassen gehen in Bambuswälder, Obst- und Nelkenplantagen oder Gemüsefelder über. Die Minibusse fahren bis PELAGA.

4 HIGHLIGHT

Tanah Lot

Pura Tanah Lot, 31 km westlich von Denpasar, ist mit Sicherheit einer der landschaftlich am schönsten gelegenen Tempel Balis, und auch einer der am meisten besuchten. Malerisch auf einer winzigen Felseninsel an der Küste aufragend, bietet er mit seinen bizarren Konturen eine fantastische Szenerie – besonders bei Sonnenuntergang.

Obwohl nur ein kleines Heiligtum, wird Pura Tanah Lot („Land inmitten des Meeres") in manchen Verzeichnissen der *Sad Kahyangan* (die sechs heiligsten Tempel Balis) aufgeführt. Sogar in vielen Bergtempeln findet man Schreine, an denen die Gottheiten von Tanah Lot verehrt werden. Wie so viele andere Küstentempel soll auch er im 16. Jh. von dem javanischen Shiva-Priester Danghyang Nirartha gegründet worden sein, der während seiner Wanderung auf Bali auf dieser Insel eine Meditationspause eingelegt hat.

In Höhlen und Spalten am Fuße der Felsen hausen schwarzweiß gestreifte Seeschlangen, die Wächter des Tempels. Pura Tanah Lot feiert sein Odalan immer am Mittwoch nach *Kuningan*.

Während der Flut ist der Felsen von einer starken Brandung umgeben, bei Ebbe kann man hinüberlaufen. Besucher, die über eine Treppe den heiligen Bereich betreten, werden von einem Priester geweiht und erhalten gegen Gebühr einen Tempelschal.

Auf dem Weg vom Parkplatz zum Tempel drängen sich Touristen, Händler und Guides, die Führungen zu den Felsspalten mit den Schlangen anbieten. Frauen und Kinder wollen Postkarten und andere Souvenirs an den Mann bringen. Und es gibt einen kleinen Supermarkt, eine Geldwechselstube sowie Post- und Telefonservice. Zum späten Nachmittag kommen Scharen von Touristen, um den Sonnenuntergang am Tanah Lot zu fotografieren.

Eintritt 10 000 Rp, Parkgebühr für Motorrad 2000 Rp, Auto 5000 Rp.

Naturkräfte bedrohen Tanah Lot

Tanah Lots Felseninsel ist in Gefahr, von der gewaltigen Brandung des indischen Ozeans erodiert zu werden. Im Oktober 1987 startete ein 600 Mill. Rp teures Schutzprojekt mit deutscher Beteiligung. Zwei Hubschrauber installierten rund um die Felseninsel die 3000 Beton-Tetrapoden, jeder 1,5 bis 2 t schwer, die gleich einem Riff als Wellenbrecher fungieren. Auch einige Schreine des Tempels, der ständig den salzhaltigen Gischtwolken ausgesetzt ist, mussten restauriert werden. In jüngster Zeit beteiligt sich auch Japan an der Hilfe für den Erhalt des Tempels.

Übernachtung

Die folgenden Unterkünfte liegen nicht weit vom Eingang zum Tempel:

Astiti Graha, ✆ 0361-812955. Budgetunterkunft hinter dem Taxistand vor der Einfahrt zum Le Meridien. Zimmer mit Verbindungstüren, Mandi, WC und Frühstück. ❶

Dewi Sinta Hotel & Restaurant, ✆ 0361-812933, 📠 813956, ✉ dewisinta@denpasar.wasantara.net.id. Große, ruhige Hotelanlage an der Souvenirpromenade zum Tanah-Lot-Tempel. Zimmer teilweise mit AC, TV und Warmwasser-Bad/WC. Inkl. Frühstück. 2 Pools und Verbindungstüren für Familien. Gut besuchtes Restaurant und Open-Air-Bühne mit Kecak-Tanzvorstellungen. ❷–❸

Le Meridien Nirwana Golf & Spa Resort, ✆ 0361-815900, 📠 815907, 💻 www.lemeridien.com/bali. Riesiges 5-Sterne-Hotel am Meer mit Blick auf den Tanah-Lot-Tempel. 278 komfortable Zimmer, Top-Golfplatz, Schwimmlagune mit Strand, Spa sowie Meditationszentrum und Amphitheater. Reservierung empfohlen. ❺–❻

Transport

Ab DENPASAR (Ubung Busstation) für 7000 Rp zuerst nach KEDIRI oder ab MENGWI mit dem Minibus.

An der Abzweigung nach Tanah Lot warten Minibusse, die Touristen-Charterpreise verlangen.

Strände an der Südwestküste

Entlang der Küste von Kuta / Legian bis Tanah Lot erstrecken sich einige Strände, die nach und nach für den Tourismus erschlossen werden, z. B. **Pantai Seseh (Pantai Selasih)** und **Pantai Canggu** mit guter Brandung für Surfer.

Nordwestlich von Tanah Lot erstrecken sich die schwarzen, ursprünglichen Strände **Pantai Pasut** und **Pantai Klating**, zu erreichen über Krambitan (s. S. 197).

Pantai Soka liegt noch weiter im Westen, wo die Hauptstraße nach Gilimanuk zum ersten Mal die Küste berührt. Hier hat man leichten Zugang

WEST-BALI

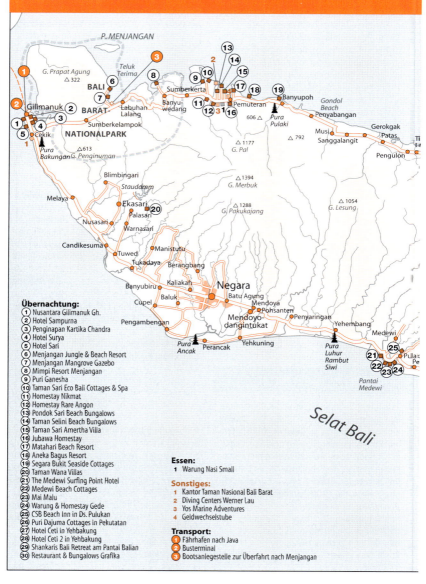

Übernachtung:
1. Nusantara Gilimanuk Gh.
2. Hotel Sampurna
3. Penginapan Kartika Chandra
4. Hotel Surya
5. Hotel Sari
6. Menjangan Jungle & Beach Resort
7. Menjangan Mangrove Gazebo
8. Mimpi Resort Menjangan
9. Puri Ganesha
10. Taman Sari Eco Bali Cottages & Spa
11. Homestay Nikmat
12. Homestay Rare Angon
13. Pondok Sari Beach Bungalows
14. Taman Selini Beach Bungalows
15. Taman Sari Amertha Villa
16. Jubawa Homestay
17. Matahari Beach Resort
18. Aneka Bagus Resort
19. Segara Bukit Seaside Cottages
20. Taman Wana Villas
21. The Medewi Surfing Point Hotel
22. Medewi Beach Cottages
23. Mai Malu
24. Warung & Homestay Gede
25. CSB Beach Inn in Ds. Pulukan
26. Puri Dajuma Cottages in Pekutatan
27. Hotel Ceti in Yehbakung
28. Hotel Ceti 2 in Yehbakung
29. Shankaris Bali Retreat am Pantai Balian
30. Restaurant & Bungalows Grafika

Essen:
1. Warung Nasi Small

Sonstiges:
1. Kantor Taman Nasional Bali Barat
2. Diving Centers Werner Lau
3. Yos Marine Adventures
4. Geldwechselstube

Transport:
1. Fährhafen nach Java
2. Busterminal
3. Bootsanlegestelle zur Überfahrt nach Menjangan

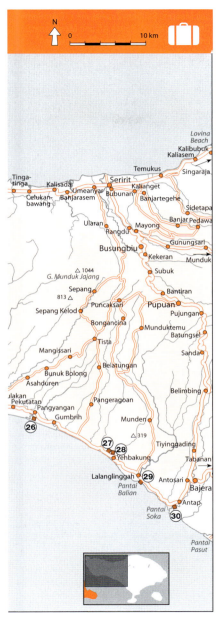

zu einem schwarzen Sandstrand. Das Korallenriff vor dem Strand ist fast kreisförmig und ist einer alten Sage nach der umgeworfene Kochtopf des Riesen Kbo Iwo, der auch für die Entstehung des Gunung Batur verantwortlich gemacht wird.

Kurz vor Soka in Badegede zweigt eine interessante Straße nach Norden ab, die über Blimbing, Pupuan und Mayong an die Nordküste führt (s. S. 293, Munduk).

Pantai Medewi, einer der entspanntesten Surfspots Balis, liegt an der Hauptstraße von Denpasar nach Gilimanuk, ca. 40 km östlich von Tabanan. Die Wellen sind super, aber Schwimmen ist wegen der Strömung unmöglich.

Übernachtung

Pantai Canggu

Agung Canggu Villa, ☎ 0361-730800, ℻ 753752. Hotel mit Zimmern, die über ein Bad mit Sitzflächen verfügen, 400 m vom Strand. Warmwasser-Du/WC, AC, TV, Minibar, ohne Frühstück und Restaurant. Preisgünstig. ❸
Legong Keraton Beach Cottages, ☎ 0361-730280, ℻ 730285, 🖥 www.legongkeratonhotel.com. Modernes Hotel weiter südlich am Strand von Berawa. Komfortable Zimmer, Restaurant und Pool mit Patchwork-Fliesen und Meerblick. Spa und Internet-Zugang. Reservierung empfohlen. ❸–❹

Sudimara / Yeh Gangga

Bali Wisata Bungalows, Yeh Gangga Beach Sudimara, ☎ 0361-7443561, ℻ 810212, 🖥 www.baliwisatabungalows.com. Bungalowanlage des deutschen Besitzers Peter mit

Ein Muss für Kunstliebhaber

Hotel Tugu Bali, Pantai Canggu, ☎ 0361-731701, ℻ 731704, 🖥 www.tuguhotels.com. Preisgekröntes Boutiquehotel mit Kunst- und Antiquitäteneinrichtung. Zimmer mit imposantem Interieur, Privatpool, aber ohne Frühstück. Der große Pool und ein Spa laden zum Wohlfühlen ein. Sehr beliebt. Reservierung empfohlen. ❺–❻

familiärer Atmosphäre, direkt am Strand. Zimmer z. T. mit Warmwasser und AC. Großer Salzwasserpool. Vom Strand kann man bei Ebbe in etwa 1 Std. zum Tempel Tanah Lot laufen. ❷–❸
Gangga Sari, ✆ 0361-7450723. Rustikales Hotel auf einer Düne mit Blick bis zum Tanah Lot. Große Natursteinzimmer mit Du/WC, TV, Minibar und Frühstück. Großer Pool mit Nichtschwimmerbereich. Der Manager hat viele Infos, auch auf Deutsch. Kleines Restaurant. ❸–❹
Waka Gangga Resort, ✆ 0361-484085, 🖂 484695, 🖳 www.wakabythesea.com. Ruhige, edle Luxusbungalows mit allem Komfort, zwischen Sandstrand und Gemüsefeldern. Bad mit Wanne, sowie Open-Air-Du. Schicker Pool mit Meerblick. Entspannung auf höchstem Niveau. ❺

Pantai Pasut

Puri Dewa Guesthouse, ✆ 081-2387 1711, 🖂 0361-241924, 🖳 www.puridewa.com. Dieses Hotel, teilweise mit seinem alten Namen „Bee Bees (oder Bibis) Bungalow" ausgeschildert, liegt 15 Min. zu Fuß hinter der Pantai Pasut im Dorf Tibibiyu. Ruhige 2-stöckige Cottages mit Meerblick in einem Garten an den Maisfeldern. Zimmer mit Badewanne, z. T. Warmwasser. Inkl. Frühstück. Kleines Restaurant mit indonesischen Gerichten. Für Reisende, die das dörfliche Leben kennenlernen möchten. ❷–❸

Pantai Soka

Restaurant & Bungalows Grafika, Jl. Raya Denpasar-Gilimanuk KM 45, ✆ 0361-7463106. Große Zimmer in herrlicher Küstenlage mit Sofas und z. T. AC, Bad/WC und Warmwasser. Baden im Meer kann man wegen der Strömungen nicht. ❷
Zum Hotel gehört auch das öffentliche **Strandbad**. Eintritt 2 000 Rp, Parkgebühr für Auto 5 000 Rp, Motorrad 1 000 Rp. Zudem gibt es hier eine Touristeninformation und eine Polizei. Ein indonesisch-europäisches Restaurant mit Meerblick und Cocktails sowie etliche Kioske und die Soka Art Gallery schließen sich an.

Pantai Balian

Shankaris Bali Retreat, ✆/🖂 0361-814993, 🖳 www.shankarisbaliretreat.com. Hotel an der Straße nach Denpasar auf einem Hügel unweit des Meeres. Saubere Zimmer mit z. T. großem Open-Air-Bad/WC sowie AC und Moskitonetz. Frühstück inkl. Die teureren Zimmer haben riesige Terrassen mit Blick auf Garten und Wald 3 Pools und Internet-Zugang für 20 000 Rp pro Std. ❹

Wer es nicht mehr zum Pantai Soka oder zum Pantai Medewi bzw. nach Negara oder Denpasar schafft, kann hier absteigen:
Hotel Ceti, Yehbakung, ✆ 081-3384 34599. Vom Meer abgewandt, aber mit Meeresrauschen. Saubere Zimmer mit Du/WC und z. T. AC und TV, ohne Frühstück. ❶
Hotel Ceti 2, ca. 100 m weiter. Noch preiswertere Zimmer mit Mandi oder Du und indonesischem WC. Tankstelle, 24-Std.-Supermarkt und Restaurant nebenan, ⓘ 7–21 Uhr. ❶

Pantai Medewi

Medewi Beach Cottages, ✆ 0365-40029, 🖂 41555. Von muffigen Zimmern mit kaltem Du/WC ohne Frühstück bis zu Bungalows mit AC, TV und Kühlschrank inkl. Frühstück gibt es hier alles. Inkl. Pool, den auch Nicht-Gäste gegen Gebühr nutzen dürfen. ❶–❹
The Medewi Surfing Point Hotel, ✆ 0365-42945. Hübsche Bungalows in einem Garten mit Meerblick. Die etwas dunklen Zimmer sind mit Du/WC und z. T. AC, Warmwasser, TV und Minibar ausgestattet. Das freundliche Personal hellt das ganze aber auf. Frühstück inkl. ❶–❷
Warung & Homestay Gede, ✆ 081-2397 6668. Von der Hauptstraße kommend führt nach ca. 50 m links ein Pfad hierher. Mit großen, sauberen Zimmern mit Du/WC, die günstigste Unterkunft am Pantai Medewi. Im *Warung* mit Meerblick kann man gemütlich mit Gästen und Personal plaudern. ❶

Tipp für junge Leute

Mai Malu Restaurant & Guesthouse, ✆ 0365-43897. Bei jungen Leuten beliebtes Hotel an der Straße in der Nähe des Surferstrandes. 9 Zimmer mit Du/WC und Frühstück. Hochterrasse und obere Zimmer haben Blick aufs Meer. Restaurant mit angenehmer Feierlaune. ❶

Gemütliches Cottage am Pantai Medewi

CSB Beach Inn, Ds. Pulukan, ☏ 081-3386 67288. Etwas weiter Richtung Denpasar ruhig zwischen Dorfrand und Meer gelegen. Große, helle Zimmer mit Warmwasser-Du/WC, z. T. mit AC und Terrasse. Schicker Garten mit Blumen. Mountainbikeverleih. Optimale Kombination aus Surfurlaub und balinesischem Dorfleben. ❷
Puri Dajuma Cottages, Pekutatan, ☏ 0365-43955, 📠 43966, 💻 www.dajuma.com. Ansprechende Anlage mit schönen Bungalows und Pool am Strand. Zimmer mit AC, Safe, Minibar und Open-Air-Bad. Auf Wunsch werden Kurse angeboten: Kochen, Indonesisch, balinesische Dekoration, Tanzen und natürlich Surfen. Ausgezeichnetes Restaurant. ❸

Transport

Zum PANTAI MEDEWI und PANTAI SOKA kommt man mit den Bussen zwischen GILIMANUK und DENPASAR für ca. 10 000 Rp.

Gunung Batukau (Batukaru)

Hoch oben am Südhang dieses 2276 m hohen Vulkans, dem „Muschelberg", steht das wenig besuchte Bergheiligtum **Pura Luhur Batukau**, auf einer Lichtung im Dschungel mit dem Schlund des erloschenen Kraters im Hintergrund. Nur wenige Meter östlich von den Tempelbauten liegt ein Wasserheiligtum. Stufen führen hinab zu diesem stillen Teich mit einer winzigen Insel in seiner Mitte. Dichte Vegetation säumt die Ufer des Teiches. Man sollte sich genügend Zeit lassen, um die Stimmung dieser heiligen Stätte in sich aufzunehmen.

Der Gründer des Pura Luhur Batukau, Empu Kuturan, ein Hindu-Heiliger aus Java, mag hier schon eine Kultstätte vorgefunden haben, als er im 11. Jh. den Tempel als einen der vier Richtungstempel für die Himmelsrichtung Westen erbauen ließ.

Ein siebenstufiger *Candi* deutet auf Majapahit-Einflüsse hin und ist Mahadewa (Sang Hyang Tumuwuh) geweiht, dem Gott des Westens, eine der neun Richtungsgottheiten und Spender von Fruchtbarkeit und Wachstum. Deshalb ist die Anlage nicht wie sonst üblich auf den Gunung Agung ausgerichtet, sondern auf den Gunung Batukau. Zugleich ist Pura Luhur Batukau auch der Ahnentempel der Rajas von Tabanan mit Schreinen für die Götter der drei Bergseen Bratan, Buyan und Tamblingan.

Pura Luhur Batukau wird in allen Verzeichnissen der sechs heiligsten Tempel Balis *(Sad Kahyangan)* aufgeführt. Sein Odalan feiert man einen Tag nach *Galungan,* immer an einem Donnerstag.

Er scheint der einzige Tempel Balis zu sein, bei dem ein Schild den Zutritt für schwangere Frauen und Kinder unter fünf Jahren verbietet. Außerdem wird darauf bestanden – auch auf Deutsch – dass der heiligste Teil der Anlage von Nicht-Hindus nicht betreten werden darf. ⏱ tgl. 8–17 Uhr. Am Eingang wird um eine Spende (5000 Rp) gebeten. Batukau ist eine ruhige Alternative zu dem von Touristen bevölkerten Pura Besakih. Selbst Getränkekioske sucht man hier vergeblich.

Penatahan / Yeh Panas

Auf dem Weg zum Batukau liegen nahe Penatahan heilige **heiße Quellen**. Um sie herum ist ein kleiner Tempel errichtet worden, weitere Quellen gibt es unterhalb des Tempels am Ufer des Flusses Yeh Ho.

Der Tempel selbst ist in die schon ältere, aber hübsche Anlage **ESPA Yeh Panas Resort**, ☏ 0361-8540851, integriert. Die Zimmer haben AC, TV und Kühlschrank. Ein Warmwasser-Becken mit Whirlpools sowie ein großer grüner Pool laden zum Entspannen ein. Zudem gibt es

---

Die Versöhnung: Tabanan und Buleleng

Ein altes Manuskript berichtet von der Zerstörung der Anlage im Jahre 1604 durch einen König aus Buleleng (Nord-Bali), der gegen Tabanan Krieg führte. Der König und seine Truppen wurden anschließend von Millionen von Wespen angegriffen und in die Flucht geschlagen – die Vergeltung der erzürnten Götter. Doch der König bereute, und heute finden sich neben den Schreinen für die Ahnen der Tabanan-Dynastie auch die für die Vorfahren der Herrscher aus Buleleng.

Der Pura Batukau am Fuße des Gunung Batukau

weiter unten einen Kinderpool in einer üppigen Parkanlage.

Wer nur den Tempel sehen will, zahlt 10 000 Rp Eintritt. Wer baden will, zahlt pro Tag und Pers. 100 000 Rp, Kinder von 2–16 Jahren die Hälfte. Für Hotelgäste ist die Benutzung gratis, der Eintritt wird dennoch einmalig fällig. Es gibt ein Restaurant und geführte Wanderungen durch die Reisterrassen (ab 50 000 Rp pro Std.). ❸

Apuan

Biegt man in Wongayagede in östlicher Richtung auf eine Seitenstraße ab, gelangt man zuerst nach **Jatiluwih**. Dort hat man einen Super-Blick über Reisterrassen, die sich vom Fuß des Batukau in steile Schluchten hinunterziehen. Von diesem Dorf führt ein Pfad (2 km) durch den Dschungel zu dem Heiligtum **Pura Petali**. Fährt man von Jatiluwih weiter nach Osten, erreicht man das von Gewürznelken- und Vanillinplantagen umgebene Dorf Apuan. Alle 210 Tage an *Tumpek Krulut*, 35 Tage nach *Kuningan*, findet hier ein spektakuläres Fest statt. *Tumpek Krulut* ist ein inselweiter Festtag, an dem Musikinstrumente, Masken und Tanzkostüme gereinigt und gesegnet werden, begleitet von Opferzeremonien für diese Gegenstände.

In Apuan, genauer gesagt im dortigen **Pura Natarsari**, kommen zu diesem Anlass bis zu 60 (!) *Barongs* der verschiedenen Typen zu einem 3-tägigen Fest zusammen. Alle diese *Barongs* sollen miteinander verwandt sein.

Östlich von Apuan gelangt man auf die Hauptstraße von Denpasar nach Singaraja. Richtung Norden geht es über Pacung und Baturiti nach Bedugul (S. 292), Richtung Süden über Perean (S. 186) und Mengwi bis nach Denpasar (S. 142).

Cagar Alam Batukau

Die feuchten Berg-Urwälder auf dem Batukau sind neben dem Nationalpark im Westen Balis das einzige nennenswerte Wildgebiet der Insel.

In einem einige Quadratkilometer großen Naturreservat finden Ornithologen mit Geduld und Fernglas ein lohnendes Betätigungsfeld. Nachdem man ungefähr 200 m westlich vom Tempelkomplex einen Bach überquert hat, beginnt ein steiler, schlüpfriger Pfad zum Gipfel des Vulkans. Die Aussicht ist gleich Null, da der Berg mit dichtem Dschungel bewachsen ist. Oben steht ein kleiner Tempel.

Pura Luhur Batukau liegt 825 m hoch, so dass man in etwa 7 Std. einen Höhenunterschied von 1450 m überwinden muss. Wer den Berg besteigen möchte, findet am Tempel Guides (für max. 5 Pers.) für 800 000 Rp. Der Aufstieg ist schwierig und nur mit guter Kondition empfehlenswert.

Unternehmungslustige können mit einem Guide in einigen Stunden nach Westen zum **Pura Luhur Mekori** wandern, einem Heiligtum, das an der Bergstraße von Badegede nach Seririt liegt.

Übernachtung

Wer sich von der Hektik der Touristenzentren erholen möchte und keine Attraktionen braucht, findet hier zwei empfehlenswerte Unterkünfte.

Penebel

Taman Sari Bungalows, 1 km nordöstlich von Penebel, Desa Dukuh, ℡ 0361-812898, 813913, ✉ tamansari_bungalows@indo.com. Umgeben von Reisfeldern, mit Tempel, Fischteichen und Rambutan-Garten. Große, saubere Zimmer mit Du/WC und Warmwasser. Gutes balinesisches Essen. Nette Familie. Die Umgebung lädt zum Wandern ein. Abendunterhaltung bietet das Dorfkino. ❷

Ruhe und gute Küche in den Reisfeldern

Prana Dewi Mountain Resort, 19 km nordwestlich von Penebel nahe Wongayagede, ℡ 0361-736654, 🖳 www.balipranaresort.com. Man folgt dem Wegweiser durch einen Hohlweg zu dieser in die Berglandschaft integrierten Anlage. Die naturnahen Bungalows haben große, halboffene Bäder und schöne Holzdielen. Außerdem gibt es ein gutes vegetarisches Restaurant, das nur Bio-Kost und tolle Fruchtsäfte anbietet. Frühstück ist inkl. Der Vater des Besitzers möchte sein Deutsch auffrischen und plaudert gern über seine Zeit in Deutschland. Franziska veranstaltet auf Anfrage Yogakurse, ℡ 081-3386 60154, 🖳 www.villapranabali.com. ❸–❹

Transport

Man fährt zuerst nach TABANAN, wenige Kilometer nördlich von KEDIRI – mit dem Minibus ab DENPASAR (Ubung Busstation) für 5000 Rp. In Tabanan von der Bus- zur Minibus-Station 1000 Rp. Weiter nach WONGAYAGEDE 4000 Rp. Mit eigenem Fahrzeug kann man von Wongayagede aus auf schmalen Straßen durch eine wunderschöne Reisterrassenlandschaft über Jatiluwih nach PACUNG fahren. Minibusse von Tabanan nach PENEBEL kosten 3000 Rp (13 km). Für 1000 Rp fahren sie 1 km weiter zu den Taman Sari Bungalows.

Tabanan

Die saubere von Reisfeldern umgebene Kleinstadt, die außer einem großen Markt nicht viel zu bieten hat, war einst die Residenz eines Herrscherhauses. 1906, kurz nach dem *Puputan* von Badung, drangen die Holländer nach Tabanan vor. Der letzte *Raja*, Gusti Ngurah Agung, kapitulierte unter der Bedingung, seinen Titel und ein paar Landrechte behalten zu dürfen. Er wurde zusammen mit seinem Sohn gefangen genommen und man drohte ihnen mit Deportation. Noch in derselben Nacht begingen beide Selbstmord.

In Tabanan lebte der berühmte, inzwischen verstorbene Tänzer Mario, der Schöpfer des *Oleg-Tambulilingan*-Tanzes. Marios Spezialität war der *Kebyar-Duduk*-Tanz, den er 1925 kreierte und mit unerreichter Perfektion darbot.

Schräg gegenüber vom lebendigen Markt befindet sich der Palast Puri Agung Tabanan an der Straße zum Gunung Batukau.

Etwa 7 km nördlich von Tabanan an der Straße zum Batukau gibt es einen **Schmetterlings-Park** (Taman Kupu Kupu), den man am besten morgens besucht, wenn die Schmetterlinge am aktivsten sind. ⏰ 8–17 Uhr, Eintritt 50 000 Rp, Kinder 25 000 Rp. ℡ 0361-81428, 814281.

Übernachtung

Hotel Tabanan, Jl. Pahlawan 10, ℡ 0361-81263. Einfacher großer Betonbau mit Kantine.

Einmal Reisbauer sein

Das **Subak Museum** liegt 2 km östlich vom Zentrum, südlich der Hauptstraße, Jl. Gatot Subroto Sanggulan. Hier sind die Geräte zu bestaunen, mit denen die schwere Arbeit in den Reisfeldern bewältigt wird. Und der Besucher erfährt Näheres über die *Subak*, die Organisationen der Reisbauern. Die Führungen sind kostenlos und sehr anschaulich, da sich auch ein Museumsbauernhof samt Kanalsystem auf dem weitläufigen Gelände befindet. Viele Exponate, Figuren, Fotos und englische Erklärungen. Ein Muss für Kulturinteressierte!
✆ 0361-810315, 🖥 www.idleyellowpages.com/museumsubak, ⏰ Mo–Sa 7.30–16.30, Fr 7.30–12.30 Uhr, Eintritt 5000 Rp, Kinder 3000 Rp.

37 zur Straße laute und nach hinten ruhigere Zimmer mit Mandi oder Du/WC und z. T. mit AC, Warmwasser und TV, ohne Frühstück. ❶
Viel besser wohnt man etwa 15 km nördlich von Tabanan bei **Penebel** (s. S. 194) oder 8 km südwestlich am Strand von **Yeh Gangga** (s. S. 189).

Sonstiges

Medizinische Hilfe
R.S.U. Tabanan, Jl. Pahlawan 14, ✆ 0361-811027.

Polizei
Polizeistation, Jl. Pahlawan Ecke Jl. K.S. Tubun.

Post
Postamt, Jl. Pahlawan Ecke Jl. Majapahit.

Transport

Minibusse fahren ab Ubung Busstation in DENPASAR für 5000 Rp, ab NEGARA kosten sie 10 000 Rp, ab PENEBEL 5000 Rp.
Minibusse fahren innerhalb Tabanans für 2000 Rp.
Die Busstation liegt an der Jl. Pulau Batam.

Die Umgebung von Tabanan

Pejaten
Das einzige Dorf im Reisanbaugebiet südlich von Tabanan, in dem kaum ein Reisbauer lebt, denn

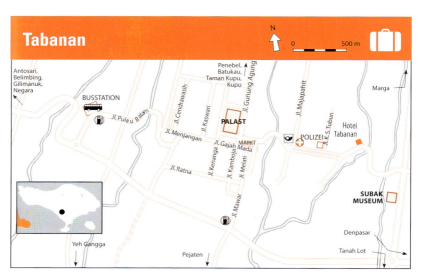

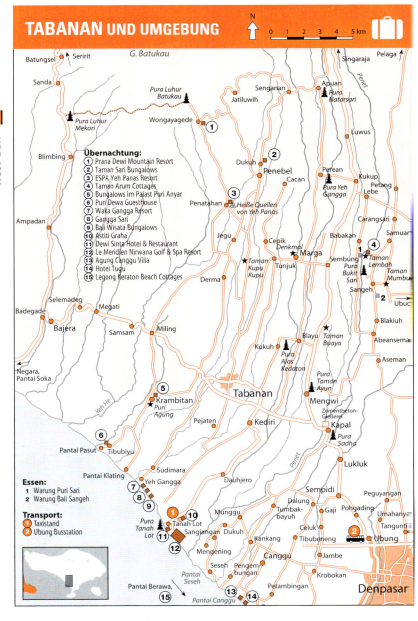

fast jede Familie betreibt eine Töpferwerkstatt – ein Handwerk, das in Pejaten Tradition hat. Gearbeitet wird nach alten Methoden mit moderneren Brennöfen. Zu den Produkten gehören Haushaltswaren, Baumaterial (Dachpfannen), Gegenstände für den religiösen Gebrauch und Kunsthandwerk, wie z. B. groteske Terrakotta-Figuren und glasierte Keramikgefäße.

Krambitan (Kerambitan)

In diesem Dorf 7 km westlich von Tabanan sind zwei weitläufige Palastanlagen der Rajas von Tabanan erhalten.

Der **Puri Anyar**, der jüngere Palast, ist der weitaus luxuriösere von beiden. Im reich ausgeschmückten *Bale Gong*, dem Musikpavillon, werden nach Voranmeldung Tänze für Touristen aufgeführt. Außerdem können Besucher hier bei einem Künstler übernachten. Es gibt entspannte, stilvoll mit Antiquitäten eingerichtete Bungalows, teilweise mit AC und Open-Air-Du/WC mit Warmwasser. Inklusive Frühstück. Der Preis ist für Leute mit kleinem Geldbeutel verhandelbar.
✆/✆ 0361-812668, ✉ giribali@yahoo.co.id. ❸

Der zweite Palast, der **Puri Agung** (auch Puri Gede) ist der ältere von beiden. Auch hier werden nach Voranmeldung bei einem festlichen Dinner Tänze aufgeführt. Sehenswert ist der Familientempel: Hunderte von Porzellantellern chinesischer und europäischer Herkunft, die in die Wände eingelassen sind, zieren die Schreine und Bale des beeindruckenden Heiligtums, ✆ 0361-812667, ✆ 810622.

Krambitan ist das einzige Dorf Balis, welches in den Tagen vor *Nyepi* das exorzistische Ritual *Tektekan* abhält. 80–100 Musiker hämmern auf unterschiedlich gestimmte Bambusrohre ein und produzieren eine überwältigende Geräuschkulisse. Südlich von Kerambitan gelangt man zu den Stränden **Pantai Pasut** und **Pantai Klating**.

Munggu

Nur in diesem Dorf südlich von Tabanan und östlich von Tanah Lot wird am *Kuningan*-Tag die *Ngerebug*-Zeremonie durchgeführt. Eine lange Prozession zieht mehrmals rund ums Dorf, die Männer „bewaffnet" mit 4–5 m langen Stangen. Zum Abschluss des Umzugs teilen sich die Männer in große Gruppen auf und beginnen einen chaotischen Kampf, jeder gegen jeden, indem sie die Stangen hoch über ihren Köpfen gegeneinander schlagen und versuchen, sich gegenseitig herunterzudrücken.

Kukuh (Menalun)

Nordöstlich von Tabanan, in der Nähe von Blayu, liegt **Pura Alas Kedaton** (Pura Dalem Kayangan), ein 300 Jahre alter Tempel, der sich in einem dichten Wald verbirgt. Auch dieser Tempel wird von Affenhorden bevölkert. In den Bäumen hängen kreischende Flughunde, und es herrscht viel Touristenrummel.

Die Leute aus Kukuh, die regelmäßig in diesem Heiligtum Zeremonien abhalten, haben angeblich noch nie einen toten Affen gefunden. Seltsamerweise entdeckt man rundherum viele kleine Erdhügel, deren Anzahl sich ständig vergrößert. Es sieht so aus, als hätten die Affen ihre Toten beerdigt – zumindest glauben das die Leute von Kukuh. Pura Alas Kedaton feiert sein Odalan 10 Tage nach *Kuningan*.

Negara

Die Stadt liegt 74 km westlich von Tabanan an der Hauptstraße nach Gilimanuk. Negara ist eine freundliche Kleinstadt, die aber außer den spektakulären Wasserbüffelrennen nicht viel zu bieten hat.

Im Distrikt Jembrana mit seiner Hauptstadt Negara stößt man auf einige musikalische Besonderheiten. Ein gebräuchliches Musikinstrument ist hier das ***Bumbung***, eine Art Bambus-Xylophon. Tänze bzw. Tanzdramen, die von diesem Instrument begleitet werden, sind z. B. der 1840 entwickelte *Bumbung Gebyog* und der 1912 entstandene *Bumbung Jegog*. Während diese Tänze nur in West-Bali verbreitet sind, erfreut sich der ebenfalls aus Jembrana stammende *Joged Bumbung* in ganz Bali großer Beliebtheit. Der *Joged* ist ein reiner Unterhaltungstanz, bei dem sich die Tänzerinnen ihre Partner aus dem Publikum holen. Ein weiterer für diese Gegend typischer Tanz ist *Kendang Mebarung*, der meist in einem Trommler-Wettstreit endet.

5 HIGHLIGHT

Wasserbüffelrennen von Negara

Fast das ganze Jahr über finden jeden zweiten Sonntag auf den abgeernteten Reisfeldern rund um Negara kleinere Ausscheidungsrennen statt. Höhepunkt eines Rennjahres ist das Pokalderby, das für gewöhnlich im August oder September auf der Rennbahn von **Mertha Sari** am südlichen Ende der Jl. Arjuna in Negara abgehalten wird. Über die exakten Termine informiert das Tourist Office von Denpasar.

Ein zweirädriger Karren mit Jockey wird von zwei Büffeln gezogen, die kräftemäßig und farblich zueinander passen sollten. Die Tiere werden eigens zu diesem Zweck gezüchtet und müssen keine Feldarbeit verrichten. Vor dem Rennen *(Makepung)* werden die Köpfe der Büffel verziert und die Hörner bemalt, auf der Deichsel wird ein Banner befestigt. Dann donnern diese sonst so sanft und plump wirkenden Tiere mit einer verblüffenden Geschwindigkeit die Strecke hinunter, um eine Wendemarke herum und wieder zurück. Da Wasserbüffel weiche Hufe haben, zieht man Reisfelder der Straße vor, damit sich die Tiere nicht verletzen.

Die Rennstrecke ist etwa 1,5 km lang und so schmal, dass sie nur für einen Karren Platz bietet. Es starten immer nur zwei Karren gleichzeitig, der eine 10 m hinter dem anderen. Sieger ist nicht unbedingt das schnellste Team, denn auch Stil und Eleganz werden bewertet.

Mit den Rennen erbitten die Balinesen den Segen der Götter für die nächste Ernte. Gleichzeitig geben die Büffel etwas von ihrer Kraft an die Reisfelder ab. Wie immer bei solchen Veranstaltungen wird hoch gewettet.

Übernachtung

Losmen Taman Sari, Jl. Ahmad Jani. Saubere Zimmer bei netter Familie. Die teureren sind frisch renoviert, mit AC und Du/WC. Die günstigen haben nur Mandi und keinen Ventilator. Mit Kaffee oder Tee. Ticketbüro für Busse nach Java direkt gegenüber. ❶–❷

Hotel Tis, Jl. Gatot Subroto, ✆ 0365-41034. Das wohl günstigste Zimmer der Insel. Außerdem staubige Zimmer mit indonesischer Toilette und Mandi z. T. mit AC. 2-stöckiger VIP-Bungalow mit kitschigem Charme. ❶–❷

Hotel Wira Pada, Jl. Ngurah Rai 107, ✆ 0365-41161. Ruhige Zimmer, z. T. mit AC, Mandi und TV. Das beste Hotel der Stadt, mit Innenhof und gutem Restaurant. Inkl. Frühstück. ❶–❷

Sonstiges

Medizinische Hilfe
R.S.U. Negara in der Jl. Wijayakusuma.

Polizei
Polizeistation, gegenüber der Busstation in der Jl. Pahlawan.

Post
Postamt in der Jl. Ngurah Rai.

Touren
Reiseagenturen und Büros für Bustickets in der Jl. Ahmad Yani.

Transport

Busse kosten 20 000 Rp ab UBUNG oder 15 000 Rp ab TABANAN. Nach GILIMANUK geht es für 7000 Rp.

Die Umgebung von Negara

Pengambengan
Der Ort Pengambengan, knapp 10 km südwestlich von Negara, ist Balis wichtigster Fischereihafen. Die Fischer kreuzen mit ihren großen *Prahu*, den traditionellen Booten Balis, meist in der Selat Bali. Ihr Fang wird gleich am Strand in Konservenfabriken verarbeitet.

Perancak
Ein kleines Küstendorf südlich von Negara, zu erreichen über Mendaya an der Straße nach Denpasar und die Abzweigung am Markt von Tega-

cangkring. Hier landete Mitte des 16. Jhs. der berühmte Shiva-Priester Danghyang Nirartha nach seiner Überfahrt von Blambangan (Java) in einer Kürbisschale und ruhte unter einem *Ancak*-Baum, einem Verwandten des *Banyan*. Der Tempel, der an dieser Stelle erbaut wurde, heißt deshalb **Pura Ancak**, eine schön Anlage aus weißem Korallengestein an einer Flussmündung. Das Odalan wird an *Buda Umanis Medangsia,* 11 Tage nach *Kuningan*, an einem Mittwoch gefeiert.

Pura Luhur Rambut Siwi

Östlich von Mendaya in Yeh Embang liegt dieser Küstentempel, der dem Heiligen Danghyang Nirartha geweiht ist, weil er ein Dorf von einer Seuche befreite. Die dankbaren Leute hätten ihn gern dabehalten, da er jedoch noch zum *Raja* von Gelgel wollte, hat er ihnen nur ein paar Haare dagelassen (*Rambut* = Haar).

Das Heiligtum liegt auf einem Felsen über einem dunklen Strand und lädt zum Verweilen ein. Neben dem dreistufigen *Meru* für Nirartha sind Schreine für die Göttin der Gewässer Dewi Danu und für Shiva als Gottheit des Gunung Agung errichtet. Zwei Treppen führen hinunter an den Strand zu kleineren Tempeln und Höhlen. Pura Luhur Rambut Siwi feiert Odalan an *Perangbakat Anggara*, immer ein Dienstag, fast zwölf Wochen nach *Kuningan*.

Pantai Medewi / Asahduren

Etwa 40 km östlich von Negara, bei Pulukan und Pekutatan, befinden sich am steinigen Medewi-Strand Restaurants und Unterkünfte (s. S. 190). Es gibt keinen Badestrand, aber die Wellen machen Medewi zu einem attraktiven Zwischenstopp für Surfer. Da man vom Süden Balis in 2–3 Std. in Medewi ist, eignet sich der Ort auch für einen Tagesausflug.

Hier zweigt nach Nordosten eine selten befahrene Nebenstraße über Tista nach Pupuan (s. S. 293) ab. Auf halbem Wege zwischen Tista und Pulukan verläuft sie bei **Asahduren** durch ausgedehnte Gewürznelken-Plantagen. Eine weitere Attraktion dort ist der **Bunuk Bolong**, ein riesiger *Waringin* (Banyan-Baum), der am nördlichen Ortsausgang die Straße überspannt.

Palasari / Blimbingsari

Auf halbem Weg zwischen Negara und Gilimanuk zweigen Straßen zu zwei Dörfern ab, in denen balinesische Christen leben. In **Palasari** leben etwa 1500 Katholiken, die 1700 Einwohner von **Blimbingsari** sind Protestanten. Sehenswert sind die beiden Kirchen, die balinesische Bau- und Dekorelemente mit christlicher Symbolik vereinen. Die beiden Pastoren sind Balinesen. In den kirchlichen Schulen werden Musik und Tanz unterrichtet. Auf dem Programm stehen nicht Mahabharata und Ramayana sondern biblische Themen. In der Nähe wurde ein **Staudamm** gebaut, der Balis Elektrizitätsversorgung sichern soll.

Bei Palasari stehen die luxuriösen **Taman Wana Villas**, ✆/✉ 0361-727770, 🖥 www.bali-tamanwana-villas.com. Zu dieser schönen Anlage am Südrand des Nationalparks gehören auch weite Bio-Anbauflächen. ❻

Taman Nasional Bali Barat

Der 77531 ha große und einzige Nationalpark Balis im Westen der Insel umfasst im Wesentlichen eine Hügelkette mit dem Gunung Patas (1414 m) und dem Gunung Merbuk (1394 m). Er schließt auch den äußersten Zipfel der Insel, ein Kap um den Gunung Prapat Agung (310 m) nördlich von Gilimanuk, mit ein und bietet tolle Korallengärten, Schildkrötenstrände und Seevogelkolonien in der Teluk Terima und auf der Pulau Menjangan. Er ist also für Taucher und Vogelfreunde gleichermaßen reizvoll.

In den gemischten Monsunwäldern des Hügellandes lebt eine ornithologische Rarität, der endemische weiße Bali-Star. Wegen dieses seltenen Vogels wurde ein Teil des Nationalparks schon vor 70 Jahren von einem *Raja* zum Naturschutzgebiet erklärt.

Neben der reichen Vogelwelt begegnet man Hirschen und Wildschweinen, zwei Affenarten (Makaken und den Black Monkeys) und dem *Banteng*, einem wilden Vorfahren des Bali-Rindes. Durch den westlichen Teil des Parks schlängeln sich viele Pfade, die man auf Tagestouren erkunden kann, möglichst mit einem Führer. Der östliche größere Teil ist Schutzgebiet und somit schwer zugänglich. Hierfür benötigt man eine Sondergenehmigung vom Parkhauptquartier.

Achtung auf der Straße von Cekik/Gilimanuk nach Pemuteran: Auf dem Teilstück, das am Taman Nasional Barat verläuft, tollen Affen an der Straße herum. Außerdem herrscht hier große Waldbrandgefahr.

Um die Halbinsel **Prapat Agung** verläuft ein Fußpfad (10–11 Std.) mit kleinen Schutzhütten, aber ohne Trinkwasser. In den Mangroven sieht man Makaken, die Krabben verspeisen. Und hier wächst auch der begehrte *Sawo-Kecik*-Baum, der Holz für Schnitzereien liefert. An der Nordseite der Halbinsel in der **Teluk Kelor** leben die weißen Stare. Halbwegs zwischen Cekik und der Teluk Terima liegt eine große Forschungs- und Aufzuchtsstation an der Straße nach Pemuteran. Von hier führt ein Pfad direkt zur Teluk Kelor (3–4 Std.). Wegen der Vogelgrippe (Avian Influenza) ist das Areal mit den vielen Bali-Staren und die Aufzuchtsstation aber momentan geschlossen.

In **Cekik**, 3 km südlich von Gilimanuk, an der Abzweigung der Straße nach Singaraja, liegt das Parkhauptquartier **Kantor Informasi Taman Nasional Bali Barat**, ✆/✆ 0365-61060, 🖳 www.tnbalibarat.com. Dort bekommt man Infos und das Permit für ein paar tausend Rupiah Gebühr. Im Besucherzentrum können Videos und Dias gezeigt werden.

Jungle Trekking für 2 Pers. kostet 190 000 Rp für 1 1/2 Std., 240 000 Rp für 2 1/2 Std. und 440 000 Rp für 6 Std. Eine Bootstour zu den Mangroven mit bis zu 5 Pers. kostet 150 000 Rp. Alle Touren sind inkl. Nationalparkführer und Permit. Diese und andere Touren können auch in den Tauchzentren und Hotels in Pemuteran und Umgebung gebucht werden.

Pulau Menjangan

Nach einer halbstündigen, sehr nassen Bootsfahrt kann man eintauchen in die Unterwasserwelt der Korallenriffe an den Ufern von Pulau Menjangan. Hierbei handelt es sich wohl um eines der schönsten Tauch- und Schnorchelgebiete Indonesiens. Steile Riffe, große Artenvielfalt und Sichtweiten bis zu 40 m machen Pulau Menjangan zu einem Muss für Tauch- und Schnorchelfans.

Menjangan verfügt über sieben angesagte Tauchspots. Im Westen liegt **POS1** mit einem sandigen bis zu 30 m abfallenden Hang, umgeben von Weichkorallen und unendlich vielen Fischen. Am **Garden Eel**, einer seichten sandigen Sandsohle, bekommt man Hartkorallen, riesige Schwämme, Anemonen- und Trompetenfische sowie im offenen Meer lebende Tiere zu sehen. Die Überreste des **Anker Wreck** in 45 m Tiefe beherbergen Keramikwaren und Glasflaschen und sind ein guter Ort, um Schildkröten und Haie zu beobachten. Die **Korallengärten** im Norden entlang einer 8–40 m steil abfallenden Wand beherbergen große Snapperfische und einen schwarz getüpfelten Riffhai. Im Osten schließt sich mit dem **Temple Point** ein sandiger Tauchspot an, wo Krokodilfische und Nacktschnecken leben. Das

POS2 im Südosten besteht aus einer bis zu 50 m tief abfallenden Riffwand mit Doktorfischen, Papageienfischen, Garnelen und Haien. Der benachbarte **Cave Point** beherbergt Unterwasserhöhlen mit interessanten Felsformationen.

In Labuhan Lalang kann ein Boot für einen Schnorcheltrip zur Pulau Menjangan gechartert werden. Frühmorgens ist es am schönsten. Zum Schnorcheln ist ein Führer und die nötige Ausrüstung erforderlich. Die meisten Hotels bieten Schnorchel- und Tauchtouren zur Insel an. Der ca. 6-stündige Ausflug inkl. Verpflegung, Ausrüstung, Guides und zwei Tauch- bzw. Schnorchelgängen kostet US$70 für Taucher bzw. US$30 für Schnorchler.

Wer über eine gut gefüllte Reisekasse verfügt, kann in Labuhan Lalang einen Bootstrip zu den zwei nahen Naturreservaten auf Java – Baluran im Norden und Blambangan im Süden – organisieren.

Übernachtung

Menjangan Jungle and Beach Resort, gegenüber von Pulau Menjangan an der Teluk Terima, ✆ 0362-94700, 📠 94708, 💻 www.menjangan.net. Eine relativ neue Öko-Luxus-Unterkunft im Bali-Barat-Nationalpark mit geschmackvollen Zimmern, Suiten und Bungalows mit 3 Schlafzimmern und Pool. Kernstück der Anlage ist der 5-stöckige Bali Tower, der u. a. ein Restaurant beherbergt. ❺–❻

Menjangan Mangrove Gazebo, direkt daneben. Kleine, versteckte Bungalows mit Fliegengittern.

Ein Traum in Parknähe

Mimpi Resort Menjangan, ✆ 0362-94497, 📠 94498, 💻 www.mimpi.com. Preisgekröntes, ökologisches 4-Sterne-Hotel in Nationalparknähe. Individuelle Zimmer mit Open-Air-Bad/WC und Warmwasser aus einer heißen Quelle. 2 große Pools, am Hang und mit Meerblick. Es gibt ein Spa und eine Tauchschule mit vielen Infos zu den Tauchspots der Umgebung. Mimpi betreibt ein weiteres Boutiquehotel am Strand von Tulamben im Osten Balis. ❺–❻

Einfach ausgestattet bieten sie Natur pur. Die Mangroven garantieren Privatsphäre. 3 Bungalows teilen sich ein Open-Air-Du/WC mit Sandfußboden, aber kaltem Wasser. ❸

Gilimanuk

Der Fährhafen von Bali nach Java liegt 128 km von Denpasar oder 88 km von Singaraja entfernt auf einer kleinen Halbinsel. Gibt es keine Pannen oder von Erdbeben zerstörte Brücken, kann man ihn in ca. 3–4 Std. von Denpasar oder Singaraja erreichen.

Übernachtung

Für Hängengebliebene gibt es Unterkünfte in Gilimanuk – meist muffig und ohne Komfort, aber günstig.

Penginapan Kartika Candra, mit 35 000 Rp für das DZ mit Du/WC das billigste der Billigen. ❶
Hotel Sampurna, ✆ 082-8372 3464. Zimmer mit Mandi oder Du/WC, z. T. mit AC und Snack zum Frühstück. ❶
Penginapan Surya, Jl. Raya Gilimanuk 12, ✆ 0333-61294. Spartanisch mit Mandi/WC und Kaffee oder Tee morgens. ❶
Hotel Sari, Jl. Pogot 333, ✆ 0365-61264, 📠 61265. Schöne Zimmer, die teureren mit AC, Warmwasser, TV und Kühlschrank. Restaurant anbei. ❷
Nusantara Gilimanuk Guesthouse, ✆ 081-5666 0909. Modernerer Homestay an der Straße zum Fährhafen. Zimmer mit Du/WC, z. T. AC, Warmwasser und Schreibtisch, ohne Frühstück. ❶–❷

Transport

Busse
Ab dem Busterminal gegenüber vom Hafen nach DENPASAR (Terminal Ubung) in 3 Std. Minibus für 30 000 Rp, Bus für 25 000 Rp p. P. Nach SINGARAJA in 2 Std. für 25 000 Rp.

Fähren nach Java
Abfahrt etwa halbstdl., rund um die Uhr. Preise: Erwachsene für 5000 Rp p. P., Kinder 3500 Rp.

Motorrad 8000–12 500 Rp, Auto 80 000 Rp, Minibus 160 000 Rp. Den Zeitunterschied beachten: In Java ist es 1 Std. früher als auf Bali.

Die Umgebung von Gilimanuk

Teluk Terima

Rechts von der Straße nach Singaraja liegt auf einem Hügel eine tempelähnliche Grabstätte: **Makam Jayaprana**, ein friedlicher Ort. Ein Stufenweg führt durch den Wald hinauf und bietet tolle Ausblicke über die Bucht bis zur Insel Menjangan.

Der Ort ist eine Gedenkstätte für Jayaprana und seine Frau Layon Sari, die im 16. Jh. lebten und in einem Tempel als Statuen dargestellt werden. Die Wanduhren, die überall herumhängen und unterschiedliche Zeiten anzeigen, sind Geschenke frommer Pilger. Von jedem Besucher wird eine kleine Spende erwartet.

Banyuwedang

In den Mangroven an der Küste, die etwa 8 km vom Makam Jayaprana Richtung Osten unterhalb des Meeresspiegels liegen, sprudeln heiße Quellen. Von der asphaltierten Straße gelangt man über einen Steg zu einem Badehäuschen.

Von Banyuwedang weiter nach Osten sieht man an der Straße mediterran anmutende Weingärten! Wo steile Felswände die Straße an den Strand drängen, steht das Heiligtum von Pulaki.

Jayaprana und Layon Sari

In ganz Bali kennt man ihre Geschichte, die sogar Stoff für Tanzdramen und *Wayang*-Aufführungen liefert:
Jayaprana wird als Waise am Königshof von Buleleng aufgezogen. Der König erlaubt ihm, die schöne Layon Sari zu heiraten, verliebt sich aber selbst in sie. Also lässt er Jayaprana von einem seiner Minister ermorden und versucht, Layon Sari zu seiner Frau zu machen. Doch das getreue Weib zieht den Selbstmord vor, und vereint wird das Ehepaar an der Teluk Terima bestattet.

Pura Pulaki

Die Gründung des Heiligtums geht auf Danghyang Nirartha, den Heiligen aus Java, zurück. Nirarthas schöne Tochter Swabana wurde von einem Mann aus Pegametan entführt. In seinem Zorn verfluchte der Heilige das Dorf, das gleich darauf in Asche lag. Die Bewohner verwandelten sich in niedere Dämonen. Die schöne Swabana verließ ihren unreinen Körper und stieg als Dewi Melanting in die Götterwelt auf. Zu ihrem Andenken ließ Nirartha den Tempel bauen.

Dewi Melanting ist die Göttin des Handels und des Reichtums. Fast jeder Marktflecken auf Bali hat einen Pura Melanting, und jeder Händler hat in seinem Laden einen Altar, um der Göttin zu opfern.

Pulaki

Knapp 30 km von Gilimanuk an der Nordküste schmiegt sich diese Tempelanlage an eine schwarze Klippe und ist von den üblichen Affenscharen bevölkert. Auffallend ist die unregelmäßige Anlage der einzelnen Terrassen, zu denen eine lange Treppe hinaufführt.

Der **Pura Pulaki** ist relativ schmucklos, wird aber oft zu den *Sad Kahyangan*, den heiligsten Tempeln gezählt.

Übernachtung

Die Hotels bei Menjangan haben Zimmer in jeder Preisklasse. Fast alle haben eine Tauchschule und bieten Wanderungen und Bootstouren in den Nationalpark an. Die Unterkünfte liegen am Strand oder an der Straße zwischen Banyuwedang und Pemuteran. Von West nach Ost:

Budget

Homestay Nikmat, ✆ 081-3378 06115. Einfache Unterkunft mit kleinem Restaurant. Zimmer mit Du und indonesischem WC, ohne Frühstück. Preiswert. ❶
Homestay Rare Angon, ✆/✆ 0362-94747, ✉ divewithketut@hotmail.com. Kleiner, feiner

Homestay an der Straße mit Restaurant. Zimmer mit Open-Air-Du/WC, z. T. Warmwasser und AC sowie Frühstück. Kleines Restaurant und Tauchcenter. ❷

Jubawa Homestay, ✆/📠 0362-94745. Neben der Einfahrt zu einer heißen Quelle. Einfache, relativ teure Bungalows. Zimmer mit Du/WC und z. T. AC. Tauchcenter vorhanden. Inkl. Frühstück. ❷

Mittelklasse

Taman Sari Eco Bali Cottages & Spa, ✆/📠 0362-94755, 🖥 www.balitamansari.com. Luxuriöses Hotel am Strand mit vielen komfortablen Zimmern, Pool mit Meerblick und deutschsprachigem Manager. Das ökologische Tauchzentrum restauriert mit dem Projekt *Biorock Reef Structures* die Riffe vor der Küste. Hier kann man beim Tauchen nicht nur die Unterwasserwelt bestaunen, sondern helfen sie zu schützen. Sehr beliebt – vorher anrufen! ❸–❹

Pondok Sari Beach Bungalows, ✆ 0362-94738, 📠 92337, 🖥 www.pondoksari.com. Riesige Anlage am schattigen Strand mit 35 hübschen Cottages. Zimmer mit Du/WC und Warmwasser. Der deutsche Besitzer wohnt in einem traditionellen Stelzenhaus. Frühstück inbegriffen. ❸–❹

Taman Selini Beach Bungalows, ✆ 0362-94746, 📠 93449, 🖥 www.tamanselini.com. 11 rustikale Bungalows am badetauglichen Strand. Zimmer mit Warmwasser-Du/WC und AC, z. T. auch Open-Air-Bad/WC. Ohne Frühstück. Pool und Restaurant mit Meerblick. ❸

Aneka Bagus Resort, ✆ 0362-94798, 📠 94799, 🖥 www.anekahotels.com. Anlage mit 27 Bungalows auf der linken Seite der Straße nach Gilimanuk. Geräumige Zimmer mit Warmwasser-Bad/WC, AC, TV, Minibar und Frühstück. Hier lässt es sich aushalten. Es gibt zwei Pools. ❸–❹

Luxus

Puri Ganesha, ✆ 0362-94766, 📠 93433, 🖥 www.puriganeshabali.com. Luxuriöse Villen am Korallenstrand. Alle Zimmer mit Butlerservice und privatem Pool. Im Restaurant hat man herrlichen Meerblick. Man wird von der britischen Besitzerin und zwei Dalmatinern begrüßt. ❻

Taman Sari Amertha Villa, ✆ 081-3375 82258, 📠 0362-94755, 🖥 www.balitamansari.com. Große Hotelanlage mit deutschsprachigem Manager. Zimmer mit Du/WC und Open-Air-Bad. Jeweils 2 Zimmer teilen sich einen Pool. Exklusive Diwane umringt von Glaswänden mit schöner Aussicht. Restaurant mit indonesischer, thailändischer und internationaler Küche. Riesiger Pool. Schwesterhotel von Taman Sari Eco Bali. ❺–❻

Matahari Beach Resort, ✆ 0362-92312, 📠 92313, 🖥 www.matahari-beach-resort.com. Preisgekröntes Fünf-Sterne-Hotel mit luxuriösen Zimmern. Der Pool ist wohl einer der größten der Insel, inkl. Nichtschwimmerbecken. Und auch Sportler kommen voll auf ihre Kosten. Restaurant mit Meerblick und Gamelanspielern. Reservierung empfohlen. ❺–❻

In Banyupoh

ca. 6 km östlich von Pemuteran

Segara Bukit Seaside Cottages, ✆ 0362-94749, 📠 22471, am Meer, 2 km östlich vom Pura Pulaki. Ruhige, schicke Anlage mit Bungalows für jeden Geldbeutel. Die teuren Zimmer haben Warmwasser-Bad/WC und AC. Pool und Restaurant mit Meerblick vorhanden. Tauchzentrum. ❶–❹

Essen

Im **Warung Nasi Small** gegenüber der **Taman Selini Beach Bungalows** gibt es leckere indonesische Gerichte ab 10 000 Rp.

Sonstiges

Geld

Geldwechselstube gegenüber dem Jubawa Homestay.

Tauchen

Yos Marine Adventures, ✆ 0365-61600, 🖥 www.yosdive.com. Neben den Taman Selini Beach Bungalows bietet dieses Tauchzentrum Kurse und viele Trekkingtouren durch den Nationalpark an.

Vielseitiger Blick auf Bali

Diving Centers Werner Lau, 🖳 www.wernerlau.com. Die größte Tauchschule des Ortes liegt im Pondok Sari Beach Bungalow Resort, mit Infos auf Deutsch und Tourangeboten in den Nationalpark. Außerdem betreut die Schule viele soziale und ökologische Projekte auf Bali.

Transport

Busse zwischen GILIMANUK und SINGARAJA fahren durch PEMUTERAN. Von Gilimanuk 8000 Rp, von Singaraja 12 000 Rp.

Zentral-Bali

Stefan Loose Traveltipps

6 **Ubud** Eine Tanzaufführung erleben, möglichst in einer Vollmondnacht. S. 210

Museen Die drei Kunstmuseen von Ubud, das Puri Lukisan im Zentrum, das Neka Art Museum im Norden und das Agung Rai Museum of Art im Südosten, besuchen. S. 210, 213, 214

7 **Gunung Kawi** Die hinduistischen Monumente und Einsiedlerhöhlen in der steilen Schlucht des Pakrisan-Flusses besichtigen. S. 231

Petulu Mitten in dem kleinen Dorf die große Kolonie der weißen Reiher sehen. S. 234

Berge um Bangli Eine Fahrt durch die reizvolle Hügellandschaft von Bangli über Rendang nach Tirtagangga unternehmen. S. 240

Nördlich von Denpasar erstreckt sich bis zu den Hängen der Vulkane die typische balinesische Reisterrassen-Landschaft. Sie ist zu schön, um sie bloß in einem Tagesausflug mit dem Touristenbus kennen zu lernen. Bei einer Wanderung über die Reisfelder von Dorf zu Dorf erschließt sich eine faszinierende Welt. Es ist verständlich, warum sich seit den 30er-Jahren zahlreiche europäische Künstler in Ubud niedergelassen haben.

Von Denpasar nach Ubud

Reisebusse, PKWs und Motorräder drängen sich auf der schmalen Hauptstraße von Dorf zu Dorf Richtung Norden. Hinter den nahtlos ineinander übergehenden Siedlungen bleiben die Schönheiten der balinesischen Landschaft erst einmal verborgen. Selbstfahrer können auf die schmalen Seitenstraßen abbiegen, wo sich das ursprüngliche Bali in seiner ganzen Schönheit zeigt. Man braucht nur immer Richtung Norden bzw. bergauf zu fahren. Sobald die ersten Kunstgalerien und Losmen auftauchen, ist Ubud nicht weit. Entlang der Straße von Denpasar bis Ubud gibt es zahlreiche klimatisierte Art & Antique-Shops mit Englisch und Deutsch sprechendem geschultem Personal und Preisauszeichnungen in US-Dollar.

Gumicik / Pabean

Von Tohpati führt ein Abstecher über schmale Asphaltstraßen Richtung Osten zum dunklen Sandstrand von Gumicik (Pantai Ketewel). Etwas weiter östlich am Strand von Pabean findet man ein wenig Schatten unter Kokospalmen. Touristen verschlägt es nur selten hierher.

Wer von Norden kommt, kann bereits in Celuk vor der Betonbrücke mit der alten Hängebrücke daneben rechts abbiegen. Auf einer Nebenstraße gelangt man über **Guang**, wo große *Garuda* aus dunklen Hölzern geschnitzt werden, zu den dunklen Sandstränden.

Batubulan

Der Ort ist das traditionelle **Zentrum der Bildhauer**, die ursprünglich nur für Tempel, mittlerweile aber auch für Hotelanlagen kunstvolle steinerne Statuen und Reliefs herstellen, eine der wenigen Künste auf Bali, die sich nur schlecht von der Souvenirindustrie verwerten lässt und daher noch ursprünglichen Charakter trägt.

Ein Meisterwerk der Bildhauerkunst ist **Pura Puseh Batubulan**, 300 m östlich der Hauptstraße (Abzweigung am Laden eines Kulkul-Herstellers neben der *Sahadewa*-Bühne. Außer riesige Elefanten findet man auch Buddhafiguren in meditierender Haltung.

Täglich um 9 Uhr wird der **Barong-Tanz** (50 000 Rp) und um 18.30 Uhr der **Kecak-Tanz** aufgeführt. Hier legen die großen Busse der Touristikunternehmen für die einstimmende morgendliche Show ihren ersten Stopp ein. Dass der Handel an den Straßenbuden funktioniert, beweisen die prächtigen Häuser dahinter.

Im **Kokar** *(Konservatori Kerawitan)* dem Konservatorium für darstellende Künste, kann man Musik- und Tanzschülern bei den Proben zuschauen.

Von Singapadu über Kutri nach Ubud

Wer im nächsten Ort Tegaltamu nicht auf der Hauptstraße nach rechts abzweigt, sondern geradeaus auf einer schmalen Nebenstraße weiterfährt, gelangt in das Dorf **Singapadu**. Vor

---

Tipps für die Fahrt von Denpasar nach Ubud

Obwohl man in Batubulan und weiter entlang der Straße noch das Gefühl hat, in der Provinzhauptstadt Balis zu sein, ist man eigentlich schon auf dem Dorf. Ein erster Stopp lohnt sich zu den allmorgendlichen Darbietungen des Barong-Tanzes in **Batubulan**. Von dort fährt man in Tegaltamu geradeaus nach **Singapadu**, um sich im **Bali Bird Park** und im **Bali Reptile Park** einen Überblick über die heimische Fauna zu verschaffen. Von hier geht es über zahlreiche Dörfer mit Kunstgewerbeläden und beinahe ebenso vielen Galerien wahlweise über die ländlichere Straße via Silungan und Pengosekan oder über Celuk, Sakah und Mas nach Ubud. Die Gold- und Silberschmiedekunst, die Holzschnitzereien jeglicher Art und die Bildergalerien längs der Straßen sind ein Fest für die Augen und Sinne.

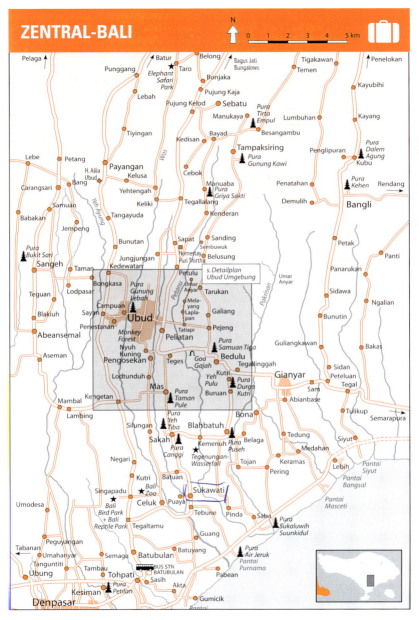

dem Ortszentrum ist links der Straße der 2 ha große, sehenswerte **Bali Bird Park** (Taman Burung), ✆ 0361-299352, 📠 299614, 💻 www.bali-bird-park.com, angelegt worden. Neben Paradiesvögeln, Nashornvögeln, Kakadus und über hundert anderen Vogelarten sind auch Komodo-Warane zu sehen. ⊙ tgl. 9–17.30 Uhr, Eintritt US$12,50, Kind US$6,50.

In der Nachbarschaft des Bird Park liegt der ebenfalls sehenswerte **Bali Reptile Park**, ✆/📠 0361-299344, mit Krokodilen, Waranen, Leguanen, Schildkröten und Schlangen, darunter eine 8 m lange Python. ⊙ tgl. 9–18 Uhr, Eintritt US$9, Kind US$4,50. Wer beide Parks besichtigen möchte, kann günstige Kombitickets kaufen.

Nicht weit entfernt befindet sich auch der **Bali Zoo** (Kebun Binatang Bali), Jl. Raya Singapadu, Sukawati, ✆ 0361-294357, 📠 298608, 💻 www.bali-zoo.com. Er zeigt neben tropischen Vögeln und Reptilien auch Affen, Kamele, Kängurus und Sumatra-Tiger. ⊙ 9–17 Uhr, Eintritt US$18, Kind US$9 und Familien US$49.

Weiter Richtung Norden werden in zahlreichen Werkstätten entlang der Straße in den Dörfern **Kutri** und **Negari** Steinstatuen gefertigt. Die Auswahl ist groß, die Preise niedrig. Zudem kann man sich mit den Bildhauern unterhalten und ihnen bei der Arbeit über die Schulter schauen.

Über Celuk Richtung Ubud

Eine alternative Strecke nach Ubud bietet sich über Celuk, Sukawati, Sakah und Mas an. Erster Halt ist das Dorf der Gold- und Silberschmiede **Celuk**, wo sich ein Laden an den anderen reiht. Neben Gegenständen für den religiösen Gebrauch bietet man hauptsächlich Schmuck an, der westlichem Geschmack entspricht, meist aus Silber (800er oder 925er). Die Kunsthandwerker fertigen auch Stücke in jedem gewünschten Design (*made to order*). Man sollte nicht zwischen 10 und 11.30 Uhr hier einkaufen, dann sind die Touristenbusse (nach der Barong-Vorführung von Batubulan) unterwegs, und man kann die überhöhten Touristen-Preise nur sehr schwer herunterhandeln.

Sukawati

Auch nordöstlich von Celuk wird entlang der Hauptstraße viel Kunsthandwerk verkauft, vor allem bunt bemalte Holzschnitzereien, geflochtene Bambuskörbe, musikalische Windräder aus Bambus (*Pindakan*) und Tempelschirme sowie anderes Zubehör für religiöse Zeremonien. An jedem Morgen findet im Ortszentrum von Sukawati ein großer **Obst- und Gemüsemarkt** statt.

Gegenüber wurde an dem großen Platz ein modernes, zweistöckiges Gebäude errichtet, den **Pasar Seni**, ein Kunstmarkt, wo man recht günstig Schnitzereien und anderes Kunstgewerbe erstehen kann – vor allem am frühen Morgen wenn selbst Händler aus Kuta hier einkaufen.

Zudem kommen aus Sukawati viele *Dalang* (Puppenspieler), die es meisterlich verstehen mit ihren *Wayang Kulit*-Figuren alte Epen wieder zum Leben zu erwecken. In einigen Geschäften werden billige Kopien dieser aus Büffelleder hergestellten Schattenspielfiguren verkauft.

Vom Pasar Seni führt Richtung Westen ein 1,5 km langer Weg zum Dorf **Puaya**. In vielen Häusern arbeiten die Leute an Masken und Schattenspielfiguren. Wer zu handeln versteht kauft hier billiger ein als in jedem Laden. Die meisten Künstler haben keine Schilder an der Tür; man muss sich durchfragen.

Im *Calendar of Events* erfährt man, ob für einen der Tempel des Ortes – und das sind nicht wenige – vielleicht gerade das Odalan zelebriert wird. In Sukawati werden diese Tempelfeste nämlich oft von einer besonders sehenswerten Zeremonie gekrönt: eine farbenfrohe Prozession junger Mädchen in bodenlangen Gewändern, die sich zu einer nahe gelegenen heiligen Quelle begibt.

Ein Abstecher zum Pantai Purnama

In Sukawati zweigt südlich des Marktes eine schmale Asphaltstraße nach Südosten zum Pantai Purnama ab, einem schwarzen Sandstrand ohne Schatten, aber auch ohne Touristen. Zudem befinden sich hier ein schöner, alter Tempel, der **Pura Air Jeruk** („Orangensafttempel"), und eine Garnelen-Zuchtstation.

Sakah

Von Sukawati weiter nach Norden lohnen zwei herrlich in der Natur gelegene Tempel einen Zwischenstopp: Pura Yeh Tiba und Pura Canggi.

Pura Yeh Tiba (auch Pura Hyang Tiba), ein alter Tempelkomplex, liegt ca. 1 km abseits der

Hauptstraße südwestlich vom Dorf Sakah. Der Weg ist ab der großen Straßengabelung ausgeschildert. Es geht erst in westliche Richtung, über einen Fluss, dann links (südlich), beim Dorftempel rechts und nach 150 m wieder links. Eine Steininschrift trägt die Jahreszahl *Saka 1258* (1336 n. Chr.).

Pura Canggi, im Südosten, zu Fuß über idyllische Feldwege zu erreichen, scheint noch älter zu sein als Pura Yeh Tiba, zumindest stehen hier Steinskulpturen aus der Pejeng-Zeit herum. Von der großen Straßengabelung folgt man ca. 300 m der Hauptstraße Richtung Gianyar, biegt rechts ab (Süden) und geht 500 m weiter geradeaus. Schon von weitem ist der riesige *Ganggahan*-Baum, ein Verwandter des *Waringin*, zu sehen. Auffallend ist auch die große Halle für Hahnenkämpfe *(Wantilan)*.

In beiden Tempeln werden Spenden erwartet.

Weiter Richtung Osten und Norden

In Sakah gabelt sich die Hauptstraße. Richtung Osten gelangt man über **Kemenuh** und **Kutri**, wo der Purga Durga Kutri (Durga-Heiligtum mit Statue) steht, nach Gianyar. Von Kemenuh führt eine Abzweigung zum vom Palmen umsäumten Wasserfall Tegenungan, Eintritt 3000 Rp (s. S. 228).

Von Sakah Richtung Norden, auf direktem Weg nach Ubud, kommt man zuerst nach Mas.

Mas

20 km nordöstlich von Denpasar erreicht man das Dorf der Brahmanen, der hinduistischen Priesterkaste. Viele Bewohner von Mas (Gold) führen ihre Abstammung auf den Shiva-Priester und Religionserneuerer aus Java, Danghyang Nirartha, zurück. Wo er im 16. Jh. gelebt haben soll, steht nun der große Tempel **Pura Taman Pule**. An *Kuningan* findet im Tempel ein dreitägiges, gewaltiges Fest mit Hahnenkämpfen, Tänzen, Theater, Jahrmarkt und Prozessionen statt. Dabei wird *Wayang Wong,* ein traditionelles Drama, aufgeführt, das hier seine Ursprünge haben soll.

Viele Männer im Ort arbeiten als Holzschnitzer vor allem an Masken und unbemalten Statuen aus Edelhölzern. Schon kleine Kinder werden angelernt. Die Hauptstraße ist gesäumt von Kunstgalerien, in denen Holzschnitzereien aller Art, aber auch Möbel verkauft werden.

Übernachtungsmöglichkeiten gibt es in den exklusiven Taman Harum Cottages am südlichen Ortsende, ✆ 0361-975567, ✆ 975149, 🖳 www.tamanharumcottages.com, ❹–❺. Zimmer und Bungalows inkl. Frühstück, Fan oder AC, Open-Air-Bad/WC, Warmwasser und Kühlschrank. Restaurant, kleiner Pool und regelmäßige kulturelle Veranstaltungen. Zur Anlage gehört auch die Tantra Art Gallery.

Teges

Hier, nördlich von Mas, gabelt sich die Hauptstraße ein weiteres Mal: Rechts geht es über Goa Gajah nach Bedulu und Gianyar, links und dann wieder Richtung Norden nach Ubud. Teges besteht aus zwei Dörfern: Teges Kanginan im Osten und Teges Kawan im Westen. Teges Kanginan ist berühmt für seine diversen Tanzgruppen und sein Orchester.

Die Bewohner von Teges Kawan haben sich auf **Holzschnitzereien** spezialisiert – Früchte, Pflanzen und Tiere, so orginalgetreu geformt und bemalt, dass sie manchmal wie echt wirken.

Ubud und Umgebung

Umgeben von Reisterrassen und vielen kleinen Dörfern, die schöne Ziele für Tageswanderungen sind, liegt der zentrale Ort Ubud. Dass er sich zu einem Touristenzentrum entwickelte, liegt nicht zuletzt daran, dass sich das ländliche Bali hier in seiner ganzen Schönheit präsentiert: Reisfelder bei Sonnenuntergang, ein Maler beim Mischen seiner Farben, Bauern, die ihre Enten am Abend durch die Dorfstraßen nach Hause treiben, Kinder beim Baden im Fluss – Bilder, die wir untrennbar mit Bali verbinden. Obendrein scheint inmitten dieser fruchtbaren Landschaft fast jeder Balinese ein Künstler zu sein, Maler, Tänzer, Gamelanmusiker oder Holzschnitzer.

Seit den 30er-Jahren leben europäische Maler in Ubud – sie und die Balinesen haben sich wechselseitig beeinflusst. Vor allem Walter Spies und Rudolf Bonnet malten und forschten hier einen großen Teil ihres Lebens. Besuchen kann man die Studios der Künstler Antonio Blanco und Han Snel, die erst Ende des 20. Jhs. verstorben sind.

6 HIGHLIGHT

Eine Tanzvorstellung in Ubud

Ein Besuch in Ubud, ohne eine der zahlreichen Tanzdarbietungen erlebt zu haben, ist fast undenkbar. Wer etwas über das Hindu-Epos Ramayana (s. S. 139, Kasten) und die Form des Tanzes, der Handbewegungen sowie der Mimik und Gestik lernen möchte, ist hier am richtigen Platz. Jede kleinste Bewegung hat ihre eigene Symbolik und Bedeutung.

Die Darbietungen finden meist unter freiem Himmel oder in einem offenen Pavillon statt. Reich verzierte Kostüme der Protagonisten sowie Feuertänze und Trancegesänge gehören zum ständigen Repertoire. Unter den Darstellern befinden sich viele der hier lernenden Tanzstudenten, fertig ausgebildete Tänzer, aber auch Leute von nebenan. Es lohnt sich, vor allem in Vollmondnächten dabei zu sein.

Jeden Abend finden auf verschiedenen Bühnen Tanzveranstaltungen statt. Da sich die Termine häufig ändern, sollte man sich vorher beim **Ubud Tourist Office** über die aktuellen Veranstaltungen informieren. Zu außerhalb liegenden Veranstaltungsorten verkehren Minibusse ab dem Tourist Office. Zudem werden nachmittags in Ubuds Straßen immer wieder Karten angeboten. Je nach Art und Ort der Aufführung variieren die Preise zwischen 50 000–80 000 Rp. Der *Kecak*-Tanz an Vollmondabenden im ARMA kostet 100 000 Rp. Die Darbietungen fangen meistens gegen 19 oder 20 Uhr an und dauern etwa zwei Stunden.

Zu den täglichen Vorstellungen gehören *Legong*- und *Kecak*-Tänze. Mehrmals wöchentlich gibt es *Barong*- und Kris-Tänze sowie Trance-Tänze, Ramayana-Ballett, Gamelan-Konzerte und *Wayang Kulit*-Vorstellungen.

Neben den klassischen Sehenswürdigkeiten gibt es in Ubud vor allem viel selbst zu entdecken. Allerdings werden auch hier die staubigen Feldwege immer mehr zu Asphaltpisten für laute Motorräder. Auf der mit Shops, Restaurants und Hotels zugebauten Monkey Forest Road trifft man mehr Touristen als Einheimische, und die Geschäfte haben ihr Angebot auf die zahlungskräftigeren ausländischen Kunden eingestellt.

Trotzdem: Wer balinesisches Dorfleben kennen lernen will, ist in und um Ubud richtig und sollte für ein paar Tage hierher ziehen, denn bei einem Tagesausflug wird man kaum damit in Berührung kommen. Kurzbesucher werden nur die Hauptstraße mit ihren Souvenirläden und Ateliers sehen, in denen die naiven Bilder „Junger Künstler" zu überhöhten Preisen verkauft werden, allenfalls fällt noch ein Besuch im Museum ab.

Der Ort Ubud

Ubud ist ein Einkaufsparadies. Vor allem auf dem zentralen **Markt**, wo die Tagesbesucher abgesetzt werden, und in den angrenzenden Straßen, wie der Jl. Monkey Forest, findet sich ein großes Angebot an Kunstgewerbe und anderer Souvenirs.

Wer Bilder einkaufen will, sollte zuerst im **Puri Lukisan**, dem Kunstmuseum von Ubud, ☏ 0361-975136, 🖥 www.mpl-ubud.com, seinen Blick für die verschiedenen Stilrichtungen schärfen. Die Gebäude im traditionellen balinesischen Stil, die mitten in einem großen Garten liegen, präsentieren eine Zusammenstellung von Bildern der modernen balinesischen Malerei, die ihre Motive aus dem alltäglichen Leben bezieht. ⏱ tgl. 9–17 Uhr, Eintritt 20 000 Rp.

Die kleine **Seniwati Gallery of Art by Women**, Jl. Sriwedari 2, im Banjar Taman nördlich der Jl. Hanoman, ☏/📠 0361-975485, 🖥 www.seniwatigallery.com, lohnt einen Besuch. Sie stellt ausschließlich Gemälde balinesischer Künstlerinnen aus, die auch verkauft werden. Zurzeit sind über 70 Malerinnen mit ihren Werken in der Galerie vertreten. ⏱ Di–So 9–17 Uhr, Eintritt frei.

Botanischer Garten

Seit 2006 besteht der mit viel Liebe gestaltete und von einem Deutschen betriebene, empfehlenswerte **Botanische Garten** in Ubud, Kutuh Kaja, Jl. Tirta Tawar, 2 km in nördlicher Richtung, 🖥 www.botanicgardenbali.com, ☏ 0361-7463389. Zwischen den diversen Orchideen und Bromelien finden sich viele weitere in Asien heimische Pflanzen. ⏱ 8–18 Uhr, Eintritt 50 000 Rp, Kind 10 000 Rp.

Ubud und Umgebung

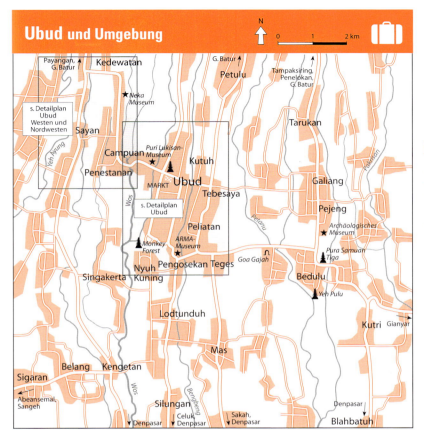

Campuan

Man folgt Ubuds Hauptstraße in westlicher Richtung hinab bis zur Brücke, die eine tiefe Schlucht überspannt. Links oben auf einer Anhöhe hinter der Brücke liegt das **Blanco Renaissance Museum,** 0361-975502. Im pompösen Anwesen des Ende 1999 verstorbenen Malers Antonio Blanco sind allerdings nur seine eigenen Werke ausgestellt. Daneben können in der Galerie Kunstwerke seines Sohnes Marco erworben werden. Der erfolgreiche und wohlhabende Künstler umgab sich gern mit den Schönen und Reichen dieser Welt, im Eingang zum Museum ist er u. a. auf einem Foto zusammen mit Michael Jackson abgebildet. tgl. 9–17 Uhr, Eintritt 50 000 Rp.

Rechts unten in der Schlucht sieht man den Zusammenfluss (= C*ampuan*) des **Yeh Wos** und eines seiner Nebenflüsse. Flüsse sind allen Hindus heilig – und Zusammenflüsse ganz besonders.

Auf der Landzunge erhebt sich der Subak-Tempel **Pura Gunung Lebah**, der der Reisgöttin Dewi Sri geweiht ist. *Subak* sind Organisationen von Reisbauern, deren Felder ein gemeinsames Bewässerungssystem haben, d. h. von demselben Fluss bewässert werden. Da der Wos in der

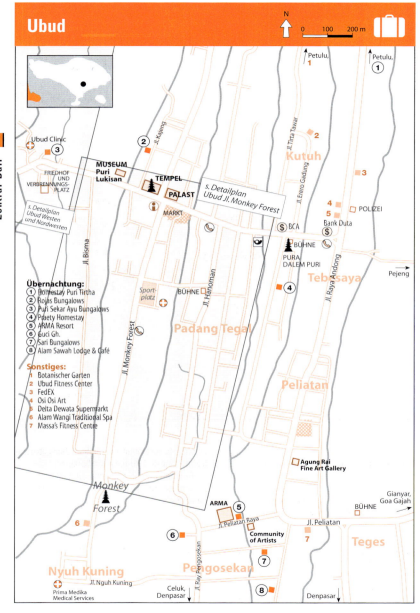

Nähe von Penelokan unterhalb der Batur-Caldera entspringt und offensichtlich vom Batur-See gespeist wird, verehrt man in diesem Tempel auch die Gottheiten vom Gunung Batur. Pura Gunung Lebah zählt zu den ältesten Tempeln Balis. Seine Gründung geht auf den ostjavanischen Hindupriester Markandeya (8. Jh.) zurück. Der Pura Gunung Lebah feiert sein Odalan an einem Mittwoch zehn Wochen vor *Galungan*.

Ein paar hundert Meter Richtung Norden kommt man zum **Tjampuhan Hotel**. Eines der Gebäude war in den 30er-Jahren des 20. Jhs. die Villa des Malers Walter Spies (s. S. 129).

Penestanan

Ein schöner Spaziergang durch die Reisfelder und vorbei an zahlreichen Ferienhäusern, die auch vermietet werden, führt zum Dorf der **Young Artists**, die heute eigentlich gar nicht mehr so jung sind.

1960 ließ sich hier der holländische Maler Arie Smit nieder und animierte einige 12- bis 14-jährige Jungen zum Malen. Daraus entwickelte sich eine regelrechte Malschule, die eine völlig neue Stilrichtung vertritt, eben den Young Artists-Stil. Da die „jungen Künstler" aus Bauernfamilien stammen, wählen sie entsprechende Motive: das Dorfleben, die Arbeit auf den *Sawah* oder religiöse Zeremonien, meist eine ganze Anzahl von einzelnen kleinen Szenen in einem einzigen Gemälde.

Von Campuan gelangt man auf zwei Wegen nach Penestanan. Der erste, eine asphaltierte Straße, beginnt hinter dem Blanco Renaissance Museum, der zweite ein paar hundert Meter nördlich vom Tjampuhan Hotel. Dort führt eine steile Treppe den Berg hinauf und geht dann in einen schmalen Fußweg über.

Sanggingan

Ein weitaus interessanteres Kunstmuseum als das Puri Lukisan (s. S. 210) ist das von Suteja Neka aufgebaute **Neka Art Museum** an der Straße nach Kedewatan, etwa 2 km nördlich von Campuan, ✆ 0361-975074, ✉ 975639, 🖥 www.museumneka.com. Hier hängen neben Bildern balinesischer Maler (u. a. I Gusti Nyoman Lempad, Ida Bagus Made Nadera, Anak Agung Gde Sobrat sowie die Young Artists) auch die Werke anderer indonesischer (u. a. Affandi und Widayat) sowie europäischer Maler (u. a. Walter Spies, Rudolf Bonnet, Arie Smit, Theo Meier, Miguel Covarrubias, Han Snel und Antonio Blanco), die sich mit Bali beschäftigt oder in Bali gelebt haben.

Im Bildarchiv im hinteren Bereich neben einem traditionellen Pavillon sind Fotos ausgestellt, die einen guten Einblick in das Bali der 30er- und 40er-Jahre des 20. Jhs. ermöglichen. Außerdem gibt es eine Halle mit temporären Ausstellungen.

⏰ tgl. 9–17 Uhr, Eintritt 20 000 Rp.

Affenwald (Wanara Wana)

Von Ubud läuft man die Jl. Monkey Forest (Jl. Wanara Wana) hinunter und erreicht den Monkey Forest. Der Wald wird von etwa 140 Makaken *(Macaca fascocilaris)* bevölkert, überwiegend Jungtiere, aber auch zehn ältere Männchen, die bis zu 10 kg schwer werden und recht aggressiv reagieren können. Kommt man ohne Erdnüsse und anderes Essbares hierher, verhalten sich die Affen normalerweise friedlich. Dennoch gilt es Abstand zu wahren und Kameras, Brillen und andere lose am Körper baumelnde Gegenstände sicher zu verstauen, da sie sonst von den Affen geklaut werden könnten.

50 m hinter der Kasse (Eintritt für Erwachsene 10 000 Rp, Kinder 5000 Rp) führen rechts Stufen in eine kleine Schlucht hinab und mitten durch (!) einen Banyan-Baum. Eine märchenhafte Atmosphäre erfüllt diesen dämmrigen Ort. Hier unten verbirgt sich ein kleiner Tempel und weiter hinten ein Badeplatz.

Auf der südwestlichen Seite des Affenwaldes liegt auf einem Hügel der Unterwelttempel **Pura Dalem** des Banjar Padang Tegal. Einige bizarre *Rangda*-Statuen bewachen die heilige Stätte.

Nyuh Kuning

Vom Affenwald Richtung Süden, vorbei an Hotels und den Galerien einiger Maler und Holzschnitzer, erreicht man bald das Dorf Nyuh Kuning, eigentlich eine Bauernsiedlung, in der auch Maler, Holzschnitzer und Korbflechter leben.

Vom Sportplatz in Nyuh Kuning gelangt man auf schmalen Pfaden Richtung Westen zu einladenden Badeplätzen am Sungai Wos, einige davon sind leider auf privatem Gelände.

Unterkünfte in Ubud

Tourismus begann sich in Ubud und den umliegenden Dörfern erst ab Ende der 70er-Jahre des 20. Jhs. zu entwickeln, zehn Jahre später als in Kuta. Mittlerweile gibt es an die 600 Hotels, Bungalowanlagen und Homestays, welche die Haupt- und Nebenstraßen sowie die schmalen begrünten Seitengassen der Dörfer säumen und auch noch weit verstreut in den umliegenden Reisfeldern zu finden sind.

Viele der günstigen Unterkünfte gehören in die **Homestay**-Kategorie, d. h. man wohnt in der Regel für wenig Geld bei einer balinesischen Familie, die innerhalb ihres Bauerngehöfts ein paar Fremdenzimmer eingerichtet oder ein paar zusätzliche Häuschen erbaut hat. Meist hat man seine eigene Dusche, und es gibt neben kostenlosem Tee ein mehr oder weniger reichliches Frühstück. Die Mehrzahl der Homestays liegt in den ruhigen, schmalen Seitenstraßen und Gassen nördlich und südlich der von West nach Ost verlaufenden Hauptstraße Ubuds und östlich der Jl. Monkey Forest, also mehr oder weniger zentral. Weitere entdeckt man in den südöstlichen Dörfern Pengosekan und Peliatan sowie im Nordwesten, in den Reisfeldern bei Penestanan. Sie unterscheiden sich in Preis und Ausstattung nicht sonderlich voneinander. Einige der alten, etablierten Homestays haben mittlerweile angebaut, modernisiert und den Standard von Mittelklasse-Hotels erreicht, ohne dabei die familiäre Atmosphäre eingebüßt zu haben.

Daneben sind während der letzten Jahre auch **Bungalowanlagen** und **kleinere Hotels** in den verschiedensten Preisklassen von einfach bis superluxuriös wie Pilze aus dem Boden geschossen. Ein Schwimmbecken gehört nahezu zur Grundausstattung jeder Mittelklasseunterkunft. Dafür sind die Zimmer oft relativ teuer und ohne AC. Da es in Ubud besonders nachts relativ kühl werden kann, ist eine Klimaanlage aber auch nicht zwingend notwendig. Die luxuriösesten Hotels findet man weiter westlich in Sayan und Kedewatan am Rande der Yeh Ayung-Schlucht.

Pengosekan

Der Ort wird vom großen Areal des 1996 eröffneten **ARMA – Agung Rai Museum of Art**, ✆ 0361-976659, ✉ 974229, 🖥 www.armamuseum.com, dominiert. In der weitläufigen, aufwendigen Anlage sind neben einer permanenten Gemäldesammlung wechselnde Ausstellungen zu sehen. Weiterhin werden Tanzaufführungen und samstagmorgens Workshops – von Balinesischem Tanz über Hinduismus bis Astrologie – veranstaltet. Zu den Veranstaltungen fährt ein Shuttlebus ab dem Tourist Office in Ubud, Anmeldung unter ✆ 0361-973285. Museum: 🕘 tgl. 9–18 Uhr, Eintritt 25 000 Rp.

Eine aktive Künstlergruppe, schlicht **Community of Artists** genannt, die unter der Leitung von Dewa Nyoman Batuan arbeitet, stellt ihre Werke in einem Studio gegenüber vom Haupteingang des Kokokan Hotels aus: Gemälde mit Naturszenen in Pastelltönen, bemalte Holzschnitzereien, sogar mit Schnitzereien verzierte Möbelstücke.

Von Pengosekan führt eine schmale Straße weiter Richtung Süden durch eine abwechslungsreiche Landschaft bis Celuk (s. S. 208). In **Silungan** und anderen kleinen Dörfern arbeiten Maler und Holzschnitzer, die vor allem Spiegelrahmen und Tiere aus Weichholz schnitzen.

Übernachtung

Jl. Monkey Forest und Jl. Hanoman
Hier im touristischen Zentrum Ubuds finden sich Unterkünfte aller Kategorien. Je weiter Richtung Süden, desto teurer werden die Hotels.

Budget
Yuni's House, Jl. Karna 4, ✆ 0361-975701. Im Hof eines Malers, direkt hinter dem großen Markt. Gemütliche Zimmer mit Du/WC und Ausblick auf die Kunstwerke im Hof. Die teureren sind größer und mit Warmwasser. ❶

Kabera Bungalow, Gang Arjuna, ✆ 0361-970797. Einfaches, aber gut besuchtes Nest für Budgetreisende, mit viel Service. Zimmer teilweise mit Bad/WC und Frühstück. Günstiger Verleih von Fahrrädern, Motorrädern und Autos sowie Buchung von Touren. Gäste können den 50 m entfernten Pool des Hotels Okawati für eine Gebühr von 10 000 Rp mitbenutzen. ❶

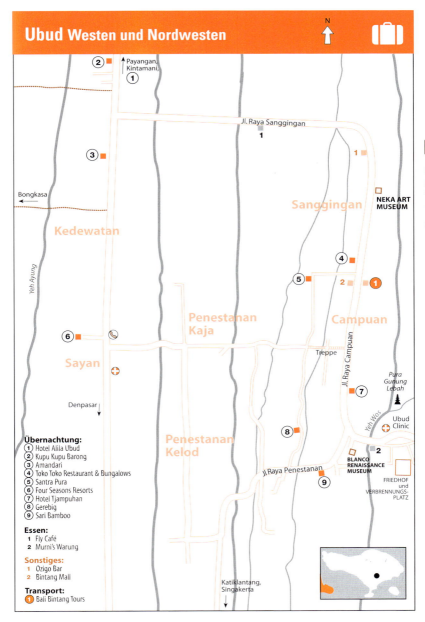

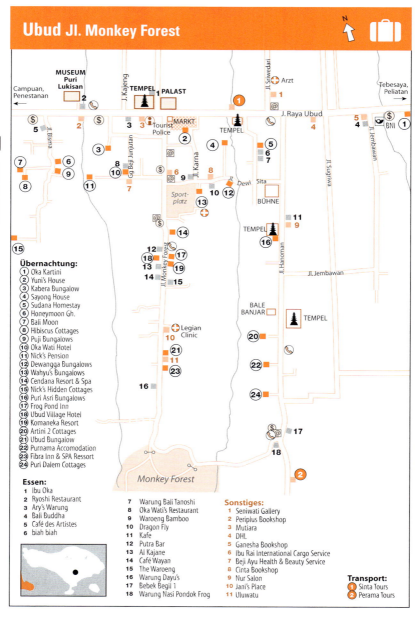

Sayong House, Gang Maruti, ✆ 0361-973305. 2-stöckige, gut besuchte Bungalowanlage mit kleinem, farbenreichem Garten. Zimmer teilweise mit Bad/WC sowie Warmwasser und Frühstück. Nach ein paar Schritten über die Sackgasse hinweg, erreicht man den quadratischen, höher gelegenen Pool. ❷

Sudana Homestay, Jl. Gautama 11, ✆ 0361-976435. Kleiner, beliebter Homestay unweit der geschäftigen Jl. Raya Ubud. Zimmer mit Du/WC, Frühstück und z. T. Warmwasser. Familiäre Atmosphäre. ❶

Dewangga Bungalows, Jl. Dewi Sita, ✆/✉ 0361973302, 🖳 www.dewangga-ubud.com. Die weitläufige, grüne Anlage verschafft jedem Bungalow nahezu einen Privatgarten mit entspannendem Vogelgezwitscher. Die Bungalows sind ansprechend eingerichtet und zumeist mit Warmwasser und Bad/WC ausgestattet. Kunstausstellungen im vorderen Gebäude. ❷

Wahyu's Bungalows, Jl. Dewi Sita, ✆ 0361-975308. Kleine, familienfreundliche Anlage mit großen kühlen Zimmern mit Warmwasser, Bad/WC und ansehnlicher Terrasse oder Balkon. Vom angeschlossenen Café kann man den Schulklassen auf dem gegenüberliegenden Sportplatz zusehen. Inkl. Frühstück und Pool zum Abkühlen. ❷

Frog Pond Inn, Jl. Monkey Forest, ✆ 0361-970757. Zwischen den luxuriösen Anlagen im Süden der Jl. Monkey Forest liegt dieses kleine charmante Losmen. Die Zimmer sind einfach eingerichtet und die älteren, günstigeren Zimmer haben nur Mandi mit WC. Diese sind aber offen und von vielen Grünpflanzen umringt. ❶

Wohnen im Museum

Puri Asri Bungalows, Jl. Hanoman 34, ✆ 0361-976702. Zimmer mit Du/WC, teilweise Warmwasser sowie Frühstück auf der Terrasse, auf der ein Diwan für den Mittagsschlaf bereit steht. Dieser Familiensitz beherbergt auch ein altes traditionelles Küchenhaus und eine hölzerne Reiskammer. Hier trifft alt auf neu. ❶–❷

Purnama Accommodation, Jl. Hanoman, in einem Seitengang, ✆ 0361-978371. 2 liebevoll mit Bambus eingerichtete, geräumige Zimmer mit Du/WC in einem sehr netten Familienkomplex. Direkt gegenüber eines *Bale* gelegen, in dem es von Zeit zu Zeit mit Fußball spielenden Kindern und Gamelankonzerten der Anwohner sehr belebt werden kann. ❶

Mittelklasse

Oka Wati Hotel, Jl. Monkey Forest, Gang Beji Junjutan, ✆ 0361-973386, ✉ 975063, 🖳 www.okawatihotel.com. Eine Institution in Ubud. Typische balinesische Bungalows komplett eingerichtet mit Bad/WC. Es gibt sowohl einen Pool als auch das für seine Bali-Ente berühmte gleichnamige Restaurant. ❸

Nick's Pension, Jl. Bisma (Achtung: 2. Eingang am Ende des Gang Beji Junjutan), ✆ 0361-975636, ✉ 972596, 🖳 www.nickshotels-ubud.com. Weitläufige, um ein Reisfeld herum gebaute, kinderfreundliche Anlage mit voluminösem Pool. Große, helle Zimmer mit Bad/WC, teilweise AC und geräumiger Terrasse oder Balkon. Die schönsten und neusten Zimmer liegen auf der Seite des Gang Beji Junjutan mit Blick auf den Fluss. ❷–❸

Cendana Resort & Spa, Jl. Monkey Forest, ✆ 0361-973243, ✉ 971930, 🖳 www.cendanaresort-spa.com. Entspannte 3-Sterne-Anlage mit großzügigem Garten und vielen Sitzgelegenheiten. Bambusverkleidete Zimmer mit AC, einladendem Himmelbett und stattlicher Eckbadewanne. Der größere der beiden Pools grenzt direkt an ein Reisfeld. ❹

Ubud Village Hotel, Jl. Monkey Forest, ✆ 0361-975571, ✉ 975069, 🖳 www.ubudvillagehotel.com. Schicke Bungalows mit AC, TV, Open-Air-Bad/WC und in den Boden eingefasster Badewanne sowie privatem Vorgarten. Familienfreundliche Anlage mit ansprechender Holzlounge für den Nachmittagstee, von der aus man den von Palmen umgebenen Pool beobachten kann. ❹

Artini 2 Cottages, Jl. Hanoman, ✆ 0361-975689, ✉ 975348, 🖳 www.artinicottages.com. Ausgedehnte, verwinkelte Anlage mit liebevoll im balinesischen Bambusstil eingerichteten

Luxus zum kleinen Preis

Fibra Inn & SPA Resort, Jl. Monkey Forest, ✆/📠 0361-975451, 💻 www.fibra-inn.com. Gepflegte Anlage. Mit *Wayang*-Bildern und Blumen geschmackvoll eingerichtete Zimmer mit AC, TV und einem Open-Air-Bad/WC voller Grünpflanzen. Ein ansprechender, abgestufter Pool und ausgesprochen hilfsbereites Personal. ❸

Zimmern, teilweise mit AC und gutem Bad/WC. Großer Pool und freundliches, geselliges Personal. ❸

Ubud Bungalow, Jl. Monkey Forest, ✆ 0361-971298, 📠 975537, 💻 www.ubudbungalow.com. Familienfreundliche, schöne, am Hang gelegene Anlage mit Flussblick. Die großen, schlicht, aber geschmackvoll eingerichteten Zimmer sind teilweise mit AC und Kühlschrank ausgestattet. Pool mit Bar und Kinderbecken. ❸

Puri Dalem Cottages, Jl. Hanoman, ✆ 0361-973452. Ruhig und etwas abseits des Touristentrubels der nördlichen Jl. Hanoman findet man vollständig mit AC, TV und Kühlschrank eingerichtete, große Zimmer mit Bad/WC. Eleganter, dunkler Steinpool. ❷–❸

Luxus

Komaneka Resort, Jl. Monkey Forest, ✆ 0361-976090, 📠 977140, 💻 www.komaneka.com. Höchst moderne Anlage mit traditionellen Elementen. Die luxuriösen Suiten direkt im Zentrum Ubuds sind mit allem Komfort sowie mit DVD-Player und WLAN ausgestattet. Herrliches offenes Bad mit in den Fußboden eingelassener Badewanne. Einladender Pool zwischen Fluss und Feldrand. Mindestens 2 Wochen vorher reservieren! ❺

Nördlich, westlich und östlich der Jl. Monkey Forest

Wer den Trubel hinter sich lassen möchte und dennoch im Zentrum wohnen will, sollte hier suchen. Vor allem in der Jl. Kajeng und Jl. Bisma bieten sich eine Vielzahl günstiger und außerordentlich schöner Unterkünfte.

Budget

Rojas Bungalows, Jl. Kajeng 1, ✆ 975107. Einfacher kleiner Homestay unweit des touristischen Mittelpunkts, mit alten balinesischen Gebäuden. Zimmer mit Du/WC, z. T. Warmwasser, Loggia, Terrasse und Frühstück. ❶

Hibiscus Cottages, Jl. Bisma, ✆ 0361-970475, ✉ hibiscuscottages@hotmail.com. Alle 5 Zimmer mit Bad/WC und Balkon oder Terrasse. Einfach, aber geschmackvoll balinesisch eingerichtet. Je höher das Zimmer, desto weiter der Ausblick. Vom VIP-Zimmer im 3. Stock kann man an klaren Tagen bis zum Strand von Sanur blicken. Gerne bezieht der Chef seine Gäste auch in seine täglichen religiösen Rituale mit ein. ❷

Puji Bungalows, Jl. Bisma, kurz vor Nick's Pension. Ein Trampelpfad führt zu den Bungalows mit einfacher Ausstattung und Kaltwasser. Während des Frühstücks auf der Terrasse kann man mit den Händen durch die Reispflanzen streichen und sich den frischen Duft um die Nase wehen lassen oder Gamelan-Klängen lauschen, die manchmal vom Wind herüber geweht werden. Super zum Ausspannen für wenig Geld! ❶

Praety Homestay, Jl. Sukma, ✆ 0361-970224, 💻 www.geocities.com/issiebali/praety. Von einem Maler geführtes Hotel mit 5 stilvoll eingerichteten Zimmern mit Bad/WC, teilweise

Reisfeldromantik

Bali Moon, Jl. Bisma, ✆ 0361-978293, ✉ made_hibiscus@yahoo.com. Das kleine, inmitten der Reisfelder gelegene, familiengeführte Guesthouse bietet optimale Voraussetzungen für einen entspannten Aufenthalt. Der Garten macht zwar einen etwas vertrockneten Eindruck, aber die umliegenden Reisfelder sind umso grüner. Zimmer mit schweren, balinesischen Holzmöbeln und einem großen, traditionellen Himmelbett. In das offene Badezimmer mit großzügiger Badewanne führt ein Pfad aus hellen Kieselsteinen. Frühstück und Exkurse in balinesischer Kultur vom Chef inklusive. Je höher die Zimmer, desto teurer. ❷

Gastfreundschaft wird auf Bali großgeschrieben

Warmwasser sowie Frühstück. Der freundliche Besitzer gibt auch Lehrstunden in der traditionellen Malerei. Der Familientempel befindet sich hier erstaunlicherweise in der 2. Etage. ❷

Mittelklasse

Oka Kartini, Jl. Raya Ubud, ✆ 0361-975193, ℻ 975759, 🖳 www.okakartini.com. Seit mehr als 30 Jahren geöffnetes, renommiertes Hotel. Zimmer mit Bad/WC, teilweise mit AC und Frühstück. 2 Pools. ❸

Honeymoon Guesthouse, Jl. Bisma, ✆ 0361-973282, 🖳 www.casalunabali.com. Die gepflegten Zimmer mit Bad/WC und teilweise AC bestechen bereits durch ihre farbenfrohen, zweiflügeligen Eingangstüren. Salzwasserpool. WLAN gegen Entgelt. Das Personal hilft gerne bei Wanderungen auf eigene Faust durch die Reisfelder um Ubud. Außerdem werden täglich Kochkurse angeboten. ❸–❹

Nick's Hidden Cottages, Jl. Bisma, ✆ 0361-970960, ℻ 970516, 🖳 www.nickshotels-ubud.com. Fast am Ende der Jl. Bisma an einem Hang zum Fluss gelegen, in völliger Ruhe hat man einen atemberaubenden Blick auf Palmen und Bananenwälder. Mit Bambus eingerichtete Zimmer mit AC und Bad/WC. Großer, geschwungener Pool mitten im Grünen. ❸

Matahari Cottages, Jl. Jembawan, ✆ 0361-975459, 🖳 www.matahariubud.com. Wunderschönes Hotel mit individuellen, liebevoll gestalteten Zimmern mit Open-Air-Bad/WC, Frühstück und Nachmittagstee, aber ohne AC. In der bunten Bibliothek stehen ein Klavier und vieles andere zum Entdecken. ❸–❹

Im Nordwesten von Ubud, Campuan und Penestanan

In den Reisfeldern von Penestanan findet sich eine Vielzahl 2-stöckiger Bungalows. Hier scheint das geschäftige Treiben in Ubud weit weg. Man erreicht sie, wenn man den Bewässerungskanälen der Reisfelder, vom Zentrum kommend links der Hauptstraße, folgt. Weiter im Norden und Westen finden sich einige der wohl luxuriösesten Hotelanlagen Balis.

Budget

Santra Pura, ✆/℻ 0361-977321, ✉ madejodog@hotmail.com. Künstlerunterkunft in absoluter Ruhe zwischen Teichen und Reisfeldern. 2-stöckige, mit Bambus eingerichtete Bungalows mit Küche, Bad/WC, TV und DVD-Player sowie kostenlosem Trinkwasser. Vom Balkon hat man eine umwerfende Aussicht. ❷

Gerebig, Penestanan Kelod, ✆/℻ 0361-974582, ✉ gerebig@yahoo.com. Von der Terrasse der großen Bungalows mit Du/WC und Warmwasser kann man den Entenhirten zusehen oder selbst die Enten aus dem Garten vertreiben. Die Buchtauschbörse bietet auch viele deutsche Werke. ❷

Sari Bamboo, Jl. Penestanan, ✆ 0361-975547, 🖳 www.geocities.com/sari_bamboo. Stilvolle Anlage mit romantisch eingerichteten, 2-stöckigen Bungalows mit Küche. Vom Himmelbett aus kann man direkt durch das Fenster die Aussicht genießen. Große Terrassen mit Sofas und Vorgarten. Außergewöhnlicher Pool. Vor dem Hotel gibt es ein Internetcafé. ❷

Puri Sekar Ayu Bungalows, Jl. Raya Campuan, ✆ 0361-8603245. Weitläufige, natürliche Anlage mit Blick über den Monkey Forest. Zimmer mit Bad/WC, Warmwasser, Frühstück und breiter Fensterfront. Außerdem gibt es einen Basketballplatz. ❷

Mittelklasse

Toko Toko Restaurant & Bungalows, Jl. Raya Campuan, ✆ 0361-975374, ℻ 977337, ✉ tokoubud@yahoo.com. Sehr beliebte Unterkunft an der Straße gen Nordwesten. Zimmer mit Warmwasser-Du/WC, teilweise mit AC und Frühstück. Die teureren Räume verfügen über Minibar, Telefon und TV mit deutschem Sender. Kostenloses WLAN in jedem Zimmer. Freundliche Bedienung im Restaurant. ❷–❸

Hotel Tjampuhan, ✆ 0361-975368, 5 975137, 🖳 www.tjampuhan-bali.com. Bungalowanlage im engen Tal des Yeh Wos. Geschmackvoll und komfortabel eingerichtete Zimmer, teilweise mit AC. Von 1928 bis 1940 wohnte hier der Maler Walter Spies. Er ließ sich den mittlerweile modernisierten Naturwasserpool bauen. Außerdem verfügt das Hotel über ein originell eingerichtetes Spa. ❹

Luxus

Kupu Kupu Barong, Kedewatan, ✆ 0361-975478, ✆ 975079, ✉ mail@kupubarong.com. Diese Luxusvillenanlage liegt eine Viertelstunde vom Zentrum Ubuds inmitten eines Mangowaldes. Die Zimmer aus Holz und Alang Alang-Gras sind mit Himmelbett, einer riesigen Fensterfront, Du/WC und einer großen marmornen Sitzbadewanne ausgestattet. Die meisten Zimmer haben einen privaten Pool. ❻

Four Seasons Resorts, Sayan, ✆ 0361-977577, ✆ 977588, 💻 www.fourseasons.com. Der Ausblick von der geschwungenen Plattform über das Flusstal ist spektakulär. 60 Zimmer, die alle traumhafte Betten, Marmorbäder und Ankleideräume besitzen. Internationales Personal. ❻

Luxuriös und vielseitig

Amandari, Kedewatan, 💻 www.amanresorts.com, ✆ 0361-975333, ✆ 975335. An der Schlucht des Ayung gelegene Luxussuiten mit atemberaubender Aussicht über leuchtend grüne Reisterrassen. Erstklassige Villen mit z. T. mehreren Schlafzimmern und privaten Swimmingpools sowie Butlerservice. Tennisplatz, Rafting, Fitnessraum, Transport zum Golfplatz. Bibliothek, Spa, WLAN und vieles mehr. ❻

Der Osten und Südosten

In Tebesaya und Peliatan im Osten Ubuds zeigt sich ein Bild kleinstädtischen Lebens. In den Nebenstraßen geht es weit weniger touristisch zu und man fühlt sich wie in einem Dorf. In- und ausländische Studenten sowie Kunstinteressierte bleiben gerne für längere Zeit in der Gegend.

Budget

Sari Bungalows, Peliatan 9, ✆ 0361-975541. Ausgedehntes Grundstück umgeben von Kokosnusspalmen, Bananenpflanzen und Reiskanälen. 12 stille Bungalows mit Du/WC und Frühstück. Fahrrad- und Motorradverleih, kleines Restaurant sowie Internet-Zugang. Außerdem gibt die Tochter des Hauses Lehrstunden in balinesischem Tanz. ❶

Alam Sawah Lodge & Cafe, Peliatan, ✆ 0361-975797, ✆ 973384. Mehrstöckiges Hotel mit Pool. Lichtdurchflutete Zimmer mit TV, Kühlschrank, Warmwasser-Du/WC und Frühstück. Bei Interesse gibt es Lehrstunden in *Anklung*, den traditionellen Bambusmusikinstrumenten. Zudem besitzen die Söhne eine bemerkenswerte Sammlung von Oldtimer-Motorrädern. Vom obersten Stockwerk Blick auf die höchsten Berge Balis. ❶

Mittelklasse

Guci Guesthouse, Jl. Raya Pengosekan, ✆/✆ 0361-975975, 💻 www.guci-bali.com. Gepflegte Anlage mit herrlichem Garten. Neben Zimmern mit Du/WC gibt es auch geräumige Maisonettebungalows mit Küche, Kühlschrank und 2 Schlafräumen. Ein üppiges Frühstück inklusive. Geleitet von einem netten balinesisch-deutschen Ehepaar, das auch einen deutschsprachigen Reiseführer vermittelt. Reservierung empfehlenswert. ❷–❸

Luxus

ARMA Resort, Jl. Peliatan Raya, ✆ 0361-976659, ✆ 975332, 💻 www.armaresort.com. Weitläufige Anlage im Grünen. Geschmackvoll und komplett eingerichtete Zimmer mit Bad/WC. Außerdem gibt es freien Eintritt zum benachbarten Agung Rai Museum of Art (ARMA) und ein großes Angebot an Kunstkursen. Die Villen haben einen Privatpool. ❹–❺

Essen

Die Auswahl an Lokalen scheint groß. Allein an der Monkey Forest Road gibt es zahlreiche Restaurants. Aber ebenso wie bei den Souvenirs unterscheidet sich das Angebot vieler Touristen-Restaurants kaum voneinander. Keinesfalls entgehen lassen sollte man sich eine **Bali-Ente** zum Abendessen, auch wenn sie nicht billig ist und einen Tag vorher bestellt werden muss. In traditioneller Art auf Reisstroh gegart, wird sie in **Oka Wati's Restaurant**, Jl. Monkey Forest, im gleichnamigen Hotel, ✆ 0361-973386, zubereitet.

Ryoshi Restaurant, Jl. Raya Ubud, ✆ 0361-976362. Japanisches Restaurant neben dem

> **Saugut!**
>
> **Ibu Oka**, Jl. Tegal 2, ✆ 0361-976345. Gleich um die Ecke vom Palast Puri Agung gibt es hier das typisch balinesische Spanferkel *(Babi Guling)*. Ein Muss für Freunde der deftigen Küche. Man sitzt ganz traditionell auf dem höher gelegten Fußboden um einen Baum herum, der mitten im Restaurant steht. ⏱ 11–17 Uhr.

Museum Puri Lukisan. Angesichts der zahlreichen japanischen Touristen in Ubud bietet es gute Qualität zu vergleichsweise günstigen Preisen, v. a. bei den Mittagsmenüs. Neben Reis- und Nudelgerichten auch Sushi und Kushiyaki (Spießchen vom Grill).

Bali Buddha, Jl. Jembawan 1, ✆ 0361-976324, ✉ andalan@indo.net.id. Angesagtes Restaurant gegenüber dem Postamt mit außerordentlicher veganer und vegetarischer Speisekarte. Lasagne, Burger und makrobiotisches Essen. Im unteren Bereich befindet sich ein Ökoshop mit Lebensmitteln und anderen Ökoprodukten. Hauptgerichte ab 25 000 Rp.

Café des Artistes, Jl. Bisma. Gehobene Küche in ansprechender Bambus-Lounge, große Wein- und Zigarrenauswahl. Berühmt für seine Tenderloin Steaks. Hauptgerichte 40 000–80 000 Rp.

biah biah, Jl. Gautama. Kleiner Warung mit balinesischem Essen zu Budgetpreisen. Gleich nebenan **Warung Bali Tanoshi** mit ähnlichem Angebot.

Waroeng Bamboo, Jl. Dewi Sinta. Hier wird erstklassige Steinofenpizza mit viel Käse serviert. Daneben gibt es asiatische und europäische Klassiker sowie mexikanische Snacks. Obendrein kann man in gemütlicher Runde sein Bier genießen. Freundliches Personal und angenehme Atmosphäre. Gerichte gibt es bereits ab 10 000 Rp.

Kafe, Jl. Hanoman, ✆ 7803802, 🖥 www.balispirit.com. Café und Restaurant mit umweltschonenden Recyclingmöbeln und großer Kaffee- und Teeauswahl sowie Essen aus aller Welt. Montags ab 18 Uhr gibt es ein Dinner mit anschließendem Kino für 60 000 Rp. Es werden auch Massagen, Yogakurse und verschiedene Workshops angeboten. ⏱ 8–23 Uhr.

Al Kajane, Jl. Monkey Forest. Restaurant in schickem Design mit ausgewählter Fusionküche. Die hochgelegene Terrasse verspricht Sonnenuntergänge über den Reisfeldern zum Abendessen ab 40 000 Rp.

Cafe Wayan, Jl. Monkey Forest. Hübscher, balinesischer Garten mit kleinen Sitzecken auf Stühlen oder Kissen. Europäische und indonesische Gerichte. Verlockendes Apfelstrudel und Tortenangebot. Sonntagabends balinesisches Buffet für 120 000 Rp p. P., sowie Kochkurse auf Anfrage.

Warung Dayu's, Jl. Monkey Forest. Einfache und günstige europäische und indonesische Küche ab 15 000 Rp. Dieses ruhige, gemütliche Warung ist ein beliebter Treffpunkt deutscher Reisender zum abendlichen Bier. Schneller und freundlicher Service.

Bebek Bengil 1 (Dirty Duck Diner), am Ortseingang von Pengosekan, ✆ 0361-977675. Das große Plus dieses weitläufigen Restaurants ist sein lokales Ambiente und die angenehm ruhige Lage am Rande der Reisfelder. Balinesische und italienisch angehauchte Gerichte in mittlerer Preislage.

Warung Nasi Pondok Frog, Jl. Monkey Forest. Kleines, familiäres Warung mit stylishem und gemütlichem Ambiente und allem, was das Herz von Freunden der einheimischen Küche begehrt. Gerichte kosten bis zu 25 000 Rp.

An der Straße nach Nordwesten

Fly Café, Jl. Raya Sanggingan, ✆/📠 0361-975440, 🖥 www.balimojoindo.com. Schickes Restaurant mit europäischer und indonesischer Küche, Cocktails und einer ordentlichen Auswahl an anderen Spirituosen sowie WLAN. Hauptgerichte ab 25 000 Rp. ⏱ 8–22 Uhr.

Murni's Warung, an der Brücke nach Campuan, ab 19 Uhr kostenloser Transport unter ✆ 0361-975233. Eine Institution und eines der ersten Restaurants in Ubud mit fantastischer Aussicht auf 5 Stockwerken. Viele Gäste werden das in der Speisekarte abgedruckte Zitat über Murni's von Cathay Cox unterschreiben.

Perfekte Holzschnitzerei – täuschend echt

Zentral-Bali

Unterhaltung

Für Nachtschwärmer ist Ubud eher eine Wüste. Trotzdem gibt es einige nette Orte, an denen man sich auf ein Bier oder einen Cocktail treffen kann – allerdings selten bis spät in der Nacht.
Ary's Warung, Jl. Raya Ubud, 🖥 www.dekco. com/aryswarung/Default.asp. Elegant gestaltete Lounge mit überwältigender Auswahl an Getränken und Zigarren sowie kreativen und aufwendig angerichteten Speisen. Der Service ist erstklassig: Es werden Snacks und Erfrischungstücher gereicht. Auf der Toilette schwimmen Kois. Ziemlich teuer.
Putra Bar, Jl. Monkey Forest. Live-Musik, besonders Reggae, oder Sport auf großem Bildschirm mit relativ teurem Bier. Eine der wenigen Ausgeh-Optionen in Ubud.
The Waroeng, Jl. Monkey Forest. ⊙ bis 23 Uhr. Jazz-Lounge mit jungem Publikum und kreativer, asiatischer Küche. Die Portionen für 30 000– 40 000 Rp sind vornehm klein, aber sehr schmackhaft. Von 17–21 Uhr gibt es Happy-Hour-Cocktails. Danach kann man sich direkt und umsonst ins Jazz Cafe fahren lassen.
Ozigo Bar, Jl. Sanggingan, ✆ 081-2367 9736, 📧 769183. Ubud hat einen Club, und der kann sich auch sehen lassen. Eine Mischung aus 80er-Jahre-Disko, Bali und Nobelcafé. Während unten die Party rockt, kann man in der 2. Etage auf schicken Ledersofas Cocktails schlürfen. Jeden Abend Live-Musik von Latino über Jazz bis Reggae. Ab 0.30 Uhr feine elektronische Tanzmusik. Eintritt 25 000 Rp inkl. einem Freigetränk. Kostenloser Pickup-Service unter der obigen Nummer.

Entspannte Lounge

Dragon Fly, Jl. Dewi Sita, 🖥 www.dragonfly ubud.com. Lounge mit kostenlosem WLAN. Die Auswahl an Hauptgerichten reicht von Kürbis-Gnocchi bis zur balinesischen Spezialität *Bebek Betutu*. Gerichte kosten bis 40 000 Rp. Großartige Frühstückauswahl. Mo gibt's vergünstigte, nicht-indonesische Biere und Di ab 21 Uhr Live-Musik mit 2 Bintang zum Preis von einem.

Einkaufen

Bücher

Mehrere Buchläden mit gebrauchten **deutsch- oder englischsprachigen Taschenbüchern** findet man in der oberen Jl. Monkey Forest. Eine gute Auswahl hat der **Cinta Bookshop** nordöstlich vom Sportplatz. Weitere Buchläden liegen an der Hauptstraße und in Tebesaya.
Ary's Bookshop, neben dem gleichnamigen Restaurant. Hier erhält man neue Bücher und Zeitschriften, darunter auch deutsche Magazine.
Ganesha Bookshop, Jl. Raya Ubud, an der Abzweigung zur Post, ✆ 0361-976339. Der Buchladen hat neben gebrauchten Taschenbüchern auch eine sehr gute Auswahl an alten und neuen Büchern über Bali und Indonesien.
Periplus Bookshop, Jl. Raya Ubud, ✆ 0361-971803. Die Ubud-Filiale der großen Kette bietet eine Auswahl an Büchern aus aller Welt und auch Karten und Atlanten von Bali und Indonesien.

Gemälde

Entlang der Hauptstraße reiht sich eine Galerie an die andere. Ob man Gemälde im traditionellen Stil oder modernere Richtungen bevorzugt, hier ist alles vertreten. Man sollte sich beim Einkaufen viel Zeit nehmen. Generell kauft man wesentlich günstiger bei den Malern selbst. Sie leben sowohl in Ubud als auch in Penestanan, Peliatan, Pengosekan, Padang Tegal und den weiter entfernt liegenden Orten Batuan, Kamasan und Bedulu. Die Bilder sind meist in US$ ausgezeichnet. Allerdings hat die Qualität unter der Massenproduktion gelitten. Viele Busse machen täglich in Ubud auf ihrer Rundtour einen Zwischenstopp. Nach dem Besuch im Museum werden in wenigen Minuten die Souvenirs gekauft, selbst wenn man sich die Kunst US$1000 kosten lässt. Zum Handeln bleibt keine Zeit, denn der Bus fährt gleich weiter. Die Preise in US$ enthalten meist schon die Provision für Guide und Fahrer. Kommt man alleine, gibt es 40–50 % Rabatt. Sehenswert ist die **Agung Rai Fine Art Gallery** in Peliatan südöstlich von Ubud, ✆ 0361-974562, 📧 974229, ⊙ tgl. 9–18 Uhr.

Einkaufen in Ubud

Lebensmittel
Delta Dewata-Supermarkt, im Osten Ubuds an der Hauptstraße nach Petulu, hat das größte Angebot und ist auch am preiswertesten. Ansonsten gibt es nahezu überall kleine Supermärkte, die rund um die Uhr geöffnet sind.
Bintang Mall, Jl. Raya Campuan, im Westen Ubuds. Auch hier gibt es einen recht großen Supermarkt. ⊙ 9–22 Uhr.

Souvenirs
Außer Gemälden wird in den Läden der Hauptstraße und der Jl. Monkey Forest all das an Batik, *Ikat* und anderen Textilien, Schnitzereien und sonstigen Souvenirs verkauft, was ebenso in Denpasar oder Kuta erhältlich ist.
Osi Osi Art, 20 Jl. Raya Andong, ✆ 081-3378 0704, ✉ osiosiart@yahoo.com. Gegenüber der Polizeistation sind Schilder in vielen verschiedenen Designs zu finden.

Textilien
Bunte Batik-Decken, Tempelschals, Seidentücher und Sarongs von unterschiedlicher Qualität werden überall angeboten.

Jani's Place, Jl. Monkey Forest, schräg gegenüber dem Lotus Lane Restaurant, ✆ 0361-975358. Der Laden bietet ein qualitativ hochwertiges Angebot an *Ikat*, Batik und anderen Textilien aus ganz Indonesien.
Uluwatu, Jl. Monkey Forest, neben den Ubud Bungalows, ✆ 0361-977557, 🖥 www.uluwatu.com. Die Ubud-Filiale der bekannten balinesischen Kleidungskollektion. Liebhaber hochwertiger Baumwolltextilien mit feinen Lochstickereien (Bett- und Tischwäsche sowie Kleidung) werden hier etwas Passendes finden.

Sonstiges

Autovermietungen
Autos ohne Fahrer kosten pro Tag ca. 150 000–300 000 Rp, z. B. bei **Mutiara** an der Hauptstraße neben dem Tourist Office. Autos mit Fahrer gibt es für 450 000 Rp pro Tag. Bei längerer Mietdauer lässt sich der Preis oft herunterhandeln.

Fahrräder
Räder sind zu mieten ab 20 000 Rp pro Tag in der Jl. Raya Ubud, Jl. Monkey Forest und Jl. Hanoman.

Fitness

In Ubud gibt es einige Fitness-Studios mit westlichem Standard:
Ubud Fitness Center, Jl. Jero Gadung, ✆ 0361-974804, ✉ ubudfitness@yahoo.com. Speziell für Touristen errichtete, moderne Sportstätte im Norden von Ubud. Alle Arten von Fitnessgeräten, Squash und Aerobic. Mitgliedschaft ab 1 Woche für 135 000 Rp. Personaltrainer auf Anfrage.
Massa's Fitness Centre, Jl. Peliatan, ✆ 0361-972144. Im Süden von Ubud kann man für 10 000 Rp pro Tag strampeln und stemmen. Standardausrüstung und AC in einem übersichtlichen Großraum.

Informationen

Yayasan Bina Wisata, ✆ 0361-973285. Gute Informationen bekommt man in diesem privaten Tourist Office an Ubuds zentraler Kreuzung. Hier gibt es eine Karte von Bali mit zahlreichen zusätzlichen Tipps, Infos über kulturelle Veranstaltungen und Eintrittspreise. Außerdem ein Schwarzes Brett, Tickets für Tanzveranstaltungen, Zeitungen und Bücher. ⏲ tgl. 8–20 Uhr.

Internet

Internet gibt es nahezu überall, meist für ca. 15 000 Rp/Std. Die Geschwindigkeit variiert oft stark.
Ein günstiges Internetcafé liegt in der Jl. Monkey Forest, etwas oberhalb des Cargo Services Ibu Rai. Hier kostet die Std. nur 8000 Rp.

Medizinische Hilfe

Dr. I Wayan Darwata, Jl. Sriwedari 6, ✆ 0361-974691. Ein empfehlenswerter praktischer Arzt, der in Hawaii studiert hat und Englisch spricht. Dr. Darwata macht auch Hausbesuche. ⏲ tgl. außer So 17–20 Uhr.
Ubud Clinic, Neubau hinter den Ibah Luxury Villas, ✆ 0361-974911. Zum Angebot des Hauses gehören auch ein Krankenwagen sowie ein zahnärztlicher Dienst.
Prima Medika Medical Services, Nyuh Kuning, ✆ 0361-972374, ✆ 974012. Südlich vom Monkey Forest im Ortsteil Nyuh Kuning befindliche Ambulanzstation. 24 Std. Notdienst, Röntgen, Krankentransport, zahnärztliche Behandlung, Hausbesuche vom Doktor und Apotheke.

Motorradvermietung

Motorräder kosten mind. 50 000 Rp pro Tag. Ein großes Angebot an verschiedenen Verleihern gibt es entlang der Jl. Monkey Forest und der Jl. Hanoman.

Polizei

Am Markt, an der Abzweigung der Jl. Monkey Forest, befindet sich ein Stand der Tourist Police. Die Zentrale ist in der Jl. Andong gegenüber von Osi Osi Art.

Post

POS Indonesia, Jl. Jembawan 1, ✆/✆ 0361-975764, ✉ sujanasamuh@yahoo.com. Das Hauptpostamt von Ubud bietet auch die Möglichkeit von Poste Restante. ⏲ Mo–Sa 9–17 Uhr, So und feiertags 9–16 Uhr.

Spediteure

Kauft man mehr ein, als man in seinem Gepäck unterbringen und tragen kann, kann man alles zu einem der zahlreichen Speditions-Büros bringen, die die Sachen (v. a. Zerbrechliches) verpacken und an die gewünschte Adresse senden.
Ibu Rai International Cargo Service, Jl. Monkey Forest 72, ✆/✆ 0361-975066, ✉ ibu_rai_cargo @denpasar.wasantara.net.id.
FedEX, Jl. Raya Andong 30X, ✆ 0361-977575, ✆ 979086, ✉ rsantoso@rpxholding.com, ⏲ Mo–Fr 8.30–17 Uhr, Sa 8.30–13 Uhr.
DHL, Jl. Raya Ubud 16, ✆ 0361-972195, 🖥 www.dhl.com, ⏲ Mo–Fr 9–17 Uhr, Sa 9–13 Uhr.

Touren

Eine Reihe von Touranbietern hat eine Vielzahl von Ausflügen in die Umgebung im Programm.
Sinta Tours, Jl. Raya Ubud 14, ✆/✆ 0361-977659, ✉ ida_sinta@yahoo.com. Flugtickets, Verleih von Fahrrädern, Motorrädern und Autos, außerdem Rafting-, Trekking- und Fahrradtouren. Tagesausflüge nach Besakih, Nord- oder Ost-Bali kosten um 150 000 Rp p. P., Sonnenaufgangstour zum Gunung Batur 300 000 Rp p. P.
Perama Tours, Jl. Hanoman, ✆ 0361-974722. Am südlichen Ende der Jl. Hanoman liegt die Filiale des bekanntesten Reiseunternehmens von Bali,

das Touren durch nahezu den ganzen Archipel anbietet. Inklusive Fahrzeugverleih (Fahrräder 25 000 Rp, Motorräder 45 000 Rp pro Tag).
Bali Bintang Tours, Jl. Raya Campuan, ℘ 0361-7462290, ℘ 973138, ✉ bintangtours@hotmail.com. Auf den ländlichen Raum spezialisierter Touranbieter mit Abholservice aus Nusa Dua, Kuta und Sanur. Mountainbike- und Trekkingtouren sowie Fahrten in Dörfer, wo man den Einheimischen bei ihrer täglichen Arbeit zuschauen kann. Auch Tourpakete inklusive Hoteltransfer. Empfehlenswert.

Wellness
Nur Salon, Jl. Hanoman 28, Padang Tegal, ℘ 0361-975352. Hier können sich Männer und Frauen bei einer Massage, bei einem Körperpeeling mit indonesischen Kräutern *(Lulur)* oder in duftenden Blütenbädern erholen. Die Kosten für eine 1 1/2- bis 2-stündige Ganzkörpermassage mit Bad betragen 150 000 Rp und für eine einstündige Gesichtsbehandlung 100 000 Rp. Es gibt in Ubud und Umgebung noch viele andere Salons und Spas, doch der Nur Salon war der erste seiner Art und ist noch immer einer der besten. Er ist folglich oft ausgebucht, daher sollte man besser 1–2 Tage vorher einen Termin ausmachen. ☼ tgl. 9–20 Uhr.

Beji Ayu Health & Beauty Centre, in der Seitenstraße zu Nick´s Pension, ℘ 0361-970796, 🖳 www.bejiayu.com. Gäste können hier zwischen Ayurveda, balinesischer oder schwedischer Massage wählen. Alles unter professioneller Aufsicht. Beji Ayu Package ab 190 000 Rp. ☼ tgl. 9–21 Uhr.

Alam Wangi Traditional Spa, Nyuh Kuning, ℘ 0361-976718, ℘ 971132. Das freundliche Personal führt ein in die Räume der Entspannung. Massagen ab 70 000 Rp, Körperbehandlung ab 80 000 Rp, kosmetische Behandlung ab 75 000 Rp sowie Paketpreise für Einzelpersonen und Paare. Der angeschlossene Shop hält Schönheitsprodukte sowie Seidenkleidung aus Laos und Kambodscha bereit. ☼ 9–21 Uhr.

Außerdem gibt es in vielen der oberen Mittelklasse- und Luxushotels Spas, deren Preise allerdings oft wesentlich höher liegen.

Transport

Selbstfahrer
Mit dem PKW kann man Richtung Osten eine Abkürzung nehmen:
Von der Abzweigung in Teges kommt man an der Goa Gajah vorbei nach Bedulu. Am Ortseingang von Bedulu trifft man auf die Nord-Süd-Verbindung. Nach Norden abbiegend führt der Weg ständig bergauf über Pejeng, Tampaksiring nach Penelokan am Danau Batur, 1480 m über dem Meeresspiegel. Nach Westen kommt man auf gut ausgebauten Straßen über Campuan, Sayan, Kengetan nach Sangeh oder Mengwi.

Minibusse
Die meisten Minibusse fahren nach DENPASAR (Terminal Batubulan) für 5000 Rp. Wer nach

Touren von Ubud

Für motorisierte Touren wie für Wanderungen bietet die Umgebung von Ubud viele interessante Möglichkeiten. Längere Touren mit dem Fahrrad können wegen der strahlenden Sonne oder dem Auf und Ab der hügeligen Landschaft schnell zu einer schweißtreibenden Angelegenheit werden, daher lohnt es sich manchmal, auf motorisierte Verkehrsmittel zurückzugreifen. Die hier beschriebenen Touren und Wanderungen können je nach Interesse auch individuell kombiniert werden. Es gibt in und um Ubud viel zu entdecken.

Viele Wege und Straßen verlaufen in Nord-Süd-Richtung, sie sind meistens breit und fast schnurgerade. Von Ost nach West schlängeln sich nur wenige schmale Pfade und noch weniger befahrbare Straßen die tief eingeschnittenen Flusstäler hinab und hinauf. Im Zweifel kann man überall Leute fragen: „Dimana jalan ke…?" (Wo ist der Weg nach…?) Viele Ausflugsziele lassen sich am besten zu Fuß erkunden, wobei man noch manches Schöne entdecken wird, das hier nicht aufgeführt ist. Entlang der schmalen Hauptstraßen trübt allerdings der dichte Verkehr die Wanderlust.

Osten oder Norden will, fährt zuerst bis SAKAH kurz hinter Mas für 2000 Rp und von dort weiter nach GIANYAR für 2000 Rp oder KLUNGKUNG für 5000 Rp.

In Gianyar hat man Anschluss nach TAMPAKSIRING, BANGLI, PENELOKAN und SINGARAJA, in Klungkung nach BESAKIH und CANDI DASA.

Shuttlebusse

Viele Reisebüros bieten den Transport mit einem Shuttlebus an, was sehr zu empfehlen ist, wenn man mit viel Gepäck unterwegs oder auf dem Weg nach Sanur, zum Airport oder nach Kuta ist, da man mit den öffentlichen Minibussen zweimal umsteigen muss.

Ein zuverlässiger Anbieter, der ein breites Netzwerk an Orten bedient, ist **Perama**, www. peramatour.com:

KUTA und Flughafen um 8.30, 10.30, 12, 15 und 18 Uhr für 30 000 Rp;
SANUR um 8.30, 10.30, 12, 15 und 18 Uhr für 20 000 Rp;
LOVINA um 11 Uhr für 85 000–100 000 Rp;
PADANG BAI und CANDI DASA um 7, 11 und 15 Uhr für 40 000 Rp;
MATARAM (Lombok) und SENGGIGI (Lombok) um 7 Uhr für 100 000 Rp und um 11 Uhr für 240 000 Rp;
NUSA LEMBONGAN um 8.30 Uhr für 90 000 Rp;
BEDUGUL um 11 Uhr für 40 000 Rp;
Bei mind. 2 Pers. auch nach
KINTAMANI um 11 Uhr für 75 000 Rp;
AMED, TULAMBEN und TIRTA GANGGA um 7 und 11 Uhr für 115 000 Rp;
KUTA (Lombok) und TETEBATU um 7 Uhr für 190 000 Rp.

Tour 1: Südosttour mit Goa Gajah

Bei dieser vielseitigen Tour (mind. einen halben Tag einplanen) fährt man zunächst über das kleinstädtische **Peliatan** hinaus zur **Goa Gajah**, wo man dem Dämon ins Maul schauen kann. Nymphenbäder und alte Felsskulpturen vermitteln einen Eindruck von dem, was hier einmal war. Anschließend werden die zahlreichen Tempel und Statuen in **Bedulu** und **Kutri** erkundet, bevor es in die Nähe von Kemenuh zum **Tegenungan-Wasserfall** geht, um bei einem Blick hinüber zu den hinunterfallenden Wassermassen des Petanu-Flusses ein wenig zu entspannen. Ausgeruht geht es über **Sakah** mit seinen zahlreichen Holzschnitzern, Maskenanfertigern und Kunstgalerien zurück nach Ubud.

Peliatan

Peliatan ist berühmt für seine guten Tänzer. Das Dorf zwischen Ubud und Mas ist zu Fuß auch von Pengosekan aus zu erreichen. Peliatans erste *Tirta-Sari*-Tanzgruppe ging schon in den 1950er-Jahren auf USA- und Europatournee. In dem 1952 in Hollywood gedrehten Streifen *Road to Bali* bildet die Gruppe den einzigen authentischen Bali-Hintergrund für die Abenteuer von Bob Hope, Bing Crosby und Dorothy Lamour. Holzschnitzer und Maler bieten in einigen Läden ihre Produkte an.

Beim **Pura Dalem Puri** von Tebesaya (vor der Gabelung der Hauptstraße von Ubud), wird jeden Samstagabend der *Legong* aufgeführt.

Goa Gajah

Auf der Straße von Peliatan nach Bedulu kommt man nach etwa 3 km (Minibus 3000 Rp, aber auch ein schöner Spaziergang) zur Goa Gajah, der Elefantenhöhle.

Der Eingang zur Höhle ist mit seltsamen Skulpturen verziert, die in den Felsen gehauen sind. Ein Dämon scheint alle, die eintreten, mit seinem riesigen Maul zu verschlucken. Die

---

Legong-Tanzunterricht

Man kann zuschauen, wie die kleinen Mädchen im *Legong*-Tanz unterrichtet werden. Schon im Alter von 4–5 Jahren beginnen sie mit dem Training der graziösen Bewegungsabläufe. Nur junge Mädchen bis zur einsetzenden Pubertät dürfen den *Legong* tanzen. Eine Ausnahme stellen die Tanzshows für Touristen dar. Einige Lehrer nehmen auch europäische Schülerinnen an. Aber selbst für erfahrene Tänzerinnen ist es schwer, die vorgeschriebenen Körperhaltungen zu erlernen.

Der Eingang zur Goa Gajah

Skulpturen im Inneren lassen darauf schließen, dass die Höhle von einem Einsiedler bewohnt war. Drei schwarze Phallussymbole werden hier verehrt. Vor der Höhle liegen Badeplätze mit Nymphen, die erst in den 1950er-Jahren entdeckt wurden. Steigt man in die Schlucht hinab, findet man weitere Ruinen.

Ein schöner Ort, wenn gerade keine Busladung Touristen da ist! Eintritt 6000 Rp, Parken 5000 Rp fürs Auto, 1000 Rp für ein Motorrad. Tempelschal erforderlich.

Bedulu

Ein kleiner Ort mit großer Geschichte: Hier im Raum um Pejeng und Bedulu war im 9. Jh. das erste bekannte hinduistische Raja-Reich von Bali durch die Warmadewa-Dynastie begründet worden. Nach einer Zeit der Abhängigkeit von Ost-Java (Kediri) erfreuten sich die nachfolgenden Könige der Pejeng-Dynastie vorübergehender Selbstständigkeit, die erst mit der Eroberung durch Majapahit 1343 ein Ende fand. Der letzte König von Bedulu/Pejeng, der den javanischen Heeren eine Zeitlang erbitterten Widerstand geleistet hatte, war **Ratna Banten**.

Nicht weit östlich von Bedulus Hauptkreuzung findet man den **Pura Samuan Tiga**. Der Tempel stammt wahrscheinlich aus dem 11. Jh. und ist den drei *(Tiga)* obersten Hindu-Gotthei-

Ratna Banten

Ratna Banten, mit vollem Titel Raja Sri Aji Asura Bumi Banten, war offenbar ein Magier und Meister eines tantrischen Geheimkults. Durch ein Versehen bei magischen Experimenten soll sich der Kopf des Königs in einen Schweinskopf verwandelt haben. Das brachte ihm einen zweiten Namen ein: Raja Dalem Bedahulu (*beda* = verwandelt, *hulu* = Kopf). Der Ort, wo sein Palast stand, ist heute als **Bedulu** bekannt.

Der erste Minister des Königs, **Kbo Iwo**, verfügte wohl ebenfalls über große magische Kräfte. Als Riese, der in wenigen Nächten ganze Heiligtümer und Höhlen mit seinem Fingernagel aus dem Fels kratzte, ist er in den Volksmythen Balis lebendig (s. Kasten Die Legende vom Batur-See, S. 296).

ten *(Trimurti)* Brahma, Wishnu und Shiva geweiht.

Einen Besuch wert ist auf jeden Fall das Felsenrelief **Yeh Pulu** im Süden von Bedulu; ein Schild an der Hauptstraße weist den Weg. Inmitten von Reisfeldern erstreckt sich an einer niedrigen Felswand ein aufwendiges, 25 m langes und 2 m hohes Relief, in dem zumeist lebendige Szenen aus dem Arbeitsalltag dargestellt werden. Bedeutung und Alter der Anlage sind ein bisher ungelöstes Rätsel. Man vermutet, dass Yeh Pulu zu einer Eremitenklause gehörte und etwa im 14. Jh. entstanden ist.

Das wenig besuchte Felsenheiligtum **Candi Tebing Tegallinggah** liegt versteckt in einer Schlucht und ist über schmale *Jalan Sawah*, Wege durch die Reisfelder, zu erreichen. Das Auffälligste an der offenbar sehr alten, ziemlich verfallenen Anlage sind zwei kleine Felsen-*Candi*, ähnlich Gunung Kawi. Daneben gibt es idyllisch gelegene Einsiedlerhöhlen und mehrere Quellen.

Der etwas mehr als 1 km lange Fußweg Richtung Nordwesten beginnt an der Hauptstraße von Bedulu nach Gianyar, östlich der Abzweigung nach Kutri, etwa 3 km vor Gianyar. Hier steht auch ein Hinweisschild, aber auf der falschen Straßenseite.

Kutri

Ein paar Kilometer südöstlich von Bedulu, an der Hauptstraße von Denpasar nach Gianyar, liegt Balis wichtigstes Durga-Heiligtum, **Pura Durga Kutri**. Eine Treppe führt hinauf zu einem *Bale* auf dem kleinen Felshügel Bukit Dharma, der eine schöne Aussicht bietet.

Das *Bale*, von seltsam geformten Felsen umgeben und von einem Banyan-Baum überschattet, beherbergt neben riesigen Eberköpfen eine reliefartige, achtarmige Statue der Todesgöttin Durga, auf dem Bullen Nandi stehend. Die ziemlich lädierte Figur aus dem 12. Jh. ist gleichzeitig ein Totenmal für die Königin Mahendradatta.

Von Kutri weiter

Südlich von Kutri schließt sich das Dorf **Buruan** an, bekannt für seine guten Holzschnitzer, Bildhauer und Tänzer.

Königin Mahendradatta

Ende des 10. Jhs. heiratete Udayana, ein Raja aus der Warmadewa-Dynastie, die javanische Prinzessin Gunapriya (Mahendradatta). Ihre Söhne waren Erlangga, der Anfang des 11. Jhs. über Ost-Java (Kediri) herrschte, und Anak Wungsu, der König von Bali wurde. Die Felsen-*Candi* von Gunung Kawi am Ufer des Pakrisan-Flusses sind die eigentlichen Bestattungsmale dieser Königsfamilie. Nach Udayanas Tod wandte sich Mahendradatta der schwarzen Magie und finsteren, tantrischen Riten zu und bekämpfte ihren Sohn Erlangga mit magischen Waffen – allerdings ohne Erfolg.

Dieser Kampf wird noch heute in dem Calonarang-Ritual symbolisiert, dem Duell zwischen dem *Barong* und der Hexe Rangda, die mit Mahendradatta identifiziert wird. Da die verwitwete Königin einen tantrischen Shiva-Kult praktizierte, ist ihre Darstellung als Durga, Shivas Gemahlin (Shakti), naheliegend.

Im **Banjar Bangun Liman** westlich der Hauptstraße steht ein Tempelkomplex, der in Bali einzigartig ist. Die drei üblichen Dorftempel Kahyangan Tiga, also Pura Puseh (Wishnu-Tempel), Pura Desa (zentraler Dorftempel) und Pura Dalem (Unterwelttempel), die normalerweise weit voneinander entfernt errichtet werden, liegen hier in einer Reihe neben- bzw. hintereinander.

Auf dem Weg von Buruan nach Denpasar kommt man bald nach **Blahbatuh**, wo im **Pura Puseh** an der Straße nach Belaga und Bona das steinerne Riesenhaupt des Kbo Iwo aufbewahrt wird. Ungewöhnlich sind die beiden das Tempeltor im Inneren flankierenden Pferde mit Riesenpenis und Reiter.

Weiter in Richtung Westen erreicht man **Kemenuh**, von wo aus eine Abzweigung Richtung Süden zum 2,5 km entfernten Wasserfall **Air Terjun Tegenungan** führt. Hier stürzt sich der Petanu-Fluss einen Felsabsatz hinunter.

Zurück auf der Straße in Kemenuh geht es nach links über Sakah (s. S. 208) und Mas (s. S. 209) zurück nach Ubud.

Tour 2: Nordosttour mit Gunung Kawi

Zunächst führt der Weg wie in Tour 1 beschrieben von Ubud über **Peliatan** zur **Goa Gajah** (s. S. 228), von dort weiter nach **Pejeng** (Wanderung 5) und anschließend hinauf über die Dörfer **Galiang**, **Tarukan**, **Belusung** und **Sanding** nach **Tampaksiring** zum Bergheiligtum **Gunung Kawi**. Danach geht es weiter zum beschaulichen Wasserheiligtum **Pura Tirta Empul**, bevor man sich mit den Goldfischen im Teich von **Sebatu** beschäftigt. Anschließend kann man weiter gen Norden ziehen und den **Elephant Safari Park** bei Taro aufsuchen. Auf dem Rückweg nach Ubud via Tegallalang wird noch ein letzter Halt in **Petulu** eingelegt. Zum späten Nachmittag lassen sich hier die von den Feldern zurückkehrenden Reiher aus nächster Nähe beobachten. Pünktlich zum Abendessen geht es wieder zurück nach Ubud (Wanderung 3).

7 HIGHLIGHT

Gunung Kawi

Im Süden von **Tampaksiring** liegt östlich der Straße in einer herrlichen, steilen Schlucht des Pakrisan-Flusses mit kunstvollen Reisterrassen das Heiligtum Gunung Kawi. Aus zwei gegenüberliegenden Felswänden sind neun Monumente in Form ostjavanischer *Candi* herausgemeißelt. Fast verwitterte Inschriften belegen, dass es sich dabei um die aus dem 11. Jh. stammenden Bestattungstempel des Königs Udayana und seiner Familie handelt.

Kommt man von der Straße die in den Fels gehauenen Stufen herunter (Eintritt 6000 Rp, Kinder 3000 Rp, Tempelschal), sieht man vor sich fünf Monumente, die von links nach rechts folgenden Personen zugedacht sind: Das erste dem König Udayana, das zweite der Königin Gunapriya, das dritte der Lieblingskonkubine des Königs und die beiden letzten seinen Söhnen Marakata und Anak Wungsu. Die vier *Candi* auf der westlichen Seite des Flusses sind dem Andenken der vier Konkubinen Anak Wungsus gewidmet.

Im Süden des Tals, nicht weit von den Grabmalen, entdeckt man an mehreren idyllisch gelegenen Plätzen Gruppen von ebenfalls aus Felswänden herausgemeißelten Höhlen, in welchen vermutlich Eremiten und Asketen ihr beschauliches Dasein führten.

Die *Candi* von Gunung Kawi verweisen deutlich auf javanische Einflüsse, denn Felsendenkmäler sind sehr selten auf Bali, wo Heiligtümer fast ausschließlich aus vergänglicheren Materialien errichtet werden. In diesem Zusammenhang sei auch die Goa Gajah erwähnt, die ein Gegenstück zur ostjavanischen Einsiedlerhöhle bildet und ebenso wie Gunung Kawi aus dem 11. Jh. stammt. Für die Balinesen erklärt sich die Entstehung beider Heiligtümer aus einem Volksmythos, demzufolge der Riese Kbo Iwo diese in einer einzigen Nacht mit seinen Fingernägeln aus dem Felsen gegraben haben soll.

Pura Tirta Empul

Eine Inschrift auf diesem Stein belegt die Gründung von Tirta Empul im Jahre 962 n. Chr.

Das Quellheiligtum liegt nur 2 km nördlich von Gunung Kawi. Von Gianyar aus kosten Minibusse nach Tampaksiring 5000 Rp, ab Denpasar 8000 Rp. Im Norden des Ortes führt rechts eine Straße zu den heiligen Quellen (Eintritt frei). Minibusse fahren weiter hinauf zum Danau Batur nach Penelokan oder in südlicher Richtung nach Pejeng. Oder man fährt über Bayad ein paar Kilometer nach Nordwesten zu weiteren lohnenden Ausflugszielen:

Sebatu

In einem kleinen Tal unterhalb des Dorfes Sebatu steht der idyllisch angelegte Tempel **Pura Gunung Kawi** (nicht zu verwechseln mit dem gleichnamigen Felsen-*Candi* in Tampaksiring), ein Quellheiligtum mit Goldfischteich, mehreren Badebecken und einer Grotte am Fuße eines dschungelüberwucherten Berghangs.

In Sebatu arbeiten viele Holzschnitzer, die sich auf Schnitzereien im so genannten antiken Stil spezialisiert haben.

Pujung / Taro

Wie im Nachbardorf Sebatu leben auch in **Pujung** viele Holzschnitzer. Hier produziert man die großen, bunten *Garuda*, bunt bemalte Holzfrüchte, Bananenbäume usw. Aus 2–3 m langen Baumstämmen fertigt man groteske Pfähle, bedeckt mit ineinander verschlungenen Dämonenfiguren.

Westlich von Pujung beim Banjar Jati liegt die luxuriöse Bungalowanlage **Bagus Jati**, ☏ 0361-978885, ✉ 974666, 🖥 www.bagusjati.com, ❻, ein „Health & Wellbeing Resort", bestehend aus acht sehr geschmackvoll eingerichteten Villen in einem 5 ha großen Garten mit Restaurant, Pool und Spa.

6 km nördlich von Pujung erreicht man über eine Asphaltstraße das herrlich im Grünen gelegene, von Nelken- und anderen Plantagen umgebene Dorf **Taro**. Die einzigen weißen Kühe Balis (Albinos), natürlich heilige Tiere, sind in Taro Kelod zu finden. Der **Elephant Safari Park** von Taro beheimatet eine Herde von inzwischen 27 Sumatra-Elefanten, auf denen Touristen reiten können; ⏱ tgl. 9–17 Uhr, Eintritt US$16, Kind US$8, Familie US$44; ein Ritt dauert etwa 30 Minuten und kostet US$45, Kind US$32, Familie US$138. Zum Park gehören auch ein kleines, aber recht interessantes Museum, ein Restaurant und ein Souvenirladen. Der Park wird von **Bali Adventure Tours** betreut, Infos unter ☏ 0361-721480, 🖥 www.baliadventuretours.com.

Von hier aus geht es in Richtung Ubud über Pujung und Tegallalang nach Petulu, wo man am späten Nachmittag die vom Feld ins Dorf zurückkehrenden Reiher beobachten kann (Wanderung 3).

Wanderung 1: Zum Affenwald von Sangeh

Eine schöne Wanderung führt nach **Sangeh**. Unterwegs kann man den herrlichen Blick auf die Schlucht des **Yeh Wos** und zu den am Hang errichteten Luxusherbergen genießen. Man erreicht den **Puri Bukit Sari**, der zu jeder Tageszeit von drei Affenfamilien bewacht wird.

Sayan
Die Wanderung geht von Ubud über Campuan und Penestanan (s. S. 213) weiter in westlicher Richtung bis zu einer stärker befahrenen Straße. Links hinunter geht es nach Denpasar, rechts hinauf zum Gunung Batur. Das Dorf Sayan liegt jenseits dieser Straße am Rande einer tief eingeschnittenen Schlucht, die der Yeh Ayung ausgewaschen hat. Der fantastische Ausblick hat einige Ausländer dazu verlockt, Ferienhäuser an dieser Stelle bauen zu lassen. Außerdem sind in der Umgebung von Sayan bis hinauf ins Nachbardorf Kedewatan einige der teuersten und exklusivsten Hotels von Bali entstanden, die eines gemeinsam haben: ihre einmalige Lage am Rande der Schlucht.

Über Kedewatan nach Sangeh
Das nächste Dorf an der Straße nördlich von Sayan erstreckt sich ebenfalls entlang der Schlucht des Yeh Ayung und bietet eine tolle Aussicht über mehrere Windungen des Tals. Es lohnt sich, etwas in der Gegend herumzuwandern. Eine etwa zweistündige Wanderung führt nach **Sangeh** zum **Pura Bukit Sari**. Der Fußweg beginnt im Süden des Dorfes schräg gegenüber von einem *Pura Dalem* und folgt anfangs einem kleinen Bewässerungskanal. Nach Überqueren einer Bambusbrücke über den Yeh Ayung kommt man zu einem großartigen Aussichtspunkt und anschließend ins Dorf Bongkasa. Ab hier geht es auf meist asphaltierten, doch schattigen Landstraßen weiter zum Affenwald in Sangeh (s. S. 186). Zurück in Kedewatan zweigt rechts eine Straße ab, auf der man über Campuan wieder nach Ubud zurückgelangt.

Wanderung 2: An Feld und Fluss vorbei

Eine besonders für Pflanzenliebhaber zu empfehlende Wanderung: Zunächst geht es von Campuan direkt über Kedewatan entlang der malerischen Schlucht des Yeh Wos nach Payangan. Dort erwarten einen mit tropischen Früchten behangene Bäume und weiter nördlich in Tiyingan bizarr wirkende Bambuswälder. Anschließend kann man sich bei einer Wanderung durch mehrere Dörfer die Früchte in von Künstlerhand geschnitzter Form ansehen. Durch idyllisch anmutende Reisfelder geht es, den Bauern bei der Arbeit zuschauend, zurück gen Süden nach Ubud.

Vorsicht: Freche Affen!

Payangan

Der erste größere Ort, ca. 7 km weiter nördlich von Campuan, ist bekannt für seinen Obstanbau. Überall im Ort und in der Umgebung stehen Lychee- und Durian-Bäume. Auf dem Marktplatz vor dem Pura Desa, gegenüber dem Halteplatz der Minibusse, werden mittags Essensstände aufgebaut. Einer, der etwas abseits steht, verkauft leckeres, sehr preiswertes Spanferkel.

Westlich von Payangan kann man auf gewundenen Pfaden die tiefen Flusstäler des Yeh Ayung und zwei seiner Nebenflüsse erwandern, über malerische Reisterrassen und durch Dörfer, die selten ein Fremder betritt. 2 km südlich von Payangan westlich der Hauptstraße im Banjar Melinggih Kelod steht das beliebte, luxuriöse **Hotel Alila Ubud**, ✆ 0361-975963, ✉ 975968, 🖥 www.alilahotels.com, mit Spa, Bibliothek und Kunstgalerie, ❺–❻.

Tiyingan

Nur 3 km nördlich von Payangan liegt Tiyingan. **Tiying** ist das balinesische Wort für Bambus; und so wird man auch auf Spaziergängen in dieser Gegend immer wieder durch dunkle, seltsam anmutende Bambushaine kommen.

Die Straße führt allmählich hinauf nach **Kintamani** (s. S. 294) am Gunung Batur. Da Balis Vulkane der Nordküste wesentlich näher liegen als der Südküste, steigen die Südhänge auch deutlich sanfter an als die steilen Nordhänge.

Von Payangan nach Osten

Wieder in Payangan angelangt, beginnt eine schöne Wanderung von 1 1/2 Std. Länge Richtung Osten 1 km südlich des Markts und führt über **Kelusa** mit seinem riesigen Banyan-Baum, **Yehtengah** und **Keliki** nach **Tegallalang**. Die Holzschnitzer dieses Dorfes haben sich auf bunt bemalte Früchte, Blumen und Bananenstauden wie auch auf traditionelle Statuen spezialisiert. Ab Tegallalang kommt man mit dem Minibus für 3000 Rp zurück nach Ubud oder wandert ab Keliki in südliche Richtung über Feldwege in ca. 2 Std. nach Campuan. Wer am frühen Nachmittag in Tegallalang weilt, kann auch direkt entlang der Hauptstraße in südlicher Richtung nach Petulu wandern, wo zum Nachmittag die weißen Reiher von den Feldern heimkehren. Von hier aus geht es wahlweise nach Ubud entlang der Hauptstraße oder über **Jungjungan** (Wanderung 3).

Die Reiher von Petulu

Es scheint, als wären sämtliche Reiher von Bali hier in Petulu versammelt. Ornithologen können drei verschiedene Arten unterscheiden. Tagsüber sieht man die Vögel meist durch die Reisfelder stelzen, spätnachmittags kehren sie dann nach Petulu zurück. Die Leute erinnern sich noch genau an die Ankunft der Vogelscharen eines Tages im November 1965. Das war zu der Zeit, als in ganz Indonesien – und natürlich auch auf Bali – Jagd auf Kommunisten gemacht wurde. In Petulu war es zu einem besonders blutigen Massaker gekommen, sodass anschließend eine große Reinigungs- und Dämonenaustreibungs-Zeremonie abgehalten werden musste. Offensichtlich mit Erfolg! Der größte Banyan-Baum des Dorfes stand auf einmal in Blüte, gleichzeitig trafen die Reiher ein und begannen in den Bäumen des Dorfes ihre Nester zu bauen.

Kein Wunder, dass man den Vögeln Respekt und Verehrung entgegenbringt: Regelmäßig alle 210 Tage findet für sie eine Zeremonie im Tempel statt. Die Vögel sollen sogar einen König haben, ein schwarzer Reiher mit grünen, leuchtenden Augen.

Wanderung 3: Zu den Reihern von Petulu

Der entspannte Spaziergang gen Norden über **Jungjungan** ins alte Dorf von **Petulu** wird mit einem Spektakel der besonderen Art belohnt. Jeden Nachmittag kehren hier die von der dörflichen Bevölkerung verehrten Reiher von den Feldern in ihre Nester zurück – ein Fest für Hobbyfotografen. Danach geht es auf der Straße nach Denpasar an Kunstgewerbeläden entlang zurück nach Ubud.

Petulu

Zu diesem Dorf gelangt man auf zwei Wegen: Der schönere führt von Ubud 4 km nördlich ins Dorf **Jungjungan**; hier rechts ab und ca. 3 km bis Petulu. Am rechten Straßenrand steht eine Steintafel mit dem Hinweis *Obyek Wisata Kokokan*. Hier geht es nach rechts. Nach etwa 1 km wird man um eine Spende (5000 Rp) gebeten, bevor man dieses auf einer Anhöhe befindliche schöne, alte Dorf betritt. Das Besondere ist aber, dass sich überall auf den Bäumen Tausende von weißen Reihern (*Kokokan*) eingenistet haben, die mit den Dörflern in Eintracht zusammenleben. Die beste Tageszeit, um die Reiher so nah wie möglich erleben zu können, ist in den Nachmittagsstunden, wenn sie von den Reisfeldern zurückkehren.

Zurück an der Hauptstraße findet man die beschaulichen Bungalows des **Homestay Puri Thirtha**, Jl. Petulu, ✆ 0361-973151, ❷. Hier bekommt man für wenig Geld komplett und hübsch ausgestattete Zimmer mit Warmwasser, teilweise mit Küche, und einen Pool.

Von hier läuft man wieder rechts hinunter in Richtung Denpasar zur Abzweigung nach Ubud. Biegt man in die schmale Straße Richtung Osten ein, erreicht man schon nach wenigen Minuten das Petanu-Tal.

Wanderung 4: Durch das Petanu-Tal zum Gunung Kawi

Wer sich für diese Wanderung entscheidet, sollte zeitig frühstücken. Durch das Tal des **Petanu-Flusses** geht es an einladenden Badeplätzen vorbei über eine Brücke hinauf zum anderen Hangende. Danach von **Tatiapi** durch malerische Dörfer gen Norden. Mehrmals den Fluss überquerend und einen Tempel passierend erreicht man das Felsheiligtum **Gunung Kawi**. Wer hier ausreichend gerastet hat, kann noch weitere 2 km zum Wasserheiligtum **Pura Tirta Empul** wandern. Von dort kann man mit einem Minibus nach Pejeng fahren und eine weitere Stunde gemütlich über Tatiapi zurück nach Ubud spazieren.

Petanu-Tal

Eine Wanderung von Ubud durch das Petanu-Tal bis **Tampaksiring** dauert 5–6 Std.: Von der Straßengabelung am östlichen Ende von Ubuds Hauptstraße Jl. Raya Ubud gelangt man in kurzer Zeit (vorbei an einer ehemaligen Müllhalde) hi-

> **Der Petanu-Fluss**
>
> Der Name *Petanu* (der Verfluchte), geht auf einen Mythos aus den Anfängen des Bali-Hinduismus zurück, als die neu angekommenen Hindu-Götter noch erbitterte Kämpfe gegen die alteingesessenen Dämonen Balis führten.
> Um die Götter zu vernichten, vergiftet Dämonenkönig Maya Danawa einen Fluss. Alle Götter trinken daraus und sterben, bis auf Indra, der Götterkönig. Indra lässt daraufhin an anderer Stelle einen Quell der Unsterblichkeit aus der Erde sprudeln und erweckt die Götter wieder zum Leben. Maya Danawa kann endlich getötet werden, sein Blut mischt sich mit dem Wasser des vergifteten Flusses, der jetzt für tausend Jahre verflucht ist.
> Erst seit vor wenigen Jahrzehnten die Tausend-Jahre-Frist abgelaufen ist, wagt man es, das Wasser des Petanu zu benutzen. Bis dahin galt der Fluss als unrein. So überrascht es kaum, an seinen Ufern so gut wie keinen Tempel zu finden.
> Ganz im Gegensatz zum nächsten Fluss im Osten, dem Pakrisan, wo sich ein Heiligtum an das andere reiht. Der Pakrisan wird von Indras Unsterblichkeitsquelle gespeist, die sich im Heiligtum Tirta Empul (s. S. 231) befindet.

nunter ins Tal zu einer neuen Brücke über den ehemals verfluchten Fluss (s. Kasten). Einen knappen Kilometer südlich der Brücke hat sich der Petanu einen Tunnel durch den Fels gegraben.

Ein schöner Badeplatz liegt wenige hundert Meter nördlich der Brücke. Hat man nach der Brücke den gegenüberliegenden Talhang erklommen, wendet man sich scharf nach links – geradeaus (Osten) geht es über Tatiapi in 1 Std. nach Pejeng.

Der breite Weg mit herrlichen Ausblicken auf die Schlucht führt von Tatiapi nach Norden fast schnurgerade durch stille, freundliche Dörfer: Laplapan, Melayang und Uma Anyar.

Im nächsten Dorf, **Sembuwuk**, kann man entweder auf dem Hauptweg nach Tampaksiring weiterlaufen oder noch einmal den Fluss überqueren, was wesentlich interessanter ist. An einer kleinen Kreuzung mit einem Warung unter einem Banyan-Baum biegt man links ab. Der schmale Pfad läuft zuerst nach Süden, führt dann steil abwärts, über eine Bambusbrücke und über Stufen wieder hangaufwärts.

Nun ist man in **Kenderan**, von wo man nach 1,5 km Asphaltweg den Petanu erneut überquert: In **Manuaba** biegt die Straße links über eine kleine Brücke ab, rechts liegt auf einem Hügel, überschattet von einem Banyan, der **Pura Griya Sakti**. Dieser sehr alte Tempel soll von Danghyang Nirartha persönlich gegründet worden sein. Der Tempel ist vor allem für Mitglieder der Brahmanen-Kaste sehr wichtig.

Gunung Kawi und Pura Tirta Empul

Vom Pura Griya Sakti läuft man geradeaus auf einem schmalen Weg einen Bach entlang. Auf rutschigen Reisfeldpfaden (*Jalan Sawah*) geht es rechts steil in die Schlucht hinunter, über eine fragile Bambusbrücke und steil auf der anderen östlichen Talseite wieder hinauf. Wenn man den breiten Weg erreicht, wendet man sich wieder Richtung Norden und ist bald im Dorf **Tampaksiring**. Die Felsheiligtümer von **Gunung Kawi** sind ganz in der Nähe: Wen es nach Kontrasten gelüstet, der kann sich hier in den üblichen Touristentrubel stürzen (s. S. 231, Tour 2).

Von hier kann auch weiter zum 2 km entfernten Quellheiligtum **Pura Tirta Empul** (s. S. 231, Tour 2) gewandert werden. Mit etwas pfadfinderischem Spürsinn gelangt man auf schmalen Pfaden zwischen Reisterrassen durch das fantastische Tal des Pakrisan vom Pura Tirta Empul ohne den Umweg über die Hauptstraße direkt zu den Felsheiligtümern von Gunung Kawi.

Für den Rückweg nimmt man von Gunung Kawi einen Minibus bis Pejeng (5000 Rp, 9 km) und geht zu Fuß in ca. einer Stunde über Tatiapi nach Ubud.

Wanderung 5: Ins Reich der Altertümer von Pejeng

Wer sich für Kunstgeschichte interessiert, sollte diese Wanderung nicht verpassen. Nachdem man wie in Wanderung 4 beschrieben hinab ins Tal des Petanu-Flusses gelaufen ist, findet man sich im umfangreichen Archäologischen Museum von Pejeng ein. Nicht nur hier, sondern in der gesamten Umgebung von Pejeng gibt es viele Fundstücke aus längst vergangenen Zeiten zu entdecken.

Pejeng

In Pejeng, 2 km von der Goa Gajah auf dem Weg nach Tampaksiring, kann im **Pura Penataran Sasih** die größte Bronzetrommel der Welt besichtigt werden, der „Mond von Pejeng", eine wundervoll ausgearbeitete Kesseltrommel, die über und über mit dekorativen Ornamenten bedeckt ist. Sie hängt oben in einem Turm und ist relativ schlecht zu sehen.

Außer dem Mond von Pejeng enthalten verschiedene offene Bauten antike steinerne Figuren – eine Brahma-Shiva-Statue, einen Stein mit *Kawi*-Inschrift und andere Statuen aus dem 14. Jh., die bei Ausgrabungen auf dem Tempelgelände gefunden wurden. Die erneuerten Tempelbauten an sich sind nicht von besonderem Interesse. Kein Eintritt, doch es wird eine Spende erwartet. ⏱ Mo–So 9–17 Uhr.

Die Umgebung von Pejeng

Nicht weit nördlich vom Pura Penataran Sasih führt beim Pura Pengukur Ukuran ein lohnender Abstecher hinunter in eine Schlucht zu einem sehr alten, kleinen Felsheiligtum mit Höhlen, Quellen und Badeplatz namens **Candi Tebing Goa Garba**.

Kein anderes Gebiet Balis ist so reich an Altertümern wie die Gegend um Pejeng, also der richtige Ort für ein Museum. Im **Archäologischen Museum** (Museum Gedong Arca Purbakala) südlich vom Pura Penataran Sasih an der Ortsgrenze zwischen Pejeng und Bedulu zeigt einem das nette Personal die Fundstücke aus Balis Steinzeit, aus der Bronzezeit (Steinsarkophage) und aus den ersten Jahrhunderten des Bali-Hinduismus. ⏱ Mo–So 7–13 Uhr außer Fr 7–12.30 Uhr, Eintritt frei.

Noch mehr Fundstücke sind verstreut in der Umgebung von Pejeng in vielen kleinen Tempeln untergebracht, meist nur noch Fragmente uralter Statuen. Sehenswert ist die große Bima-Statue, flankiert von Büffeln und Dämonen, im **Pura Kebo Edan** (Tempel des verrückten Wasserbüffels), nur 200 m nördlich des Museums – ein Relikt des geheimen, tantrischen *Bhairava-Shiva*-Kultes, zu dessen Ritualen orgiastische Blutopfer gehörten.

Die Dong-Son-Kultur

Obwohl dieses Juwel der Bronzegießerei typisch indonesische Stilelemente zeigt, ist seine Herkunft bis heute nicht geklärt. Man datiert die Trommel auf das 3. Jh. v. Chr. und sieht in ihr ein wichtiges Zeugnis der Verbreitung der so genannten Dong-Son-Kultur. Wegen einer ungewöhnlichen Fülle und Vielfalt von Funden bei dem kleinen nordvietnamesischen Dorf Dong-Son vermutet man hier die Wiege der südostasiatischen Bronzekultur. Dem Mond von Pejeng ähnliche, wenn auch weitaus kleinere und aus jüngerer Zeit stammende Kesseltrommeln aus Bronze fungieren heutzutage noch auf der Insel Alor bei Timor als Brautpreis. Von der Insel Roti, ebenfalls in dieser Gegend, und vom Sentani-See in Irian Jaya stammen einige der schönsten Bronzeäxte, deren Arbeitstechnik und Schmuckmotive den gleichen Stil aufweisen.

Den Balinesen ist der „Mond von Pejeng" besonders heilig; oft werden Opfergaben vor der Trommel dargebracht. Der Name erklärt sich aus folgender Legende: Von einst dreizehn Monden im Jahr stürzte einer zur Erde und verfing sich im Geäst eines Baumes. Seine Helligkeit störte die Diebe bei ihrer nächtlichen Arbeit, und ein besonders Mutiger unter ihnen beschloss, das Licht mit seinem Urin auszulöschen. Dadurch explodierte der Mond, tötete den Frevler und fiel als Trommel zu Boden – dieser Sturz erklärt auch die Beschädigung.

Gianyar

27 km östlich von Denpasar liegt das Zentrum der balinesischen Weberei. Am Ortseingang werden in klimatisierten Geschäften Stoffe zu teilweise höheren Preisen als in Denpasar verkauft. Das Angebot umfasst sowohl Batik als auch *Endek*.

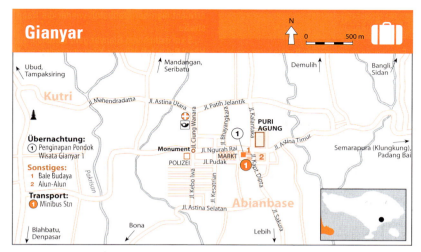

Seit der Majapahit-Herrschaft über Bali gehörte die Region Gianyar zum Machtbereich des Raja von Gelgel. Erst im 18. Jh. entstand in Gianyar ein machtvolles Königreich, dessen Könige den Titel *Dewa Manggis* trugen. Einziges Zeugnis dieses Raja-Reiches ist heute der Palast der Könige im Zentrum der Stadt, **Puri Agung**. Während der zweiten Hälfte des 19. Jhs. lieferten sich die Fürstentümer Süd-Balis erbitterte Kämpfe. 1880 wurde die gesamte Fürstenfamilie von Gianyar in Klungkung gefangen genommen und das Gebiet aufgeteilt. Als zwei Söhne fliehen konnten, stellten sie ihr zurückerobertes Fürstentum als Protektorat unter den Schutz der Holländer. So blieb Gianyar verschont, als die Kolonialmacht die südlichen Fürstentümer mit Waffengewalt unterwarf, und konnte sich zu einem künstlerischen Zentrum entwickeln. Gegenüber vom Puri Agung befindet sich der Alun-Alun-Platz.

Übernachtung

Penginapan Pondok Wisata Gianyar 1, Jl. Anom Sandat 10X, 0361-942165. Hinter dem Bale Budaya, parallel zur Hauptstraße. Dieses kleine Homestay ist die einzige Unterkunft in Gianyar. Es empfiehlt sich vorher anzurufen, damit auch wirklich jemand da ist.

Sonstiges

Medizinische Hilfe
R.S.U. Sanjiwani, Jl. Ciung Wanara 2, 0361-943049.

Polizei
Die Polizeistation befindet sich in der Jl. Ngurah Rai gegenüber vom Monument.

Post
Das Postamt liegt in der Jl. Ciung Wanara.

Transport

Mit dem Bus 8000 Rp ab DENPASAR Batubulan Terminal, 7000 Rp ab UBUD.

Die Umgebung von Gianyar

Die Straße vom Palast Richtung Süden gabelt sich schon bald: Geradeaus führt eine schmale, asphaltierte Straße an den **Pantai Lebih**, ein dunkler Sandstrand mit Fischerdörfern und bunten Booten (*Prahu*), ohne Schatten, aber auch ohne Touristen.

Batik und Endek

Eine eigene nennenswerte Batikindustrie existiert in Bali erst seit jüngerer Zeit, und auch nur, um die Bedürfnisse der Touristen zu befriedigen. Die erwarten schließlich, Batik in Indonesien vorzufinden, und beachten dabei nicht, dass diese Kunst traditionell zwar in Java, aber nicht in Bali ausgeübt wird. Die hier verkauften Batikstoffe stammen überwiegend aus Java, auch wenn häufig das Gegenteil behauptet wird.

Die neue Bali-Batik für Touristen, ausschließlich Batik Tulis (also „beschriebene" oder „handbemalte" Batik) ist bunt und groß gemustert, meist auf weißem oder schwarzem Untergrund.

Ein typisch balinesisches Produkt ist dagegen Endek, ein handgewebter Stoff, bei dem die einzelnen Kettfäden schon vor dem Weben im sehr arbeitsintensiven Ikat-Verfahren im gewünschten Muster eingefärbt werden.

Rechts gelangt man nach **Bona**, berühmt für seine *Kecak*-, Trance- und Feuer-Tänze. Aus Palmblättern fertigt man kunstvolle Taschen, Körbe und Fächer. In Bona zweigt links Richtung Süden eine schmale, asphaltierte Straße ab, die über Keramas an die Küste zu zwei dunklen Sandstränden führt: Am **Pantai Masceti**, einem schattenlosen, einsamen Strand, steht ein wichtiger Küstentempel, der **Pura Masceti**, mit einer riesigen Halle für Hahnenkämpfe (*Wantilan*). In der Nähe des Tempels ragt eine seltsame Betonkonstruktion in Form eines Riesendrachen auf, mit Wasserbecken und Aussichtsplattformen.

Sehenswert ist das Odalan des Pura Masceti, nach dem Pawukon-Kalender alle 210 Tage, wenn unzählige Warung und Verkaufsstände und eine bunte Menschenmenge eine echte Jahrmarkt-Atmosphäre aufkommen lassen.

Am Nachbarstrand, dem **Pantai Bangsal**, auch bekannt als **Pantai Cukakan**, kann man in einer schönen Bungalowanlage wohnen. Südwestlich von Bona liegt das Dorf **Belaga**, wo diverse Bambus-Artikel, hauptsächlich Möbel, fabriziert werden. Wenige Kilometer weiter erreicht man bei Blahbatuh wieder die Hauptstraße.

3 km östlich von Gianyar geht es hinauf zum Hügel **Bukit Jati**. Wenige Kilometer weiter zweigt rechts eine asphaltierte Straße nach Süden ab, die über Tulikup zum **Pantai Siyut** führt, ein dunkler Sandstrand ohne Schatten und Touristen.

Detail am reich geschmückten Pura Kehen in Bangli

Biegt man am Bukit Jati nahe Peteluan nach Norden Richtung Bangli ab, lohnt ein Zwischenstopp in **Sidan** mit seinen reich verzierten Tempeln. Kommt man von Süden, liegen folgende Tempel rechts der Straße, jeweils nur ein paar hundert Meter voneinander entfernt: **Pura Dalem** (Unterwelttempel), **Pura Merajan Agung** (Ahnentempel der Raja-Dynastie von Gianyar) und im Norden der **Pura Puseh** (Wishnu-Tempel). Von der oberen Plattform des Pura Merajan Agung hat man einen weiten Blick ins flachere Land um Gianyar.

Bangli

Hier kann man ein paar Tage wohnen, um Ausflüge in die Umgebung zu unternehmen. Alle drei Tage findet im Ortszentrum ein **Markt** statt. Läuft man ca. 2 km nach Norden und biegt dann rechts ab, kommt man zum **Pura Kehen**. In drei Etagen ist dieser Tempel an einen Hügel gebaut. Eine breite Treppe führt hinauf. Die Eingangstore sind mit besonders schönen Steinmetzarbeiten geschmückt. In die Mauern sind chinesische Porzellanteller eingelassen, die im Laufe der Jahre immer weniger geworden sind. Im ersten Hof steht ein großer, alter Banyan-Baum, in dem die Kulkul-Trommel des Tempels untergebracht ist. Kinder verkaufen chinesische Münzen, und Guides drängen sich auf. Es wird eine kleine Spende (5000 Rp) erwartet.

Etwa ein Dutzend größere Tempel gibt es im Ort. Dementsprechend werden in kaum einer anderen Stadt Balis so viele Tempelfeste gefeiert wie in Bangli.

Übernachtung

Artha Sastra Inn, Jl. Merdeka 5, ✆ 0366-91179. Früherer Palast gegenüber der Minibusstation. Zimmer ohne Frühstück mit Du/WC. Die königlichen Zimmer befinden sich im ersten Hof, die einfacheren näher an der lauten Straße. Gemütliche Pavillons zum Faulenzen mit der freundlichen Familie. ❶

Bangli Inn, Jl. Rambutan 1, ✆/✉ 0366-91419. Mehrstöckiges, sauberes Hotel unweit des

Terminals. Einfache Zimmer mit Du/WC und Frühstück. Dachterrasse mit Garten, von der man einen weiten Blick bis hin zum Gunung Agung hat. ❶–❷

Sonstiges

Medizinische Hilfe
Ein Krankenhaus befindet sich an der Jl. Kusumayudha, Ecke Jl. Ngurah Rai.

Polizei
Zwei Polizeistationen liegen an der Jl. Merdeka.

Post
Jl. Kusumayudha, unweit der Minibusstation.

Transport

Mit dem Bus **10 000** Rp ab DENPASAR BATUBULAN (41 km), **5000** Rp ab GIANYAR (13 km) und **8000** Rp ab KINTAMANI (26 km). Die Minibusstation befindet sich im Stadtzentrum an der Jl. Merdeka.

Von Bangli weiter

Von Bangli bergauf in Richtung Kintamani (s. S. 294) gelangt man nach ca. 7 km in das Dorf **Kubu**. Beim Pura Dalem Agung des Ortes wendet man sich links und erreicht nach ca. 1 km das traditionelle Dorf **Penglipuran**. Hier gibt es auf jedem Grundstück ein kleines, altes Haus mit Bambusschindeldach, das *Balé* genannt wird. In den Nachmittagsstunden, nachdem die Tourbusse den Ort verlassen haben, sieht man hier oben kaum einen Menschen auf der Straße. Eintritt ins Dorf 2500 Rp.

Eine landschaftlich sehr reizvolle Strecke nach Osten beginnt südlich des Pura Kehen. Die schmale, kurvenreiche Straße über Tembuku nach **Rendang** durchquert mehrere tief eingeschnittene Flusstäler.

Von Rendang ist es nicht mehr weit bis zum Heiligtum Besakih (s. S. 246). Oder man fährt von Rendang nach Osten weiter am Fuße des Gunung Agung entlang auf einer sehr schönen Bergstrecke über **Selat** und **Sibetan** nach Amlapura (s. S. 269).

Ost-Bali

Stefan Loose Traveltipps

Semarapura (Klungkung) Der Taman Gili mit seiner berühmten Gerichtshalle aus dem 18. Jh. und fantastischen Deckenmalereien im Wayang-Stil. S. 242

8 Besakih-Tempel Balis größtes und wichtigstes Heiligtum am Fuße des alles überragenden Gunung Agung. S. 246

9 Nusa Penida Spektakuläre Tauchspots mit seltenen Meeresbewohnern. S. 251

Goa Lawah Heilige Höhle und Heimat tausender Fledermäuse. S. 258

Tirtagangga Der weitläufige Wasserpalast des letzten Rajas, wunderschön gelegen in den Hügeln oberhalb von Amlapura. S. 272

Amed und Tulamben Ein Paradies für Schnorchler und Taucher vor Balis Ostküste. S. 273 und S. 276

Der Osten Balis bietet mit seinen saftig grünen Reisterrassen, der Berglandschaft des Gunung Agung und seinen touristischen Küstenorten ein unglaublich vielfältiges Angebot. Ob man nun bei der Besteigung des mit 3142 m höchsten Berges der Insel persönliche Grenzen ausloten will oder in den Korallenriffen vor der Küste mit Mondfischen, Mantarochen und Haien in die Tiefe steigen möchte – sportlich kommt hier jeder auf seine Kosten. Kulturelle Highlights sind der Muttertempel der Balinesen, der Pura Besakih, am Südhang des Gunung Agung und die Gerichtshalle Kerta Gosa in Klungkung aus dem 18. Jh. An der Südküste haben der entspannte Hafenort Padang Bai und die luxuriösere Touristenenklave Candi Dasa tropische Buchten mit weißen Stränden und Korallenriffen zu bieten.

Auch im Nordosten, in Amed und Tulamben, gibt es in der Hauptsaison mittlerweile belebte Strandpromenaden und gute Unterkünfte in allen Preisklassen. Taucher und Schnorchler zieht es hier in erster Linie zu dem Wrack eines gesunkenen Frachtschiffs der US-Marine. Die Landschaft ist geprägt von spärlich mit Kakteen und Lontarpalmen bewachsenen Lavafeldern. Sie reichen bis an die schwarzen Strände der Küste heran und erinnern allgegenwärtig an den letzten Ausbruch des Gunung Agung.

Semarapura (Klungkung)

Die geschichtsträchtige Hauptstadt des Bezirks Klungkung ist noch immer ein kulturelles Zentrum Ost-Balis. Eine Tagestour hierher ist eine ideale Einführung in die Kunst und Geschichte dieser Region. 1995 wurde die Stadt Klungkung umbenannt. Seither heißt sie Semarapura, ein Name, der den Balinesen zwar noch nicht ganz geläufig ist, aber auf allen Ortsschildern steht. Touristen aus Padang Bai und Candi Dasa streben meist nur ins Stadtzentrum, um Geld abzuheben. Klungkung hat jedoch einiges mehr zu bieten als Geldautomaten!

Die einstige Hauptstadt **Gelgel** ist heute nur noch ein Dorf und hat kaum sehenswerte Überreste aus der Zeit des Rajas (Königs) zu bieten. In Klungkung hingegen, nördlich von Gelgel, herrscht immer noch geschäftiges Treiben, besonders vormittags rund um den Markt. Und im Herzen der Stadt steht das letzte Relikt aus der glanzvollen Zeit der Könige: der faszinierende **Taman Gili** (Eintritt 5000 Rp, Guide 20 000 Rp, Mo–So 7–17.30 Uhr). Es handelt sich dabei um die restaurierten Überreste des ehemaligen Königspalasts, der von den Holländern zerstört wurde. In einer Ecke dieser Anlage befindet sich die berühmte **Kerta Gosa**, die Gerichtshalle von Klungkung aus dem 18. Jh. Eindrucksvoller als je der Gesetzestext verdeutlicht die Deckenmalerei dieser Halle, welche Strafen ein Verbrecher zu erwarten hatte.

Ähnlich beeindruckende Deckenbilder sind im **Bale Kambang** zu bestaunen, einem schwimmenden Pavillon auf einer kleinen Insel (Gili) im Zentrum eines großen Wasserbeckens. In früheren Zeiten wurden hier Zahnfeilungszeremonien durchgeführt. Die schon mehrmals restaurierten Deckenmalereien in beiden Bauwerken sind dem traditionellen Wayang-Stil zuzuordnen, der heute nur noch im Dorf **Kamasan** (s. S. 245) gepflegt wird.

Das direkt am Taman Gili angeschlossene **Semarajaya Museum** ist etwas veraltet, bietet aber interessante Infos, u. a. über die Kunst des Songket-Webens, die traditionelle Palmweinherstellung, Salzgewinnung und den aufopferungsvollen Kampf gegen die Holländer von 1908.

Etwa 5 km südwestlich vom Ortszentrum bei der großen Trimurti-Statue, die von drei Polizistenattrappen „bewacht" wird, befindet sich das **Gunarsa Museum**. Das 3-stöckige Gebäude, in dem klassische und moderne balinesische Kunst gezeigt wird, ist auch als Museum Seni Lukis Bali Klasik bekannt. Es wurde von dem balinesischen Maler Dr. Nyoman Gunarsa gegründet. Sein Atelier befindet sich ebenso in dem Museum wie eine Schule für traditionellen Tanz und Gamelan-Musik. Ausgestellt sind viele zeitgenössische balinesische Arbeiten, aber auch eine große Sammlung klassischer Malerei aus dem 17.–19. Jh. Traditionelle Skulpturen, Masken und Stickereien vervollständigen die Ausstellung. ✆ 0362-22256, ✉ 22257, Eintritt 20 000 Rp, Mo–So 9–17 Uhr.

Ein großartiger Aussichtspunkt, **Bukit Jambul**, liegt 7 km nördlich von Klungkung an der Straße nach Rendang.

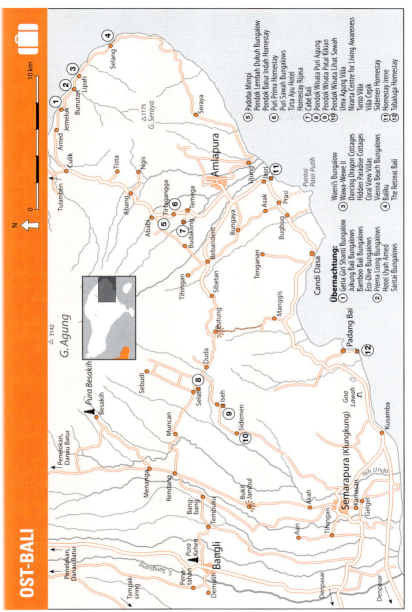

> **Der Hof von Gelgel**
>
> Nach dem Fall der Pejeng-Dynastie (Bedulu) im 14. Jh. ließen sich die von Majapahit (Ost-Java) eingesetzten Könige Balis in Gelgel nieder und bauten hier ein neues politisches und v. a. kulturelles Zentrum auf. Der Niedergang des Majapahit-Reiches (um 1500) und der Vormarsch des Islam auf Java hatten die Flucht des hindu-javanischen Hofes samt Priestern und Künstlern nach Bali veranlasst. Sie fanden eine neue Heimat am Hof von Gelgel, der in der Folgezeit unter König (Raja) Batu Renggong den Gipfel der Macht erreichte und um 1550 sogar über Lombok und Sumbawa herrschte.
> Schon drei Generationen später wurde der Hof nach Klungkung verlegt. Für den nach Batu Renggongs Tod einsetzenden Verfall der Macht wurde ein Fluch verantwortlich gemacht, der auf dem Palast von Gelgel lasten sollte. Nach und nach entstanden die anderen kleinen Königreiche auf Bali, meist Ableger des Hofes von Klungkung, die diesen weiterhin als eine Art Oberhaupt ansahen, wenn auch nicht unbedingt in politischer Hinsicht. Lange Zeit blieb Klungkung kulturelles und religiöses Vorbild: Hier befand sich das oberste Gericht Balis, wo alle Fälle abgeurteilt wurden, die nicht in den Dörfern durch die Banjar-Versammlungen geregelt werden konnten.
> Die Vormachtstellung der Rajas von Klungkung wurde erst durch die Holländer gebrochen. Zwei Jahre nach dem dramatischen *Puputan* (Kollektive Selbsttötung) von Badung (Denpasar) wiederholte sich dieser Massen-Ritualselbstmord vor den Toren des Palastes von Klungkung. Der Palast wurde von holländischen Kanonen völlig zerstört.

Übernachtung

Gute Unterkünfte sind rar. Besser wohnt man in Padang Bai, Candi Dasa oder im Norden inmitten der Reiserassen bei Sidemen.
Klungkung Tower Hotel, Jl. Gunung Rinjani 18, ☎ 0366-25637, ✆ 21493. Die beste und modernste Unterkunft in Klungkung: Im Juni 2007 eröffnet, bietet das Hotel 18 saubere, aber etwas sterile Zimmer, alle mit Warmwasser Du/WC, AC, TV und Minibar. Auch für ein Restaurant, einen Billardtisch und einen Souvenirladen ist gesorgt. Frühstück inkl. ❷

Essen

Ab dem frühen Abend wird an einigen Ständen auf dem **Nachtmarkt** nordöstlich der zentralen Kreuzung einfaches aber leckeres Essen angeboten.
Bali Indah Restaurant, Jl. Nakula 1, ☎ 0366-21056. Ein chinesisches Familienunternehmen, das mit seinen leckeren und günstigen chinesischen und indonesischen Gerichten weit über die Stadtgrenzen hinaus bekannt ist. Mahlzeiten ab 10 000 Rp. ⏲ Mo–So 7–20 Uhr.

Einkaufen

Relativ günstige *Lontar* (Palmblattmanuskripte), Antiquitäten und andere Souvenirs kann man in den Geschäften entlang der Hauptstraße erstehen.
Der Supermarkt **Cahaya Melati**, gegenüber des Taman Gilis, hat die wichtigsten Lebensmittel, Kleidung und eine begrenzte Auswahl an Büchern. ⏲ Mo–Sa 7.30–21 Uhr.

Sonstiges

Geld
An der zentralen Kreuzung zwischen Markthalle und Taman Gili gibt es reichlich Geldautomaten

Post
Das Hauptpostamt liegt in der Jl. Gajah Mada 58, ⏲ Mo–Do 8–14.30, Fr 8–11.30, Sa 8–13 Uhr.

Transport

Busse fahren vom Busbahnhof nach DENPASAR (40 km) 10 000 Rp, GIANYAR 5000 Rp, PADANG BAI 6000 Rp, CANDI DASA 8000 Rp und AMLAPURA 10 000 Rp.
Die Station für Minibusse nach BESAKIH 12 000 Rp und PENELOKAN 8000 Rp liegt kurz hinter der Abzweigung der Straße nach Norden.

Die Umgebung von Klungkung

Kamasan

Das Dorf, 2 km südlich von Klungkung, ist das Zentrum der traditionellen Malerei Balis. Hier hatte schon der Raja von Gelgel 1380 seine Hofkünstler angesiedelt. Neben Malern lebten hier hauptsächlich Gold- und Silberschmiede, wie schon der Ortsname andeutet *(Mas* = Gold). Die Goldschmiede hatten die Kronjuwelen für den Herrscher anzufertigen, und noch heute produziert man hier den traditionellen Schmuck, der bei Tempel-Zeremonien getragen wird, und die silbernen Schalen, in denen Balis Frauen die aufgetürmten Opfergaben auf ihrem Kopf zum Tempel balancieren. Mit dem aufkommenden Tourismus hat die Malerei jedoch immer mehr an Bedeutung gewonnen.

Die Gemälde sind meist unsigniert, wie es der Tradition entspricht, denn die Künstler wurden früher als Handwerker angesehen, die im Dienste eines Rajas standen und lediglich dessen Aufträge ausführten. Neben Gemälden auf Leinwand in allen Größen, deren Motive überwiegend aus dem Ramayana und dem Mahabharata entlehnt sind, werden in Kamasan bemalte Hüte und Behälter mit Deckel aus Kokosnussschalen im Wayang-Stil angeboten (man spricht auch von einem Kamasan-Stil).

Obwohl viele Maler in Kamasan wohnen, sucht man Shops, Studios und Galerien, wie man sie von Ubud her kennt, in diesem Dorf vergeblich. Das **Kamasan Arts Centre** bietet jedoch seit einigen Jahren ein breit gefächertes kulturelles Programm und kann auch Atelierbesuche organisieren.

Pura Batu Klotok

Südlich von Kamasan über Gelgel kommt man zu einem schwarzen Sandstrand, wo ein kleiner, spektakulär gelegener Küstentempel steht: Pura Batu Klotok. Sein *Odalan* feiert man alle 210 Tage an einem Dienstag, zwei Wochen vor *Galungan*. Kurz vor *Nyepi*, dem balinesischen Neujahr, werden die Pratima aus dem Besakih-Tempel in einer aufwendigen Prozession *(Melasti)* hierher gebracht, wo man sie rituellen Reinigungen unterzieht.

Tihingan

Wenige Kilometer westlich von Klungkung lohnt ein Besuch bei den Gong-Handwerkern von Tihingan. In über 20 Familienbetrieben werden hier schon seit Jahrhunderten die Instrumente für das balinesische Gamelanorchester produziert. Die Werkstätten sind für Neugierige offen und präsentieren stolz die traditionellen Herstellungstechniken.

8 HIGHLIGHT

Besakih

Der 3140 m hohe Gunung Agung ist das Zentrum der balinesischen Welt und Sitz der Götter. 20 km nördlich von Semarapura (Klungkung) liegt auf 900 m Höhe am Fuß des heiligen Berges der Tempel Besakih, der größte und heiligste der Insel, der von allen Balinesen als „Muttertempel" verehrt wird. Eigentlich ist es ein Komplex von vielen einzelnen Tempeln. Jedes ehemalige Königshaus, jeder Familienclan und jede Berufsgruppe ist hier mit einem eigenen Tempel vertreten. Der bedeutendste davon ist Pura Penataran Agung, der einst der Königsfamilie von Klungkung gehörte. Schon im 8. Jh. soll der legendäre Rsi Markandeya, ein Hindu-Heiliger aus Java, Pura Besakih gegründet haben. Wahrscheinlich fand er hier schon ein uraltes prähinduistisches, megalithisches Heiligtum vor, das der Verehrung eines Berggottes und vor allem der Ahnen diente. Im Laufe der Jahrhunderte ist die Anlage immer wieder aufgebaut und erweitert worden.

Nur Hindus dürfen das Innere (Allerheiligste) der Tempelanlage betreten, einige Nebentempel dagegen dürfen in korrekter Bekleidung auch von Touristen besichtigt werden. Doch obwohl der Komplex aus fast 200 Bauwerken besteht, gibt es hier nichts Außergewöhnliches, was nicht auch in anderen Tempeln zu sehen ist. Dafür ist die Lage direkt am Gunung Agung umso spektakulärer.

Vor dem Tempeleingang herrscht der übliche Touristenrummel mit Warungs und Souvenirständen sowie lästigen und eigentlich unnötigen Guides. Um Ärger zu vermeiden, sollte man nur einen der lizenzierten Führer nehmen. Sie sind an einem offiziellen Abzeichen, das an dem speziell für Guides angefertigten Endek-Hemd befestigt sein sollte, zu erkennen. Eintritt 10 000 Rp, wer eine Kamera mitbringt, zahlt 1000 Rp extra. Ein früher Besuch lohnt sich, denn ab 11 Uhr liegt der Berg oftmals schon in den Wolken.

Da Pura Besakih aus vielen verschiedenen Tempeln besteht, wundert es nicht, dass hier häufig Feste gefeiert werden, meist nach dem Saka-Kalender bei Vollmond. Das Odalan des wichtigsten Tempels von Besakih, **Pura Penataran Agung**, ist z. B. an *Purnama* (Vollmond) im September / Oktober.

Übernachtung

Lembah Arca Hotel, an der Straße von Menanga nach Besakih, ca. 7 km südlich vom Tempel in einem Tal gelegen, ℡ 0366-23076. In einem schönen Garten gibt es einfache, übertreuerte Zimmer mit Du/WC, aber ohne Warmwasser. Inkl. Frühstück. Gegenüber befindet sich das Restaurant **Thirta Tara**.

Eka Dasa Rudra

Die größte Zeremonie, die für den gesamten Besakih-Komplex abgehalten wird, ist **Bhatara Turun Kabeh**. Sie findet an Vollmond im März / April statt, zwei Wochen nach *Nyepi*, dem balinesischen Neujahr. Alle fünf Jahre ist das Fest besonders groß, alle zehn Jahre sogar noch größer – und alle hundert Jahre nennt man es Eka Dasa Rudra, das wichtigste Tempelfest Balis überhaupt. Dann wird sechs Wochen lang gebetet und geopfert. Jeder Balinese, der dazu in der Lage ist, begibt sich in dieser Zeit auf eine **Pilgerfahrt nach Besakih**. Eka Dasa Rudra sollte immer zur Jahrhundertwende des Saka-Kalenders stattfinden. Da dieser nach einer südindischen Herrscherdynastie benannte Mondkalender im Jahre 78 n. Chr. beginnt, war es im März 1979 (Ende des Saka-Jahres 1900) für lange Zeit das letzte Mal, dass man dieses Ereignis miterleben konnte.

Es ist nicht ganz klar, warum man schon 1963 einen Versuch startete, dieses Fest zu begehen, obwohl einige Brahmanen und andere Religionsführer davon abrieten und auf das falsche Datum hinwiesen. Nicht zuletzt mögen politische Gründe dabei eine Rolle gespielt haben.

Anfang der 60er-Jahre des vergangenen Jahrhunderts war Bali eine der am meisten vernachlässigten Provinzen des jungen Staates, geprägt von Armut, korrupter Verwaltung und Misswirtschaft. Indonesiens erster **Präsident Sukarno**, dessen Mutter aus Bali stammte, hatte seine Teilnahme am Fest angekündigt. Natürlich hatte gerade er großes Interesse daran, das Jahrhundertfest abhalten zu lassen, einmal als Ablenkungsmanöver, zum anderen, um sein inzwischen stark verblichenes Image wieder aufzupolieren. Eine Rattenplage und die Vorahnung kommenden Unheils (Kommunistenverfolgung 1965/66) ließen es auch den meisten Balinesen ratsam erscheinen, das gestörte Gleichgewicht auf der Insel durch ein Eka Dasa Rudra wieder herzustellen. Doch die ohnehin schon unzufriedenen Götter zürnten jetzt erst recht: Es kam zur Katastrophe.

Schon im Februar 1963, als man mit den Vorbereitungen zum Fest begann, quollen Rauchwolken aus dem Krater des **Gunung Agung**, der sich schon seit Jahrhunderten nicht mehr geregt hatte, Asche schwebte in der Luft, und schwache Erdbeben waren zu spüren. Trotz zunehmender Zweifel eröffnete man die Zeremonie termingerecht am 8. März, doch ohne Sukarno, der vorsichtshalber zu Hause geblieben war. Am 12. März stieß der Agung Schlamm und Felsbrocken aus, und am 17. März wälzten sich gewaltige, glühende Lavaströme die Bergflanken hinab. Viele Menschen fanden den Tod, Dutzende von Dörfern wurden vernichtet, doch der Pura Besakih blieb größtenteils unversehrt. Und jedem war klar, dass Sukarno kein Liebling der Götter sein konnte.

Natürlich musste Eka Dasa Rudra wiederholt werden, aber diesmal zum richtigen Zeitpunkt. Der war im März 1979 gekommen, wie der er-

Touren zum Gunung Agung kann der Besitzer organisieren. ❷–❸

Hinter den Shops und Warungs, welche die Straße vom Parkplatz zum Tempel säumen liegen versteckt einige nicht ausgeschilderte **Losmen**, die allerdings meist nur sehr spartanisch ausgestattet sind. Komfortabler und v. a. meist wärmer wohnt es sich in **Privatzimmern**, die an Touristen vermietet werden. Einfach fragen! Ein Zimmer sollte nicht mehr als 50 000 Rp kosten, auch wenn das erste Preisangebot oft höher ist.

Transport

Die meisten Touristen fahren in Reisebussen oder mit dem eigenen Fahrzeug zum Besakih. Von KLUNGKUNG kommt man an Festtagen mit einem Minibus (15 000 Rp) direkt zum Tempel. Ansonsten geht es mit dem Minibus bis MENANGA (10 000 Rp). Von hier führt der Weg 6 km steil hinauf. Öffentliche Minibusse vom Besakih talabwärts gibt es kaum. Oft ist es die einzige Möglichkeit (für rund 100 000 Rp bis KLUNGKUNG) einen Minibus oder ein Auto zu mieten.

Gunung Agung

Die Bergbesteigung

Einige steile und mehr oder weniger ausgetretene Pfade führen auf den höchsten Berg Balis (3142 m), dessen Gipfel natürlich heilig ist. Die beste Zeit für eine Besteigung ist die trockene Jahreszeit (Mai–Okt). Die meisten Touren starten nachts, um pünktlich zum Sonnenaufgang auf dem Gipfel zu sein, und sind bis zum Mittag wieder zurück. Guides sind unbedingt erforderlich, da sich in dem verwirrenden Weggeflecht regelmäßig jemand verirrt. Für den Aufstieg benötigt man neben festen Schuhen, Regenschutz und warmer Kleidung auf jeden Fall eine Taschenlampe, ausreichend Trinkwasser und Verpflegung. Der einfachste Weg beginnt am **Pura Pasar Agung** in **Sebudi** in etwa 900 m Höhe, nördlich von Selat. Der relativ leichte dreistündige Aufstieg wird mit einem wundervollen Blick auf Südbali und den Gunung Rinjani auf der Nachbarinsel Lombok belohnt. Kurz vor dem steilen Anstieg steht ein kleiner Tempel. Von hier sind es noch 3–4 Std. Kletterei bis zum Kraterrand. Der Gipfel, nur wenige Meter höher, liegt westlich vom Krater, dazwischen erstreckt sich ein schmaler, gefährlicher Grat aus losem Lavagestein, den man nicht überqueren sollte! Ein anderer, längerer Pfad führt direkt zum Gipfel, von wo man aber nicht den Krater sehen kann. Man startet rechts vom Pura Besakih und läuft zwei Stunden am Fuß des Agung entlang nach Norden. Hier beginnt der eigentliche Anstieg über die Westflanke des Vulkans, der schwieriger ist, da sich der Pfad häufig verzweigt und streckenweise durch verfilzten Dschungel führt. Am Pura Besakih bieten Guides Touren ab 500 000 Rp an. Ab drei Personen kosten sie nur noch 250 000 Rp pro Nase.

Auch wenn die Guides an der Touristeninformation am Besakih anderer Meinung sein mögen, für diesen Aufstieg braucht man unbedingt eine gute Kondition. Untrainierte schaffen es von hier oft nicht bis zum Gipfel und müssen vorher umkehren.

An der Ostseite des Vulkans ist die Besteigung ab **Abang** und **Culik** möglich. Diese beiden Aufstiege werden selten genutzt. Sie sind äußerst schwierig und nur etwas für Erfahrene.

Balis natürliche Schönheiten

Schön ist die Tour durch die Dörfer am Südhang des Agung. Allerdings verkehren hier selten Minibusse. Die Straße von Bangli Richtung **Rendang** durchquert in einem ständigen Auf und Ab mehrere malerische Flusstäler. Auf einer schmalen, asphaltierten Straße geht es weiter über **Muncan** nach **Selat** durch eine wunderschöne Berglandschaft mit herrlichen Reisterrassen. Ein paar Kilometer weiter biegt rechts eine Straße nach Klungkung über **Iseh** und **Sidemen** ab. Geradeaus geht es weiter nach **Amed** über **Putung**, **Bebandem** und **Ababi** unweit von Tirtagangga (s. S. 272), eine Strecke mit vielen Aussichtspunkten mit Blick bis auf die Küste von Candi Dasa. Auf dem letzten Teilstück über **Culik** nach Amed oder Tulamben geht das satte, feuchte Grün der Landschaft in eine trockenheiße Vegetation über. Ein farbenfroher, kontrastreicher Ausflug mit vielen tollen Panoramablicken.

Von Culik startet man vom **Desa Dampal** 2–3 km westlich, von Abang fährt man bis **Desa Purasana**, ca. 3 km westlich. Dort sollte man sich unbedingt von Ortskundigen begleiten lassen. Gaskocher sind aufgrund der enorm hohen Waldbrandgefahr hier überall verboten!

Agung Expedition in Selat, Jl. Sri Jaya Pargus 33, bietet geführte Touren ab zwei Pers. an. Verpflegung und Equipment, sowie eine Übernachtung in Selat und Transport zum Ausgangspunkt und zurück sind inklusive. Tour über Besakih für 500 000 Rp p. P., über Pura Pasar Agung 400 000 Rp. ✆ 0366-24379, ✉ gbtrekk@yahoo.com.

Iseh und Sidemen

In **Iseh** besaß der deutsche Maler Walter Spies ein kleines Haus nebst Atelier, fantastisch über einem Abhang mit spektakulärer Aussicht gelegen. Hierher zog er sich zurück, wenn es ihm in Campuan (Ubud) zu turbulent wurde, denn sein dortiger Wohnsitz war inzwischen (Ende der 30er-Jahre des 20. Jhs.) zu einem bekannten Treffpunkt für Künstler aus der ganzen Welt geworden. Später (bis 1957) lebte in diesem Haus der schweizerische Maler Theo Meier, der sogar einmal Präsident Sukarno zu seinen Gästen zählen durfte. Das Haus steht noch, aber die Leute, die jetzt dort wohnen, scheinen wenig Interesse an Besuchern zu haben. Von außen erinnert nichts mehr an Walter Spies, aber die älteren Bewohner von Iseh können sich noch gut an ihn erinnern.

Im Nachbardorf **Sidemen** werden traditionelle Stoffe gewebt. Außerdem bietet die Umgebung des Ortes einige erfreuliche Unterkünfte. Die meisten davon im Süden des Ortes, also wenn man von Iseh kommt rechts.

Übernachtung

Selat

Pondok Wisata Puri Agung, ✆ 0366-23037. Leider dicht an der Straße werden nette Zimmer, z. T. mit Bad/WC und Warmwasser angeboten. Mit kleinem Restaurant. Auch Trekking-Touren durch die Reisfelder und Gunung-Agung-Besteigungen werden organisiert. ❶

Iseh

Pondok Wisata Patal Kikian, südlich von Iseh auf dem Weg nach Sidemen, ✆/✆ 0366-23005. Versteckt und herrlich ruhig mit fantastischer Aussicht stehen hier 5 Bungalows mit riesigen Zimmern und Veranda in einer weitläufigen Anlage am Berghang. Pool und Spa. Inkl. Frühstück und Abendessen. ❻

Interessante Kurse und Touren

Pondok Wisata Lihat Sawah, etwa 500 m südlich von Sidemen rechts der Gabelung, ✆ 0366-24183, ✉ lihatsawah@yahoo.com. Schöne Zimmer mit teilweise Open-Air-Du oder Bad/WC und Warmwasser. Auf Anfrage werden Kurse (Weben, Kochen, Massage) und Touren (Rafting, Reisfeldwanderungen Gunung-Agung-Besteigungen) angeboten oder organisiert. Inkl. Frühstück und Abendessen mit großer Auswahl. ❸

Links der Gabelung südlich von Sidemen

Uma Agung Villa, Desa Tabola, ✆/✆ 0363-41672, 🖥 www.umagung.com. 6 neue Luxusbungalows mitten in den Reiserassen. Jedes Zimmer ist mit Warmwasser, Kingsize-Bett und Open-Air-Bad/WC ausgestattet. Im Restaurant bieten die italienischen Inhaber neben asiatischen und europäischen Gerichten auch Mozarella und Fetakäse aus eigener Herstellung an. ❸

Nirarta Centre for Living Awareness, Banjar Tabola, ✆ 0366-24122, 🖥 www.awareness-bali.com. Komplett eingerichtete Zimmer mit Du/WC. Die teureren Zimmer haben Rundumsicht mit 3-seitiger Fensterfront. Der englische Besitzer und Meditationslehrer bietet Meditation (2x tgl.) und Kurse für Neueinsteiger. Kein Pool, aber mit klarem Badefluss vor der Tür und vegetarischem Restaurant. ❸ – ❹

Tanto Villa, Desa Tabola, ✆ 0812-3950271, 🖥 www.tanto_villa.com. Luxuriöse Zimmer mit Warmwasser-Bad/WC in einem geschmackvollen Haus. Von den großen Balkons hat man einen herrlichen Blick über den großen Garten und die Reisfelder bis zum Gipfel des Gunung Agung. Mit kleinem Restaurant und Frühstück inkl. ❸

Villa Cepik, Desa Tabola, ✆ 0812-3647384, ✉ cepikvillas@hotmail.com. Bevor sich die Straße in den Reisfeldern verliert, stehen hier 2 Bungalows mit Pool. Die großen Zimmer mit AC, Warmwasser-Du/WC, Kühlschrank und TV haben Marmorböden und eine elegante balinesische Einrichtung. Frühstück inkl. ❸

Sidemen Homestay, am östlichen Dorfrand von Sidemen, oberhalb der Hauptstraße, ✆ 0812-3844888, 🖥 www.tjokordas.int.ms. Die großen, geschmackvollen Zimmer mit indonesischem Mandi und WC, 2 Doppelbetten und Terrasse bieten eine tolle Aussicht bis zum Strand von Sanur. Inkl. Frühstück und Familienanschluss. ❷

Transport

Von SELAT fahren Minibusse nach BATU BULAN (20 000 Rp). In 30 Min. ist man für 6000 Rp in AMLAPURA.

Putung

Fährt man von **Selat** weiter nach Osten, lohnt ein Zwischenstopp im Dorf **Putung**. Einfach an der Kreuzung in Duda nicht links nach Sibetan abbiegen, sondern gerade aus fahren! Dort liegt rechter Hand das Putung Hilltop Resort direkt am Steilhang und bietet einen traumhaften Blick über Berghänge und Palmenwälder bis hin zum Balina Beach und zur Insel Nusa Penida. Das Hotel selbst ist geschlossen, das Restaurant ist aber noch im Betrieb.

Fährt man von Putung weiter nach Süden, kommt man nach etwa 8 km zum Dorf **Manggis** nahe Candi Dasa. Die Strecke bietet eine wundervolle Aussicht über die Berge bis zum Meer, ist jedoch sehr steil, kurvig und hat stellenweise Schlaglöcher.

Sibetan

Östlich von Putung gelangt man bei Sibetan zu einem der wichtigsten Obstanbaugebiete Balis. Rambutan-, Mango- und Durianbäume überschatten die Gehöfte beiderseits der Straße.

Hauptsächlich werden Salak angebaut: kleinwüchsige, stark bestachelte Palmen mit enteneigroßen, säuerlichen Früchten mit dunkelbrauner, schuppiger Schale.

Alle drei Tage findet ein großer, sehenswerter Markt (Obst, Gemüse, Vieh) in **Bebandem**, östlich von Sibetan, statt. Ab Bebandem führt eine Abkürzung über das buddhistische Dorf **Budakling** (s. S. 272) und **Ababi** nach Tirtagangga.

Kusamba

Die Küstenstraße von Sanur bis kurz vor Kusamba ist zu einer breiten, geteerten Schnellstraße ausgebaut worden. Nach der Abzweigung nach Klungkung wird es jedoch wieder etwas beschwerlicher. Die Strecke nach Amlapura, vorbei an der Goa Lawah, Padang Bai und Candi Dasa, führt über eine enge, oft stark befahrene alte Straße.

Direkt am Ortsausgang von Kusamba in Richtung Osten zweigt bei dem großen Schild „Penyebrangan TriBuana" eine Seitenstraße zum Meer ab. Hier kommt man zu dem Anleger der Marktboote nach **Nusa Penida** und **Nusa Lembongan** (75 000 Rp, Charter 600 000 Rp). Ein Büro am Strand verkauft Tickets für den Bootstrip. Die Boote sind klein und oft überladen mit Markthändlern und Ware – bei starkem Seegang nicht unbedingt ein Vergnügen! Eine bessere Alternative ist das Perama-Boot von Sanur nach Nusa Lembongan (s. S. 174) oder die Autofähre von Padang Bai nach Nusa Penida (s. S. 262). Organisierte Bootstouren gibt es ab Tanjung Benoa (s. S. 178).

> **Meersalzgewinnung**
>
> Meerwasser wird früh am Morgen über die vorbereiteten ebenen Sandflächen versprüht. Gegen Mittag, vorausgesetzt die Sonne scheint, hat sich auf der Sandoberfläche eine dünne Schicht von Salzkristallen gebildet. Diese Sandschicht mit dem anhängenden Salz wird zusammengeharkt und in große Bottiche gefüllt, die unter Schutzdächern oder in Hütten stehen. Der Boden des Bottichs besteht aus einem feinen Bambussieb. Durch mehrmaliges Überschütten des Salz-Sand-Gemisches mit Meerwasser wird das Salz gelöst.
>
> Die konzentrierte Salzlake sickert durch das Sieb und wird in ausgehöhlten Kokospalmenstämmen auf Bambusgerüsten der Sonne ausgesetzt, damit das Wasser verdunsten kann, bis sich eine Art Salzbrei gebildet hat. Die Masse wird abgeschöpft, in Bambuskörbe gefüllt, damit die letzte Flüssigkeit durch die Ritzen abtropfen kann, und anschließend auf großen geflochtenen Tellern direkt an der Sonne zum Tafelsalz getrocknet. Der richtige Zeitpunkt ist dabei die Kunst: Wird zu spät abgeschöpft, ist das gewonnene Salz zu bitter wegen der darin enthaltenen Magnesiumsalze, die eine stärkere Wasserlöslichkeit haben und sich folglich später kristallisieren als Tafelsalz (NaCl).
>
> Schöpft man zu früh ab, sind die bitteren Magnesiumsalze zwar noch gelöst und versickern mit dem Wasser, aber man erhält nur eine kleine Menge des reinen Tafelsalzes. Langjährige Erfahrung ist das Geheimnis der Salzmacher von Kusamba. Sie kennen den richtigen Moment für das Abschöpfen des Salzbreis.

Kusamba ist auch ein wichtiger Ort für die Gewinnung von **Meersalz**. In vielen kleinen Familienbetrieben wird noch nach traditioneller Methode ohne technische Hilfsmittel gearbeitet.

Das Fischerdorf liegt an einem breiten, meist schwarzen Sandstrand vulkanischen Ursprungs. Überall am Strand, von dem aus man weit im Süden die große Insel **Nusa Penida** sieht, liegen die *Prahu* der Fischer, kleine Auslegerboote mit bunten Dreieckssegeln und Außenbordern.

Transport

Die Überfahrt dauert 1 1/2 Std. mit den öffentlichen Booten oder bis zu 1 Std. mit einem gecharterten Boot.
Abfahrtszeiten nach NUSA PENIDA 6.30 und 13 Uhr, nach NUSA LEMBONGAN 8 und 14 Uhr. Die Fahrt kann sich oft um Stunden verzögern, trotzdem sollte man pünktlich am Strand sein.

9 HIGHLIGHT

Tauchen vor den Nusa-Inseln

Die starke Strömung der Lombok-Straße vor Nusa Penida, Ceningan und Lembongan macht die Tauchplätze an den Küsten zu etwas ganz Besonderem. Zum einen gedeihen die Korallengärten in dem aufsteigenden kalten Wasser der Strömung besonders farbenprächtig. Zum anderen können hier deshalb Hochsee-Großfische wie Makrelen, Haie, Mantarochen und auch der seltene Mondfisch *(Mola Mola)* gesichtet werden.

Die Tauchbedingungen sind allerdings manchmal wegen des kalten Wassers und der heftigen Strömungen schwierig. Für Anfänger sind besonders die Tauchplätze im Nordwesten von Nusa Lembongan und im Kanal zwischen Nusa Penida und Ceningan nicht zu empfehlen. Und in jedem Fall ist ein erfahrener und vertrauenswürdiger Guide erforderlich!

Der bekannteste Tauchplatz ist wohl die **Crystal Bay**, wo es in der Hochsaison recht turbulent werden kann. Im kristallklaren Wasser gibt es einen bunten Korallengarten zu erkunden und von dem Riffhang aus kann man in eine geräumige Fledermaushöhle tauchen. Außerhalb der Höhle ist auch ein guter Platz um Mondfische zu erspähen.
Beliebt ist auch der **Manta Point** vor den steilen Kalkklippen der Südküste. Die riesigen Mantarochen können bei dieser Putzerstation schon in wenigen Metern Tiefe beobachtet werden. Aber Vorsicht: starker Wellengang!
Der **Malibu Point** vor der Ostküste von Nusa Penida ist ein idealer Platz um Haie, Mantarochen und andere Hochseefische zu sehen. Leider ist er für viele Tauchanbieter zu weit entfernt, um angefahren zu werden.

Tolle Drifttauchgänge entlang eines Abhangs sind beim **SD Point** möglich. Auch hier begegnet man Großfischen wie Mantas, Haien und Barrakudas.

Um die farbenprächtige Korallenwand und die endlosen bunten Fischschwärme bei einem Drifttauchgang um den **Ceningan Point** zu genießen, braucht ein Taucher viel Erfahrung. Die Strömungen sind unberechenbar und heftig.

Der Tauchplatz **Blue Corner** ist der Topspot für Großfische. An dem Steilhang können bei guten Strömungsverhältnissen Mantas, Rochen, Haie, Schildkröten und mit etwas Glück auch Mondfische beobachtet werden.

Im weitläufigen Mangrovengebiet von Nusa Lembongan, dem **Mangrove Point**, ist man meist von allen Arten farbenfroher Fische umgeben. Schwärme von Kaiser- und Drückerfischen ziehen vorbei und auch Haie und Tunfische sind vereinzelt zu sichten.

Nusa Penida

Nusa Penida ist die größte der Nusa-Inseln im Südosten Balis und eine ehemalige Sträflingsinsel mit einer überaus kargen Vegetation. Hier gibt es, im Kontrast zu Bali, kaum Reisfelder. Stattdessen befinden sich hier einige der spektakulärsten Tauchplätze Balis mit seltenen Großfischen und dramatischen Steilwänden.

Der Lebensstandard auf Nusa Penida ist wesentlich niedriger als auf Bali und da die meisten Touristen auf der kleineren Nachbarinsel übernachten, sind die Einwohner kaum für Fremde eingerichtet. In einigen Dörfern sind die Leute eher ablehnend. **Toyapakeh** hat einen wunderschönen Strand, an dem auch die Marktboote aus Nusa Lembongan ankommen. Leider eignet sich die Bucht nicht zum Schwimmen, da hier in Bambusrahmen im Wasser Algen angebaut werden.

Der wichtigste Tempel der Insel liegt auf dem Weg von Toyapakeh nach Sampalan in **Ped**. Im mystischen **Pura Ped** wird der Dämon Jero Gede Macaling verehrt.

Sampalan ist das Verwaltungszentrum der Insel und bietet neben den meisten Übernachtungsmöglichkeiten auch den einzigen Markt mit vielen Essensständen. Vom neuen Fährhafen setzt die große Autofähre *Kapal Roro* 1x tgl. nach Padang Bai über.

Wanderung um die Insel

Von **Toyapakeh** läuft man in Richtung Süden nach **Sebunibus**, wo sich die Straße gabelt. Die rechte Abzweigung führt nach **Sakti** und verläuft weiter parallel zur Küste, die linke führt ins Landesinnere. Von Einheimischen kann man sich den Weg zu einer Höhle an der Küste zeigen lassen. Ein Teil der geräumigen Höhle ist mit Meerwasser gefüllt, manchmal halten sich hier (schlafende) Haie auf. Hinter Sakti endet die Straße.

Weiter geht es auf einem schmalen Fußweg durch eine karge Gegend etwa 2 Std. über die Hügelkuppen, bis der Weg steil in ein Tal abfällt, das dicht mit Palmen bewachsen ist. Dort liegt ein kleines Dorf mit wunderschönem Strand. Wer am Strand bleiben will, kann von den Dorfbewohnern Lebensmittel kaufen.

Die Leute dieser Gegend haben eine ungewöhnliche Form des Fischfangs entwickelt: Sie seilen sich über die Steilklippen ab, wo sie dann in unbequemen Positionen hoch über dem Meer ihre Angeln auswerfen.

Aus dem Tal geht es ca. 3 km steil bergauf nach **Sumpang**, ein ursprüngliches Dorf. Vor der Küste liegt die kleine, steile Felseninsel **Batu Lumbung**, auf der die großen Fruchtfledermäuse (Flughunde) hausen. Die nächsten Orte sind **Penangkidan** und **Sebuluh**, alle ca. 3 km auseinander. Ein Abstecher führt an die Küste, wo die Klippen über 200 m tief zum Meer abfallen.

Ab Sebuluh verläuft eine ungeteerte Straße nach **Batumadeg**, wo es Geschäfte und Minibusverbindungen gibt. Kurz vor Batumadeg steht am Weg ein kleiner, schöner Tempel.

Hinter dem Dorf gabelt sich die Route nach Sakti / Sampalan und Pengaksa. Ab **Batukandik** führt der Weg ständig bergauf über kahle, sante Bergrücken, von denen aus man teilweise die nördliche und südliche Küste sehen kann. Zwei Abzweigungen führen von **Tanglad** zur Steilküste.

9 km sind es bis **Suwana**, einem kleinen Fischerdorf. Dort gibt es Essensstände, die notfalls auch als Unterkünfte dienen. 3,5 km hinter Suwana liegt **Karangsari**, wo man mit Taschenlampe eine Höhle erkunden kann. Die Leute zeigen Besuchern den Einstieg. Zurück nach Toyapakeh fahren Minibusse.

Übernachtung und Essen

Sampalan

Nusa Garden Bungalow, ✆ 0361-418338. Renovierte Bungalows im balinesischen Tempelstil umgeben von Pflanzen und einigen Kunstwerken. Die Einrichtung ist leider etwas veraltet. Trotzdem saubere Zimmer mit Ventilator und Open-Air-Du/Mandi. ❶–❷

Tauchen und Schnorcheln

Es gibt kein Tauchcenter auf der Insel. Einheimische Fremdenführer (s. unter Transport) bieten aber Charterboote inkl. Fahrer für 60 000 Rp an, mit denen man zu den bekannten Tauch- und Schnorchelspots gelangt.

NUSA PENIDA

Übernachtung:
1. Quicksilver
2. Nusa Garden Bungalow
   Made's Homestay

Sonstiges:
1. Tauchspot Blue Corner
2. Tauchspot Mangrove Point
3. Tauchspot S.D. Point
4. Tauchspot Ceningan Point
5. Tauchspot Crystal Bay
6. Tauchspot Malibu Point
7. Tauchspot Manta Point

Made's Homestay, ✆ 0813-3820 7515. Einfache, nicht sehr einladende Bungalows mit Ventilator und Du/Mandi. ❶
Viele Essenstände befinden sich in der Nähe des Marktes und an der Hauptstraße, die durch das Dorf führt.

Toyapakeh

Quicksilver, ✆ 0813-3820 7515. Die komfortabelste Unterkunft auf der Insel. Die großen Holzbungalows liegen ruhig in Strandnähe, wo die Boote nach Nusa Lembongan ablegen. Saubere Zimmer mit AC und schönem Open-Air-Du/WC in einem Steingarten. Empfehlenswert aber etwas überteuert. ❷–❸

Transport

Nur eine Autofähre am Tag fährt von Sampalan nach PADANG BAI (2 Std.), zwischen 10 und 11.30 Uhr. Fahrkarten gibt es im neuen Schalterraum vor der Anlegestelle für 15 000 Rp.
Von Toyapakeh fährt jeden Morgen gegen 7 Uhr ein Marktboot nach NUSA LEMBONGAN. Obwohl man sich das traditionelle Auslegerboot mit Einheimischen teilt, werden von Touristen 25 000 Rp verlangt. In einer größeren Gruppe lohnt es sich, ein Boot für 150 000 Rp zu chartern.
Zwischen Sampalan, Ped und Toyapakeh verkehren nur morgens Minibusse für 2000 Rp.
Es sollte aber kein Problem sein, ein Motorradtaxi in Sampalan oder Toyapakeh zu bekommen. Standardpreis für die 20-minütige Fahrt zwischen den beiden Dörfern ist 15 000 Rp.
Der ortsansässige Fremdenführer Sahidin, ✆ 0813-3820 7515, kann bei Transport, Übernachtung und Tauchtrips helfen.

Nusa Lembongan

Die Fährboote aus Sanur und das Marktboot aus Toyapakeh legen an dem idyllischen Strand von **Jungutbatu** an. Überall in der Bucht gibt es Seetangfelder, an denen man den Algenbauern bei ihrer Arbeit zuschauen kann. Die Insel hat sich nach ihrer Entdeckung durch australische Surfer touristisch entwickelt. Dennoch ist es hier vergleichsweise ruhig geblieben. Und nach 22 Uhr sind kaum noch geöffnete Restaurants oder Strandbars zu finden. Die meisten Besucher kommen nur für einen Tagestrip mit Luxusbooten von Tanjung Benoa herüber (s. S. 178) und sind am Nachmittag wieder verschwunden.

Beim Strandspaziergang auf Nusa Lembongan wird schnell deutlich, dass der Algenanbau ein wichtiger Faktor der einheimischen Wirtschaft ist. Besonders in der Bucht von Jungutbatu sind wie im Norden von Nusa Penida Algenfelder angelegt, und der Geruch von Seetang hängt überall in der Luft. Am Strand und in der Hinterhöfen der Dörfer wird massenweise weißgelbliches, grünes und dunkelrotes Seegras auf Plastikmatten getrocknet. Während die Männer des Dorfes mit ihren kleinen gelben Auslegerbooten die Felder abernten, verteilen die Frauen die Algenhaufen mit hölzernen Harken oder setzen entlang der Drahtseile junge Schößlinge in die Bambusrahmen.

Während in Jungutbatu viele Budget-Bungalows den Strand säumen, sind an den Buchten weiter südwestlich die luxuriöseren Hotelanlagen zu finden. Alle Hotels an der **Coconut Bay** liegen an einem Hang und bieten einen tollen Blick über die Bucht von Jungutbatu und auf die weiten Algenfelder. Die Hauptstraße führt von hier aus vorbei an dem Tempel **Pura Segara** einen steilen Hang hinauf zum Hauptort **Lembongan**. Hier leben die meisten der 7000 Einwohner.

Wer bei der ersten Hauptstraße im Dorf erst rechts und dann wieder links abbiegt und sich

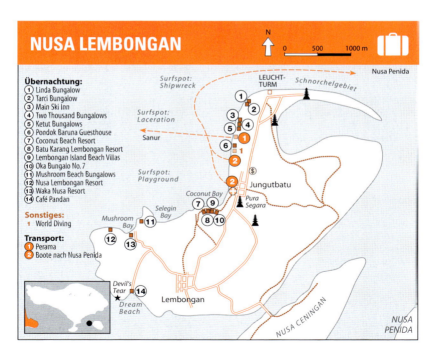

Idylle am Dream Beach

durchfragt, erreicht das Höhlenhaus **Goa Sigalagala** (Eintritt 10 000 Rp), das mit einer Taschenlampe besichtigt werden kann. Das unterirdische Labyrinth wurde zwischen 1961 und 1983 von einem einzigen Mann gegraben.

Westlich von Lembongan warten traumhaft weiße Strände in tropischen Buchten. Der beliebteste ist **Mushroom Bay** mit einigen größeren Hotelanlagen. Empfehlenswert ist aber auch der weiter südlich gelegene **Dream Beach**. Achtung! Schwimmen und Surfen sind hier zwar möglich, aber aufgrund starker Strömungen gefährlich. Ein kleines Hinweisschild kurz vor dem Dream Beach weist den Weg nach rechts querfeldein zum **Devil's Tear**, wo sich die Wellen an den schwarzen Felsen dramatisch brechen.

Übernachtung

Von Nord nach Süd

Jungutbatu

Linda Bungalow & Restaurant, ☎ 0812-3600867, ✉ bcwcchoppers@yahoo.com. Bungalows mit strahlend blauen Dächern und sauberen großen Zimmern mit Du/WC. Mit angeschlossener PADI-Tauchbasis. ❷

Tarci Bungalow, ☎ 0812-3906300. Die billigen Zimmer mit Du/WC sind etwas dürftig und staubig, die teureren sind umso besser, sauber und mit Du in einem Steingarten ausgestattet. Der Besitzer Agus betreibt ein Restaurant und bietet Surftrips an. ❶–❷

Main Ski Inn, ☎ 0366-24481, ✉ mainskiinn@hotmail.com. Die türkisen Bungalows mit Ventilator oder AC dieses Traveller- und Surfer-Treffs wurden gerade z. T. renoviert. Leicht heruntergekommene Terrassen, aber komplett renovierte Du/WCs. Mit Pool, Internet, abendlichen Filmvorführungen und gutem Restaurant. ❷

Two Thousand Café & Bungalows, ☎ 0361-7489656. Der „kleine Bruder" von Ketut Bungalows bietet 4 2-stöckige Bungalows mit großen, schlichten Zimmern mit Du/WC. Teilweise mit AC und Bad/WC. Hier werden Fahrräder, Surfbretter und Schnorchelausrüstungen verliehen. ❷–❸

Ketut Bungalows, ☎ 0361-7474638, ✉ ketutlosmen@hotmail.com. Individuelle

Das Gästehaus des Gottes der Meere

Pondok Baruna Guesthouse, ☎ 0812-3913525, 📠 0361-288500, 🖥 www.world-diving.com. Wenige Meter südlich von der Perama-Anlegestelle finden sich diese empfehlenswerten Reihenbungalows direkt am Strand. Die australische Inhaberin Sue führt auch das 5-Sterne-PADI-Tauchcenter World Diving nebenan. Alle sauberen Zimmer mit Bambusmöbeln und Du/WC haben eine Veranda mit Meerblick. Im Restaurant serviert das freundliche Personal leckeres javanisches und balinesisches Essen (ab 15 000 Rp). Unbedingt reservieren! ❶–❷

Zimmer im traditionellen Stil mit riesigen Betten und Warmwasser-Du/WC, auch teilweise AC und Bad/WC. ❷–❸

Coconut Bay

Oka Bungalo No. 7, ☎ 0366-24497, ✉ putuyasa7@hotmail.com. Am Hang der Coconut Bucht gelegen und mit guter Ausstattung zu einem unschlagbaren Preis. Alle Zimmer haben Warmwasser-Du/WC, Ventilator oder AC und große Balkons mit Sicht auf die Bucht. Die teureren Zimmer bieten Steinbäder und Terrassengärten. Mit kleinem Pool und Restaurant. ❸

Lembongan Island Beach Villas, ☎ 0366-24119, 📠 24490, 🖥 www.lembonganbeachvillas.com. 11 exklusive Luxusvillen mit 2–3 Zimmern, voll ausgestatteter Küche und teilweise mit Pool. Dazu kommen AC, große Terrassen, Warmwasser-Bad/WC, Telefon, TV und Stereoanlage. Allen Gästen steht auch ein eigenes PADI-Tauchcenter, Internet-Service und ein großer Pool mit Bar zu Verfügung. ❺

Batu Karang Lembongan Resort, ☎ 0366-24880, 📠 24881, 🖥 www.batukaranglembongan.com. Ein neues Luxushotel mit Spa am Hang der Bucht. Komfortable Zimmer mit AC, Safe, Minibar, TV, Telefon und eigenem Internet-Anschluss. Selbst das luxuriöse Open-Air-Bad mit großer Steinbadewanne hat Blick auf die Bucht. ❺–❻

Coconut Beach Resort, ☎ 0361-728088, 📠 728089, 🖥 www.bali-activities.com. Hinter einem dicht bewachsenen Teil des Hanges befinden sich diese 8 Bungalows am Ende der Bucht. Runde Häuschen mit Meerblick und kühlen Steinböden, Bastmöbeln und teilweise AC. Alle auch mit Warmwasser-Du/WC, Telefon, TV, Safe und Moskitonetzen. Frühstück und die Benutzung der 2 großen Pools ist inkl. Bootsfahrten rund um die Insel können an der Rezeption gebucht werden. ❷

Mushroom Bay
Mushroom Beach Bungalows, ✆ 0361-281974, ✆ 0366-24515, 🖳 www.mushroom-lembongan.com. 11 Bungalows mit etwas muffigen Zimmern teilweise mit Warmwasser-Du/WC und AC. Zwar nicht direkt am Strand, dafür aber mit tollem Blick über die ganze Bucht. ❸–❹
Waka Nusa Resort, ✆ 0361-723629, 🖳 www.wakaexperience.com. Die Luxuskette bietet hier 10 topausgestattete mit Stroh gedeckte Bungalows *(lanai)* direkt am Strand unter Palmen. Alle mit Warmwasser-Du/WC und Ventilator oder AC. Pools, Bar und Restaurant sind auch angenehm unter Palmen gelegen. Inkl. Transport von Bali an Bord eines privaten Katamarans. ❺
Nusa Lembongan Resort, ✆ 0361-725864, ✆ 725866, 🖳 www.nusa-lembongan.com. Eine weitere Luxusanlage mit 12 stilvollen Villen mit traditioneller Architektur. Neben in den Boden eingelassenen Badewannen im Warmwasser-Bad/WC besitzen die großen Villen AC, Minibar, Telefon und Safe. Sehr gutes Restaurant. Inkl. Katamarantransport von Bali. ❺–❻

Aktivitäten

Schnorcheln
Gute Schnorchelplätze gibt es an der Nordküste der Insel. Boote direkt am Strand, 50 000 Rp pro Std. gemietet werden.

Die Algenfarmer

In den von Korallenriffen geschützten Buchten der tropischen Inseln auf der Wallace Linie ist Algenanbau zu einem lukrativen Geschäft geworden. Hier gedeihen die anfälligen Gewächse im sauberen, ruhigen Meerwasser besonders gut, ohne dabei größeren Temperaturschwankungen ausgesetzt zu sein.
Nach einer Reifezeit von knapp über einem Monat und dem 3-tägigen Trocknen wird der Seetang für 1500 bis 4000 Rp pro Kilo nach Sanur verkauft, wo er zu Pulver zermahlen und nach Japan, China oder in die westlichen Industriestaaten exportiert wird. Aus Algenpulver werden zwei beliebte Stoffe gewonnen: Karrageen und Agar. Beide Stoffe sind sogenannte Polysaccharide und dienen als Lebensmittelstabilisatoren. Anwendung finden sie auch in der Kosmetik- und Pharmaindustrie. Wer die heilende Wirkung der Algen austesten möchte, kann sich in den Luxushotels von Nusa Lembongan mit Algen einpacken lassen oder bei einer Algen-Massage entspannen. Algen sind besonders reich an Eiweiß, Vitaminen, Mineralien und Spurenelementen.

Ein Traum von Robinson Crusoe

Café Pandan, ✆ 0812-3983772, 🖳 www.cafepandan.com. Am traumhaften weißen Dream Beach liegt dieses Café und Restaurant mit Blick auf das Meer mit einmaligen Sonnenuntergängen. Erst seit wenigen Jahren stehen hier auch 4 Bambusbungalows, ein Doppelgalow und ein Familienhäuschen in einem sandigen Kakteen- und Palmengarten. Die Inneneinrichtung in den geräumigen Zimmern ist einfach, aber nett. Mit privatem Open-Air-Du/WC und kostenlosem Transport von und nach Jungutbatu bei Voranmeldung. ❷–❸

Surfen
Drei Weltklasse-Surfspots mit den meterhohen Wellen der Straße von Badung liegen direkt vor der Bucht von Jungutbatu: **Shipwreck**, **Lacerations** und **Playground**. Boote können mitsamt Fahrer für 100 000 Rp gemietet werden, oder man paddelt mit eigenen Kräften vom Strand zum nächstgelegenen Break.

Tauchen
Die 5-Sterne-PADI-Tauchbasis **World Diving**, ✆ 081-2390 0686, 🖳 www.world-diving.com, gehört zum Pondok Baruna in Jungutbatu. Kurse in allen Erfahrungsstufen (z. B. Open Water für US$345) und individuelle Tauchtouren zu den Tauchplätzen um Nusa Lembongan und Penida (s. S. 251) ab US$60 gibt es hier.

Touren
Lembongan Paradise Cruises, Mushroom Beach Bungalows, ✆ 0361-7920482, 🖳 www.mushroom_lembongan.com. Organisierte Surftrips zu allen Surfspots der Insel (ab Sanur 11.30 Uhr, US$25–35), Schnorcheltrips (US$10–15) und Inselsightseeing (US$15–20).

Sonstiges

Geld
Es gibt mehrere Wechselstuben aber keine Geldautomaten und eine **Bank BPD** in Jungutbatu.

Internet
Das **Main Ski Inn** bietet nur morgens und nachmittags Internet-Zugang. Sonst nur in den teureren Hotelanlagen.

Medizinische Hilfe
PUSKESMAS Nusa Penida II, Jungutbatu, ✆ 0366-24473. Bei Krankheit und leichteren Verletzungen hilft die kommunale Poliklinik in Jungutbatu mit 2 Allgemeinärzten rund um die Uhr.

Post
Auf der gesamten Insel gibt es keine Post.

Transport
Die Insel ist relativ klein. Daher kann man in wenigen Std. zu jedem Ort laufen. Außerdem werden Fahrräder und Mopeds für 30 000 Rp pro Std. oder ab 100 000 Rp pro Tag und in vielen Hotels teurer vermietet.
Tgl. fährt ein Boot von Perama direkt an den Strand von Jungutbatu: Ab Kuta um 10 Uhr für 85 000 Rp, ab Sanur um 10.30 Uhr für 70 000 Rp und ab Ubud um 8.30 Uhr für 90 000 Rp. Zurück 1x tgl. um 8.30 Uhr vom Strandabschnitt direkt vor dem Perama-Büro.
1x tgl. um 8 Uhr geht auch ein öffentliches Boot für 45 000 Rp nach Sanur.
Ein Marktboot nach TOYAPAKEH auf Nusa Penida sammelt morgens gegen 8 Uhr Mitfahrer am Strand von Jungutbatu ein (30 Min., 25 000 Rp).

Goa Lawah

Auf halbem Weg zwischen Kusamba und Padang Bai liegt links von der Straße die heilige Fledermaushöhle mit einem großen Tempel davor und viel Touristenrummel. Tausende von Fruchtfledermäusen, eine kleinere Art der Flughunde, hängen in dicken Trauben kopfüber an der Höhlendecke und rund um deren Eingang, so dicht nebeneinander, dass der Felsen wie von einer kompakten Masse zappelnder Leiber überzogen wirkt.

Pura Goa Lawah erscheint in allen Verzeichnissen der *Sad Kahyangan* (die sechs heiligsten

Tempel Balis), obwohl diese Listen selten in allen Punkten übereinstimmen. Sicher war die Höhle schon eine alte Kultstätte, bevor der Tempel im 11. Jh. von Empu Kuturan, einem Hindu-Priester aus Java, gegründet wurde. Auch Danghyang Nirartha, der Mitte des 16. Jhs. aus Java kam, hat seine Spuren im Tempel hinterlassen. Er wird ohnehin mit fast allen Küstentempeln in Verbindung gebracht.

Die Balinesen sind überzeugt, dass die Goa Lawah nur der Anfang eines lang gestreckten Höhlensystems ist, das beim Bergheiligtum Pura Besakih am Fuße des Gunung Agung einen Ausgang hat. Im 17. Jh. wurde der Anspruch eines Prinzen der Mengwi-Dynastie auf die Thronfolge angezweifelt. Das oberste Gericht in Klungkung beschloss, ihn einer Probe zu unterziehen: Sollte er einen Aufenthalt in der Höhle bei den Schlangen überleben, dann sei sein Anspruch gerechtfertigt. Der Prinz überstand das Abenteuer und tauchte nach ein paar Tagen unversehrt aus einer Höhle beim Besakih-Komplex wieder auf. Ein weiteres Zeichen für ein großes Höhlensystem war das spurlose Verschwinden zweier Kampfhähne während eines Hahnenkampfes in Pura Goa Lawah. Sie wurden wenige Tage darauf in Besakih wiederentdeckt.

Das Odalan von Pura Goa Lawah wird alle 210 Tage an einem Dienstag gefeiert, 10 Tage nach Kuningan.

Links des großen Tempels bezahlt man den Eintritt in Höhe von 4000 Rp und erhält einen Tempelschal, der im Tempel getragen werden muss. Vor der Kasse steht ein Heer von Verkäufern, die um Sarongs und Postkarten feilschen wollen, während u. a. auch deutschsprachige Guides für 20 000 Rp ihre Dienste anbieten.

Padang Bai

Der kleine Hafen liegt in einer schönen Bucht, 2 km abseits der Hauptstraße. Eng aneinander gereiht säumen Fischerboote den Strand, bunte Einbaumkanus mit Ausleger, der Bug verziert mit magischen Augen und einem Schnabel. Es herrscht noch eine entspannte Fischerdorfatmosphäre. Große, hässliche Hotelbauten wie z. T. in Candi Dasa fehlen. Es gibt viele kleinere Unterkünfte, bei denen nicht Luxus im Vordergrund steht, die aber durch Freundlichkeit und Individualität bestechen.

Nach seiner Überfahrt von Java soll der legendäre Empu Kuturan, ein Religionslehrer und Reformator, im 11. Jh. hier gelandet sein. Auf einem Hügel über der Bucht östlich vom heutigen Hafen baute er sich eine Einsiedlerklause. Heute steht an der Stelle ein kleiner Tempel, der **Pura Silayukti**.

Von Padang Bai fahren die Fähren nach Lombok ab, die im Vergleich mit den eleganten Fischerbooten wie behäbige Schrottkisten wirken. Es lohnt sich, einige Tage in dem überschaubaren, ruhigen Padang Bai zu verbringen und an den kleinen Sandstränden in der Umgebung zu relaxen. Es gibt eine abwechslungsreiche Korallenwelt zu erkunden – mit dem Schnorchel auf eigene Faust oder mit einem der vielen Tauchcenter.

Klettertouren durch die Hügel hinter der Bucht werden mit wunderbaren Ausblicken belohnt. In westlicher Richtung führt ein kurzer Spaziergang zu dem traumhaften **White Sand Beach** in der Bias-Tugel-Bucht. Leider wurde der gesamte Hang über der Bucht von einem koreanischen Investor gekauft und soll in Kürze mit Luxusvillen bebaut werden. Etwas weiter, der Ortsstraße folgend, kommt man über kleine Wege durch den Palmenwald zum sehr ruhigen **Black Sand Beach**. Dieser breite schwarze Sandstrand kann allerdings sehr heiß werden und die hefti-

Die Unterweltschlangen

Seltsame Naturphänomene sind den Balinesen immer heilig. Beim Anblick der dunklen Höhle wundert man sich nicht, dass hier u. a. die Unterweltgottheiten verehrt werden, an erster Stelle Sanghyang Naga Basuki, der Herr der Schlangen. Naga Basuki ist eine der beiden Unterweltschlangen – die andere ist Antaboga, die die Weltenschildkröte Bedawang umschlingen, auf der die Insel Bali ruht. In den Tiefen der Höhle sollen Schlangen hausen, Manifestationen von Naga Basuki, die sich von verendeten Fledermäusen ernähren.

ge Strömung erschwert das Schwimmen. Östlich von Padang Bai ist die kleine Bucht **Blue Lagoon** mit schönem Strand und Korallengärten über einen kleinen Fußpfad zu erreichen. Hier gibt es auch Warungs und hin und wieder Gitarrenmusik am Lagerfeuer.

Übernachtung

Bislang gibt es hier noch keine Luxushotels wie in Candi Dasa. Östlich und westlich der Hauptbucht sind aber schon die ersten Spatenstiche getan, um größere Tourismusprojekte zu verwirklichen.

In Padang Bai von West nach Ost

Parta Inn, Jl. Silayukti, Gang Tongkol III 7, ✆ 0363-41475. Alle Zimmer sind blitzsauber und bieten Warmwasser im älteren Du/WC. Gegen Aufpreis auch Zimmer mit AC und Balkon, leider ohne Aussicht. Frühstück inkl. ❶–❷

Kembar Inn, Jl. Segara 6, ✆/✉ 0363-41364. Die billigen Zimmer nur mit Du/WC, die teureren mit Warmwasser-Du/WC, AC, Kühlschrank und teilweise mit riesiger Dachterrasse und toller Aussicht. Manche Zimmer sind etwas muffig, ansonsten aber sauber. Frühstück inkl. ❶–❸

Serangan Inn 2, Jl. Silayukti, ✆ 0363-41425. Das beste Preis-Leistungs-Verhältnis in Padang Bai. Das 3-stöckige Hotel liegt etwas weiter weg vom Strand in einem Hinterhof. Alle 17 Zimmer sind geräumig und mit sehr guten Betten, Ventilator sowie Du/WC ausgestattet. Die teureren auch mit Warmwasser und AC. Frühstück inkl. ❶–❷

Boutique-Hotel für Traveller

Zen Inn, Jl. Segara, im Herzen Padang Bais, ✆ 081-8559307, 🖥 www.zeninn.com. Alle 3 Zimmer sind mit großen Filmpostern witzig dekoriert und haben einen niedlichen Hinterhof. Zur Ausstattung gehören hübsche Bambusmöbel und saubere Du/WCs. Frühstück gibt es inkl. im stylischen Restaurant. Hier werden auch gute Kebabs und hausgemachte Burger serviert. ❷

Homestay Made, Jl. Silayukti, ✆ 0363-41441, ✉ mades_padangbai@hotmail.com. Günstige, aber einfache Zimmer mit etwas schmuddeligem kleinen Du/WC. Von den Zimmern in der 2. Etage blickt man bis zum Meer. Mit nettem Café. ❶

Hotel Puri Rai, Jl. Silayukti 7 X, ✆ 0363-41385, ✆ 41387, ✉ purirai_hotel@yahoo.com. Sehr beliebtes Mittelklassehotel mit 2 großen Pools. Kühle Steinhäuser mit je 4 großen Zimmern mit schattiger Veranda. Warmwasser-Du/WC, TV und Minibar gehören zur Grundausstattung, AC gegen Aufpreis. Frühstück inkl. Empfehlenswertes Restaurant mit breiter Auswahl an Seafood (ab 25 000 Rp). Unbedingt vorher reservieren! ❸

Padang Bai Beach Bungalows, Jl. Silayukti, ✆ 0363-42088, 🖥 www.bali-absolute-scuba.com. 8 große traditionelle *Lumbungs* (balinesische Reisspeicher auf Stelzen) liegen hinter dem Tauchcenter **Absolute Scuba**. Alle Zimmer bieten Warmwasser-Du/WC. Die teureren haben auch Minibar, TV und DVD-Spieler. Frühstück und Benutzung des Tauchcenter-Pools inkl. ❷–❸

Topi Inn, Jl. Silayukti 99, ✆/✉ 0363-41424, 🖥 www.topiinn.com. Das mit natürlichen Materialien gebaute Haus liegt am Nordende der Bucht. In relaxter Atmosphäre werden Workshops zur balinesischen Kultur (z. B. Batiken, Weben, Gamelan und Kochkurse) angeboten. Neben 5 sehr einfachen kleinen Zimmern, teilweise ohne eigenes Du/WC und mit Hochbetten, gibt es auch ein 80-qm-großes Atelier unter dem Dach für große Gruppen. Sehr empfehlenswertes Restaurant mit gesundem Essen und Internet-Café. ❶

Am südwestlich gelegenen schwarzen Strand

Tabaluga Homestay, Mimba Village, ✆ 0818-0539 7492, ✉ tabaluga_mimba@yahoo.de. Fast nur deutschsprachige Gäste wohnen in dieser sehr ruhigen Unterkunft am breiten Strand gut 20 Min. südlich von Padang Bai. Abgeschiedene, einfache, etwas ältere Zimmer mit Du/WC und eigener Veranda in einem Garten. Frühstück und Hängematten am Strand inkl. ❶

Padang Bai

Essen

Es gibt einfache **Essenstände** in der Nähe vom Hafen, wenn man von der Fähre kommt 50 m links hinter dem Schlagbaum. Hier ist auch ein kleines **Postamt**. Einfache und gute Restaurants findet man auch in der Jl. Segara.
Höhere Ansprüche werden in den vielen guten Restaurants und Cafés der kleineren Seitenstraßen und am Strand befriedigt.
Kerti Inn Restaurant, Jl. Silayukti, ✆ 0363-41391, ✉ kertibeachinn@yahoo.co.in. Hier kann man sich Red Snapper, Barrakudas, Makrelen und Riesengarnelen in der Auslage selbst aussuchen. Im Restaurant ist es immer voll und der Duft des Fischbarbecues ist köstlich. Empfehlenswert ist Red Snapper vom Grill mit würziger Sauce. Fischgerichte gibt es ab 30 000 Rp.
Ozone Café, Jl. Segara, ✆ 0363-41501. Ein beliebter Treffpunkt für alle, die eine Alternative zu den Hotelrestaurants suchen. In gemütlichen Sitzecken genießt man balinesische Gerichte, Fisch und eine große Auswahl an Cocktails. Hauptgerichte kosten ab 15 000 Rp.

Gesund essen in umweltbewusster Oase

Topi Inn, Jl. Silayukti 99, ✆/✉ 0363-41424, 🖥 www.topiinn.com. Im tropischen Garten mit entspannter Atmosphäre werden nur gesunde Mahlzeiten ohne chemische Zusätze serviert. Sehr große Auswahl an vegetarischen Gerichten und knackigen Salaten, aber auch indonesische Spezialitäten. Zum aromatischen Bohnenkaffee gibt es Kuchen und leckere Brownies. Was die Gäste übrig lassen, wird an die abgemagerten Straßenhunde von Padang Bai verfüttert. Hauptgerichte ab 20 000 Rp.

Ali in Bali, Jl. Segara, ✆ 0818-559307. Kleines, neues Café mit arabischem Flair und Döner Kebab auf der Speisekarte (29 000 Rp). Nur eine kleine Getränkeauswahl und etwas überteuert.

Unterhaltung

Reggae Bar, Jl. Silayukti. 2x wöchentl. spielt eine Reggae/Rockband in der engen Bar. Hier treffen sich Traveller und Einheimische, um bis in die Morgenstunden zu feiern.

Aktivitäten

Schnorcheln

Vom Blue Lagoon Strand kann man direkt zu den vorgelagerten Korallengärten schnorcheln. Strömung beachten! Außerdem gibt es am Strand immer Einheimische, die mit ihren Fischerbooten Schnorchler zu dem beliebten Spot Tanjung Jepun bringen. Die Ausrüstung vermieten viele Hotels für 20 000 Rp pro Tag.

Tauchen

Mehrere Tauchbasen haben sich in Padang Bai niedergelassen, von denen viele auch PADI-Kurse in Deutsch anbieten. Ein Schnupperkurs kostet US$55–65, Taucher mit Zertifikat zahlen für eine Tagestour mit 2 Tauchgängen je nach Ziel US$55–65. Angesteuert werden Riffe und Wracks vor Padang Bai und der gesamten Ostküste (v. a. Pulau Tepekong, Tulamben, Amed und Nusa Penida).
Zu empfehlen sind:
Geko Dive, Jl. Silayukti, ✆ 0363-41516, 📠 41955, 🖥 www.gekodive.com. Bekanntes, alteingesessenes PADI-Tauchcenter mit gut ausgebildeten deutschsprachigen Tauchlehrern. Top Equipment!
Water Worxx, Jl. Silayukti, ✆ 0363-41220, 🖥 www.waterworxbali.com. Die sehr gute Tauchschule wird von den beiden Deutschen David und Wolfgang geleitet.

Sonstiges

Autovermietungen, Fahrrad- und Motorradverleih

Wer einen fahrbaren Untersatz sucht, findet an

> **Vorsicht am Hafen!**
>
> Hier treiben sich lästige Straßenhändler herum, die überteuerte Fährtickets verkaufen oder Gepäck tragen wollen.
> Man sollte sein Gepäck nicht aus der Hand geben und Fahrscheine nur am offiziellen Schalter kaufen.

der Hauptstraße am Strand und in fast jedem Hotel schnell passende Angebote.

Geld

Bank Rakyat an der Bootsanlegestelle neben dem Madya Hotel hat mittlerweile auch einen Geldautomaten an dem bis zu 500 000 Rp abgehoben werden können.
Geldwechsler gibt es überall in Padang Bai.

Internet

Es gibt mehrere Internet-Cafés, die alle 300 Rp pro Min. verlangen.
Die schnellste Verbindung und einen Brenn-Service für Foto-CDs bietet das **Topi Inn**.

Transport

Fähren

Nach LEMBAR, Lombok, rund um die Uhr ca. alle 1 1/2 Std. Die Überfahrtszeit beträgt je nach Wellengang 3–5 Std., Erwachsene 24 000 Rp, Kind 15 000 Rp, Motorrad (inkl. 2 Pers.) 75 000 Rp, PKW (inkl. 4 Pers.) 400 000 Rp. Anschlusstransport in Lembar kann für 60 000 Rp mit dem Fährticket gebucht werden.
Nach SAMPALAN, Nusa Penida, tgl. gegen 13 Uhr, 2 Std. Fahrt, 15 000 Rp.

Minibusse

Ab dem großen Parkplatz vor der Fähranlegestelle für 25 000 Rp nach DENPASAR, für 10 000 Rp nach CANDI DASA und für 15 000 Rp nach AMLAPURA.
Außerdem pendeln **Shuttle-Busse** verschiedener Anbieter zwischen Padang Bai und Balis Touristenzentren.

Der Strand von Padang Bai ist von bunt bemalten Fischerbooten gesäumt

Perama

Das Büro ist nur 100 m von der Fähranlegestelle entfernt auf der linken Seite der Straße nach Denpasar. Von hier fahren Shuttlebusse 3x tgl. in 2 Std. für 40 000 Rp nach KUTA bzw. zum Flughafen über UBUD (1 Std.) und SANUR (1 1/2 Std.) und für 15 000 Rp nach CANDI DASA (20 Min.). Außerdem 1x tgl. um 9 Uhr über Ubud nach LOVINA (100 000 Rp).

Das Zubringerboot für das Schiff nach Lombok holt Passagiere an dem kleineren Pier tgl. um 13.30 Uhr ab, dann geht es zunächst zu allen 3 GILI-INSELN, ab Bangsal dann per Shuttlebus weiter nach SENGGIGI BEACH und MATARAM (alle 200 000 Rp inkl. Mittagssnack). Achtung, das Schiffchen kann bei Wellengang kräftig durchgeschüttelt werden – kein Spaß für empfindliche Mägen!

Schnellboote

Gili Cat, 0361-271680, www.gilicat.com. Schnellboot direkt zu den GILI-INSELN in unschlagbaren 1 1/2 Std., 660 000 Rp, Hin- und Rückfahrt 1 200 000 Rp.

Candi Dasa

Candi Dasa ist die größte Touristenenklave Ostbalis. Über 2 km reihen sich hier luxuriöse Tauchresorts, Mittelklassehotels und exquisite Restaurants aneinander. Der Strand des einstigen Fischerdorfs ist jedoch dem Korallenabbau fast vollständig zum Opfer gefallen. Badefans müssen den 5 km langen Weg zur östlich gelegenen, traumhaften Bucht **Pasir Putih** (Weißer Sand) auf sich nehmen, wo der Name Programm ist. Gegen eine kleine Gebühr kann man hier den ganzen Tag in der Sonne aalen.

Schnorchler können auch direkt von der Küste Candi Dasas aus zu den Korallengärten schwimmen. Außerdem kann man Fischerboote mieten, um die Felseninseln zu erkunden, wo auch einige gute Tauchplätze sind.

Dank der guten Infrastruktur nutzen viele Besucher Candi Dasa auch als Basis für Ausflüge zu den Sehenswürdigkeiten der Region. Besonders schnell ist man von hier in **Tenganan**, einem der ältesten Dörfer Balis, das noch von den *Bali Aga* (balinesische Ureinwohner) bewohnt

Korallenabbau

Viele Korallenriffe Balis sind durch Dynamit-Fischerei und Korallenabbau stark geschädigt. Die Regierung ist sich dessen bewusst und sucht nach Auswegen, aber ein striktes Abbauverbot würde viele Familien zur Arbeitslosigkeit verurteilen. Aus den herausgebrochenen Korallenblöcken wird in Brennöfen *kapur* (Kalk) gewonnen, der dann in Gipsmühlen zur Zementproduktion genutzt wird. In den 1980er-Jahren hatte die Zerstörung rund um **Candi Dasa** ein solches Ausmaß angenommen, dass die gewaltige Brandung ungebremst auf die Küste rollte. Erst als die Wellen schon fast den gesamten Strand abgetragen hatten, folgten Gegenmaßnahmen. Seit 1989 verschandeln jetzt Beton-Wellenbrecher die Küste von Candi Dasa. Auch wenn sich seitdem die Riffe erholt haben und nun wieder Schnorchler und Taucher anlocken, bleibt der Sandstrand bis auf einen schmalen Streifen verschwunden. Pläne zur künstlichen Aufschüttung eines neuen Strandes wie in Sanur werden konkreter. Die Weltbank hat für das Megaprojekt schon grünes Licht gegeben, nur ein ausführendes Unternehmen ist noch nicht gefunden.

---

wird. Von dem Abzweig in Candi Dasa ist es nur 3 km entfernt und gegen eine Spende bekommt man einen Einblick in die uralten Traditionen der Einwohner. (s. S. 268)

Abgesehen von der Hauptstraße, wo viele Motorradfahrer um Fahrgäste werben, ist Candi Dasa ein ruhiges Fleckchen mit wenig Verkaufsrummel. Wem es aber dennoch zu hektisch ist, der findet abgelegene Unterkünfte an den Stränden **Balina Beach** und **Sengkidu Beach** wenige Kilometer weiter westlich.

Übernachtung

Es gibt eine große Auswahl an Unterkünften, so dass für jeden Geldbeutel etwas dabei ist. Leider wurden im Boom der 90er-Jahre einige hässliche Großhotels hochgezogen, die heute leer stehen. Hier sind nur die Schmuckstücke aufgeführt, die auch in der Überzahl sind. Vom Perama-Büro nach Osten reiht sich ein Hotel an das andere:

Budget

Pandan Bungalows & Restaurant, ✆/📠 0363-41541. Hier überzeugen der Service und das freundliche Personal. Man wohnt in hübschen Bungalows mit ruhiger Veranda. Alle Zimmer mit Warmwasser-Bad/WC, die teureren mit AC. Das leckere, inkl. Frühstück kann direkt am Meer genossen werden. Abends kommt man am besten zum Sonnenuntergang hierher, um frischen Fisch, indonesische Küche oder ein Schnitzel zu genießen. Hauptgerichte ab 30 000 Rp. ❷

Ida's Homestay, ✆/📠 0363-41096, ✉ jsidas1 @aol.com. Wer zwischen all den Luxusbauten in Candi Dasa das Traveller-Bali von einst sucht, wird hier fündig. Seit 1974 bietet der Stuttgarter Gastgeber eine Oase der Entspannung. Man wohnt in individuellen, traditionellen Hütten mit Open-Air-Du/WC und großer Veranda im Palmengarten. Obwohl einfach ausgestattet, gehört oft ein Schmuckstück aus Teak aus der eigenen Restaurationswerkstatt zur Einrichtung. Frühstück inkl. ❷

Mittelklasse

Seaside Cottages, ✆/📠 0363-41629, 🖥 www.bali-seafront-bungalows.com. Bungalows mit verschiedenen Standards. Breite Auswahl von nicht so schönen Zimmern mit Mandi bis zu sauberen Bungalows mit Warmwasser, AC und Open-Air-Bad/WC. ❶–❸

Pondok Bambu Seaside Bungalows, ✆ 0363-41534, 📠 41818, 🖥 www.pondokbambu.com. Angenehme, saubere Zimmer mit Warmwasser, guten Matratzen, neuer AC, TV, Minibar und dunklem Du/WC. Pool mit Elefantendusche und Restaurant mit Meerblick. Frühstück inkl. ❸

Kubu Bali, ✆ 0363-41532, 📠 41531, 🖥 www.kububali.com. Die Bungalows liegen wunderschön in einem Garten voller Teiche und Wasserfälle. Alle 20 Häuschen bieten AC, Warmwasser-Du/WC und ruhige Terrassen. Die teureren liegen oben am Hang mit traumhaftem Blick. Mit Pool und Frühstück inkl. ❹

Ein Tauchresort mit Klasse

Alam Asmara Dive Resort, ✆ 0363-41929, 📠 42101, 🖥 www.alamasmara.com. 12 luxuriöse Bungalows umgeben von Fischteichen. Alle Zimmer mit Warmwasser, AC, TV, Safe und stilvollem Open-Air-Bad/WC. Neben eigener deutschsprachiger Tauchschule und Spa gibt es einen Pool und Restaurant direkt am Strand. ❹

The Grand Natia Bungalow, ✆ 0363-42007, 📠 41889, ✉ hotelnatia@yahoo.com. Die luxuriösen Bungalows mit Warmwasser, AC, TV, Safe, Minibar und hellem Open-Air-Bad/WC sind von Fischteichen umgeben. Für einen Aufpreis wohnt man mit Meerblick. Restaurant und Überlaufpool direkt am Meer. ❸–❹

Bali Shangrila Beach Club, ✆ 0363-41829, 📠 41622, 🖥 www.balishangrila.net. Eine beliebte Ferienclubanlage mit eigenem Strandzugang. Alle Zimmer mit Warmwasser-Du/WC, AC, Telefon, TV, DVD-Player, Safe und Kochnische inkl. Kühlschrank. Unterhaltungsprogramm, Pool, WLAN und PADI-Tauchcenter. Frühstück inkl. ❹

Ida Beach Village, ✆ 0363-41118, 📠 41041. Eine originelle Bungalowanlage im Stil eines Dorfes. Hübsche Zimmer mit Warmwasser-Bad/WC, Telefon und teilweise AC. Restaurant und kleiner Pool direkt am Meer. Frühstück inkl. ❸

Sekar Orchid, ✆ 0363-41086, 📠 41977, 🖥 www.sekar-orchid.com. Die 6 schönen Bungalows in einem tropischen Garten bieten Ruhe. Alle Zimmer sind sauber und haben ein Warmwasser-Bad/WC. Der deutsche Besitzer Bernhard züchtet auf dem Grundstück Fische und freut sich besonders über interessierte Biologen. Frühstück inkl. ❷–❸

Luxus

Villa Pantai, 🖥 www.villapantaibali.com. Stilvolle Villa mit 2 großen, Apartments und einem kleinen Pool. Die modernen Zimmer bieten gute Betten, Warmwasser-Du/WC und riesige Balkone mit toller Sicht. Inkl. TV, DVD-Player, Safe, Frühstück und Küchenmitbenutzung. Freundliches Personal. ❺

The Watergarden, ✆ 0363-41540, 📠 41164, 🖥 www.watergardenhotel.com. Bekanntes, idyllisches Hotel mit 14 Bungalows in einem tollen Garten voller Goldfischteiche. Alle Zimmer mit Warmwasser, Safe, Telefon, Minibar und teilweise mit AC und Bad/WC. Gutes Restaurant und Salzwasserpool. Frühstück inkl. ❹–❺

Puri Bagus Candidasa, ✆ 0363-41131, 📠 41290, 🖥 www.bagus-discovery.com. Luxuskette mit 46 top-eingerichteten Bungalows mit Warmwasser, AC und Open-Air-Bad/WC. Natürlich gibt es mehrere Pools, ein exquisites Restaurant, Spa, Tauchcenter und einen Souvenirladen. ❺

Westlich vom Perama-Büro wird es ruhiger und die Distanzen werden größer:

Sengkidu Beach

Bali Santi Bungalows, ✆ 0363-41611, 🖥 www.balisanti.com. Die 9 älteren, aber sauberen Bungalows liegen ruhig in einem Garten am Meer. Alle Zimmer sind einfach, teilweise mit Bad/WC. Frühstück inkl. ❶–❷

Lotus Bungalows, ✆ 0363-41104, 📠 41403, 🖥 www.lotusbungalows.com. Hier gibt es einen Pool mit tollem Blick auf den Sonnenuntergang. Die sauberen Zimmer bieten AC, Warmwasser-Du/WC, Minibar, Safe und gegen Aufpreis auch Open-Air-Du/WC im kleinen Garten. Mit PADI-Tauchcenter und inkl. Frühstück. ❹

Nusa Indah Beach Bungalows, ✆/📠 0363-41062, 🖥 www.nusaindah.de. Von einem Kölner Ehepaar geführte kleine Anlage mit luxuriösen Bungalows. Die Zimmer bieten AC, Warmwasser und ein großes Bad/WC aus Marmor. Sehr nettes Personal. Pool und Frühstück inkl. ❸–❹

Candi Beach Cottage, ✆ 0363-41234, 📠 41111, 🖥 www.candibeachbali.com. Sehr beliebter 4-Sterne-Ferienclub mit Super-Service und deutschsprachigem Personal. Helle Zimmer und Bungalows mit Warmwasser, AC, TV, DVD-Player, Minibar und Bad/WC. Gutes Restaurant, Tauchcenter, 2 große Pools und Internet-Zugang. Frühstück inkl. Unbedingt reservieren! ❹

Candi Dasa

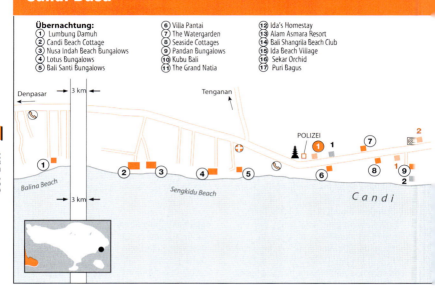

Übernachtung:
1. Lumbung Damuh
2. Candi Beach Cottage
3. Nusa Indah Beach Bungalows
4. Lotus Bungalows
5. Bali Santi Bungalows
6. Villa Pantai
7. The Watergarden
8. Seaside Cottages
9. Pandan Bungalows
10. Kubu Bali
11. The Grand Natia
12. Ida's Homestay
13. Alam Asmara Resort
14. Bali Shangrila Beach Club
15. Ida Beach Village
16. Sekar Orchid
17. Puri Bagus

Relaxen auf Balinesisch mit Balinesen

Lumbung Damuh, Balina Baech ✆/✆ 0363-41553, 🖳 www.damuhbali.com. Weitab aller Touristenströme entführen Tania und Lempot in einen paradiesischen Dschungel. Zwischen Palmen stehen die 4 liebevoll eingerichteten *Lumbungs* (2-stöckige Reisspeicher) mit Blick aufs Meer. Alle sind mit Moskitonetz, Kühlschrank und Du/WC ausgestattet, die teureren bieten Bad/WC und Open-Air-Du. Die sehr netten Gastgeber integrieren ihre Gäste ins Dorfleben und organisieren Schnorcheltrips, Fischbarbecues und auch Feste. Frühstück mit selbstgebackenem Brot inkl. ❸

Essen

Toke Bar & Restaurant, ✆ 0363-41991, 🖳 www.tokebali.com. Neben delikater balinesischer und internationaler Küche gibt es oft Tanzabende für die ältere Generation. Hauptgerichte kosten ab 30 000 Rp.

Pandan Restaurant, ✆/✆ 0363-41541. Günstiger als in vielen anderen Strandrestaurants speist man hier direkt am Meer. Breite Auswahl an Meeresfrüchten, Fisch und indonesischen Gerichten. Außerdem gibt es Schnitzel und frittierte Froschbeine. Hauptgerichte kosten ab 25 000 Rp.

Vincent's Restaurant, ✆ 0363-41368, 🖳 www.vincentsbali.com. Exquisite balinesische und internationale Gerichte in einer angenehmen Jazz-Atmosphäre. Große Auswahl an guten Weinen und vegetarischen Gerichten. Mit professionellem Service. Hauptgerichte ab 30 000 Rp.

Unterhaltung

The Legend Rock Café. 3x wöchentl. Livemusik, zu der auch viele Einheimische feiern. Große

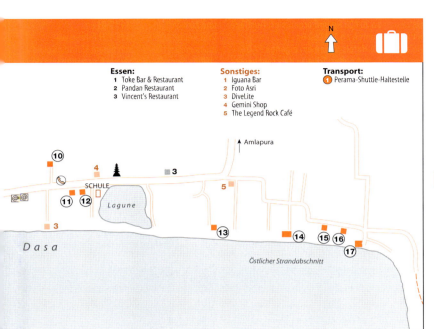

Essen:
1. Toke Bar & Restaurant
2. Pandan Restaurant
3. Vincent's Restaurant

Sonstiges:
1. Iguana Bar
2. Foto Asri
3. DiveLite
4. Gemini Shop
5. The Legend Rock Café

Transport:
1. Perama-Shuttle-Haltestelle

Auswahl an Getränken, aber auch gutem Essen. Hauptgerichte gibt es ab 20 000 Rp, Cocktails ab 25 000 Rp.
Iguana Bar, ☏/✉ 0363-41973. Heiße Tanzabende mit Livemusik mehrmals wöchentl. Sehr beliebt, mit großer Auswahl an Cocktails und gutem Restaurant.

Sonstiges

Einkaufen
Gemini Shop, Laden mit einer großen Auswahl an Souvenirs, Kleidung, Toilettenartikeln und Snacks. Auch kleine Apotheke. ⓘ Mo–So 8–21 Uhr.
Foto Asri, der Souvenirladen bietet auch Kopier- und Fotoservice. ⓘ Mo–Sa 8–21 Uhr.

Feste
Candi Dasa liegt in direkter Nachbarschaft zu einigen der ältesten Dörfer der balinesischen Ureinwohner *(Bali Aga)*. Jeden Monat finden spezielle Zeremonien und Tempelfeste statt, an denen man gegen Spende teilnehmen kann.

Geld
Der nächste Geldautomat befindet sich 15 km entfernt in Amlapura. Geldwechsler gibt es zur Genüge.

Internet
An der Jl. Raya Candi Dasa gibt es einige Internet-Cafés, alle mit sehr langsamen Verbindungen für 350 Rp pro Min.

Motorradverleih
An jeder Straßenecke werden Mopeds vermietet. Der Preis liegt bei 50 000 Rp pro Tag.

Post
Eine kleine Post befindet sich im Foto Asri.

Schnorcheln und Tauchen
Fast jedes Hotel verleiht Schnorchelaus-

rüstungen ab 20 000 Rp und organisiert Ausflüge mit Fischerbooten ab 120 000 Rp.
Viele größere Hotels haben ein eigenes PADI-Tauchcenter und bieten Trips zu den Tauchspots in unmittelbarer Nähe, aber auch um die Nusa-Inseln und vor der Küste von Amed an.
Zu empfehlen ist: **DiveLite**, ✆ 0363-41660, ✆ 41661, 🖳 www.divelite.com.

Transport

Perama Busse halten kurz hinter der Polizei. 3x tgl. fährt ein Shuttle für 15 000 Rp nach PADANG BAI, von wo aus man in alle anderen Touristenorte kommt. Außerdem für mind. 2 Pers. 2x tgl. für 75 000 Rp Transport nach TULAMBEN über TIRTAGANGGA und AMED. Unzählige Motorradtaxen *(ojek)* bieten Kurzstreckentransporte v. a. nach TENGANAN und zum Strand PASIR PUTIH an.
Wer selbst zum PASIR PUTIH fahren will, muss im Dorf Prasi nach einem kleinen Schild „White Sand Beach" Ausschau halten und dort rechts auf eine Dorfstraße abbiegen. Vom Parkplatz (2500 Rp) sind es noch knapp 15 Min. über einen Fußpfad zum Strand.

Tenganan

Die Bewohner dieses Dorfes nennen sich *Bali Aga* (Original-Balinesen). Sie führen ihre aristokratische Herkunft auf die Zeit der Pejeng-/Bedulu-Könige (10.–14. Jh.) zurück, geben sogar Indra, den Götterkönig selbst, als ihren Stammvater an. Neben den Leuten von Trunyan (am Batur-See) zählen sie zu den konservativsten *Bali Aga*. Seit Jahrhunderten sind sie ihren Traditio-

Traditionen der Bali Aga

Hinduismus ist nur in Ansätzen zu erkennen, in Dorftempeln werden mysteriöse Steine verehrt, es gibt kein Kastensystem, die Toten werden begraben und nicht verbrannt. Das Dorf wird einerseits patriarchalisch, andererseits streng „kommunistisch" verwaltet. Es gibt keinen privaten Landbesitz und jeder Einwohner ist Mitglied einer der verschiedenen Dorforganisationen, abhängig von Familienstand, Geschlecht, Alter usw. Tengananns Bewohner gelten als wohlhabend. Das Dorf besitzt ausgedehnte Ländereien mit Reisfeldern, die sie aber nicht selbst bearbeiten. Andere Balinesen übernehmen diese Arbeit, wofür ihnen ein Teil der Ernte überlassen wird. So bleibt den *Bali Aga* viel Zeit für die komplexen Riten, die Bestandteil ihrer Religion sind.
Zu den Zeremonien werden Tänze (meist in der Versammlungshalle Bale Agung, dem wichtigsten Gebäude im Dorf) aufgeführt, die sich sehr von den sonst in Bali üblichen Tänzen unterscheiden, z. B. der Abuang-Tanz, bei dem Gruppen unverheirateter Jungen und Mädchen auftreten. Ein sehr heiliges Gamelan Selunding, dessen einzelne Klangkörper aus Eisen anstatt aus Bronze angefertigt sind, liefert die musikalische Begleitung.
Erwähnenswert sind auch die jährlich anlässlich der Usaba-Sembah-Zeremonie stattfindenden rituellen Zweikämpfe junger Männer, die mit dornenbesetzten Pandanusblättern aufeinander einschlagen.
Natürlich haben die *Bali Aga* von Tenganan ein völlig anderes Kalendersystem als das übrige Bali. Im Calender of Events erfährt man, wann hier ein Fest stattfindet. Seltsamerweise sind Touristen trotz Isolation und Konservatismus willkommen.
Der volle Name des Dorfes ist Tenganan Pegringsingan, wobei sich das letzte Wort auf die einzigartigen Doppel-Ikat-Stoffe *(Geringsing)* bezieht, die nur hier hergestellt werden. Die kompliziert gemusterten Stücke, die meist bei Zeremonien getragen werden und magischen Schutz vor Krankheitsdämonen bieten sollen, sind in jahrelanger Kleinarbeit entstanden und entsprechend kostbar (einige Millionen Rupiah pro Stück). Man verwendet nur Naturfarben, die aus Wurzeln, Rinden, Blättern oder Früchten hergestellt werden.

nen treu geblieben, leben in fast völliger Isolation vom übrigen Bali. Sie sind sogar von den Majapahit-Einflüssen nicht im Geringsten berührt worden.

Das Dorf besteht aus zwei parallelen Straßen, an deren äußeren Seiten sich jeweils eine Häuserzeile befindet. Dadurch ist es nach außen wie eine Festung abgeschottet. Nur durch vier Tore kommt man hinein (Spende). Hier kann man in vielen Souvenirläden Lontar (Palmblattmanuskripte) und Doppel-Ikat zu Liebhaberpreisen kaufen und I Wayan Muditadnana beim Schreiben der Lontar zusehen, die er nach alten Vorlagen in seinem Haus herstellt.

Bei einem Besuch im Dorf fällt auf, dass die sonst in Bali üblichen Kinderscharen fehlen. Damit sind wir bei Tenganans größtem Problem. Das strikte Tabusystem der Bali Aga verbietet eine Heirat außerhalb des Dorfes; wer gegen das Gebot verstößt, wird verbannt und siedelt sich in Nachbardörfern an.

Schon lange ist kein frisches Blut mehr nach Tenganan gekommen, und die Kinderlosigkeit vieler Frauen ist das schwerwiegendste Symptom einer allmählichen Degenerierung. Im Laufe des 20. Jhs. ist die Bevölkerung schon um mehr als die Hälfte geschrumpft. Aber wie könnte ein erzkonservativer Bali Aga die Traditionen brechen? Die übrigen Balinesen, die stolz auf ihre Anpassungsfähigkeit sind, haben für die Bali Aga meist nur noch ein mitleidiges Lächeln übrig. Nur an der magischen Kraft des Gamelan Selunding und des Kamben Geringsing besteht inselweit kein Zweifel.

In der Nähe von Tenganan befinden sich zwei weitere Bali-Aga-Dörfer, **Asak** und **Bungaya**, die aber längst nicht mehr so traditionell sind. Asak besitzt ein antikes Gamelan mit hölzernen Klangkörpern. Bungaya, wie Tenganan von Mauern umgeben, wird von Steinmetzen und Korbflechtern bewohnt.

Amlapura

Die Bezirkshauptstadt mit ihren verwirrenden Einbahnstraßen ist nicht nur wegen ihrer Paläste aus dem 19. Jh. interessant. Auch **Hardy's**, das größte Einkaufszentrum Ostbalis, befindet sich

Das Königreich von Karangasem

Es tritt erst im 17. Jh. in die Geschichte Balis, nachdem der Dewa Agung von Klungkung seinen politischen Einfluss verloren hatte. Karangasem wurde zum machtvollsten Reich der Insel und dehnte seine Herrschaft sogar über Lombok aus. Durch sofortige Kooperation mit den Holländern rettete der Raja Thron und Titel und behielt einen Teil seiner Rechte und seines Landbesitzes.

hier, mit gleich mehreren Geldautomaten der üblichen Banken.

Amlapura ist immer noch unter dem alten Namen Karangasem bekannt. Nach dem katastrophalen Vulkanausbruch 1963 wurde die Stadt umgetauft, um die bösen Geister zu vertreiben, die die Stadt und ihre Umgebung unter den Lavamassen vergraben haben könnten.

Von den drei Palästen im Ort ist der **Puri Agung Kanginan**, Jl. Teuku Umar, noch am besten erhalten. Die hinteren Gebäude werden sogar noch bewohnt. Ein Teil der Anlage kann besichtigt werden. Der Puri Agung wurde Ende des 19. Jhs. von Anak Agung Gede Jelantik erbaut, den die Holländer als ersten Stadthalter einsetzten. ⊙ Mo–Sa 8–18 Uhr, Eintritt 5000 Rp.

In der Architektur und den Verzierungen des Palastes sind neben balinesischen auch europäische und chinesische Einflüsse deutlich sichtbar. Auf der Insel in der Mitte des künstlichen Lotosteiches steht der **Bale Kambang**, wo die königliche Familie bei festlichen Anlässen zu speisen pflegte. Erwähnenswert sind außerdem das **Pemandesan**, das Gebäude für die Zahnfeilungs-Zeremonie, und der **Bale London**, benannt nach seinen englischen Möbeln, wo die große Familie des Rajas wohnte. Der letzte Raja, Anak Agung Anglurah Ketut, soll 35 Frauen gehabt haben. Inklusive Dienerschaft lebten damals 150 Personen im Puri Agung. Auf der Veranda des Bale London hängen Fotos des letzten Raja und von einigen seiner Frauen.

Anglurah Ketut war von Wasserschlössern begeistert. Nach seinen Entwürfen entstand 1921 die Anlage bei **Ujung** an der Küste und 1947 wur-

Amlapura

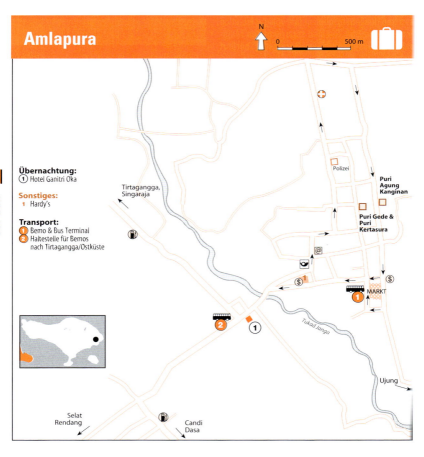

Übernachtung:
① Hotel Ganitri Oka

Sonstiges:
1 Hardy's

Transport:
① Bemo & Bus Terminal
② Haltestelle für Bemos nach Tirtagangga/Ostküste

de der Wasserpalast von **Tirtagangga** gebaut (s. S. 272).

Übernachtung und Essen

Unterkünfte speziell für Touristen gibt es in der Stadt nicht, dafür aber ein Hotel mit zufriedenstellendem Standard:
Hotel Ganitri Oka, Jl. Jendral Sudirman 30X, ☎ 0363-22354. In dem großen Hotel sind Touristen rar. Die Zimmer sind sauber und mit Du/WC, TV und teilweise AC ausgestattet. ❶–❷

An den Hauptstraßen Jl. Jendral Sudirman und Jl. Diponegoro gibt es viele Garküchen (Warung), die gute und günstige indonesische Kost anbieten.

Sonstiges

Einkaufen
Hardy's, Jl. Diponegoro. Einkaufszentrum mit großem Supermarkt. Hier bekommt man alles, von Schreibwaren und Kleidung bis zu Lebensmitteln und Hygieneartikeln. Außerdem

Gebug-Kampfspiele

Zwischen Juli und Dezember hat man Gelegenheit, im Bezirk Karangasem die *Gebug*-Kampfspiele zu sehen, die offensichtlich von den Sasak aus Lombok entlehnt sind, wo sie *Perisean* genannt werden. Zur Begleitung des kleinen *Gamelan Rereyongan* kämpfen jeweils zwei Männer aus zwei rivalisierenden, 40 Mann starken Teams nach strengen Regeln gegeneinander. Eine Jury wacht darüber, dass die Kämpfer fair bleiben, und verteilt Punkte entsprechend den erzielten Treffern. Gekämpft wird mit 1,15 m langen Rotanstöcken *(Gebug)*, die man schon fast als Peitschen bezeichnen könnte, da sie sehr elastisch sind. Um gegnerische Schläge abzuwehren, tragen die Kämpfer kurze Lederschilde.

gibt es hier Geldautomaten aller großen Banken. ⊙ 6–22.30 Uhr.

Post
Jl. Teuku Umar, ⊙ Mo–Do 8–14, Fr 8–11, Sa 8–12.30 Uhr.

Transport

Von Amlapura führt eine asphaltierte Straße bis SINGARAJA (92 km mit dem Bus für 20 000 Rp) durch eine heiße, steppenähnliche Landschaft, die noch immer vom Vulkanausbruch geprägt ist.
Minibus nach UJUNG bzw. nach TIRTAGANGGA jeweils 6000 Rp, weiter nach AMED für 15 000 Rp. Auch nach Süden fahren Minibusse nach CANDI DASA für 10 000 Rp und PADANG BAI für 20 000 Rp, meist jedoch nur vormittags.

Die Umgebung von Amlapura

Ujung

4 km südlich von Amlapura, fast am Strand, liegt der ältere der beiden Wasserpaläste von Karangasem. Obwohl die Gebäude durch Erdbeben größtenteils zerstört sind, ist die weitläufige Anlage von Ujung immer noch sehenswert – und doch vom Touristenrummel verschont geblieben. 2002 wurde die Anlage renoviert. Neben breiten Treppen und Wasserbecken entdeckt man etwas am Hang zurückliegend drei massige Tierskulpturen, die gut erhalten sind: Singa, Garuda und Nandi. Oben an der Straße steht eine Moschee.

Übernachtung

Nicht weit von Ujung befindet sich eine empfehlenswerte Unterkunft in Jasri:
Homestay Irene, Jl. Pantai Jasri, ✆ 0813-3800 6901, 🖳 www.homestayirene.com. In dem tropischen Garten sind 2 Bungalows, 2 geräumige Villen, ein gemütliches Café und ein Pool versteckt. Balinesische Zimmer mit Du/WC, teilweise auch mit Open-Air-Du/WC. Die Villen bieten mit Warmwasser, AC und einem tollen Meerblick etwas mehr Komfort. Frühstück inkl. Unbedingt vorher reservieren. ❸–❹

Rund um den Gunung Seraya

Die Straße von Amlapura nach Ujung führt weiter hinauf in die Berge und um den Gunung Seraya herum über Tanah Barak nach Amed (Minibusse sind sehr selten). Die asphaltierte Straße ist ziemlich schmal und erfordert vom Fahrer großes Können und erhöhte Aufmerksamkeit. Es empfiehlt sich deshalb, Zeit und Geduld mitzubringen – schon um die vielen Affen am Straßenrand nicht zu gefährden.

Der Weg windet sich in ständigem Auf und Ab und sehr kurvenreich oft hoch über der steilen Meeresküste um den äußersten Ostzipfel Balis herum. Brücken gibt es kaum – die Flüsse strömen in der Regenzeit ungehindert über die Straße, die an diesen Stellen durch breite Betonbefestigungen verstärkt wird; nach starken Regenfällen ist das für kleinere Fahrzeuge etwas problematisch. Man sollte mit etwa 90 Min. Fahrzeit von Ujung nach Amed rechnen.

Für alle Strapazen entschädigt die tolle Aussicht über das Meer bis hinüber nach Lombok. Der Weg führt durch ärmliche Bauernsiedlungen in kärglicher Vegetation und durch kleine Fischerdörfer mit bunten *Prahu* an steinigen Stränden. Einige der Einwohner bessern ihr Einkommen durch Weinanbau auf.

Die Umgebung von Amed hat sich seit Mitte der 90er-Jahre zu einer gut erschlossenen Touristenregion und einem beliebten Reiseziel für Taucher und Schnorchler entwickelt.

Tirtagangga

Der zweite Wasserpalast **Taman Tirtagangga** des letzten Raja von Karangasem hat glücklicherweise nicht so stark unter den Erdbeben gelitten wie die Anlage von Ujung. Mehrere Wasserbecken, teils zum Schwimmen, teils als Lotosteiche angelegt, werden von heiligen Quellen gespeist, die sich am Hügel oberhalb des ehemaligen Palastes befinden *(Tirta Gangga* = heiliges Wasser vom Ganges). Im Zentrum der Anlage steht ein hoher, pagodenartiger Brunnen. Seltsame Fabelwesen säumen als Steinstatuen die Becken, die heute von den Balinesen als Schwimmbad benutzt werden. ◑ 6–18 Uhr, Eintritt 5000 Rp, Parken 1000 Rp.

Herrlich in den Hügeln gelegen, umgeben von Reisterrassen, ist Tirtagangga mit seinem nicht mehr ganz so heißen Klima ein idealer Ausgangsort für Wanderungen und Ausflüge im äußersten Osten von Bali. Kein Dorf liegt in unmittelbarer Nähe des Wasserpalastes, doch haben sich Restaurants und einige kleinere Hotels und Homestays in und um Tirtagangga angesiedelt.

Übernachtung

Die meisten Unterkünfte befinden sich im Umkreis des Wasserpalastes.
Die Auflistung folgt dem von Amlapura kommenden Weg von Süden nach Norden:
Homestay Rijasa, ✆ 0363-21873. Gleich rechts am südlichen Ortseingang liegt dieses Homestay in einem schönen Garten. Nicht besonders gepflegt, aber die Zimmer sind sauber und mit Warmwasser-Bad/WC. Frühstück inkl. ❶–❷
Tirta Ayu Hotel, ✆/✆, 0363-22503, 🖳 www.hoteltirtagangga.com. Direkt auf dem Palastgelände wird dieses Hotel vom Sohn des letzten Raja geführt. Die Villen bieten

Deutsche Gastfreundschaft im Reisfeld

Cabé Bali Guesthouse, Desa Temega, ✆/✆ 0363-22045, 🖳 www.cabebali.com. Eingerahmt von Reisterassen und abseits von der Hauptstraße 2 km vor Tirtagangga liegt diese Oase. Die freundliche deutsche Gastgeberin bietet 4 geräumige und saubere Bungalows mit Du/WC und Warmwasser aus Solarenergie. Im Garten sind tropische Pflanzen und ein Pool angelegt. Inkl. sind Frühstück, Kuchen am Nachmittag, geführte Spaziergänge durch die Reisfelder und wenn nötig Pick-up aus Tirtagangga. Abends lockt das eigene Restaurant mit fantastischem 4-Gänge-Menü für 85 000 Rp. ❹

Warmwasser, luxuriöse Betten und ein königliches Bad/WC mit Steinbadewanne. Frühstück und Baden im Palastpool inkl. Mit Restaurant. ❹
Puri Sawah Bungalows, ✆ 0363-21847. Kurz hinter der Kurve nach dem Wasserpalast. Einfache Bungalows mit Open-Air-Mandi oder Warmwasser-Bad/WC und Blick über die Reisterrassen. Frühstück inkl. ❷
Puri Prima Homestay, ✆ 0363-21316. Etwa 2 km nördlich vom Palast. Die Aussicht von den Bungalows über die Reisterrassen ist traumhaft. Die Zimmer mit Bad/WC ohne jeglichen Komfort sind etwas schmuddelig. Frühstück inkl. ❶

Die Umgebung von Tirtagangga

Budakling

Zu dieser buddhistischen Gemeinde westlich von Tirtagangga gelangt man über eine schmale, asphaltierte Seitenstraße entweder von Ababi oder von Bebandem aus. Äußerlich unterscheidet sich der Ort kaum von anderen balinesischen Dörfern, auch die Tempelzeremonien laufen hier nach bekanntem Muster ab. Die buddhistischen Priester von Budakling entstammen nämlich alle der Brahmanen-Kaste, und nach eigener Aussage besteht für sie kein großer Unterschied zwischen Buddhismus und Hindu Dharma. Auffallend ist, dass in dieser Gegend viele **Eisen-**

schmiede ihr Handwerk betreiben. Schmiede genießen in Bali ein hohes Ansehen, denn der Volksglaube sieht etwas Magisches in den Metallen und in denen, die sie bearbeiten und damit beherrschen. Gesellschaftlich steht der Clan der Schmiede *(pande)* höher als die *sudra*, die Kaste mit dem größten Bevölkerungsanteil. Die Männer von Ababi, einem Dorf wenige Kilometer nördlich von Tirtagangga, veranstalten alle paar Monate in unregelmäßigen Abständen den zeremoniellen Kriegstanz Makepung, zu dem enorme Mengen *Tuak* (hochprozentiger Palmwein) getrunken werden. Eine schöne Tour führt durch die Dörfer am Südhang des Gunung Agung nach Westen bis nach Selat und Rendang (s. S. 240, 248).

Übernachtung

2 km vor Ababi, von Budakling kommend, liegen rechts einige abgeschiedene Homestays. Auf den Terrassen aller Unterkünfte kann man perfekt die Sonnenaufgänge über den Reisfeldern genießen:

Padoba Mimpi, 0813-3873 9950, madesudira@hotmail.com. Relaxen in sauberen, hübschen Zimmern mit großem Warmwasser-Du/WC. Große Terrasse und Frühstück inkl. ❷

Pondok Lembah Dukuh Bungalow. Schlichte Zimmer mit Warmwasser und großem Bad/WC mit Bananenstauden. Nette Gastgeberfamilie. Inkl. Frühstück. ❷

Pondok Batur Indah Homestay, 0363-22342. 4 kahle, aber saubere Zimmer mit Warmwasser und Du/WC. Frühstück inkl. ❷

Abang / Culik

Nördlich von Tirtagangga windet sich die Straße Richtung Singaraja über eine kleine Passhöhe. Die Asche-Eruptionen des Gunung Agung haben die Umgebung von Abang mit überreicher Fruchtbarkeit gesegnet. Die Reisterrassen, die sich beiderseits des Passes die Hänge hinaufziehen, gehören mit zu den schönsten Landschaften Balis. Im krassen Gegensatz dazu steht die Gegend nördlich von **Culik**: Außer Lontarpalmen gedeiht wenig in diesem halbwüstenartigen Landstrich. Gewaltige, erstarrte Lavaströme ziehen sich von Gunung Agungs kahler Ostflanke bis zur steinigen Küste.

Gunung Seraya

Die flache, breite Vulkanruine des **Gunung Seraya** (1175 m) nimmt den gesamten Ostzipfel Balis ein. Sein stark zerschnittener Mantel zeigt, dass er schon lange nicht mehr tätig war. Die Kraterränder sind eingebrochen; nur hier und da ragen einzelne Bergkuppen auf, deren fast kreisförmige Anordnung die Ausdehnung des alten Kraters noch erkennen lässt. Von dem Dörfchen **Ngis** aus kann man in 2 Std. hinaufsteigen.

Wie alle Berge der Insel ist auch der kleine Gunung Seraya mit einem bedeutenden Heiligtum bestückt. Auf einer Bergkuppe mit toller Aussicht oberhalb eines Bambushains liegt 8 km von Tista der **Pura Luhur Lempuyang**, äußerlich bescheiden, aber doch einer der sechs heiligsten Tempel Balis *(Sad Kahyangan)*. Der javanische Hindu-Priester Empu Kuturan soll den Tempel im 11. Jh. als einen der vier Richtungstempel (für Osten) erbaut haben. Die anderen drei Richtungstempel sind Pura Luhur Batukau (Westen), Pura Puncak Mangu oberhalb vom Bratan-See (Norden) und Pura Andakasa westlich von Padang Bai (Süden).

Amed, Jemeluk, Lipah und Selang

Diese kargen Fischerdörfer an Balis ferner Nordostküste haben in den letzten Jahren einen beachtlichen Zuwachs an Besuchern erlebt, die in Ruhe und Abgeschiedenheit einen Badeurlaub verbringen wollen oder zum Tauchen und Schnorcheln hierher kommen.

Immer mehr Unterkünfte, meist mit Restaurant, einige mit Tauchzentrum, entstehen auf dem 9 km langen Küstenabschnitt zwischen **Amed**, 3 km östlich von Culik, und Selang. Da die Küste am Fuß des Gunung Seraya relativ steil ist, haben viele Anlagen am Hang eine gute Aussicht. Dafür muss man gegebenenfalls ein paar hundert Meter laufen, um zu einem Strand zu gelangen. Einige Unterkünfte liegen direkt am Strand. Zahlreiche kürzere und längere Strände, mal mit schwarzem, oft mit weißem Sand, werden von Felsklippen unterbrochen. An einigen Stränden sind die bunten Segel-*Prahu* der Fischer aufgereiht und zwischen den Hotels am Strand wird noch immer auf traditionelle Weise Meersalz gewonnen.

Es gibt keine Post und so gut wie keine Einkaufsmöglichkeiten, auch keine Strandverkäufer. Und öffentliche Verkehrsmittel sind äußerst selten. Ein paar Geldwechsler tauschen Bargeld zu miserablen Kursen.

Tauchen und Schnorcheln ist an vielen Stellen möglich, besonders attraktiv ist das Korallenriff bei **Jemeluk**, 2 km östlich von Amed. Fast alle Unterkünfte vermieten Schnorchelausrüstungen.

Übernachtung

In Amed ist es die meiste Zeit des Jahres sehr ruhig. Zur Hauptsaison, besonders zwischen Juni und August, empfiehlt es sich aber, Zimmer – egal welcher Preisklasse – vorher zu reservieren.

Praktisch alle Unterkünfte liegen an der schmalen Küstenstraße und sind problemlos zu finden. Während die billigen Unterkünfte sich auf den Abschnitt von Jemeluk konzentrieren, steigt das Preisniveau, je weiter man nach Osten kommt. Von West nach Ost:

Budget

Geria Giri Shanti Bungalow & Café, Jemeluk, ✆ 081-9166 54874, 🖳 www.geriagirishanti.com. Diese einfachen und gemütlichen Bungalows am Hang mit offenem Bad sind eine der besten Budgetoptionen in Amed, und die niederländischen Eigentümer stehen gerne mit Tipps zur Seite. ❶

Jukung Bali Bungalows, Jemeluk, ✆ 0363-23470, 🖳 www.jukungbali.com. Strandbungalows mit großer Terrasse, Liege und Meerblick sowie tollen Steinbädern mit Kaltwasser. Mit Motorradverleih vorne. ❷

Bamboo Bali Bungalows, Jemeluk, ✆ 0363-23478. Selbst wenn ganz Amed voll sein sollte, hier gibt es immer einen Schlafplatz, auch wenn es nur eine Möglichkeit zum Ausrollen des Schlafsacks ist. Ansonsten gibt es Bungalows meist mit Warmwasser und Open-Air-Du/WC, am Hang oder am Strand. ❷

Ein Paradies für Langschläfer

Prema Liong Bungalows & Restaurant, Bunutan, ✆ 0363-23486, 🖳 www.bali-amed.com. 4 Bungalows im Grünen mit Himmelbetten auf jeder der 2 Etagen. Die meisten schlafen aber auf der Terrasse mit Liege und Moskitonetz. Open-Air-Du nur mit Kaltwasser. Aber die Lage und der wilde Garten entschädigen für alles. Im Restaurant gibt es eine große Auswahl an Pizzen. ❷

Eco-Dive Bungalows, Jemeluk, ✆ 0363-23482, 🖳 www.ecodivebali.com. Einfache Bambusbungalows mit Waschbecken, WC und Gemeinschaftsdusche. Wer nur einen Schlafplatz und Gleichgesinnte sucht ist bei der billigsten Unterkunft Ameds richtig. Ohne Frühstück. Angeschlossene Tauchschule unter kanadischer Leitung. Tauchkurse auf Französisch. ❶

Mittelklasse

Hotel Uyah Amed, Jl. Pantai Timor, ✆ 0363-23462, 📠 285416, 🖳 www.naturebali.com/AMED_ECO_COTEL_BALI.htm. Nette Anlage am Meer. Die gemütlichen Bungalows haben Meerblick, Bad oder Du/WC und teilweise AC. Das Ökohotel bezieht seinen Strom aus Sonnenenergie und das angeschlossene Tauchcenter, 🖳 www.ameddivecenter.com, baut zusammen mit den Gästen neue Korallenriffe. Ausflüge zu Salzgewinnungsanlagen werden angeboten und 2x wöchentl. tritt ein *Genjek Gamelan* im eigenen Café auf. ❸

Santai Bungalows, Bunutan, ✆/📠 0363-23487, 🖳 www.santaibali.com. Schattige Anlage am Meer mit 2-stöckigen Bungalows inkl. AC und Open-Air-Bad mit Wanne. Im Pool unter Palmen lässt sich die Hitze gut ertragen. Der Besitzer Ngurah Sutiaka spricht Deutsch. ❹

Wawa-Wewe II, Lipah, ✆ 0363-23506, 23522, 🖳 http://au.geocities.com/wawawewe1-2. Entspannte Anlage mit netten 2-stöckigen Bungalows mit AC, Warmwasser und Open-Air–Du/WC. Der Überlaufpool am Klippenrand ist atemberaubend. Unbedingt vorher buchen! ❸

Dancing Dragon Cottages, Lipah, ✆ 0363-23521, 🖥 www.dancingdragoncottages.com. Boutiquehotel nach Feng-Shui erbaut und eingerichtet. Die edlen Bungalows am Hang gibt es teilweise mit AC und Bad/WC. Entspannung pur auf den Terrassen oder im Pool. ❸–❹

Hidden Paradise Cottages, Lipah, ✆ 0363-23493, 📠 23555, 🖥 www.hiddenparadise-bali.com. Bungalowanlage 7 km östlich von Amed in einem gepflegten Garten. Zimmer mit Open-Air-Du/WC, Warmwasser, AC und Minibar. Ein toller Pool, Kinderschaukeln und viel Platz zum Herumtollen garantieren einen angenehmen Familienurlaub. ❸–❹

Die **Coral View Villas** bieten mit selbem Management und Kontakt das gleiche Angebot wie Hidden Paradise Cottages. Dazu gehört auch die zwischen den Hotels liegende Tauchschule **Euro Dive Bali**, ✆ 0363-23605, 🖥 www.eurodivebali.com, in dem man auch einen Tauchlehrerschein machen kann.

Vienna Beach Bungalows, ✆ 0363-23494, ✉ viennabeach@hotmail.com. Schickes Hotel an einem Strandabschnitt, an dem man schnorcheln und schwimmen kann. Zimmer mit Du/WC, Warmwasser und AC. Frühstück und sogar Abendessen inkl. ❸

Baliku, Selang, ✆ 082-8372 2601, ✉ balidodo@yahoo.com. Hotel gegenüber vom Japanese Shipwreck mit Blick auf Bucht und Gunung Seraya. 3 exklusive Zimmer mit Bad/WC, AC, Warmwasser, Minibar, kleiner Küche und Frühstück. Das Himmelbett, die Eckbadewanne und der marineblaue Pool laden zum Relaxen ein. ❸

Der perfekte Sonnenuntergang

Waeni's Bungalow, Bunutan, ✆ 0363-23515, 📠 21044, ✉ madesani@hotmail.com. Die wohl atemberaubendste Aussicht kann man hier direkt in der Hängematte oder im Bett auf der Terrasse genießen. Kreativ gestaltete Zimmer mit großem Du/WC aus Naturstein, teilweise mit Warmwasser und AC. Nach unten zum Strand führt ein Trampelpfad. Oben gibt es ein gemütliches Restaurant. ❷–❸

The Retreat Bali, Selang, ✆ 081-3384 05839, 🖥 www.theretreatbali.com. Modern eingerichtetes Themenhotel oben auf den Klippen – eines der letzen am Strandabschnitt. 4 geräumige Maisonette-Zimmer mit Open-Air-Bad/WC, Warmwasser, TV und Frühstück. Meditations-, Entschlackungs- und Heilmethoden werden groß geschrieben. ❹

Essen und Unterhaltung

Zu den meisten Hotels gehören kleine Restaurants mit europäischen und indonesischen Gerichten. Einige haben eine tolle Aussicht und liegen am Meer oder hoch oben auf den Klippen.
Eigenständige Restaurants können in der Nebensaison geschlossen sein.

Sails Restaurant, hoch über der Bucht von Lean. Hier zu essen ist ein außergewöhnliches Erlebnis. Die neuseeländischen Besitzer haben bewusst auf balinesische Architektur verzichtet und eine mediterrane Oase der Entspannung errichtet. Bei zauberhafter Aussicht können indonesische und europäische Küche, exzellentes Seafood und der Sonnenuntergang genossen werden. Ab 20 000 Rp pro Hauptgericht.

Eco Dive, bis spät abends gibt es in dem zum Eco Dive gehörenden Warung ein Bier.

Pazzo Bar, an der Straße zwischen Warung Deddy's und Apa Kabar Villas. Hier kann freitagabends bei Livemusik selbst in der Nebensaison etwas los sein – aber nur bis Mitternacht. Außerdem gibt es hier überteuertes europäisches, asiatisches und mexikanisches Essen.

Sonstiges

Fahrrad- und Motorradverleih
Viele Gästehäuser vermieten Fahrräder und Mopeds für 30 000 bzw. 50 000 Rp pro Tag, wie z. B. **Jukung Bali Bungalows**.

Tauchen
Fast jedes Hotel hat enge Verbindungen zu einer der vielen Tauchschulen in Amed und Umgebung. Die Angebote der Schulen unterscheiden sich kaum und umfassen neben Kursen v. a.

Ausflüge zu den Schiffswracks und Korallengärten. Schnorchelausrüstung gibt es überall für 20 000 Rp. Folgende Tauchschulen bieten nicht nur neues Equipment und fachkundige Betreuung, sondern gestalten ihre Tauchgänge auch so ökologisch wie möglich und vermitteln viel über das hiesige Ökosystem und die massiven Umweltprobleme. Wer interessante Tauchgänge sucht und gleichzeitig etwas Müll aus dem Meer sammeln möchte, sollte hier vorbei schauen:

Amed Scuba Tauchzentrum, Jl. Pantai Timur, Bunutan, ℡ 081-8055 37926, 🖥 www.amedscuba.com.

Amed Dive Center, im Hotel Uyah Amed, Jl. Pantai Timur 801, ℡/📠 0363-23462, 🖥 www.ameddivecenter.com. Hier gibt es die Lernmaterialen der Kurse auch auf Deutsch.

Touren

Amed ist perfekt für geführte Wanderungen in die Umgebung – gute Gelegenheiten, die Lebensweise der Menschen in dieser kargen Landschaft kennen zu lernen. So kann man z. B. den Einheimischen bei der Palmweinproduktion oder der Meersalzgewinnung über die Schulter schauen.

Wanderungen bieten sich v. a. in der Umgebung des Gunung Seraya an, z. B. zu einem der balinesischen Haupttempel Pura Luhur Lempuyang mit Aussicht auf den alles überragenden Gunung Agung und das Meer. Nicht nur bei Angelfans sind Ausflüge mit den einheimischen Fischern beliebt, die mit diesem Angebot ihr spärliches Einkommen aufbessern.

Wellness

Spas mit allem Komfort laden zum Entspannen ein. Auch wenn das Angebot hier (noch) spärlich ist, kann man sich perfekt verwöhnen lassen. Eine Option ist das **„a" Spa**, eine kleine, grüne Oase der Ruhe. Massagen und Schönheitskuren in familiärer Atmosphäre. ℡ 081-3382 38846, ✉ aspatrad@yahoo.com.

Transport

Auf der Küstenstraße fahren Bemos (hier Kleinlaster mit offener Ladefläche) nach CULIK – allerdings nur frühmorgens bis 8 Uhr. Ansonsten nimmt man sich ein *Ojek* oder Taxi. Von dort fahren dann regelmäßig Busse nach LOVINA und AMLAPURA. Auch die von den Hotels organisierten Perama-Shuttlebusse starten hier.

Tulamben

Gute Tauchmöglichkeiten bieten die Riffe etwa 10 km nördlich von Culik bei Tulamben. Auch Schnorchler kommen bei 10–15 m Sichtweite außerhalb der Monsunzeit (Feb–Juni und Sep–Okt) auf ihre Kosten. Das Meer vor Tulamben bietet vier Tauchspots: das „Liberty Wreck" – ein im Zweiten Weltkrieg 50 m vor der Küste gesunkenes US-Frachtschiff umgeben von Korallen und Fischen, wie Barracudas und Butterflyfischen – zwei bei Unterwasserfotografen beliebte Hausriffe sowie den „Drop-Off" mit großen Meeresfischen.

Die Strände sind schmal und steinig, deshalb ist die Gegend von Tulamben für einen Badeurlaub weniger geeignet. Was dies betrifft, kommt man in Jemeluk bei Amed (s. o.) eher auf seine Kosten. Für Taucher ist das Schiffswrack aber eine große Attraktion. Unterkünfte und Tauchschulen haben sich auf den Besucherstrom eingerichtet. Deshalb ist hier von morgens bis nach mittags einiges los. Das Hinterland mit Blick auf den Gunung Agung ist mit Kakteen übersät und in der langen Trockenzeit wirklich knochentrocken. Neben den Hotels, Restaurants und Tauchzentren bietet der Ort wenig, es gibt weder Post noch Geldwechsler. In Tulamben gibt es nur beim Paradise Palm Beach Bungalows einen Internet-Zugang. Der nächste Geldautomat ist in Amlapura. Tulamben ist eine deutsche Hochburg, oft mit Deutsch sprechendem Personal in den Hotel und Tauchschulen.

Übernachtung

Von Nordwest nach Südost liegen alle aufgeführten Anlagen an der Küstenstraße:

Budget

Liberty Dive Resort, am Gang zum Wrack der Liberty, ✉ libertydiveresort@yahoo.com. Kleines Hotel an der Straße nach Kubu mit

Der individuelle Ratgeber

Puri Wirata Bungalows, ✆ 0363-22912, ✉ ricardothom@ocean-sun.com. Von deutsch-indonesischer Familie geführte Anlage mit Restaurant und kleiner Tauchschule. Zimmer mit Du/WC und Frühstück. Dieter hat viele Tipps und bietet individuelle Touren nach Komodo, Flores und Ostjava an. Ein polyglotter Papagei begrüßt die Gäste. ❶

Restaurant und Tauchshop. 3 einfache, saubere Zimmer mit Du/WC, Frühstück und AC auf Wunsch. ❷

Puri Madha Beach Bungalows, ✆ 0363-22921. Direkt am Meer gelegene Bungalowanlage mit Liegen unter schattigen Palmen. Zimmer mit Du/WC, teilweise AC und Warmwasser, großem Schreibtisch und Frühstück. Tauchzentrum, Schnorchelverleih. Hier liegt das Wrack der Liberty praktisch vor der Haustür. Entsprechend beliebt ist die Anlage bei tauchenden Tagesgästen. ❶–❸

Bali Coral Cottages, ✆ 0363-22909, ✆ 0361-775596. Preisgünstige Alternative neben dem Tauch Terminal mit Restaurant am steinigen Strand. Zimmer mit Bad/WC, z. T. mit AC und inkl. Frühstück. Tauchzentrum. ❷

Puri Aries Bungalows, ✆ 0363-23402. Einfacher Homestay abseits der Straße mit ungestörtem Blick auf den Gunung Agung. Zimmer mit Du/WC und Frühstück. Preisgünstige Alternative für Budgetreisende. ❶

Paradise Palm Beach Bungalows, ✆ 0363-22910, ✆ 22917. 30 Bungalows in schönem Garten mit prächtigen Baumblüten. Zimmer mit Du/WC, teilweise mit AC und Warmwasser, sowie Frühstück. Am Strand befinden sich das Restaurant und die Taucherplattform. Tischtennisraum, Internet-Zugang (500 Rp pro Min.) und angeschlossenes Tauchzentrum **Dive Paradise Tulamben**, ✆ 0363-22918, ✆ 22913, 🖥 www.paradise-tulamben.com. ❶–❸

Mittelklasse

Joe's Diving Bali, 🖥 www.joesdivingbali.com. Ruhige Oase auf der anderen Straßenseite mit Blick zu den Bergen des Hinterlandes. Saubere

Am Strand von Tulamben

Zimmer mit Open-Air-Du/WC, AC, Warmwasser und Frühstück. Schöner Pool mit Brücke, Blumengarten und Tauchschule. Das Schild hat recht: „Hier spricht man Deutsch". ❸
Tauch Terminal Resort, ☏ 0363-22911, 📠 0361-778473, 🖥 www.tauch-terminal.com. 18 Zimmer mit Du/WC, Warmwasser und Frühstück, teilweise mit AC. Restaurant und kleiner Pool mit vielen Tagesbesuchern aus Südbali. Tauchschule mit deutscher Leitung. ❸–❺
Tulamben Wreck Divers Resort, ☏ 0363-23400, 🖥 www.tulambenwreckdivers.com. Von einem Australier geführtes Hotel. Komfortable Zimmer mit Du/WC, Warmwasser, AC, TV, DVD-Player, Minibar, Safe und Frühstück. Hier werden auch Partys organisiert. Reservierung empfehlenswert! ❷–❸
Matahari Tulamben Resort, ☏ 0363-22916, 🖥 www.divetulamben.com. 2-stöckige Hotelanlage, direkt am Korallengarten mit hübschem Minisee. Zimmer mit Du/WC, manche AC. Inkl. Frühstück. Einige mit Warmwasser, Kühlschrank und Meerblick. Tauchzentrum und großartige Sonnenterrasse. ❷–❹
Batu Belah, Sekar Karang, auf halbem Weg nach Amed, ☏ 081-7975 5214, 🖥 www.eastbaliresort.com. Von einem netten britisch-indonesischen Paar geführtes Hotel auf einem Hügel. 3 Zimmer mit Du/WC, AC, Kühlschrank, Safe und üppigem Frühstück. Boots- und Schnorcheltouren. Pool mit Panoramablick. Reservierung empfohlen. ❹

Luxus

Mimpi Tulamben Resort, ☏ 0363-21642, 📠 21939, 🖥 www.mimpi.com. Boutiquehotel wie auf einer Postkarte am Strand von Tulamben. Zimmer mit Open-Air-Du/WC plus Extra-Mandi für die Reinigung der Tauchausrüstung. Helle traumhafte Cottages, Pool und Restaurant am Strand, sowie Spa, Bar und ein Tauchzentrum. ❹–❺
Emerald Tulamben Beach Hotel, ☏ 0361-462673, 📠 462407, 🖥 www.tulambenbali.com. James-Bond-Flair auf diesem hügeligen 5-Sterne-Anwesen am Meer mit eigenem Hubschrauberlandeplatz. Panoramaaussicht, luxuriöse Zimmer, zwei Pools, Minigolf, Kanutrips, ein Tauchzentrum und vieles mehr. Das Restaurant hat neben indonesischen und europäischen auch japanische Gerichte. Viel Ruhe. ❺–❻
Scuba Seraya Resort, Tukad Dabu, ☏ 081-9161 01060, 🖥 www.scubaseraya.com. 3 km außerhalb von Tulamben liegt dieses Luxusresort direkt an einem schwarzen Sandstrand. Alle Zimmer mit Meerblick. Beachrestaurant, Spa, 2 Pools und Tauchzentrum. Vor dem Hotel liegt ein noch recht unberührter Tauchspot. Reservierung empfehlenswert. ❹–❺

Essen

Wayan Restaurant & Bar, gegenüber vom Wreck Divers Resort. Offener Pavillon mit Blick auf die Straße umgeben von Vogelkäfigen. Indonesische Küche, westliche Gerichte (auch Schweinefleisch) und Seafood. Ansprechendes Dekor mit komfortablen Holzstühlen und Sitzkissen. Hauptgerichte gibt es ab 30 000 Rp.
Warung Makan Rusty, gleich gegenüber. Preisgünstige indonesische Gerichte ab 10 000 Rp.

Transport

Minibusse fahren für 15 000 Rp nach SINGARAJA. Nach AMLAPURA kosten sie 10 000 Rp. Außerdem fahren Busse nach GILIMANUK (50 000 Rp), LOVINA (30 000 Rp) und AMLAPURA (10 000 Rp).

Nord-Bali

Stefan Loose Traveltipps

10 Delphin-Touren Kurz vor der Küste von Lovina sind Delphine zu sehen, die sich m Wasser tummeln. S. 284

11 Gitgit-Wasserfall Am höchsten Wasserfall Balis stürzt das Wasser in die Tiefe der Dschungelschlucht. S. 289

Danau Bratan Der malerische Bergsee wird von steilen, dschungelbewachsenen Hängen gesäumt. S. 290

Gunung Batur Der Vulkan liegt inmitten einer grandiosen Landschaft, und die Anreise ist relativ einfach. S. 296

Nord-Balis vulkanische Landschaft wirkt rauer als der Süden – an den Berghängen werden Obst und Gemüse, Kaffee, Nelken und Tabak geerntet, denn das Klima eignet sich nicht für den Reisanbau. Die Bergkette mit dem aktiven Vulkan Batur, seiner schwarzgrauen Lavalandschaft und dem Kratersee wie auch die anderen weiter im Westen liegenden Bergseen Bratan, Buyan und Tamblingan verstecken sich häufig hinter Wolken. Touristen können hier dem bunten Treiben in den Touristenzentren des Südens entkommen und das „echte" Bali in den Bergdörfern kennenlernen. In den Bergen kann es schon mal kühl werden, was auch auf die Bergvölker abfärbt – der etwas rauere Umgangston in den Bergen bedeutet jedoch nicht, dass die Menschen hier weniger freundlich sind.

Der schmale Küstenstreifen nördlich dieser Bergkette war von den Holländern bereits 1848 kolonisiert worden – 60 Jahre früher als der Süden Balis. Entsprechend stärker ist hier der westliche Einfluss, vor allem in der größten Stadt Nord-Balis, Singaraja, dem ehemaligen Verwaltungszentrum der Holländer.

Vor dem Ausbau des Straßensystems auf Bali bildete die zentrale Bergkette eine nur unter großen Mühen zu überwindende Barriere. Diese relative Isolation von Süd-Bali und die engen Kontakte mit ausländischen Kulturen haben dazu geführt, dass sich in Nord-Bali eigene Bräuche und Kunstformen erhalten bzw. entwickelt haben, die sich deutlich vom übrigen Bali unterscheiden.

Die Institution des Banjar (Dorfrat) ist nicht so stark ausgeprägt, ebenso wenig das System der Kasten. Selten sind in nordbalinesischen Tempeln die vielstufigen Meru zu finden. Tempelmauern und -tore sind mit üppigen, manchmal grotesken Reliefs übersät und oft farbig bemalt.

Singaraja

Singaraja ist die Hauptstadt des Distrikts Buleleng, des flächenmäßig größten Bezirks Balis. Jahrhundertelang war Buleleng der wichtigste Hafen der Insel, wo chinesische, arabische, portugiesische, buginesische und javanische Händler verkehrten. Davon zeugen heute noch die gemischte Bevölkerung und die deutlich zu erkennenden fremden Kultureinflüsse. Inzwischen hat man den Hafen in ein Dorf weit westlich von Singaraja verlegt.

Nach drei blutigen, aber fehlgeschlagenen Versuchen (1846, 1848 und 1849) hatten es die Holländer 1854 endlich geschafft, die direkte Kontrolle über die Stadt zu erlangen, der erste Schritt zur Eroberung der gesamten Insel. Allerdings dauerte es noch mal ein halbes Jahrhundert, bis die letzten Rajas in Süd-Bali besiegt waren.

Singaraja war die Hauptstadt der Provinz Nusa Tenggara und bis 1953 das Verwaltungszentrum der Insel, was Spuren hinterlassen hat. Ganz und gar nicht balinesisch wirken die breiten Straßen und die Häuser im holländischen Kolonialstil. Heute ist Singaraja ein ziemlich großes Dreckloch, in dem es nicht viel zu entdecken gibt.

Die Ausnahme bildet die **Historische Bibliothek Gedung Kertya** in der Jl. Veteran, die die weltweit einzige Sammlung von Lontar-Schriften beherbergt. An die 3500 Exemplare sind vorhanden, darunter die ältesten schriftlichen Überlieferungen Balis. ◎ Mo–Do 7–14.30, Fr–Sa 7–13 Uhr.

Übernachtung

Man übernachtet besser in Lovina, wo Touristen nichts Ungewöhnliches sind und die meisten Hotels einen höheren Standard vorweisen können. Wer unbedingt in Singaraja bleiben will findet mehrere günstige, aber veraltete Hotels in der Jl. Jen. Ahmad Yani.
Von Nord nach Süd:
Hotel Sentral, Jl. Jen. A. Yani 48, ✆ 0362-21896. Alle Zimmer mit Mandi oder Du/WC, Ventilator oder AC und TV, inkl. Frühstück. Die Zimmer sind sehr einfach, aber günstig. ❶–❷
Hotel Duta Karya, Jl. Jen. A. Yani 59, ✆ 0362-21467. Hotel mit abgewohnten, alten, aber sauberen Zimmern mit Mandi oder Du/WC, Ventilator oder AC und Betten mit alten Schaumstoffmatratzen, kleiner Innenhof. ❶
Hotel Gelar Sari, Jl. Jen. A. Yani 87, ✆ 0362-21495. Der schrullige Besitzer bietet sehr alte, einfache Zimmer mit und ohne Mandi, alle mit durchgelegenen Matratzen. ❶

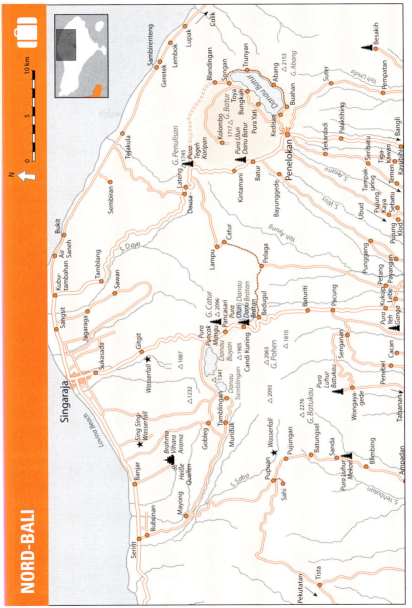

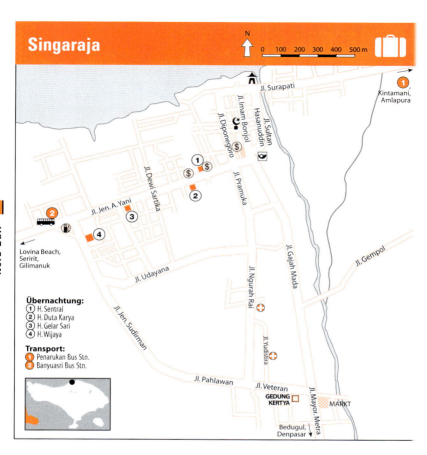

Hotel Wijaya, Jl. Sudirman 74, ✆ 0362-21915, ✉ 25817. Die billigen Zimmer mit gemeinsamem Mandi, ansonsten mit Du/WC, Ventilator oder AC, Telefon und TV, z. T. auch Kühlschrank, Warmwasser und Badewanne, inkl. Frühstück, sauber und relativ ruhig, schöner Innenhof mit Garten. ❶–❸

Sonstiges

Geld
Die **Bank Central Asia (BCA)**, Jl. Pramuka, Ecke Jl. Jen. A. Yani, und die **Bank Dagang Negara (BDN)**, Jl. Jen. A. Yani, besitzen Geldautomaten und wechseln Bargeld und Travellerschecks.

Medizinische Hilfe
Army Hospital, Jl. Ngurah Rai 30, ✆ 0362-41543
Karya Dharma Usadha Hospital, Jl. Yudistira 7, ✆ 0362-24356.

Transport
Vom **Banyuasri-Busbahnhof** im Westen der Stadt fahren Minibusse / Busse nach DENPASAR (25 000 Rp), GILIMANUK (20 000 Rp) und LOVINA (3000 Rp).

Am Lovina Beach ist das Meer ruhig und seicht

Vom **Penarukan-Busbahnhof** im Osten der Stadt kommt man nach SANGSIT (3000 Rp), KINTAMANI (20000 Rp), AMLAPURA (20000 Rp). Innerhalb von Singaraja verkehren Bemos für 3000–5000 Rp, der Transfer zwischen den beiden Busbahnhöfen kostet 5000 Rp.

Lovina Beach

6–12 km westlich von Singaraja (Minibus 3000 Rp) finden sich die Leute ein, die dem Trubel von Kuta entfliehen wollen. Da der schwarze Sand an den Stränden längst nicht so schön ist wie im Süden und das ruhige, trübe Meer keine Surfer anlockt, wird es weiterhin so bleiben. Die Besucherzahlen sind in den vergangenen Jahren sogar merklich heruntergegangen. Einige Losmen stehen leer, und die jungen Männer des Dorfes buhlen um jeden neu ankommenden Touristen und versuchen ihn in ihr Restaurant oder Hotel zu locken.

Auch bei Fragen zu Autovermietung oder Tagestouren stehen sie mit Rat und Tat freundlich zur Seite. Wer sich von dieser Eilfertigkeit bedrängt fühlt, sollte klar artikulieren, dass die Hilfe nicht gebraucht wird und man auf eigene Faust fündig werden möchte.

In der Hauptsaison (Juli / August) herrscht jedoch auch hier der übliche Touristentrubel. Die Touristen, die hierher kommen, sind tagsüber entweder mit dem eigenen Auto in den Bergen unterwegs oder suchen in Lovina die absolute Ruhe. Internet-Cafés, Bars, Restaurants und Tauchzentren findet man aber auch hier an fast jeder Ecke.

Wer in den Korallenriffen schnorcheln will, muss sich mit einem Boot hinausfahren lassen. Der Preis dürfte bei einem voll besetzten Boot um US$10 p. P. liegen. Taucherbrillen, Schnorchel und Flossen sollten im Preis eingeschlossen sein. Draußen ist das Meer glasklar, sodass man die farbige Unterwasserwelt ungehindert genießen kann.

10 HIGHLIGHT

Delphin-Touren

Die Hauptattraktion von Lovina sind die Delphine, die sich allmorgendlich vor der Küste tummeln, akrobatische Sprünge zum Besten geben und miteinander und mit den Booten spielen. Die Delphin-Touren können in jedem Hotel oder auf der Straße gebucht werden und sollten inklusive Transport zur Ablegestelle ca. 50 000 Rp p. P. kosten (Abfahrt gegen 6 Uhr früh). In dem Preis ist keine Garantie für das Auftauchen von Delphinen inbegriffen! Wenn sich in den seichten Gewässern keine Delphine blicken lassen, fahren die kleinen Boote häufig auf das offene Meer hinaus. Sobald das geschieht, sollte man nicht mehr damit rechnen, wieder trockenen Fußes an Land zu gehen. Es wird empfohlen, Kameras, Handys und Geldgürtel wasserdicht zu verpacken. Die vordersten Sitze in den kleinen Booten kann man guten Gewissens anderen Leuten überlassen – hier wird es am feuchtesten. Delphine sind sehr schnelle Schwimmer und machen sich gerne einen Spaß daraus, an einer Stelle aufzutauchen, um die Touristenboote anzulocken, und dann fünf Sekunden später wieder an einer völlig anderen Stelle ihre Schnauze aus dem Wasser zu strecken. Sollte man keine Delphine zu Gesicht bekommen, kann man sich mit einem meist wunderschönen und klaren Sonnenaufgang und der Delphin-Statue im Zentrum von Lovina trösten.

Übernachtung

Zahlreiche Losmen und Bungalowanlagen ziehen sich über 6 km an der Straße bzw. am Strand entlang. In der Hochsaison können sich die Preise hier schnell verdoppeln, allerdings hat der Mangel an Besuchern in den letzten Jahren in Lovina das Preisniveau deutlich gesenkt und einige Unterkünfte mussten schließen. Dennoch gibt es mehr als genug Hotels in allen Preisklassen.
Eine Auswahl von West nach Ost:

Budget
Mini Holiday, Jl. Raya Singaraja, ✆ 0362-42156. Dieses Homestay ist zwar schon etwas in die Jahre gekommen, aber gut in Schuss gehalten. Zimmer mit Bad/WC, AC, TV und weichen Matratzen mit Blick aufs Meer. ❷
Wahyu Dana, Jl. Raya Singaraja, ✆ 0362-41173. Etwas abseits vom Zentrum gelegenes, kleines Guesthouse mit großen Zimmern mit Bad/WC, AC, TV und recht neuen Matratzen, inkl. Frühstück. ❷
Hotel Parma, Jl. Raya Singaraja, ✆ 0362-41555. Vermutlich die preisgünstigste Übernachtungsmöglichkeit direkt am Strand. Die Zimmer mit Du/WC und weichen Federkernmatratzen sind recht einfach eingerichtet. Inkl. kleinem Frühstück. ❶
Hotel Puri Manggala, ✆ 0362-41371, ✆ 22974, ✉ purimanggala@hotmail.com. Die bis zum Strand lang gezogene, schön angelegte Gartenanlage bietet einfache, aber nette Zimmer mit Du/WC, teilweise Warmwasser und AC. Die nette Besitzerin erinnert an unsere Großmütter und sorgt stets für eine familiäre Atmosphäre. ❶–❷
Purnama Homestay, ✆ 0362-41043. Preisgünstige Unterkunft mit etwas dunkleren Zimmern mit Ventilator und Du/WC, inkl. Frühstück, nur 100 m zum Strand. ❶
Nirwana Water Garden, Jl. Binaria, ✆ 0362-41288, ✆ 41090, 🖥 www.nirwanaseaside.com. Ein neuer Ableger des Nirwana Seaside Cottages. Zentral gelegene hübsche Anlage mit kleinen Wasserspielen und einem einzigartigen Pool, der bis zum Überlaufen voll ist. Zimmer mi AC, kleinem Bad/WC und Warmwasser oder günstigeren Bambushütten mit Ventilator, Du/WC, Warmwasser, Moskitonetz. Inkl. Frühstück. ❶–❷
Padang Lovina, Jl. Binaria, ✆ 0362-41302, ✉ padanglovina@yahoo.com. Kleine, gepflegte Anlage mit sehr großen, sauberen und kühlen Zimmern, großen Bädern mit Du/WC und dekorativen Riesen-Kieselsteinen, teilweise Warmwasser und AC. Inkl. Frühstück. ❶–❷
Taman Lily's Bungalows, ✆ 0362-41307, 🖥 www.balilovinahotel-tamanlilys.com. Nette Anlage mit 6 geräumigen Bungalows, alle mit Warmwasser, Bad/WC und großem Bett, z. T. auch mit Kühlschrank und AC. Inkl. Frühstück. ❷

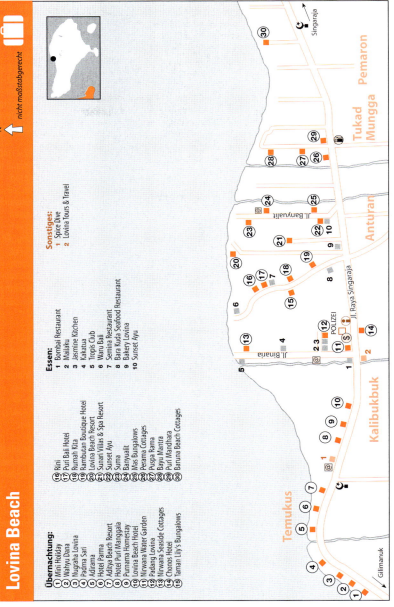

Mit Liebe zum Detail

Mas Bungalows, ✆ 0362-41773, 🖥 www.mas bungalows.com. Eines der wenigen Gästehäuser mit Pool und viel Liebe zum Detail. Die Zimmer mit Du/WC, Warmwasser und Moskitonetz sind sehr geschmackvoll mit Muscheln dekoriert, teilweise mit AC. Auch die Anlage ist liebevoll gestaltet, gepflegt und sauber. Inkl. Frühstück mit großer Auswahl. ❷

Rini, ✆ 0362-41386, 🖥 rinihotel.homepage.dk. Gepflegte Anlage mit Pool, große saubere Zimmer mit Du/WC, z. T. auch Open-Air-Bäder, AC und Warmwasser, inkl. Frühstück. ❶–❸
Puri Bali Hotel, ✆ 0362-41485, 🖥 www.puri balilovina.com. „Luxury on a shoestring" ist das Motto dieses Hotels. Die große Anlage mit Pool beherbergt Zimmer in verschiedenen Preisklassen, mit Du/WC, teilweise AC, Warmwasser. Inkl. Frühstück. Die neueren Zimmer sind zu bevorzugen. ❶–❸
Sunset Ayu, Jl. Banyualit, ✆ 0362-41054. Restaurant, das auch 3 relativ neue, gefliesste und sehr saubere Zimmer mit Du/WC, teilweise auch AC anbietet. Frühstück inkl. ❶–❷
Perama Cottages, Jl. Raya Singaraja, ✆ 0362-41161, ✆ 41992, ✉ peramalovina@yahoo.com. Nettes Homestay, Zimmer mit Bad/WC, teilweise AC, inkl. Frühstück. Hier ist man zwar etwas ab vom Schuss, für einen kostenlosen Transport ins Zentrum von Lovina wird jedoch gesorgt. Die erste Nacht sowie eine warme Mahlzeit sind in den Perama-Bustickets inkl. ❶
Puri Mandhara, ✆ 0362-41476, ✉ mandhara1@hotmail.com. Unterkunft für den kleinen Geldbeutel mit riesigen Zimmern mit Du/WC, teilweise AC. Besonders für Freunde weicher Matratzen geeignet. Frühstück im kleinen Restaurant inkl. ❶
Bayu Mantra, ✆ 0362-41930, 🖥 www.balitour.jimbo.com. Ruhige Unterkunft mit großem Garten. Zimmer mit Moskitonetzen, Bad/WC, teilweise bepflanzte Open-Air-Bäder und Warmwasser. ❶
Puspa Rama, ✆ 0362-42070, ✉ agungdayu@yahoo.com. Hinter den Perama Cottages, preisgünstiges Guesthouse mit einem schönen, großen Garten. Die Zimmer sind zwar einfach eingerichtet, aber sauber mit Bad/WC, Warmwasser. Inkl. Frühstück. ❶

Mittelklasse

Nugraha Lovina, Jl. Raya Singaraja, ✆ 0362-41601, ✆ 41506. Eines der wenigen neueren Hotels in der Gegend. Sehr schöne Anlage mit Pool, die Zimmer sind neu und kühl mit Du/WC, AC, TV, Kühlschrank, Telefon. Amerikanisches Frühstück inkl. ❸–❹
Padma Sari, Jl. Raya Singaraja, ✆ 0362-41140, ✆ 41947. Überschaubare Anlage am Strand mit Pool. Die etwas dunklen und schon älteren Zimmer sind mit Bad/WC, Warmwasser, teilweise AC und TV ausgestattet. Inkl. Frühstück. Das Restaurant bietet chinesische Speisen, europäische Gerichte und die üblichen indonesischen Spezialitäten wie Nasi Goreng. ❹
Adirama, Jl. Raya Singaraja, ✆ 0362-41759, ✆ 41769, 🖥 www.adiramabeachhotel.com. Sehr gepflegte Hotelanlage mit Pool, die zum Entspannen einlädt. Die Zimmer mit steinerner Du/WC, AC, teilweise TV sind allerdings ziemlich dunkel und etwas überteuert. Frühstück inkl. ❸–❹
Aditya Beach Resort, Jl. Raya Singaraja, ✆ 0362-41059, ✆ 41342, 🖥 www.adityalovina.com. In dieser weitläufigen, direkt am Meer gelegenen Hotelanlage mit Pool kann man sich verwöhnen lassen. Zimmer mit Du/WC, AC, teilweise TV. Inkl. Frühstücksbuffet. ❸–❹
Lovina Beach Hotel, ✆ 0362-41005, ✆ 41473, 🖥 www.lovinabeachhotel.com. Hotel mit großem Garten und Pool. Zimmer oder Bungalows mit Bad/WC oder Du/WC, teilweise AC, TV, Kühlschrank. Die günstigeren Zimmer sind etwas abgewohnt, der Service ist leider ziemlich langsam. Inkl. Frühstück im Strandrestaurant. ❶–❸
Nirwana Seaside Cottages, Jl. Binaria, ✆ 0362-41288, ✆ 41090, ✉ nirwana@singaraja wasantara.net.id. Sehr weitläufige Anlage direkt am Strand mit alten und neuen Zimmern mit Du/WC, z. T. auch mit AC und Warmwasser. Es werden ebenfalls Bambus-Bungalows angeboten. Die neuen Zimmer sind zu bevorzugen. Allgemein etwas überteuert. ❷–€

Rumah Kita, ✆ 0362-41615, ✉ ptkusumaw@hotmail.com. Wörtlich übersetzt bedeutet der Name „unser Haus". Man findet sich aber eher in einem kleinen Miniaturdorf mit schönen Häusern, Open-Air-Bädern, einer Gemeinschaftsküche und Schlafzimmern mit Moskitonetzen wieder. Die ganze Anlage scheint fest in der Hand von ca. 10 Männern zu sein, die ständig irgendetwas bauen, ausbessern oder reparieren. Die Preise richten sich nach Sympathie und danach, wie die finanzielle Situation des Gastes eingeschätzt wird. Sie werden manchmal pro Haus oder Zimmer, manchmal auch pro Person berechnet. Wer hier wohnt, sollte Lust haben, zeitlich begrenzt ein Mitglied der Gemeinschaft zu werden. ❸
Rambutan Boutique Hotel, ✆ 0362-41388, 📠 41621, ❶ www.rambutan.org. Das selbst ernannte Boutiquehotel beherbergt in einem großen, tropischen Garten einen Pool, Villen sowie Zimmer und natürlich auch Rambutan-Bäume. Die Zimmer sind z. T. schon etwas älter, aber sehr geräumig und sauber mit balinesischen Details, Ventilator oder AC, TV und Minibar. Inkl. Frühstück im europäischen Restaurant. ❷–❹
Lovina Beach Resort, Jl. Raya Lovina, ✆ 0362-41092, 🖥 www.balilovinabeachresort.com. Diese große Hotelanlage wartet mit einem Pool mit Meerblick auf. Die Bungalows sind alle 2-stöckig und sehr geräumig mit AC, TV, Bad/WC. Inkl. Frühstück. Einerseits ist man hier direkt am Meer, andererseits befindet man sich aber auch inmitten von saftig grünen Reisfeldern. ❸

Schöner wohnen, besser entspannen

Chonos Hotel, ✆ 0362-41569, 🖥 www.chonoshotel.com. Komplett renoviertes Hotel mit Pool im Zentrum von Lovina. Im Restaurant auf der Dachterrasse kann man sich an den Tischgrillen selbst als Koch versuchen. Die Zimmer sind alle frisch renoviert und sehr geschmackvoll und modern eingerichtet mit Du/WC, z. T. auch mit Open-Air-Bad, AC, TV. Amerikanisches Frühstück inkl. ❸–❹

Suma, ✆ 0362-41566, 🖥 www.sumahotel.com. Nette, kleine Hotelanlage mit einladendem Pool und vielen verschiedenen Zimmern und Preisen. Zimmer mit Bad/WC, teilweise AC, TV, Minibar und vielen kleinen Details. Inkl. Frühstück. ❷–❹
Banyualit, ✆ 0362-41789, 📠 41563, 🖥 www.banyualit.com. Der Hotelanlage sieht man an, dass sie in den 80er-Jahren geboren wurde. Die Zimmer mit AC, TV, Du/WC, Telefon sind leider schon etwas in die Jahre gekommen. Der gepflegte Garten und Pool lädt jedoch zum Entspannen ein. ❷–❹
Baruna Beach Cottages, Jl. Raya Singaraja, ✆ 0362-41745, 📠 41252, 🖥 www.indo.com/hotels/baruna. Umringt von Reisfeldern gelegene, nette Anlage mit kleinem Pool direkt am Strand. Zimmer mit Du/WC, teilweise begrünte Open-Air-Bäder, AC, Kühlschrank. Für Liebhaber weicher Matratzen geeignet. Wer hier wohnt, sucht die absolute Abgeschiedenheit. ❸

Luxus
Sunari Villas & Spa Resort, Jl. Raya Lovina, ✆ 0362-41775, 📠 41659, 🖥 www.sunari.com. Liebevoll gestaltete Luxus-Hotelanlage direkt am Strand mit Pool, Spa und Restaurant sowie einem kleinen Fitness-Studio. Zimmer mit AC, Bad/WC, TV, Telefon, teilweise Open-Air-Bäder. Es werden auch Villen mit Privatpool angeboten. Sehr hilfsbereites Personal. ❹–❻
Etwas weiter vom Strand entfernt in den Bergen liegt das **Puri Mangga**, ✆ 0362-7001411, 🖥 www.puri-mangga.de. Das Resort unter deutscher Leitung bietet klimatisierte Häuser im balinesischen Stil, perfekten Service und ein exzellentes Spa. Die Preise liegen bei 300 € p. P. und Woche inkl. Frühstück und Flughafentransfer. Sehr empfehlenswert. ❺

Essen

Viele Losmen und Hotels haben ihr eigenes Restaurant und oft auch eine Bar. Zusätzlich säumen zahlreiche Restaurants und Essensstände die Straßen, einige mit Live-Musik sowie balinesischen Tanzvorführungen inkl. Buffet. Von West nach Ost:

Bombai Restaurant, Jl. Binaria, ✆ 0362-41937, ✉ nyomanbombai@yahoo.com. Zentral gelegenes Restaurant mit lustiger, bunter Inneneinrichtung. Neben den üblichen westlichen und indonesischen Gerichten findet man hier auch einige spanische Köstlichkeiten, Hauptgerichte ab 25 000 Rp. ◷ 9–22 Uhr.

Mailaku, Jl. Binaria, ✆ 0362-41163. Empfehlenswertes, nicht allzu teures Seafood-Restaurant, das auch westliche Küche serviert. Wer möchte, kann sich hier seine eigene Pizza zusammenstellen. Wer den üblichen labbrigen Toast nicht mehr sehen kann: Hier gibt es Graubrot und Schwarzbrot. Außerdem wird eine große Auswahl an Cocktails angeboten. ◷ 10–24 Uhr.

Kakatua, Jl. Binaria, ✆ 0362-41144. Im Kakatua findet man alles Mögliche zu niedrigen Preisen: Western Food, Seafood, Apfelkuchen, Thaiküche oder indische Gerichte – ein bunter Mix und ideal für eine Reisegruppe, die sich nicht auf eine Art von Küche einigen kann. ◷ 8–24 Uhr.

Tropis Club, ✆ 0362-41217. Gut geeignet für eine kleine Stärkung am Strand vor oder nach dem ersten Tauchgang. Angeboten werden Pizza und Spaghetti und auch indonesische Gerichte. Während man auf das Essen wartet, kann man den Köchen in der Open-Air-Küche in die Töpfe gucken. ◷ 7–23 Uhr.

Waru Bali, ✆ 0362-41553. Restaurant direkt am Strand, das günstiges Seafood, aber auch balinesische, indonesische und westliche Gerichte bietet. ◷ 8–22 Uhr.

Semina Restaurant, ✆ 0362-41094. Süßes, günstiges Restaurant, das authentische indonesische und balinesische Gerichte, Seafood und auch eine kleine Auswahl an westlichen Speisen zubereitet. Oft werden hier je nach Anzahl der Gäste traditionelle balinesische Tänze aufgeführt. ◷ 8–22 Uhr.

Bara Kuda Seafood Restaurant, Jl. Rambutan, ✆ 0362-41405. Sehr preisgünstiges Seafood-Restaurant mit einer ausufernden Speisekarte, v. a. balinesische und indonesische Zubereitungsarten. ◷ 11–22 Uhr.

Bakery Lovina, Jl. Raya Singaraja, ✆ 0362-42225, ✆ 41350, ✉ balifrank@telkom.net. Ideal zum Frühstücken: Hier gibt es echtes Brot, original italienischen Schinken und allerlei importierte Köstlichkeiten. Die Sandwiches kommen mit mehr als daumendicken Scheiben echten Schwarzbrots und den leckersten Belägen. Natürlich etwas teurer. ◷ 7.30–21.30 Uhr.

Sunset Ayu, Jl. Banyualit, ✆ 0362-41054. Die Spezialität dieses preisgünstigen Restaurants sind indonesische und balinesische Speisen. Während man in dem Grotten-ähnlich gestalteten Restaurant dem Klang des plätschernden Wassers lauscht, zieht einem auch schon der Geruch der leckeren Sate-Spieße in die Nase.

Sonstiges

Autovermietungen
Lovina Tours & Travel, Jl. Raya Singaraja, ✆ 0362-41384. Mietwagenverleih für Selbstfahrer oder auch mit Fahrer. Die Fahrzeuge sind in gutem Zustand und die Preise (nach Handeln) angemessen. Für einen Mietwagen sollte man mindestens mit 100 000 Rp pro Tag rechnen inkl. Versicherung. Gegen Aufpreis ist die Abgabe des Fahrzeugs auch in einem anderen Ort möglich.

Informationen
Ein kleines Informationsbüro befindet sich im Gebäude der Polizei in Kalibukbuk, theoretisch ◷ tgl. außer So 8–20 Uhr. Außerdem gilt das Perama Hotel im Osten inoffiziell als Touristeninformation, ✆ 0362-41161.

Tauchen
Aquatropis, ✆ 08133-7909799. Tauchzentrum direkt am Strand, bietet Tauchgänge in Lovina,

---

Thaiküche – authentisch und lecker

Jasmine Kitchen, Jl. Binaria, ✆ 0362-41565, ✉ jasminekitchen@beeb.net. Thairestaurant mit den typischen Gerichten aus dem Land des Lächelns. Nicht nur die Currys sind hier zu empfehlen, auch der Lemon-Fisch lässt einem das Wasser im Mund zusammenlaufen. Im 1. Stock kann man sich in entspannter Atmosphäre von dem stets lächelnden Personal verwöhnen lassen. Hauptgerichte ab 25 000 Rp. ◷ 9–22.30 Uhr.

Amed, Tulamben, Zen Beach, Secret Bay und bei den Menjangan-Inseln (US$45–60) sowie Schnorcheltouren (US$10–35) an. Mitglied der PADI-Tauchvereinigung.

Spicedive, ☏ 0362-41305, ✉ 41171. Ein höchst professionell geführtes PADI-Zentrum, das Tauchgänge zu den gleichen Zielen anbietet wie Aquatropis. Hinzu kommt ein extra auf Kinder abgestimmtes Tauchprogramm. Ein Tauchgang kostet je nach Ziel zwischen US$35–65.

Wassersport

Schnorcheltouren (ca. 2 Std.) werden ab US$10 p. P. inklusive Ausrüstung von den Tauchschulen angeboten.

Transport

Die besten Verkehrsverbindungen in die nähere Umgebung gibt es ab Singaraja. Ein **Bemo** von Lovina zum Banyuasri-Busbahnhof kostet 3000 Rp, die Fahrt dauert etwa 15 Min.

Im Zentrum von Lovina werden Busfahrten zu verschiedenen Zielen angeboten, ausnahmsweise ist Perama hier nicht die preisgünstigste Variante.

Busse nach UBUD, KUTA, SANUR, KINTAMANI und zum Flughafen kosten ca. 60 000 Rp, nach BEDUGUL 50 000 Rp, nach TULAMBEN 80 000 Rp, nach AMED 90 000 Rp, nach CANDI DASA oder PADANG BAI 100 000 Rp, nach JIMBARAN oder NUSA DUA 150 000 Rp und nach PERMUTERAN 75 000 Rp. Meist wird man in kleinen Minibussen transportiert, die oft wesentlich schneller und bequemer sind als die großen Perama-Busse und einen von der Unterkunft abholen.

Die Umgebung von Lovina Beach

4 km westlich von Lovina, nahe Labuhan Haji, liegt der **Sing Sing-Wasserfall**.

Etwa 2 km oberhalb vom Dorf Banjar Tega (Minibus bis zum Dorf 2000 Rp, 14 km, dann laufen) liegt ein kleines **buddhistisches Kloster** in aller Stille und Abgeschiedenheit auf einem Hügel. Man kann von hier die schöne Aussicht bis zur Küste bewundern oder sich in einem der ruhigen Innenhöfe dieser mit Skulpturen und Blumen geschmückten Andachtsstätte entspannen.

In Banjar oder beim Kloster kann man sich nach dem Weg zu den nahen **heißen Quellen** (Air Panas) erkundigen, einem hübschen, erholsamen Platz mit Naturschwimmbad (Eintritt), Bungalowanlage und Restaurant.

Tour 1: Von Lovina nach Bedugul

Die Tour ist für eine Fahrt mit Mietwagen gedacht und führt entlang der Straße südlich von Singaraja bis in das kleine Örtchen Bedugul. Der Ausflug ist durchaus an einem Tag zu machen, wenn man auf lange Spaziergänge und Wanderungen verzichtet. Auf dem Weg finden sich aber auch mehrere Übernachtungsmöglichkeiten.

Man verlässt Lovina Richtung Osten und fährt auf der Hauptstraße nach Singaraja. Im Zentrum der Stadt biegt man rechts ab und nimmt die Straße Richtung Süden. Die bergige und kurvenreiche Strecke führt in das Dörfchen Gitgit. Am Straßenrand ist auch schon die Hauptattraktion ausgeschildert: der Gitgit-Wasserfall.

11 HIGHLIGHT

Gitgit-Wasserfall

Kommt man von Norden, findet man auf halbem Wege zwischen Singaraja und Bedugul beim Dorf Gitgit den Gitgit-Wasserfall, den höchsten Wasserfall Balis. Wer dem geschäftigen Treiben der Touristenzentren entkommen möchte, flieht an diesen magischen Ort, lauscht der Musik der Natur und beobachtet den Tanz des Wassers. Nachdem man auf dem Parkplatz 3000 Rp Eintritt bezahlt hat, folgt man dem 1 km langen Betonpfad mit seinen vielen Stufen, vorbei an unzähligen Verkaufsständen, wo man um das eine oder andere Souvenir feilschen kann. Die erstgenannten Preise sind ungefähr um das Doppelte bis Vierfache höher als an vielen anderen Orten. Der Pfad dringt immer tiefer in den Dschungel ein und gibt einen atemberaubenden Blick auf saftig grüne Reisfelder frei. Angekommen in der Dschungelschlucht kann man die aus 30 m Höhe herunterprasselnden Wassermassen bewundern, die wie weiße Wolken auf den Felsen Platz nehmen. Auf der linken Seite des Wasserfalls befindet sich ein kleiner Schrein.

Pura Puncak Mangu

Die Weiterfahrt durch die hügelige Gebirgslandschaft führt zum Berg Gunung Catur (2096 m), links der Straße kurz vor dem Örtchen Pancasari. Hier ist ein bedeutsamer Tempel zu bewundern, sofern man einen etwas längeren Spaziergang in Kauf nimmt. Der wenig bekannte Bergtempel, Pura Puncak Mangu, steht in enger spiritueller Verbindung zu dem weiter südlich gelegenen berühmten Wassertempel Pura Ulun Danu Bratan. Der Pura Puncak Mangu gilt als einer der vier Richtungstempel, die der Heilige Empu Kuturan im 11. Jh. gründete. Neben Shiva und anderen Gottheiten thront hier wieder Wishnu, der im balinesischen Kosmos die Wächtergottheit des Nordens darstellt.

Pura Puncak Mangu ist allen Balinesen heilig. Deshalb führt auch ein gut ausgetretener Pfad hinauf. Die letzten 2 km sind extrem steil und wegen der feuchten Witterung gefährlich schlüpfrig. Die Anlage ist wenig beeindruckend, und die Aussicht ist praktisch gleich Null, da dichter Dschungel das Gipfelplateau und den Tempel umgibt.

Pura Ulun Danu Bratan

Ein Stück weiter auf der Straße Richtung Bedugul steht am Ufer des Bratan-Sees einer der meistfotografierten Tempel Balis. Schon allein wegen seiner malerischen Lage sollte man beim Pura Ulun Danu Bratan vorbeischauen. Ein Teil der Anlage liegt auf zwei kleinen Inseln in Ufernähe. Auf der äußersten Insel steht ein dreistufiger Meru (balinesische Pagode), in dem der Gott Shiva in einer gnädigen Gestalt als Schöpfer und seine Gemahlin Parvati in ihrer Manifestation als Dewi Danu, Göttin der Gewässer, verehrt werden. Der schlanke, elfstufige Meru auf der zweiten Insel ist Sitz von Wishnu als Gott des Fruchtbarkeit spendenden Wassers und Gottheit des Berges Puncak Mangu sowie seiner Gattin Dewi Sri, Göttin der Schönheit, des Reichtums und besonders des Ackerbaus.

Im größeren Tempelkomplex am Seeufer stehen u. a. ein siebenstufiger Meru für Brahma und ein dreistufiger Lotosthron (Padmasana) für die Hindu-Trinität Brahma-Wishnu-Shiva. Im Süden der Anlage sind die Schreine für die Vorfahren der Rajas von Mengwi untergebracht. Links vom Eingang entdeckt man sogar ein buddhistisches Denkmal und fünf Buddha-Statuen.

Buddha wird von den Hindus als neunte Inkarnation Wishnus verehrt. Die Statuen stellen die fünf transzendentalen Buddhas dar (Jina oder Dhyani), welche die fünf Himmelsrichtungen symbolisieren. Sie unterscheiden sich lediglich durch ihre Handhaltung (Mudra).

Um das Bild abzurunden, schallen manchmal von der Moschee in Candi Kuning lautsprecherverstärkte Koranrezitationen herüber.

Wer möchte, kann die Tempelanlage auch vom See aus bewundern. Bootsfahrten mit einem Speedboot werden südlich der Tempelanlage für 100 000 Rp (bis 5 Pers.) bzw. 185 000 Rp (bis 10 Pers.) angeboten.

Ein Märchenwald auf Bali

Nur 300 m südlich vom Markt in Candi Kuning an der Hauptstraße liegt die Einfahrt zum **Botanischen Garten** (Kebun Raya). Gegründet 1959 und erweitert 1975 bedeckt er heute ein Areal von fast 130 ha in einer Höhe von 1250–1450 m. Alle 500 m wartet der riesige Garten mit einer neuen Naturlandschaft auf. Palmen, Farnwälder und Laubbäume sind hier zu finden. Das Kakteenhaus sowie der Rosen- und Orchideengarten überraschen mit vielen verschiedenen Arten und Züchtungen. Immer wieder stößt man auf kleine, idyllisch gelegene Tempelanlagen, die umgeben von Bäumen und Vogelgezwitscher den Glauben an die Kraft der Götter aufleben lassen. Wer sich zuvor auf dem Markt mit saftigen Erdbeeren und Trauben eingedeckt hat, kann hier, begleitet von den Klängen der Natur ein Picknick veranstalten. Aufgrund der Größe des Gartens wird eine Rundfahrt mit dem eigenen Auto empfohlen, auch ein Spaziergang kann amüsant sein. Roller sind nicht erlaubt. Eintritt pro Auto: 6000 Rp oder pro Person: 3500 Rp.

Der Markt in Candi Kuning lockt Käufer aus ganz Bali an

Weiter Richtung Süden kommt man in das Bergdorf Candi Kuning, das Herz der Bergkette.

Candi Kuning

Die Straße führt direkt zum sehenswerten **Markt** von Candi Kuning, dem größten Ort der Gegend in 1200 m Höhe. Orchideen und andere Dschungelgewächse und kunstvoll aufgetürmtes Obst und Gemüse in erstaunlicher Artenvielfalt locken Käufer aus ganz Bali. Sogar sehr schmackhafte, frische Erdbeeren gibt es hier! Für Touristen lohnt es sich, einen Blick auf die günstigen Souvenirs zu werfen, die auf dem Markt angeboten werden. Auch Orchideen-Samen sind hier günstig zu erstehen.

Eine weitere Attraktion des Ortes ist ein wunderschön angelegter **Botanischer Garten** (Kebun Raya), der zu beschaulichen Rundfahrten und Spaziergängen einlädt (s. Kasten).

Auf der Straße, die zum Botanischen Garten führt, findet man mehrere Losmen, die zwar sehr einfach, aber sauber sind, z. B. **Mekar Sari**, ✆ 0368-21193. Saubere, komplett gefliste Zimmer inkl. kleinem Wintergarten mit Du/WC, TV und Warmwasser. Sehr nette Besitzer. ❷

Bei schönem Wetter kann man von Candi Kuning aus die beiden **Seen Buyan und Tamblingan** auf ihrer Südseite umwandern (3 1/2–4 Std.). Man verlässt Candi Kuning auf der Hauptstraße Richtung Norden und nimmt die letzte Abzweigung nach links, bevor die Straße wieder ansteigt. Der Weg führt schnurgerade durch Gemüsefelder in ein kleines Dorf am Südostende des Buyan-Sees, dem größten der drei Seen. Im Dorf

Tour 1: Von Lovina nach Bedugul

biegt der Weg einmal nach rechts ab und in Sichtweite des Seeufers wieder nach links, worauf er in einen Wald eintaucht, in dem sich Affen tummeln. Nach insgesamt einer Stunde läuft der breite Weg in einer stillen Bucht am See aus.

Jetzt wird es schwieriger: Ein schmaler Fußpfad klettert über die Hügel, ist aber stellenweise nicht einfach zu finden. Besser turnt man über die Felsen am Ufer entlang bis zur nächsten Bucht und weiter bis zum südwestlichen Ende des Sees. Der Pfad über die Hügel, die den Buyan- vom Tamblingan-See trennen, ist wieder gut ausgetreten und angenehm zu laufen: erst durch Dschungel, dann ganz nah am Ufer des Tamblingan-Sees entlang, kurz darauf durch Felder, und nach insgesamt 2 1/2–3 Stunden ist man wieder auf einem breiten Weg, der die Westseite des Sees umrundet.

Vom Tempel im Dorf **Tamblingan** geht es leicht bergauf. Wo der breite Weg eine leichte Linkskurve macht, kann man rechts eine Abkürzung durch Kaffeeplantagen nehmen, die einen in 15 Minuten wieder zu einem breiten Weg bringt. Einen weiteren Kilometer rechts hinauf erreicht man die Straße von Bedugul (15 km) nach Munduk (7 km), wo wieder Minibusse fahren, wenn auch selten.

Hier steht ein interessantes Kuriosum, nämlich eine etwa 3 m hohe **Pyramide** aus Plastikblöcken. Für jeden einzelnen Block wurden Tausende von alten Plastiktüten eingeschmolzen.

Von der Hauptstraße aus geht es weiter Richtung Süden nach Bedugul.

Bedugul

Hier in Bedugul, südlich des Bratan-Sees, 30 km von Singaraja und 48 km von Denpasar entfernt, befindet man sich (wahlweise) am Ende der Tour. Die Aussicht, die von hier aus zu bewundern ist, stellt einen heftigen Gegensatz zu den gewohnten Palmen und Stränden der Touristenzentren dar: Wolkenverhangener Wald, Kaffeeplantagen und Gemüsefelder, üppiges Grün, wohin das Auge blickt. Hier oben befand sich einst eine riesige Kraterlandschaft. Reste des alten Kraterrandes stehen halbkreisförmig noch im Norden und Osten, mit dem **Gunung Catur** (2096 m) als höchster Erhebung. Nach Südwesten bis hin zum Gunung Batukau ragen unregelmäßig jüngere Vulkankegel auf. In den einstigen Krater war noch bis 1818 ein einziger großer See eingebettet. Der Ausbruch eines Nebenvulkans verschaffte einem Teil der Wassermassen einen Abfluss – mit katastrophalen Folgen für viele Dörfer am Berghang. Zurück blieben drei kleinere, idyllisch gelegene Seen und eine Menge fruchtbaren Ackerlandes, heutzutage eine stimmungsvolle, beschauliche Landschaft.

Der Ortsname Bedugul deutet darauf hin, dass sich hier eine Kultstätte für Reisbauern befindet, die vom Bratan-See das Wasser für ihre Sawah (Reisfelder) empfangen. Als Bedugul werden die kleinen Schreine bezeichnet, die man oft vereinzelt zwischen den Reisfeldern entdeckt. Aufgestellt werden sie von den örtlichen Subak, den Bewässerungsgemeinschaften. Auf dem Bratan-See kann man mit gemieteten Kähnen, Motorbooten und sogar auf Wasserskiern herumfahren.

Übernachtung

Bali Handara Kosaido Country Club, ✆ 0362-22646, ℡ 23048, ✉ info@balihandarakosaido.com. Liegt einige Kilometer nördlich und bietet Bungalows sowie einen Golfplatz mit einem revolutionären Entwässerungssystem. In den 70er-Jahren war dies sicherlich der Ort, wo sich die Reichen und Schönen trafen. Heute ist das Hotel sehr in die Jahre gekommen. ❹–❻
Hotel Bedugul, ✆ 0368-21197, 21366, ℡ 21198. Wer sich von der Schlaglochstraße nicht abschrecken lässt, findet hier einfache, ziemlich alte Zimmer mit Warmwasser und TV. Inkl. Frühstück. Am Ufer des Sees gelegen, Bootsvermietung, Wasserski und Restaurant. ❷

Die Umgebung von Bedugul

Möchte man sich überhaupt nicht von der schönen Gebirgslandschaft trennen, kann man von Bedugul aus noch weiter Richtung Süden fahren, bis zum Dorf **Baturiti**, das 900 m hoch liegt und mit 3400 mm Niederschlag im Jahr der regenreichste Ort Balis ist. Wenige Kilometer weiter südlich erreicht man **Pacung**, wo man sich im Green Valley Restaurant erfrischen kann. Eine Übernachtungsmöglichkeit besteht in den luxuriösen Bungalows des **Pacung Asri Mountain**

Resort, ✆ 0368-21038, 📠 21043, ❹–❺. Richtung Westen führt eine befahrbare Straße über Apuan und Jatiluwih nach Wongayagede, südlich vom Pura Luhur Batukau (s. S. 192).

Wer nicht weiter Richtung Süden, aber auch nicht schon wieder heimwärts Richtung Singaraja fahren möchte, dem bietet sich ein netter Spaziergang durch die Gebirgslandschaft an. Der Weg führt vom Hotel Bedugul aus in das Dorf **Pelaga** östlich des Bratan-Sees.

Besonders Wanderlustige können ab Pelaga Richtung Nordosten weiter marschieren bis zum Ort **Catur**, von wo man auf einer Nebenstraße zum **Gunung Penulisan**, nördlich von Kintamani, gelangt.

Weniger unternehmungslustige Menschen können auf dem Heimweg von Bedugul nach Lovina mit dem Auto einen Abstecher zu den beiden Seen Buyan und Tamblingan machen. Durch einen kleinen Umweg findet man auch von hier leicht wieder zurück nach Lovina.

Danau Buyan und Danau Tamblingan

Eine der interessantesten Straßen Balis biegt ca. 3 km oberhalb Beduguls hinter der Haarnadelkurve nach Westen ab. Sie führt immer auf dem Grat entlang durch kleinere Dörfer mit einem fantastischen Blick auf die zwei Seen Buyan und Tamblingan im Süden und nach Norden bis zum Meer.

Wer möchte, folgt dem Straßenverlauf durch Wälder, Kaffee- und Nelkenplantagen bis hinunter nach **Munduk**. Die Straße ist durchgehend asphaltiert, trotzdem fahren nur äußerst selten Minibusse. Ab Munduk geht es weiter nach Mayong und Seririt Richtung Norden. Hat man die Küste vor Augen, biegt man bei Seririt nach rechts ab und fährt Richtung Lovina, während auf der linken Seite im Meer die Sonne untergeht. Wer nicht zurück fahren möchte, dem eröffnen sich in Munduk noch einige andere Möglichkeiten.

Munduk

Der kleine Ort, 700 m über dem Meer, ist von Kaffeeplantagen umgeben. Schon die Holländer besaßen hier einige Wochenend- und Ferienhäuser, um sich im milden Klima von der Hitze Singarajas zu erholen.

Erwähnenswert sind Munduks Leichenverbrennungen, die besonders aufwendig zelebriert werden. Die Bevölkerung des Dorfes setzt sich aus wenigen Familienclans zusammen. Jeder Clan veranstaltet alle zehn Jahre eine Kremationsfeier für sämtliche Sippenmitglieder, die in der Zwischenzeit gestorben sind. Die Verbrennung hat eher symbolischen Charakter, da von vielen Verstorbenen nach einigen Jahren kaum noch etwas übrig ist. Am Tag vor der Verbrennung nehmen alle unverheirateten Familienmitglieder, traditionell gekleidet und festlich geschmückt, an einer langen Prozession durch das Dorf teil.

Übernachtung

Puri Lumbung Cottages, ✆ 0362-92810, 📠 92514, 🖥 www.purilumbung.com. Hier wohnt man sehr angenehm oberhalb des Dorfes in den wunderschön gelegenen, kleineren, 2-stöckigen Hütten für 2 Pers. und Familienvillen mit 2 Schlafzimmern, z. T. mit Ausblick über die Reisfelder bis hin zur Küste. Relativ einfach, aber sauber und geschmackvoll eingerichtet. Inkl. Frühstück. Sehr gutes Restaurant, in einem herrlichen Garten. Wer länger als 1 Nacht bleibt, bekommt einen Discount. ❹–❻
Die Leute von Puri Lumbung bieten weiter unten im Dorf Zimmer in einer ehemaligen Kolonialvilla an: **Meme Surung Homestay**. ❸
Wer lieber in Strandnähe wohnen möchte, findet im Dorf Umeanyar bei Seririt die **Ratu Ayu Villas**, ✆ 0362-93612, 📠 93437. Weitere Infos in den Puri Lumbung Cottages. ❹–❺

Von Munduk zur Südwestküste

Von Munduk geht es weiter nach **Mayong**. Hier gibt es zwei Möglichkeiten: Richtung Norden kommt man zur Küste und wieder nach Lovina. Richtung Süden geht es auf einer gut ausgebauten und wenig befahrenen Straße über die Berge zur Küste. Den höchsten Punkt erreicht die Straße südlich von Mayong zwischen den Dörfern **Pupuan** und **Pujungan** am Westhang des Gunung Batukau. Hier gibt es östlich der Straße einen Wasserfall zu entdecken.

Etwa 10 km südlich von Pujungan, ebenfalls östlich der Straße, liegt in einem Wald mit vielen

Vögeln der **Pura Luhur Mekori**. Dieser Tempel ist kein typisch balinesischer Tempel, auch wenn der Name das vermuten lässt – es gibt nämlich weder Tempelmauern noch Schreine. Vielmehr handelt es sich um ein altes, schmuckloses Megalith-Heiligtum auf einer Waldlichtung.

In Pupuan zweigt eine selten befahrene Nebenstraße ab über **Tista** nach **Pulukan / Pekutatan** zum Pantai Medewi (an der Küstenstraße von Tabanan nach Negara, s. S. 197). Halbwegs zwischen Tista und Pekutatan sieht man bei **Asahduren** Gewürznelken-Plantagen und den **Bunut Bolong**, einen Banyan-Baum, der auf beiden Seiten der Straße Wurzeln geschlagen hat, sodass man mit dem Auto unter ihm hindurchfahren muss.

Übernachtung

Eine der schönsten Bungalowanlagen Balis steht in dem Dorf **Blimbing**, wenige Kilometer südlich vom Pura Luhur Mekori in ca. 600 m Höhe am Hang des Gunung Batukau:
Cempaka Belimbing Guest Villas, ✆ 0361-7541178, ✆ 7541179, 🖥 www.cempaka belimbing.com. Ein kleines, herrlich gelegenes Bungalow-Hotel in traditioneller balinesischer Architektur, großartige Aussicht auf Reisterrassen inmitten einer unverfälschten Kulturlandschaft mit prächtigem Garten. Swimmingpool und Restaurant. ❹–❺
Sanda Butik Villas, einige Kilometer nördlich davon, ✆ 082-83720055, 🖥 www.sandavillas.com. Kleines, charmantes Hotel inmitten einer alten Kaffeeplantage mit spektakulärer Aussicht von den großen Terrassen der einzelnen Bungalows. ❹–❺

Tour 2:
Von Lovina zum Gunung Batur

Auch bei dieser 2-tägigen Tour verlässt man Lovina Richtung Osten und durchfährt das Zentrum von Singaraja (Vorsicht, viele Einbahnstraßen). Hat man das Chaos der Stadt erstmal hinter sich, lässt man sich auf der Küstenstraße ostwärts treiben. Bei **Kubutambahan** biegt die Straße nach rechts ab und wird bald sehr steil und kurvig.

Gunung Penulisan

Hat man von Norden kommend die unzähligen Nadelöhrkurven ohne Übelkeit hinter sich gebracht, liegt links der Straße ein Tempel, Teil eines ganzen Komplexes, der sich über mehrere Etagen bis zum Gipfel des Gunung Penulisan (1745 m) erstreckt. Schon allein wegen der Aussicht lohnt es sich, die 325 Stufen der steilen Steintreppe zu erklimmen.

Pura Tegeh Koripan ist sicherlich ein sehr altes Bergheiligtum aus den Tagen der frühen Warmadewa-Dynastie. Wichtigste hier verehrte Gottheit ist Shiva in seiner Manifestation als Sanghyang Girinatha, Herr der Berge. Es wird ein Eintrittsgeld erhoben.

Wie in einem Museum sind in verschiedenen offenen Pavillons zahlreiche archäologische Fundstücke ausgestellt, die überwiegend aus dem 9.–13. Jh. stammen. Die Lingga- und Yoni-Darstellungen symbolisieren Shiva in Vereinigung mit seiner Shakti. Mehrere Steinstatuen verkörpern die vergöttlichten Herrscher von Zentral-Bali, oft als Figurenpaar „König mit Königin" in einer einzigen Skulptur. Natürlich werden die Skulpturen immer noch verehrt: Zu festlichen Anlässen umwickelt man sie mit Tüchern und stellt ihnen kleine Opfergaben hin.

Von der Straße nach Süden biegt etwas weiter unterhalb eine Straße nach rechts ab, die die Möglichkeit zu einer schönen **Höhenwanderung** bietet. Zuerst folgt man mehr oder weniger einem Berggrat, der die Wasserscheide zwischen Nord und Süd darstellt. Ab Catur hält man sich südwärts bis **Pelaga**, wo es wieder öffentliche Transportmittel gibt, wenn auch selten. Von Pelaga führt auch ein direkter Weg zum Danau Bratan.

Nur wenige Kilometer weiter südlich des Gunung Penulisan findet sich das Dorf Kintamani, das auf jeden Fall einen kurzen Zwischenstopp wert ist.

Kintamani

Das kühle, oft von Wolken verhangene Kintamani, westlich des Gunung Batur und nördlich von Penelokan, ist der größte Marktort am Batur-See. Alle drei Tage ist die Hauptstraße hoffnungslos verstopft mit Gemüselastern, Minibussen und Gebirgsbewohnern, die um Kaffeebohnen, Obst und Gemüse feilschen. Schon die

Holländer unterhielten hier ein Gästehaus, ein erster Zwischenstopp für Besucher, die im Hafen von Buleleng (Singaraja) gelandet und auf dem Weg zu ihren Hotels in Denpasar waren.

In dem lang gestreckten Dorf gibt es viele Hunde, eine besondere Rasse, langhaarig und aggressiv, die dem Huskie sehr ähnlich sieht und den Namen des Dorfes trägt. Nördlich von Kintamani kann man durch im Bergwind rauschende Wälder wandern.

Von Kintamani aus fährt man weiter Richtung Süden und trifft sehr bald auf das Dorf Batur.

Das Dorf Batur

Im Süden ist Kintamani mit dem neuen Dorf Batur zusammengewachsen. Das alte Batur befand sich einst am Fuße des aktiven Vulkans. Der schwere Ausbruch 1917 hatte es stark zerstört, aber der Dorftempel war von den Lavamassen verschont worden. Dies nahm man als gutes Omen und baute das Dorf an gleicher Stelle wieder auf. Der nächste schwere Ausbruch 1926 vernichtete das Dorf erneut, diesmal mitsamt dem Tempel. Erst daraufhin entschlossen sich die Leute, das Dorf Batur an eine geschütztere Stelle an den Rand des kesselförmigen Kraters zu verlegen.

Mittelpunkt des Ortes ist der neue, große Tempel, **Pura Ulun Danu Batur**, ein umfangreicher Komplex. Eindrucksvolle, hohe Tempeltore und Reihen von vielstufigen, schlanken Meru (balinesischen Pagoden) erheben sich am Rande des Steilhangs über dem Krater, der einen fantastischen Hintergrund für das Heiligtum bildet. Die Gebäude bestehen aus dunklem Lavagestein, die Innenhöfe sind mit schwarzer Asche bestreut. Die hier verehrte Hauptgottheit ist Dewi Danu, Göttin der Gewässer. Es wird eine kleine Spende erwartet.

Pura Ulun Danu Batur ist ein bedeutendes Heiligtum. Entsprechend aufwendig ist sein Odalan, an Vollmond um März / April, zwei Wochen nach Nyepi, dem balinesischen Neujahr.

Bayunggede

Kurz hinter dem Dorf Batur zweigt eine Straße nach rechts ab und führt nach Bayunggede. Wenn man Glück hat, kann man an einer der eindrucksvollen Zeremonien teilnehmen, die sich in der Abgeschiedenheit der Bergwelt erhalten haben. Während die Leichenverbrennung hier im Gegensatz zum übrigen Bali eine sehr einfache, wenig spektakuläre Angelegenheit ist, wird *Ngusaba Teruna Daha* wesentlich aufwendiger zelebriert, ein einwöchiges Fest zur Zeit des Vollmonds im September / Oktober. Junge, traditionell gekleidete Mädchen werden in einer Prozession durchs festlich geschmückte Dorf vom Pura Dalem Pelapun zum Pura Bale Agung geführt.

Penelokan

Zurück auf der Hauptstraße geht es weiter Richtung Penelokan (der Name bedeutet „Aussichtspunkt"). Von hier oben, in 1450 m Höhe, hat man einen wunderschönen Blick auf den Berg Batur und den Batur-See hat. Bei gutem Wetter ist sogar die Südküste zu sehen.

Die tolle Sicht lockt natürlich viele Touristen an, die wiederum viele fliegende Händler nach sich ziehen. Diese können manchmal sehr penetrant sein und sind am besten loszuwerden, indem man sie ignoriert. Die Restaurants in Penelokan sind in höchstem Maße überteuert, was v. a. an den vielen Tourbussen liegt, die hier ihre Mittagspause einlegen. Wer durch Penelokan fährt, muss eventuell einen geringen Eintritt bezahlen, je nachdem, wie aktiv die Geldeintreiber gerade sind.

Übernachtung

Lakeview Hotel, ✆ 0366-51394, ✉ 51464. Direkt am Berghang gelegenes Hotel mit wunderschöner Aussicht über die Berglandschaft. Vermutlich das einzige Hotel in der Gegend, das einen gewissen Standard vorzuweisen hat. Zimmer mit Du/WC, Warmwasser, teurere Zimmer auch mit TV, Balkon und verglastem Bad. Inkl. amerikanisches Frühstück im bei Tourbussen beliebten Restaurant. ❸–❹

Transport

Busse fahren von Penelokan nach GIANYAR (10 000 Rp, ca. 1 Std.), SEMARAPURA (Klungkung, 15 000 Rp, 1 1/2 Std.) und SINGARAJA (20 000 Rp, 1 Std.).

Weiter zum Gunung Batur

Weiter zum See geht es von Penelokan die sehr steile Straße in den Krater hinab. Die Straße fächert sich kurz hinter Penelokan auf, die linke Abzweigung führt über das Örtchen Kedisan nach Toya Bungkah, wo die meisten Touristen übernachten, um in der Früh die Besteigung des Berges Gunung Batur in Angriff zu nehmen.

Im Westen verläuft die Hauptstraße von Bangli nach Singaraja über mehrere Kilometer auf dem Grat des Kraterrandes, eine der drei einzigen Straßen, die Balis Gebirge überqueren. Im Südosten ragt der Randkegel des **Gunung Abang** („älterer Bruder") auf, die höchste Erhebung (2153 m) des gesamten Batur-Massivs.

Einen Teil des alten Kraters füllt der halbmondförmige, 90 m tiefe **Batur-See** aus, in den die Subak (Organisationen von Reisbauern) aus der Region Gianyar jedes Jahr einen Büffel opfern. An seinen Ufern liegen ein paar Dörfchen, darunter **Toya Bungkah**. Auf der anderen Seite des Sees liegt **Trunyan**, das Dorf der Bali Aga, der Ureinwohner Balis. In den kleinen Dörfern wie auch auf den Bergen selbst kann es nicht nur nachts kalt und feucht werden. Lange Hosen und ein Pullover sollten daher in keinem Rucksack oder Koffer fehlen.

Im Laufe der letzten 200 Jahre war der Batur schon mehr als zwanzigmal tätig, mit größeren Eruptionen 1905, 1917, 1926 und 1963. Die schwersten Ausbrüche (1917 und 1926) forderten viele Menschenleben und vernichteten einige Dörfer. Die heutzutage bedeutendsten Orte am Gunung Batur, **Penelokan** und **Kintamani**, liegen oberhalb des großen Kraters an der Straße auf dem Grat des alten Kraterwalls.

Die Besteigung des Gunung Batur

Man kann den Batur von **Pura Jati** oder **Toya Bungkah** aus in einer Tagestour besteigen, die meist um 4 Uhr morgens beginnt und ihren Höhepunkt in einem Picknick auf dem Gunung Batur zum Sonnenaufgang findet. Eine Besteigung ohne Guide ist nicht möglich. Die jungen Männer der Dörfer haben sich aufgrund der ausbleibenden Touristen zusammengeschlossen und treten als eine „Regierungsorganisation" auf, die eine Besteigung im Alleingang verbietet. Eine solche Regierungsorganisation gibt es natürlich nicht, und die freundlichen, jungen Männer zeigen sich schnell von einer ganz anderen Seite und werden aggressiv, wenn man versucht, den Berg auf eigene Faust zu bezwingen. Die Preise für die

Die Legende vom Batur-See

Einst lebte auf Bali der Riese **Kbo Iwo**, ein Wesen so groß wie ein Berg. Mit seiner ungeheuren Kraft half er häufig den Menschen bei der Anlage neuer Reisterrassen und Bewässerungssysteme wie auch beim Bau großer Tempel – die Felsenheiligtümer **Gunung Kawi** und **Goa Gajah** soll er in nur einer Nacht mit seinem Fingernagel aus dem harten Gestein geschabt haben. Als Belohnung für seine Arbeit gab er sich mit einer Mahlzeit zufrieden, aber das bedeutete für die Dorfbewohner, jedes Mal die Nahrung für mehr als tausend Menschen zu opfern.

Nach einer Missernte konnten die Dörfler den Forderungen des Riesen nicht mehr nachkommen, und in seinem Ärger darüber zerstörte er Häuser und Tempel und fraß sogar einige Männer und Frauen. Die so geplagten Balinesen bedienten sich einer List: Wenn er ihnen einen tiefen Brunnen graben könnte, würden sie ihn reichlich belohnen. Kbo Iwo begann, mit seinen Händen ein tiefes Loch auszuheben, auf dessen Grund sich auch schon das erste Wasser sammelte. Aber selbst für einen Riesen war es eine ermüdende Arbeit, und so pflegte er in dem kühlen Erdloch täglich seinen Mittagsschlaf zu halten. Eines Tages versammelten sich die Menschen um den Brunnen und überschütteten den schlafenden Riesen mit Unmengen von Kalk, den man sonst zum Weißen der Hauswände gebraucht. Der Kalk verband sich im Wasser zu einer harten Masse, die dem Riesen seine Bewegungsfreiheit raubte und ihn schließlich unter sich begrub. Das Wasser stieg weiter, floss über den Brunnenrand und formte den heutigen Batur-See. Das aus dem Brunnen ausgehobene Erdreich liegt noch immer an seinem Platz als Gunung Batur. Manchmal regt sich der Riese noch, dann kommt es zu Erdbeben oder der Batur bricht aus.

Blick auf den Berg Gunung Batur und den Batur-See

Touren sind allerdings erschwinglich, wenn man sich zu Gruppen zusammenschließt. Egal ob man die 4-stündige Tour mit Sonnenaufgang oder die 6-stündige Tour wählt, man zahlt pro Gruppe (maximal 4 Personen) nicht mehr als US$25–35. In der Hochsaison muss man diesen Preis jedoch erst aushandeln. Zwischen Juli und Dezember ist die Aussicht oft wolkenverhangen, sodass sich ein Aufstieg möglicherweise nicht lohnt.

Touren zu noch aktiven Nebenkratern sollten auf alle Fälle nur mit einem erfahrenen Guide unternommen werden. Hier sind schon Touristen bei kleineren Ausbrüchen ums Leben gekommen.

Ab **Toya Bungkah** dauern der Auf- und Abstieg an die drei Stunden. Feste Schuhe und ein dicker Pullover sind angebracht. Ab Pura Jati folgt man den weißen Markierungen. Der Aufstieg über die unwirklichen Lavaformationen ist ein großartiges Erlebnis.

Um die heißen Quellen am Ufer des Sees in Toya Bungkah ist eine neue, aufwendige, überteuerte und wenig attraktive Badeanlage gebaut worden. Neben einem großen, verchlorten Pool findet man noch ein kleines Bad mit gesundem, heißem Quellwasser (Eintritt 45 000 Rp). Außerdem gibt es in Toya Bungkah ein kleines **vulkanologisches Museum**.

Übernachtung und Essen

Toya Bungkah
Die meisten Touristen, die den Batur besteigen oder nur ein paar Tage am See verbringen wollen, wohnen in Toya Bungkah am Nordufer des Danau Batur.

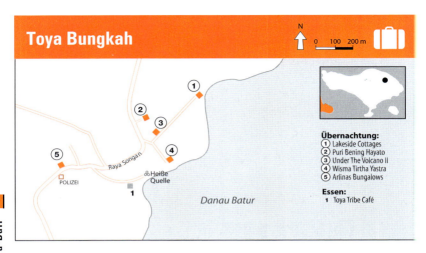

Übernachtung:
① Lakeside Cottages
② Puri Bening Hayato
③ Under The Volcano II
④ Wisma Tirtha Yastra
⑤ Arlinas Bungalows

Essen:
1 Toya Tribe Café

Von Nord nach Süd:
Lakeside Cottages, ☎ 0366-51249, ✆ 51250, 🖥 www.lakesidebali.com. Direkt am See liegt dieses Hotel mit Pool. Saubere, große Zimmer mit Bad/WC, Warmwasser, teilweise TV. Inkl. Frühstück. Im Restaurant wird frischer Fisch aus dem See angeboten. Das freundliche Personal organisiert gerne Touren und Transport für Touristen. ❷–❸

Puri Bening Hayato, 3 0366-51234, 5 51248, ✉ puribening2002@yahoo.de. Großes Hotel mit Pool am See, das schon etwas in die Jahre gekommen ist. Paradoxerweise sind die günstigen Zimmer überteuert, die teureren Zimmer in gehobenem Standard lohnen sich hingegen. Alle Zimmer mit Du/WC, Warmwasser, Frühstück, teilweise TV, was bei schlechtem Wetter von Vorteil sein kann. ❸

Under the Volcano II, ☎ 0366-52508. Kleines Guesthouse am See mit liebenswerter Besitzerin. Zimmer mit Du/WC, Warmwasser. Inkl. kleinem Frühstück. Die Einrichtung ist zwar nicht gerade geschmackvoll, die Zimmer sind aber sauber. Im Volcano III gegenüber gibt es auch Zimmer mit Seeblick. ❶–❷

Wisma Tirtha Yastra. Kleines Homestay direkt am Seeufer mit ziemlich alten Zimmern mit Mandi. Zweifellos das Richtige für Sparsame und Überlebenskünstler! ❶

Arlinas Bungalows, ☎ 0366-51165. Saubere und gepflegte Bungalows im Ort mit Bad/WC, z. T. mit Warmwasser, TV, inkl. Frühstück im Restaurant. ❷

Die allermeisten Hotels bieten in ihren kleinen Restaurants neben Frühstück auch indonesische Gerichte an. Die Auswahl ist hier nicht besonders groß. Neben verschiedenen Reisgerichten wird frischer Fisch aus dem See als Spezialität angeboten. Wer sich nach westlichen Speisen sehnt, wird hier fündig:

Toya Tribe Cafe, ☎ 0366-51204, ✆ 51205. Direkt neben den heißen Quellen, Restaurant mit ausführlicher Speisekarte, u. a. Spaghetti und Pizza. Natürlich gibt es auch frischen Fisch aus dem See. Hauptgerichte ab 20 000 Rp. ⏱ 12–21 Uhr.

Kedisan

Wer sich in Toya Bungkah nicht wohl fühlt, aber dennoch unten in der großen Kraterlandschaft wohnen möchte, um ein paar Tage am Batur-See zu verbringen, findet auch im Südufer im Dörfchen Kedisan einige nette Unterkünfte. Im Vergleich zu Toya Bungkah sind die Übernachtungsmöglichkeiten hier etwas günstiger, der Standard ist ein wenig höher und auch von hier werden Trekkingtouren angeboten.
Von Nord nach Süd:

Hotel Astra Dana, ☎ 0366-52091. Das 2-stöckige Haus bietet eine sagenhafte Aussicht auf den See. An kalten Tagen kann man sich an der warmen, familiären Atmosphäre erfreuen. Gefliese, saubere Zimmer mit Du/WC und Warmwasser. Inkl. Frühstück. ❶

Hotel Surya, ☎ 0366-51139. Hotel mit atemberaubendem Blick auf den Batur-See. Zimmer mit Federkernmatratzen, Du/WC, z. T. auch mit TV, Warmwasser und Badewanne. Inkl. Frühstück. ❶

Hotel Segara, ☎ 0366-51136, ✆ 51212, ✉ hotelsegara@plasa.com. Freundliches Hotel, alle Zimmer mit Warmwasser, Du/WC, TV. Zum Frühstück gibt es den schönen Blick auf den See gratis dazu. ❶–❷

Transport

Minibusse fahren von PENELOKAN nach Toya Bungkah. Die Straße führt von Toya Bungkah weiter über Songan um den Batur herum bis nach Kolombo.

Trunyan

Das Dorf ist wie Tenganan (s. S. 268) von Bali Aga bewohnt, also „Original"-Balinesen, die kaum vom Hinduismus oder anderen Fremdeinflüssen berührt scheinen. Einmalig ist ihre Art der Totenbestattung. Die Leichen werden nicht wie bei Hindu-Balinesen verbrannt, auch nicht wie bei den Bali Aga von Tenganan beerdigt, sondern in weiße Tücher gehüllt und im Freien aufgebahrt, wo sie dann unbeachtet verwesen.

Eingezwängt auf einem schmalen Landstreifen zwischen See und steilem Kraterrand lebt man hier in fast völliger Isolation vom restlichen Bali. Besucher sind nicht so willkommen wie in Tenganan, werden aber geduldet. Übernachtungsmöglichkeiten sind hier allerdings nicht vorhanden. Viel zu sehen gibt es eigentlich nicht: Mauern aus finsteren Lavablöcken umgeben die eng aneinander gereihten Gehöfte, in denen man die sonst üblichen tropischen Gärten und Bäume vermisst. Wenn man Glück hat, kann man einen Blick auf die Arbeitsweise der Weberinnen oder die Handwerkskunst der Männer werfen.

Ein steiler Zick-Zack-Pfad hinter dem Dorf führt die Kraterwand hoch zu einem Ableger von Trunyan außerhalb des großen Kraters, wo die Ländereien der Bali Aga liegen.

Das größte Heiligtum des Ortes ist der schmucklose **Pura Pancering Jagat** („Nabel der Welt"). In einem Schrein verbirgt sich eine 3 m hohe Statue der obersten Lokalgottheit, Ratu Gede Pancering Jagat, die nur einmal im Jahr ein paar Auserwählten gezeigt wird.

Kurz nach Vollmond im September / Oktober beginnt eine Reihe ungewöhnlicher Zeremonien im Rahmen des Odalan für diesen Tempel. Junge, unverheiratete Männer, maskiert und nur mit Büscheln getrockneter Bananenblätter bekleidet, laufen durchs Dorf und erschrecken die Zuschauer mit langen Peitschen. Die gleichen jungen Männer haben anschließend das Privileg, die Statue der Lokalgottheit mit einer Mischung aus Kalk, Honig und Wasser zu reinigen.

Transport

Man nimmt zuerst einen Minibus etwa 3 km den steilen Berg hinunter bis nach KEDISAN, wo man Boote für die Rundfahrt auf dem See (Trunyan, Bali Aga-Friedhof, Toya Bungkah) mieten kann. Tickets bekommt man an einem Kiosk, die Überfahrt ist allerdings nicht ganz billig: 2 Pers. zahlen 300 000 Rp. Trunyan ist ansonsten über einen recht schwierigen Fußweg, der immer am See entlang führt, zu erreichen.

Abstecher zum Gunung Abang

Südöstlich des Batur-Sees liegt ein noch höherer Berg als der Gunung Batur: der Gunung Abang. Fährt man von Toya Bungkah wieder Richtung Penelokan, biegt man an der Gabelung links ab. Nach etwa 4 km gabelt sich die Straße an dem vielleicht schönsten Aussichtspunkt über den Krater. Rechts geht es weiter über Suter und Menanga nach **Besakih**. Links erreicht man nach 1 km einen kleinen Tempel und einige Essensstände. Man folgt der unbefestigten Straße rechts vom Tempel bergab und sucht nach 1 km einen Parkplatz für sein Fahrzeug.

In einer scharfen Rechtskurve liegt ein Haus, in dessen Nähe der Weg zum Gipfel des **Abang** (2153 m) beginnt. Der Pfad ist gut ausgetreten, führt aber sehr steil durch verfilzten Buschwald und ist matschig und rutschig. Nach einer Stunde kommt man zu einem Tempelchen. Nach einer weiteren Stunde ist man auf dem Gipfel, wo man ebenfalls einen Tempel vorfindet und die Aussicht genießen kann. Wegen der Schlüpfrigkeit des Weges benötigt man auch für den Abstieg etwa zwei Stunden. Festes Schuhwerk ist von Vorteil.

Tour 3: Von Singaraja nach Ost-Bali

Die dritte Tour ist als One-way-Tour nach Ost-Bali gedacht. Viele Autovermieter bieten gegen einen Aufpreis die Möglichkeit, das Fahrzeug an einem anderen Ort auf Bali abzugeben. So lässt sich der schöne Weg auf eigene Faust erkunden und verweilen, wo man sich wohl fühlt. Wieder verlässt man Lovina Richtung Osten und durchquert Singaraja. Auf der Küstenstraße geht es hinter Singaraja geradeaus zu dem kleinen Örtchen Sangsit. Von Singaraja aus kann man Sangsit auch für 3000 Rp mit dem Bemo erreichen.

Sangsit

8 km östlich von Singaraja steht 250 m nördlich der Hauptstraße nahe Sangsit der Subak-Tempel **Pura Beji**. Bereits im 15. Jh., als sich das Majapahit-Reich auf seinem Höhepunkt befand, wurde dieser Tempel zu Ehren der Göttin der Fruchtbarkeit Dewi Sri erbaut. Mythische Fabelwesen, Hexen, Dämonen und Schlangen bewachen den Eingang. Dass sich im Inneren nur ein Hauptgebäude befindet, ist ebenso typisch für die nordbalinesischen Tempel wie die Fülle von Steinmetzarbeiten.

Vom Pura Beji schlängelt sich ein kleiner Weg zum **Unterwelttempel** (Pura Dalem) von Sangsit, nur wenige hundert Meter nordöstlich Richtung Strand. Die Außenmauern des Heiligtums sind mit Reliefs geschmückt, die recht drastische erotische Szenen zeigen.

Einmal im Jahr zum Vollmond im April / Mai findet in Sangsit die seltsame **Bungkakak-Zeremonie** statt. Ein Schwein wird in einem Bambuskäfig, der fast wie ein Verbrennungsturm aussieht, von einigen Männern und Jugendlichen aus dem Dorftempel getragen. In wilder Jagd rennen sie damit einen Hügel hinauf und wieder zurück zum Tempel. Dann sammeln sich die Dorfbewohner zu einer langen Prozession, die sich zu einer heiligen Quelle begibt, ein paar Kilometer außerhalb des Dorfes.

Östlich von Sangsit zweigt rechts (bergwärts) eine Straße zu den Dörfern **Jagaraga** und **Sawan** mit weiteren sehenswerten Tempeln ab.

Jagaraga und Sawan

Die beiden Dörfer sind auch für 5000 Rp mit dem Bemo von Singaraja aus zu erreichen. Hier stehen Tempelanlagen, die mit reichen, fantasievollen Reliefdarstellungen an den Tempelmauern bizarren Figuren und Dämonenköpfen ausgeschmückt sind. Bemerkenswert sind vor allem die häufigen „europäischen" Motive in den Reliefs, vielleicht Karikaturen der ungeliebten Kolonialherren, vielleicht auch Darstellungen von Dämonen, die als Europäer verkleidet die Welt (Bali) unsicher machen.

Die interessantesten Motive zeigt der **Pura Dalem** von Jagaraga, auf halbem Wege nach Sawan: Ozeandampfer inmitten von Seeungeheuern, ins Meer stürzende Flugzeuge, langnasige Europäer im Auto, die von einem Banditen mit Pistole überfallen werden usw.

In **Sawan** werden Gongs für Gamelan-Orchester gegossen. Da der Gong das richtungweisende Instrument im Orchester ist, kommt ihm und seiner Entstehung eine besondere Bedeutung zu.

Etwas weiter östlich der Abzweigung bei Sangsit kann man an der Hauptstraße in den **Berdikari Cottages**, ✆ 0362-25195, ❶–❷, übernachten. Das Hotel liegt in der Einöde und bietet etwas ältere, aber nette Zimmer mit Du/WC und Warmwasser an. Im Gebäude nebenan kann man eine Ikat-Manufaktur, eine spezielle indonesische Art der Weberei, besichtigen.

Kubutambahan

Weiter auf der Hauptstraße von Sangsit Richtung Osten kommt man zum Ort Kubutambahan. Auch hierher kann man von Singaraja aus für 4000 Rp mit dem Minibus fahren.

Nur wenige hundert Meter östlich der Abzweigung nach Kintamani liegt der **Pura Meduwe Karang**, der „Tempel des Herrn des Landes"

Der Pura Beji bei Sangsit aus dem 15. Jh.

Hier verehrt man eine männliche Fruchtbarkeitsgottheit, die für das Wachstum auf unbewässerten Feldern zuständig ist (z. B. Mais), sowie Dewi Sri, die Reisgöttin, die über die Reisfelder wacht.

Am Sockel der zentralen Terrasse im dritten Innenhof sieht man das ungewöhnliche Relief eines Radfahrers. Sein Fahrrad ist offenbar ein magisches Vehikel: Es lässt sich ohne Antriebskette fahren, und Reifen und Speichen sind durch Ranken und Lotosblüten ersetzt. Es wird von den Einheimischen liebevoll „Blumenfahrrad" genannt. An diesem Tempel muss man nicht nur eine Parkplatzgebühr bezahlen, sondern auch einen Sarong für 10 000 Rp leihen. Darüber hinaus wird eine Spende erbeten.

Air Saneh

Weiter der Küstenstraße folgend findet man sich nach wenigen Kilometern in Air Saneh (=Yeh Sanih) wieder. Für 5000 Rp kann man sich von einem Bemo aus Singaraja mitnehmen lassen. Air Saneh ist besonders geeignet für Leute, die sich in der totalen Abgeschiedenheit dieses Strandes erholen wollen. Das Dorf, 6 km östlich von Kubutambahan, bietet sich als Alternative zum Lovina Beach an und ist ein idealer Ausgangsort für Ausflüge zu den Tempeln dieser Gegend.

Übernachtung und Essen

Mehrere Hotels finden sich entlang der Hauptstraße. Vor 20 Jahren wurden hier sicherlich nette Zimmer geboten. Heute sind die meisten allerdings abgewohnt, muffig und die Matratzen durchgelegen. In den Bergen findet sich eine kleine Straße mit mehreren, teilweise auch neueren Losmen.

Puri Rena Bungalows, ✆ 0362-26589. Schöner, großer, ziemlich verwilderter Garten mit Pool und Restaurant. Große Zimmer in Bungalows mit Ventilator, Du/WC, z. T. Open-Air-Bäder. Inkl. Frühstück. ❶–❷

Ciliks Beach Garden, ✆/✆ 0362-26561, 🖥 www.ciliksbeachgarden.com. 4 elegante, großzügige und komfortabel eingerichtete Bungalows für 1–6 Pers. in einem weitläufigen Garten am Strand. Teilweise verfügen die Bungalows über 2 Schlafzimmer und AC und sind alle geschmackvoll mit Bambusmöbeln ausgestattet. Insgesamt etwas älter, aber im Gegensatz zur Konkurrenz sehr gepflegt. ❹–❺

Mimpi Bungalows, ✆ 0362-7001530, 🖥 www.mimpibali.com. Landeinwärts etwas abseits der Hauptstraße findet sich diese kleine, neue Anlage. Die Zimmer sind in Weiß gehalten, mit Ventilator und Warmwasser-Du/WC. Einladendes Restaurant auf der Dachterrasse. Vom Garten mit Pool hat man einen herrlichen Blick in die Berge. Leider etwas überteuert. ❸

Sembiran

Fährt man weiter Richtung Osten entlang der Küstenstraße, stößt man beim Ort **Pacung** auf eine Abzweigung, die ins Landesinnere zum Örtchen **Sembiran** führt. Ein kleiner Abstecher lohnt sich wegen der tollen Ausblicke.

Miguel Covarrubias bezeichnete den Ort in seinem 1937 erschienenen Buch *Island of Bali* als ein von Dschungel umgebenes Bali Aga-Dorf ebenso traditionell wie Trunyan und Tenganan. Die Toten wurden in Tücher gewickelt und in eine wilde, von Dämonen heimgesuchte Urwaldschlucht geworfen.

Heute hat der Dschungel gepflegten Plantagen und terrassierten Maisfeldern Platz gemacht. Tote werden begraben, manchmal sogar verbrannt, die Leute nennen sich nicht mehr Bali Aga und hören es auch nicht gerne, wenn sie so genannt werden. Äußerlich unterscheidet sich Sembiran wenig von anderen balinesischen Dörfern, obwohl man in den Tempeln noch seltsame Megalithe als Sitz von Geistern und Ahnen verehrt.

Tejakula

Zurück auf der Hauptstraße geht die Fahrt weiter nach Tejakula (34 km östlich von Singaraja, wo ein heiliges Bad zu bewundern ist. Ein balinesischer Herrscher ließ diese prachtvoll ausgeschmückte Badeanlage errichten. Aus zahlreichen Wasserspeiern ergießt sich das kühle Nass in getrennte Becken für Männer und Frauen. Früher sollen hier auch Pferde abgeschrubbt worden sein, weshalb der Platz als Pferdebad bekannt ist. Das Innere der Anlage sollte man nicht betreten, um die Badenden nicht zu belästigen.

Weiter entlang der Straße Richtung Osten kommt man nach Sambirenteng.

Sambirenteng

2 km östlich von Sambirenteng bei dem Dorf Geretek wohnt man sehr angenehm und vor allem sehr ruhig im **Alam Anda**, 🖥 www.alamanda.de, ❸–❺. Die Bungalowanlage in einem Palmengarten am Strand unter deutscher Leitung mit Restaurant, Swimmingpool und Tauchzentrum (erfahrene Tauchmaster, gut gewartete Ausrüstung) ist eine empfehlenswerte Unterkunft. Das Korallenriff liegt praktisch vor der Haustür.

Die nächste Station auf dem Weg befindet sich bereits in Ost-Bali. Über Culik und Amed kann man voll und ganz in den schönen Osten der Insel eintauchen.

Lombok

Stefan Loose Traveltipps

12 **Die Gilis** Beim Tauch- und Schnorchelurlaub auf den Inseln vor der Küste Lomboks über die farbenprächtige Unterwasserwelt staunen. S. 323

13 **Gunung Rinjani** Den zweithöchsten Vulkan Indonesiens erklimmen. S. 339

Pantai Kuta In den Buchten um das kleine Fischerdorf herum surfen. S. 343

Östlich von Bali zeigt sich Indonesien von einer anderen Seite. Zwischen Bali und Lombok verläuft die Wallace-Linie (s. S. 76f.). Jenseits dieser Grenze treten verschiedene Arten asiatischer Flora und Fauna nur noch sporadisch auf. Gänzlich fehlen die großen Säugetiere wie Elefant, Tiger, Leopard, Tapir usw. Dafür findet man typische Arten australisch-melanesischer Fauna und Flora. Besonders die Südhälfte Lomboks unterscheidet sich enorm von den grünen Landschaften Balis. Über diesen Teil erstrecken sich trockene Savannenlandschaften, die nur in Küstennähe mit ausgedehnten Tabakfeldern bewirtschaftet werden. Hier befinden sich aber auch einige der schönsten unberührten Strände der gesamten Insel.

Im Norden ist das Landschaftsbild von Indonesiens zweithöchstem Vulkan, dem **Gunung Rinjani**, geprägt. Bis auf beachtliche 3726 m erhebt sich das Massiv, das für die Einwohner der Insel den Sitz der Götter repräsentiert. An den unteren fruchtbaren Hängen sind Reisterrassen und andere Äcker angelegt. Besonders häufig ist neben Reis der Anbau von Tabak, Sojabohnen, Kaffee und Baumwolle, aber auch Zimt- und Gewürznelkenbäume sowie Vanilleplantagen sind zu finden.

Doch nicht nur Lomboks Flora und Fauna unterscheidet sich auffallend von der Balis, auch die Einwohner, ihre Kultur und Religion heben sich deutlich von denen der hinduistischen Nachbarinsel ab. Die ursprüngliche Bevölkerung Lomboks, die **Sasak**, stellen 85 % der Bevölkerung und waren einst Anhänger der Mischreligion *Wetu Telu*. In der Sprache der Sasak bedeuten diese Wörter „Ergebnis" und „drei". Gemeint sind damit nicht nur die drei Wurzeln dieser Religion, Ahnenkult, Hinduismus und Islam, sondern auch die magische Trinität allen Seins.

Doch die *Wetu Telu*-Anhängerschaft ist im letzten Jahrhundert stark geschrumpft. Besonders seit den antikommunistischen Verfolgungen 1965–66, als *Wetu Telu*-Anhänger als Heiden verfolgt wurden, wird dieser ursprüngliche Glaube mitsamt seinen eigenständigen Zeremonien und Ritualen eher hinter verschlossenen Türen oder in den abgeschiedenen Bergdörfern praktiziert. Auch wenn der in den 1980er-Jahren eingesetzte Tourismus dafür verantwortlich ist, dass das Interesse an den traditionellen Zeremonien, Tänzen und dem Kunsthandwerk der Sasak wieder zunimmt, wird die Bedeutung der synkretistischen *Wetu Telu*-Religion weiterhin öffentlich nicht anerkannt.

Heute sind offiziell über 90 % der 3,1 Mill. Einwohner Lomboks orthodoxe Moslems und so mit Anhänger der *Waktu Lima*-Sekte. *Waktu Lima* („5 Mal") bezieht sich auf die fünf „Säuler des Islam", die von den Moslems auf Lombok befolgt werden: der Glaube an Allah und seiner Propheten Mohammed, die fünf täglichen Pflichtgebete, das Fasten während des Ramadan, die Pilgerfahrt nach Mekka und die Pflichtalmosen, die nach dem Fastenmonat entrichtet werden müssen.

Besucher außerhalb der Touristenzentren Senggigi und den Gilis auf Lombok sollten einige **Verhaltensregeln** beachten, um Ärgernisse zu verhindern. So ist Nacktbaden nicht nur überall auf der Insel verboten, sondern verletzt sämtliche Wertevorstellungen der Einwohner. Auch schon weite Ausschnitte, kurze Röcke und nackte Oberkörper sowie das Trinken von Alkohol und die Zurschaustellung von Zuneigung in der Öffentlichkeit sind verpönt. In der Fastenzeit ist es absolut unangebracht, tagsüber außerhalb von den Gilis, Senggigi und Kuta auf der Straße zu essen, und meist schon schwierig, überhaupt eine Mahlzeit zu bekommen. Während dieser Zeit finden auch keine der bekannten Strandpartys auf den Gilis statt.

Zeigt man aber Respekt vor den Sitten der Einwohner, bekommt man abseits der Touristenenklaven die Möglichkeit, das ursprüngliche Indonesien kennen zu lernen. Man wird unverstellte Freundlichkeit erleben und von jubelnden Kinderscharen verfolgt werden. Stolze Sasak leiten einen durch ihre traditionellen Dörfer und zeigen, wie die *Ikat*-Weberei funktioniert, und Hochlandbauern geben eine Einführung in die Kunst der Reisernte und des Trocknens der Tabakblätter. Natürlich warten außerdem auch traumhafte Strände an den Buchten, bunte Fischschwärme vor den Küsten und tolle Naturschauspiele an den Berghängen auf die Besucher von Lombok.

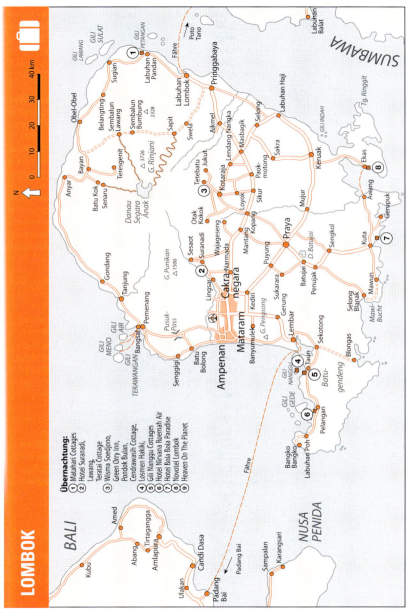

Geschichte

Den ältesten Aufzeichnungen zufolge existierte vor der Ankunft von Invasoren aus Bali und Makassar ein Königreich der Sasak namens Selaparang. Zu Beginn des 18. Jhs. wurde Lombok aber von Bewohnern der Nachbarinsel erobert, hier vier balinesische Fürstentümer gründeten.

Die ersten Holländer landeten 1674 auf der Insel, siedelten aber erst viel später an der Ostküste. Zusammen mit den Sasak revoltierten sie 1891 gegen die im Westen regierende Hindu-Dynastie aus Bali. Anfang 1894 mussten sie noch herbe Verluste bei der Schlacht auf dem Gelände des heutigen Taman Mayura (s. S. 310) hinnehmen. Doch einige Monate später nahmen die Kolonialisten die Insel mit stärkeren Truppen komplett ein und integrierten sie in den holländischen Kolonialbesitz. Den Raja (balinesischen König) schickte man ins Exil und der Kronprinz wurde ermordet.

Selbst mit der Unabhängigkeitserklärung Indonesiens am 17. August 1945 wurde Lombok von den Holländern noch nicht für die Eingliederung in die junge Republik freigegeben. Erst 1949 erkannten die Niederlande Indonesiens Eigenständigkeit an, sodass Lombok in die indonesische Provinz Nusa Tenggara integriert werden konnte.

Leider waren während der nationalen Gewaltwellen, die in den 1960er-Jahren gegen Kommunisten und in den späten 90er-Jahren gegen die chinesischen und christlichen Minderheiten gerichtet waren, die Unruhen auf Lombok besonders schwer. Die extreme Gewalt der moslemischen Randalierer im Jahre 2000 forderte mehrere Tote und zahlreiche Verletzte und hatte die Evakuierung aller ausländischen Feriengäste zur Folge. Natürlich ein schwerer Schlag für die Tourismusbranche in ganz Indonesien, die seit Ende der 1980er-Jahre zu florieren begonnen hatte. Die Besucherzahlen von zuvor boomenden Strandorten wie Senggigi Beach und Kuta Lombok haben sich auch wegen der Bombenanschläge auf Bali 2002 und 2005 bis heute noch nicht wieder auf das ehemalige Level eingependelt. Nur die beliebten Gili-Inseln können sich seit einigen Jahren kaum noch vor dem Andrang der Touristen retten. Im Interesse der vielen Familien, die auf den Tourismus angewiesen sind, und der gesamten Wirtschaft Lomboks ist zu hoffen, dass der Besucherandrang in den nächsten Jahren anhält und auf die gesamte Insel überschwappt.

Lembar

In einer malerischen Bucht an Lomboks Westküste, 31 km südlich der Hauptstadt, liegt der wichtigste Hafen der Insel. Hier legen regelmäßig die großen Passagierschiffe von Pelni und die Fähren von und nach Bali an. Lembar ist nur ein kleines Dorf und eignet sich eher weniger als Basis für Ausflüge in den kaum erschlossenen Südwesten Lomboks.

Auch wegen der kleinkriminellen Banden, die auf dem Hafengelände ihr Unwesen treiben, sollten abends eintreffende Besucher ihren weiteren Trip bereits gebucht haben. Auf spontan wartende Taxis ist zu später Stunde jedenfalls kein Verlass.

Transport

Busse

Perama bietet 1x tgl. einen Shuttleservice nach MATARAM und SENGGIGI, der nur inkl. der 9-Uhr-Fährfahrt von Padang Bai aus gebucht werden kann (60 000 Rp). Außerdem mit mind. 2 Pers. nach KUTA Lombok und TETEBATU (90 000 Rp).um 5.30 Uhr und 14.30 Uhr.

Minibusse

Zur Mandalika Bus Station in BERTAIS östlich von CAKRANEGARA, 10 000 Rp, oder in südwestliche Richtung bis nach PELANGAN, 30 000 Rp. Meist wird von Touristen aber ein deutlich höherer Charterpreis verlangt. Tipp: Immer vorher den Preis aushandeln und erst am Ziel zahlen.

Boote

Für Charterboote nach GILI NANGGU mit max. 4 Pers. werden 100 000 Rp verlangt.
Fähren nach PADANG BAI, Bali, 16x tgl., Abfahrt alle 90 Min., Fahrzeit 4–6 Std., Preise: Erwachsene 24 000 Rp, Kind 15 000 Rp; PKW 400 000 Rp, Motorrad 75 000 Rp.
Die Fahrkarten sollten nur an offiziellen

Ticketschaltern gekauft werden, weil Kleinkriminelle außerhalb des Verkaufsschalters mit allerlei Tricks versuchen, für die gleichen Fahrkarten mehr Geld einzustreichen.

Taxis

Am Hafen von Lembar stehen Taxis, sogar mit AC und Taxameter, die für ca. 50 000 Rp nach Mataram fahren. Motorradtaxis sind schon ab 25 000 Rp zu bekommen.

Batugendeng-Halbinsel

Rings um diese Halbinsel und auf zahlreichen küstennahen, kleinen Inseln (Gili Gede, G. Nangu, G. Tangkong, G. Poh, G. Sulat, G. Genting) südwestlich von Lombok warten noch viele weiße Sandstrände auf Besucher. Farbenprächtige Korallengärten laden zum Tauchen und Schnorcheln ein, Naturfreunde entdecken Brutkolonien von Seevögeln auf steilen Felsenklippen. Neben den Wäldern am Hang des Gunung Rinjani ist Batugendeng die zweite nennenswerte Wildnis Lomboks, eine Fläche von etwa 10 000 ha, wo die letzten Tiefland-Urwälder von West Nusa Tenggara überlebt haben.

Eine gut ausgebaute Straße führt von Lembar über Sekotong bis Pelangan, und weiter über Labuhan Poh nach Bangko-Bangko, einem Surfstrand, wo Besucher nur bei Einheimischen übernachten können.

Öffentliche Boote fahren täglich ab Taun zur **Gili Nanggu** (20 000 Rp, Charter 70 000 Rp), die als beliebteste der kleinen Inseln vor der Küste gilt. Von dort kann man schöne Schnorcheltrips unternehmen oder an den verlassenen Sandstränden ausspannen.

Übernachtung

Gili Nanggu

Gili Nanggu Cottages, ☎ 0370-623783. Kleine Anlage nicht weit vom Strand an der Südspitze der Insel. Alle Bungalows mit Hängematte, Du/WC und inkl. Frühstück, die teureren auch mit AC. Hier gibt es das einzige, aber leider nicht empfehlenswerte Restaurant der Insel.

Sekotong Barat

Hotel Nirvana Roemah Air, Jl. Raya Medang, ☎ 0370-629496, 🖥 www.floatingvilla.com. Wohl die erste und einzige Unterkunft auf Lombok, die auf dem Meer schwimmt. Mit dem eigenen Kanu kommt man zu dem kleinen Hausboot, das sicher am Meeresboden befestigt ist. Durch den Glasboden kann man in dem mit AC, Kühlschrank, DVD-Player und Du/WC ausgestatteten Bambushäuschen die Unterwasserwelt beobachten. Die tollen Sonnenuntergänge lassen sich bei einem romantischen Dinner genießen. ❹

Pelangan

Hotel Bola Bola Paradise, ✉ batuapi99@hotmail.com. Ein angenehmes Hotel gegenüber von Gili Gede mit hauseigenem Strand. Helle Zimmer in 2 Preisklassen. Inkl. Frühstück. ❷–❸

Mataram, Ampenan und Cakranegara

Die Verwaltungshauptstadt Mataram ist mit den beiden Nachbarorten, der alten Hafenstadt Ampenan und dem chinesisch und balinesisch geprägten Cakranegara (meist: Cakra), zusammengewachsen. Die für indonesische Provinzhauptstädte typischen Verwaltungsgebäude, Banken und Büros konzentrieren sich entlang der großen West-Ost-Allee Jl. Langko (Jl. Pejanggik). Die wenigen Sehenswürdigkeiten können bequem innerhalb eines Tages abgeklappert werden.

In Cakra östlich der Jl. Sultan Hasanuddin steht der größte Tempel von Lombok, **Pura Meru**. Er wurde 1720 auf Anordnung des balinesischen Prinzen Anak Agung Made Karang erbaut. Im Vergleich zu den Anlagen auf Bali ist er allerdings etwas enttäuschend und vernachlässigt. Im äußeren Hof sind die großen hölzernen Trommeln untergebracht, mit denen die Gläubigen zum Tempel gerufen werden. Der mittlere Hof besitzt zwei erhöhte Plattformen, die für die Opfergaben vorgesehen sind. Im inneren Hof stehen ein großer sowie 33 kleinere Schreine. Die drei Meru (pagodenähnliche Bauwerke) mit ihren neun- bzw. elfstufigen Dächern sind den drei obersten Hindugottheiten Brahma, Vishnu und Shiva geweiht. ⏱ Mo–So 8–17 Uhr, Spende.

Ampenan, Mataram, Cakranegara

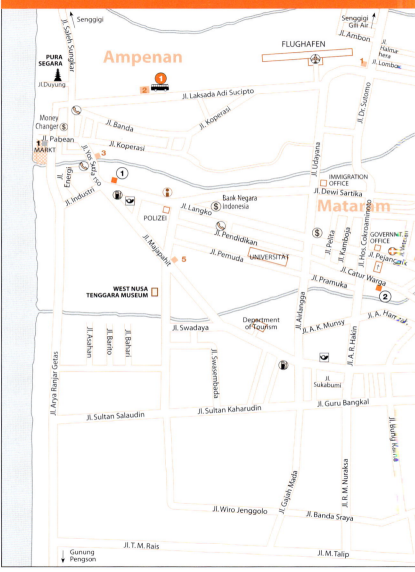

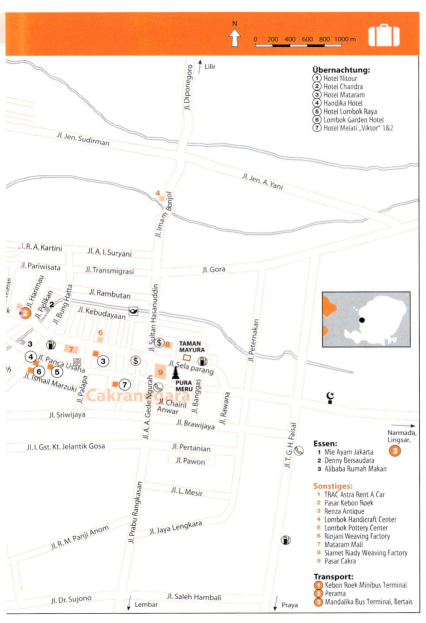

Schräg gegenüber vom Pura Meru findet man den **Taman Mayura**, der früher ein Teil des balinesischen Königshofes war. Das Parkgelände wird hauptsächlich von einem großen See eingenommen, in dessen Mitte ein *Bale Kambang* (Schwimmender Pavillon) steht. Die Untergrundquellen, die das Gewässer einst auf unerklärliche Weise speisten, sind mittlerweile versiegt, und so spült jetzt ein Fluss über unterirdische Kanäle allerhand Müll in das Becken. Wo heute Angler ihre Ruten auswerfen und Familien picknicken, fand 1894 eine entscheidende militärische Auseinandersetzung mit holländischen Kolonialtruppen statt. Damals gelang es den Balinesen, alle holländischen Soldaten von der Insel zu vertreiben – wenn auch nur für ein paar Monate. ☉ Mo–So 7–19.30 Uhr, Eintritt frei.

Vor dem Pura Meru händigt ein freundlicher Bediensteter gegen eine Spende den Tempelschal aus, der zum Betreten der heiligen Stätte getragen werden muss. Der Mann bietet nicht nur an, Besucher durch den Tempel zu führen, sondern steht auch gerne als Guide für den Taman Mayura und die nahe gelegene *Ikat*-Weberei **Sari Bunga** zur Verfügung. Man sollte sich mit ihm aber im Vorhinein auf den Preis seiner Dienste einigen (Richtwert 10 000 Rp pro Person und Sehenswürdigkeit).

Eine umfangreiche Sammlung zur Kultur, Geschichte und Geologie Lomboks und Sumbawas findet sich im **West Nusa Tenggara Museum**, Museum NTB, Jl. Panji Tilar Negara 6, ✆ 0370-622159, ☉ Di–Do 8–14, Fr 8–11, Sa und So 8–12 Uhr, Eintritt 1000 Rp.

Am nördlichen Stadtrand von Ampenan steht am Strand **Pura Segara**, ein Hindutempel, der meist verschlossen ist. Sehenswert sind etwas weiter südlich die vielen bunt bemalten Fischerboote und früh morgens auch der Fischmarkt.

Wer die geschäftige Atmosphäre eines typischen Obst-, Gemüse- und Fleischmarktes liebt, sollte durch die neue Markthalle des **Pasar Kebon Roek** an der Jl. Adi Sucipto schlendern. Zum Feilschen um traditionell gewebte *Ikat*-Stoffe und alle Arten von Goldschmuck ist der **Pasar Cakra** die richtige Adresse.

9 km südlich von Mataram hat man vom Hügel **Gunung Pengsong** eine sehr schöne Aussicht über einen Großteil der Insel.

Übernachtung

Budget

Hotel Chandra, Jl. Caturwarga, Mataram, ✆ 0370-623979, ℻ 634620. Große und saubere Zimmer mit Ventilator und Mandi/WC. Gegen Aufpreis gibt es auch Du/WC, TV und in der obersten Preisklasse AC und Warmwasser. Die Zimmer sind nicht so abgewohnt wie die anderen Hotels dieser Preisklasse. Frühstück inkl. ❶
Hotel Mataram, Jl. Pejanggik 105, Mataram, ✆ 0370-634966. An der lauten Hauptstraße bietet das Hotel saubere Zimmer mit Terrassen am Parkplatz. Die Standardeinrichtung umfasst Du/WC, AC und TV, Deluxe-Zimmer bieten aber auch Warmwasser und VIP-Zimmer sogar eine Minibar. Im Restaurant gibt es das im Preis inbegriffene Frühstück. ❷
Hotel Melati „Viktor" 1&2, Jl. Abimanyu 1, Cakra, ✆ 0370-633830. Empfehlenswertes, neueres Hotel mit 12 Zimmern. Alle sehr sauber mit Du/WC und TV, teilweise auch AC und Warmwasser. Inkl. gutem Frühstück. ❶–❷

Mittelklasse

Hotel Nitour, Jl. Yos Sudarso 4, Ampenan, ✆ 0370-623780, ℻ 625328. Einzige akzeptable Bleibe in Ampenan mit 20 Zimmern in 3 verschiedenen Kategorien. Alle Zimmer mit Warmwasser-Du/WC, z. T. auch sehr geräumig mit AC, Bad/WC, TV und Kühlschrank. Obwohl die Zimmer sauber sind, ist das gesamte Hotel doch recht abgewohnt. ❸

Eine grüne Oase in der Hauptstadt

Lombok Garden Hotel, Jl. Bung Karno 7, Mataram, ✆ 0370-636015, ℻ 636219, ✉ lombokgarden_htl@telkom.net. Sehr schöne, neue Anlage mit 92 Zimmern und 5 Doppelbungalows in einem riesigen, grünen Garten mit Pool. Die ruhigen Zimmer besitzen einen Balkon zum Garten und sind komplett mit großer Du/WC ode Bad/WC jeweils mit Warmwasser, AC, Minibar und TV ausgestattet. Das im Preis inbegriffene Frühstück gibt es im hauseigenen Restaurant ❷–❸

Ikat-Weberin bei der Arbeit (Sari Bunga Weberei)

Handika Hotel, Jl. Panca Usaha 3, Mataram, ☎ 0370-633578, 📠 635049. Nettes, gepflegtes Hotel mit hübsch eingerichteten Zimmern. Neben den einfachen Zimmern mit Ventilator und Du/Mandi, gibt es auch besser ausgestattete mit AC und teilweise Warmwasser-Bad/WC, Minibar und TV. ❶–❸
Hotel Lombok Raya, Jl. Panca Usaha 11, Mataram, ☎ 0370-632305, 📠 636478, 🖥 www.lombokrayahotel.com. 3-Sterne-Hotel mit Restaurant, Lounge mit WLAN-Hotspot und Pool. Während in dem kleinen Fitnesscenter geschwitzt wird, ist im Spa und dem Karaoke-Raum Entspannung bzw. Unterhaltung angesagt. Alle Zimmer sind geräumig mit AC und Warmwasser-Du/WC oder Bad. Die komfortable Einrichtung umfasst auch TV, Telefon, Safe und Minibar. Frühstück inkl. ❸–❹

Geheimtipp für alle Kebab-Liebhaber

Alibaba Rumah Makan, Jl. Panca Usaha, Mataram. Westlich der Jl. Bung Karno gibt es Döner! Das dezent eingerichtete Lokal bietet köstliche arabische Spezialitäten. Das Kebab- oder Lammgericht wird mit einem arabischen Kaffee oder mit dem sehr leckeren, hauseigenen Tee Syaie Bil Halib abgerundet. Hauptgerichte ab 12 000 Rp.

Essen

Mie Ayam Jakarta, Jl. Pabean, Ampenan, ☎ 0370-623965. Hier gibt es leckere indonesische Gerichte zu indonesischen Preisen. Hauptgerichte ab 5000 Rp.
Denny Bersaudara, Jl. Pelikan 6, Mataram, ☎ 0370-633619. Bekannt für seine authentischen Sasak-Gerichte in einem einladenden Umfeld. Hauptgerichte ab 12 000 Rp.
Mataram Mall, Jl. Pejanggik. Hier findet man alle westlichen Fastfood-Ketten wie McDonald's und Kentucky Fried Chicken. ⊙ Mo–So 9–21 Uhr.

Einkaufen

Antiquitäten, Ethnografika

Viele Läden, die Sasak-Steinkunst und Möbel verkaufen, können an der Jl. Raya Senggigi nördlich von Ampenan in Richtung Senggigi besucht werden. Außerdem:
Lombok Handicraft Centre, an der Jl. Imam Bonjol in Mataram, nördlich vom Fluss.
Renza Antique, Jl. Yos Sudarso 29, Ampenan.
Lombok Craft Project, Jl. Majapahit 7, im Lombok Pottery Center.

Handgewebte Ikat-Stoffe

In diesen Webereien kann man nicht nur um die schönen Stoffe handeln, sondern auch den Webern bei der Arbeit zusehen:
Slamet Riady Weaving Factory, Jl. Tanun 10, ☎ 0370-631196.
Rinjani Weaving Factory, Jl. Pejanggik 44, ☎ 0370-633169.

Spediteure

Kauft man mehr ein, als im Gepäck unterzubringen ist, lässt man am besten alles von einem Spediteur verpacken und per See- oder Luftfracht verschicken. Zuverlässig ist:
DHL Express, Jl Pendidikan 28, Mataram, ☎ 0370-627370.

Supermarkt

Mataram Mall, Jl. Pejanggik. In dem riesigen Einkaufszentrum gibt es neben dem großen Hero-Supermarkt auch Internet-Cafés, Elektronik- und Bekleidungsgeschäfte sowie einen Buchladen. ⊙ Mo–So 9–21 Uhr.

Töpferwaren

Töpferwaren der Sasak gibt es im **Lombok Pottery Center**, Jl. Majapahit 7, ☎ 0370-640351, 🖥 www.lombokpottery.com.
Die drei wichtigsten Töpferei-Zentren der Insel sind die Dörfer **Banyumulek**, wenige Kilometer südlich von Mataram, **Penujak**, südwestlich von Praya, und **Masbagik** in Ost-Lombok.

Sonstiges

Autovermietungen

TRAC Astra Rent a Car, Jl. Laksada Adi Sucipto 5, ☎ 0370-626363, 📠 627071, 🖥 www.trac.astra.

co.id. Alle Fahrzeuge sind in sehr gutem Zustand, inkl. Versicherung, AC, Ersatzwagen und unbegrenzter Kilometerleistung, ab 315 000 Rp pro Tag. Hier werden auch Chauffeur- und Transferdienste angeboten.
Jedes größere Hotel arbeitet mit Autovermietungen zusammen und ist bei der Reservierung behilflich, z. B. Lombok Garden Hotel, Hotel Lombok Raya.

Geld

Die meisten Banken haben ihre Hauptfiliale mit **Geldautomaten** in Cakranegara auf der Jl. Pejanggik zwischen der Mataram Mall und der Jl. Hasanudin. Auch im Flughafengebäude sowie in der Mataram Mall sind Geldautomaten zu finden.

Wechselstuben gibt es in Cakranegara, Jl. Pejanggik, und in Ampenan, Jl. Saleh Sungkar.

Golf

Etwa 16 km östlich der Stadt in der Nähe von Suranadi finden Freunde des Golfsports den **Golong Golf Course** mit 18 Löchern. Buchung über: **Rinjani Country Club**, Desa Peresak, ✆ 0370-633488, ✉ 633839, Head Office, Jl. Sriwijaya 396, ✆ 0370-637316, ✉ 627396, Mataram.

Immigration

Kantor Imigrasi, Jl. Udayana 2, Mataram, ✆ 0370-632520, ⏰ Mo–Do 7–14, Fr 7–11, Sa 7–12.30 Uhr.

Informationen

Department of Tourism, Jl. Singosari 2, Mataram, ✆ 0370-634800, 🖥 www.visitlombok.com. Freundliche Leute, die aber nur wenige brauchbare Infos haben, zuständig für Lombok und Sumbawa. ⏰ Mo–Do 7–14, Fr 7–11, Sa 7–13 Uhr.

Internet

Viele Internet-Cafés befinden sich im Umkreis der Mataram Mall, Jl. Penjanggik.

Medizinische Hilfe

Rumah Sakit Umum, Jl. Pejanggik 6, ✆ 0370-621345. Mit Notaufnahme und Englisch sprechenden Ärzten. Jeden Tag von 8–12 Uhr Spezialservice für Touristen.

Motorradverleih

Motorräder bekommt man bei allen größeren Hotels für ca. 50 000 Rp pro Tag oder bei **Perama Tours & Travel**, Jl. Pejanggik 66, Mataram, ✆ 0370-635928, ✉ 635936.
In Senggigi können Motorräder in der Regel billiger gemietet werden.

Polizei

Lombok Regional Police, Jl. Gajah Mada 7, Ampenan, Notruf ✆ 110.

Post

Das Post Office befindet sich in Ampenan an der Jl. Langko-und in Cakra in der Jl. Kebudayaan. Das große General Post Office liegt in Mataram an der Jl. Sriwijaya 37, ⏰ Mo–Do und Sa 8–14, Fr 8–11 Uhr.

Telefon

Telkom, Jl. Pendidikan 23, Mataram, ✆ 0370-622000. Für internationale Telefonate und Faxe. ⏰ 24 Std.
Weitere *Wartel* sind entlang der Jl. Pejanggik und am Flughafen zu finden.

Touren

Perama Tours & Travel, Jl. Pejanggik 66, Mataram, ✆ 0370-635928, ✉ 635936, 🖥 www.peramatour.com. Der bekannte Anbieter unternimmt spezielle Bootstouren von bis zu 5 Tagen mit einem kleinen, aber gut ausgestatteten Schiff von Lombok über Sumbawa und Komodo nach West-Flores (Labuan Bajo). Stopps zum Schnorcheln, zur Waranfütterung usw. sind mit eingeschlossen. Die Tour kostet bis zu US$350 p. P. alles inklusive. Viele Teilnehmer waren begeistert.

Nahverkehr

Minibusse

Minibusse sind das gängige Nahverkehrsmittel. Von der **Mandalika Bus Station**, 1 km östlich von Cakranegara, fahren die gelben Fahrzeuge auf verschiedenen Rundkursen durch die Stadt zum **Minibus-Terminal Kebon Roek** in Ampenan, Jl. Laksada Adi Sucipto. Der Fahrpreis beträgt immer 2000 Rp, egal wie weit. Von Kebon Roek fahren auch Minibusse nach Senggigi für 4000 Rp.

Cidomo

Besonders auf dem Lande, aber auch in den Vororten und in der Stadt begegnet man oft dem *Cidomo,* einer kleinen zweirädrigen Pferdekutsche – hier muss der Preis ausgehandelt werden, ca. 1500 Rp/km.

Taxis

Bester Taxianbieter mit Fahrzeugen mit AC und Taxameter ist **BlueBird**. In Mataram und Senggigi gibt es genügend dieser blauen Taxis. Einfach an der Hauptstraße warten. Ansonsten ✆ 0370-627000. Die Einschaltgebühr inkl. des ersten Kilometers beträgt 3850 Rp, jeder weitere Kilometer 2200 Rp.

Transport

Busse

Zentrale Bus / Minibus Station ist die **Mandalika Bus Station**, 2 km östlich von Cakranegara in Bertais. Hier geht es sehr hektisch zu. Man sollte sich aber nicht aus der Ruhe bringen lassen und gleich am Eingang nach einem Bus in die gewünschte Richtung fragen.
Preisbeispiele: LABUHAN LOMBOK 20 000 Rp (2 1/2 Std.), LEMBAR 15 000 Rp; PRAYA 5000 Rp, KUTA (zunächst nach Praya 5000 Rp, dann umsteigen nach Sengkol 3000 Rp und dann nach Kuta 2000 Rp), PEMENANG 10 000 Rp, BAYAN 15 000 Rp.
Expressbusse ab der Mandalika Bus Station sind in der Regel mit AC ausgestattet und kosten nach DENPASAR 135 000 Rp inkl. Fähre SURABAYA in 2 Tagen und JAKARTA in 3 Tagen inkl. einigen kleinen Mahlzeiten und Fähren 200 000 bzw. 375 000 Rp, SUMBAWA BESAR 90 000 Rp (6–7 Std.), BIMA 150 000 Rp, SAPE 180 000 Rp.

Flüge

Mittlerweile verbinden einige indonesische Airlines Mataram mit DENPASAR (20 Min.) und den größeren Flughäfen auf Java und Sumbawa. Silk Air fliegt Lombok sogar direkt von SINGAPUR an. Wer frühzeitig bucht, kann durchaus ein Schnäppchen finden. Die Internetseiten der Fluglinien geben Aufschluss über Preise, Flugzeiten und besondere Aktionen.
Nach dem Einchecken zahlt man eine Flughafensteuer von 10 000 Rp für inländische und 100 000 Rp für internationale Flüge. Die größten Anbieter sind:
Garuda Indonesia, Jl. Pejanggik 42-44, Mataram, ✆ 0370-638259, ✉ 637951, 🖥 www.garuda-indonesia.com. Bedient JAKARTA mit Direktflügen. (Achtung: Auf der Internetseite wird Matarams Flughafen als Ampenan/AMI bezeichnet!)

Perama-Shuttlebusse

Jl. Pejanggik 66, Mataram, ✆ 0370-635928, ✉ 635936, 🖥 www.peramatour.com. Die Busse verbinden Mataram tgl. mit allen beliebten Orten auf Lombok und Bali. Abfahrt ist vor dem Büro.

SENGGIGI	15 000 Rp	ständig (mind. 2 Fahrgäste)
BANGSAL	40 000 Rp	6.30 oder 7 Uhr (mind. 2 Fahrgäste)
GILI-INSELN	70 000 Rp	9 Uhr (ab Bangsal mit Perama-Boot)
KUTA LOMBOK	90 000 Rp	5.30 und 14.30 Uhr (mind. 2 Fahrgäste)
TETEBATU	90 000 Rp	5.30 und 14.30 Uhr (mind. 2 Fahrgäste)
PADANG BAI	200 000 Rp	9 Uhr (ab Senggigi mit Perama-Boot)
	60 000 Rp	10 Uhr (ab Lembar mit Fähre)
UBUD, SANUR & KUTA	240 000 Rp	9 Uhr (ab Senggigi mit Perama-Boot)
	100 000 Rp	10 Uhr (ab Lembar mit Fähre)

Ein wichtiges Verkehrsmittel auf Lombok: das Cidomo

Lion Air (Wings Air), Flughafen Selaparang, Mataram, ✆ 0370-663144, ✆ 642161, 🖥 www.lionair.co.id. Bedient Denpasar, Surabaya, Jakarta und Sumbawa Besar mit Direktflügen.
Merpati, Jl. Pejanggik 69, Mataram, ✆ 0370-621111, ✆ 633691, 🖥 www.merpati.co.id. Bedient mehrmals tgl. DENPASAR, einmal tgl. SURABAYA und seltener auch Sumbawa Besar und Bima mit Direktflügen.
Silk Air, Hotel Lombok Raya, Mataram, ✆ 0370-628254, ✆ 628292, 🖥 www.silkair.com. Bedient nur SINGAPUR mit Direktflügen.
Vom Flughafen kommt man mit einem Taxi schnell ans Ziel auf Lombok. Für die Fahrten gelten Festpreise, die der Liste am Taxischalter direkt beim Ausgang entnommen werden können.

Die Umgebung von Mataram

Narmada
Vom Mandalika-Busterminal fahren viele Minibusse die Hauptstraße in östliche Richtung entlang bis zum 6 km entfernten Ort **Narmada**. Gegenüber dem Markt, südlich der Straße, befindet sich die Palastanlage **Taman Narmada**, ◷ 7–18 Uhr, Eintritt 5000 Rp. Der dem Vulkan Rinjani nachempfundene Komplex wurde 1805 vom balinesischen Raja errichtet und ist mit seinen terrassenförmigen Gärten, Swimmingpools und einem See heute noch ein beliebtes Ausflugsziel. Neben Imbiss-Ständen und Schwimmbecken (Frauen tragen besser zusätzlich ein T-Shirt) steht am obersten Gewässer ein kleines Häuschen, wo das sogenannte *Air Awet Muda* („Wasser, das jung hält") verkauft wird. Viele Indonesier sind fest davon überzeugt, dass dieses heilige Rinjani-Quellwasser eine verjüngende und reinigende Wirkung hat. Im angeschlossenen **Kalasa-Tempel** finden Zeremonien und andere kulturelle Feierlichkeiten statt, die auch für Touristen offen und höchst eindrucksvoll sind.

Lingsar
Ein weiterer interessanter Tempelkomplex, der zur Hälfte den hinduistischen Gläubigen (nördlicher Teil) und zur anderen Hälfte den Angehörigen der indigenen *Wetu-Telu*-Religion dient, liegt 7 km nordwestlich von Narmada. Der **Pura Lingsar** wurde zu Beginn des 18. Jhs. errichtet und 1878 vollständig restauriert. Die Legende berichtet, dass bei der Ankunft der ersten balinesischen Hindus an einer Quelle, Aik Mual genannt, etwa 200 m östlich des jetzigen Pura Lingsar, ei-

ne neue Quelle zu fließen begann. Die Balinesen nannten sie Aik Engsar, woraus sich der Name Lingsar ableitet.

Der höher gelegene Hindutempel besitzt vier Schreine, wobei der linke, Hyang Tunggal genannt, auf den Gunung Agung in Bali ausgerichtet ist. Der Schrein auf der rechten Seite ist auf den Gunung Rinjani ausgerichtet, den heiligen Berg Lomboks.

Im *Wetu-Telu*-Teil der Tempelanlage werden in weiße Tücher verpackte Steine vulkanischen Ursprungs verehrt. Hier gibt es auch ein Becken mit heiligen Aalen, das dem Gott Wishnu gewidmet ist.

🕙 7–18 Uhr, Spende für den obligatorischen Tempelschal.

Suranadi

Der älteste Hindutempel Lomboks ist der **Pura Suranadi**. Er befindet sich an einer Quelle mit heiligen Aalen am Fuße des Rinjani in herrlicher Berglandschaft. Der sehr freundliche Priester des Tempels lockt gegen eine Spende gerne die heiligen Fische mit hart gekochten Eiern und beharrlichem Klopfen hervor. 🕙 7.30–18 Uhr, Spende. Auf dem Gelände des gegenüberliegenden Hotels Suranadi kann man sich in einem großen Quellwasser-Pool abkühlen (Eintritt Erwachsene 8000 Rp, Kinder 5000 Rp).

Suranadi bietet einige Unterkunftsmöglichkeiten und ist ein guter Ausgangspunkt für Wanderungen durch die Natur. Einige wenige Minibusse fahren für 2000 Rp ab Lingsar hierher. Am einfachsten ist es aber, ab Narmada einen Minibus für 20 000 Rp zu chartern.

Übernachtung

Hotel Suranadi, ✆ 0370-633686, ✉ 635630. Schönes Hotel mit gut ausgestatteten Bungalows und einem erfrischenden Pool. Der alte Teil der Anlage diente schon in den 30er-Jahren des letzten Jahrhunderts holländischen Kolonialbeamten als Erholungsort. Alle Zimmer mit Warmwasser-Bad/WC und teilweise auch mit AC. Es gibt ein Restaurant und Frühstück ist inkl. ❷–❸
Lawang, an der Jl. Suranadi, die hinter dem Tempel steil ansteigt. Das netteste der billigen Gästehäuser. Sauber und am geräumigsten ist das Zimmer ganz hinten im Hof mit Mandi/Du. Das überaus freundliche Personal bereitet gerne gegen einen geringen Aufpreis ein leckeres indonesisches Frühstück zu. ❶
Teratai Cottage, ✆ 081-9173 24314. Letzte Übernachtungsmöglichkeit an der Jl. Suranadi mit großen Bungalows und einem Pool, von dem man eine tolle Aussicht über die Reisterrassen hat. Alle Häuschen sind mit AC und Bad/WC ausgestattet, z. T. Warmwasser. Frühstück inkl. Die Schimmelflecken an den Decken einiger Bungalows sind allerdings etwas abschreckend. ❷

Senggigi Beach

Früher nur ein Fischerdorf an einem strahlend weißen Sandstrand hatte sich Senggigi Mitte der 90er-Jahre zur größten und beliebtesten Touristenenklave Lomboks entwickelt. Mittlerweile wird mit dem Ortsnamen ein 13 km langer Küstenabschnitt assoziiert, der schon wenige Kilometer nördlich von Ampenan beginnt.

Die Besucherzahlen sind nach der Wirtschaftskrise und den Bombenanschlägen auf Bali eingebrochen und haben sich seitdem nur langsam erholt. Einige Hotels und viele Geschäftsräume stehen seitdem leer oder sind höchst renovierungsbedürftig. Nichtsdestotrotz verfügt Senggigi Beach über eine sehr gute touristische Infrastruktur mit Geldautomaten, Wechselstuben, Internet-Cafés, hervorragenden Restaurants und einem sehenswerten Kunstmarkt. Außerdem bietet der Ort einige Nachtclubs und viele Bars mit guter Live-Musik – die einzigen Ausgehmöglichkeiten auf Lombok. Man muss sich aber auch auf zahlreiche Straßenhändler gefasst machen, die mit ihren Bauchläden voller Schmuck und gefälschter Uhren den Strand und die Hauptstraße auf- und abstreifen, um sich an den nächsten Touristen zu hängen.

Besonders an den nördlich gelegenen Buchten mit zum Teil herrlichen Stränden haben sich in erster Linie weiträumig angelegte Luxusanlagen und exquisite Boutique-Hotels angesiedelt. Dazwischen lassen sich aber noch frei zugängliche, schöne und zudem menschenleere Strände entdecken.

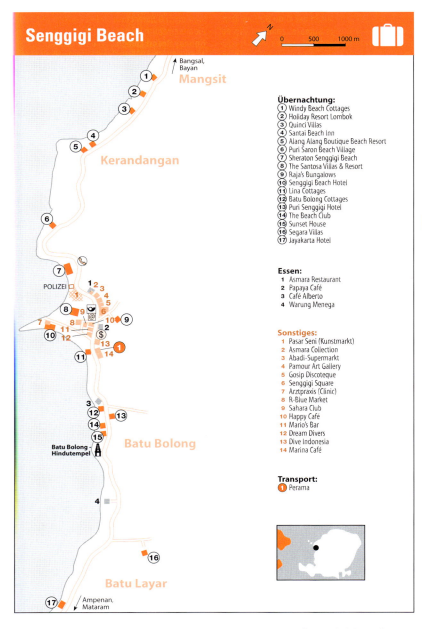

Absolut sehenswert ist der **Batu Bolong-Tempel**, etwa 2 km südlich vom Ortszentrum. Der bei Balinesen sehr beliebte und gut besuchte Hindutempel thront auf einem Felsvorsprung am Meer. An der gesamten Küste können allabendlich die fantastischen Sonnenuntergänge über Bali und dem Gunung Agung beobachtet werden, aber dieser Tempel ist einer der besten Plätze, um das Schauspiel zu erleben. ⊙ 7–19 Uhr, Eintritt 5000 Rp.

Weiter in südlicher Richtung am Strand entlang erreicht man 6 km vor Ampenan **Batu Layar**, ein bedeutendes Islam-*Wetu-Telu*-Heiligtum. Es besteht aus einem kleinen Haus, in dem sich das Grab jenes Mannes befindet, der den Islam nach Lombok brachte. Dahinter liegt ein Moslemfriedhof.

Wer über ein eigenes Fahrzeug verfügt, kann von Senggigi auch einige Kilometer nach Norden fahren. Sobald man die letzte Hotelanlage hinter sich gelassen hat, führt die asphaltierte Straße hinauf in die Hügel, an einer Steilküste mit fantastischer Aussicht entlang und wieder hinab an den kleinen Nipah Beach.

Übernachtung

Fast alle Unterkünfte von Senggigi liegen an der wichtigsten Küstenstraße Jl. Raya Senggigi. Viele der Hotels befinden sich nicht in unmittelbarer Nähe von Senggigis Ortszentrum mit dem Gros an Restaurants, Bars und Clubs. Deshalb wird in der Regel in den Mittelklasse- und Luxushotels ein kostenloser Shuttleservice zum Zentrum angeboten. Ab der Preisklasse ❹ ist es außerdem üblich, dass der Transport vom und zum Flughafen im Preis inbegriffen ist. Frühstück ist bei fast allen Unterkünften inklusive. Von Nord nach Süd:

Mangsit
Budget und Mittelklasse
Windy Beach Cottages, ✆ 0370-693191, 🖷 693193, 🖳 www.windybeach.com. Rustikale, saubere Holzbungalows mit Bambuseinrichtung in romantischer Lage. Alle bieten Warmwasser-Du/WC und eine nette Veranda mit Strandsicht, teilweise auch mit AC. Der Pool liegt direkt am ruhigen Strand. Das freundliche Personal leiht auch Schnorchelausrüstung aus. Mit indonesischem Restaurant. ❸

Holiday Resort Lombok, ✆ 0370-693444, 🖷 693092, 🖳 www.holidayresort-lombok.com. Ein gutes Resorthotel mit 158 Zimmern und Suiten und großem Pool in einer 15 ha großen Gartenanlage am Strand. Der sehr gute Service, die frischen, top eingerichteten Zimmer und die allgegenwärtige Sasak-Kunst schaffen ein luxuriöses Ambiente. Mit Restaurant, Tauchcenter und Internet-Café. ❹

Santai Beach Inn, ✆/🖷 0370-693038, 🖳 www.santaibeachinn.com. In einem kleinen Dschungel stehen traditionelle *lumbung*, in denen man Wohnen überraschend anders erlebt. Die billigen mit Mandi/Du und die teureren, größeren Bambushäuschen mit Warmwasser-Du/WC. Alle haben Hängematten zum Entspannen oder Lesen eines Buchs aus der Hotelbibliothek. Restaurant mit vegetarischer und veganer Kost auf Wunsch. ❶–❷

Luxus
Quinci Villas, ✆ 0370-693800, 🖷 693802, 🖳 www.quincivillas.com. „Das" Boutique Hotel der Insel mit modernen, luxuriösen Zimmern in tropischen Gärten und Villas direkt am Meer. Ein großer Pool und das Restaurant mit delikaten Spezialitäten bieten gleich an der Steilküste einen perfekten Platz zum Entspannen. Sehr professioneller Service. Die Ruhe wird nur gelegentlich von der Stimme des Muezzins aus der nahe gelegenen Moschee gestört. ❹–❻

Alang-Alang Boutique Beach Resort, ✆ 0370-693518, 🖷 693194, 🖳 www.alang-alang-villas.com. Auf dem etwas langweiligen Grundstück befinden sich 18 stilvolle Bungalows und eine Luxusvilla. Mit Marmor gefliest und mit traditionellen Schnitzereien geschmückt, bieten die Zimmer auch sehr gute Betten und schöne Freiluftbäder. ❹–❻

Senggigi
Budget
Lina Cottages, ✆ 0370-693237. Gegenüber dem Perama-Büro und direkt an einem schönen, wenn auch belebten Strandabschnitt. Dank der zentralen Lage der Zimmer mit AC und Du/WC, teilweise auch Warmwasser-Bad/WC, ist dieses

Unkonventionell und entspannt

Raja's Bungalows, ☎ 0370-6623549, ✉ rajas22@yahoo.com. Im Dorf kurz nach der Moschee rechts ab stehen diese 4 einladenden Bungalows in einem ruhigen kleinen Garten. Alle Zimmer sind sauber mit großen, hellen Open-Air-Du/WC und Moskitonetz, aber ohne Warmwasser und Frühstück. Eine Bar mit gemütlichen Sitzecken lädt zum Relaxen ein. Unbedingt vorher reservieren. ❶

Hotel immer gut ausgebucht. Und das, obwohl einige Zimmer direkt an der lauten Hauptstraße liegen und die Musik des Marina Cafés noch bis in die späte Nacht herüberdröhnt. Unbedingt ruhigere Zimmer zum Strand hin reservieren! Mit Restaurant, aber ohne Frühstück. ❷

Puri Senggigi Hotel, ☎ 0370-692192. Hier, ca. 2 km südlich vom Ortszentrum, wohnt man ruhiger als direkt in Senggigi, aber nur einen Katzensprung entfernt von den vielen Restaurants und Bars. Die schönen, großen Zimmer sind mit Bambusmöbeln eingerichtet und bieten alle einen Balkon, TV und Bad/WC. Für einen Aufpreis gehört auch AC und Warmwasser zur Ausstattung. Ein kleines Restaurant liegt an der Straße. ❶ – ❷

Mittelklasse

Puri Saron Beach Village, ☎ 0370-693424, ✆ 693266, 🖳 www.purisaron.com. 1 km nördlich vom Ortszentrum entfernt bietet das Hotel einen kostenlosen Shuttleservice für seine Gäste. Die sauberen Zimmer mit Warmwasser und großem Open-Air-Du/WC liegen in einem ruhigen Garten. Mit Restaurant, Pool und Spa. ❸ – ❹

Senggigi Beach Hotel, ☎ 0370-693210, ✆ 693200, 🖳 www.senggigibeach.aerowisata.com. 46 Bungalows und 102 geschmackvoll eingerichtete, allerdings etwas ältere Zimmer inmitten einer 12 ha großen, parkähnlichen Gartenanlage an einem weißen Sandstrand. Hier befindet sich auch die einzige Arztpraxis des Ortes. Pool, mehrere Bars und Restaurants. ❹

Batu Bolong Cottages, ☎/✆ 0370-693198, ✉ bbcresort_lombok@yahoo.com. Noch immer sehr saubere, gepflegte Bungalows, alle mit Warmwasser-Du/WC und z. T. auch mit AC, Kühlschrank und Meerblick. Großes Restaurant und schöner, eigener Strandabschnitt. ❷ – ❸

The Beach Club, ☎/✆ 0370-693637, ✉ thebeachclublombok@hotmail.com. Beliebte, neue Bungalowanlage direkt an einem hübschen Strand. Die großen Bungalows mit Veranda zum Meer bieten alle AC, Kühlschrank, Warmwasser-Du/WC und sehr gute Betten. Am Strand gibt es gemütliche Sitzgelegenheiten, Hängematten und ein Restaurant, das Burger und Sandwiches serviert. Unbedingt reservieren. ❸

Sunset House, ☎ 0370-692020, ✆ 647023, 🖳 www.sunsethouse-lombok.com. Bei Interesse sollte man eines dieser 4 Zimmer im familiären, aber exquisiten Sunset House am Meer unbedingt vorbuchen. Direkt von der Terrasse oder dem Balkon kann allabendlich der Sonnenuntergang genossen werden. Die edle Einrichtung in hellen, großen Zimmern mit Warmwasser, AC, Safe, Minibar und Bad/WC vervollständigt das Ambiente. Mit Restaurant direkt am Meer und kleinem Spielplatz für den Nachwuchs. ❸

Luxus

Sheraton Senggigi Beach Resort, ☎ 0370-693333, ✆ 693140, 🖳 www.sheraton.com/senggigi. Das erste 5-Sterne-Hotel auf Lombok bietet in allen 154 Zimmern, Suiten und Villas Komfort pur. Viel Holz und warme Töne schaffen ein angenehmes Ambiente und die traumhafte Poolanlage lädt zum Ausspannen ein. Mit 2 Restaurants, Fitnesscenter, Spa, Tennisplätzen und WLAN-Bereichen. Unter deutscher Leitung. ❹ – ❻

The Santosa Villas & Resort, ☎ 0370-693090, ✆ 693185, 🖳 www.santosavillas.com. Ende 2007 komplett renoviert, 50 ha große Anlage im Herzen Senggigis. Kleine Luxusvillas mit privaten Pools und Suiten mit großem Open-Air-Du/WC und gigantischen Plasma-TV. Auch die älteren Zimmer mit Terrasse oder Balkon sind geräumig und sauber. Mit Tennisplätzen und der wohl größten Poolanlage im Ort. ❸ – ❺

Batu Layar

Segara Villas, Gang Duduk Atas, ✆ 0370-6613455, 🖳 www.segaravillas.com. An einem Hang hoch über der Küstenstraße gelegen, werden hier 2 brandneue Villas mit insgesamt 5 geräumigen, elegant gestalteten Wohnbereichen angeboten. Die französische Inhaberin serviert morgens selbstgebackenes Brot und traditionelle Lombokkuchen. Von dem Überlaufpool hat man einen traumhaften Blick über die gesamte Küste. ❹–❺

Jayakarta Hotel, ✆ 0370-693045, 📠 693043, 🖳 www.jayakartahotelsresorts.com. Etwa 5 km südlich vom Zentrum Senggigis ist die bekannte indonesische Kette mit einem 5 ha großen 4-Sterne-Strandresort vertreten. 171 komfortabel ausgestattete Zimmer und Suiten. Sehr kinderfreundlich, mit Restaurant, Bar, mehreren Pools, Tennisplatz und Tauchcenter. ❸–❹

Essen

Asmara Restaurant, ✆ 0370-693619, 🖳 www.asmara-group.com. Die deutsche Chefin Sakinah bietet ihren Gästen ein sehr angenehmes Ambiente, professionellen Service und köstliche europäische und asiatische Küche. Mittags wird ein lohnendes Menü serviert. Mit Kunstladen (s. u.), Leihbibliothek, Billardtisch und Spielbereichen für die Kleinen. Hauptgerichte ab 40 000 Rp, Mittagsmenü 35 000 Rp.

Papaya Café, ✆ 0370-693616. Auf gemütlichen Baststühlen sitzend lauscht man bei leckeren Sasak-Gerichten oder europäischer Kost der allabendlichen Live-Musik bis Mitternacht. Empfehlenswert sind die Cocktails in der Happy Hour. Hauptgerichte ab 30 000 Rp, Cocktails ab 35 000 Rp.

Café Alberto, ✆ 0370-693039, 🖳 www.cafealberto.com. Hier gibt es die leckersten Pizzen ganz Senggigis direkt aus dem Steinofen. Man sitzt abends wundervoll bei Kerzenschein am Strand. Größere Auswahl an Weinen und Cocktails. Alles etwas teurer. Ein kostenloser Shuttle holt Gäste zwischen 18 und 21 Uhr vom Hotel ab. Pizzen kosten etwa 50 000 Rp.

Fischbarbecue zum Sonnenuntergang

Warung Menega, Batu Layar, ✆ 0370-6634422, 🖳 www.menega.com. Etwas weiter im Süden bietet dieses Fischrestaurant fangfrischen Fisch direkt vom Grill zu unschlagbaren Preisen. Zum atemberaubenden Sonnenuntergang werden die Tische sogar direkt auf dem Sand am Meer aufgebaut. Ganze Fische ab 40 000 Rp inkl. Beilagen!

Unterhaltung

Gosip Discoteque, Senggigi Square, kein Tel. Stampfende House-Musik erwartet Senggigis Nachtschwärmer in dieser dunklen Location. Aquarien trennen die Chill-Ecken, und in der Mitte der Tanzfläche ziehen zwei Pole-Tänzerinnen die Blicke der Jungs auf sich. Eintritt 40 000 Rp inkl. Freigetränk, Frauen gratis.

Happy Café, ✆ 0370-693984. Immer gut besuchte und sehr beliebte Bar mit Live-Musik und Tanzstimmung. Freitags ist Jazz-Abend. Hauptsächlich europäische Küche. Hauptgerichte ab 40 000 Rp.

Mario's Bar, ✆ 0370-692008. Hier mischen sich einheimische Jugendliche aus Mataram mit dem Touristenvolk zur Musik von erfreulich guten Live-Bands. Der deutsche Geschäftsführer empfiehlt besonders auch den leckeren Kaffee des Hauses.

Sahara Club, ✆ 0370-692233. Senggigis edelste Diskothek im Stile der Nachtclubs von Kuta. Leider ist der Club während des gesamten Fastenmonats Ramadan geschlossen.

Marina Café, ✆ 0370-693136. Tagsüber eine Pizzeria wird das 2-stöckige Café abends zu einem der angesagtesten Clubs Senggigis. Bis Mitternacht heizen knapp bekleidete Sängerinnen mit indonesischen und europäischen Chartliedern der Menge ein. Danach wird House- und Elektro-Musik gespielt. Große Auswahl an Longdrinks und Cocktails. Spirituosen ab 60 000 Rp, großes Bier 24 000 Rp.

Einkaufen

Es lohnt sich, über den **Pasar Seni (Kunstmarkt)** zu schlendern, um die kunstvoll bemalten

Junges Paar am Batu Bolong-Tempel

Sasak-Masken und Schnitzereien zu begutachten. Allerdings sollte man Verhandlungsgeschick mitbringen, wenn man ein wirkliches Schnäppchen machen will. Wer traditionelle Kunstgegenstände ohne Verhandlungsstress erwerben möchte, sollte sich in aller Ruhe in der **Asmara Collection**, ✆ 0370-693109, umschauen. Teurere Antiquitäten aus Java, Bali, Lombok und Sumbawa findet man in der **Pamour Art Gallery**, ✆ 0370-693104.
Im **Abadi-Supermarkt** bekommt man Snacks, Souvenirs sowie nützliche Schreibwaren und Kosmetikartikel. Hier gibt es auch das einzige Kopiergerät des Ortes. ⏰ 9–21 Uhr.
Der **R-Blue Market** in der Senggigi Plaza hat eine kleinere Auswahl, ist aber rund um die Uhr geöffnet.

Feste

Das **Senggigi Festival** findet jedes Jahr im Juli statt. Die Festlichkeiten umfassen traditionelle Tanz- und Theateraufführungen und Ausstellungen von Sasak-Kunsthandwerk.

Besonders für Kinder werden viele Aktivitäten organisiert, die die Kultur Lomboks näher bringen.

Sonstiges

Auto- und Motorradvermietungen

Fast alle Hotels und die vielen Reisebüros arbeiten mit Fahrzeugvermietungen zusammen und helfen gerne weiter. Ein Zweirad gibt es für 50 000 Rp pro Tag, bei längerer Mietdauer kann man oft einen Rabatt heraushandeln. Autos sind ab 180 000 Rp pro Tag zu bekommen.

Geld

Geldautomaten aller gängigen Banken und **Wechselstuben** sind reichlich im Umkreis des Senggigi Square zu finden.

Internet

Einige **Internet-Cafés** finden sich im Ortszentrum. Sie bieten relativ schnelle Verbindungen und den Service, Foto-CDs zu brennen. ◌ 9–24 Uhr.

Medizinische Hilfe

Die private Arztpraxis/Krankenstation, ✆ 0370-693210, auf dem Gelände des Senggigi Beach Hotels ist rund um die Uhr mit einem Arzt besetzt. Alle Touristen werden hier aufgenommen und behandelt.

Post

Die Postfiliale im Ort befindet sich gegenüber dem Senggigi Square. ◌ Mo–Do 7.30–17, Fr und Sa 7.30–16 Uhr.

Tauchen

Dream Divers, ✆/≋ 0370-693738, 🖳 www.dreamdivers.com. Die erste deutsche Tauchschule auf Lombok ist absolut zu empfehlen. Das Angebot umfasst PADI-Tauchkurse auf Deutsch und tägliche Tauch- und Schnorchelausflüge vor der Küste von Senggigi und an den Tauchplätzen nahen den Gili-Inseln. Eine Tagestour mit 2 Tauchgängen kostet US$65 und jeder weitere Tauchgang US$30. Wer einfach nur zügig auf eine der Gilis kommen möchte, kann nach Absprache morgens mit dem Speedboot für US$5 in Rekordzeit zu den kleinen Inseln brausen. Andere Tauchanbieter:
Blue Marlin Dive Center, Holiday Resort Lombok, ✆ 0370-692003, 🖳 www.dive-indo.com
Dive Indonesia, The Galeria Senggigi, Kav 15, Batu Layar, ✆ 0370-693367, 🖳 www.diveindonesiaonline.com.

Transport

Ankunft und Abfahrt der **Perama-Shuttlebusse** ist gegenüber den Lina Cottages. Abfahrtszeiten und Preise stimmen mit denen in Mataram überein (s. S. ###). Shuttles nach MATARAM fahren jederzeit bei mind. 2 Fahrgästen (15 000 Rp). Passagiere des Perama-Schiffes nach BALI werden am Strandabschnitt vor den Lina Cottages aufgegabelt.
Minibusse in südliche Richtung (bis zum KEBON ROEK Terminal in Ampenan, 4000 Rp) und nördliche Richtung (bis PEMENANG, 4000 Rp) fahren meist nur vormittags.
Mit einem **BlueBird Taxi**, ✆ 0370-627000, mit Taxameter erreicht man Mataram oder Bangsal in einer knappen halben Stunde für etwa 50 000 Rp.

Bangsal und Pemenang

Der Ausgangspunkt für die Überfahrt zu den drei Gilis ist der Strand von **Bangsal**. Wer vor 14 Uhr hier ankommt, wird auf dem Parkplatz etwa 500 m vom Strand entfernt abgesetzt. Von dort muss man zum Strand laufen oder sich mit einem *Cidomo* fahren lassen (Richtpreis 5000 Rp p. P.). Zur geschäftigsten Zeit am Morgen und Vormittag ist der Weg gesäumt von lästigen Straßenverkäufern, die z. T. völlig überteuerte Anti-Mücken-Räucherstäbe mit dem Vorwand verkaufen, dass es eine Mückenplage auf den Gilis gäbe. Man sollte sich von solchen Irreführungen und auch von dunklen Gestalten am Strand nicht aus der Ruhe bringen lassen und zielsicher das weiße *Loket*-Gebäude direkt am Strand ansteuern. ✆ 0370-649028, ◌ tgl. 7.30–16.30 Uhr. Dort gibt es die Tickets für die öffentlichen Auslegerboote mit Außenborder zu den Inseln. Da die Besitzer der

Boote alle in einer Kooperative organisiert sind, liegt eine Liste mit festen Tarifen für die öffentlichen Boote, die Touristen-Shuttle-Boote sowie für gecharterte Boote aus (s. u.).

Zu den Booten, die vor dem Strand verankert sind, muss man ein paar Meter durchs Wasser waten. Es bieten sich junge Männer an, das Gepäck zu den Booten zu tragen, wobei es mitunter ziemlich hektisch zugeht; sie erwarten dafür natürlich eine Bezahlung.

Den nächsten größeren Ort **Pemenang** erreicht man von Senggigi, indem man der schmalen Küstenstraße weiter Richtung Norden folgt. Von Mataram geht es in einer knapp einstündigen, landschaftlich schönen Fahrt in nördlicher Richtung über den **Pusuk-Pass** durch Bambuswälder mit vielen Affen.

Transport

Busse

Abfahrt und Ankunft der Shuttlebusse von Perama ist auf dem Parkplatz 500 m entfernt vom Strand. Hier gibt es allerdings kein Perama-Büro, da man nur in ein Perama-Shuttleboot umsteigt oder von den Gilis kommend mit dem Bus weiterfährt.

Minibusse

Minibusse fahren ab der Mandalika Bus Station in BERTAIS für 10 000 Rp in das 33 km entfernte Pemenang. Mit einer der kleinen Pferdekutschen *(Cidomo)* fährt man von hier in etwa 5 Min. weiter zur Bootsanlegestelle (1 km). Die Kutschfahrt kostet für Touristen etwa 10 000 Rp. In Bangsal nicht weit vom Strand können auch Minibusse gechartert werden. Dabei bewegen sich die festen Preise durchaus in angemessenem Rahmen, so kostet z. B. die Fahrt nach SENGGIGI 60 000 Rp.

Fähren

Der Fährpreis für eine Überfahrt in einem der **öffentlichen Boote** beträgt p. P. nach GILI AIR 7000 Rp, GILI MENO 7500 Rp und GILI TRAWANGAN 8000 Rp. Die Boote fahren erst dann ab, wenn sie voll sind, d. h. wenn mind. 20 Leute darin Platz gefunden haben. Die beste Chance, ein öffentliches Boot ohne lange Wartezeiten zu erwischen, hat man zwischen 10 und 11 Uhr morgens, wenn die Inselbewohner vom Markt in Pemenang zurückkommen.

Ein **Shuttleboot**, das nach GILI AIR 21 000 Rp, GILI MENO 22 000 Rp und GILI TRAWANGAN 23 000 Rp verlangt, fährt tgl. um 16.30 Uhr am Strand ab und ist am Nachmittag die letzte günstige Möglichkeit, die Gilis zu erreichen. Natürlich kann man jederzeit schnell ein Boot chartern – das kostet für die einfache Strecke nach GILI AIR 135 000 Rp, GILI MENO 145 000 Rp und GILI TRAWANGAN 155 000 Rp, hin und zurück zahlt man 12 000 Rp weniger als das Doppelte.

Taxis

Einige Taxis warten auf dem Parkplatz von Bangsal. Schon ab 2 Pers. sind BlueBird Taxis mit Taxameter eine günstigere und definitiv angenehmere Variante als die meisten Shuttlebusse. Eine Fahrt nach SENGGIGI kostet zwischen 50 000 und 60 000 Rp.

12 HIGHLIGHT

Die Gilis

Noch vor zehn Jahren wurden „die Gilis" als absoluter Geheimtipp gehandelt. Traveller auf Bali erzählten von drei kleinen flachen Inseln (*Gili* = Insel) vor der Küste von Lombok mit blendend weißen Stränden und kristallklarem Wasser. Sie berichteten vor allem von einer entspannten Abgeschiedenheit weitab der touristischen Routen. Dank Perama und einigen Schnellbootanbietern ist jedoch mittlerweile zumindest die beliebteste Insel, Gili Trawangan, auf allen Touristenkarten verzeichnet. Mit dem nötigen Kleingeld kann man die Robinson-Crusoe-Insel sogar schon in zwei Stunden vom wichtigsten Hafen auf Bali, Benoa, mit einem Speedboot erreichen. So trifft man an Gili Trawangans Stränden nicht mehr nur auf Traveller, die in ihrer Hängematte auf der Veranda einer einfachen Holzhütte entspannen, sondern auch auf Familien und selbst Rentner, die gerne ihren Urlaub in einer der vielen kleinen Mittelklasse-Bungalowanlagen verbringen.

Während **Gili Trawangan** die beste touristische Infrastruktur bietet und inzwischen als Partyinsel „Gili T" bekannt ist, geht es auf den anderen beiden Inseln **Gili Air** und **Gili Meno** noch deutlich ruhiger zu. Allen gemeinsam ist jedoch, dass sich trotz zunehmender Touristenzahlen nichts an der außergewöhnlich entspannten Atmosphäre geändert hat. Praktisch jeder Bungalow und jede Hütte bietet eine Veranda, auf der eine Hängematte aufgespannt ist.

Die einzigen **Verkehrsmittel** sind und bleiben die mit Glöckchen behangenen *Cidomo* (Pferdekutschen). Außerdem haben die meisten Restaurants sogenannte *Beruga*, traditionelle, hölzerne Anhöhen, manchmal mit einem Dach aus Stroh, auf denen man sehr gemütlich und oft direkt am Strand sitzt und das Essen auf einem niedrigen Tisch serviert bekommt.

Die **Bewohner** der drei Gilis sind islamische Bugis, eine Volksgruppe aus Südsulawesi, die ursprünglich vom Fischfang und der Kopra-Produktion lebten. Inzwischen ist der Tourismus ihre Haupteinnahmequelle. Auch wenn sie sehr offen und entspannt mit den Touristen umgehen, sollte ein Besucher des Europa den islamischen Glauben der Einheimischen respektieren. So ist Nacktbaden offiziell verboten, und man sollte abseits der Strände und vor allem in der Nähe einer Moschee nicht in spärlicher Strandbekleidung herumlaufen. Besonders im Fastenmonat Ramadan, in dem viele der Inselbewohner den ganzen Tag hungern, sollte man sich rücksichtsvoll verhalten. In der gesamten Fastenzeit finden auf keiner der Gilis Partys statt.

Die tropische **Natur** auf der Inselgruppe ist die Hauptattraktion für Besucher. Die Gilis sind umgeben von ausgezeichneten Tauchplätzen, wo eine einmalige Artenvielfalt von Meerestieren beobachtet werden kann. Auch wenn viele Korallengärten vor den Küsten durch Dynamitfischerei stark geschädigt sind, lohnt auch ein Schnorcheltrip, um im kristallklaren Wasser die bunten Fischschwärme zu bestaunen. Die traumhaften weißen Strände sind außerdem ein beliebtes Motiv der Urlaubsfotografen.

Allerdings eignen sich aufgrund der vielen Korallen nur wenige Stellen zum unbeschwerten Schwimmen. Auch sollte man sich beim Strandspaziergang vor Korallensplittern im Sand, die teilweise sehr scharf sein können, in Acht nehmen.

Unterkünfte sind auf Gili Trawangan in jeder Preisklasse zu haben. Alle drei Inseln verfügen aber nur über ein begrenztes Frischwasserreservoir. Daher sind Frischwasserduschen meist nur in den teureren Anlagen zu finden. Viele Mittelklassehotels stellen ihren Gästen kleine Frischwasserbassins zur Verfügung, die nach der Dusche mit dem etwas salzigen Wasser zum Abspülen genutzt werden können.

In der Hauptsaison sind die Gilis ein ungemein beliebtes Reiseziel. Oft stehen die Touristen dann vor den Hotels Schlange oder übernachten am Strand. Daher ist ein Aufschlag von 100 % im Vergleich zu den angegebenen Nebensaisonpreisen durchaus üblich. In dieser Zeit sollte unbedingt eine Unterkunft vorgebucht werden.

Gili Air

Die der Küste von Lombok am nächsten liegende Insel ist mit knapp 1000 Einwohnern im Vergleich zu den anderen Gilis am dichtesten besiedelt. Auf die Urlauber warten hauptsächlich einfache Holzhütten, aber auch einige schöne Mittelklasseanlagen. Der schmale Oststrand eignet sich aufgrund der vielen Korallenbänke nur bedingt zum Schwimmen. Das Schnorcheln im kristallklaren Wasser an der Ostküste bietet dafür aber eine gute Gelegenheit, farbenprächtige Fischschwärme zu beobachten, auch wenn viele der Korallengärten aufgrund der Dynamitfischerei, die bis vor wenigen Jahren praktiziert wurde, zerstört sind. Zwei gut ausgestattete Tauchcenter haben Tauchtrips im Programm. Der beliebte Tauchplatz **Hans Reef** ist nur wenige Minuten vom nordöstlichen Strand entfernt und birgt eine große Vielfalt an Kleinfischen und Muränen, aber auch Geisterpfeifenfische können gesichtet werden. Darüber hinaus gibt es auf Gili Air noch einen ansehnlichen Baumbestand, durchsetzt von Palmenplantagen, sodass man auf schattigen Wegen angenehm spazieren gehen kann. Die gesamte Insel lässt sich bequem auf einem schönen zweistündigen Spaziergang am Strand entlang umrunden. Dagegen ist es nicht immer einfach, den Pfaden quer über die Insel zu folgen. Wer nach Einbruch der Dunkelheit unterwegs ist, tut gut daran, eine Taschenlampe dabei zu haben, denn die Wege sind allesamt nur spärlich bis überhaupt nicht beleuchtet.

Auch wenn es in der Hauptsaison in den vielen Strandbars am Nordstrand manchmal recht lebhaft zugeht, ist Gili Air noch immer bedeutend ruhiger als die populäre Gili Trawangan. Die Losmen und Hotels hier liegen zudem nicht so dicht beieinander und verteilen sich über die ganze Insel.

GILI AIR

Übernachtung:
1. Hotel Gili Air
2. Gusung Indah Bungalows
3. Ali Homestay
4. Matahari Bungalows
5. Kira Kira Cottages
6. Sejuk Cottages
7. Abdi Fantastik
8. Coconut Cottages
9. Gili Air Santay Bungalows
10. Sunrise Cottages
11. Nusa Tiga Bungalows
12. Gili Indah Hotel

Essen:
1. Frangipani Garden R.
2. Warung Munchies

Sonstiges:
1. Mirage Bar
2. Legend Pub
3. Blue Marlin Dive Center
4. Ozzy's Shop
5. Chill Out Bar
6. Dream Divers

Transport:
1. Perama
2. Bootsanlegestelle

Übernachtung

Bis auf wenige Ausnahmen zählen die meisten Bungalow-Anlagen auf Gili Air zur unteren Preisklasse, d. h. die Preise für eine Hütte (DZ) liegen bei 50 000–150 000 Rp. Ein kleines Frühstück ist in der Regel im Preis eingeschlossen. Oft werden auch erstaunlich gute Gerichte in netten kleinen Sitzecken am Strand serviert. In der Ausstattung, zu der neben einer Hängematte meist ein Moskitonetz gehört, unterscheiden sich die Hütten kaum voneinander, wohl aber von der Sauberkeit und Qualität der Betten und Bäder.
Von der Bootsanlegestelle im Süden nach Norden:

Budget
Gili Indah Hotel, ✆ 0852-3956 2332, ✉ gili_indah@mataram.wasantara.net.id. Gäste werden oft als Erstes hierher geführt, weil die Unterkunft nur wenige Schritte von der Bootsanlegestelle entfernt liegt. Die geräumigen Bungalows mit großem Du/WC sind dringend renovierungsbedürftig, auch wenn man von den vorderen Veranden einen guten Blick auf das Meer hat. ❷

Nusa Tiga Bungalows, kein Tel. Auch nicht weit von der Bootsanlegestelle und abseits vom Strand stehen die 7 einfachen Holzhütten in geruhsamer dörflicher Umgebung. Zwar ist das Open-Air-Du/WC etwas dürftig, dafür sind die Betten aber von umso erfreulicherer Qualität. ❶

Sunrise Cottages, ✆/✉ 0370-642370, ✉ sunrise_restoricebarns@yahoo.co.uk. Freundliche, grüne Anlage mit großen, 2-stöckigen Bungalows im Stil traditioneller Lumbung. Die Bungalows haben je nach Preisklasse Mandi, Du oder Bad/WC und bieten parterre einen gemütlichen Wohnraum. Es gibt auch einen AC-Bungalow. Der Strandabschnitt eignet sich selbst bei Ebbe zum Schwimmen. Mit Internet-Café, Wechselstube und *Wartel*. ❷–❸

Abdi Fantastik, ✆ 0370-636421. Eine günstige Übernachtungsmöglichkeit in einfachen Holzbungalows mit Du/WC. Von der Veranda

Gemütliche Bungalows im Palmengarten

Gili Air Santay Bungalows, ✆ 081-8037 58695, 🖥 www.giliair-santay.com. Sehr schöne traditionelle Bungalows in verschiedenen Preisklassen. Umgeben von einem tropischen Garten voller Blumen und Kokosnusspalmen wohnt man sehr ruhig bei der freundlichen Österreicherin Rosi und ihrem indonesischen Mann Manciro. Alle Bungalows mit sauberem Frischwasser-Du/WC, gemütlichen Sitzmöglichkeiten und großer Veranda. Empfehlenswert sind die thailändischen Gerichte im Restaurant. ❶–❷

oder den Frühstückpavillons können Frühaufsteher herrliche Sonnenaufgänge über Lombok beobachten. Gutes Frühstück inkl. ❶

Kira Kira Cottages, ✆ 0370-641021, 🖥 http://x7net.com/~kirakira/english.html. Ruhig und etwas im Inselinneren stehen die 5 einladenden Bungalows. Jedes Häuschen ist geschmackvoll eingerichtet und mit sauberem Du/WC und großem Bett ausgestattet, teilweise auch Warmwasser. Sehr freundliches Personal. ❶–❷

Sejuk Cottages, ✆ 0370-636461, ✉ sejuk cottages@hotmail.com. Ein Stück an den Kira Kira Cottages vorbei stehen diese einfachen, aber sauberen Holzbungalows in einem schönen Garten voller Fischteiche. Die Bungalows bieten Warmwasser-Du/WC, eine große Veranda und teilweise AC, sind aber etwas teurer als der Nachbar. ❷–❸

Ali Homestay, ✆ 081-9331 71935. Sehr angenehme Bungalows mit Federkernmatratzenbetten und einer Riesenmuschel als Waschbecken im Du/WC. Ali bewirtet seine Gäste mit gutem Essen in sehr gemütlichen Sitzecken mit Meerblick und ist außerdem ein lizenzierter Guide für Rinjani-Bergtouren. ❶

Gusung Indah Bungalows, ✆ 081-2378 9054. Einfache, sehr helle und gefliese Bungalows an einem schönen Strandabschnitt. Mit großem Bett, Du/WC und Hängematte auf der Veranda. Die vorderste Reihe der Bungalows bietet einen sehr schönen Blick auf das Meer. Abends sitzt man beim Essen gemütlich direkt am Strand. ❶

Matahari Bungalows. Sehr abgelegen und ruhig an der Westküste der Insel wohnt man hier in teilweise riesigen traditionellen Bungalows. Das große Open-Air-Du/WC einer jeden Hütte liegt in einem kleinen schönen Garten. Teilweise mit AC. ❶–❷

Mittelklasse

Hotel Gili Air, ✆/📠 0370-634435, 🖥 www.hotelgiliair.com. Die luxuriöseste Anlage der Insel bietet neben dem einzigen Pool auch 30 Zimmer in netten Bambushütten und Steinbungalows. Alle sind mit Warmwasser, Open-Air-Du/WC und guten Betten ausgestattet. Die komfortablere Variante beinhaltet außerdem TV, Minibar und eine neue AC. Im Restaurant gibt es tgl. Fischbarbecue und gute italienische und indonesische Küche. Das Dream Diver-Tauchcenter ist auf dem Gelände zu finden. ❸

Coconut Cottages, ✆ 0370-635365, 🖥 www.coconuts-giliair.com. Die gepflegten Bungalows stehen inmitten eines großartigen Gartens. Ausgestattet mit Warmwasser-Du/WC, Kingsize-Betten und teilweise AC und Bad, bieten sie einen hohen Standard, der mit einer liebevollen Dekoration der Zimmer abgerundet wird. Mit empfehlenswertem Restaurant. ❷–❸

Essen

Praktisch jede Bungalowanlage führt ihr eigenes Restaurant. Meist sitzt man in einem gemütlichen *Beruga* direkt am Strand und verzehrt frisch gegrillten Fisch, Sandwichs oder traditionelle Sasak-Gerichte wie *Ayam Pelecing*.

Gili Air Santay Restaurant. Hier gibt es außerdem vorzügliche thailändische Gerichte ab 15 000 Rp.

Warung Munchies, nebenan. Der kleine Laden ist eine preisgünstige Alternative. Hier werden leckere Menüs mit Suppe, frischem Fisch, einer Folienkartoffel und zum Dessert selbstgebackenem Kuchen für insgesamt 20 000 Rp serviert.

Frangipani Garden Restaurants, den Coconut Cottages angeschlossen. Nicht weit von den anderen beiden Restaurants entfernt speist man hier im tropischen Garten. Es gibt schmackhafte Gerichte ab 15 000 Rp.

Auf Gili Air ist Entspannung angesagt

Wer lieber an weiß gedeckten Tischen gute Weine zu italienischen Gerichten oder gegrilltem Seafood genießen will, sollte das Restaurant des **Hotel Gili Air** aufsuchen.

Unterhaltung

Auch auf Gili Air steigen in der Hochsaison ab und an gute Partys. Besonders am Nordstrand wird man nicht enttäuscht, wenn man ein gemütliches Tischchen am Meer und eine große Auswahl an Spirituosen sucht.
Legend Pub, 081-2378 7254, www.babacool.ch. Die legendäre Bar hat bis in die späte Nacht geöffnet. Mittwochs steigt die größte Party der Insel, wenn zur ausgefallenen Beleuchtung indonesische und Schweizer DJs Reggae und psychedelische Beats auflegen.
Chill Out Bar, am östlichen Strandabschnitt. Diese Bar ist oft noch bis nach Mitternacht gut besucht und bewirtet ihre Gäste mit Cocktails direkt am Strand.
Mirage Bar. Zum Sonnenuntergang bietet sich die Bar mit tollem Blick auf das Abendrot an. Hier gibt es preiswerte Cocktails zur Sunset Happy Hour und gute Sandwichs mit frischem Brot aus dem eigenen Backofen ab 15 000 Rp.

Aktivitäten

Hochseefischen und Delphintouren
Gelegentlich ist es früh morgens möglich, Delphine zu beobachten oder sich den Fischern

beim Angeln anzuschließen. Delphin- und Angeltouren können von einigen Hotels organisiert werden, z. B. Gili Air Santay Bungalows.

Tauchen und Schnorcheln

Zwei der großen Tauchcenter von Lombok sind schon seit mehreren Jahren auf der Insel und haben gutes Equipment sowie sehr viel Erfahrung mit den umliegenden Tauchplätzen: **Blue Marlin Dive Centre**, ☏ 0370-634387, ✉ 643928, 🖥 www.diveindo.com. Dieses Tauchzentrum befindet sich unter englischer Leitung.
Dream Divers, ☏/✉ 0370-634547, 🖥 www.dreamdivers.com. Ein Tauchzentrum unter deutscher Leitung.
Schnorchelausrüstung bekommt man ab 15 000 Rp bei **Ozzy's Shop**. Dort können auch Schnorcheltrips mit einem Glasbodenboot für 60 000 Rp p. P. organisiert werden.

Sonstiges

Fahrräder

Bei **Ozzy's Shop** können Fahrräder für 20 000 Rp pro Tag geliehen werden.

Geld

Einige wenige **Wechselstuben** befinden sich an der Ostküste der Insel. Die Wechselkurse sind allerdings recht happig.

Internet

Die meisten Internet-Cafés sind an der Ostküste der Insel angesiedelt. Die Internetverbindungen für 400 Rp pro Min. sind jedoch sehr langsam.

Medizinische Hilfe

Eine kommunale Poliklinik liegt im südlichen Teil des Dorfes. Den nächsten englischsprachigen Arzt gibt es auf Gili Trawangan in der **Clinic Villa Ombak**, ☏ 0370-642336, oder in Bangsal bei **Dr. Bahar**, ☏ 081-2382 1967.

Nahverkehr

Mit einem **Cidomo** kommt man mühelos meist für unter 20 000 Rp von der Bootsanlegestelle zu jedem Hotel auf der Insel. Eine Inselrundfahrt mit dem Pferdekarren sollte nicht viel teurer sein.

Transport

Abfahrt und Ankunft der öffentlichen Boote ist neben dem Pier im Süden der Insel. In dem weißen Gebäude auf dem Pier kauft man die Fahrkarten zu festen Preisen. Empfehlenswert ist ein Tagesausflug zu einer der anderen beiden Inseln. Dazu eignet sich das **Island Hopping-Boot**, das tgl. um 8.30 und 15 Uhr Fahrgäste nach GILI MENO (18 000 Rp) und GILI TRAWANGAN (21 000 Rp) transportiert.
Zum Buchen der Rückreise mit **Perama** sollte man das kleine Büro links neben dem Hotel Villa Karang aufsuchen, ☏ 0370-637816. Das Shuttleboot legt tgl. um 7 Uhr ab, um die Passagiere für 70 000 Rp nach BANGSAL und von dort mit dem Bus nach SENGGIGI und MATARAM zu bringen. Von dort setzt das Perama-Schiff nach Bali über. Der gesamte Transport von Gili Air nach Bali (PADANG BAI, UBUD, KUTA, usw.) kostet 200 000–240 000 Rp und muss mind. 24 Std. im Voraus gebucht werden.
Alternativ fahren öffentliche Boote mit mind. 20 Passagieren für 7000 Rp p. P. und ein verlässliches **Shuttleboot** tgl. um 8.15 Uhr für 21 000 Rp nach Bangsal.

Gili Meno

Die kleinste und ruhigste der drei Gilis hat deutlich weniger Bungalow-Anlagen als ihre Nachbarinseln. Mittlerweile hat die Insel aber einen eigenen Generator, der alle Hütten und Hotels den ganzen Tag mit Strom versorgt. Das Preisniveau ist insgesamt wesentlich höher als auf Gili Air und Gili Trawangan, die Strände sind dafür aber fast noch schöner. Rund um die Insel liegen einige lohnende **Tauch- und Schnorchelgebiete** und seit einigen Jahren gibt es auch ein gut ausgestattetes Tauchcenter auf der Insel. Alle Schnorcheltrips, die von den anderen Inseln kommen, machen vor der Nordostküste von Gili Meno Halt, wo riesige Meeresschildkröten und blaue Korallen bestaunt werden können. Für Vogelfreunde lohnt ein Besuch des **Gili Meno Bird**

Parks, ℡ 0370-642321, wenige 100 m landeinwärts von der Bootsanlegestelle. Unter einem großen Netzdach kann man auf dem 2500 m² großen Gelände auch bei der Fütterung der rund 300 asiatischen und austral-asiatischen Vogelarten teilnehmen. Leider sind die Riesenschildkröten, Kängurus und Echsen, mit denen der Vogelpark wirbt, schon seit geraumer Zeit nicht mehr Teil des tropischen Tierbestands. ⏱ 9–17 Uhr, Eintritt 50 000 Rp.

In der Trockenzeit können bei einem Spaziergang zum kleinen flachen See in der Nordhälfte der Insel Salzhäufchen entdeckt werden. Der gesamte ausgetrocknete Seeboden ist dann mit Salzkristallen überzogen und glänzt eindrucksvoll in der Mittagssonne. Es gibt außerdem zwei Aufzuchtstationen für Babyschildkröten, das **Gazebo Turtle Sanctuary** am Oststrand und die **Balenta-Aufzuchtstation** am Nordstrand. An beiden Orten kann man gegen eine Spende an der Aussetzungszeremonie kräftiger junger Schildkröten teilnehmen.

Moskitonetze gehören natürlich zur Standardausstattung der Bungalowanlagen, auch wenn es außerhalb der Regenzeit nicht mehr Moskitos als auf den anderen Gilis gibt. Die einzige Einkaufsmöglichkeit auf der Insel ist der **Rust Shop**. Nach Einbruch der Dunkelheit sollte man immer eine Taschenlampe dabei haben, denn die Wege sind nicht beleuchtet.

Übernachtung

Nördlich der Bootsanlegestelle

Gili Meno Bird Park Resort, ℡/📠 0370-642321, 🖥 www.balipvbgroup.com. Das dem Vogelpark angeschlossene Hotel unter neuseeländischer Leitung steht ganz unter dem Thema der Beatles. Jedes der 4 kostspieligen, aber komfortablen Zimmer mit Du/WC, TV, Minibar, neuer AC und Mikrowelle ist nach einem der Pilzköpfe benannt, und im Restaurant ist ein kleines Beatles-Museum zu bewundern. Frühstück inkl. ❸

Amber House, ℡/📠 0370-643676, ✉ amber_house02@hotmail.com. In einem gepflegten Garten stehen 5 einfache, aber nette Holzbungalows mit Du/WC und Aussicht aufs Meer. Die Einrichtung ist etwas dürftig, dafür wird aber auf Sauberkeit geachtet. Im angeschlossenen Ambient Café gibt es eine kleine Auswahl an günstigen Nudelgerichten und indischen Currys. ❶

Good Heart, ℡ 081-3395 56976. Hier wohnt man in traditionellen 2-stöckigen *Lumbung* mit gemütlichen Betten und einfacher Einrichtung. Im Erdgeschoss eines jeden Bungalows befindet sich ein anspruchsloses Open-Air-Du/WC. Das Restaurant liegt am schönen

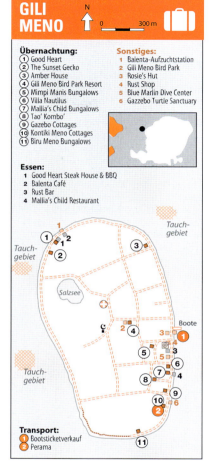

GILI MENO N, 0 300 m

Übernachtung:
1. Good Heart
2. The Sunset Gecko
3. Amber House
4. Gili Meno Bird Park Resort
5. Mimpi Manis Bungalows
6. Villa Nautilus
7. Mallia's Child Bungalows
8. Tao' Kombo'
9. Gazebo Cottages
10. Kontiki Meno Cottages
11. Biru Meno Bungalows

Sonstiges:
1. Balenta-Aufzuchtstation
2. Gili Meno Bird Park
3. Rosie's Hut
4. Rust Shop
5. Blue Marlin Dive Center
6. Gazzebo Turtle Sanctuary

Essen:
1. Good Heart Steak House & BBQ
2. Balenta Café
3. Rust Bar
4. Mallia's Child Restaurant

Transport:
1. Bootsticketverkauf
2. Perama

Sandstrand und bietet frischen gegrillten Fisch und eine Cocktail Happy Hour zum Sonnenuntergang. ❷

Südlich der Bootsanlegestelle
Mimpi Manis Bungalows. Direkt hinter der Rust Bar stehen die Bungalows in einem mit Korallenblöcken verzierten Garten. Mit ihrem orientalischen Dekor und sauberen Du/WC mit Frischwasser sind diese durchaus zu empfehlen. ❷
Villa Nautilus, ✆/℻ 0370-642143, 🖥 www.villanautilus.com. Kleine Luxusvillen mit riesigen privaten Terrassen zum Sonnen. Die Steinbungalows bieten mit ihren Marmorböden und der modernen Naturholzeinrichtung den höchsten Komfort der gesamten Insel. Vervollständigt wird die Ausstattung mit AC, exzellentem Du/WC mit Frisch- und Warmwasser und Minibar. Inkl. Frühstück. ❹
Mallia's Child Bungalows, ✆/℻ 0370-622007, 🖥 www.gilimeno-mallias.com. Die einladenden traditionellen Bungalows auf Stelzen befinden sich in einer Reihe direkt am einzigen belebten Strandabschnitt der Insel. Jede Du/WC ist an einen Frischwassertank angeschlossen. Das Restaurant am traumhaften Strand ist das beliebteste der gesamten Insel. Inkl. Frühstück. Eine Reservierung ist empfehlenswert. ❷

Ökologisch bewusste Bungalowanlage

The Sunset Gecko, ✆ 081-3535 66774, 🖥 www.thesunsetgecko.com. Diese brandneue kleine Ökohotelanlage liegt an einem traumhaften weißen Sandstrand, der allerdings teilweise mit Korallensplittern durchzogen ist. Direkt am Strand wohnt man in einem komfortablen 2-stöckigen Familienbungalow mit 2 Zimmern und privatem Open-Air-Du/WC. Etwas weiter zurückversetzt können aber auch 3 niedliche Bungalows in traditioneller Architektur gemietet werden. Die sauberen, gemeinschaftlich genutzten Frischwasser-Duschen und WCs sind in einer außergewöhnlichen spiralförmigen Bambuskonstruktion auf dem Gelände untergebracht. Mit gutem Restaurant. Reservierung empfehlenswert. ❷–❸

Der Traveller-Treffpunkt

Tao' Kombo', ✆ 081-2372 2174, 🖥 www.taokombo.com. 200 m vom Oststrand entfernt stehen die gemütlichen Bungalows in liebevoll angelegtem tropischen Garten mit entspannter Atmosphäre. Die strohgedeckten Bambushütten bieten erstaunlich viel Komfort mit Frischwasser-Du/WC unter freiem Himmel in einem kleinen Steingarten. Inkl. Frühstück. Im Garten lädt die ausgefallene Bar mit Lounge zum Entspannen und zum Kennenlernen anderer Traveller ein. Xavier, der französische Besitzer, unterstützt soziale Programme auf der Insel und freut sich über jede Art von Hilfe. ❷

Gazebo Cottages, ✆ 0670-635795. Sehr geschmackvoll eingerichtete, komfortable Bungalows mit guten Betten, Frischwasser-Bad/WC und AC in einem weitläufig angelegten Garten. Die kleineren und billigeren Zimmer mit Du/WC und hohen Decken sind in einem großen Bungalow mit direktem Meerblick untergebracht. Von Anfang Januar bis Mitte März geschlossen. ❸
Kontiki Meno Cottages, ✆ 0370-632824. 17 geräumige und gefliese Standardbungalows mit Frischwasser-Du/WC stehen hier auf einem großen, karg bewachsenen Gelände. Auch das Restaurant hat nicht wirklich Flair. Inkl. Frühstück. Hier ist auch das Perama-Büro zu finden. ❷
Biru Meno Bungalows, ✆ 081-3397 58968, 🖥 www.birumeno.com. Schönste Bungalowanlage im ruhigen Südteil der Insel. Die gepflegten Bungalows sind geräumig und in 3 Preisklassen eingeteilt. Mit Du/WC und teilweise mit AC. Das Restaurant bietet eine große Auswahl an indonesischen und italienischen Speisen und Fischgerichten zu guten Preisen. Auch ein kleines Büro der deutschen Tauchschule Dream Divers ist beim Restaurant zu finden. Frühstück inkl. ❷

Essen

Fast alle Bungalow-Anlagen haben ihr eigenes Restaurant. Sehr angenehm sitzt man in den

Gili Meno bietet die schönsten Strände der Inselgruppe

Berugas der Strandrestaurants südlich der Bootsanlegestelle:
Mallia's Child Restaurant und **Rust Bar**, ✆ 0370-642324, mit Hauptgerichten bereits ab 15 000 Rp.
Good Heart Steak House & BBQ, ✆ 081-3395 56976. Das beste Fischbarbecue gibt es definitiv hier. An der Nordküste der Insel gelegen, von wo aus der Sonnenuntergang über Gili Trawangan beobachten werden kann. Hauptgerichte ab 10 000 Rp.
Balenta Café, ✆ 081-9331 22903, am Nordstrand. Hier bekommt man sehr gute Seafood- und Sasak-Gerichte. Bei Cocktails und Bier kann auch angenehm am wundervollen Strand bis in die Morgenstunden hinein in gemütlicher Runde zusammengesessen werden. Hauptgerichte gibt es ab 12 000 Rp. Tagsüber hat auch die kleine Galerie des Cafés geöffnet, in der traditionelles Kunsthandwerk verkauft wird.

Sonstiges

Einkaufen
Die einzige Einkaufsmöglichkeit auf der Insel ist der **Rust Shop** mit einer ausreichenden Auswahl von Gebrauchsgütern wie Sonnenbrillen und -cremes, Snacks, Toilettenpapier und sonstigen Drogerieartikeln.

Internet
Der **Rust Shop** bietet eine sehr langsame Internetverbindung für 750 Rp pro Min. an.

Medizinische Hilfe
Eine kommunale Poliklinik ist im Dorf nahe dem Bird Park zu finden. Hier sind rund um die Uhr Krankenschwestern im Dienst. Den nächsten englischsprachigen Arzt gibt es auf Gili Trawangan in der **Clinic Villa Ombak**, ✆ 0370-642336, oder in Bangsal, **Dr. Bahar**, ✆ 081-2382 1967.

Tauchen und Schnorcheln
Das Tauchcenter **Blue Marlin Dive Center** hat südlich der Rust Bar eine top ausgestattete Niederlassung mit zwei festen Tauchlehrern. Die Preise sind mit denen der anderen Inseln identisch. Der nordwestliche Küstenabschnitt eignet sich gut zum Schnorcheln. Die nötige Ausrüstung bekommt man u. a. beim **Balenta Café** für 25 000 Rp pro Tag.

Transport

Boote ankern am Oststrand gegenüber von **Rosie's Hut**. Direkt am Strand werden auch die Fahrkarten für das **Island Hopping-Boot** verkauft, das Passagiere für 18 000 Rp um 8.50 und 15.20 Uhr nach GILI TRAWANGAN und für den gleichen Preis um 9.50 und 16.20 Uhr nach GILI AIR bringt.

Das **Perama-Büro** ist an der Rezeption der Kontiki Meno Cottages zu finden. Dort muss ein Transfer mit Perama 24 Std. im Voraus gebucht werden (für weitere Details s. S. 328, Gili Air, Transport).

Das öffentliche Boot nach BANGSAL kostet 7500 Rp.

Auch auf Gili Meno gibt es viele *Cidomo* zu ähnlichen Preisen wie auf den anderen beiden Inseln.

Gili Trawangan

Die größte und meistbesuchte der drei Inseln lässt sich in einer zwei- bis dreistündigen Strandwanderung umrunden. Während sich fast alle Unterkünfte besonders im südlichen Abschnitt der Ostküste konzentrieren, ist die Westküste nahezu unbewohnt. So kann es vorkommen, dass man ganz alleine am unberührten Weststrand entlang wandern und den Sonnenuntergang über dem Gunung Agung auf Bali in absoluter Abgeschiedenheit genießen kann, während auf der anderen Seite der Insel die Restaurants bis auf den letzten Platz gefüllt sind und die ersten Beats der Elektro-Musik einer Strandparty ertönen. Das Abendrot lässt sich aber auch ausgezeichnet vom 72 m hohen Hügel im Süden der Insel beobachten.

Wie auf den anderen Inseln gibt es auch auf Gili Trawangan noch keine motorisierten Fahrzeuge, sondern nur *Cidomo*. Es werden zwar auch Fahrräder vermietet, aber auf den größtenteils sandigen Wegen ist man am besten zu Fuß unterwegs.

Neben über 50 Hotel- und Bungalowanlagen jeder Preis- und Qualitätsklasse gibt es zahlreiche Cafés, Pubs und Restaurants. So kann man beispielsweise am Abend zwischen frischem Fischbarbecue, Sushi oder spanischen Tapas wählen und später bei einer Wasserpfeife am Strand entspannen, auf einem gemütlichen *Beruga* zu einem Cocktail eine DVD schauen oder bei einer Beachparty bis in die frühen Morgenstunden hinein tanzen. Insgesamt wird Gili Trawangan außerhalb der moslemischen Fastenzeit mit lauter Strandmusik und überhaupt viel Trubel seinem Ruf als Partyinsel allemal gerecht. Dazu kommen einige Kunsthandwerksläden, T-Shirt-Shops, Schnorchel-Verleihe und Buchläden.

Im Nordosten und Osten der Insel liegt nicht weit vom Strand ein Korallenriff. Läuft man ein Stück am Strand entlang Richtung Norden und begibt sich hier ins Wasser, kann man sich von der Strömung über die herrliche Unterwasserwelt zurücktreiben lassen und wieder vor seiner Unterkunft an den Strand gehen.

Übernachtung

Südlich der Bootsanlegestellen
Budget

Blue Beach Cottage, ✆/✉ 0370-623538. Eine durchaus gute Wahl am nördlichen Teil des Oststrandes, wenn man auf Warmwasser verzichten kann. Alle Hütten sind gut gepflegt und liegen in einem schönen Blumengarten. Die geräumigen und hohen Zimmer mit netter Einrichtung und großen Betten geben viel Platz zum Ausbreiten. Alle mit Du/WC und teilweise AC. ❷–❸

Pondok Lita, ✆ 0370-648607. Die 9 Zimmer liegen schattig um einen kleinen Innenhof. Alle mit Du/WC, manche mit AC und einmal zusätzlich mit Warmwasser. Mit kleiner Leihbücherei und Fahrradverleih. Frühstück inkl. ❶–❷

Quiet Waterplace (Q.W.), ✆ 081-9174 40327. Absolut empfehlenswertes Haus mit 4 Zimmern und den drei unglaublich freundlichen Indonesiern Eng, Adis und Adi. Es lohnt sich, die Zimmer im 2. Stock anzuschauen, die etwas komfortabler ausgestattet sind. Aber auch unten bieten die billigeren Zimmer viel Platz, Kingsize-Betten und teilweise AC, TV, DVD-Player und Du/WC. ❷

Pondok Maulana, ✆ 0852-3977 8130,
🖥 www.pondokmaulana.bravehost.com.
Etwa 300 m vom Strand entfernt vermietet der freundliche englische Gastgeber Ray 4 saubere

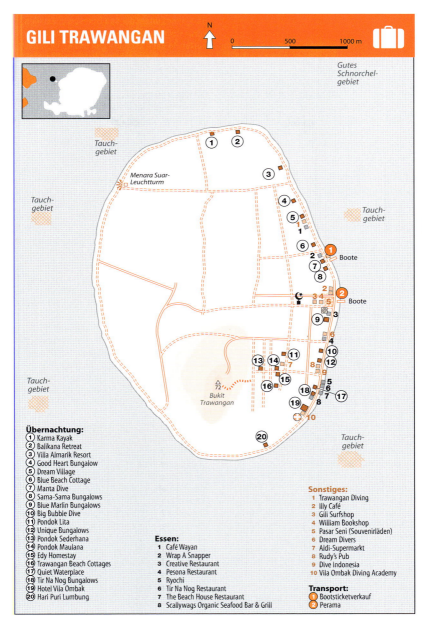

Bei Gastgebern mit Unterhaltungsfaktor

Edy Homestay, ☏ 081-2373 4469. Von amüsanten Beachboys betreut, wohnt man hier in massiven Holzbungalows und wird jeden Morgen mit einem Lächeln begrüßt. Die Zimmer sind sehr gemütlich und teilweise mit AC und Open-Air-Du/WC ausgestattet. Auf jeder Veranda kann man in der eigenen Hängematte entspannen. Frühstück inkl. ❶–❷

Zimmer mit Du/WC in ruhiger dörflicher Umgebung. Die Einrichtung ist anspruchslos, aber für den Preis völlig ausreichend. Inkl. Frühstück. ❶
Pondok Sederhana, ☏ 081-3395 36047. Die hübschen, einladenden Zimmer mit Du/WC in einem gepflegten kleinen Garten sind renoviert, makellos sauber und schön eingerichtet. Man wohnt nur 5 Gehminuten vom Strand und vielen Restaurants entfernt. Frühstück inkl. ❶

Mittelklasse

Manta Dive, ☏ 0370-643649, 🖥 www.manta-dive.com. Ein weiteres Tauchcenter, das mit außerordentlichem Erfolg luxuriöse Bungalows anbietet. Die riesigen und komfortabel eingerichteten Häuschen im traditionellen Stil sind mit Stroh gedeckt, aber supermodern ausgestattet. Neben Warmwasser, AC, Minibar, Safe und großer Veranda verfügen die Bungalows in ihrem hinteren Teil über ein großes Freiluft-Du/WC. Frühstück inkl. ❸
Sama-Sama Bungalows, ☏ 081-2376 3650, 🖥 www.thesamasama.com. Die 4 sehr gepflegten, doppelstöckigen Reisspeicher-Bungalows (*Lumbung*) im traditionellen Sasak-Stil bieten unweit der Bootsanlegestellen außergewöhnlichen Komfort. Gemütlich mit Möbeln aus Kokosholz eingerichtet und dezent dekoriert, warten alle Bungalows mit AC, Warmwasser, DVD-Player, Safe und einem großen Du/WC auf. Das unglaublich freundliche Personal macht den Aufenthalt doppelt entspannend. Frühstück inkl. ❸
Blue Marlin Bungalows, ☏ 0370-632424, 🖥 www.diveindo.com. Saubere, kühle Bungalows direkt bei den Bootsanlegestellen, hinter dem Tauchcenter in einem kleinen Garten. In allen Zimmern gibt es AC, TV, Minibar und Warmwasser, manche haben sogar statt Du/WC ein Bad. Der tiefe Pool kann rund um die Uhr genutzt werden. Frühstück inkl. ❸
Big Bubble Dive, ☏ 0370-625020, 📠 638523, 🖥 www.bigbubblediving.com. Sehr beliebte moderne Anlage mit Tauchcenter, Pool, Restaurant und dem einzigen Beach-Volleyballfeld der Insel. Die Bungalows bieten große, bequeme Betten, schöne Du/WC und ruhige Terrassen mit Hängematte und Sitzecken zum Entspannen. Teilweise auch mit AC. Frühstück inkl. ❷–❸
Unique Bungalows, ☏ 081-8057 62803. Der Preis der Zimmer mit AC ist zwar nicht – wie die Eigenwerbung verspricht – der niedrigste der Insel, aber dafür ist jeder der bunten Bungalows ein einfallsreiches Unikat. Alle sind mit Warmwasser-Du/WC und TV, DVD-Player, teilweise auch mit AC, Kühlschrank und ruhiger Terrasse mit Hängematte ausgestattet. Nur die teureren AC-Zimmer sind wirklich zu empfehlen. ❷–❸
Tir Na Nog Bungalows, ☏/📠 0370-639463, ✉ tirnanog@mataram.wasantara.net.id. Hinter der irischen Bar im Partyzentrum wohnt man komfortabel in einem der 5 doppelstöckigen Bungalows. Hohe Decken und elegantes Dekor schaffen ein angenehmes Ambiente. Die Ausstattung mit AC, Warmwasser und sehr

Professioneller Service zum besten Preis

The Beach House, ☏ 0370-642352, 📠 649365, 🖥 www.beachhousegili.com. Ein innovatives Mini-Resort mit Pool und unschlagbaren Angeboten in der Nebensaison. Die geräumigen Bungalows sind kunstvoll mit Liebe zum Detail eingerichtet und mit Warmwasser, AC, Safe und Open-Air-Du/WC ausgestattet. Teilweise auch mit TV, DVD-Player und Frischwasser. Eine Luxusvilla mit privatem Pool steht ebenfalls zur Verfügung. Inkl. Frühstück. Mit einem der besten Fischrestaurants der Insel. Reservierung empfohlen. ❷–❸

Traumhaft weißer Strand auf Gili Trawangan

sauberem, modernem Du/WC lassen kaum einen Wunsch offen. Für den absoluten Luxus gibt es eine Villa mit privatem Pool. ❸
Hari Puri Lumbung, ✆ 0370-643666, 🖥 www.haripuri.net/page3.html. Hinter der luxuriösen Villa, die auch vermietet wird, stehen 3 rustikale doppelstöckige *Lumbung,* die zu einem fairen Preis vermietet werden. Die Bungalows bieten viel Platz, um sich auszubreiten, und sind mit traditionellen Masken und Steinstatuen dekoriert. Ein großes Open-Air-Du/WC befindet sich parterre. Inkl. Frühstück. ❸

Luxus
Hotel Vila Ombak, ✆ 0370-642336, ✆ 642337, 🖥 www.hotelombak.com. Das erste internationale und sicherlich bekannteste Hotel der Insel. Die top ausgestatteten *Lumbung*-Bungalows und Deluxe-Häuschen repräsentieren eine Mischung aus absolutem Komfort und exotischem Charme. Das Resort-Erlebnis wird durch ein variationsreiches Freizeitangebot, die große Poolanlage, ein gutes Restaurant und das eigene Spa sowie eine private Tauchschule abgerundet. Hier ist auch die einzige private Arztpraxis der Gilis zu finden. ❹–❺

Nördlich der Bootsanlegestellen
Dream Village, ✆ 0370-6644373, 🖥 www.dreamvillagetrawangan.com. Unter italienischem Management wurde hier ein kleines Dorf mit traditionellen *Lumbung* und angenehmem Ambiente erbaut. Die Zimmer sind liebevoll mit Sasak-Kunsthandwerk dekoriert und mit modernsten AC und Open-Air Du/WC ausgestattet. Aus den Duschköpfen kommt kein Salzwasser, sondern erfrischendes Süßwasser. Die grüne Liegewiese am Eingang des „Dorfes" eignet sich prima zum Sonnen. Inkl. Frühstück und eines Kanus und Schnorchelausrüstung für 1 Std. pro Tag. ❹

Mit Ponys im Palmengarten

Balikana Retreat, ✆ 0370-622386, ℻ 622071, 🖳 www.balikana.com. Zufluchtsort ausschließlich für Erwachsene am Nordstrand weitab vom Trubel des südlichen Teils der Insel. Die komfortablen Zimmer sind in modernem Design gestaltet und einfallsreich dekoriert. Im traumhaften Freiluft-Du/WC genießt man frisches und warmes Wasser während die Zimmer mit AC angenehm kühl sind. Mit besten Schnorchelmöglichkeiten direkt vor der Haustür und einem eigenen Reitstall im weitläufigen Palmengarten. Außerdem mit schönem Pool, gutem Restaurant, Souvenirladen und Wechselstube. ❹

Good Heart Bungalow, ✆ 0370-6630239, ✉ goodheart-trawangan@hotmail.com. Eine weitere neue Anlage mit traditionellen, aber hochmodern ausgestatteten Bungalows, direkt am Strandabschnitt. Wunderschönes Open-Air-Du/WC in einem kleinen Steingarten mit Warm- und Frischwasser. Weitere Ausstattung: AC, TV, Kühlschrank und Safe. ❹

Villa Almarik Resort, ✆ 0370-638520, 🖳 www.almarik-lombok.com. Eine der luxuriösesten Anlagen, die die Insel zu bieten hat. Alle Zimmer elegant, geräumig und mit der angemessenen Einrichtung ausgestattet. *Ikat*-Stoffe sowie Sasak-Schnitzereien schmücken die hohen Wände der Bungalows. Allerdings bietet keines der Zimmer Meerblick. Mit Frischwasserversorgung, 2 Restaurants und Pool. ❹

Karma Kayak, ✆ 081-8036 40538, 🖳 www.karmakayak.com. Brandneue kleine Anlage mit 4 stilvoll entworfenen Bungalows. Mit viel Liebe zum Detail wurde jeder Bungalow im orientalischen, afrikanischen, karibischen oder Lombok-Stil eingerichtet. Allerdings nur mit Kaltwasser-Du/WC. Die holländische Chefin lockt mit der ersten Tapas-Bar auf der Insel und bietet professionelle Hochsee-Kajaktouren an. ❸

Essen

Viele Bungalowanlagen haben ihr eigenes Restaurant. Es werden teilweise sehr leckere Gerichte und frisch zubereiteter Fisch serviert. Jedoch ist die beste Auswahl an Essen im belebten südöstlichen Teil der Insel in den Restaurants direkt am Strand zu finden.

The Beach House und **Scallywags Organic Seafood Bar & Grill**. Die beiden sind zwar nicht ganz billig, bieten aber die besten Fisch- und Lobsterbarbecues der Insel mit im Preis inbegriffenem Salatbuffet. Ein Fischbarbecue gibt es ab 50 000 Rp inkl. Beilagen.

Tir Na Nog. Wer Appetit auf eine gute Pizza hat, ist im irischen Restaurant bestens aufgehoben. Dort kann die Pizza dann in einem gemütlichen *Beruga*, der mit einem Fernseher ausgestattet ist, verzehrt werden.

Ryochi. Hier zerhackt der japanische Chefkoch rohen Fisch, um ihn in Form von Sushi zu servieren (6 Maki ab 30 000 Rp).

Pesona Restaurant, ✆ 0370-6607233. Hier steigen süßliche Rauchwolken von Apfeltabak auf. Doch das Angebot des Restaurants mit indischem Flair ist nicht nur auf Rauchwaren begrenzt. Man bekommt auch gute indische Currys und Tandoori Kebabs.

Wrap A Snapper, etwas weiter nördlich an der Ostküste. Für den schnellen Hunger (auch mittags zu empfehlen) wirbt das Restaurant mit den „besten Fish'n'Chips auf Gili Trawangan" für 35 000 Rp. Die Salatbar bietet mit leckeren Antipasti und frischen Salaten eine gesündere und günstigere Alternative. Der kleine Salatteller kostet 10 000 Rp.

Café Wayan. Ein Ableger des bekannten Cafés aus Ubud. Auch hier mit einer guten Auswahl an indonesischem Essen und Salaten. Besonders empfehlenswert sind die grandiosen Kuchen und das selbstgebackene Schwarzbrot. ⏲ 7–24 Uhr.

Unterhaltung

Die Insel ist für ein lebhaftes Nachtleben bekannt. Außerhalb der moslemischen Fastenzeit Ramadan steigt fast jeden Abend eine Party; oft reisen sogar bekannte DJ-Persönlichkeiten von Bali und Australien an, um hier hauptsächlich mit House, Techno und psychedelischen Klängen die Besucher ins Schwitzen zu bringen.

Rudy's Pub. Jeden Fr versammelt sich das Partyvolk hier, um zu abwechslungsreicher Musik zu feiern.

Tir Na Nog. Die irische Kneipe und Strandbar ist vor allem bei Sportfans beliebt. Die meiste Zeit wird internationaler Fußball übertragen und jeden Di legt ein DJ auf.

Sama-Sama Bungalows Bar. Hier kann man den Tag etwas ruhiger ausklingen lassen. Jeden Abend tritt eine Live-Band auf.
Braucht man nach einer durchfeierten Nacht am nächsten Tag einen Kaffee oder Espresso, bietet sich der Ableger der italienischen Café-Kette **Illy Café** vorzüglich zur Stärkung an. 7–17 Uhr.

Aktivitäten

Kajakfahren

Karma Kayak, 081-8036 40538, www.karmakayak.com, bietet professionelle Hochsee-Kajaktouren an.

Schnorcheln

Gute Schnorchelgebiete befinden sich vor der Nordküste und der nördlichen Hälfte der Ostküste. **Achtung**: Die Strömung kann teilweise sehr heftig sein. Daher sollte man niemals zu weit ins offene Meer schwimmen!
Die Schnorchelausrüstung bekommt man an vielen Ständen entlang des Strands für 25 000 Rp pro Tag.
Es werden auch Schnorcheltrips mit einem *Glass Bottom Boat* zu verschiedenen Schnorchelgebieten um alle drei Gilis für 60 000 Rp (ohne Flossen) angeboten.
Von den Touren, die direkt am östlichen Hauptweg beworben werden, ist abzuraten, weil die Boote oft total überladen werden und man im Endeffekt in einer Gruppe von 40 Schnorchlern hinter einer Meeresschildkröte her jagt. Besser ist es, wenn man mit einigen Leuten ein Boot und einen Guide mietet oder den gleichen Trip von einer der beiden ruhigeren Gilis startet.

Surfen

Südlich der Vila Ombak kann bei Flut besonders gut gesurft werden. Mehr Informationen und einen Surfbrett-Verleih gibt es im **Gili Surfshop** hinter dem Pasar Seni. Hier kostet ein Surfboard 20 000 pro Std. oder 100 000 Rp pro Tag.

Tauchen

Die 7 Tauchanbieter haben sich mit den Bewohnern der Gilis zum Gili Eco Trust zusammengeschlossen, um die umliegenden Korallenriffe zu schützen und das Müllproblem an den Stränden in den Griff zu bekommen. Jeder Taucher beteiligt sich an diesem Programm, indem er eine einmalige **Gebühr** (Riffsteuer) von US$3 bezahlt. Die gesammelten Gelder werden für Strandsäuberungen, Recycling und den Schutz der Riffe verwendet.
Die Tauchschulen haben sich innerhalb dieses Programms auch auf eine feste Preisliste geeinigt: z. B. Schnupperkurs US$60, Open Water US$350, 1. Tauchgang bei Tauchtrips US$35, alle weiteren US$30.
Folgende Tauchschulen sind auf Gili Trawangan zu finden:

Manta Dive, 0370-643649, www.manta-dive.com. Mit deutschsprachigen Tauchlehrern.
Dive Indonesia, 0370-642289, www.diveindonesiaonline.com.
Dream Divers, 0370-634496, www.dreamdivers.com. Die erste deutsche Tauchschule auf Lombok.
Blue Marlin Dive Centre, 0370-632424, www.diveindo.com.
Big Bubble, 0370-6625020, www.bigbubblediving.com.
Trawangan Diving, 0370-649220, www.trawangandive.com.
Vila Ombak Diving Academy, 0370-638531, gilidive@mataram.wasantara.net.id.

Touren

Viele Bungalowanlagen und Hotels bieten neben Schnorcheltrips auch Bergtouren auf den Rinjani-Vulkan oder sogenannte Culture-Trips zu traditionellen Sasak-Dörfern an. Größter Anbieter solcher Touren ist **Perama**; Büro direkt bei den Bootsanlegestellen, www.peramatour.com. Ein außergewöhnlicher und empfehlenswerter Segeltörn von Lombok über Sumbawa und Komodo nach

West-Flores (Labuan Bajo) mit Stopps zum Schnorcheln, zur Waranfütterung usw. kann ebenfalls beim Büro der Gesellschaft gebucht werden. Die Fahrt dauert bis zu 5 Tage und kostet bis zu US$350 p. P. alles inklusive.

Sonstiges

Einkaufen

In der Nähe der Bootsanlegestelle ist der **Pasar Seni**, ein Souvenirmarkt, zu finden. Dort befindet sich auch **William Bookshop**, wo gebrauchte Bücher in sämtlichen Sprachen an- und verkauft werden. ⏰ 7–20 Uhr.
Im südlicher gelegenen **Aldi-Supermarkt** bekommt man alles Nötige von Snacks und Kosmetikartikeln bis hin zu Spirituosen und Bier zu vertretbaren Preisen. ⏰ 7–22 Uhr.

Fahrräder

Überall am Oststrand werden Fahrräder für 10 000 Rp pro Std. bzw. 50 000 Rp pro Tag verliehen.

Geld

Die größten Hotels und mehrere Wechselstuben in der Nähe des Pasar Seni wechseln Bargeld zu relativ schlechten Kursen.

Internet

Mehrere Internet-Cafés gibt es unweit der Anlegestelle der Boote, z. B. bietet das **Creative Restaurant**, ☎ 081-2370 9458, einen Internet-Zugang für 300 Rp pro Min.

Medizinische Hilfe

Clinic Vila Ombak, ☎ 0370-642336. Die private Klinik steht für den Notfall eines jeden Touristen bereit; nicht nur für Gäste der Vila Ombak. ⏰ 24 Std.

Nahverkehr

Auch auf Trawangan ist man am schnellsten mit einem **Cidomo** unterwegs.
Von der Bootsanlegestelle sollte eine Fahrt zum Hotel nicht mehr als 15 000 Rp kosten. Eine Inselrundfahrt kommt etwa 50 000 Rp.

Transport

Abfahrt der öffentlichen **Boote** ist nördlich des Piers fast auf der Höhe von Manta Dive. Ein Bootsticket bekommt man im *Loket*, einem unscheinbaren Häuschen mit verdunkelten Fenstern am Strand gegenüber vom Sirwa Homestay, zu festen Preisen.
Das **Island Hopping-Boot** transportiert Passagiere 2x tgl. um 9.30 und 16 Uhr für 18 000 Rp nach GILI MENO und für 21 000 Rp nach GILI AIR. Ein Shuttleboot fährt zusätzlich tgl. um 8.15 Uhr für 23 000 Rp nach BANGSAL.
Das **Perama-Büro** ist nördlich des Pasar Seni zu finden. Dort kann man die Rückreise nach Senggigi, Mataram oder Bali buchen. Das Shuttleboot des Anbieters legt tgl. um 7 Uhr ab. Der Transport kostet z. B. nach SENGGIGI / MATARAM 70 000 Rp, PADANG BAI 130 000 Rp (mit Fähre) bzw. 200 000 Rp (mit Perama-Schiff), KUTA 170 000 Rp (mit Fähre) bzw. 240 000 Rp (mit Perama-Schiff).
Verschiedene Anbieter verbinden Gili Trawangan und Bali auch mit **Schnellbooten**:
Blue Water Express, Jl. Raya Pelabuhan Benoa, Benoa, ☎/✆ 0361-723479, 🖥 www.bwsbali.com. Tgl. um 8 Uhr von BENOA, 11 Uhr von Gili Trawangan, Überfahrtszeit 2 Std., Preis 595 000 Rp inkl. Transfer vom oder zum Hotel auf Bali.
Mahi-Mahi, The Gili Paradise Shop, Poppies Lane I 12, Kuta, ☎ 081-3381 14232, 🖥 www.gili-paradise.com. Tgl. um 7 Uhr von SERANGAN HARBOUR, 10.30 Uhr von Gili Trawangan, Überfahrtszeit 2 1/2 Std., Preis 550 000 Rp.
Gili Cat, Jl. Danau Tamblingan 51, Sanur, ☎/✆ 0361-271680, ✉ www.gilicat.com. Tgl. 8.30 Uhr von PADANG BAI, 11.30 Uhr von Gili Trawangan, Überfahrtszeit 2 Std., Preis 660 000 Rp.

Gunung Rinjani

Schon unter den Holländern wurde ein 40 000 ha großes Gebiet um den Vulkan unter Naturschutz gestellt. Inzwischen ist das Reservat sogar um mehr als die Hälfte erweitert und zu einem Nationalpark erklärt worden. Priorität genießen dabe die ausgedehnten Bergwälder, die praktisch den einzigen Wasserspeicher der Insel darstellen. Lombok ist wie ganz Nusa Tenggara mit keiner allzu großen Vielfalt an Säugetierarten gesegnet, umso interessanter ist die Vogelwelt, die schon australischen Einschlag verrät (Honigesser, Kakadu).

Der Rinjani stellt für die Sasak und Balinesen auf Lombok gleichermaßen den heiligsten Ort der Insel und Wohnsitz der Götter dar. Ziel ihrer jährlichen Pilgerreise ist der ausgedehnte blaue Kratersee **Danau Segara Anak** („Kind des Ozeans") auf knapp über 2000 m Höhe. Dort werfen die Gläubigen während der *Pekelan*-Zeremonie Opfergaben ins Wasser und baden in den nahe gelegenen **heißen Quellen**. Das *aik kalak* (heiße Wasser) der Quellen soll eine heilende Wirkung haben. In der Mitte des Sees erhebt sich der **Gunung Baru**, ein kleinerer aktiver Vulkan, der beim letzten Ausbruch des Rinjani 1994 entstanden ist.

Von vielen Dörfern, die den Rinjani umgeben, führen Wanderwege zum Kratersee, doch die meisten Besucher kommen nach **Batu Kok** und **Senaru**, wo sich die Mehrzahl der Unterkünfte befindet. Das **Rinjani Trekking Center**, ✆ 081-75737751, 🖥 www.rinjanilomboktrip.com, am Eingang zum Naturschutzgebiet, bietet die meisten Informationen und Serviceleistungen. ⏲ 6–18 Uhr.

Doch auch wer nicht vorhat, den Gipfel des gigantischen Gunung Rinjani zu erklimmen, kann hier durchaus auf seine Kosten kommen. Die angebotenen Soft-Trekking-Touren führen durch tropischen Dschungel zu den beeindruckenden **Wasserfällen** Tiu Kelep, Sindang Gila oder Betara Lenjang. Alternativ bietet der **Rinjani Mountain Garden** im benachbarten Teresgenit einen kleinen Erlebnispark und traumhaften Zeltplatz.

13 HIGHLIGHT

Die Gipfelbesteigung

Die Besteigung des 3726 m hohen Gunung Rinjani ist ein berauschendes, aber auch außerordentlich anstrengendes Abenteuer. Man darf den Vulkan nur mit (mindestens) einem lizenzierten Träger besteigen. Größere Gruppen engagieren meist gleich mehrere Träger, einen (auch deutschsprachigen) Guide und ab zehn Personen sogar einen Trekking Leader, der die Gruppe der Träger und Guides koordiniert und Erfahrung mit großen Gruppen hat. Obwohl man unnötiges Gepäck für ca. 5000 Rp pro Tag bei den Losmen in Senaru hinterlassen kann und ein Träger die nötige Verpflegung und Campingausrüstung trägt, muss man in guter sportlicher Verfassung sein, um die Besteigung genießen zu können. Außerdem sind festes Schuhwerk mit Profil, ein guter Wanderrucksack und warme Kleidung sowie die nötige Campingausrüstung und genug Trinkwasser für zehn Stunden unbedingt erforderlich. Spätestens am Rinjani Trekking Center, am Parkeingang in Senaru, kann man über die Preise einer Bergtour verhandeln und alle wichtigen Utensilien leihen oder käuflich erwerben. Dort werden Trekking-Pakete angeboten, die normalerweise zwei bis vier Tage umfassen und je nach Zeit und Wunsch zum Kraterrand, Kratersee, zu den heißen Quellen und/oder zum Gipfel führen. Generell ist zu beachten, dass Preise für Gruppen von unter drei Personen viel zu hoch veranschlagt sind. Deshalb empfiehlt es sich, die Besteigung in einer möglichst großen Gruppe zu unternehmen oder sehr viel Zeit zum Verhandeln mitzubringen.

Eine Tour, die drei Tage und zwei Nächte dauert, beginnt früh morgens mit dem Aufstieg ab Senaru. Es geht in 4 bis 5 Stunden Wanderung durch dichten Wald, bis zum **Base Camp** (Pos 3) auf 2000 m. Viele Gruppen übernachten hier, doch den herrlichen Sonnenaufgang über dem Kratersee bekommt man nur zu sehen, wenn auch noch der nächste steile Abschnitt zum **Kraterrand** (2461 m) zurückgelegt wird. Ist man gut in Form und schnell unterwegs, kann am ersten Tag noch vor Sonnenuntergang der Abstieg in den Krater bis zum **Lake Camp** in Angriff genommen werden (insgesamt etwa 9 Std.). Bei Regen ist dieser Pfad allerdings äußerst rutschig und gefährlich.

Am Kratersee bietet das Lake Camp einen Zeltplatz mit einer Trinkwasserquelle, und auch die heißen Quellen sind nicht allzu weit entfernt. Der 6–8 Std. dauernde Aufstieg vom See zum **Rinjani-Gipfel** ist wesentlich schwieriger als der bereits zurückgelegte Weg bis zum Lake Camp.

Die Belohnung ist aber ein unvergesslicher Sonnenaufgang, den man vom höchsten Punkt Lomboks genießen kann. Bei wolkenfreiem Himmel hat man eine tolle Sicht bis nach Sumbawa und Bali.

Wer nicht den gleichen Weg wieder hinunterklettern will, kann in östlicher Richtung in 8–10 Stunden nach **Sembalun Lawang** absteigen. Von dort kann man sich von Motorradfahrern über Bayan zurück nach Senaru bringen lassen.

In der Regenzeit, besonders von Dezember bis Februar, sind die Pfade in solch schlechtem Zustand, dass der gesamte Nationalpark geschlossen wird.

Übernachtung

Inzwischen gibt es über 10 Unterkünfte in den nahe beieinander liegenden Dörfern **Batu Kok** und **Senaru**. Viele der Besitzer bieten ihren Gästen einen Abholservice von Mataram, Lembar oder Senggigi. Der Preis muss telefonisch vereinbart werden. Den besten Eindruck machen die folgenden Homestays (vom Trekking Center nach Norden):

Pondok Senaru, ✆ 081-8036 24129. Die beste Unterkunft von Senaru bietet große Zimmer und Bungalows mit Veranda und Aussicht. Alle mit Du/WC, z. T. sogar mit Warmwasser, TV und Minibar. Das Essen im Restaurant ist preiswert und gut. ❷–❸

Pondok Indah, ✆ 081-7578 8018, 🖥 www.rinjanimaster.com. Hier bringt Mr. John seine Gäste in sauberen, großen Zimmern mit herrlicher Aussicht unter. Mit Du/WC, aber nicht so guten Matratzen. Der Gastgeber bietet sich als Guide für alle möglichen Touren, auch außerhalb von Lombok, an. ❶

Segara Anak Cottages, ✆ 081-7575 4551, 🖥 www.rinjanitrekking.com. Unterkunft des Rinjani Trekking Clubs. Man genießt von jeder Terrasse einen schönen Ausblick. Die Zimmer sind gemütlich, die Du/WC allerdings in weniger gutem Zustand. ❶

Sonstiges

Ausrüstung

Eine komplette Ausrüstung (Schlafsack, Zelt, Isomatte, Kocher) kann in den meisten Homestays für 50 000 Rp pro Tag ausgeliehen werden. Bucht man kein Trekking-Paket, ist anzuraten, die Verpflegung in Mataram einzukaufen, da sie in Senaru recht teuer ist. Auch ein Radio für den Notfall sollte für 10 000 Rp pro Tag im Trekking Center geliehen werden.
Tipp: Unbedingt die Ausrüstung direkt in Senaru auf Qualität und Funktionalität überprüfen, ob die Leihsachen in ordentlichem Zustand sind!

Guides

Der Weg ist kaum zu verfehlen, trotzdem sollte man zur Sicherheit einen Führer nehmen, wenn man kein Indonesisch spricht. Immer aber muss mind. ein erfahrener Träger engagiert werden, der die Wege des Nationalparks kennt und beim Tragen der Ausrüstung und des Essens behilflich ist.

Touren

Das **Rinjani Trekking Center** ist seit 1999 dem Ökotourismusmodell angepasst worden.

Komfortables Zelten am Fuße des Rinjani

Rinjani Mountain Garden, beim Dorf **Teresgenit** (Abzweigung in Richtung Süden direkt in Bayan), ✆ 081-8569 730, ✉ albatross_toni@hotmail.com. Ein Erlebnispark mit Zeltplatz, der für ein einmaliges Rinjani-Erlebnis sorgt. Auf dem ca. 2 ha großen Grundstück übernachtet man inmitten der Natur und mit tollem Ausblick in qualitativ hochwertigen Hauszelten und Wigwams. Alle Zelte bieten gute Matratzen, neue Schlafsäcke und teilweise sogar Bettgestelle. Die 2007 erbauten Sanitäranlagen mit 4 Duschräumen und WC sind mit ihren Natursteinwänden harmonisch an die ehemaligen Reisterrassen angepasst. Umgeben von Fischweihern und Kokospalmen bietet der Park außerdem Pool, Wasserfalldusche, Lagerfeuerplatz und über 40 teils exotische Tiere. Inkl. unvergleichlicher Gastfreundschaft der deutschen Inhaber und u. a. frisch gebackenem Brot und deutscher Salami zum Frühstück. Voranmeldung erwünscht. ❷

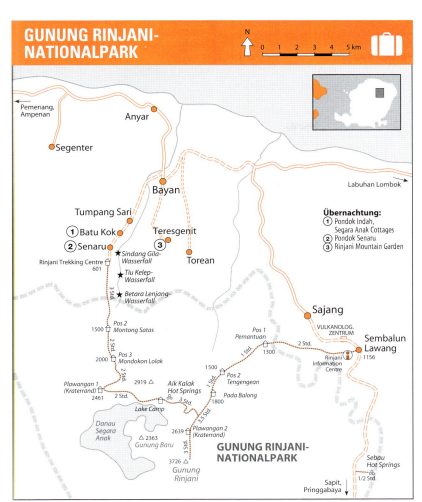

Seitdem arbeiten die Vertreter des Nationalparks, der Tourismusindustrie und der Dörfer zusammen, um den Naturpark zu schützen und Erwerbsmöglichkeiten für die lokale Bevölkerung zu schaffen.

Es liegt eine Liste mit „festen" Preisen für Tourpakete im Center aus. In allen Angeboten sind ein (lokaler) Guide, genügend (lokale) Träger, Zelte, Schlafsäcke, Kochutensilien und 3 tgl. Mahlzeiten inbegriffen.

Preisbeispiele:

2T/1N: 1 506 000 Rp (1 Pers.), 903 000 Rp (2 Pers.), 823 000 Rp (3–10 Pers.), 699 000 Rp (ab 11 Pers.).
3T/2N: ab 1 771 000 Rp (1 Pers.), ab 1 063 000 Rp (2 Pers.), 903 000 Rp (3–10 Pers.), 815 000 Rp (ab 11 Pers.).

Transport

In Senaru, Batu Kok oder Teresgenit bieten sich **Motorradfahrer** an, Besucher für 5000 Rp nach BAYAN zu bringen. Ab dort verkehren regelmäßig **Minibusse** nach MATARAM für 15 000 Rp. Außerdem bietet praktisch jede Unterkunft gegen einen verhandelbaren Preis einen **Shuttleservice** zur An- und Abreise an.
Ein **Taxi** von Senggigi nach Bayan kostet 200 000 Rp.

Tetebatu

Tetebatu, am Südhang des Gunung Rinjani, liegt auf ähnlicher Höhe wie das Bergsteigerdorf Senaru, ist aber weitaus charmanter. Bei angenehmen Temperaturen lassen sich hier oben viele schöne Wanderungen durch die Reis- und Tabakfelder, Gewürznelken-Gärten und Kaffeeplantagen unternehmen. Von den Unterkünften bereitgestellte Guides führen Besucher in Tagestouren für ca. 100 000 Rp für zwei Personen inkl. Naturparkeintritt durch die Felder in den Dschungel wenige Kilometer oberhalb des Dorfes. Nach dem Informationshäuschen des Nationalparks, wo ohne Guide 2500 Rp Eintritt gezahlt werden müssen, führt ein schmaler Pfad 1,5 km über Stock und Stein durch den tropischen Wald zum **Jukut-Wasserfall** (auch Air Terjun Manis).

Ein zweiter Wasserfall, der **Joben-Wasserfall**, liegt nordwestlich von Tetebatu: und eignet sich eher zum Schwimmen (Eintritt 2500 Rp). Achtung, auf den Wegen zu den Wasserfällen sind in der Vergangenheit Überfälle auf Touristen vorgekommen. Deshalb ist ein einheimischer Guide unbedingt anzuraten, sofern man nicht in einer größeren Gruppe unterwegs ist.

Erkundet man das Umland im Süden und Osten Tetebatus mit einem *Cidomo* oder dem eigenen Fahrzeug, sollte man den täglichen Markt in **Kotaraja**, die Bambuskunstläden in **Loyok** und die Webereien in **Pringgasela** auf keinen Fall verpassen! Der Kunstladen YOUNG in Pringgasela verkauft neben farbenfrohen Sarongs auch ungefärbte, naturbelassene Stoffe. Eine hilfreiche Karte der Gegend mitsamt Entfernungsangaben ist an der Wand vom Salabuse Café angebracht. Im Bale-Bale Café liegen zusätzlich etwas ungenauere Wegekarten zum Mitnehmen aus.

Übernachtung

Außer der ersten Bleibe liegen alle Unterkünfte direkt an der Dorfstraße, die Tetebatu mit Kembang Kuning verbindet. Frühstück ist immer ink.
Wisma Soedjono, ✆ 0828-3701750. Diese gut erhaltene Villa im Kolonialstil liegt oberhalb des Dorfes. Man wohnt in den umliegenden Bungalows oft mit spektakulärer Sicht über die Reisterrassen. Zur Ausstattung gehört ein leider nicht immer ganz sauberes Warmwasser-Du/WC oder ein Bad/WC. Auf dem Gelände kann je nach Saison bei der Ernte von Reis, Tabak oder Kaffee zugeschaut werden. Neben Mietwagen und organisierten Trips werden auch Bergtouren auf den Rinjani angeboten. Mit Restaurant. ❷
Green Orry Inn, ✆ 0376-632233, ✉ 632255. Saubere, aber spärlich eingerichtete Bungalows mit Mandi/WC oder Du/WC. Hier ist Ankunft und Abfahrt der Perama-Shuttlebusse. Der Perama-Angestellte organisiert auch Guides und vermietet Motorräder ab 40 000 Rp pro Tag. ❷
Pondok Bulan, ✆ 0376-632581. Sehr einfache Zimmer mit Du/WC. Man wohnt allerdings sehr ruhig direkt an den Reisfeldern und hat eine gute Aussicht. ❶
Cendrawasih Cottage, ✆ 0828-3646158. 4 hübsche Bungalows im traditionellen Sasak-Stil. Alle mit Du/Mandi. ❶

Bei Weinreichs mitten in den Reisfeldern

Losmen Hakiki, ✆ 0180-8037 37407. Hier liegen 5 Bambusbungalows und *Lumbungs* (traditionelle 2-stöckige Reisspeicher) abgeschieden und mitten in den Reisfeldern. Alle bieten relativ gemütliche Betten, ein indonesisches Mandi und eine Veranda, von der man eine tolle Aussicht über die Reisterrassen und auf den Rinjani hat. Manfred und seine indonesische Frau Rusmiati führen außerdem ein sehr gutes Restaurant. ❶

Transport

Perama-Shuttlebusse fahren vor dem Green Orry Inn ab. Bei mind. 2 Pers. fährt ein Shuttle nach MATARAM oder LEMBAR um 7 Uhr (jeweils 90 000 p. P.).

Hat man es nicht eilig, bietet sich die Fahrt mit öffentlichen **Minibussen** an. Der Weg von Mataram: Ab Mandalika Station mit dem Minibus oder Bus bis PAOKMOTONG für 8000 Rp, dann Minibus nach KOTARAJA für 2000 Rp, von dort *Cidomo* nach TETEBATU für 4000 Rp oder Motorradtaxi für 8000 Rp.

Pantai Kuta

Der Ort hat mit dem berühmt-berüchtigten Namensvetter auf Bali nichts außer einem Strand gemein. Außer in der Hochsaison, wenn Surfer aus aller Welt hierher pilgern, ist das kleine Fischerdorf an der Südküste sehr friedlich. Die wenigen Bungalowanlagen an der Bucht sind nur durch eine kleine Küstenstraße vom breiten weißen Sandstrand getrennt. Zum Schwimmen muss man aber dennoch einige hundert Meter laufen, bis das Wasser etwas tiefer wird. Es existieren Pläne, den gesamten östlich gelegenen Küstenabschnitt vom **Seger Beach** bis **Tanjung An** in ein Mega-Resort mit Luxusanlagen zu verwandeln. Bislang gibt es aber auf dem 1200 ha großen Landstrich, der bereits den Namen Mandalika Resort trägt, nur eine voll ausgebaute zweispurige Schnellstraße und die sehenswerte 4-Sterne-Anlage des Novotels. Ein weiteres Sterne-Hotel soll 2008 am benachbarten Strand erbaut werden.

Einige Kilometer weiter nach Osten sind zwischen felsigen Hügeln weitere Buchten erreichbar. Die Strände sind blendend weiß, menschenleer und das Wasser kristallklar. Allerdings gibt es an einigen Stellen viel Seegras, und man vermisst Schatten spendende Bäume. Vom größeren Fischerdorf **Awang** setzen Boote nach **Ekas** über.

Fährt man von Kuta in westliche Richtung, windet sich die mit Schlaglöchern übersäte Straße die Hügel an der Küste auf und ab. Von einigen Stellen hat man eine gute Aussicht über die Kokosplantagen und die gesamte Küste. Nach 7 km erreicht man über die erste asphaltierte Abzweigung die atemberaubende **Mawun-Bucht**.

Die zweite bekannte Bucht, die **Mawi-Bucht**, ist etwas umständlicher zu erreichen. Man folgt der Straße für weitere 10 km an weiten Tabakfeldern vorbei und nimmt die zweite asphaltierte Abzweigung nach links. Achtung, es sind noch ca. 3 km bis zum Strand, und die Straße wird schnell zu einem schwer befahrbaren sandigen Weg! Einfacher erreicht man etwas weiter west-

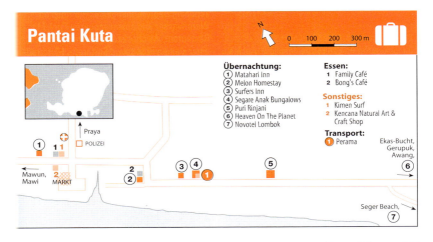

lich den ebenso schönen Strand von **Selong Blanak**. Leider wurden in der Vergangenheit an all diesen Stränden schon mehrmals Touristen überfallen und ausgeraubt.

Nördlich von Kuta führt die Hauptstraße nach Sengkol an den zwei traditionellen Sasak-Dörfern **Rambitan** und **Sade** vorbei. Hier können die gut erhaltenen traditionellen Häuser und Reisspeicher der Sasak bewundert werden. Außerdem kann man bei einem Rundgang durch eines der Dörfer viel über die Kultur des Volkes lernen und beim Weben von Stoffen zuschauen (Spende).

Übernachtung

Frühstück ist bei allen Unterkünften inkl. Von West nach Ost:
Matahari Inn, ✆ 0370-655000, 📠 654909, ✉ matahari@mataram.wasantara.net.id. Etwa 5 Min. vom Strand wohnt man in einer herrlichen Gartenanlage, deren Wege von endlos vielen glitzernden Buddhas gesäumt sind. Die Zimmer sind liebevoll eingerichtet, mit traditionellen Schnitzereien dekoriert und bieten neben guten Betten und marmorner Warmwasser-Du/WC teilweise auch AC. Gutes Restaurant, Pool mit Kinderbecken und Billardtisch. In der Nebensaison gibt es große Rabatte. ❷–❸

Treffpunkt der Surfer

Surfers Inn, ✆ 0370-655582, 📠 655583, 💻 www.lombok-surfersinn.com. Die familiäre Anlage mit Pool, Restaurant und Bar ist das absolute Lieblingshotel der Surfer und oft ausgebucht. Die modernen, sauberen Zimmer kommen in 4 Kategorien. Je nach Anspruch kann gewählt werden, ob ein sparsam eingerichtetes Zimmer mit Du/WC ausreicht, AC dabeisein sollte oder zusätzlich noch Warmwasser, Minibar, TV und DVD-Player gebraucht werden. In der gemütlichen Bar kann man sich beim Schauen von Surffilmen über die besten Surfspots informieren und austauschen. An der Rezeption werden Leih-Boards, Surftrips und Massagen angeboten. ❷–❸

Öko-Hotel in traumhafter Lage

Heaven on the Planet, im östlich gelegenen Dorf Ekas, ✆ 081-2370 5393, 💻 www.heaventheplanet.co.nz. Von diesem Öko-Hotel, das an den steil abfallenden Klippen gebaut ist, hat man einen atemberaubenden Blick auf die gesamte Ekas-Bucht. Es stehen größere Ferienhäuser und kleinere Bungalows zur Auswahl, teilweise mit Gemeinschafts-Du/WC. Vom toll gelegenen Restaurant kann man die wunderschönen Sonnenuntergänge genießen. Am Tag werden Surf- und Tauchtrips sowie Möglichkeiten zum Klettern angeboten. Von Awang fahren Boote für 150 000 Rp an die Ekas-Bucht. ❷–❹

Melon Homestay, ✆ 081-7367892, ✉ angela_grannemann@web.de. Dieses Homestay ist netter als seine Nachbarn. Es umfasst einen einfachen Doppelbungalow mit Du/WC und 2 absolut preiswerte Ferienwohnungen auf 2 Stockwerken. Die Apartments beinhalten Schlafzimmer, Wohnzimmer mit großer Bambuscouch, eine akzeptable Küche und eine Warmwasser-Du/WC. ❶–❷
Segare Anak Bungalows, ✆ 0370-654846, 📠 654835, 💻 www.kutalombok.com. Nur die teureren Zimmer im Reihenbungalow sind zu empfehlen. Teilweise mit riesigen Räumen und schönem Bad/WC mangelt es nur noch an Warmwasser und einem sauberen Pool. Mit Restaurant, Wechselstube, Flugticketservice, einer kleinen Post sowie Surfbrett-, Motorrad- und Fahrradverleih. Hier findet man auch das Perama-Büro. ❶–❷
Puri Rinjani, ✆ 0370-654849, 📠 654852. Mitten in einem großen, schönen Garten wohnt man ruhig in gemütlichen Bambushütten mit Du/WC oder in den neuen, riesigen Bungalows mit Warmwasser-Du/WC, AC und TV. Mit Restaurant. ❷–❸
Novotel Lombok, Mandalika Resort, Pantai Seger, ✆ 0370-653333, 📠 653555, 💻 www.accorhotels-asia.com. Ein attraktiver Ferienclub der Luxusklasse am 3 km östlich gelegenen Seger-Strand. Die gesamte Anlage mit 77 Zimmern und 23 privaten Villas ist eine elegante

Mischung aus traditioneller Sasak-Architektur und Komfort. Mit Internetzugang, Unterhaltungsprogramm, großen Pools, Spa, Tauchcenter und Strandrestaurant am privaten Strandabschnitt. ❹–❺

Essen und Unterhaltung

Bong's Café, ☎ 081-9161 15552. Hier ist es immer bis spät in die Nacht voll. Bei entspannter Reggae-Musik werden frischer, gegrillter Fisch, mexikanische Spezialitäten und die üblichen europäischen und indonesischen Gerichte für mind. 20 000 Rp serviert.
Family Café, westlich der Hauptkreuzung. Empfehlenswertes Restaurant . Der Fisch ist sehr frisch und lecker zubereitet. Auch das übrige Essen ist preiswert und gut. Leider wird am späten Abend die Techno-Musik etwas zu laut aufgedreht. Hauptgerichte ab 15 000 Rp.
Novotel-Strandrestaurant, am umwerfend schönen Seger Beach gelegen. Der richtige Ort für ein romantisches Candle Light Dinner. Gerichte ab 50 000 Rp. Auch das Buffet am Strand ist trotz des stolzen Preises von 175 000 Rp durchaus zu empfehlen. Zum Genießen des Sonnenuntergangs ist die Strandbar des Resorts mit Happy-Hour-Preisen von 18–22 Uhr perfekt geeignet.

Sonstiges

Einkaufen
Jeden Mi und So ist der Marktplatz am Strand vom frühen Morgen bis zum Mittag mit vielen Gemüse-, Obst- und Fleischständen gefüllt.
Kencana Natural Art & Craft Shop, gegenüber vom Matahari Inn. Hier bekommt man günstige Sasak-Schnitzereien und Schmuck.

Feste
Das **Putri Nyale Festival** wird jedes Jahr am 19. Tag des 10. Monats im Kalender der Sasak an der Serenting-Bucht wenige Kilometer östlich von Kuta gefeiert. Dieser Tag fällt auf den Beginn der Brutzeit der so genannten Nyale-Meereswürmer im Februar oder März. Am Abend versammeln sich hunderte Teilnehmer am Strand. Es werden große Feuer entfacht und Wettbewerbe im Singen von traditionellen, rhythmischen Gedichten *(Pantun)* ausgetragen. Nach diesem Ritual fahren die Teilnehmer, oft junge Paare, dann bei Tagesanbruch auf See, um die Würmer zu fangen und zu verspeisen. Ein guter Fang signalisiert eine gute Ernte für das angebrochene Jahr. Das Fest ist einerseits ein Fruchtbarkeitsritual, andererseits hat es aber auch eine große Bedeutung für unverheiratete Sasak. Für sie ist es aufgrund der sonst geltenden konservativen Verhaltensregeln die einzige Möglichkeit im Jahr, dem anderen Geschlecht näher zu kommen, ohne gegen die Sitten zu verstoßen.

Geld
Einige Hotels bieten an, Geld zu wechseln, allerdings zu sehr schlechten Kursen, z. B. Segare Anak Bungalows.

Sicherheit
Es ist in der Vergangenheit vorgekommen, dass Urlauber an den einsamen Stränden ausgeraubt und überfallen wurden. Außerdem wurde von gehäuften Motorraddiebstählen und Einbrüchen in Hotels berichtet. Mittlerweile wurden an vielen Buchten bewachte Parkplätze eingerichtet, wo man sein Motorrad für 5000 Rp und Auto für 10 000 Rp getrost abstellen kann. Trotzdem sollten niemals Wertgegenstände zum Strand mitgenommen werden.
Alle teureren Hotels haben einen 24-Std.-Wachmann engagiert. Es lohnt sich, etwas mehr für das Hotel zu zahlen, um diesen Service in Anspruch nehmen zu können.

Surfen / Auto- und Motorradvermietung
Kimen Surf, ☎/📠 0370-655064, 💻 www.kuta-lombok.net. Die wichtigste Adresse für Surfer in Kuta. Der Laden bietet Surfbrett- und Ausrüstungsverleih, Reparatur, An- und Verkauf von Brettern, Surftrips, Surfkurse und Auto- sowie Motorradvermietung. Preisbeispiele: Surfbrett 40 000 Rp pro Tag, Surftrip 310 000 Rp für die 1. Pers., 100 000 Rp für jede weitere, Motorrad ab 35 000 Rp pro Tag, Auto 250 000 pro Tag inkl. Versicherung. Hier bekommt man auch nützliche Informationen zu den besten Breaks der Umgebung, und es liegt eine Gezeitentabelle aus.

Zu den beliebtesten Surfplätzen in der Umgebung von Kuta gehören der Seger-Beach, die Gerupuk-, die Mawi- und die Ekas-Bucht.

Transport

Perama-Shuttlebusse fahren vor den Segare Anak Bungalows ab. Mind. 2 Pers. sind erforderlich, damit ein Shuttle tgl. um 7 Uhr für 90 000 Rp p. P. nach MATARAM oder LEMBAR fährt. Mit öffentlichen **Minibussen** kommt man nur umständlich zurück nach MATARAM: Zuerst einen Minibus bis SENGKOL für 2000 Rp nehmen, dann einen Minibus nach PRAYA für 3000 Rp und zuletzt einen Minibus nach Bertais oder Cakranegara für 5000 Rp.
Von AWANG kommt man nur mit einem gecharterten Booten zu den beliebten Surfplätzen in der Ekas-Bucht. Preise für ein Boot liegen bei 150 000 Rp.

Labuhan Lombok

Ein wenig interessantes Dorf mit vielen Pfahlbauten ist Labuhan Lombok. Von hier fahren regelmäßig Fähren nach Poto Tano, dem Fährhafen von West-Sumbawa, ab. Labuhan Lomboks Fährhafen, als **Labuhan Kayangan** ausgeschildert, liegt etwa 3,5 km außerhalb des Ortes. Man erreicht ihn, wenn man beim Markt an der Hauptkreuzung des Ortes rechts abbiegt und dann immer der Straße folgt.

Labuhan Lombok eignet sich nicht für Übernachtungen. Es gibt zwar einige Losmen an der Straße zum Fährhafen, hier schlafen aber nur indonesische Fernfahrer und der Standard ist relativ niedrig. Wenige Kilometer nördlich von Labuhan Lombok wohnt man viel angenehmer direkt am Strand in den **Matahari Cottages** in **Labuhan Pandan**. Hier kann man ein Boot chartern und die Korallenriffe vor der Insel Gili Pentangan erkunden.

Übernachtung

Matahari Cottages, 081-2374 9915, www.pondok-matahari.com. Das sehr freundliche deutsch-schweizerische Besitzer-Ehepaar bietet seinen Gästen nette, saubere Doppelbungalows und Zimmer mit Du/WC in einem großen Palmengarten direkt am Meer. Es gibt ein gutes Restaurant, und es lohnt sich, mit den Gastgebern, beide professionelle PADI-Tauchlehrer, einen Tauch- oder Schnorcheltrip zu den Korallenriffen vor Gili Pentangan zu unternehmen. ❶–❷

Transport

Busse vom Markt in Labuhan Lombok in Richtung Mataram zum Mandalika-Busbahnhof in BERTAIS fahren häufig und kosten etwa 20 000 Rp.
Nach POTO TANO, dem Fährhafen von West-Sumbawa, verkehrt die Fähre tgl. rund um die Uhr 1x pro Std. Die Überfahrt dauert etwa 90 Min. und kostet 12 500 Rp pro Erwachsenem, 9000 Rp pro Kind, 32 000 Rp pro Motorrad und 251 500 Rp pro Auto.

Anhang

Sprachführer S. 348
Glossar S. 353
Reisemedizin zum Nachschlagen S. 354
Bücher S. 358
Index S. 359
Danksagung der Autoren S. 366
Bildnachweis / Impressum S. 367
Kartenverzeichnis S. 368

Sprachführer

Eine Nation – ein Land – eine Sprache: Der Slogan der indonesischen Nationalisten in den 20er-Jahren verdeutlicht den politischen Stellenwert einer einigenden Sprache. Seit 1945 ist das aus dem klassischen Malaiisch entwickelte Indonesisch Staatssprache. Viele Wörter wurden aus Fremdsprachen übernommen – aus indonesischen Regionalsprachen ebenso wie aus dem Arabischen, dem Sanskrit, dem Chinesischen, dem Holländischen und – vor allem in jüngerer Zeit – dem Englischen.

Relativ neue Wortschöpfungen, die einem auch ohne Übersetzungshilfen verständlich sein dürften, sind zum Beispiel: Wenn ein *jerman intelektual* mit viel *emosi* im *Restoran* am *telepon* hängt, um vom *imagrasi (birokrasi)* endlich den *pas* und die *permisi* für den *impor* von einem *mobil* zu kriegen. Doch der *agen polisi* hat eine *infeksi* und ist mit dem *taksi* zum *dokter* und zur *apotik*. Leider ist nicht alles so einfach zu verstehen, deshalb hier einige Hilfestellungen:

Aussprache

Generell werden die Wörter so ausgesprochen, wie sie geschrieben werden – mit wenigen Ausnahmen:

- (e) selten wie in „Meer", häufig verschluckt oder wie „gekommen"
- (c) candi (Tempel): wie in „rutschen"
- (j) jalan (Straße): ein weiches dsch wie z. B. in „Gin"
- (kh) akhirnya (endlich): wie in „Loch"
- (ng) bunga (Blume): wie in „singen"
- (ny) nyanyi (singen): ähnlich „Champagner"
- (r) roti (Brot): gerolltes r wie im bayerischen Dialekt
- (y) wayang (Theater): wie in „ja"

Wörterbücher und Sprachführer

Wer sich intensiver mit der indonesischen Sprache befassen will, kann sich in jeder deutschen Buchhandlung einen praktischen Sprachführer für unterwegs kaufen.

Indonesisch Wort für Wort von Gunda Urban, Bielefeld 2007. In dieser Kauderwelsch-Reihe, ist auch ein Sprachführer Balinesisch erschienen.

Alternativ bieten einige Buchhandlungen in Kuta, Sanur und Denpasar Wörterbücher an, die deutlich billiger als in Deutschland, aber oft zu unhandlich zum Reisen sind.

Kamus Jerman – Indonesia von Adolf Heukens, Jakarta 2003. Das empfehlenswerteste Wörterbuch ist in jeder Gramedia-Buchhandlung zu bekommen.

Schließlich ist auch das kostenlose Online-Wörterbuch **www.jot.de** zu empfehlen, das über 15 500 Übersetzungen von Wörtern und Wortgruppen umfasst und automatisch in beide Richtungen funktioniert (Deutsch-Indonesisch, Indonesisch-Deutsch).

Häufig gestellte Fragen und entsprechende Antworten

apa kabar?	Wie geht's?
kabar baik	Mir geht's gut.
siapa namamu?	Wie heißt du?
nama saya …	Ich heiße …
dari mana?	Woher kommst du?
dari jerman, dari swiss, dari Austria	Aus Deutschland, der Schweiz, Österreich
(pergi / mau) ke mana?	Wohin gehst du?
ke pantai	Zum Strand
jalan-jalan	Spazierengehen
tinggal di mana?	Wo wohnst du?
di hotel	Im Hotel.
sudah berapa lama di Bali?	Wie lange bist du schon in Bali?
sudah lama	Schon lange
satu hari	einen Tag
satu minggu	eine Woche
bisa bicara bahasa indonesia?	Sprichst du Indonesisch?
sedikit saja	Nur ein wenig
saya tidak mengerti bahasa indonesia.	Ich verstehe kein Indonesisch.
umur berapa?	Wie alt bist du?
dua puluh tahun	20 Jahre
sendiri?	Alleine? *(Sofern man alleine unterwegs ist, oder:)*
sudah kawin?	Schon verheiratet? *Falls „Ja", folgt:*
berapa anak-anak?	Wie viele Kinder?
tiga, sepuluh	3, 10 *(niemals keine!)*

Grußformeln

selamat pagi!	Guten Morgen!
selamat siang!	Guten Mittag!
selamat sore!	Guten Nachmittag (von ca. 14 Uhr – Sonnenuntergang)
selamat malam!	Guten Abend!
selamat tidur!	Schlafe gut!
selamat datang!	Herzlich willkommen!

Fragen

apa?	Was?
apa ini?	Was ist das?
siapa?	Wer?
siapa namamu?	Wie heißt du?
berapa?	Wie viel?
berapa lama?	Wie lange?
berapa jauh?	Wie weit?
kapan?	Wann?
kapan bis datang?	Wann kommt der Bus an?
mengapa?	Warum?
mengapa begitu?	Warum (ist das) so?
bagaimana?	Wie?
bagaimana caranya?	Wie geht/funktioniert das?
dimana?	Wo?

Personen

saya / aku	ich (förmlich / umgangssprachlich)
kamu / anda	du / Sie
dia	er / sie
kita / kami*	wir (*ohne die angesprochene Person)
kalian	ihr
mereka	sie (Plural)

Anrede

bapak (pak)	Vater
ibu (bu)	Mutter
kakak (kak)	älterer Bruder, ältere Person (freundschaftlich)
adik (dik)	jüngerer Bruder, Kind
nenek	Großmutter
kakek (kek)	Großvater
saudara	Bruder / Schwester (förmlich)
kawan / teman	Freund
anak	Kind
perempuan / wanita	Frau
laki-laki	Mann

Zeit

pagi	Morgen (bis 11 Uhr)
siang	Mittag
sore	Nachmittag
malam	Abend
hari ini	heute, dieser Tag
besok	morgen (auch irgendwann in der Zukunft)
kemarin	gestern (auch irgendwann in den letzten Jahren)
waktu	Zeit
jam berapa?	Wie spät ist es?
jam karet	„Gummizeit"; die typische indon. Unpünktlichkeit
sekarang	jetzt
sebentar lagi	bald (bis 12 Stunden)
nanti	später
belum	noch nicht
sudah	schon / fertig
yang lalu	vor …
lama	lange andauernd
dulu	vorher, früher
tadi	gerade, vorhin
sebelum	vor, bevor
menit	Minute
jam	Stunde
hari	Tag
minggu	Woche
bulan	Monat
tahun	Jahr
abad	Jahrhundert
setiap hari	jeden Tag
hari senin	Montag
hari selasa	Dienstag
h. rabu	Mittwoch
h. kamis	Donnerstag
h. jumat	Freitag
h. sabtu	Samstag
h. minggu	Sonntag

Zahlen

0	*nol*	8	*delapan*
1	*satu*	9	*sembilan*
2	*dua*	10	*sepuluh*
3	*tiga*	11	*sebelas*
4	*empat*	12	*dua belas*
5	*lima*	20	*dua puluh*
6	*enam*	30	*tiga puluh*
7	*tujuh*	45	*empat puluh lima*

100	*seratus*
200	*dua ratus*
1000	*seribu*
2000	*dua ribu*
setengah	1/2
seperempat	1/4
banyak	viel
sedikit	wenig
kurang	weniger (–)
tambah / lagi / lebih	mehr (+)

Essen und Trinken

makan	essen
minum	trinken
sarapan	Frühstück
makan siang	Mittagessen
saya lapar / haus	Ich habe Hunger / Durst.
saya minta…	Ich hätte gern…
saya mau makan	Ich will essen.
suka	mögen
saya tidak suka daging	Ich mag kein Fleisch.
piring	Teller
gelas	Glas
porsi / bungkus	Portion / ~ zum Mitnehmen
enak	lecker
makanan	Essen
makanan enak!	Das Essen ist gut.
air	Wasser
dingin	kalt
hangat	warm
goreng	gebraten, frittiert
rebus	gekocht (in Wasser)
roti	Brot
daging	Fleisch
sapi	Rind
kerbau	Büffel
babi	Schwein
ayam	Huhn
kambing	Ziege
bebek	Ente
hati	Leber
rusa	Hirsch
tikus	Maus
anjing	Hund
ikan	Fisch
udang	Krabben
cumi-cumi	Tintenfisch
sayur	Gemüse
kentang	Kartoffel
bawang Bombay	Zwiebel
bawang putih	Knoblauch
buah	Frucht

Weiteres im Kapitel: Essen und Trinken, s. S. 39.

Einkaufen

(mem)beli	kaufen
(men)jual	verkaufen
(mem)bayar	bezahlen
uang / duit	Geld
berapa harganya?	Wie viel kostet es? (wörtl.: wie viel der Preis?)
mahal	teuer
murah	billig
terlalu (mahal)	zu (teuer)
boleh menawar?	Kann man handeln / feilschen?
bisa turun?	Geht es billiger?
harga biasa	normaler (richtiger) Preis
harga pas	Festpreis
tanpa / dengan	ohne / mit
ongkos	(Un)kosten
toko	Einkaufsladen
pasar swalayan	Supermarkt
toko buku	Buchhandlung
wartel	öffentlicher Fernsprecher
warnet	Internet-Café
kantor pos	Postamt
pakaian	Kleidung
celana	Hose
kaos	T-Shirt
kemeja	Hemd
kain	(gewebter) Stoff
kapas	Baumwolle
sutra	Seide
obat nyamuk	Moskitocoils, Anti-Mücken-Creme
kaca mata	Brille
obat langir	Shampoo
kertas tulis	Schreibpapier
kertas wc	Toilettenpapier
surat / pranko	Brief / Briefmarke
amplop	Briefumschlag
koran	Tageszeitung
gaji / hasil	Lohn, Verdienst / Ernte, Einkommen
di bawah / di atas	unten / oben
di depan / di belakang	vor / hinter

Wohnen

dimana ada hotel?	Wo gibt es ein Hotel?
ada kamar kosong?	Haben Sie ein freies Zimmer?
untuk dua orang (malam)	für 2 Personen (Nächte)
kamar	Zimmer
kosong	leer
penuh	voll
kamar mandi	Bad
tempat tidur	Bett
air panas	Warmwasser
AC	Klimaanlage
kulkas	Kühlschrank
selimut	Decke (zum Zudecken)
handuk	Handtuch
kunci	Schlüssel
nyamuk	Moskito
kelambu	Moskitonetz
pintu	Tür
jendela	Fenster
meja	Tisch
kursi	Stuhl
masuk	eintreten
keluar	hinausgehen
duduk	sitzen
cuci pakaian	Kleidung waschen
mandi	baden, duschen
tidur	schlafen
bangun	aufstehen

Reisen und Transport

dimana ada …?	Wo ist / gibt es…?
ke / di / dari	nach / in / von
saya pergi ke …	Ich gehe nach …
saya datang dari …	Ich komme aus …
tinggal (menginap) di …	Ich wohne (übernachte) in …
arah	Richtung
arah mana?	welche Richtung?
terus	geradeaus
belok kiri / kanan	links / rechts abbiegen
utara / selatan	Norden / Süden
timur / barat	Osten / Westen
jauh / dekat	weit / nah
pesawat	Flugzeug
bandara	Flughafen
terminal bis	Busbahnhof
bis	Bus
kapal laut / feri	Schiff / Fähre
pelabuhan	Hafen
kereta api	Eisenbahn
stasiun	Bahnhof
taksi	Taxi
cidomo	Pferdekutsche
ojek	Motorrad-„Taxi"
menyewa	mieten
mobil	Auto, Wagen
sepeda motor	Motorrad
kuda	Pferd
jalan kaki	laufen, zu Fuß
naik mobil	Autofahren; mit dem Auto
naik pesawat	Flugzeug fliegen; mit dem Flugzeug
karcis	Fahrkarte (Zug, Bus)
tiket	Ticket (Flugzeug)
loket	(Fahrkarten-) Schalter
ekonomi	günstigste Klasse
bisnis	Businessklasse
tempat duduk	Sitzplatz
barang / koper	Gepäck / Koffer
cepat	schnell
pelan	langsam
hilang	verschwinden
hati-hati	Vorsicht!
awas	Achtung!
keliling	umherreisen
jalan	Straße
jembatan	Brücke
perempatan	Kreuzung
berbahaya	gefährlich
tentu/pasti	sicher, bestimmt
berangkat	aufbrechen, abfahren
pergi ke	gehen nach
pulang	zurückkehren
pergi pulang	hin und zurück
jatuh	fallen
terbang	fliegen
selamat tinggal!	Auf Wiedersehen! (zu dem, der bleibt)
selamat jalan!	Auf Wiedersehen! (zu dem, der geht)

Umwelt

kampung / desa	Dorf
kota	Stadt
pulau	Insel
negeri	Land

gunung	Berg
gunung berapi	Vulkan
puncak	Gipfel
bukit	Hügel
gua, goa	Höhle
hutan	Wald
pohon	Baum
binatang	Tier
burung	Vogel
bunga	Blume
daun	Blatt
kayu	Holz
perak	Silber
besi	Eisen
(e-)mas	Gold
danau	See
mata air	Quelle
air terjun	Wasserfall
air tawar	Frischwasser
air pasang	Flut
air surut	Ebbe
sungai	Fluss
laut	Meer
pantai	Strand
batu	Stein
karang	Koralle
pasir	Sand
teluk	Bucht
tanjung	Landzunge
ombak	Welle
kepulauan	Inselgruppe
dunia	Welt
sawah	Nassreisfeld
alang-alang	Riedgras
lapangan	Feld
udara	Luft
bintang	Stern
bulan	Mond
matahari	Sonne

Wetter

awan	Wolken
kilat	Blitz
hujan	Regen
salju	Schnee
angin	Wind
basah	nass
kering	trocken

Freizeit

(ber)main	spielen
sepak bola	Fußball
menyelam	tauchen
bersantai	sich entspannen, relaxen
berenang	schwimmen
membaca buku	ein Buch lesen
pesta	Party, Feier

Farben

hitam	schwarz
putih	weiß
kuning	gelb
merah	rot
biru (muda)	(hell-) blau
hijau	grün
coklat	braun

Krankheit

saya sakit	Ich bin krank.
sehat	gesund
kepala / perut / gigi saya sakit	Mein Kopf / Auge / Zahn schmerzt.
sakit kepala	Kopfschmerzen
sakit perut	Bauchschmerzen
batuk	Husten
pilek	Schnupfen
demam	Fieber
berak air	Durchfall haben
muntah	sich übergeben
flu	Erkältung
dara	Blut
meninggal	sterben
rumah sakit	Krankenhaus
PUSKESMAS	kommunale Poliklinik (meist nur mit Krankenschwestern
obat	Medizin
dokter / apotik	Arzt / Apotheke

Körperteile

kepala	Kopf
mata	Auge
gigi	Zahn
hidung	Nase
perut	Bauch
lengan	Arm
jari	Finger
kaki	Bein, Fuß
rambut	Haar

dada	Brust
telinga	Ohr
tangan	Hand
mulut	Mund
punggung	Rücken

Gefühle / Gemütszustände

bahagia / gembira	glücklich / fröhlich
senang	froh, glücklich, sich wohlfühlen
cinta / rindu	lieben / vermissen
lelah, cape	müde
marah	wütend, zornig
kecewa	enttäuscht

Wichtige Adjektive

tua / muda / baru	alt / jung / neu
cantik / ganteng	gut aussehend (für Frauen / für Männer)
indah	schön (Dinge)
ramah	freundlich
kotor / jelek	schmutzig / hässlich
sepi	leise, still
damai / aman	friedlich / sicher
ramai	laut, betriebsam, voller Leute, „Hier ist was los!"
rusak	kaputt
panjang / pendek	lang / kurz
tinggi / rendah	hoch / niedrig
besar / kecil	groß / klein

Gespräch

saya suka / mau / bisa / harus	Ich mag / will / kann / muss
terima kasih!	Vielen Dank!
sama-sama!	(Antwort: desgl.)
tolonglah! / silakan!	Bitte! (fordernd / anbietend)
permisi! / maaf!	Entschuldigung! (vorher, nachher)
ya / tidak (bukan)	Ja / Nein (bei Substantiven)
jangan	verneinter Imperativ; tu (das) nicht!
Bsp.	
jangan lari	Renn nicht (so rum)!
jangan memegang	Fass das/mich/etc. nicht an!
saya belajar bahasa indonesia.	Ich lerne Indonesisch.
bagus / baik-baik	gut / o.k.
apakah anda bisa bicara bahasa inggris?	Sprichst du Englisch?
tolonglah bicara pelan-pelan!	Bitte sprich langsam!
saya tidak mengerti.	Ich verstehe nicht.
apa ini? / apa itu?	Was ist das?
bagaimana dalam bahasa Indonesia?	Wie heißt das auf Indonesisch?
apa artinya…	Was ist die Bedeutung von…?
boleh memotret foto?	Darf ich fotografieren?
agama / kepercayaan	Religion / Glaube
tahu / kenal	kennen (von Dingen) / (von Personen)

Glossar

Animismus Schriftlose Religion, die von der Beseeltheit aller Dinge und einem Regelwerk der Naturelemente ausgeht.

Banjar Dorfrat, Dorfversammlung

Barong magiegeladene, menschenähnliche riesige Figur

Beruga traditionelle, hölzerne Pavillons, manchmal mit einem Strohdach

Candi Tempel

Cidomo Pferdekutsche

Galungan erster Tag einer 10-tägigen Feier zu Ehren der Schöpfer der Welt

Gamelan Typisch balinesisches Orchester, das von einem Gong angeführt wird, um den herum sich die anderen Instrumente formieren. Klingt für europäische Ohren unrhythmisch.

Goa Höhle

Kraton Palastanlage eines Sultans oder Rajas

Kris Asymmetrischer, traditioneller Dolch, dem auch eine spirituelle Bedeutung beigemessen wird. Er gilt als Symbol für die Würde des Mannes.

Kulkul Glockenturm mit Schlitztrommel, die den Tod eines Dorfbewohners verkündet oder zum Banjar zusammenruft.

Kuningan letzter Tag einer 10-tägigen Feier zu Ehren der Schöpfer der Welt

Lamak Opfergabe aus kunstvoll geflochtenen Palmblättern

Lontar-Schriften In die Blätter der Lontar-Palme geritzte Schriften, die einen bibelgleichen Stellenwert haben.
Lumbung traditionelle Reisspeicher auf Pfählen
Mandi Indonesische Art zu duschen. Besteht aus einem großen Wasserbehälter und einer kleinen Schüssel, mit der man den Körper mit Wasser übergießt.
Meru balinesische Pagode, ein turmartiges Bauwerk, v. a. bei Tempeln zu finden
Moksa Vorgang der Nirwana-Erlangung
Nyepi großes Neujahrsfest
Odalan Jahresfeier eines Tempels; wichtigstes Tempelfest
Pemangku Laien-Priester
Penjor mit Opfergaben behängter Bambusstab
Prahu malaiische Segelboote
Pratima Kleine steinerne Figuren, die die Gottheiten darstellen; sie dienen als Behälter für die göttlichen Ahnen oder verschiedene Götter bei ihren Besuchen auf die Erde.
Puputan Die letzte Schlacht der Balinesen gegen die übermächtigen Holländer. Obwohl ein Sieg unmöglich war, kämpften die Balinesen bis zum heroischen Tod.
Purnama Vollmond
Raja Indonesisch: König
Sad Kahyangan Bezeichnung für die sechs heiligsten Tempel auf Bali
Sasak die ursprünglichen Einwohner Lomboks und deren Sprache
Sawah Reisfeld im Nassreisanbau
Songket Stoff mit Gold- / Silberstickerei; Brokat
Subak Gemeinschaft von Reisbauern
Trimurti Dreiheit von Shiva, Vishnu und Brahma (Hinduismus)
Wantilan Hahnenkampfarena, oft im Inneren eines Tempels
Warung Essensstand
Wayang Kulit Schattenspiel, bei dem die flachen Spielpuppen aus Tierhaut *(kulit)* bestehen
Wetu Telu die ursprüngliche Religion der Sasak

Reisemedizin zum Nachschlagen

Hier eine alphabetische Aufstellung der wichtigsten Gesundheitsrisiken. Aber bitte keine Panik – die meisten Risiken sind durch normales, umsichtiges Verhalten minimierbar.

Aids
HIV/AIDS ist auch in Indonesien zu einem großen Problem geworden. Schätzungen der UN-AIDS zufolge lebten im Jahr 2004 110 000 Menschen in Indonesien, die AIDS haben oder mit dem HIV-Virus infiziert sind. Obwohl die indonesische Regierung häufig die *Waria*, weibliche Transvestiten, für die Verbreitung der Krankheit verantwortlich macht, sind über 80 % der Infizierten männlich. Trotz diverser Aufklärungskampagnen steigt die Zahl der Infizierten jährlich.

Auf das schützende Kondom sollte man auf keinen Fall verzichten. Kondome sind in Süd-Bali überall zu bekommen. Asiatische Kondome stehen allerdings in dem Ruf, für europäische Proportionen zu klein und von schlechter Qualität zu sein. Wer in abgelegenere Orte reisen möchte, sollte sich ohnehin einen Vorrat zulegen, denn in den Dörfern sind Kondome oft weder bekannt noch erhältlich.

Cholera
Die Cholera tritt vor allem in übervölkerten Gebieten unter unhygienischen Bedingungen immer wieder auf. Der Impfschutz durch handelsüblichen Impfstoff ist umstritten, Reaktionen sind häufig. Geimpft wird deshalb nur dann, wenn eine entsprechende Einreisebestimmung besteht, was für Indonesien nicht zutrifft.

Dengue-Fieber
Diese Viruskrankheit tritt zunehmend in ganz Indonesien auf und wird von manchen Leuten auch die „moderne Pest" genannt, da die Zahl der Neuerkrankungen, z. Zt. 50 Mill. pro Jahr, in ganz Südostasien rasant steigt. Sie wird durch die *Aedes aegypti*-Mücke übertragen, die etwas größer ist als die europäischen Mücken und an ihren schwarz-weiß gestreiften Beinen zu erkennen ist. Sie sticht während des ganzen Tages

verstärkt jedoch in den Morgenstunden zwischen 9–11 Uhr und nachmittags zwischen 15–18 Uhr (Hinweise zum Mückenschutz s. S. 50). Der Krankheitsverlauf kann einer schweren Grippe gleichen oder sich über zwei verschiedene Stadien erstrecken.

Im ersten Stadium kommt es nach einer Inkubationszeit von 2–10 Tagen zu Fieber und Grippesymptomen. Hinzu können ein Hautausschlag und ein metallisch bitterer Geschmack im Mund kommen. Nach Abklingen der Symptome folgt nach 4–5 Tagen ein erneuter Fieberschub und evtl. ein maserähnlicher Hautausschlag. Tritt dieses zweite Stadium auf, kann es zu inneren und äußeren, lebensgefährlichen Blutungen kommen. In diesem Fall ist unverzüglich ein Krankenhaus aufzusuchen. Bindet man bei Erkrankten den Oberarm fünf Minuten lang ab, kann man manchmal in der Armbeuge rote Flecken beobachten. Dies ist ein sicheres Zeichen dafür, dass es sich um Dengue-Fieber handelt. Doch nicht bei allen Erkrankten funktioniert dieser Test.

Keinesfalls sollten ASS, Aspirin oder ein anderes acetylsalicylsäurehaltiges Medikament genommen werden, da diese einen lebensgefährlichen Verlauf herausfordern.

Durchfall und Verstopfung

Asien-Reisende plagt manchmal Durchfall (Diarrhö), der durch Infektionen hervorgerufen wird. Verdorbene Lebensmittel, ungeschältes Obst oder Eiscreme sind häufig die Verursacher. Da auch Mikroorganismen im Wasser durchschlagende Wirkung zeigen können, sollte man nur abgefülltes Wasser trinken (auf den versiegelten Verschluss achten).

Eine Elektrolyt-Lösung (*Elotrans* bzw. für Kinder *Oralpädon*), die verlorene Flüssigkeit und Salze ergänzt, reicht bei den meist harmlosen Durchfällen völlig aus.

Zur Not, z. B. vor langen Fahrten, kann auf *Imodium*, das die Darmtätigkeit ruhig legt, zurückgegriffen werden (aber nur in geringen Dosen, da die Ausscheidung von Krankheitserregern verzögert wird!).

Wer Durchfall mit Fenchel, Kamille und anderen uns bekannten Kräutertees lindern möchte, sollte sich einen Vorrat mitnehmen. Zudem hilft eine Bananen- oder Reis-und-Tee-Diät und Cola

> **Hausrezept bei Durchfall**
>
> Bei leichten Durchfallerkrankungen kann man oft auf Medikamente verzichten. Stattdessen stellt man eine Lösung aus 4 gehäuften Teelöffeln Zucker oder Honig, 1/2 Teelöffel Salz und 1 l Orangensaft oder abgekochtem Wasser her. Meistens ist der Durchfall nach einer halben Stunde schon wieder vergessen.

in Maßen, denn es enthält Zucker, Spurenelemente, Elektrolyte und ersetzt das verloren gegangene Wasser. Generell sollte man viel trinken und die Zufuhr von Salz nicht vergessen. Bei länger anhaltenden Erkrankungen empfiehlt es sich, einen Arzt aufzusuchen – es könnte auch eine bakterielle oder eine Amöben-**Ruhr** (Dysenterie) sein.

Verstopfungen können durch eine große Portion geschälter Früchte, z. B. Ananas oder eine halbe Papaya (mit Kernen essen), verhindert werden.

Erkältungen

Erkältungen kommen in den Tropen häufiger vor, als man denkt. Schuld sind vor allem Ventilatoren und Klimaanlagen. In den örtlichen Apotheken sind hilfreiche Medikamente vorhanden. Empfehlenswert ist Tigerbalsam. Verschnupfte können die Salbe in heißem Wasser auflösen und inhalieren. Bei Husten und Halsschmerzen kann sie auf den Brustkorb aufgetragen werden. Zusätzlich sind auch Strepsils gegen Husten empfehlenswert, die auch in vielen Supermärkten und Geschäften angeboten werden.

Geschlechtskrankheiten (Veneral Diseases)

Gonorrhöe und die gefährlichere **Syphilis** sind in Asien weit verbreitete Infektionskrankheiten, vor allem bei Prostituierten. Bei den ersten Anzeichen einer Erkrankung (Ausfluss / Geschwüre) unbedingt ein Krankenhaus zum Anlegen einer Kultur und zur Blutentnahme aufsuchen.

Giardiasis / Lambliasis

Giardiasis ist eine Infektion des Verdauungstraktes, ausgelöst von dem Parasiten *Giardia lam-*

blia, der über fäkal verunreinigtes Wasser oder Lebensmittel aufgenommen wird. Die Symptome treten ein bis zwei Wochen nach der Infektion auf: Durchfälle, Bauchkrämpfe, Blähungen, Müdigkeit, Gewichtsverlust und Erbrechen. Bei ausbleibender Behandlung (Antibiotika) verschlimmert sich das Krankheitsbild, daher sollte unverzüglich ein Arzt aufgesucht werden.

Hauterkrankungen

Bereits vom Schwitzen kann man sich unangenehm juckende Hautpilze holen. Gegen zu starkes Schwitzen hilft Körperpuder, der angenehm kühlt und in Apotheken oder Supermärkten erhältlich ist. Für andere Erkrankungen sind häufig Kopf-, Kleider-, Filzläuse, Flöhe, Milben oder Wanzen verantwortlich. Die beste Vorbeugung ist eine ausreichende Hygiene. Nicht selten treten an Stellen, an denen die Kleidung eng aufliegt, Hitzepickel auf, die man mit *Prickly Heat Powder,* Zinkoxyd oder Titanoxyd behandeln kann. Gegen Kopfläuse hilft *Organoderm,* oder, falls man wieder in Deutschland ist, *Goldgeist forte.*

Hepatitis

Die schwere Lebererkrankung **Hepatitis B** wird vor allem durch sexuellen Körperkontakt und durch Blut (ungenügend sterilisierte Injektionsnadeln, Bluttransfusionen, Tätowierung, Piercen, Akupunktur) übertragen. Eine rechtzeitige vorbeugende Impfung, z. B. mit *Gen H-B-Vax,* ist sehr zu empfehlen.

Die **Hepatitis A** wird durch infiziertes Wasser und Lebensmittel oral übertragen. Vor einer Ansteckung schützt der Impfstoff *Havrix* (auch als Kombi-Impfung *Twinrix* für Hepatitis A und B erhältlich). Während in Indonesien die meisten Menschen nach einer harmlosen Hepatitis A-Infektion im Kindesalter gegen diese Krankheit immun sind, trifft dieses nur auf ein Drittel aller Europäer zu. Ob die Impfung notwendig ist, zeigt ein Antikörpertest.

Japanische Encephalitis (Hirnentzündung)

Diese Krankheit wird durch Moskitos in Agrarregionen übertragen. Zu den Symptomen zählen Fieber, Kopfschmerzen, Nackenschmerzen und Erbrechen. Eine Vorbeugung empfiehlt sich nur bei einem langen Aufenthalt in gefährdeten Gebieten. Der Impfstoff der Firma *Biken* kann allerdings nur über wenige große Impfzentren (z. B. Landesimpfanstalten und Tropeninstitute) direkt aus Japan mit Kühlkette importiert werden, kostet um 40 € pro Injektion und soll nur wenige Nebenwirkungen haben.

Malaria

Bali gilt als malariafrei. Hingegen besteht auf Lombok ein geringes Risiko, an Malaria zu erkranken.

Die weibliche Anopheles-Mücke, die den Erreger *Plasmodium falciparum* überträgt, sticht während der Nacht, also zwischen Beginn der Dämmerung und Sonnenaufgang. Die meisten Tropeninstitute (s. S. 48) empfehlen eine medikamentöse Malariaprophylaxe. Die Frage, ob und wenn ja, welches Mittel das richtige ist, sollte mit Hilfe eines Tropenarztes individuell auf Reiseart, -dauer und gesundheitliche Verfassung abgestimmt werden. Einige Touristen wollen nicht auf die Prophylaxe verzichten, andere lassen sich von den negativen Berichten über die Nebenwirkungen der Prophylaxe abschrecken. Das Tauchen könnte zu einem Problem werden, wenn man die Malaria-Prophylaxe eingenommen hat. Weitere Infos hierzu unter 🖵 www.dein klick.de/tauchpraxis_Malariaprophylaxe. Die immer noch beste Vorbeugung gegen Malaria besteht natürlich darin, möglichst nicht gestochen zu werden (dazu einige Tipps auf S. 50).

In Deutschland gibt es den Malaria-Schnelltest *MalaQuick*, mit dem Reisende im Notfall anhand eines Blutstropfens in acht Minuten selbst feststellen können, ob sie an Malaria erkrankt sind. Wer sich in einem Gebiet ohne ärztliche Versorgung infiziert hat, kann zur Überbrückung mit einer **Standby-Therapie** mit Mefloquin *(Lariam),* Atovaquon/Proguanil *(Malarone)* oder Artmether/Lamefantrin *(Riamet)* beginnen. Die Dosierung ist dem Beipackzettel zu entnehmen.

Wer aus Indonesien zurückkehrt und an einer nicht geklärten fieberhaften Erkrankung leidet, auch wenn es sich nur um leichtes Fieber und Kopfschmerzen handelt und erst Monate nach der Rückkehr auftritt, sollte dem Arzt unbedingt über den Tropenaufenthalt berichten.

Pilzinfektionen

Frauen leiden im tropischen Klima häufiger unter vaginalen Pilzinfektionen. Vor der Reise sollten sie sich entsprechende Medikamente verschreiben lassen. Eine Creme oder Kapseln sind besser als Zäpfchen, die bei der Hitze schmelzen. Ungepflegte Swimming Pools in den Tropen sind Brutstätten für Pilze aller Art.

Schlangen- und Skorpionbisse, giftige Meerestiere

Die weit verbreitete Angst vor Schlangenbissen steht in keinem Verhältnis zur realen Gefahr, denn **Giftschlangen** greifen nur an, wenn sie attackiert werden. Das Risiko, gebissen zu werden, kann minimiert werden, indem man bei Waldspaziergängen mit einem Stock, ähnlich einem Blindenstock, vor den Füßen herumstochert. Gefährlich ist die Zeit nach Sonnenuntergang zwischen 18 und 20 Uhr, vor allem bei Regen.

Einige Schlangen töten durch ein Blutgift, in diesem Fall benötigt man sofort ein Serum, andere töten durch ein Nervengift, dann ist außerdem eine künstliche Beatmung wichtig. Das Krankenhaus, in das der Betroffene schnellstens gelangen sollte, muss zudem sofort informiert werden, damit ein Arzt und das Serum beim Eintreffen bereit stehen.

Skorpionstiche sind in dieser Region generell nicht tödlich. Kräutertabletten und Ruhigstellen des Körperteils lindern den Schmerz. Zudem sollte der Kontakt mit Wasser gemieden werden. Normalerweise lassen die anfangs starken Schmerzen nach 1–2 Tagen nach.

Durchaus real ist in den Tropen die Gefahr, mit nesselnden und giftigen Meerestieren in Kontakt zu kommen. Nur zwei Arten von Fischen können gefährlich werden, die man nur schwer vom Meeresboden unterscheiden kann: zum einen **Stachelrochen**, deren Gift fürchterliche Schmerzen verursacht, zum anderen **Steinfische**, die sehr giftige Rückenstacheln besitzen. Beim Schnorcheln führt die Berührung von **Feuerkorallen** zu stark brennenden Hautreizungen, während giftige Muränen, Rotfeuerfische und Seeschlangen nur ganz selten gefährlich werden. **Seeigel** sind zwar nicht giftig, ein eingetretener Stachel verursacht aber lang eiternde Wunden.

Wie überall auf der Welt breiten sich auch vor Balis Meeren vermehrt **Quallen** aus, sodass Badende immer häufiger ihre giftigen Tentakel streifen. Gehen die schmerzhaften Bläschen nach der Behandlung mit hochprozentigem Essig, Cortisonspray oder säurehaltigem Pflanzenbrei nicht innerhalb einer Stunde zurück, muss ein Arzt aufgesucht werden. Menschen, die unter einer Allergie leiden, sind besonders gefährdet.

Thrombose

Bei längeren Flugreisen verringert sich durch den Bewegungsmangel der Blutfluss v. a. in den Beinen, wodurch es zur Bildung von Blutgerinnseln kommen kann, die, wenn sie sich von der Gefäßwand lösen und durch den Körper wandern, eine akute Gefahr darstellen (z. B. Lungenembolie). Gefährdet sind vor allem Personen mit Venenerkrankungen oder Übergewicht, aber auch Schwangere, Raucher oder Frauen, die die Pille nehmen. Das Risiko verhindern Bewegung (auch während des Fluges), viel trinken (aber keinen Alkohol) und notfalls Kompressionsstrümpfe der Klasse 1–2.

Tollwut

Wo streunende oder auch verendete Hunde zu sehen sind, ist Vorsicht geboten. Wer von einem Hund, einer Katze oder einem Affen gekratzt oder gebissen wird, muss sich sofort impfen lassen, da eine Infektion sonst tödlich endet. Eine vorbeugende Impfung ist sehr teuer und nur bei längerem Aufenthalt sinnvoll.

Typhus / Paratyphus

Typische Symptome: über 7 Tage hohes Fieber und Erbrechen einhergehend mit einem eher langsamen Puls und Benommenheit. Empfehlenswert ist die gut verträgliche Schluckimpfung mit *Typhoral L* für alle Reisenden. Drei Jahre lang schützt eine Injektion des neuen Typhus-Impfstoffs *Typhim VI* oder *Typherix*.

Vogelgrippe

Die Vogelgrippe ist eine Viruserkrankung der Vögel und kann unter Umständen auch auf Menschen übertragen werden, die mit infizierten Vögeln in Berührung kommen. Das Risiko ist jedoch für Menschen, die keinen sehr engen Kontakt mit erkrankten Tieren haben, noch äußerst gering. Sind in Indonesien zeitnah Fälle von Vogelgrippe aufgetreten, empfiehlt das Auswärtige Amt, Geflügelmärkte und Vogelparks zu meiden sowie Geflügel und Eier nur gekocht zu essen (Eier müssen mindestens 10 Minuten kochen). Wird ein toter Vogel gesichtet, sollte man schnell das Weite suchen. Die prophylaktische Einnahme von *Tamiflu* wird nicht empfohlen, da die Krankheit noch wenig erforscht ist, eine Resistenz der Viren befürchtet wird und Nebenwirkungen auftreten können.

Wundinfektionen

Unter unhygienischen Bedingungen können sich schon aufgekratzte Moskitostiche zu beträchtlichen Infektionen auswachsen, wenn sie unbehandelt bleiben. Wichtig ist, dass jede noch so kleine Wunde sauber gehalten, desinfiziert und evtl. mit Pflaster geschützt wird. In jeder Apotheke gibt es Antibiotika-Salben, die den Heilprozess unterstützen.

Wundstarrkrampf / Tetanus

Wundstarrkrampf-Erreger findet man überall auf der Erde. Wer evtl. noch keine Tetanusimpfung hatte, sollte sich unbedingt zwei Impfungen im 4-Wochen-Abstand geben lassen, die nach einem Jahr aufgefrischt werden müssen. Danach genügt eine Impfung alle 10 Jahre. Am besten ist die Impfung mit dem Tetanus-Diphterie-(Td-)Impfstoff für Personen über 5 Jahre, um gleichzeitig einen Schutz vor Diphterie und Polio zu erhalten.

Wurmerkrankungen

Winzige oder größere Exemplare, die überall lauern können, setzen sich an verschiedenen Körperstellen bzw. -organen fest und sind oft erst Wochen nach der Rückkehr festzustellen. Die meisten sind harmlos und durch eine einmalige Wurmkur zu vernichten, andere sind gefährlich, z. B. Hakenwürmer. Sie bahnen sich den Weg durch die Fußsohlen, deshalb sollte man auf feuchten Böden unbedingt Sandalen tragen. Nach einer Reise in abgelegene Gebiete ist es empfehlenswert, den Stuhl auf Würmer untersuchen zu lassen. Notwendig ist das, wenn man über längere Zeiträume auch nur leichte Durchfälle hat.

Bücher

Allgemeine Einführungen

Island of Bali (Covarrubias, Miguel; Read Books 2006) Das Standardwerk über Bali. In weiten Teilen immer noch faszinierend aktuell, auch wenn es erstmals 1937 aufgelegt wurde.

A Journey to Bali Coloring Book (Grant, Gaia; Periplus 2005). Ein Malbuch für Kinder zwischen 4 und 10 Jahren, das hilft, die Insel und ihre Sitten und Gebräuche zu verstehen.

Ratu Pedanda. Reise ins Licht – bei einem Hohepriester auf Bali (Drüke, Milda; National Geographic Taschenbuch 2006). Eine europäische Frau lebt mit einem Hohepriester auf Bali und beobachtet, dokumentiert und beschreibt das Leben, die Religion und die Gesellschaft auf Bali. Ein wunderbar authentischer Einblick.

Geschichte

Bali. Insel der Götter (Steinicke, Esther; Belser Verlag 1996). Die kurze Einführung in die Geschichte ergibt zusammen mit den Beschreibungen der Sehenswürdigkeiten ein rundes Portrait des Urlaubsparadieses.

Liebe und Tod auf Bali (Baum, Vicki; Kiepenheuer & Witsch 2002) Dieser Roman (Erstveröffentlichung 1937) erzählt die tragischen Ereignisse der Jahre 1904–6, in Bali als *Puputan* – das Ende – bekannt. Die Holländer nehmen die angebliche Plünderung eines chinesischen Schiffes zum Vorwand, um mit Truppen auf der Insel zu erscheinen; die Invasion gipfelt in der Schlacht vor Badung, wo Hunderte von Balinesen ihrem Fürsten freiwillig in den Tod folgen.

Kunst und Kultur

Kunst und Kultur in Bali (Ramseyer, Urs; Schwabe Verlag 2002). Standardwerk zur balinesischer Kunst, ihrer Geschichte und zur Bedeutung der Religion für das künstlerische Schaffen.

DuMont Kunstreiseführer Bali (Spitzing, Günter Köln 1991) Gut und sehr engagiert geschrieben, mit zahlreichen Fotos.

Mudras or the Ritual Hand Poses of the Buddha Priests and the Shiva Priest of Bali (Kleen, Tyra de; Kessinger Publishing Co. 2003) Über balinesische Priester, ihre Aufgaben, ihren Alltag, ihr Zeremoniell und besonders ihre Mudras, die rituellen Handhaltungen.

Tanz und Theater
Das Indonesische Schattenspiel – Bali, Java, Lombok (Spitzing, G.; Köln 1981) Ausführliche Beschreibung von Ursprung, Entwicklung und Bedeutung des Wayang Kulit, viele Abbildungen.
Zuschreibung und Befremden: Postmoderne Repräsentationskrise und verkörpertes Wissen im balinesischen Tanz (Hornbacher, Annette; Reimer 2005). Wissenschaftliche Studie über die Bedeutung des balinesischen Tanzes im Zuge der postmodernen Gesellschaft.
Ramayana (Schmöldees, Claudia; Diedrichs 2004). Das ursprünglich aus Indien stammende hinduistische Epos ist eine literarische Grundlage des Wayang auf Java und Bali wie auch zahlreicher balinesischer Tänze.

Küche
Essen wie im Paradies. Die Küche auf Bali und Java. (Noni Siauw und Britta Rath; Köln 2000) Schön gestaltetes Kochbuch mit kreativen Rezepten einer hervorragenden indonesischen Köchin, die in Köln das beliebte Bali-Restaurant betreibt.
So kocht Bali. Esskultur und Originalrezepte der Götterinseln. (Heinz von Holzen und Lothar Arsana, München 2000) Die deutsche Übersetzung eines englischen Werkes mit manchmal etwas kompliziert nachzukochenden Rezepten.

Bildbände
Bali (fotografiert von Michael Friedel, Edition MM, 1995) Hervorragende Druckqualität, sehr schöne Fotos.

Index

A
Abang 248, 273
Abkommen von Linggarjati 99
Adat-Partei 95
Adharma 109
Affentanz 135
Agama Hindu 107
Agung Rai Fine Art Gallery 224
Aids 354
Air Saneh 302
Air Terjun Tegenungan 230
Airlangga 103
Algenfarmer 257
Alphabetisierungsrate 78
Amed 248, 273
Amlapura 269
Ampenan 307
Anak Wungsu 103
Anggur Hitam 41
Animismus 107
Anreise 34
Antiquitäten 38
Apuan 193

Arak 41
Arbeitslosenquote 106
Arja 139
Arjuna 110
Asahduren 199
Asta 89
Asti (Akademi Seni Tari Indonesia) 142
Atman 110
Awang 343

B
Babi Guling 39
Bahasa Indonesia 85, siehe auch Sprache
Bale Agung 122
Bale Gong 122
Balenta-Aufzuchtstation 329
Bali Aga 79, 268, 299
Bali Bird Park 208
Bali Reptile Park 208
Bali Zoo 208
Bangli 239
Bangsal 322

Banjar 82, 85
Banten 92
Banyu Pinaruh 114
Banyupoh 203
Banyuwedang 202
Bargeld 45
Baris 137
Barong 120, 136, 174, 180
Batik 37, 238
Batu Bolong-Tempel 318
Batu Kok 339
Batu Layar 318
Batu Lumbung 252
Batu Renggong 104
Batubulan 206
Batugendeng-Halbinsel 307
Batukandik 252
Batukaru 192
Batumadeg 252
Batur 295
Batur-See, siehe Danau Batur
Bayunggede 295
Bebali-Aufführungen 132
Bebandem 248, 250

Bebek Betutu 39
Bedugul 292
Bedulu 229
Behinderung 56
Belaga 238
Belusung 231
Bemo 32, 62
Berge 74
Besakih 108, 246
Betteln 69
Bevölkerung 78
Bhagavadgita 110
Bhatara Guru 110
Bhuta Yadnya-Riten 119
Bildung 81
Bingin Beach 179
Bir 41
Black Sand Beach 259
Blahbatuh 230
Blanco, Antonio 209
Blayu 184
Blimbingsari 199
Blutegel 50
Bombenanschläge 107, 148
Bona 238
Bonnet, Rudolf 129, 209
Bootstouren 59
Botanischer Garten
    (Candi Kuning) 291
Botanischer Garten (Ubud) 210
Botschaften 36
Brahma 110
Brahmanen 84, 111
Bratan-Massiv 74
Brem 41
BSP pro Kopf 106
Bücher 54, 358
Budakling 272
Buddhismus 107
Budi Utomo 97
Bukit Jambul 242
Bukit Jati 238
Bukit-Halbinsel 175
Bungy-Jumping 167
Buruan 230

C

Cagar Alam Batukau 193
Cakranegara 307
Calonarang 136
Calonarang-Ritual 120
Campuan 211
Candi Bentar 122
Candi Dasa 263
Candi Kuning 291
Candi Tebing Tegallinggah 230
Cap Cai 40
Cekik 200
Celuk 208
Cidomo 314
Cili-Motiv 127
Coconut Bay 256
Cokorda Gede Agung
    Sukawati 129
Cokroaminoto, Omar Said 97
Comaribek 114
Community of Artists 214
Culik 273

D

Daendels, Herman Willem 94
Dalem Bedaulu 103
Dämonen 122
Dämonenabwehrmauer 88
Danau Batur 294, 296
Danau Bratan 290
Danau Buyan 293
Danau Segara Anak 339
Danau Tamblingan 293
Danghyang Markandeya 107
Danghyang Nirartha 108, 178
Dengue-Fieber 354
Delphin-Touren 284
Demak 91
Demokratie, Gelenkte 99
Denpasar 142
Depa 89
Desa 85
Desa Dampal 248
Desa Purasana 248
Devil's Tear 256
Dewa Yadnya-Riten 113
Dewi Sri 82 110
Dharma 109
Diebstähle 57
Dinas Pariwisata 52
Diponegoro 95
Dong-Son-Kultur 236

Dorfstruktur 86
Drama 131
Drama Gong 139
Dream Beach 256
Drogen 58
Durchfall 355
Durga 110

E

Einkaufen 37
– DVDs 157
– Keramik 173
– Souvenirs 167
– Textilien 158
– Ubud 224
Eintrittspreise 30
Einwohner 78
Eka Dasa Rudra-Zeremonie
    104, 247
Ekas 343
Elektrizität 39
Elephant Safari Park 232
E-Mails 53
Empu Kuturan 108, 178
Empu Sang Kulputih 108
Endek 238
Erntedankfest 82
Essen 39
Export 106

F

Fähre 36
Fahrrad 63
Fauna 75
Fax 56
Feiertage 43
Fernsehen 55
Feste 43, 113, 142
Finanz- und Wirtschaftskrise
    101
Fisch 42
Fleisch 42
Flora 75
Flüge 34, 66
Flughafentransfers 36
Fotografieren 43
Fotoversicherung 71
Frauen 44, 80
Fremdenverkehrsamt 52

Trails of Asia

Journey through lost kingdoms and
hidden history of Southeast Asia
and let Asian Trails be your guide!

Choose Asian Trails, the specialists in Southeast Asia.
We will organise your holiday, hotels, flights and tours to the region's
most fascinating and undiscovered tourist destinations.
Contact us for our brochure or log into
www.asiantrails.travel or www.asiantrails.info or www.asiantrails.net or www.asiantrails.com

CAMBODIA
No.22, St. 294, Sangkat Boeng Keng Kong I, Khan Chamkarmorn, P.O. Box. 621, Phnom Penh
Tel: (855 23) 216 555, Fax: (855 23) 216 591, asiantrails@online.com.kh

INDONESIA
JL. By Pass Ngurah Rai No. 260, Sanur, Denpasar 80228, Bali
Tel: (62 361) 285 771, Fax: (62 361) 281 514-5, renato@asiantrailsbali.com

LAOS
Unit 10, Ban Khounta Thong, Sikothabong District, Vientiane, Lao P.D.R.
Tel: (856 21) 263 936 Fax: (856 21) 262 956, vte@asiantrails.laopdr.com

MALAYSIA
11-2-B Jalan Manau off Jalan Kg. Attap 50460 Kuala Lumpur, Malaysia
Tel: (60 3) 2274 9488, Fax: (60 3) 2274 9588, res@asiantrails.com.my

MYANMAR
73 Pyay Road, Dagon Township, Yangon, Myanmar
Tel: (95 1) 211 212,223 262, Fax: (95 1) 211670, res@asiantrails.com.mm

THAILAND
9th Floor, SG Tower, 161/1 Soi Mahadlek Luang 3, Rajdamri Rd, Bangkok 10330
Tel: (662) 626 2000, Fax: (66 2) 651 8111, res@asiantrails.org

Früchte 41
Führerschein, internationaler 64

G

Gado-Gado 40
Gajah Mada 91, 103, 147
Galiang 231
Galungan 114
Gambuh 140
Gamelan-Musik 128, 131
Gazzebo Turtle Sanctuary 329
Gebug-Kampfspiele 271
Geckos 77
Geld 44
Geldautomaten 158
Gelgel 103, 244
Geografie 74
Gepäck-Check 47
Geschichte 89, 102
Gesellschaft, balinesische 81
Gesundheit 46
Getränke 41
Gewürze 39
Gewürzhandel 92
Gianyar 236
Gili Air 324
Gili Meno 324, 328
Gili Nanggu 307
Gili Trawangan 324, 332
Gilimanuk 201
Gilis 323
Gitgit-Wasserfall 289
Goa Gajah 228
Goa Lawah 258
Golkar 100
Gouverneur von Bali 105
Griya 84
Gumicik 206
Gunung Abang 74, 299
Gunung Agung 74, 248
Gunung Baru 339
Gunung Batukau 192
Gunung Batur 74, 296
Gunung Catur 290
Gunung Kawi 231
Gunung Merbuk 200
Gunung Patas 200
Gunung Penulisan 293, 294
Gunung Prapat Agung 200

Gunung Rinjani 338
Gunung Seraya 273

H

Habibie, Bacharuddin Jusuf 101
Hahnenkampf 86
Hahnenkampfarena (Wantilan) 122
Handeln 38
Hatta, Mohammad 98
Hayam Wuruk 91
Heiligtümer 125
Heilkräuter 60
Helmpflicht 64
Hepatitis 356
Hexen 122
Hindu Dharma 107
Hinduismus 90, 107
Hitzschlag 50
Hochsaison 29
Hochzeit 119
Höflichkeit 69
Holländer 92
Holzschnitzer 38, 128, 209
Hunde 77

I

I Gusti Ngurah Rai 104
I Gusti Nyoman Lempad 129
Ida Sanghyang Widhi Wasa 109
Ikat-Decken 37
Imam Bonjol 95
Impfungen 47
Import 106
Industrie 106
Inflation 106
Informationen 52
Insektenstiche und -bisse 49
Internet-Cafés 53
Iseh 248
Islam 91
Islamisierung 91

J

Jagaraga 300
Jalan Legian 148
Jauk 137
Java-Krieg 95
Jayaprana 202

Jemeluk 273
Jero 84
Jet-Ski 178
Jimbaran 180
Joben-Wasserfall 342
Joged Bumbung 139
Jukut-Wasserfall 342
Jungjungan 234
Jungutbatu 256

K

Kahyangan Tiga 124
Kajeng Kliwon 112, 120
Kalender 72
Kali 110
Kamasan 245
Kanda Empat 118
Kapal 185
Karangasem-Königreich 269
Karangsari 252
Karma 110
Kastenwesen 83
Kbo Iwo 229
Kebyar Duduk 138
Kecak 135
Kedewatan 232
Keliki 233
Kelusa 233
Kemenuh 209, 230
Kenderan 235
Kertanegara-Reich 91
Kinder 53
Kindersterblichkeit 78
Kintamani 294
Klima 28
Klimawandel 28, 35
Klungkung 242
Kommunistenverfolgung 105
Königreiche 102
Konsulate 36
Korallenabbau 264
Korallenriffe 78
Kori Agung 122
Kosmos 109
Kotaraja 342
Krambitan 197
Krankenhäuser 48
Kreditkarten 45
Kremations-Sarkophag 118

Kris 130
Kris-Tanz 136
Krishna 110
Ksatriya-Kaste 84
Kubu 240
Kubutambahan 300
Kukuh 197
Kul Kul 122
Kultur 21, 113
Kuningan 114
Kunst 21, 38, 113
Kunstgeschichte 126
Kunsthandwerk 38, 125
Kusamba 250
Kuta 147
Kutri 230

L

Labuansait Beach 179
Labuhan Kayangan 346
Labuhan Lalang 201
Labuhan Lombok 346
Labuhan Pandan 346
Lakshmi 110
Lamak 114
Landkarten 53
Layon Sari 202
Lebenserwartung 78
Legian 160
Legong 136, 228
Leichenverbrennung 117
Lembar 306
Lingsar 315
Lipah 273
Lombok 77, 79
Lombok-Straße 74
Lontar-Schriften 82
Lontong 40
Lovina Beach 283

M

Madiun 99
Magazine 54
Mahabharata 107
Mahadeva 110
Mahendradatta 103, 230
Majapahit 91, 103, 127
Makaken 77
Makan Padang 40
Malaria 47, 356
Malerei 38, 128
Mandi 67
Manggis 250
Mantarochen 77
Manuaba 235
Manusia Yadnya-Riten 118
Marga 185
Mas 209
Massagen 60, 61
Mataram 92, 307
Mataram-Reich 91
Mawi-Bucht 343
Mawun-Bucht 343
Medikamente 51
Meer 74
Meersalzgewinnung 250
Megawati Sukarnoputri 102
Melasti-Prozessionen 120
Mengwi 184
Mertha Sari 198
Mietwagen 32, 64
Moksa 110
Mond von Pejeng 126
Mondfisch 77
Moneychanger 45
Monsun 28
Motorräder 64
Mountainbiken 58
Mücken 50
Muncan 248
Munduk 293
Museen
 – Archäologisches Museum 236
 – ARMA 214
 – Bali Museum 142
 – Le Mayeur Museum 168
 – Neka Art Museum 213
 – Puri Lukisan 210
 – Subak Museum 195
Mushroom Bay 256, 257
Musik 128, 131
Musti 89

N

Nachtleben
 – Kuta 155
 – Seminyak 167
Nacktbaden 58
Nahdlatul Ulama 102
Namen 85
Narmada 315
Nasakom 99
Nasi Campur 39
Nasi Goreng 40
Nasi Padang 40
Nataraja 110
Nationalpark 21
Natur 21
Negara 197
Ngaben 117
Ngerupuk-Zeremonie 120
Ngusaba Nini 117
Niederschlag 28
Nusa Dua 175
Nusa Lembongan 254
Nusa Penida 252
Nyangnyang Beach 179
Nyekah-Zeremonie 118
Nyepi 120
Nyuh Kuning 213

O

Odalan 83, 299
Ogoh Ogoh-Monster 120
Oleg Tambulilingan 138
Opferzeremonien 111

P

Pabean 206
Padang Bai 259
Padang Padang Beach 179
Padmasana 108
Padu Raksa 122
Pagerwesi 114
Palasari 199
Pantai Balian 190
Pantai Bangsal 238
Pantai Canggu 187
Pantai Cukakan 238
Pantai Klating 187
Pantai Kuta 343
Pantai Lebih 237
Pantai Masceti 238
Pantai Medewi 189, 199
Pantai Pasut 187
Pantai Purnama 208
Pantai Seseh 187

Pantai Siyut 238
Pantai Soka 187
Paon 122
Parasailing 178
Partai Demokrasi Indonesia 100
Partai Demokrat 102
Partai Indonesia 98
Partai Komunis Indonesia 98
Partai Nasional Indonesia 98
Partai Persatuan
    Pembangunan 100
Parvati 110
Pasar Seni 208
Patulangan 118
Pawukon-Kalender 111
Payangan 233
Ped 252
Pedanda 111
Pedanda Shakti Wawu
    Rauh 108
Pejaten 195
Pejeng 236
Pejeng-Dynastie 103
Pelaga 293
Pelangan 307
Peliatan 228
Pemaksan 83
Pemangku 111
Pemenang 322
Pemendakan 174
Penangkidan 252
Penatahan 192
Pendidikan Nasional
    Indonesia 98
Penebel 194
Penelokan 295
Penestanan 213
Pengabenan 117
Pengambengan 198
Penglipuran 240
Pengosekan 214
Penjor 114
Perama 32
Perancak 198
Perean 185
Perserikatan Komunis
    Di Hindia 98
Petanu-Tal 234
Petulu 234

Pisang Goreng 40
Pita Maha 129
Pitra Yadnya-Riten 117
Plantagen 97
Politik 105
Polizei 57
Portugiesen 92
Post 55
Prapat Agung 200
Pratima 120
Preiskategorien 67
Pringgasela 342
Puaya 208
Pujung 231
Pulaki 202
Pulau Menjangan 200
Puputan 104
Pura 122
Pura Balangan 182
Pura Batu Klotok 246
Pura Batu Pageh 182
Pura Besakih 246
Pura Bukit Sari 185
Pura Canggi 209
Pura Dalem 86, 124
Pura Desa 86, 124
Pura Geger 182
Pura Griya Sakti 235
Pura Gua Gong 182
Pura Gunung Payung 182
Pura Kayu Sujih 182
Pura Kehen 239
Pura Luhur Mekori 194
Pura Luhur Rambut Siwi 199
Pura Luhur Uluwatu 178
Pura Masuka 182
Pura Meru 307
Pura Pasar Agung 248
Pura Pererepan 180
Pura Pulaki 202
Pura Puncak Mangu 290
Pura Puseh 86, 124, 230
Pura Sadha 185
Pura Sakenan 174
Pura Tirta Empul 231
Pura Ulun Danu Bratan 290
Pura Ulun Siwi 180
Pura Yeh Tiba 208
Puri 84

Puri Bukit Sari 232
Putera 98
Putung 248, 250

R

Rabatte 32
Radio 55
Raffles, Stamford 94
Rafting 58
Raja-Reiche 104
Rama 110
Ramayana 107, 139
Ramayana-Ballett 140
Rambitan 344
Rangda 120
Ratna Banten 229
Regenzeit 28
Regierung 105
Reiher 234
Reinkarnation 110
Reis 39
Reiseapotheke 51
Reisemedizin 354,
    siehe auch Gesundheit
Reisebusse 65
Reisegepäckversicherung 70
Reisekosten 30
Reisekrankenversicherung 70
Reiserouten 22
Reiserücktrittskosten-
    versicherung 70
Reisezeit 28
Reiseziele 21
Religion 107
Rendang 240, 248
Renville-Abkommen 99
Resident 95
Restaurants 43
Rituale 113
Roti 40
Rumah Makan 43

S

Sabuh Emas 114
Sad Kahyangan 125
Sade 344
Sailendra-Dynastie 90
Sakah 208, 228
Saka-Kalender 112

Sakti 252
Sambirenteng 302
Sampalan 252
Samsara 110
Samudra 91
Sanding 231
Sangeh 185, 232
Sanggingan 213
Sanghyang 138
Sangsit 300
Sanur 168
Saraswati 110
Sarekat Dagang Islam 97
Sasak 79, 304
Sate 40
Sawan 300
Sayan 232
Schattenspiel 38, 117, 127, 133
Schildkröten 175
Schlangenbisse 357
Schmetterlings-Park 194
Schnorcheln 22, 178
Schulsystem 81
Schwimmen 22
Sebatu 231
Sebudi 248
Sebuluh 252
Sebunibus 252
Sekotong Barat 307
Selang 273
Selat 240, 248
Selong Blanak 344
Semarapura 242
Sembalun Lawang 340
Sembiran 302
Sembuwuk 235
Seminyak 163
Senaru 340
Senggigi Beach 316
Serangan 174
Shakti 110
Shiva 110, 178
Sibetan 240, 250
Sidemen 248
Silberschmuck 38
Silungan 214
Singaraja 280
Sita 110
Sitzordnung 85

Sjarifuddin, Amir 99
Sklavenhandel 147
Smit, Arie 129
Snel, Han 209
Songket-Stoffe 37
Sonnenbrand 50
Sonnenstich 50
Soto 40
Souvenirs 38
Spas 60
Spies, Walter 129, 209
Sport 58
Sprache 84, 348, siehe
 auch Bahasa Indonesia
Srawah 87
Sri Vijaya 90
Stadtpläne 53
Steinstatuen 38, 127
Strände 22, siehe auch Pantai
– Dream Beach 256
– Kuta Beach 147
– Legian Beach 160
– Lovina Beach 283
– Sanur Beach 168
– Seminyak Beach 163
– Senggigi Beach 316
Strömung 74
Subak 81
Sudimara 189
Suharto 100
Sukarno 98
Sukawati 208
Suluban Beach 179
Sumpang 252
Suranadi 316
Surfen 22
– Jungutbatu 258
– Kuta 148, 156
– Bukit-Halbinsel 179
Surya 110
Sutan Sjahrir 98
Suteja Neka 213
Suwana 252

T
Tabanan 194
Taman Lembah 185
Taman Mayura 310
Taman Mumbul 186

Taman Nasional Bali Barat 75, 200
Taman Werdi Budaya
 Art Center 142
Tamblingan 292
Tampaksiring 231
Tanah Lot 186
Tanglad 252
Tanjung Benoa 176
Tanz 67, 131
Taro 231
Tarukan 231
Tatiapi 234
Tauchen 22, 59
– Amed 275
– Candi Dasa 267
– Gili Air 328
– Gili Trawangan 337
– Jungutbatu 258
– Nusa-Inseln 251
– Padang Bai 262
– Sanur 173
– Senggigi 322
– Tanjung Benoa 178
Taxi 32, 62, 160
Tegallalang 233
Tegenungan-Wasserfall 228
Teges 209
Tejakula 302
Telefon 61
Telefonnummern, wichtige 62
Teluk Kelor 200
Teluk Terima 200, 202
Tempel 122, siehe auch Pura
Tempelfeste 67
Temperaturen 28
Tenganan 268
Teresgenit 340
Tetebatu 342
Tierschutz 78
Tiger 78
Tihingan 246
Tika 112
Tirtagangga 272
Tiyingan 233
Toiletten 67
Tokee-Gecko 77
Topeng 137
Touren 26

Tourismus 104, 106
Touristeninformations-
  zentrum 52
Toya Bungkah 297
Toyapakeh 253
Transmigrasi 81
Transport 32, 62
Travellerschecks 45
Trekking 58
Trimurti 109
Trinken 39
Trinkgeld 69
Tropeninstitute 48
Tuak 41
Tulamben 276
Tumpek 115

U

Überlandbusse 63
Übernachtung 30, 67
Ubud 209
Udayana 103
Ujung 271
Ulun Siwi 180
Uluwatu 178
Uma 110
Unabhängigkeit 98, 99
Universität Udayana 182
Unterhaltung 67
Unterweltschlangen 259
Upanishaden 107

V

van Deventer, Conrad T. 97
Veden 107
Vegetarier 40
Verbrennungsplatz
  (Pamuhunan), 118
Vereenigde Oostindische
  Compagnie (VOC) 92
Verhaltenstipps 68
Versicherungen 69
Visa 71
Vogelgrippe 357
Volksraad 98
Vulkanmassive 74

W

Wadah 118
Waffenschmiede 130
Währung 44
Wahid, Abdurrahman 102
Wajik 39
Waktu Lima-Sekte 304
Wali-Tänze 132
Walk-in-Preise 32
Wallace-Linie 76
Wanara Wana 213
Wantilan 86
WAP-Dienste 62
Warmadewa-Dynastie 103
Wasserbüffelrennen 198
Wasserski 178
Wassersport 22

Wayang Kulit 127, 133, siehe
  auch Schattenspiel
Wayang Wong 140
Wechselkurs 45
Wein 41
Wellness 61
Weltbild 108
Wesya-Kaste 84
Wetten 86
Wetu Telu 304
White Sand Beach 259
Wirtschaft 106
Wishnu 110

Y

Yeh Embang 199
Yeh Gangga 189
Yeh Panas 192
Yeh Pulu 230
Yeh Wos 211 232
Yehtengah 233
Young Artists 129, 213
Yudhoyono, Susilo Bambang
  102

Z

Zahnfeilungs-Zeremonie 119
Zeit 72
Zeitungen 54
Zoll 56, 72
Zwangsanbausystem 94, 95

Danksagung der Autoren

Ein besonderer Dank gilt Eva Eichenauer für ihre tatkräftige Hilfe und Unterstützung bei der Recherche sowie Renate und Stefan Loose für ihr Vertrauen in unser junges Team.

Ein großes Dankeschön auch an alle Freunde in Indonesien, die uns mit Informationen versorgt haben, vor allem Ira, Jon Züricher und seine Frau Suci auf Bali, Sakinah, Roland und Toni auf Lombok.

Danke auch an die Familie Wachsmuth und alle Freunde zu Hause, die uns bei der Arbeit unterstützt haben.

Außerdem danken wir allen Lesern, die uns Briefe oder Mails geschrieben haben.

Bildnachweis

Umschlag: vorn: Jean Du Boisberranger / laif / hemispheres images;
Klappe vorn: Gritta Deutschmann; **Klappe hinten:** Christiane Hauck
Farbteil: Peter Adams / look: S. 9 oben; Jean Du Boisberranger / laif / hemispheres images: S. 9 unten; Romain Cintract / laif / hemispheres: S. 16; Reinhard Dirscherl / look: S. 11, 15; Eva Eichenauer: S. 8; Clemens Emmler / laif: S. 10 oben; Andreas Fechner / laif: S. 3 oben; getty: S. 3 unten Leonora Hamill / getty images; David Huthmann: S. 4/5, S. 7 unten links, S. 10 rechts unten; Andreas Lander/ picture alliance-dpa: S. 7 rechts; Alvaro Leiva / look: S. 7 oben links; Mischa Loose: S. 12 oben, S. 13; Jörg Modrow / laif: S. 2; EPA/Made Nagi / picture alliance-dpa: S. 6 (2); Heather Perry / National Geographics / getty images: S. 12 unten; Tim Rock / laif / Polaris: S. 15; Christian Wachsmuth: S. 10 unten links, S. 14 oben
Schwarz-Weiß: Eva Eichenauer: S. 239, 251; Christiane Hauk: S. 27, 76, 79, 84, 121, 163, 279, 291, 301, 347; David Huthmann: S. 21, 23, 28, 29, 31, 33, 69, 75, 83, 88, 93, 96, 103, 115, 126, 141, 146, 183, 186, 191, 193, 205, 219, 223, 225, 229, 233, 277; Mischa Loose: S. 30, 63, 116, 157, 159, 179, 283, 297; Renate Loose: S. 73; Christian Wachsmuth: S. 55, 80, 133, 241, 255, 257, 263, 303, 311, 315, 321, 327, 331, 335

Impressum

Bali
Lombok
Stefan Loose Travel Handbücher
1., vollständig überarbeitete Auflage **2008**
© DuMont Reiseverlag, Ostfildern

Alle Rechte vorbehalten – insbesondere die der Vervielfältigung und Verbreitung in gedruckter Form sowie die zur elektronischen Speicherung in Datenbanken und zum Verfügbarmachen für die Öffentlichkeit zum individuellen Abruf, zur Wiedergabe auf dem Bildschirm und zum Ausdruck beim Nutzer (Online-Nutzung), auch vorab und auszugsweise.

Die in diesem Buch enthaltenen Angaben wurden von den Autoren nach bestem Wissen erstellt und vom Lektorat im Verlag mit großer Sorgfalt auf ihre Richtigkeit überprüft. Trotzdem sind, wie der Verlag nach dem Produkthaftungsrecht betonen muss, inhaltliche und sachliche Fehler nicht vollständig auszuschließen. Deshalb erfolgen alle Angaben ohne Garantie des Verlags oder der Autoren. Der Verlag und die Autoren übernehmen keinerlei Verantwortung und Haftung für inhaltliche und sachliche Fehler. Alle Landkarten und Stadtpläne in diesem Buch sind von den Autoren erstellt worden und werden ständig überarbeitet.

Gesamtredaktion und -herstellung
Bintang Buchservice GmbH
Gossener Str. 55/2, 10961 Berlin
www.bintang-berlin.de
Karten: Katharina Grimm, Klaus Schindler
Redaktion: Oliver Kiesow, Jessika Zollickhofer
Grafisches Konzept: Groschwitz, Hamburg
Layout und Herstellung: Britta Dieterle

Printed in China

Kartenverzeichnis

Amlapura	270	Nusa Penida	253
Bangli	238	Ost-Bali	243
Candi Dasa	266/267	Padang Bai	261
Denpasar	145	Pantai Kuta	343
Gianyar	237	Reiserouten	23
Gili Air	325	Sanur	163
Gili Meno	329	Semarapura (Klungkung)	243
Gili Trawangan	333	Seminyak	163
Gunung Rinjani	341	Senggigi Beach	317
Jimbaran	181	Singaraja	283
Kuta	151	Süd-Bali	143
Legian	161	Tabanan	193
Lombok	305	Tabanan und Umgebung	193
Lovina Beach	285	Toya Bungkah	293
Mataram, Ampenan, Cakranegara	308/309	Ubud	213
Negara	199	Ubud und Umgebung	211
Nord-Bali	281	Ubud, Jl. Monkey Forest	216
Nusa Dua und Tanjung Benoa	177	Ubud, Westen und Nordwesten	215
Nusa Lembongan	254	West-Bali	188/189
		Zentral-Bali	207